HANS JÜRGEN RÖSNER

Grundlagen der marktwirtschaftlichen Orientierung in der Bundesrepublik Deutschland und ihre Bedeutung für Sozialpartnerschaft und Gemeinwohlbindung

Volkswirtschaftliche Schriften

Begründet von Prof. Dr. Dr. h. c. J. Broermann

Heft 395

Grundlagen der marktwirtschaftlichen Orientierung in der Bundesrepublik Deutschland und ihre Bedeutung für Sozialpartnerschaft und Gemeinwohlbindung

Von

Dr. Hans Jürgen Rösner

Duncker & Humblot · Berlin

CIP-Titelaufnahme der Deutschen Bibliothek

Rösner, Hans Jürgen:
Grundlagen der marktwirtschaftlichen Orientierung in der Bundesrepublik Deutschland und ihre Bedeutung für Sozialpartnerschaft und Gemeinwohlbindung / von Hans Jürgen Rösner. — Berlin: Duncker u. Humblot, 1990
(Volkswirtschaftliche Schriften; H. 395)
Zugl.: Hamburg, Univ. d. Bundeswehr, Habil., 1988
ISBN 3-428-06867-X
NE: GT

Fremddatenübernahme: Hagedornsatz, Berlin 46
Druck: Berliner Buchdruckerei Union GmbH, Berlin 61
Printed in Germany

ISSN 0505-9372
ISBN 3-428-06867-X

„Die bloße Zeitlichkeit führt uns ins Endlose des Gleichgültigen, nur Kommenden und Gehenden. Die bloße Ewigkeit führt uns in das Abstrakte eines Unwirklichseins. Gelangen wir in die Einheit beider, gebunden an das Empirische, erleuchtet von einem Überempirischen, dann sehen wir von solcher Einheit her, was wesentlich heißen darf"

Karl Jaspers

Vorwort

Die Untersuchung stellt die überarbeitete Fassung meiner im Herbst 1987 abgeschlossenen und vom Fachbereich Wirtschafts- und Organisationswissenschaften der Universität der Bundeswehr Hamburg angenommenen Habilitationsschrift dar.

Prof. Dr. Horst Sanmann danke ich für die geduldige Unterstützung und für viele hilfreiche Anregungen, mit der er den Fortgang der Arbeit bis zu ihrem Abschluß begleitet hat. Prof. Dr. Reinhold Biskup und Prof. Dr. Jens Lübbert (Universität Hamburg) danke ich für das freundliche Interesse, das sie meinem Habilitationsprojekt entgegengebracht haben.

Bonn, Oktober 1988

Hans Jürgen Rösner

Inhaltsverzeichnis

Abbildungsverzeichnis

Zur Einführung: Vor einer Renaissance der Ordnungspolitik?

Die mit der Liberalisierungspolitik Ludwig Erhards nach der Währungsreform im Jahre 1948 eingeleitete marktwirtschaftliche Neuordnung und ihre weitere Ausgestaltung zur Sozialen Marktwirtschaft haben nicht nur zu beachtlichen Wohlstandserfolgen geführt, sondern waren auch für die soziale und politische Stabilität des demokratischen Fundaments der Bundesrepublik Deutschland von entscheidender Bedeutung. Tarifautonomie und Mitbestimmung bildeten dabei die institutionellen Eckpfeiler für Arbeitsbeziehungen,[1] die sowohl auf der Verbandsebene als auch auf der Betriebsebene überwiegend durch ein von Sozialpartnerschaft geprägtes Verhalten zwischen Gewerkschaftern und Arbeitgebern gekennzeichnet gewesen sind, d.h. der notwendige Interessenausgleich konzentrierte sich inhaltlich auf die tarifvertragliche Ausgestaltung der materiellen und immateriellen Arbeitsbedingungen und vollzog sich überwiegend in Formen wirtschaftsfriedlicher Kompromisse.

Von Akzeptanzproblemen während der Einführungsphase abgesehen, wurden weder die Tarifautonomie als Selbstverwaltungsinstitution noch die Marktwirtschaft als Rahmenordnung von den Sozialpartnern grundsätzlich in Frage gestellt. Auch konnte eine Belastung der Arbeitsbeziehungen durch konfligierende allgemeinpolitische Interessen weitgehend vermieden werden. Insgesamt ergab sich damit in diesem Bereich bis weit in die sechziger Jahre eine Ordnungskontinuität, deren Auswirkungen die Bundesrepublik Deutschland sowohl im erreichten materiellen und sozialen Status der Arbeitnehmer als auch hinsichtlich der von Arbeitskämpfen verursachten volkswirtschaftlichen Verluste vorteilhaft im internationalen Vergleich abhoben.

---

[1] Der Terminus „Arbeitsbeziehungen" (nach dem englischen Begriff „labo(u)r relations") wird im folgenden synonym zur Umschreibung „Beziehungen zwischen Kapital und Arbeit" bzw. zum Begriff „Arbeitnehmer-Arbeitgeber-Beziehungen" gebraucht und bezieht sich allgemein auf das Beziehungsverhältnis der organisierten Interessen von Arbeitnehmern und Arbeitgebern auf der Verbands- und auf der Betriebsebene. Hingegen findet der Begriff „Sozialpartnerschaft" im folgenden nur dann Anwendung, wenn damit eine besondere, auf wirtschaftsfriedlichen Interessenausgleich angelegte Verhaltensweise zwischen den Arbeitsmarktparteien gekennzeichnet werden soll. Das gemeinsame Verhältnis beider Arbeitsmarktparteien zum Staat wird als „Gemeinwohlbindung" bezeichnet. Der aus dem angloamerikanischen Sprachgebrauch entlehnte Begriff der „industrial relations" bzw. seine Übersetzung als „industrielle Beziehungen" wird als inhaltlich zu eng abgelehnt, weil auch die Arbeitsbeziehungen in den Dienstleistungsbereichen, ganz besonders im Bereich des öffentlichen Dienstes, mit erfaßt werden sollen. Vgl. zur Begriffsproblematik: Gerd Schienstock, Industrielle Arbeitsbeziehungen, S. 13ff. und Walter Müller-Jentsch, Soziologie der industriellen Beziehungen, S. 10ff.

Inzwischen haben sich allerdings, gleichsam unter der Oberfläche des äußerlich fortbestehenden Geltungsanspruchs der Sozialen Marktwirtschaft, Einstellungs- und Verhaltensänderungen vollzogen, die eine schleichende ordnungspolitische Erosion bewirken. Bereits die siebziger Jahre markieren in dieser Hinsicht eine deutliche Umbruchphase: „Zum einen hat sich das Verhältnis zwischen Arbeit und Kapital, das von Anfang der fünfziger bis Ende der sechziger Jahre durch eine stetig abnehmende Konfliktintensität gekennzeichnet war, erheblich verschärft; zum zweiten hat durch das erneute Auftreten dauerhafter Massenarbeitslosigkeit auch in der Beschäftigungssituation ein Trendwechsel stattgefunden".[2]

Die zu beobachtenden Veränderungen im Konfliktverhalten betreffen die Konfliktintensität, indem, vor allem während der siebziger Jahre, die Anzahl der Streikbeteiligten und das Streikvolumen sowie auch die Anzahl der Streikaktionen selbst deutlich zugenommen haben.[3] Mehr noch indes die Konfliktgegenstände, indem die Arbeitskämpfe der sechziger Jahre nahezu ausschließlich um verteilungspolitische Ziele geführt worden sind, wohingegen bereits in den siebziger Jahren ein Übergang von der quantitativen zur qualitativen und damit von der ergebnisorientierten zur prozeßorientierten Tarifpolitik bemerkbar geworden ist, der sich seitdem noch wesentlich verstärkt hat. Vor allem die Faktoren Arbeitszeit- und Arbeitsplatzgestaltung, Rationalisierungsschutz und die „Mitbestimmung durch Tarifvertrag" sind in diesem Zusammenhang zu Instrumenten geworden, mit denen Gewerkschaften vorbeugenden (und nicht erst reagierenden) Einfluß auf Ziel und Richtung betrieblicher Investitionen zu erlangen versuchen.[4]

Schließlich ist etwa mit Beginn der achtziger Jahre auch eine wesentliche Veränderung und Erweiterung der Konfliktformen eingetreten, für die insbesondere kennzeichnend ist,, daß der zeitlich unbeschränkt und räumlich umfassend ausgerufene Erzwingungsstreik in zunehmendem Maße durch ein differenziert eingesetztes, breites Spektrum an zeitlich, regional und nach der Anzahl der aktiv beteiligten Arbeitnehmer eng begrenzten „Nadelstichaktionen" (Schwerpunktstreiks, Warnstreiks, „rollierende" Kurzstreiks, Sympathiestreiks, Solidaritätsstreiks) ersetzt wird, wie es im Rahmen der gewerkschaftlichen Streiktaktik einer „neuen Beweglichkeit" entwickelt worden ist.[5] Die Arbeitgeber sind dem mit „produktionsbedingten Betriebsstillegungen", den von Gewerkschaftsseite so genannten „kalten" Aussperrungen, entgegengetreten, so vor allem in der Tarifauseinandersetzung um die Durchsetzung der 35-Stunden-Woche im Jahre 1984.[6] Von der IG Druck und Papier wird dagegen

[2] Walter Müller-Jentsch, Neue Konfliktpotentiale, S. 268

[3] Vgl. ebenda, S. 271; Günther Klemm, Ökonomische Analyse von Streik und Aussperrung, S. 17f. und Rainer Kalbitz, Aussperrungen in der Bundesrepublik, S. 30ff.

[4] Vgl.: Ingrid Kurz-Scherf, Tarifpolitik und Arbeitskämpfe 1985, S. 108ff.

[5] Vgl. Günther Klemm, Ökonomische Analyse von Streik und Aussperrung, S. 16

wiederum ein „befristetes Verbleiben am Arbeitsplatz" streikender Belegschaftsmitglieder erwogen,[7] das allerdings arbeitskampfrechtlich umstritten ist. Daneben hat auch die Anzahl „wilder" Betriebsbesetzungen und -blockaden in jüngster Zeit stark zugenommen.[8]

Im Bereich des gesamtwirtschaftlichen Beziehungsdreiecks von Staat, Gewerkschaften und Arbeitgeberverbänden hat vor allem die 1985 geführte Auseinandersetzung um eine rechtliche Konkretisierung des Paragraphen 116 im Arbeitsförderungsgesetz zur Sicherung der staatlichen Neutralität im Arbeitskampf eine tiefgehende Vertrauenskrise zwischen Bundesregierung und Gewerkschaftsführung offenbart,[9] die gleichermaßen als symptomatisch für den weiteren Zerfall des früheren Konsenses über die im Bereich des Wirtschaftens anzuwendenden Verfahrensgrundsätze gelten kann. Für die zukünftige Sicherung des sozialen Friedens stellt sich damit die Frage, ob und, wenn ja, wie eine Revitalisierung dieser früheren „Übereinstimmung im Grundsätzlichen" durch eine ordnungspolitische Neuorientierung in den trilateralen Beziehungen erreicht werden könnte, um „die Brücken zu schlagen von der Aufbruchszeit der fünfziger Jahre zu einem Neuanfang auf festem und gesichertem Grund",[10] oder aber, wenn sich dies als nicht möglich erweisen sollte, ob nicht wenigstens das Schadenspotential einer zunehmenden Konfliktorientierung durch die Ausgestaltung institutioneller und prozessualer Rahmenbedingungen begrenzt werden könnte.

Derartige ordnungspolitische Maßnahmen, die darauf gerichtet sind, negativen Konsequenzen der Vertretung von Gruppeninteressen das übergeordnete öffentliche Interesse an einer Erhaltung des sich (zum Beispiel) in den konjunkturpolitischen Zielsetzungen des Stabilitäts- und Wachstumsgesetzes (StabWG) konkretisierenden „gesamtwirtschaftlichen Gleichgewichts"[11] begrenzend entgegenzustellen, werden im folgenden als Maßnahmen zur Sicherung einer Gemeinwohlbindung der Sozialpartner bezeichnet.

---

[6] Vgl.: Ingrid Kurz-Scherf, Tarifpolitik und Arbeitskämpfe (1984), S. 104ff. und Hans Jürgen Rösner, Lehren aus einem langen Arbeitskampf, S. 389f.

[7] Ebenda, S. 113f. bzw. S.

[8] Bis Ende der 70er Jahre sorgten nur einzelne Belegschaften durch Anwendungen dieser Kampfform für Schlagzeilen: Enka, Wuppertal, Demag, Kalletal, Seibel, Erwitte. Seit 1980, d.h., im Gefolge der jüngsten, noch immer andauernden Wirtschaftskrise, greifen jedoch die Belegschaften zur Abwehr von Massenentlassungen und Betriebsstillegungen so häufig zu dem letzten Mittel der Besetzung, daß diese Kampfform heute ernsthaft als Erweiterung der traditionellen bundesdeutschen Arbeitskampfstrategie zur Debatte steht". Ingrid Kurz-Scherf, Tarifpolitik und Arbeitskämpfe (1983), S. 115

[9] Vgl. Hans Jürgen Rösner, Wende im Arbeitskampfrecht, S. 558

[10] Matthias Schmitt, Aufbruch zur Marktwirtschaft, S. 231

[11] Gemeint ist das „Gesetz zur Förderung der Stabilität und des Wachstums der Wirtschaft" vom 8. Juni 1967 (BGBl I, S. 582ff.). Nach § 1 dieses Gesetzes haben „Bund und Länder bei ihren wirtschafts- und finanzpolitischen Maßnahmen die Erfordernisse des gesamtwirtschaftlichen Gleichgewichts zu beachten".

Für eine zur dauerhaften Sicherung von Sozialpartnerschaft und Gemeinwohlbindung notwendige Neuorientierung an den ordnungspolitischen Erfolgsgrundlagen der Sozialen Marktwirtschaft wäre zunächst der Frage nachzugehen, warum die Tarifautonomie ihre arbeitsmarktpolitischen Funktionen offensichtlich nicht mehr in früherem Maße erfüllt. Die anhaltende Beschäftigungskrise könnte in diesem Zusammenhang als symptomatisch für einen (auch) im Bereich der Arbeitsbeziehungen wirksamen ordnungspolitischen Zersetzungsprozeß gelten, dessen Ursachen, so jedenfalls die hier vertretene These, sich bis in die Entstehungsphase der Bundesrepublik Deutschland zurückverfolgen lassen.

Die im ersten Hauptteil vorgenommene Analyse der Grundsatzentscheidungen, die zur marktwirtschaftlichen Neuordnung nach 1945 geführt haben, dient daher „sowohl der empirischen Überprüfung der Theorien über die Beziehung zwischen Wirtschaftsordnung und Wirtschaftswachstum als auch der Beurteilung der Chance, durch eine Rückbesinnung auf die Ordnungspolitik die Beschäftigungsprobleme der Gegenwart ähnlich gut zu bewältigen, wie es der deutschen Wirtschaftspolitik in den fünfziger Jahren gelang".[12]

Inhaltlich wäre die angesprochene Fragestellung damit dem Bereich der „Arbeitsökonomik" zuzuordnen, die in der deutschen Nationalökonomie, ungleich den im englischsprachigen Raum beheimateten „Labo(u)r Economics", zumeist nicht als eigenständige Fachdisziplin, sondern nur als Teilbereich der Sozialpolitik angesehen wird.[13] Auch auf diesen Umstand ist es zurückzuführen, daß es zu einer analytisch unglücklichen Dichotomie in der wissenschaftlichen Betrachtungs- und Behandlungsweise der Arbeitsökonomik gekommen ist, dergestalt, daß in den Bereichen der mikroökonomischen Produktions- und Kostentheorie sowie in der makroökonomischen Verteilungstheorie allzu einseitig die ökonomisch-analytische Dimension im Vordergrund steht und darüber die ökonomisch-institutionelle Dimension der Arbeitsökonomik vernachlässigt worden ist.[14]

Hierzu besteht indes wenig Anlaß, weil die institutionellen Gegebenheiten, unter denen die Wirtschaftssubjekte agieren und von denen ihre Handlungsmöglichkeiten begrenzt werden, wesentlich über die empirische Aussagefähigkeit ökonomischer Theorien entscheiden. Dessen ungeachtet ist das Gespür für mögliche ordnungspolitische Konsequenzen, die zum Beispiel durch von der richterlichen Rechtsfortschreibung ausgehende Veränderungen in den institutionellen Rahmenbedingungen eintreten könnten, häufig verloren gegangen.

Diese Vernachlässigung ist aber nicht nur der arbeits- und sozialrechtlichen Komplexität moderner Arbeitsbeziehungen unangemessen, sondern führt auch

---

[12] Ernst Dürr im Vorwort zu Rainer Klump, Wirtschaftsgeschichte, S. 12

[13] Vgl.: Bernhard Külp in der Einleitung zu: Külp / Schreiber, Arbeitsökonomik, S. 9 und Jürgen Zerche, Arbeitsökonomik, S. 8

[14] Zur Unterscheidung: Zerche, Arbeitsökonomik, S. 9f.

dazu, daß die für die Effizienz wirtschaftspolitischer Steuerungsimpulse häufig ausschlaggebenden Macht- und Einflußrelationen zwischen staatlichen Institutionen und den organisierten Gruppeninteressen systematisch unterschätzt werden. So ist in jüngerer Zeit vor allem durch die Forschungsansätze der „Neuen Politischen Ökonomie" bzw. „Ökonomischen Theorie der Politik" darauf verwiesen worden, „daß zur Erklärung von Inflation und Stagnation auf eine Analyse des Verhaltens und der verbandlichen Eigendynamik von Arbeitgeberorganisationen und Gewerkschaften nicht verzichtet werden kann".[15] Eine derartig verkürzte Analyse ginge auch nicht nur von der falschen Annahme aus, daß allen sozioökonomischen Problemen auf stets gleiche Weise, nämlich durch Wiederherstellung marktgesetzlicher Funktionalität, begegnet werden könnte, sondern sie übersähe auch, daß eine Wirtschaftsordnung wesentlich von dem gesellschaftlichen Konsens über die Prinzipien getragen wird, nach denen der Prozeß des Wirtschaftens organisiert und durchgeführt werden soll. Zerbricht dieser Konsens, so wird der äußerlich fortbestehende Anspruch auf marktwirtschaftliche Funktionalität bald zur „Potemkinschen Fassade", hinter der sich die tatsächlich entscheidenden Veränderungen in den institutionellen Grundvoraussetzungen um so ungestörter vollziehen können.

Die Notwendigkeit einer ordnungspolitischen Behandlung der Verbändeproblematik an sich ist indes auch in der Bundesrepublik Deutschland schon frühzeitig erkannt worden, wurde dann aber wohl von dem zumindest damals noch weitgehend als wirtschaftsförderlich empfundenen Zusammenwirken der Sozialpartner überdeckt. Im Gegensatz zu der intensiven Verbandsforschung (zum Beispiel) in den USA blieb dieses Feld somit vorrangig anderen Fachwissenschaften überlassen.[16]

Dabei hatte Goetz Briefs bereits 1952 feststellen zu müssen geglaubt, daß „sich die Regierung immer mehr zur Verrechnungs- und Ausgleichsstelle für organisierte Gruppeninteressen" entwickelt habe, „als ob sie der Junior-Partner

---

[15] Warnfried Dettling, Die Neue Soziale Frage, S. 26. Zum theoretischen Ansatz siehe: Bruno S. Frey, Moderne Politische Ökonomie, vor allem S. 91 ff.

[16] In der Politikwissenschaft hat dabei vor allem das von Ernst *Fraenckel* entwickelte Konzept des „Neo-Pluralismus" Bedeutung erlangt, das dem Staat eine den Wettbewerb der sozialen Gruppen sichernde und eine das Verhältnis Mitglieder-Verband regelnde Funktion zuweist. In der Rechtswissenschaft war zunächst noch die vom „pluralistischen Auseinanderbrechen" (Joseph *Kaiser*) der Weimarer Republik geprägte und vor allem auf Carl *Schmitt* (1931) zurückgehende traditionelle deutsche Staatslehre wesentlich, die von einem Dualismus zwischen Staat und Gesellschaft ausgeht, bei dem allein der Staat als Hüter und Hort des Gemeinwohls anzusehen ist, wohingegen bei der vor allem von Roman *Herzog* (1971) beeinflußten modernen Staatslehre die Frage im Vordergrund steht, wie die möglichen Konfrontations- und Kooperationszonen zwischen Staat und Gesellschaft beschaffen sein müßten, damit der Staat seine Aufgabe dauerhaft erfüllen kann. Siehe dazu besonders den von *Fraenckel* auf dem Deutschen Juristentag 1964 gehaltenen Vortrag zum Thema „Der Pluralismus als Strukturelement der freiheitlich-rechtsstaatlichen Demokratie", abgedruckt in: Ernst Fraenckel, Deutschland und die westlichen Demokratien, S. 165 ff. Ebenso das Einführungskapitel bei: Hans-Peter Waldrich, Der Staat, S. 9-54

des einen oder anderen dieser Verbände sei".[17] Walter A. Jöhr folgerte 1957 daraus, daß neben den beiden Koordinationssystemen „Marktwirtschaft" und „Sozialismus" künftig wohl auch das des „organisierten Interessenausgleichs" berücksichtigt werden müßte,[18] wohingegen Josua Werner schon damals die zentrale Frage stellte, ob man denn noch ohne weiteres annehmen könnte, „daß das freie Spiel der Marktkräfte auch dann einen sinnvollen Interessenausgleich schafft, wenn an die Stelle der unüberblickbaren Vielzahl von Einzelentscheidungen am Markte immer mehr ein Aufeinanderstoßen der in großen Organisationen zusammengefaßten Gruppeninteressen tritt".[19] Insgesamt blieb es aber für das Forschungsinteresse in der Ökonomie, wie Theodor Pütz 1960 feststellte, „kennzeichnend, daß entweder ausschließlich oder überwiegend die Bedeutung der Verbände für das Marktgeschehen (Preis- und Lohnbildung) behandelt wird", wohingegen die seiner Meinung nach „viel entscheidendere Bedeutung der Verbände als mitbestimmende Faktoren der Staats- und Wirtschaftspolitik ... bisher nur unbefriedigend behandelt worden (ist)".[20] Einer der Gründe für diese Vernachlässigung mag wohl in der damals starken Ausrichtung auf das von Walter Eucken geprägte „Paradigma der dualistischen Ordnungstheorie" (Herder-Dorneich) von „Marktwirtschaft" versus „Zentralverwaltungswirtschaft" gewesen sein.[21]

Tatsächlich war ja auch, ungleich zur zeitlich parallelen Entwicklung in den meisten westeuropäischen Nachbarländern und auch in deutlichem Gegensatz zu den von den Deutschen selbst anfänglich geäußerten parteipolitischen und gewerkschaftlichen Absichtserklärungen, auf dem Gebiet der drei westlichen Besatzungszonen mit der Währungsreform des Jahres 1948 eine von fremden Stilelementen weitgehend reine marktwirtschaftliche Neuordnung zustande gekommen, also ohne sozialisierte industrielle Kernbereiche, ohne zentralstaatlichen Wirtschaftsdirigismus sowie ohne korporativistische Institutionen gesamtwirtschaftlicher Mitbestimmung der organisierten Interessen von Arbeit und Kapital. Dies hat wiederholt zu der These Anlaß gegeben, daß die solchermaßen entstandene Wirtschaftsordnung nicht dem freien Willen der Deutschen entsprochen habe, sondern vielmehr von den westlichen Besatzungsmächten, d.h. allen voran von den USA, oktroyiert worden sei, um in Westeuropa das kapitalistische Wirtschaftssystem als Bollwerk gegen den Kommunismus zu „restaurieren".[22] Weil somit die von deutscher Seite eigentlich angestrebte, wirkliche Neuordnung nach 1945 „verhindert" worden sei,[23]

---

[17] Goetz Briefs, Zwischen Kapitalismus und Syndikalismus, S.43

[18] Jöhr/Singer: Die Nationalökonomie im Dienste der Wirtschaftspolitik, S. 177 ff.

[19] Josua Werner, Die Wirtschaftsverbände, S. 3

[20] Theodor Pütz, Die ordnungspolitische Problematik, S. 246

[21] Philipp Herder-Dorneich: Die Entwicklungsphasen der Sozialen Marktwirtschaft, S. 681

[22] Siehe dazu zum Beispiel: Marianne Welteke, Ökonomische Faktoren des Restaurationsprozesses, S. 69ff. und Badstübner/Thomas, Restauration und Spaltung, S. 245ff.

weise die in den fünfziger Jahren entwickelte Soziale Marktwirtschaft schon von ihren Entstehungsbedingungen her deutliche „Legitimationsdefizite" auf,[24] die nur (wenn überhaupt) durch das kapitalistische Selbststeuerungsprinzip überwindende ordnungspolitische Strukturreformen nachgebessert werden könnten. Dies ist der eigentliche Ansatzpunkt, um den sich die immer wieder vorgetragenen Forderungen nach paritätischer Mitbestimmung der Gewerkschaften auf allen Wirtschaftsebenen, nach staatlicher Rahmenplanung und Investitionslenkung bis hin zur Wiederaufnahme früherer Verstaatlichungsbegehren ranken.

Unterstützung findet dieser Kritikansatz in Ergebnissen neuerer zeitgeschichtlicher Forschung, denen zufolge die früher angenommene ausschlaggebende Bedeutung ordnungspolitischer Reformen für den raschen Wirtschaftsaufschwung nach der Währungsreform angeblich relativiert werden müsse. Statt dessen habe es sich nur um eine vom Zweiten Weltkrieg verursachte kurzzeitige Unterbrechung des maßgeblichen säkularen Wachstumstrends der deutschen Volkswirtschaft gehandelt, auf den diese dann mit einer schon in den Jahren 1946/47 feststellbar beschleunigten Wachstumsentwicklung innerhalb einer vorübergehenden „Rekonstruktionsperiode" wieder eingeschwenkt sei (Janossy-Abelshauser-These).[25],

Bevor daher eine ordnungspolitische Revitalisierung des in der Wiederaufbauphase noch wirksam gewesenen Rahmenkonsenses überhaupt sinnvoll angestrebt werden kann, muß zunächst eine Auseinandersetzung mit diesen beiden Kritikpunkten erfolgen, denn wenn die marktwirtschaftliche Neuordnung in den westlichen Besatzungszonen gleich der zentralverwaltungswirtschaftlichen Neuordnung in der sowjetischen Besatzungszone als aufgezwungenes Produkt einer Fremdbestimmung angesehen werden müßte, so wären beide Konzepte — und darauf zielt diese Argumentation letztlich ab — zumindest von ihrer Entstehung her legitimatorisch nahezu gleichgestellt. Entsprechend könnte es dann nicht wünschenswert sein, ausgerechnet in diesen Wurzeln Ansatzpunkte für eine ordnungspolitische Neuorientierung zu suchen, vielmehr müßte dies nahelegen, die Beseitigung der behaupteten Legitimationsdefizite der bundesdeutschen Ordnung von Wirtschaft und Gesellschaft in einem gemeinsamen deutschen „Dritten Weg" jenseits von Kapitalismus und Sozialismus zu suchen. Für derartige Bestrebungen ließen sich in der gegenwärtigen tagespolitischen Diskussion unschwer zahlreiche Beispiele anführen.

Der zweite Kritikansatz ergänzt diese Argumentation dadurch. daß die tatsächliche oder behauptete überlegene ökonomische Effizienz der marktwirt-

---

[23] Siehe dazu: Eberhard Schmidt, Die verhinderte Neuordnung, S. 53ff. und ebenso Schmidt/Fichter, Der erzwungene Kapitalismus, S. 67ff.

[24] Siehe dazu Jürgen Habermas, Legitimationsprobleme im Spätkapitalismus, S. 89 ff.

[25] Vgl. Werner Abelshauser. Wiederaufbau vor dem Marshall-Plan, S. 548ff.; der Begriff „Rekonstruktionsperiode" stammt von *Janossy*; siehe dazu auch die Darstellung bei Knut Borchardt, Trend, Zyklus, Strukturbrüche, Zufälle, in: Ders., Wachstum, Krisen, Handlungsspielräume, S. 100ff.

schaftlichen gegenüber einer stärker sozialistisch orientierten Neuordnung nach 1945 in Frage gestellt wird. Wenn aber das Nachkriegseuropa tatsächlich, wie behauptet, ein „ordnungspolitisches Wunderland" gewesen wäre, in dem „alle Strategien .. gleichermaßen mit wirtschaftlichem Erfolg belohnt (wurden)",[26] so hätte auch ein sozialistischer wirtschaftlicher Neubeginn vergleichbare Erfolge aufzuweisen gehabt, d. h. es entfiele — neben der zuvor genannten legitimatorischen Berechtigung der marktwirtschaftlichen Neuordnung — auch die ökonomische Begründung, daß anders als über eine (angebliche) kapitalistisch-marktwirtschaftliche Restaurationspolitik eine rasche Wohlstandsmehrung für breite Bevölkerungsschichten nicht erreichbar gewesen wäre. Ein ordnungspolitisches Wiederanknüpfen an die angeblich marktwirtschaftlichen Erfolgsgrundlagen der Wiederaufbauphase zur Bewältigung der aktuellen Beschäftigungsprobleme wäre dann nicht nur wegen der erklärten Defizite an politischer Legitimation kaum wünschenswert, es wäre auch unter ökonomischen Gesichtspunkten unbegründet.

Um diesen Kritikansätzen Rechnung zu tragen, sind im ersten Kapitel zunächst vor dem Hintergrund der wirtschaftlichen Ausgangsvoraussetzungen der Wiederaufbauphase die Wachstumsimpulse und Struktureffekte der 1948 durchgeführten Währungsreform und der sie begleitenden marktwirtschaftlichen Liberalisierungspolitik zu beurteilen. Wenn sich dabei herausstellen sollte, daß die Wachstumsbeschleunigung in der zweiten Hälfte der 40er Jahre tatsächlich zutreffend mit dem von Janossy entwickelten Konzept der Rekonstruktionsperiode erklärt werden kann,[27] so wäre damit nicht nur die Bedeutung der damaligen Ordnungsreformen als Initialzündung des Wirtschaftsaufschwungs weitgehend hinfällig, sondern es könnte auch in der gegenwärtigen Situation von einer eventuellen Revitalisierung des früheren ordnungspolitischen Konsenses kein dauerhaftes Abweichen von dem „schicksalhaft" vorgegebenen säkularen Wachstumstrend der deutschen Volkswirtschaft erwartet werden.[28] Auch für die Bundesrepublik Deutschland wäre dann lediglich eine im Vergleich zu den Nachbarländern um die Dauer dieser Rekonstruktionsperiode zeitlich verschobene Entwicklung zu nur noch schwachem wirtschaftlichem Wachstum und damit einhergehend verschärften verteilungs- und sozialpolitischen Konflikten zu erwarten. Die nur als unwiederholbares Ausnahmephänomen anzusehenden Wiederaufbauerfolge nach dem Zweiten Weltkrieg könnten demzufolge nicht erfolgversprechender Ansatzpunkt einer Neuorientierung sein.[29]

---

[26] Abelshauser, Wiederaufbau, S. 574

[27] Vgl.: Ferenc Janossy, The end of the economic miracle, S. 9ff.

[28] Vgl.: Abelshauser/Petzina, Krise und Rekonstruktion, S. 72f.

[29] Diese Behauptung von *Abelshauser/Petzina* verwundert, zumal sie selbst feststellen, daß „von der Erwartung zweier Rekonstruktionsperioden nach den beiden Weltkriegen ausgegangen werden (konnte)", diese aber nach 1918 offensichtlich nicht stattgefunden habe, was nicht durch das „Vorhandensein oder Nichtvorhandensein von Produktivitäts- und Wachstumspotentialen", erklärt werden könne, sondern nur durch jenes „Bündel

Der sich dieser Untersuchung anschließende Abschnitt des ersten Kapitels wendet sich der These einer nach 1945 angeblich „verhinderten“ sozialistischen Neuordnung als zweitem Kritikansatz zu. Hierbei werden zunächst die in der unmittelbaren Nachkriegsdiskussion maßgeblichen wirtschaftlichen Neuordnungsalternativen von christdemokratischer und von sozialdemokratischer Seite vorgestellt. Sodann wird insbesondere am Beispiel des antagonistischen Aufeinandertreffens von politischem Föderalismus und wirtschaftlichem Zentralismus aufzuzeigen sein, warum es, entgegen den anfänglichen programmatischen Absichtserklärungen nahezu aller politischer Parteien, schon in den vorparlamentarischen deutschen Verwaltungsgremien für das westliche Besatzungsgebiet zur Durchsetzung der marktwirtschaftlichen Neuordnungsalternative kommen konnte. Vor diesem Hintergrund wird nicht nur die konzeptionelle Eigenständigkeit der Liberalisierungspolitik Ludwig Erhards deutlich, sondern es erhellen sich auch bestimmte konjunktur-und verteilungspolitische Konsequenzen, die mit der Durchführung der Währungsreform verbunden gewesen sind.

Der mögliche Nachweis, daß den Entscheidungen für eine marktwirtschaftliche Neuordnung in den westlichen Besatzungszonen ein von deutscher Seite entwickeltes und mehrheitlich getragenes Konzept zugrunde gelegen hat, ist indes nur eine zwar notwendige, allein aber noch nicht hinreichende Voraussetzung dafür, den beschriebenen früheren Grundkonsens wieder funktionsfähig machen zu können. Hinzu kommen müßte eine zwischen Regierung, Gewerkschaften und Arbeitgeberverbänden gleichermaßen konsensfähige wirtschaftspolitische Perspektive, auf die sich ein neuer Konsens über Sozialpartnerschaft und Gemeinwohlbindung nach Inhalt und Verfahrensweise abstützen könnte. Auch hier liegt der Gedanke nahe, bei den früheren Funktionsgrundlagen einer erfolgreichen Integration und sozialen Befriedung anzusetzen. Damit gelangt die Untersuchung im dritten Kapitel zu der Frage nach den Gestaltungsalternativen, die sich für eine derartige Neuorientierung anbieten könnten.

Eine mögliche Lösung könnte dabei in einer korporativistischen Verhaltensabstimmung zwischen Staat und Arbeitsmarktparteien gesehen werden, wie sie in der Weimarer Republik mit der sozialpartnerschaftlichen Zusammenarbeit in der Zentralarbeitsgemeinschaft, mit der Möglichkeit staatlicher Zwangsschlichtung von Tarifkonflikten und mit der im („vorläufig“ gebliebenen) Reichswirtschaftsrat institutionalisierten gesamtwirtschaftlichen Mitbestimmung der großen Interessen- und Wirtschaftsverbände schon einmal bestanden hat.

Ein derartiges Wiederanknüpfen an institutionelle Regelungen aus der Zeit vor der nationalsozialistischen Machtergreifung war insbesondere von seiten deutscher Gewerkschafter schon im Exil erwogen und sogleich nach 1945 mit der Forderung nach einer vergleichbaren „wirtschaftsdemokratischen“ Neuord-

politischer und gesellschaftlicher Fakten, die den Transfer in wirtschaftliches Wachstum beeinträchtigten oder förderten“ — also doch? Zitiert wurde: Abelshauser / Petzina, Krise und Rekonstruktion, S. 86

nung vorgeschlagen worden.[30] „Auch in jüngster Zeit wurden von seiten der Gewerkschaftsführung und von den Sozialdemokraten konzeptionell ähnliche Forderungen nach einem regional und hierarchisch abgestuften System von paritätisch besetzten Wirtschafts- und Sozialräten bis hin zur institutionalisierten Zusammenarbeit zwischen Regierung und Sozialpartnern in einem zu gründenden Bundeswirtschaftsrat erhoben.[31] Ein weiterer Ansatz korporativistischer Verhaltensabstimmung könnte in der wiederholt zur Reaktivierung empfohlenen „Konzertierten Aktion" gesehen werden, mit der von 1967 bis 1977 mit wechselndem Erfolg versucht worden ist, das Konzept der Globalsteuerung gegen etwaige Störungen aus der Tarifautonomie abzusichern.[32] Eine Reaktivierung des Instruments staatlicher Zwangsschlichtung wird dagegen, im Unterschied zur freiwilligen, treuhänderischen Schlichtung, heute wohl von keiner Seite für wünschenswert gehalten, doch ist bezeichnend, daß auch hier wieder die spezifisch deutschen, und zwar negativen Erfahrungen mit dieser staatlichen Eingriffsmöglichkeit in der Zeit der Weimarer Republik maßgeblich sind.

Der in der vorliegenden Arbeit vertretene konzeptionelle Ansatz zur Bewältigung der aktuellen Krise in den Arbeitsbeziehungen sieht vor, den wünschenswerten neuen Grundkonsens nicht auf eine korporativistische Verflechtung von Staat und Wirtschaft abzustützen, sondern auf eine stärkere Beachtung der von Walter Eucken formulierten ordoliberalen Postulate für die dauerhafte Sicherung der Wettbewerbsordnung:

1. „Die Politik des Staates sollte darauf gerichtet sein, wirtschaftliche Machtgruppen aufzulösen oder ihre Funktion zu begrenzen"
2. „Die wirtschaftspolitische Tätigkeit des Staates sollte auf die Gestaltung der Ordnungsformen der Wirtschaft gerichtet sein, nicht auf die Lenkung des Wirtschaftsprozesses".[33]

Der wettbewerbspolitischen ersten Forderung entsprechend, wäre dann nicht daran zu denken, das ohnehin bestehende Machtkartell der Sozialpartner noch durch Institutionen gesamtwirtschaftlicher Mitbestimmung zu verstärken und also einer weiteren „Vergesellschaftung staatlichen Handelns"[34] Vorschub zu leisten, sondern vielmehr — und hier schließt sich die Verbindung zur ordnungspolitischen zweiten Forderung — durch die staatliche Neutralität sichernde und Arbeitskonflikte regulierende bzw. begrenzende Rahmenbedingungen die Sozialpartner auf die ihnen mit dem Prinzip der Tarifautonomie

[30] Vgl.: Siegfried Mielke, Organisationsprobleme und Neuordnungskonzeption, S. 316ff. sowie das Protokoll des SPD-Parteitages in Nürnberg im August 1986

[31] Ebenda, siehe dazu auch: Protokoll des 13. ordentlichen Bundeskongreß des DGB vom 25. bis 31. Mai 1986 in Hamburg

[32] Siehe dazu: Alois Oberhauser, Globalsteuerung erfordert lohnpolitische Absicherung, S. 149ff.

[33] Walter Eucken, Grundsätze der Wirtschaftspolitik, S. 188

[34] Kurt Biedenkopf, Rechtsfragen der Konzertierten Aktion, S. 1009

übertragene beschäftigungs- und sozialpolitische Eigenverantwortlichkeit zurückzuverweisen.[35] Der Versuch einer „infektionsfreien" Trennung zwischen staatlicher und sozialpartnerschaftlicher Verantwortung würde dabei allerdings weder den eingegangenen sozialstaatlichen Verpflichtungen genügen, noch der Komplexität der heutigen Industriegesellschaft angemessen sein. Wohl aber könnte daran gedacht werden, eine der Erhaltung des Wettbewerbsprinzips vergleichbare staatliche „Mißbrauchsaufsicht" über die Arbeitsbeziehungen zu institutionalisieren, um auf diese Weise die Gestaltungslücke der Sozialen Marktwirtschaft auszufüllen, daß sie für den Bereich der Arbeitsmarktordnung zwar auf bestimmte Verhaltensdispositionen angewiesen ist, jedoch keine Mittel für den Fall angibt, daß es den Arbeitsmarktparteien einmal wohl nicht an der Fähigkeit, dafür aber an der Bereitschaft zu sozialpartnerschaftlichem Verhalten fehlen könnte, wenn also, wie Alfred Müller-Armack es ausgedrückt hat, „die Vorstellungen der Arbeitgeber wie die der Gewerkschaften .. in einer Atmosphäre der Übererregtheit zusammen(stoßen), die zu dämpfen unserer Wirtschaftsordnung das rechte Rezept fehlt".[36] Damit stellt sich die vorliegende Untersuchung im dritten Kapitel abschließend und insgesamt die Aufgabe, konzeptionelle Bausteine für eine zukünftige Theorie der Sozialen Ordnungspolitik zu liefern, mit Hilfe derer das Zusammenwirken von Staat, Gewerkschaften und Arbeitgeberverbänden in seiner Funktionsweise besser verstanden und damit in seinen Ablaufregelungen zielgerecht gestaltet werden kann. In diesem Zusammenhang wird vor allem die Klärung von drei Fragen im Vordergrund stehen, nämlich

1. warum sich die Beziehungen zwischen den Sozialpartnern und das gemeinsame Beziehungsdreieck von Staat, Gewerkschaften und Arbeitgeberverbänden in der bisherigen Weise entwickelt haben;
2. welche weiteren Konsequenzen aufgrund der entwicklungsgeschichtlichen Erfahrungen hieraus zu erwarten sind und
3. was ordnungspolitisch dazu getan werden könnte, um den Bestand von Sozialpartnerschaft und Gemeinwohlbindung dauerhaft zu gewährleisten.

---

[35] Diese ordnungspolitische Aufgabenstellung ist übrigens auch hinsichtlich der von Mancur *Olson* geäußerten Thesen von Interesse. Wenn tatsächlich nur oder doch vorrangig solche Staaten, die durch Kriegseinflüsse vom Lobbyismus mächtiger Interessentengruppen befreit worden sind, wie dies (zum Beispiel) in Japan und der Bundesrepublik Deutschland der Fall war, dadurch vorübergehend eine starke Wachstumsdynamik zu entfalten vermochten, so wäre wohl, früher oder später, ein Übergang zu korporativistischen Alternative unumgänglich. Hinter der Themenstellung steht somit auch die Frage danach, was Ordnungspolitik überhaupt zu leisten vermag, ob es insbesondere mit ihrer Hilfe gelingen könnte, die wachsende Inanspruchnahme des Staates durch Gewerkschaften und Arbeitgeberverbände zurückzudrängen. Siehe dazu: Mancur Olson, The Rise and Decline, S. 75ff.

[36] Alfred Müller-Armack, Die zweite Phase der Sozialen Marktwirschaft, S. 270

1. Wirtschaftliche und politische Neuordnungsentscheidungen in der Wiederaufbauphase nach 1945

1.1 Paralysierte Wachstumskräfte und ökonomische Reformen

1.1.1 Die Janossy-Abelshauser-These

Die Frage nach den Ursachen für den raschen wirtschaftlichen Wiederaufstieg Westdeutschlands nach dem Zweiten Weltkrieg hat zu vielfältigen Deutungen Anlaß geboten. Neben außenpolitisch begründeten Erklärungsansätzen (Ost-West-Konflikt, Marshall-Plan) dominierte für lange Zeit die These, daß das „Wirtschaftswunder" der 50er Jahre auf die mit der Währungsreform und der Liberalisierungspolitik Ludwig Erhards im Jahre 1948 eingeleitete ordnungspolitische Grundsatzentscheidung für eine marktwirtschaftliche Neuorientierung zurückzuführen gewesen sei. Ein derartiger Zusammenhang würde den Versuch nahelegen, auch zur Bewältigung der aktuellen Beschäftigungsprobleme bei ordnungspolitischen Reformen anzusetzen, um die eventuell nur verschütteten Erfolgsgrundlagen der Sozialen Marktwirtschaft erneut zum Tragen zu bringen. Den theoretischen Hintergrund dieser Annahme bilden dabei eine technologisch und eine ordnungspolitisch begründete Hypothese zur Erklärung der langfristigen Entwicklung volkswirtschaftlichen Wachstums.

Die insbesondere auf die wachstumstheoretischen Überlegungen von Kondratieff zurückgreifende technologische Erklärungsvariante geht von der Existenz etwa 40-50 Jahre währender „Langer Wellen" der wirtschaftlichen Entwicklung aus, deren Periodizität und zyklischer Verlauf maßgeblich von epochalen technischen Neuerungen (Dampfmaschine, Elektrizität, Verbrennungsmotor) bestimmt wird.[1] Dabei führt die vor allem von Schumpeter hervorgehobene Bedeutung einer forcierten innovatorischen Umsetzung dieser Wachstumsimpulse durch „dynamische Unternehmer" zu einer Verschärfung des Wettbewerbs, als deren Folge gewaltige Investitionsschübe auftreten, die zur raschen Ablösung von obsolet gewordenen Produktionsstrukturen führen, bis die Anwendung der neuen Techniken zum allgemeinen Standard geworden ist und die zyklische Beschleunigung des Wirtschaftswachstums damit ihr vorläufiges Ende findet. Auf die Themenstellung angewendet, könnte die Wirtschafts-

[1] Siehe dazu: Knut Borchardt, Wandlungen des Konjunkturphänomens, S. 77ff.; Rainer Klump, Wirtschaftsgeschichte, insb. S. 23ff. Eine neuere ökonometrische Untersuchung gelangt zu dem Ergebnis, daß sich derartige „Lange Wellen" weltweit mit Ausnahme Großbritanniens für die letzten hundert Jahre nachweisen lassen, siehe dazu: Bieshaar/Kleinknecht, Kondratieff Long Waves, insb. S. 293f.

entwicklung in Deutschland seit der Frühindustrialisierung damit etwa wie folgt dargestellt werden:[2]

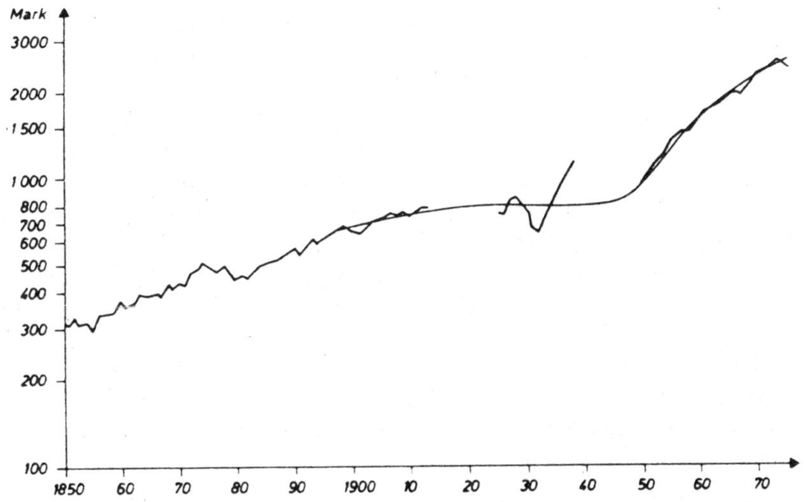

Nettosozialprodukt in konstanten Preisen je Einwohner und langwelliger Trend, Deutsches Reich und Bundesrepublik

Quelle: Knut Borchardt, Trend, Zyklus, Strukturbrüche, Zufälle: Was bestimmt die deutsche Wirtschaftsgeschichte des 20. Jahrhunderts?, in: derselbe, Wachstum, Krisen, Handlungsspielräume der Wirtschaftspolitik, Göttingen 1982, S. 110.

Abb. 1: Die Interpretation säkularen Wachstums nach der „Lange-Wellen-Hypothese"

Folgt man diesem Erklärungsansatz, so sind die produktionstechnischen Grundlagen für das rasche Wirtschaftswachstum der 50er Jahre offensichtlich als Konsequenzen der forcierten Umsetzung technischer Innovationen im Gefolge der nationalsozialistischen Autarkiebestrebungen und der Rüstungsinvestitionen zu sehen. Der davon, wie im nachfolgenden Kapitel noch zu zeigen sein wird, in den dreißiger Jahren ausgelöste Investitionsboom im Bereich der Grundstoff- und der Produktionsgüterindustrien bewirkte offenbar fortdauernd günstige strukturelle Ausgangsvoraussetzungen, die auch von den zunächst weit überschätzten direkten und mittelbaren Kriegsfolgen nicht wesentlich beeinträchtigt worden sind. Erst die militärische und politische Niederlage

[2] Vgl. Borchardt, Trend, Zyklus, Strukturbrüche, S. 112ff.

des Naziregimes schuf indes die Grundlagen dafür, daß der primär an Zwecken der Kriegsführung orientierte, schieflastige Ausbau der industriellen Produktionsbasis vorrangig für zivile Zwecke nutzbar gemacht und daß insbesondere die jahrelange Vernachlässigung der Verbrauchsgüterindustrien aufgeholt werden konnte.

Damit findet die von der Lange-Wellen-Hypothese angebotene Erklärung langfristiger Wachstumsschwankungen durch zyklische Innovationsschübe mit dem Hinweis auf die Bedeutung der ordnungspolitischen Rahmenbedingungen, unter denen die ablauforganisatorische Kombination der potentiellen Wachstumsfaktoren stattfindet, bereits eine wesentliche Ergänzung. Die volle Ausschöpfung der zur Kriegsvorbereitung geschaffenen wirtschaftstechnischen und innovatorischen Produktionspotentiale für die Wiederaufbauphase nach Kriegsende wäre demnach in entscheidendem Maße von der zunächst vorzunehmenden Klärung ungewisser besatzungspolitischer Entscheidungen abhängig gewesen: über Richtung und Ausmaß der nach den Potsdamer Vereinbarungen der Alliierten ursprünglich vorgesehenen Maßnahmen zur industriellen Abrüstung Deutschlands, über die Demontage von Produktionsanlagen für Reparationszwecke und andere Reparationsleistungen sowie schließlich über die Neuordnung der Eigentumsverhältnisse im zukunftsentscheidenden Bereich der Ruhrindustrien.

Sodann wäre es neben diesen externen besatzungspolitischen Neuordnungsvorgaben darauf angekommen, welche Verfahrensgrundsätze die Deutschen selbst bei der von ihnen durchzuführenden internen Neuordnung anwenden würden. Insbesondere den Entscheidungen über eine stärker föderalistisch oder zentralistisch ausgerichtete Verwaltungsstruktur in den bizonalen Verwaltungseinrichtungen, über eine mehr sozialistisch-zentralverwaltungswirtschaftliche oder liberal-marktwirtschaftliche Neuordnung der Wirtschaftsabläufe wäre dann eine zukunftsentscheidende Bedeutung für Intensität und Dauer der Realisationsmöglichkeit potentieller Wachstumsimpulse zugekommen.

Diesen Zusammenhang zwischen zyklischen Wachstumsschüben und begleitenden Veränderungen in den sozialen und politischen Rahmenbedingungen versucht insbesondere die „Strukturbruchhypothese" in den Erklärungszusammenhang miteinzubeziehen, indem sie die ökonomische Entwicklung Deutschlands seit der Jahrhundertwende in die drei Sub-Perioden Deutsches Kaiserreich, Weimarer Republik und Naziherrschaft, Bundesrepublik Deutschland aufteilt, wie es die nachfolgende Abbildung zeigt:[3]

[3] Zumal mit dem Konzept der Rekonstruktionsperiode kaum begründet werden könnte, warum es in Deutschland nach dem Ersten Weltkrieg nicht zu einem vergleichbaren Wirtschaftsaufschwung wie nach 1945 gekommen ist. Vgl. Abelshauser/Petzina, Krise und Rekonstruktion, S. 86

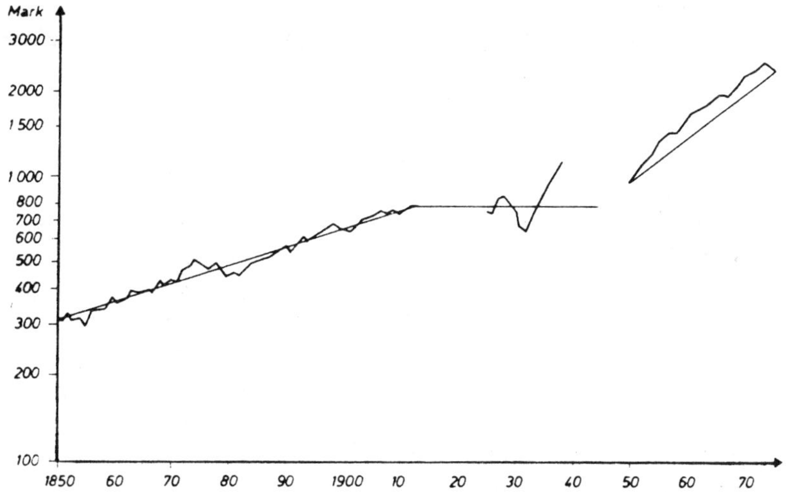

Nettosozialprodukt zu konstanten Preisen je Einwohner und gebrochener logarithmisch-linearer Trend, Deutsches Reich und Bundesrepublik Deutschland

Quelle: Knut Borchardt, Trend, Zyklus, Strukturbrüche, Zufälle: Was bestimmt die deutsche Wirtschaftsgeschichte des 20. Jahrhunderts?, in: derselbe, Wachstum, Krisen, Handlungsspielräume der Wirtschaftspolitik, Göttingen 1982, S. 113.

Abb. 2: Die Interpretation säkularen Wachstums nach der „Strukturbruchhypothese“

Die unterschiedliche Interpretation der Wachstumsentwicklung besteht bei dieser Erklärungsvariante vorrangig darin, daß sie die Bedeutung der Wendepunkte im säkularen Wachstumstrend akzentuiert und einen durchgehenden Erklärungszusammenhang ablehnt. Als Schwäche dieses Erklärungsansatzes ist anzusehen, daß demnach die Zeit von der Proklamation der Weimarer Republik 1918 über die nationalsozialistische Machtergreifung 1933 hinweg bis zum Kriegsende 1945 als eine zusammenhängende Wachstumsperiode interpretiert werden müßte.[4] Beide Erklärungsvarianten stimmen indes, wenn auch mit unterschiedlich akzentuierter Begründung, darin überein, daß der Währungsreform 1948 und der sie begleitenden marktwirtschaftlichen Liberalisierungspolitik eine deutliche Wendemarke im langfristigen Wachstumstrend gefolgt ist.

[4] Siehe dazu: Borchardt, Die Bundesrepublik Deutschland in den säkularen Trends, S. 145ff.

Für die thematisch im Vordergrund stehende Frage nach möglichen ordnungspolitischen Anknüpfungspunkten an die Erfolgsgrundlagen der Wiederaufbauphase könnte einer wachtumstheoretischen Synthese beider Erklärungsansätze große aktuelle Bedeutung zukommen, weil dann möglicherweise auch die der gegenwärtigen Beschäftigungskrise zugrunde liegenden versäumten Strukturanpassungsprozesse von einer Veränderung in den Rahmenbedingungen beschleunigt werden könnten. Bestanden die damaligen Herausforderungen in der notwendigen Umstellung von der Rüstungs- auf eine „Friedensproduktion“ und in der Bewältigung der Bevölkerungsumschichtungen, so könnte heute in der Umstellung auf umwelt- und ressourcenschonendere Produktionsverfahren, in der Integration des demografisch bedingten Zustroms junger Erwerbspersonen sowie im Abbau der bereits bestehenden Arbeitslosigkeit eine vergleichbare Herausforderung gesehen werden.

Eine Überprüfung der ordnungspolitischen Grundlagen früherer Wiederaufbauerfolge könnte somit nicht nur von entwicklungsgeschichtlichem Interesse sein, sondern auch Orientierungshilfen für eine wirtschaftspolitische Strategie zur Überwindung der hartnäckigen gegenwärtigen Arbeitslosigkeit liefern, indem zum einen Versäumnisse in der weiteren konzeptionellen Ausgestaltung der Sozialen Marktwirtschaft aufgezeigt werden, zum anderen, indem die früher noch vorhandene „Kongruenz im ordnungspolitischen Denken zwischen Wirtschaft, Arbeitsmarkt und Sozialpolitik“ damit neu begründet wird.[5]

Die behauptete Bedeutung ordnungspolitischer Reformen hat indes mit den Ergebnissen der von Manz (1968) für das französische und von Abelshauser (1975) für das amerikanisch-britische Besatzungsgebiet veröffentlichten Forschungsarbeiten zur wirtschaftlichen Entwicklung Widerspruch, zumindest aber Relativierung erfahren.[6] Gegenstand einer bis heute andauernden Kontroverse ist dabei insbesondere die Behauptung Abelshausers, daß „die Bedeutung der Währungsreform und der Marshallplanlieferungen als Treibsätze des Starts in das 'Wirtschaftswunder' der fünfziger Jahre .. relativiert werden“ müsse und daß auch „die Wirtschaftsordnung des westdeutschen Staates .. bei der Grundlegung des ökonomisch so erfolgreichen Dezenniums eine geringere Rolle als andere, systemunabhängige Wachstumsdeterminanten“ gespielt habe.[7]

Die hierzu vorangehend angeführten wachstumstheoretischen Begründungen lehnt Abelshauser mit dem Hinweis ab, daß es noch keinen geschlossenen theoretischen Erklärungszusammenhang für das „innere Bewegungsgesetz“ der Langen Wellen gebe. An der Strukturbruchhypothese bemängelt er, daß damit die Wachstumsabschwächung in der Bundesrepublik Deutschland während der 60er Jahre nicht hinreichend erklärt werden könnte. Außerdem hält er die in dieser Zeit mit der Rezeption des Keynesianismus neu angewandten konjunk-

---

[5] Kurt H. Biedenkopf, Kontinuität und Wandel, S. 16

[6] Gemeint sind: Werner Abelshauser, Wirtschaft in Westdeutschland, und Mathias Manz, Stagnation und Aufschwung

[7] Vgl. Abelshauser, Wirtschaftsgeschichte, S. 87f.

turpolitischen Instrumente (Globalsteuerung, mittelfristige Finanzplanung, Konzertierte Aktion) nicht für ordnungspolitisch so bedeutsam, daß daraus ein Bruch in den ökonomischen Rahmenbedingungen abgeleitet werden könnte.[8]

Während hinsichtlich der (entgegen der politischen) früher zumeist überschätzten materiellen Bedeutung des Marshall-Plans heute wohl der Auffassung von Abelshauser zuzustimmen ist, daß die Lieferungen erst eintrafen, als „der Prozeß der Ankurbelung der Produktion und die schwierige Phase der Durchsetzung des neoliberalen Wirtschaftsexperiments nach der Währungsreform praktisch vorüber waren",[9] bleibt der zweite Teil seiner These umstritten, und zwar vor allem wegen der sich — freilich unausgesprochen — dahinter verbergenden Implikationen: Wenn die Währungsreform und die Entscheidung für eine liberale Marktwirtschaft tatsächlich „keine wesentliche Beschleunigung der Wachstumsraten" ausgelöst haben,[10] sondern „der Beginn der bizonalen Rekonstruktion" schon früher, etwa für den Herbst 1947, angesctzt werden müßte,[11] so ließe sich daraus folgern, daß auch das von der SPD und den Gewerkschaften (parallel zur LabourParty und zu den französischen Sozialisten) zwar angestrebte, jedoch nicht zur Durchführung gelangte sozialistische Neuordnungskonzept unter diesen günstigen Ausgangsbedingungen wahrscheinlich vergleichbare Wiederaufbauerfolge aufzuweisen gehabt hätte.

Auf eben diese mögliche Alternative scheint die Behauptung von Abelshauser hinzuweisen, daß es nämlich schon in den Jahren 1946 und 1947 gelungen sei, auf wirksame Weise die Mittel der Wirtschaftsplanung und -lenkung einzusetzen, um die Versorgung zu sichern.[12] Genau dies ist der eigentliche und in seinen konjunktur- und ordnungspolitischen Konsequenzen für die gegenwärtige Wirtschaftssituation keineswegs nur historisch zu verstehende Kern der Kontroverse, zumal diese „Relativierungsthese" inzwischen in zahlreichen Publikationen und insbesondere auch in Schulbüchern weitgehende Verbreitung gefunden hat.[13]

Verhielte es sich so, daß dem die parteipolitische Auseinandersetzung der ersten Nachkriegsjahre beherrschenden ordnungspolitischen Dualismus zwischen „Planwirtschaft" und „Marktwirtschaft" für die Wiederaufbauerfolge tatsächlich nur marginale Bedeutung zugekommen wäre, indem ohnehin für

8 Vgl. Abelshauser, Wiederaufbau vor dem Marshall-Plan, S. 547

9 Abelshauser, Arm, aber nicht unterentwickelt, S. 94

10 Abelshauser, Schopenhauers Gesetz, S. 215

11 Vgl. Abelshauser, Wirtschaftsgeschichte, S. 45

12 Ferenc Janossy hat seine These von der Existenz einer „Rekonstruktionsperiode" erstmals 1965 in Ungarn, in deutscher Übersetzung „Das Ende der Wirtschaftswunder: Erscheinung und Wesen der wirtschaftlichen Entwicklung" 1966 veröffentlicht, im folgenden wird aus der fünf Jahre später erschienenen englischen Übersetzung „The end of the economic miracle. Appearance and reality in economic development" zitiert, in deren Vorwort *Janossy* (1968) feststellt, daß seine Wachstumsvoraussage sich für die Bundesrepublik Deutschland als zutreffend, für Japan hingegen als falsch erwiesen habe.

13 Vgl. Abelshauser, Wiederaufbau vor dem Marshall-Plan, S. 549

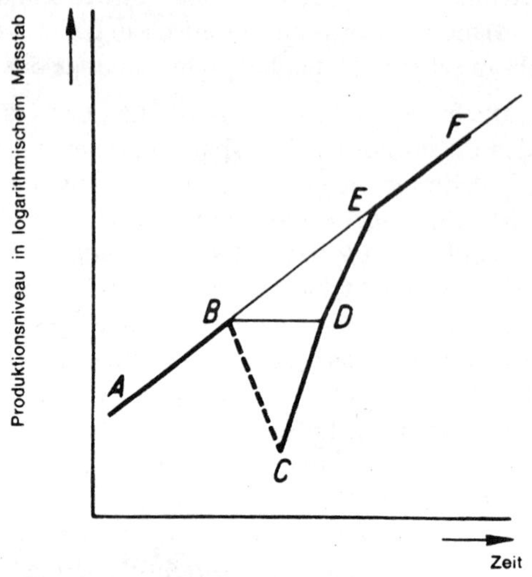

AF – Trendlinie der wirtschaftlichen Entwicklung
AB – Verlauf der Produktionsniveau-Linie bis Kriegsausbruch
BC – Durch den Krieg verursachtes Abfallen des Produktionsniveaus
CE – Verlauf der Produktionsniveau-Linie während der Rekonstruktionsperiode, und zwar
CD – bis zum Erreichen des Vorkriegsniveaus und
DE – bis zum Erreichen der Trendlinie
EF – Verlauf der Produktionsniveau-Linie nach der Rekonstruktionsperiode.

Quelle: Franz Janossy (unter Mitarbeit von Maria Hollo), Das Ende der Wirtschaftswunder. Erscheinung und Wesen der wirtschaftlichen Entwicklung, Frankfurt/Main, S. 18.

Abb. 3: Das wachstumstheoretische Erklärungskonzept der „Rekonstruktionsperiode“

jede Volkswirtschaft ein „natürlicher“ langfristiger Entwicklungspfad vorgegeben ist, der im wesentlichen von der zur Verfügung stehenden Anzahl und Qualifikation der Arbeitskräfte bestimmt wird, so wäre auch die gegenwärtige Wachstumsschwäche nicht durch eine ordnungspolitische Revitalisierung der marktwirtschaftlichen Dynamik zu überwinden.

Statt dessen würde sich das Wirtschaftswachstum nach Störungen nur durch die vorübergehend günstigeren Wachstumsbedingungen während einer „Rekonstruktionsperiode“ (siehe Abb. 3) kurzzeitig beschleunigen, um dann wieder auf seinen natürlich vorgegebenen Trend zurückzukehren.

Nach Abelshauser, der das am Arbeitskräftepotential orientierte wachstumstheoretische Konzept Janossys weitgehend übernimmt, ist nun „vor allem die unterschiedliche Dauer der Periode relativ schnellen Wachstums und deren Korrelation mit dem Ausmaß vorheriger Einbußen durch den Krieg und seine

Folgen" ein Kennzeichen dafür, daß nach 1948 eine solche Rekonstruktionsperiode vorgelegen hat, in der vorübergehend günstige Wachstumsbedingungen vorliegen, „weil auf erhebliche Produktivitätsreserven zurückgegriffen werden kann, die sich aus dem Abbau nachkriegsspezifischer Disproportionen in der Menge, der Qualität und der regionalen Verteilung der Produktionsfaktoren ergeben".[14]

Auch wenn dieser wachstumstheoretische Erklärungsansatz vor dem Hintergrund des „Wirtschaftswunders" nach der Währungsreform zunächst einleuchtend erscheinen mag, so ist die empirische Evidenz für den behaupteten langfristigen Wachstumstrend keineswegs als zwingend anzusehen, wie die folgende Abbildung zeigt:

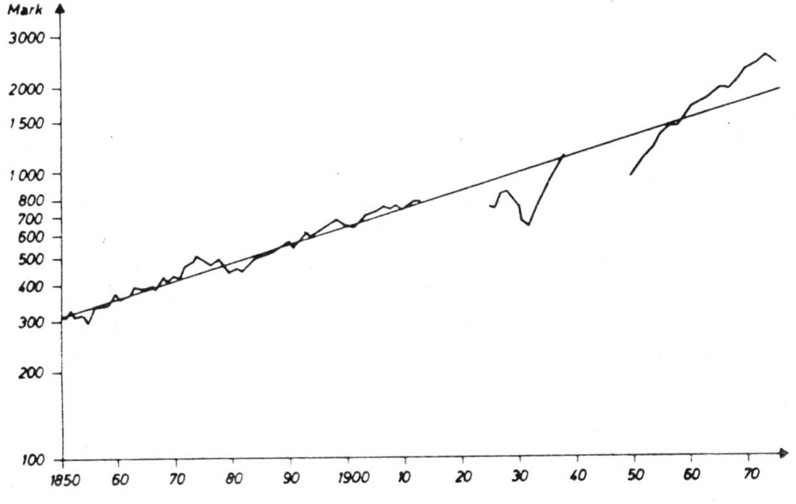

Nettosozialprodukt in konstanten Preisen je Einwohner und logarithmisch-linearer Trend, Deutsches Reich und Bundesrepublik Deutschland

Quelle: Knut Borchardt, Trend, Zyklus, Strukturbrüche, Zufälle: Was bestimmt die deutsche Wirtschaftsgeschichte des 20. Jahrhunderts?, in: derselbe, Wachstum, Krisen, Handlungsspielräume der Wirtschaftspolitik, Göttingen 1982, S. 107.

Abb. 4: Die Interpretation säkularen Wachstums nach der „Trendhypothese"

[14] Es ist in diesem Zusammenhang bemerkenswert, daß *Janossys* Eingeständnis seiner Fehlprognose für Japan „... the Japanese economic miracle is still going strong; it looks as if it had no end. In this respect I obviously erred, for I had considered the economic miracle over when it — temporarily — slowed down at the start of the 1960s", ein Land betrifft, das ebenso wie Deutschland als besiegte Nation eine völlige politische und wirtschaftliche Neuorientierung nach dem zweiten Weltkrieg vornehmen mußte. Janossy, The end of the economic miracle, zitiert aus dem Vorwort

Nicht nur, daß die behauptete langfristige Stabilität des Wachstumstrends über die sozialen und politischen Verwerfungen des Zweiten Weltkriegs hinweg als wenig plausibel angesehen werden muß, sondern auch die Beschreibung des Wachstumszusammenhangs durch getrennte Regressionsfunktionen mit jeweils unterschiedlicher Steigung, wie sie zum Beispiel im Rahmen der Strukturbruchhypothese vorgenommen worden ist, scheint die Entwicklung besser wiederzugeben, wobei dann allerdings der Wachstumsumbruch nach 1948 um so deutlicher hervortritt. Da Janossy zum Zeitpunkt seiner Veröffentlichung nur statistische Daten ab 1950 zur Verfügung gestanden haben, ist die Betonung frühzeitig in den Jahren 1946 und 1947 einsetzender Wachstumsimpulse bei Abelshauser wohl auch dazu gedacht, die empirische Begründung der Regressionsgeraden überzeugender aussehen zu lassen, als dies bei Janossy selbst der Fall ist, der die vorübergehend starken Abweichungen vom langfristigen Wachstumstrend durch fehlende Ausschöpfung des Arbeitskräftepotentials, also durch Arbeitslosigkeit, zu erklären versucht.[15]

Überhaupt findet die Bedeutung der quantitativen und qualitativen Entwicklung des Arbeitskräftepotentials, bei Janossy die tragende Grundlage seiner wachstumstheoretischen Argumentation, bei Abelshauser — aus naheliegenden Gründen — so gut wie keine Beachtung, denn in der Behauptung, daß „a country's economic potential is determined in the long run primarily by labor power, while scarcity in means of production can only reduce economic potential temporarily, since they are themselves a product of labor power",[16] liegt die zentrale Schwäche dieses Erklärungsansatzes. Weder durch zusätzliche Kapitalinvestitionen, noch durch verstärkten Forschungs- und Entwicklungsaufwand kann, nach Janossy, diese vom Arbeitskräftepotential gezogene Grenze überwunden werden.[17]

Während diese Begründung für die langfristige Wachstumsentwicklung aus heutiger Perspektive wohl weitgehend als obsolet anzusehen ist, vermag sie im analytisch-kurzfristigen Konzept der Rekonstruktionsperiode sehr wohl eine zutreffende Begründung zu liefern, weil in dieser Perspektive der technische Standard und die Struktur der Produktionsmittelausstattung als gegebene Größen anzusehen sind, so daß dann tatsächlich die kurzfristig verfügbare Einsatzqualität und -quantität des Faktors Arbeit zum entscheidenden Dispositionsfaktor wird. Aus der Anerkenntnis dieser Wirkungszusammenhänge resultiert indes durchaus kein Widerspruch zu den vorangehend dargestellten technologischen bzw. ordnungspolitischen Erklärungsansätzen der Wachstumsentwicklung, weil es, wie Janossy selbst konzediert, sehr wohl darauf ankommt, unter welchen Rahmenbedingungen („basic factors") das vorhandene Arbeitskräftepotential zum Einsatz gelangt. Sogar dauerhafte Abweichungen vom Wachstumstrend können durch entsprechende Veränderungen in

---

[15] Ebenda, S. 99

[16] Ebenda, S. 100ff.

[17] Siehe dazu ausführlich: Klump, Wirtschaftsgeschichte, S. 37ff.

diesem Bereich bewirkt werden: „First of all, the trendline only represents a potential possibility, which becomes reality in the actual production level only if the productive forces are fully unfolded. Second, the angle of the trendline itself is not God-given, but the result of certain particular production conditions that somehow force or stimulate people to do things rather than to laze about idly".[18]

Während also Janossy durchaus die Bedeutung der Wirtschaftsordnung in seine Überlegungen miteinbezog, dabei allerdings in langen Berechnungen den aus heutiger Sicht zweifelhaften Nachweis zu erbringen versuchte, daß vor allem durch den Übergang von kapitalistisch- marktwirtschaftlichen zu sozialistisch-planwirtschaftlichen Investitionsmotiven eine bessere Ausschöpfung des Arbeitskräftepotentials und damit eine Beschleunigung des Wirtschaftswachstums erreicht werden könnte,[19] wäre es von seiner vorangehenden Aussage gleichfalls nur ein kleiner Schritt zu der Annahme, daß von der Währungsreform und der Wiederherstellung eines funktionierenden marktwirtschaftlichen Lohn- und Preissystems entscheidende Anstöße zu vermehrter Arbeitsaufnahme und Arbeitsleistung ausgegangen sind. Abelshauser muß somit, um die angeblich weitgehende Bedeutungslosigkeit ordnungspolitischer Reformen wachstumstheoretisch fundieren zu können, eine ungleich stärkere Determination des säkularen Wachstumstrends annehmen, als dies bei Janossy der Fall gewesen ist.[20]

Eine Gültigkeit der mit der Janossy-Abelshauser-These beschriebenen Zusammenhänge hätte indes gravierende Konsequenzen für die Beurteilung der gegenwärtigen Wachstumsaussichten. Als Konsequenz müßte man sich dann wohl weitgehend damit abfinden, daß die endogenen Wachstumskräfte der Bundesrepublik Deutschland erschöpft sind und sie nun in das Stadium einer „aging economy" (Kindleberger) abgleitet, in der das nur noch geringe Wirtschaftswachstum eine Verschärfung der Verteilungs- und Sozialkonflikte erwarten läßt. Von einer Revitalisierung marktwirtschaftlicher Wachs-

---

[18] Janossy, The end of the economic miracle, S. 13

[19] Ebenda, S. 156ff., nach den zwischenzeitlichen Erfahrungen muß seine Kernthese aber wohl als überholt angesehen werden: „Competition, the impetus that drives development up to the limit set by profitability, becomes a brake on progress once that limit is reached. Only in a planned economy — or under capitalism where the state, or monopolies, consciously subordinate competition to economic policy — can this limit be exceeded. However contradictory it may sound, the possibility of accelerating economic development beyond a certain limit derives from the possibility of making „unprofitable" investments". Ebenda, S. 245f.

[20] Möglicherweise ist hierin der Anlaß zu sehen warum *Abelshauser* auf die der Rekonstruktionsthese *Janossy*s zugrunde liegenden Implikationen kaum eingeht. *Janossy* selbst bezieht mögliche Auswirkungen veränderter Rahmenbedingungen nämlich durchaus mit ein: „Although the trendline of a country's economic development may generally be extrapolated from the past into the future, this extrapolation presupposes that the basic factors that ultimately determine the ascent of the trendline — for example, production conditions — remain unchanged. Should they change, the trendline will suffer a break". Ebenda, S. 13

tumskräfte wäre dann jedenfalls wenig zu erwarten, eher schon davon, die noch verbliebenen konjunkturpolitischen Handlungsspielräume mit einer stärker „keynesianisch gelenkten Marktwirtschaft“ auszuschöpfen, indem die nachlassenden Wachstumskräfte durch staatliche Nachfrageinjektionen gestützt und durch eine strukturorientierte „Reform der Globalsteuerung“[21] an die veränderten Gegebenheiten angepaßt werden.

Entsprechend wären dann weder in der Ausgangssituation nach 1945 (und auch nicht früher) Ansatzpunkte für eine ordnungspolitische Neuorientierung zur Sicherung von Sozialpartnerschaft und Gemeinwohlbindung zu finden, noch könnte es dann überhaupt sinnvoll sein, eine den wettbewerbssichernden und machtverteilenden Systemprinzipien der Sozialen Marktwirtschaft adäquate Balance zwischen den Sozialpartnern selbst und in ihrem einseitigen oder gemeinsamen Verhältnis zum Staat begründen zu wollen. Statt dessen wäre dann eher eine den neuen Steuerungserfordernissen angemessene, korporativistische Verflechtung von Staat, Gewerkschaften und Arbeitgeberverbänden anzustreben, so zum Beispiel durch Ausbau der betrieblichen und der gesamtwirtschaftlichen Mitbestimmung.

Gegenüber diesen Konsequenzen der Janossy-Abelshauser-These ist es für eine eventuelle Anwendbarkeit der erstgenannten Neuordnungsalternative somit erforderlich, zunächst die produktionstechnischen und arbeitskräftemäßigen Grundlagen der wirtschaftlichen Ausgangssituation nach 1945 zu untersuchen, um sodann, vor diesem Hintergrund, die Auswirkungen der Währungsreform und der zeitlich parallel eingeleiteten marktwirtschaftlichen Reformen überprüfen und beurteilen zu können.

1.1.2 Die wirtschaftlichen Ausgangsvoraussetzungen

Für eine Beurteilung der wirtschaftlichen Ausgangslage nach 1945 ist zunächst das Ausmaß der mit dem militärischen und politischen Zusammenbruch des Hitlerregimes verbundenen bedingungslosen Kapitulation als weltgeschichtliches Novum zu berücksichtigen, weil damit Deutschland gänzlich dem Gestaltungswillen der Siegermächte unterworfen und somit ein selbständiges Wiederanknüpfen an bestehende Strukturen weitgehend ausgeschlossen worden war. Auch wenn ordnungspolitisch nicht von einer „tabula rasa“ gesprochen werden konnte, so mußten doch, wie noch zu zeigen sein wird, hinsichtlich Föderalismus oder Zentralismus und Planwirtschaft oder Marktwirtschaft höchst unterschiedliche institutionelle Regelungsalternativen, jedenfalls prinzipiell und anfänglich, als durchsetzbar gelten. Diese Offenheit in der Systemfrage hat sich, zumindest in Teilbereichen der Wirtschaftsordnung, bis heute im Grundgesetz erhalten und bildet einen wesentlichen Anlaß dafür, warum der

---

[21] Abelshauser, Wirtschaftsgeschichte, S. 168. In einer Rückkehr zur Ordnungspolitik der fünfziger Jahre sieht *Abelshauser* dagegen keine „Alternative zum Keynesianismus“. Ebenda

vorangehend beschriebenen Neuordnungskontroverse eine weit über die bloße historische Betrachtung hinausreichende Gegenwartsbedeutung beizumessen ist.

Zudem befand sich Deutschland 1945 nach dem äußeren Erscheinungsbild in einer wirtschaftlich so desolaten Situation, daß berechtigte Zweifel daran bestanden, ob es sich aus eigener Kraft jemals wieder erholen können würde. Statt dessen überwog in der Öffentlichkeit die Auffassung, daß die Deutschen noch auf viele Jahre notleidend bleiben würden. Vor allem das ungeheure Ausmaß an Zerstörungen in den Wohngebieten sowie die Lähmung allen öffentlichen Lebens durch fehlende Transportmittel und Verkehrsverbindungen hatten zu diesem Eindruck beigetragen, der den raschen späteren Wiederaufstieg als rätselhaft, eben als ein „Wirtschaftswunder" erscheinen ließ. Es läßt sich aber zeigen, daß die wirtschaftlichen Ausgangsvoraussetzungen nach den enormen vorangegangenen Rüstungsinvestitionen vor allem im Bereich der Grundstoff- und Produktionsgüterindustrien trotz Kriegszerstörungen und Demontagen tatsächlich so ungünstig nicht waren, sondern daß eher von durch verschiedene, noch zu erläuternde Faktoren „paralysierten" Wachstumskräften gesprochen werden muß.

Die Dimensionen der Wohnraumzerstörungen lassen sich ermessen, wenn die Ergebnisse der Wohnungszählung vom September 1950 vergleichbaren Auswertungen im Rahmen der Volkszählung vom Mai 1939 gegenübergestellt werden. Demnach wiesen trotz der inzwischen erfolgten Neubauten bzw. Wiederherstellungen noch im Jahre 1950 zum Beispiel die Städte Hamburg 30 vH, Bremen 19 vH, Düsseldorf 21 vH, Köln 24 vH und West-Berlin 26 vH weniger Wohnungen im Vergleich zum Ausgangsbestand 1939 auf und selbst von diesen verbliebenen Wohnungen waren im Durchschnitt über die Hälfte noch von Kriegsschäden betroffen.[1] Insgesamt waren 1945 in den nach den Potsdamer Vereinbarungen Deutschland verbliebenen Gebieten „von 16 Millionen Gebäuden 2,34 Millionen zerstört und weitere 4 Millionen mindestens zu 25 vH beschädigt".[2] Hinzu kommen die statistisch nicht erfaßten, sicherlich aber noch über die Wohnraumzerstörungen hinausgehenden Verluste an Hausrat und sonstigen Einrichtungsgegenständen, insbesondere durch die vom Luft- und Bodenkrieg hervorgerufenen Brände.

Schließlich hat die millionenfache Zuwanderung der Flüchtlinge und Vertriebenen von Ost nach West zu einer weiteren Verschärfung der Versorgungslage an Wohnsubstanz und Dingen des täglichen Gebrauchs geführt. Als Eckpunkte

[1] Siehe dazu: Statistisches Jahrbuch, 1952, Tabelle S. 220/21, Spalten 2 und 6. Die Prozentwerte wurden als Differenzen der jeweiligen Einzelergebnisse der Spalten 6 und 2 in Relation zu den Einzelergebnissen von Spalte 6 ermittelt. Einen hohen Anteil beschädigter Wohnungen wiesen vor allem die Großstädte auf, so zum Beispiel: Hamburg 45 vH, Bremen 51 vH, Düsseldorf 57 vH, Köln 54 vH und West-Berlin sogar über 73 vH. Siehe dazu: Statistisches Jahrbuch, 1953, Tabelle S. 288/89, Einzelergebnisse von Spalte 12 in Relation zu Spalte 6

[2] Michael Balfour, Vier-Mächte-Kontrolle, S. 18

einer Bilanz dieser Bevölkerungsbewegung lassen sich die Ergebnisse der letzten Volkszählung im Deutschen Reich vom 17. Mai 1939 und derjenigen vom Oktober 1946 für den Bereich der vier Besatzungszonen festhalten. Im Gebiet der heutigen Bundesrepublik Deutschland lebten demnach 1939 über 39 Millionen Einwohner, bis 1946 erhöhte sich diese Zahl auf fast 44 Millionen. Trotz der für das Deutsche Reich insgesamt zu verzeichnenden Verluste von 3,76 Millionen Wehrmachtsangehörigen und knapp 2 Millionen Zivilpersonen ist die Wohnbevölkerung hier somit um nahezu 5 Millionen Menschen angestiegen.[3]

Das gesamte Ausmaß dieser gewaltigen Bevölkerungsverlagerung erschließt sich jedoch erst unter Berücksichtigung der ehemaligen Ostgebiete des Deutschen Reiches (Ostpreußen, Ostpommern, Ostbrandenburg und Schlesien) mit im September 1939 noch über 9,5 Millionen deutschen Einwohnern, von denen im Bundesgebiet des Jahres 1946 bereits 5,9 Millionen als Heimatvertriebene registriert worden waren. Hinzuzurechnen sind noch mehr als eine Million Flüchtlinge aus der damaligen sowjetischen Besatzungszone, so daß sich das Gesamtergebnis dieser Zuwanderung schon bis 1951 auf über 8 Millionen erhöhte.[4]

Die Versorgung und Unterbringung der Opfer dieses Massenexodus wäre auch unter normalen wirtschaftlichen Bedingungen nur unter größten Schwierigkeiten zu bewältigen gewesen, in einer Situation allgegenwärtigen Mangels wurden dadurch „die Verhältnisse vollends an den Rand der Katastrophe gebracht“.[5] Auf welch niedriges Niveau die Nahrungsmittelversorgung in den ersten Nachkriegsjahren absank, wird schon daraus ersichtlich, daß es den Siegermächten zunächst nicht gelang, nach der Besetzung Deutschlands auch nur den bisherigen Versorgungsstand aufrechtzuerhalten. Hatte die durchschnittliche Kalorienversorgung 1936 mit 3.113 Kalorien pro Tag noch knapp über der Norm des Völkerbundes von 3.000 Kalorien gelegen, so standen dem Normalverbraucher selbst im Frühjahr 1945 immerhin noch durchschnittlich 2.010 Kalorien zur Verfügung. Der Tiefstand wurde erst im Frühjahr 1946 mit je Person durchschnittlichen 1.564 Kalorien in der US-Zone und nur 1.209 Kalorien in der französischen Zone erreicht.[6] Am weitesten blieb die Nahrungsmittelversorgung in den vom Krieg besonders betroffenen und zudem dicht besiedelten Ballungsräumen des in der britischen Zone liegenden Ruhrgebiets zurück. Hier sackte in den naturbedingt besonders kritischen Frühjahrsmona-

---

[3] Siehe dazu: Kurt Horstmann, Deutsche Bevölkerungsbilanz, S. 493 und Statistisches Jahrbuch, 1952, Tabellen S. 12, 13 und 30

[4] Siehe dazu: Werner Nellner, Die Vertreibungsverluste, S. 497

[5] Wolfgang Jacobmeyer, Die Niederlage 1945, S. 14

[6] Zitiert nach: Wolfgang Benz, Wirtschaftspolitik zwischen Demontage und Währungsreform, S. 74. Die Kalorienzuteilung in der französischen Zone lag nach den Angaben von *Manz* sogar noch beträchtlich darunter, im April und Mai 1946 sogar unter 1000 Kalorien pro Tag und Normalverbraucher. Manz, Stagnation und Aufschwung, Tabelle auf S. 74

ten die vorgesehene Zuteilungsrate auf bis zu 1.050 Tageskalorien im Juni 1946 und 1.080 Tageskalorien im Mai 1947 ab.[7] Dabei wäre noch zu berücksichtigen, daß selbst diese am Existenzminimum bemessenen Rationen häufig wegen Transportschwierigkeiten oder ausbleibenden Importen nicht wie vorgesehen ausgeteilt werden konnten, so daß vielfältige Unterernährungserscheinungen auftraten.[8]

Diese Sachverhalte sind für eine Beurteilung der späteren Wirtschaftsentwicklung vor allem deshalb bedeutsam, weil den enormen aufgestauten Bedürfnissen der privater Haushalte nach Nahrungsmitteln und nach Gebrauchsgütern im konjunkturpolitischen Konzept Ludwig Erhards eine besondere Bedeutung zukam. Erhard hoffte, wie noch zu zeigen sein wird, mit einer raschen Überwindung des Bewirtschaftungssystems durch marktwirtschaftliche Liberalisierung sowie durch eine Währungsreform die Voraussetzungen dafür zu schaffen, daß diese potentielle Nachfrage, erst einmal mit Kaufkraft ausgestattet, schon von sich aus als Initialzündung für private Investitionen wirken und schließlich einen sich selbst tragenden Aufschwung entfachen würde.

Zunächst erzwangen Versorgungsmisere und Wohnungsnot indes schon bald Maßnahmen, um Flüchtlinge und sonstige Obdachlose aus den Ballungsgebieten in weniger belastete Regionen umzusiedeln. Als Folge verzeichnete zum Beispiel Schleswig-Holstein im Oktober 1946 bereits einen Bevölkerungszuwachs gegenüber 1939 von 66,8 vH, Niedersachsen einen solchen von 41,7 und Bayern einen Zuwachs von 28,3 vH. In den Großstädten und im unter den bestehenden Bedingungen weit überbevölkerten Nordrhein-Westfalen nahm die Bevölkerung hingegen stark ab.[9]

Als Folge dieser „Vertreibung der Vertriebenen“ entstand in den von der Zuwanderung betroffenen Gebieten zunächst eine hohe strukturelle Arbeitslosigkeit, die in vielen Fällen nur durch die Aufnahme einer berufsfremden Tätigkeit, zumeist in der Landwirtschaft, überwunden werden konnte. Auf der anderen Seite wurde mit dieser regionalen Umschichtung nicht nur eine Entlastung der industriellen Ballungsgebiete von Versorgungsproblemen erreicht, sondern der Einsatz der überschüssigen Arbeitskräfte auch genau dorthin gelenkt, wo er vor dem Wiederanlaufen der industriellen Produktion den zunächst größten Nutzwert versprach, nämlich in die Landwirtschaft.[10]

---

[7] Siehe dazu: John H. Backer, Priming the German Economy, S. 57

[8] “In Köln besaßen am Ende des Jahres 1945 nur 12 Prozent der Kinder das altersmäßige Normalgewicht; das Durchschnittsgewicht von männlichen Erwachsenen lag Mitte 1946 in der amerikanischen Zone bei ca. 51 Kilogramm und sank in den nächsten Jahren eher noch weiter ab; und in einer Großstadt wie Hamburg litten Ende 1946 über 10.000 Personen an ausgesprochenen Hungerödemen“. Jacobmeyer, Die Niederlage 1945, S. 17

[9] Vgl. Wirtschaft und Statistik, Jg. 1949-50, Tabelle S. 395 im Zahlenteil

[10] Eben daher hat *Abelshauser* nur in mittelfristiger Perspektive recht, wenn er angesichts der Aussiedlung von Arbeitskräften aus den Industrie- und Dienstleistungszen-

Insgesamt blieb damit auch das aufgrund des Bevölkerungszustroms eigentlich zu erwartende Ausmaß an „offener" Massenarbeitslosigkeit weitgehend aus. Bereits im Dezember 1947 lag die Arbeitslosenrate in der amerikanischen Zone nur mehr bei 4,8 vH, in der britischen Zone bei 3,0 vH und in der sowjetischen Zone sogar bei nur 2,0 vH.[11] Das beschäftigungspolitische Hauptproblem bestand somit eher in der erzwungenermaßen geringen Arbeitsproduktivität im industriellen Sektor sowie in der durch Fehlallokation bedingt unzureichenden Nutzung an sich vorhandener beruflicher Qualifikationen.

Im Zusammenhang mit den vorangehend dargestellten Versorgungsmängeln ergibt sich hieraus eine weitere wichtige Funktion der Währungsreform und der parallel dazu durchgeführten marktwirtschaftlichen Liberalisierungspolitik Ludwig Erhards, indem damit die Voraussetzungen dafür geschaffen wurden, daß von den Kaufkraftanreizen des neuen Geldes und von den Knappheitssignalen der freigegebenen Preise veränderte Steuerungsimpulse ausgehen konnten, um die zunächst administrativ festgesetzten Prioritäten für den Einsatz von Arbeitskräften nunmehr nach der Leistungseffizienz flexibel und situationsadäquat neu zu ordnen und notwendige Strukturanpassungsprozesse möglichst rasch abzuschließen. Die davon ausgehende Arbeitskräftenachfrage konnte somit eine selektive Sogwirkung entfalten, mit der parallel zum Tempo der wirtschaftlichen Erholung eine dosiert ablaufende Anwerbung und Rückwanderung von arbeitsfähigen Personen besonders gefragter beruflicher Qualifikationen vorgenommen werden konnte, wohingegen deren Familien zumeist erst später nachfolgten und die erwerbsunfähigen oder erwerbsbeschränkten Vertriebenen durch den beschriebenen „Siebungseffekt"[12] als „soziales Gepäck"[13] häufig in den ländlichen Regionen zurückblieben. Im Gesamtergebnis entstand somit nach Funktionsweise und wirtschaftlichem Effekt eine Entwicklung, die wohl zutreffend mit den bereits 1955 einsetzenden Anwerbungsaktionen ausländischer Arbeitskräfte verglichen werden könnte.

Neben der beschriebenen Fehlallokation der deutschen Arbeitskräfte ist sowohl für den wirtschaftlichen Wiederaufschwung als auch für die weitere Arbeitsmarktentwicklung vor allem noch der nach Kriegsende schlagartig eintretende millionenfache Ausfall der zuvor eingesetzten Fremd- und Zwangsarbeiter von einer Bedeutung gewesen, die bislang nicht genügend Berücksichtigung gefunden hat.

---

tren der Ballungsgebiete von einer „Fehlleitung des Arbeitskräftepotentials" spricht, denn in der unmittelbaren Nachkriegszeit hätten diese Menschen an ihren von der Qualifikation her angestammten Arbeitsplätzen keine Nahrung und Unterkunft gefunden. Abelshauser, Wirtschaft in Westdeutschland, S. 110f.

[11] Vgl. Charlotte Arnold, Der Arbeitsmarkt in den Besatzungszonen, S. 49ff. und S. 58ff.

[12] Dietrich Hilger, Die mobilisierte Gesellschaft, S. 105

[13] Gerhard Reichling, Die Heimatvertriebenen, S. 43

Zwar haben Abelshauser für das britisch-amerikanische Besatzungsgebiet und Manz für die französische Besatzungszone nachgewiesen, daß, gemessen am Ausmaß der Gesamtbevölkerung, trotz der Kriegsverluste das vorhandene deutsche Arbeitskräftepotential aufgrund der Zuwanderungsgewinne vor allem aus den ehemaligen Ostgebieten des Deutschen Reiches an sich nicht zum Engpaßfaktor geworden wäre,[14] doch darf dabei nicht übersehen werden, daß ein Großteil der soeben erst aus der Kriegsgefangenschaft Entlassenen, der Flüchtlinge und Vertriebenen, der einheimischen Obdachlosen zunächst de facto dem Arbeitsprozeß nicht zur Verfügung stehen konnte, da die fehlenden Verkehrsverbindungen und Informationsmöglichkeiten sowie die beschriebenen Versorgungsengpässe es nicht zuließen, die an sich gegebene Disponibilität an Arbeitskräften auch in entsprechende Mobilität umzusetzen.

Vor allem aber würde eine auf die deutsche Bevölkerungsentwicklung beschränkte Betrachtungsweise vernachlässigen, daß der Stichtag der Kapitulation auf einen Schlag ein Millionenheer von in nahezu allen Wirtschaftsbereichen beschäftigten Arbeitskräften freigesetzt hat, nämlich alle diejenigen, welche aus den eroberten Gebieten als verschleppte oder angeworbene Fremdarbeiter, als zwangsverpflichtete Kriegsgefangene, als Häftlinge aus Konzentrationslagern unter oft unmenschlich harten Bedingungen zu Frondiensten gezwungen worden waren. Selbst unter der wohl berechtigten Annahme, daß die Arbeitskräftebilanz im besetzten Deutschland insgesamt annähernd ausgeglichen gewesen sein dürfte, bleibt doch die zeitliche und quantitative Dimension zu beachten, mit der dieser plötzliche Ausfall ausländischer Arbeitskräfte durch einen nur ungleich langsamer ablaufenden Reintegrationsprozeß zurückkehrender oder zuwandernder deutscher Arbeitskräfte kompensiert werden mußte.

Die in Abbildung 5 wiedergegebenen Tabellen lassen erkennen, welches Ausmaß der Einsatz ausländischer Arbeitskräfte insbesondere seit 1943 angenommen hatte. So waren im 1944 erreichten Höchststand allein schon in der Industrie über 30 vH der Beschäftigten Ausländer, ihre Gesamtzahl betrug über 7 Millionen. Der plötzliche massenstreikähnliche Ausfall einer so großen Anzahl von Arbeitskräften — etwa eines Drittels der insgesamt Tätigen — hat sich vor allem deswegen so lähmend auf das gesamte Wirtschaftsleben nach 1945 ausgewirkt, weil davon vorrangig die für die Versorgung der Bevölkerung vitalen Bereiche der Land- und Bauwirtschaft sowie der Bergbauindustrien betroffen wurden. So waren zum Beispiel im November 1944 von rund 5 Millionen in der Landwirtschaft Tätigen über 2 Millionen Ausländer, im Steinkohlenbergbau von 800.000 Beschäftigten 300.000 Fremdarbeiter und in der Bauwirtschaft waren sogar zur Hälfte Fremdarbeiter tätig.[15] Wie hatte es zu dieser enormen Abhängigkeit von ausländischen Arbeitskräften kommen können?

---

[14] Vgl. Abelshauser, Wirtschaft in Westdeutschland, S. 103ff. und Manz, Stagnation und Aufschwung, S. 64ff.

[15] Vgl. Hans Pfahlmann, Fremdarbeiter und Kriegsgefangene, S. 233f. und die zugehörigen Tabellen

Bilanz der Arbeitskräfte in Deutschland 1939 bis 1944

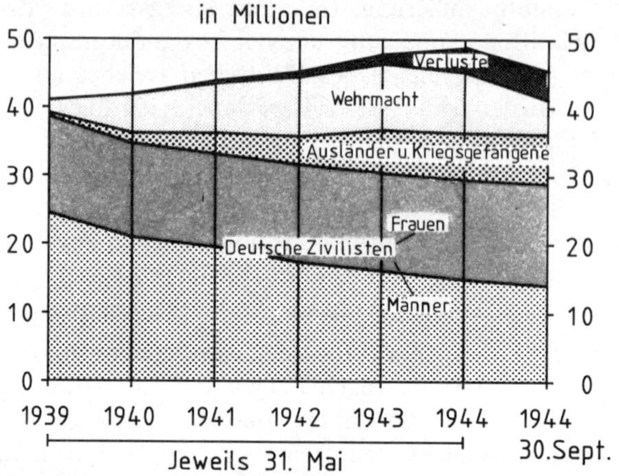

Der Einsatz von Ausländern und Kriegsgefangenen in der deutschen Industrie (nach prozentualen Anteilen deutscher Arbeitskräfte an der Gesamtbeschäftigtenzahl im Gebiet des Altreiches von 1937)

	1939	1940	1941	1942	1943	1944
Grundstoffindustrie	98 vH	97 vH	89 vH	84 vH	73 vH	68 vH
Konstruktionsindustrie	99 vH	99 vH	93 vH	85 vH	72 vH	69 vH
Bauwirtschaft	96 vH	87 vH	65 vH	60 vH	54 vH	51 vH
Übrige verarb. Industrie	99 vH	98 vH	95 vH	92 vH	86 vH	85 vH

Quelle: "Kriegswirtschaftliche Kräftebilanz der deutschen Industrie-Altreich (1937)" des Statistischen Reichsamtes, Abt.VI, abgedruckt in: Rolf Wagenführ: Die deutsche Industrie im Kriege 1939 bis 1945. Berlin 1963, S.149 ff.

Einsatz von Ausländern und Kriegsgefangenen[1] in Millionen

Zeit Ende Mai	Insgesamt	davon in				
		Landwirtschaft	Industrie	Handwerk	Verkehr	Übrige Wirtschaft
1941	3,0	1,5	1,0	0,3	0,1	0,1
1942	4,2	2,0	1,4	0,3	0,2	0,3
1943	6,3	2,3	2,8	0,4	0,3	0,5
1944	7,1	2,6	3,2	0,5	0,4	0,4

[1] Kräftebilanz des Statistischen Reichsamts

Quelle: Rolf Wagenführ: Die deutsche Industrie im Kriege 1939 bis 1945. Berlin 1963, S.46.

Abb. 5: Die Entwicklung des Arbeitskräfteeinsatzes in der deutschen Volkswirtschaft während der Kriegsjahre

Nachdem bereits im Jahre 1938 im Deutschen Reich eine weitgehende Ausschöpfung des eigenen Arbeitskräftepotentials sichtbar geworden war,[16] hatte der Reichsverteidigungsrat am 23. Juni 1939 auf seiner letzten Sitzung vor Kriegsbeginn beschlossen, den durch die Einberufungen zu erwartenden Arbeitskräftemangel mit dem Einsatz von angeworbenen freiwilligen oder aber auch von zwangsverpflichteten „Ostarbeitern" zu überwinden. Auf diese Weise kamen bereits im ersten Halbjahr 1940 nach der Niederlage Polens einige hunderttausend neue ausländische Arbeitskräfte in der deutschen Landwirtschaft zum Einsatz.[17] Nach den militärischen Erfolgen über Frankreich änderte sich das Einsatzspektrum insoweit, als nun auch in den Bereichen der gewerblichen Wirtschaft angeworbene und zwangsverpflichtete Arbeitskräfte eingesetzt wurden, so daß bereits im Oktober 1940 von den insgesamt 1.298.226 eingesetzten ausländischen Arbeitskräften 741.550 in der Landwirtschaft und 556.676 in der gewerblichen Wirtschaft tätig waren.[18]

Bis 1942 versuchten die Nationalsozialisten, den steigenden Arbeitskräftebedarf mit diesem Wechselspiel von Anwerbung und Zwangsverpflichtung abzudecken. Erst als aufgrund der abschreckenden Besatzungspolitik der Widerstand gegen Anwerbungen wuchs, wurden schließlich Zwangsmaßnahmen zur nahezu einzigen Möglichkeit, durch ein systematisches „Auskämmen" der Bevölkerungsjahrgänge in den eroberten Gebieten weitere Arbeitskräfte zu erfassen und zu überführen. Am 23. Dezember 1942 waren dadurch bereits über 3 Millionen Fremdarbeiter in der deutschen Wirtschaft tätig, davon 1.725.000 Kriegsgefangene.[19]

Eine weitere Verschärfung der Arbeitskräftebeschaffung ergab sich mit der am 29. Januar 1943 angekündigten „totalen Erfassung" aller arbeitseinsatzfähigen deutschen Männer und Frauen sowie mit der Ausrichtung der gesamten Wirtschaftsstruktur auf den ausschließlichen Bedarf der Rüstungsindustrie. Als Folge wurden zahlreiche Unternehmen des Dienstleistungsgewerbes und des Handels geschlossen, das Bank- und Versicherungswesen verstärkt rationalisiert. Tatsächlich gelang es durch diese Maßnahmen, den Ausstoß der Rüstungsindustrie bis weit in das Jahr 1944 hinein noch einmal auf neue Rekordhöhen zu steigern. Der Januskopf dieser intensivierten Umsetzung deutscher Arbeitskräfte aus zivilen in militärische Beschäftigungsbereiche bestand in einer weiter

---

[16] Auch vor Kriegsausbruch hatte es schon etwa eine halbe Million ausländischer Arbeitskräfte im Gebiet des Deutschen Reiches gegeben. Vgl. Ebenda, S. 12

[17] Vgl. Dietrich Eichholz, Geschichte der deutschen Kriegswirtschaft, S. 92 und S. 101. Nach anfänglichen Erfolgen kamen aber schon bald kaum noch freiwillige Anwerbungen zustande. Vgl. Edward L. Homze, Foreign Labor in Nazi German, S. 42 ff. Für die Bevölkerung des sog. Generalgouvernements Polen wurde bereits im Oktober 1939 eine „Arbeitspflicht" eingeführt, die für alle Polen von 18 bis 60 Jahren gelten sollte. Der jüdische Bevölkerungsanteil unterlag dabei verschärften Bestimmungen. Vgl. Kannapin, Wirtschaft unter Zwang, S. 89

[18] Vgl. Pfahlmann, Fremdarbeiter und Kriegsgefangene, S. 119

[19] Ebenda, S. 33ff. und S. 122ff.

steigenden Abhängigkeit von ausländischen Arbeitskräften: während 1942 im Reichsgebiet 2,64 Millionen ausländischer Zivilisten und 1,47 Millionen Kriegsgefangene als Arbeitskräfte tätig gewesen waren, stieg diese Beteiligung 1943 auf 4,64 bzw. 1,62 Millionen und im Jahre 1944 noch einmal auf 5,30 bzw. 1,83 Millionen.[20]

Insgesamt hatte sich damit, wie Abbildung 5 zeigt, die Struktur der Arbeitskräftebilanz des Deutschen Reiches so verändert, daß, ausgehend vom Jahre 1939, in dem praktisch Vollbeschäftigung herrschte, sich der Bestand von insgesamt 39,1 Millionen zivilen deutschen und 300.000 ausländischen Arbeitskräften bis zum Jahre 1944 dahingehend veränderte, daß schließlich 28,4 Millionen zivilen deutschen Arbeitskräften etwa 7,5 Millionen Fremdarbeiter und Kriegsgefangene gegenüberstanden. Da der Anteil der beschäftigten weiblichen deutschen Arbeitskräfte dabei nahezu konstant geblieben ist, war somit ein Absinken der Anzahl männlicher deutscher Arbeitskräfte um etwa 11 Millionen zu verzeichnen.

Gegenüber diesen Ergebnissen ist noch zu vergegenwärtigen, daß die Gesamtzahl der unselbständig Beschäftigten auf dem Gebiet der vier Besatzungszonen (mit Berlin) im Juni 1946 nur 17,78 Millionen, im Juni 1947 nur 20,1 Millionen Personen betragen hat.[21] Schließlich müßten noch die gleichfalls zu Arbeitseinsätzen gezwungenen Häftlinge aus den Konzentrationslagern berücksichtigt werden, deren Anzahl insgesamt wohl Hunderttausende betragen hat.[22]

Für die Situation nach 1945 ist aus dieser Gesamtentwicklung noch von Bedeutung, daß es trotzdem Leitmotiv der nationalsozialistischen Steuerung des Arbeitseinsatzes geblieben war, die rüstungsrelevanten Wirtschaftsbereiche nicht in die Abhängigkeit von ausländischen Arbeitskräften geraten zu lassen und hier keine vermeidbaren Sicherheitsrisiken einzugehen. Auch aus diesen Gründen blieb es den Unternehmern ausdrücklich untersagt, selbst ausländische Arbeitskräfte anzuwerben, vielmehr durften lediglich Zuteilungsanträge an die jeweiligen Arbeitsämter gestellt werden.[23] Dies hatte zur Folge, daß nach Kriegsende abrupt eine enorme Fehlallokation der Arbeitskraftressourcen eintrat, weil aus den stillgelegten Rüstungsbetrieben nun vorrangig deutsche Arbeitskräfte in die Beschäftigungslosigkeit entlassen wurden, wohingegen es in den für die zukünftige Friedensproduktion wesentlichen Bereichen, so vor allem

---

[20] Vgl. Kannapin, Wirtschaft unter Zwang, S. 111f. und die Angaben bei Homze, Foreign Labor, S. 144ff. und S. 233

[21] Vgl. Charlotte Arnold, Der Arbeitsmarkt in den Besatzungszonen, S. 36

[22] Nach *Kannapin* waren im August 1944 insgesamt 524.277 Personen auf dem Gebiet des Deutschen Reiches in Konzentrationslagern. Viele von ihnen waren nicht arbeitsfähig. Im Februar 1944 wurden bei der Luftwaffe rund 36.000 Häftlinge zur Zwangsarbeit eingesetzt, in der Rüstungsendfertigung insgesamt etwa 32.000 Häftlinge. Bekannt geworden ist vor allem das Beispiel der IG-Farben, bei der 1944 rund 7.000 Häftlinge zwangsbeschäftigt waren. Vgl. Kannapin, Wirtschaft unter Zwang, S. 119ff.

[23] Vgl. Kannapin, Wirtschaft unter Zwang, S. 84f. und S. 89

in der Land- und Bauwirtschaft, vorwiegend ausländische Arbeitskräfte waren, die für den weiteren Einsatz ausfielen.

Neben den durch Arbeitskräfteausfall und Fehlallokation verursachten Produktionslähmungen sowie der durch die Bevölkerungszuwanderung verschärften allgemeinen Versorgungslage ist für das äußere Erscheinungsbild der wirtschaftlichen Ausgangssituation im besetzten Deutschland vor allem die nahezu vollständige Lähmung der Verkehrsverbindungen kennzeichnend gewesen. Im Gegensatz zu den Flächenbombardierungen ziviler Wohngebiete hatte aber der Einsatz der amerikanisch-britischen Luftüberlegenheit für die systematische Zerstörung der Transportwege und -mittel erst gegen Ende 1944 oberste Priorität erhalten.[24] Diese veränderte Luftkriegsstrategie erwies sich dann rasch als äußerst wirksam, so daß, obwohl die deutsche Rüstungsproduktion noch im Juli 1944(!) einen neuen Höchststand verzeichnete, der bis zum September aufrechterhalten werden konnte, die eigentlich noch vorhandenen technischen und menschlichen Ressourcen schließlich nicht mehr eingesetzt werden konnten. Als am 15. März 1945 der Güterwagentransport auf 15 vH, die Kohlenlieferung auf 4 vH des normalen Umfangs abgesunken waren, stellte der damalige Reichsminister für Rüstung und Kriegsproduktion Speer in einer Denkschrift an Hitler fest, daß der endgültige Zusammenbruch der gesamten deutschen Wirtschaft in 4 bis 8 Wochen zu erwarten sei.[26] Die letzten Kriegswochen waren dann durch fast ununterbrochene taktische Luftangriffe auf das gesamte Eisenbahn- und Straßennetz sowie auf Kanäle und Schleusen der Binnenschiffahrt gekennzeichnet.

Insgesamt gelang es auf diese Weise, die Transportkapazität der Deutschen Reichsbahn und der Binnenschiffahrt, nicht nur durch die Zerstörung des rollenden bzw. schwimmenden Materials, sondern vor allem durch die Zerstörung von Eisenbahn- und Straßenbrücken, drastisch einzuschränken. Hinzu kommt, daß gerade die strategisch bedeutsamen Verkehrsknotenpunkte auch von Sprengkommandos der zurückweichenden deutschen Truppen zerstört wurden; insbesondere „canals and navigable rivers were selected as defense lines by the Wehrmacht in their retreat and demolition and destruction was immense. There was one bridge destroyed for every kilometer of canal length in the Ruhr and one bridge destroyed for every four kilometers of canal in the system outside the Ruhr".[27]

---

[24] Vgl. Georg W. Feuchter, Der Luftkrieg, S. 254ff.

[25] Dazu der ehemalige Reichsminister *Speer*: „Nach zweieinhalb Jahren hatten wir, trotz des jetzt erst beginnenden Bombenkrieges, unsere gesamte Rüstungsfertigung von einer durchschnittlichen Indexziffer von 98 für das Jahr 1941 auf eine Spitze von 322 im Juli 1944 angehoben". Albert Speer: Erinnerungen, S. 225

[26] Ebenda, S. 442f. Bemerkenswert ist dabei vor allem, daß auch die Reichsbahn bis weit in das Jahr 1944 hinein ihre Verkehrsleistungen noch zu steigern bzw. aufrechtzuerhalten vermocht hatte. Der Umschwung bis zur völligen Lähmung des Bahnverkehrs war somit in relativ kurzer Zeit erreicht worden. Dazu ausführlich: Rolf Wagenführ, Die deutsche Industrie im Kriege, S. 93

Diese enormen Zerstörungen ließen nach Kriegsende zunächst den Eindruck einer kaum überwindbaren Lähmung aller Verkehrsverbindungen aufkommen. Es zeigte sich aber, daß bereits im Laufe des Jahres 1946 wieder ein großer Teil der Schienen- und Schiffahrtswege in den drei westlichen Besatzungszonen passierbar gemacht werden konnte, zumal es für die Militärregierungen von vitaler Bedeutung war, den eigenen Nachschub sowie die Versorgung der Bevölkerung sicherzustellen, um die beabsichtigten industriellen Demontagen und Kohlenexporte überhaupt durchführen zu können.[28] Ungeachtet dieser raschen Erfolge blieb aber das Transportwesen weiterhin der wesentliche Engpaßfaktor, zumal gerade mit dem angestrebten Wiederanlaufen der Kohlenförderung sowie der industriellen und landwirtschaftlichen Produktion auch die Anforderungen an das Verkehrsnetz in die Höhe schnellten.

Wie anfällig das nur notdürftig reparierte Transportsystem noch war, zeigt allein schon, daß es zunächst nicht gelang, selbst die gegenüber der Vorkriegszeit von 460.000 Tonnen Steinkohle auf nur mehr 150.000 Tonnen abgesunkene Tagesförderung der Ruhrzechen auch tatsächlich dorthin zu schaffen, wo sie in Industrien und Haushalten dringend benötigt wurde, so daß sich in einer Situation dringenden allgemeinen Mangels an Energieträgern paradoxerweise große Halden nicht abtransportierter Kohle anhäuften.[29] Auch das Einbringen und Verteilen der landwirtschaftlichen Ernte zog sich wegen fehlender Transportkapazität bis weit in den Winter hinein, so daß schließlich Kohlenkrise und Ernährungskrise zusammentrafen. Als mit dem Einsetzen starker Fröste im Winter 1946/47 die Schiffahrtswege für den Transport ausfielen und auch die letzten „gehamsterten" Vorräte aus der Kriegsszeit verbraucht waren, kam es durch den Engpaßfaktor Verkehr zum großen Rückschlag im, wie Abelshauser es nennt, „ersten Rekonstruktionsanlauf" der westdeutschen Wirtschaft: „Ernährung, Energieversorgung und Verkehr — drei ohnehin voneinander abhängige, aber auch jeweils für sich allein genommen lebenswichtige Größen — brachen zusammen".[30] Hierin zeigten sich indes nicht nur die Grenzen dessen, was kurzfristig durch bloße Aufräum- und Wiederinstandsetzungsarbeiten erreicht werden konnte, sondern ebenso war deutlich geworden, daß durch die Zerstückelung Deutschlands in Besatzungszonen der frühere organische Wirtschaftsverbund weitgehend unterbrochen worden war.

---

[27] Generalmajor *Templer* am 19. November 1945 auf einer Konferenz der Chefs der Länder und Provinzen der britischen Zone in Detmold. Zit. nach: Akten zur Vorgeschichte, Band 1, Dokument Nr. 5, S. 154. Siehe dazu auch den Brief von *Clay* an Mc*Cloy* vom 29. Juni 1945 über „Conditions in Germany", abgedruckt in: Jean Edward Smith (Hrsg.), Papers, S. 41f.

[28] Bereits im Juni 1946 waren in der britischen Zone 93vH der Schienenwege wieder verwendbar, in der amerikanischen Zone sogar 97vH. Auch der Rhein konnte im Sommer 1946 wieder von Basel bis Rotterdam befahren werden. Vgl. Abelshauser, Wirtschaft in Westdeutschland, S. 138ff. und ebenso: Backer, Priming the German Economy, S. 104f.

[29] Vgl. Akten zur Vorgeschichte, Band 1, Dokument Nr. 1 vom 21.9.1945, S. 122 und Abelshauser, Wirtschaft in Westdeutschland, S. 138ff. und S. 145; Backer, Priming the German Economy, Nr. 104f.

[30] Benz, Wirtschaftspolitik zwischen Demontage und Währungsreform, S. 74

Abgesehen davon, daß die rasche Wiederherstellung des Verkehrsnetzes und der Aufbau von Transportkapazität in den ersten beiden Nachkriegsjahren damit praktisch zum Schrittmacher der gesamtwirtschaftlichen Erholung geworden waren, hatte die anfänglich nahezu vollständig Lähmung der Versorgungslinien den Nebeneffekt, daß hierdurch auch der tatsächliche Zerstörungsgrad der Industrieanlagen für gewöhnlich weit überschätzt wurde. Berücksichtigt man hierzu noch die auf den Potsdamer Konferenzen beschlossene Absicht, das deutsche Industriepotential durch gezielte Demontagen in allen auf irgendeine Weise rüstungsrelevanten Bereichen zu verringern und selbst in den für die Versorgung der Bevölkerung notwendigen Bereichen auf etwa den europäischen Durchschnitt zur Zeit der Weltwirtschaftskrise anfangs der dreißiger Jahre zu begrenzen, so werden die pessimistischen damaligen Zukunftserwartungen nur allzu verständlich.[31]

Wenn diese Absichten der Siegermächte in vollem Umfang realisiert worden wären, so hätte dies Nachkriegsdeutschland wirtschaftlich auf die Situation der Weimarer Republik zurückgeworfen. Da dies aber aus verschiedenen, noch darzustellenden Gründen nicht der Fall gewesen ist, muß auch die eingangs erläuterte These vom Wiedereinschwenken auf einen früheren, säkularen Wachstumstrend als problematisch angesehen werden.

Tatsächlich hatte es nach den ersten Ankündigungen der zonalen Militärregierungen den Anschein gehabt, daß eine eng an den Potsdamer Vereinbarungen orientierte Besatzungspolitik allen widrigen Umständen zum Trotz durchgesetzt werden sollte. Erst die unmittelbare Konfrontation mit der offensichtlichen Not der deutschen Zivilbevölkerung hat dann später, im Zusammentreffen mit dem aufkeimenden Ost-West-Konflikt, ein allmähliches Umschwenken von einer anfänglich bestrafend „restriktiven" zu einer mehr aufbaufördernd „kooperativen" Besatzungspolitik gebracht. Im Gefolge einer veränderten menschlichen und politischen Einstellung gegenüber den Besiegten trat damit, offiziell gekennzeichnet durch die Ablösung der zunächst gültigen und noch ganz in „bestrafender" Absicht formulierten Direktive JCS 1067 der US-Militärregierung im Juli 1947 durch die mildere neue Direktive JCS 1772, allmählich die Absicht hervor, nicht die weitere Zerstörung, sondern, ganz im Gegenteil, das möglichst rasche Wiederingangsetzen aller nichtmilitärischen Produktionsmöglichkeiten zu betreiben.[32] Ein weiterer Grund mag in der Einsicht bestanden

---

[31] "The general effect of the plan would have been to reduce Germany's level of industry to approximately 50 to 55 percent of the 1938 level and to about 70 to 75 percent of the 1936 level". John Gimbel, The Origins of the Marshall Plan, S. 78

[32] Der in dieser Hinsicht wesentliche Unterschied zwischen beiden Besatzungsdirektiven bestand darin, daß die JCS 1067 ausdrücklich von einer ökonomischen Wiederherstellung Deutschlands Abstand nahm („no steps will be taken, a) leading toward economic rehabilitation of Germany or, b) designed to maintain or strengthen the German Economy"), wohingegen mit der JCS 1779 ebenso ausdrücklich der wirtschaftliche Wiederaufbau Nachkriegsdeutschlands („the establishment of stable political and economic conditions") und die Integration in den (west-)europäischen Wirtschaftsverbund

haben, daß Deutschland kaum in der Lage sein würde, die vorgesehenen Reparationsleistungen zu erbringen und sich selbst zu ernähren, wenn die Besatzungspolitik durch ausgedehnte Demontagemaßnahmen als ein „Krieg mit anderen Mitteln“ fortgesetzt werden würde.[33]

Aufgrund dessen wurde die im Potsdamer Abkommen angekündigte weitgehende industrielle Abrüstung Deutschlands zwar nach wie vor öffentlich propagiert, gelangte aber nur in sehr eingeschränktem Maße zur Durchführung, zumindest in dem im Frühjahr 1947 zur Bi-Zone vereinigten britischen und amerikanischen Besatzungsgebiet. Damit haben sich die Demontageverluste gerade an den für die wirtschaftliche Zukunft Westdeutschlands bedeutendsten Industriestandorten in relativ engen Grenzen gehalten.[34]

Schließlich darf nicht übersehen werden, daß von den geplanten Abrüstungs- und Demontagemaßnahmen ohnehin vor allem die Industriezweige betroffen sein sollten, deren Produktionskapazitäten durch den seit etwa 1936 von den Kriegsvorbeitungen verursachten Investitionsboom (siehe Abbildung 6) sowie durch die begleitenden Autarkiebestrebungen zu unangemessenen Proportionen aufgebläht worden waren, so zum Beispiel in den Bereichen der Herstellung von synthetischem Kautschuk („Buna“) sowie von Betriebs- und Treibstoffen, in den Fahrzeug-, Flugzeug- und Schiffbauindustrien sowie natürlich in allen auf Waffen- und Munitionsherstellung spezialisierten Rüstungsbetrieben. Insoweit haben Abrüstungen und Demontagen eher dazu beigetragen, vorangegangene strukturelle Verzerrungen wieder auf die einer Friedenswirtschaft angemessenen Dimensionen hin zu korrigieren.

(„enable Germany to make a maximum contribution to European recovery“) angestrebt wurde. Die JCS 1779 kann daher auch als eine vorweggenommene Ausführungsverordnung zum späteren Marshall-Plan angesehen werden. Zur Vorgeschichte und Weiterentwicklung siehe ausführlich: Backer, Priming the German economy, S. 18ff. und John Gimbel, Amerikanische Besatzungspolitik, S. 17f. sowie den Text der JCS 1779 in: Germany 1947-1949, S. 34 bis 41

[33] Vor allen Dingen die Situationsberichte der „Calvin-Hoover-Commission“ und der „Byron-Price-Commission“ aus dem besetzten Deutschland haben in dieser Hinsicht zu einem Stimmungsumschwung in der amerikanischen Öffentlichkeit beigetragen. Vgl. Gimbel, Amerikanische Besatzungspolitik, S. 40ff.

[34] Für eine exakte Bestimmung der Demontageverluste sind die vorhandenen statistischen Unterlagen zu dürftig. Außerdem ergeben sich durch die willkürlichen Zeitwert- bzw. Restwertfestsetzungen Unterschiede in den Schätzungen, die von (insgesamt) 270 (*Clay*) über 500 (*Wallich*) bis zu 625 Millionen Dollar (*Harmssen*) reichen. Insgesamt läßt sich wohl sagen, daß die Liste der zu demontierenden Industrieobjekte immer wieder reduziert worden ist und zugleich die tatsächliche Abwicklung noch wesentlich dahinter zurückblieb. Immerhin wurde aber die Demontagepolitik bis 1949 fortgesetzt. Siehe dazu: Backer, Priming the German Economy, S. 87f. und Gustav W. Harmssen, Am Abend der Demontage, insb. S. 21ff. *Abelshauser* schätzt aufgrund der von *Krengel* und *Harmssen* aufgestellten Berechnungen, daß durch die Demontageverluste in Westdeutschland lediglich eine Kapazitätsminderung von insgesamt 4,4 vH des Brutto-Anlagevermögens des Jahres 1936 eingetreten ist. Vgl. Abelshauser, Wirtschaft in Westdeutschland, S. 119ff.

Von ungleich größerer Bedeutung für das der zukünftigen Bundesrepublik Deutschland verbliebene Wirtschaftspotential ist erwartungsgemäß das Ausmaß an unmittelbaren Kriegszerstörungen gewesen. Auch hier gingen die von der Härte des allierten Bombenkriegs beeinflußten anfänglichen Schätzungen weit über die tatsächlich eingetretenen Schäden hinaus. Nach dem besonders häufig zitierten „US-Strategic Bombing Survey“ sind die durch Kriegseinwirkungen hervorgerufenen Reduktionen des Industriepotentials für Gesamtdeutschland etwa wie folgt einzuschätzen: Bergbau 10 vH, Eisen- und Stahlindustrie 10 vH, Chemische Industrie 10 bis 15 vH, Maschinenbau 15 bis 20 vH, Textilindustrie 20 vH, Buna-Werke 20 vH, Fahrzeugbau 40 vH, Anlagen für synthetisches Benzin 50 vH. Die für die wirtschaftliche Zukunft wesentliche Schwerindustrie und der Bergbau sind demnach von den Kriegszerstörungen mit am wenigsten betroffen gewesen.[35]

Für eine realistische Einschätzung der wirtschaftlichen Ausgangssituation müßte indes selbst diese an sich schon verhältnismäßig günstige Schadensbeurteilung noch durch einen Vergleich der 1945 verbliebenen Produktionskapazität mit derjenigen der Vorkriegszeit relativiert werden, um die von den enormen Rüstungsinvestitionen bewirkten zwischenzeitlichen Veränderungen des Kapitalstocks berücksichtigen zu können. Um dieses Erfordernis zu berücksichtigen, basiert die Untersuchung von Krengel auf einer längeren Zeitreihe, indem die Entwicklung des Brutto-Anlagevermögens auf dem Gebiet der Bundesrepublik Deutschland für den Zeitraum von 1924 bis zum Jahre 1956 berechnet wird. Damit soll den sehr unterschiedlichen wirtschaftlichen Entwicklungsphasen der Vorkriegszeit, von der Erholung nach der großen Inflation (1924 - 1929) über die Zeit der Weltwirtschaftskrise (1930 - 1934) bis zu dem mit den Kriegsvorbereitungen einsetzenden Rüstungsboom von 1935 bis 1939 Rechnung getragen werden. Außerdem ermöglicht das Anknüpfen an gesicherte statistische Erhebungen sowohl der Vor- als auch der Nachkriegszeit, die Periode der Kriegswirren besser eingrenzen und überbrücken zu können.[36]

Nach dem in Abbildung 6 wiedergegebenen Ergebnis dieser Berechnungen und Schätzungen hat der enorme Investitionsschub durch den Ausbau der Rüstungsindustrie sowie infolge der Autarkiebestrebungen von etwa Mitte der 30er Jahre bis weit in das Jahr 1944 hinein eine gesamtwirtschaftliche Leistungssteigerung bewirkt, die auch durch direkte und indirekte Kriegsfolgen sowie durch ökonomisch wirksame Sanktionen der Siegermächte nicht wieder vollständig abgebaut wurde. Zudem darf nicht übersehen werden, daß aufgrund des raschen Abbaus der Massenarbeitslosigkeit durch staatliche Beschäfti-

---

[35] Gemeint ist der für den militärischen Gebrauch schon während des Krieges nach Luftaufnahmen begonnene und nach der Kapitulation vervollständigte amerikanische Untersuchungsbericht „The Effects of Strategic Bombing on the German War Economy“, hrsg. von der Overall Economic Division der US-Militärregierung in Deutschland, Oktober 1945 (ohne Ortsangabe)

[36] Vgl. Rolf Krengel, Anlagevermögen, Produktion und Beschäftigung, S. 13

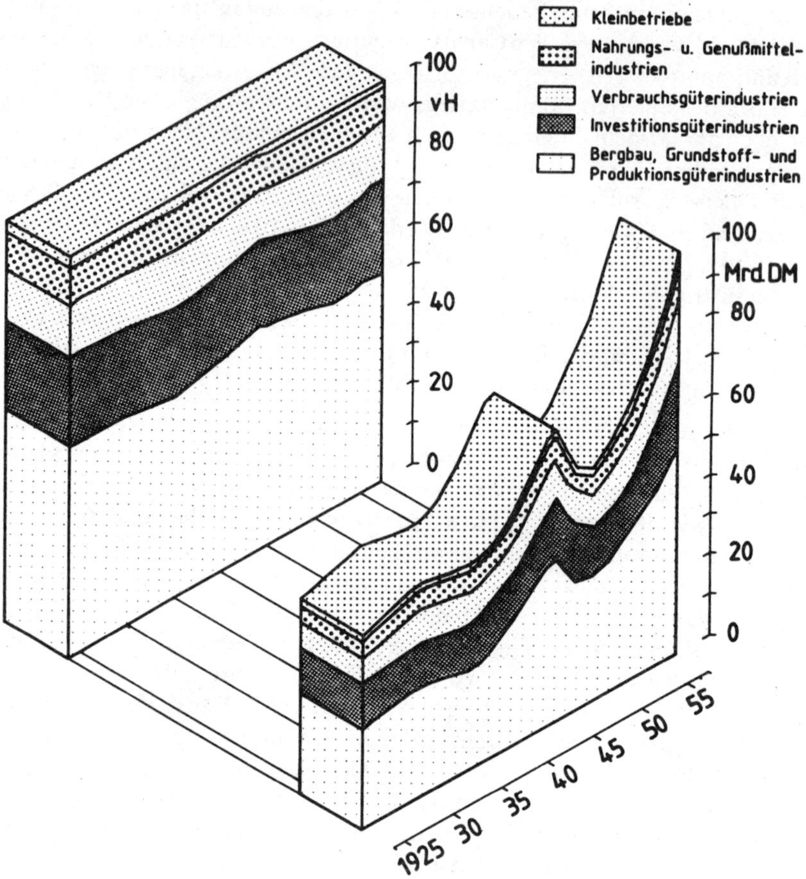

Quelle: Rolf Krengel, Anlagevermögen, Produktion und Beschäftigung der Industrie im Gebiet der Bundesrepublik von 1924 bis 1956. Berlin 1958, S. 18 und 19.

Abb. 6: Struktur und Entwicklung des Brutto-Anlagevermögens der Industrie im Gebiet der Bundesrepublik Deutschland von 1924 bis 1957

gungsprogramme der wirtschaftliche Aufschwung nach 1933 in wesentlichem Maße auch von der privaten Verbrauchsnachfrage getragen worden war, so daß „1938 das durchschnittliche Wohlstandsniveau des deutschen Volkes seinen bis dahin höchsten Stand in der deutschen Geschichte erreicht“ hatte.[37] Erst als sich nach 1938 auf den Arbeits- und Kapitalmärkten immer stärkere Verknappungstendenzen bemerkbar gemacht hatten, wurden die für den privaten Verbrauch zur Verfügung stehenden Ressourcen in steigendem Maße von den kriegsvorbereitenden Maßnahmen zurückgedrängt.[38]

[37] Willi A. Boelcke, Die deutsche Wirtschaft 1930-1945, S. 218

[38] Ebenda, S. 220f.

Den Berechnungen von Krengel zufolge haben sich auf dem Gebiet der späteren Bundesrepublik Deutschland zwischen 1935 und 1939 die Brutto-Anlageinvestitionen im Jahresdurchschnitt um etwa 3,2 Mrd DM (in Preisen von 1950) erhöht, von 1940 bis 1944 immerhin noch um etwa 1,5 Mrd DM pro Jahr, wohingegen von 1924 bis 1929 im Jahresdurchschnitt 1,9 Mrd DM und in den Krisenjahren von 1930 bis 1934 sogar nur 0,9 Mrd DM hierfür aufgewendet werden konnten.[39] Auch die Kriegsverluste haben diesen enormen Produktionsaufschwung zunächst offenbar nicht aufhalten können. In Übereinstimmung mit amerikanisch-britischen Quellen geht Krengel davon aus, daß überhaupt erst 1943 nennenswerte industrielle Kriegsschäden zu verzeichnen gewesen sind, die er mit 2 vH des durchschnittlichen Brutto-Anlagevermögens von 1942 veranschlagt. Für 1944 und 1945 sieht die Schadensbilanz dann mit 10 bzw. 7,5 vH des Brutto-Anlagevermögens (jeweils gegenüber dem Vorjahr) schon erheblich ungünstiger aus.[40]

Insgesamt bleibt somit nur für die Jahre 1943 bis 1948, also unter Miteinbeziehung der Demontageverluste, ein allerdings doch beträchtlicher Aderlaß der deutschen Volkswirtschaft festzustellen; das Brutto-Anlagevermögen in Preisen von 1950 sank in diesem Zeitraum von etwa 71 Mrd DM im Jahresdurchschnitt 1943 auf nur noch etwa 57 Mrd DM zur Zeit der Währungsreform.[41] Dennoch war auch damit, wie sich der Abbildung entnehmen läßt, der industrielle Kapitalstock erst wieder auf den insgesamt beträchtlich hohen Stand des Jahres 1939 zurückgeworfen worden.

Die Ursachen für diesen, vor allem im Verhältnis zu den Verwüstungen der Wohngebiete relativ geringen Zerstörungsgrad der industriellen Anlagen sind vielfältiger Natur. Primär dürfte die bereits erwähnte alliierte Luftkriegstrategie, die moralische Widerstandskraft der deutschen Bevölkerung durch Flächenbombardierungen von Wohngebieten zu zerbrechen, dafür maßgeblich gewesen sein, so daß „die Städte die Hauptwucht der Angriffe auffingen und somit der Rüstungsindustrie während der Hauptoffensive als Schild gedient haben".[42] Daneben ist zu berücksichtigen, daß große Wohngebiete, zumal bei Nachtangriffen, leichter aufzufindende Ziele darstellten, wohingegen die Produktionsanlagen zumeist geschickt getarnt und auch ungleich besser verteidigt wurden. Wo es sich überhaupt durchführen ließ, waren rüstungsrelevante Betriebe ohnehin

[39] Krengel, Anlagevermögen, Produktion und Beschäftigung, S. 98f. Das enorme Ausmaß der Invesitionssteigerung erhellt auch aus den von Boelcke für die Zeit von 1933 bis 1939 angegebenen Neuanlageinestitionen (in Mrd RM): 1933: 2,7; 1934: 4,2; 1935: 7,1; 1936: 9,8; 1937: 11,0; 1938: 15,8; 1939: 17,0. Vgl. Boelcke, Die deutsche Wirtschaft, S. 220

[40] Krengel, Anlagevermögen, Produktion und Beschäftigung, S. 76

[41] Ebenda, S. 14 und S. 94

[42] „Von insgesamt 955044 t Bombenlast, welche der RAF über Deutschland abgeworfen, fielen 430747 t auf die Städte und 143385 t auf Industrieziele (19914 auf die Ölraffinerien, 25977 auf Flugzeugwerke und 19 694 auf andere Anlage der Schlüsselindustrie)". Hans Rumpf, Luftkrieg über Deutschland, S. 172, dazu ebenso Franz Kurowski, Der Luftkrieg über Deutschland, S. 355f.

ausgelagert und dann unterirdisch angelegt oder durch dicke Betonmauern geschützt worden, so daß eine gezielte und wirkungsvolle Bombardierung oftmals nicht möglich war. Dies dürfte auch eine Erklärung für das bereits konstatierte „Rüstungswunder“ gewesen sein.[43]

Schließlich ist zumindest in einigen Fällen zu vermuten, daß bestimmte Industriekomplexe ganz bewußt von der Zerstörung ausgenommen worden sind, zum einen, weil Kapitalbeteiligungen von befreundeten Nationen vorlagen, was bei der späteren Diskussion um die zunächst vorgesehene weitgehende Abrüstung, dann Sozialisierung der Ruhrindustrien noch eine wesentliche Rolle spielen sollte, zum anderen, weil man hoffte, von dem in vielen wissenschaftlich-technischen Bereichen überlegenen Know-How der Deutschen nach dem ohnehin als unabwendbar angesehenen militärischen Zusammenbruch des Nazi-Regimes profitieren zu können. So war der nahezu unversehrte Produktionskomplex der IG-Farben inmitten des zu drei Vierteln zerstörten Frankfurt nur das Beispiel „eines Krieges, der nicht für alle total war“.[44]

Abschließend kann somit festgestellt werden, daß die Aussichten für eine rasche wirtschaftliche Erholung Nachkriegsdeutschlands keineswegs so ungünstig gewesen sind, wie nach dem desolaten äußeren Erscheinungsbild zunächst allgemein vermutet worden war. Tatsächlich konnten mit fortschreitendem Verlauf der Aufräumungsarbeiten und nach Instandsetzung der Verkehrsverbindungen die ursprünglich sehr pessimistischen Zukunftsvorhersagen immer wieder zum Positiven korrigiert werden. Vermutlich ist die nahezu völlige wirtschaftliche Lähmung während der letzten Kriegsmonate und nach der Kapitulation weniger durch den Zerstörungsgrad der Produktionsanlagen, durch Demontage und Produktionsentnahmen bedingt gewesen, als vielmehr durch die von der uneingeschränkten Luftherrschaft der Alliierten nahezu vollständig ausgeschalteten Distributionsmöglichkeiten für Energie, Rohstoffe und andere Betriebsmittel sowie für Zwischen- und Endprodukte, so daß die an sich noch vorhandene Produktionskapazität nicht ausgeschöpft werden konnte. Nach den Berechnungen von Krengel hatte die Auslastung der Produktionsanlagen selbst unmittelbar nach der Währungsreform 1948 im Durchschnitt der gesamten Industrie etwa jener entsprochen, „die 1932, im Tiefpunkt der Weltwirtschaftskrise, erreicht worden war. Zwischen Mai 1945 und Mitte 1948 muß sie allerdings noch wesentlich schlechter gewesen sein, ohne daß sich dies genügend genau berechnen ließe“.[45]

---

[43] Vgl. Wagenführ, Die deutsche Industrie, S. 39ff. und 124ff.

[44] Alfred Grosser: Deutschlandbilanz, S. 93. Das Beispiel (und ein weiteres) findet sich auch bei *Pièttre*, von dem es wohl übernommen wurde: „La liaison des interêts économiques ou financiers par-dessus les frontières a été, dans certain cas, un facteur de protection — dont l'immense bâtiment de l'IG-Farben, épargné au milieu des ruines, offre Francfort un exemple ostensible“. André Piéttre: L'Économie allemande contemporaine, S. 67

[45] Krengel, Die Bundesrepublik 1924 bis 1956, S. 38

Möglicherweise liegt in dieser zunächst völligen wirtschaftlichen Lähmung unmittelbar nach Kriegsende ein wesentlicher Grund dafür, warum Abelshauser den späteren Wirtschaftsaufschwung schon in den ersten Anläufen zur verstärkten Anlagennutzung während der Jahre 1946/47 zu erkennen glaubt.[46]

1.1.3 Ordnungspolitische Reformen als Initialzündung?

Zur Einschätzung der Bedeutung ordnungspolitischer Reformen für die frühen Wachstumserfolge in der Wiederaufbauphase sind neben der industriellen Produktionsbasis, der Bevölkerungsentwicklung und dem Arbeitskräfteeinsatz als letzte wichtige Komponenten noch die Währungsreform und die begleitende marktwirtschaftliche Liberalisierungspolitik zu berücksichtigen.

Im wesentlichen Gegensatz selbst zur „Großen Inflation" der 20er Jahre war die Währungssituation nach 1945 nicht nur durch einen enormen Kaufkraftüberhang gekennzeichnet, sondern zugleich hatte auch der Bestand an realem Volksvermögen durch die Kriegszerstörungen und Demontagen, durch die Besetzung und Zerstückelung Deutschlands eine derartige Reduktion erfahren, daß schon aufgrund dieser Diskrepanzen ohne drastische Einschnitte nicht an eine Sanierung des Geldwesens zu denken war. Als weiteres Novum kam hinzu, daß für die deutsche Währung überhaupt kein Außenwert mehr bestand,[1] mithin das Netz der nach dem Ersten Weltkrieg immerhin teilweise noch normalen außenwirtschaftlichen Beziehungen nun durch Autarkiepolitik und Kriegsfolgen vollständig zerrissen worden war und damit auch von dieser Seite in Anbetracht der Zukunftsrisiken hinsichtlich ungewisser Reparationslasten und nationalstaatlicher Existenzgrundlagen keine Hilfestellung erwartet werden konnte.

Die Entwicklung des Geldwesens hatte unter den Nationalsozialisten zunächst deswegen einen bedrohlichen Verlauf genommen, weil der politisch beeindruckende rasche Abbau der Massenarbeitslosigkeit nach 1933 nur durch eine enorme, wenn auch zunächst vor der Öffentlichkeit verschleierte, Aufblähung des Geldumlaufs zur Finanzierung der staatlichen Beschäftigungsprogramme hatte bewirkt werden können. Mit diesem massiven „Einsatz keynesianischer Politik ohne Keynes" war es gelungen, innerhalb von drei Jahren die bestehende Arbeitslosigkeit von 5,6 Mio Erwerbspersonen im Juli 1932, dies entsprach einer Arbeitslosenquote von 42,3 vH (!), fast zu halbieren. Dieser propagandistisch gut verwertbare Erfolg hat, ebenso wie die Massenarbeitslosigkeit zuvor, sehr zum politischen Aufstieg der Nationalsozialisten beigetragen.[2]

---

[46] Vgl. Abelshauser, Wirtschaft in Westdeutschland, S. 32ff.

[1] Backer, Priming the German Economy, S. 90f.

[2] „Ohne verschärfte Wirtschaftskrise — d. h. bei gleicher Arbeitslosigkeit wie 1930 — hätte der Stimmenanteil der demokratiefeindlichen Parteien 40% nicht überschritten". Bruno S. Frey, Hannelore Weck, Hat Arbeitslosigkeit den Aufstieg des Nationalsozialismus bewirkt?, S. 24

In der zweiten Hälfte der dreißiger Jahre erforderten dann die verstärkte industrielle Umstrukturierung auf die Erfordernisse einer Rüstungswirtschaft und der parallel dazu ablaufende Ausbau der Wehrmacht zwar gleichfalls enorme öffentliche Finanzierungsmittel, die jedoch zunächst weiterhin durch eine „geräuschlose“ Wechselfinanzierung abgedeckt werden konnten,[3] so daß die negativen Auswirkungen der defizitären Haushaltspolitik hinter einer Fassade äußerlich fortschreitender wirtschaftlicher Prosperität weitgehend verborgen blieben.[4]

Die sich hinter dem propagandistischen Rauchvorhang tatsächlich auftürmenden Dimensionen an Staatsverschuldung und zurückgestauter Inflation blieben der breiten Öffentlichkeit schon deswegen unbekannt, weil die marktwirtschaftlichen Kräfte von Angebot und Nachfrage durch ein Netz vielfältiger dirigistischer Eingriffe der nationalsozialistischen Wirtschafts- und Währungspolitik daran gehindert wurden, die ökonomischen Realitäten rechtzeitig zu offenbaren. Bevor nämlich die zunehmenden Diskrepanzen zwischen der Nachfrageentwicklung und der für eine solche Expansion unzulänglichen Produktionsbasis ohnehin die finanzwirtschaftliche Bankrotterklärung der Nationalsozialisten erzwungen hätten, verschafften schon ab 1934 umfangreiche Devisenbewirtschaftungs- und Zwangssparmaßnahmen sowie schließlich der Lohn- und Preisstopp vom Oktober 1936 dem Regime genau den Aufschub, den es benötigte, um mit dem Beginn der Angriffskriege die tatsächliche wirtschaftliche Lage durch den vollständigen Übergang auf ein zentralverwaltungswirtschaftliches Bezugschein- und Rationierungssystem vollends verschleiern zu können.[5]

Die sich daraufhin schon damals ausdehnenden Schwarzmarkttransaktionen konnten jedoch durch Ideologisierungskampagnen, vor allem aber durch eine straffe Überwachung der Bevölkerung, ungleich zur Situation nach 1945, im Zaume gehalten werden. Außerdem bestand zumindest von seiten der überzeugten Nationalsozialisten die Hoffnung, nach dem antizipierten Endsieg auch eine weiter anwachsende Staatsverschuldung noch durch die wirtschaftliche Ausbeutung der eroberten Territorien, vor allem im Osten, abdecken zu können.

---

[3] Daß der Bevölkerung das rasante Ansteigen der Staatsverschuldung nicht so sehr ins Bewußtsein trat, lag vor allem an der Mittelaufbringung (neben anderem) über Schuldpapiere der „Metallurgischen Forschungs G.m.b.H. Berlin“ („Mefo-Wechsel“), so daß die Reichsregierung selbst als Wechselschuldner nicht unmittelbar in Erscheinung trat. Erst 1939 wurde die Notenbank direkt zur Finanzierung eingesetzt. Vgl. Wilhelm Dieben, Die innere Reichsschuld seit 1933, S. 656f.

[4] Nach *Boelcke* war der Index des Pro-Kopf-Volkseinkommens (in Kaufkraft von 1938) von 1913 = 100 bis 1928 auf 99 leicht abgesunken, bis 1938 dagegen auf 125 gestiegen. Damit hatte „das durchschnittliche Wohlstandsniveau des deutschen Volkes seinen bis dahin höchsten Stand in der deutschen Geschichte erreicht“. Boelcke, Die deutsche Wirtschaft, S. 218

[5] Siehe dazu: Réne Erbe, Die nationalsozialistische Wirtschaftspolitik, S. 71 f., S. 50ff. und S. 88ff.

Erst mit der bedingungslosen Kapitulation zerstoben somit endgültig alle Hoffnungen, den seit Beginn dieser Inflationspolitik stets drohenden finanziellen Kollaps doch noch irgendwie abzuwenden oder zumindest teilweise zu kompensieren. Erst zu diesem Zeitpunkt wurden auch den meisten Deutschen die tatsächlichen Dimensionen der weit überzogenen monetären Expansion vollends bekannt: Zwischen 1935 und 1945 waren der Bargeldumlauf von 5 auf 50 Milliarden, die Bankeinlagen von 30 auf 150 Milliarden Reichsmark gestiegen. Zugleich erreichte die öffentliche Verschuldung das phantastische Ausmaß von 400 Milliarden Reichsmark gegenüber etwa 15 Milliarden des Jahres 1935, so daß eventuelle Ansätze für ein allmähliches Abtragen dieser Schuldenlast aussichtslos erscheinen mußten.[6]

Bereits diese Erkenntnis bewirkte nach Kriegsende eine fortschreitende Lähmung privatwirtschaftlicher Transaktionen, die ansonsten mit dem Medium Reichsmark durchgeführt worden wären, nun aber häufig nur über komplizierte und ungemein zeitraubende „Kompensationsgeschäfte" abgewickelt werden konnten, bei denen Zigaretten, Kaffee und Kohle als „Währungssurrogate" dienten. Hinzu kam, daß die Besatzungsmächte mangels Alternativen zunächst das noch auf der Reichsmark als Rechnungseinheit und auf Zuteilungskarten basierende Bewirtschaftungssystem der Nationalsozialisten weitgehend übernahmen und somit auch ein durch Rüstungswirtschaft und Kriegsfolgen völlig verzerrtes „offizielles" Preisgefüge, das den tatsächlichen Knappheitsrelationen in keiner Weise mehr zu entsprechen vermochte. Als zwangsläufige Folge bildeten sich schließlich drei parallel nebeneinander herlaufende, anorganische Subsysteme von Wirtschaftsbeziehungen heraus: der offizielle „Rationierungsmarkt", der Markt der „naturalen Koppelgeschäfte" und der „Schwarzmarkt".[7]

Obwohl die illegalen Schwarzmarkttransaktionen sowohl vom zeitlichen Aufwand und der rechtlichen Unsicherheit als auch vom Umfang der auf diese Weise zu bewältigenden Warenmengen her in ökonomischer Hinsicht an sich schon als schlagender Beweis für die Notwendigkeit eines funktionsfähigen monetären Systems gelten könnten und somit die Bedeutung der 1948 durchgeführten Währungsreform schon hinsichtlich der Funktionseffizienz wirtschaftlicher Austauschbeziehungen kaum zu überschätzen wäre, sind im Zusammenhang mit den Ursachen des wirtschaftlichen Aufstiegs nach 1945 doch noch weitere ordnungspolitische Aspekte von maßgeblicher Bedeutung.

Da zum Beispiel alle offiziellen Beschäftigungsverhältnisse nach wie vor zu festgesetzten Löhnen und Gehältern in der praktisch wertlosen Reichsmark entgolten werden mußten, ergab sich hieraus nicht nur eine nahezu vollständige Ausschaltung der nach Knappheits- und Produktivitätsaspekten steuernden Allokationsfunktion der Arbeitsmärkte, sondern auch die Leistungsmoral der

---

[6] Vgl. Colm / Dodge / Goldsmith, Plan für die Liquidation der Kriegsfinanzierung, S. 244ff.

[7] Alfred Müller-Armack, Die Anfänge der Sozialen Marktwirtschaft, S. 132

Beschäftigten litt unter dem dadurch entstehenden Eindruck, daß „mit ehrlicher Arbeit" praktisch nichts, mit illegalen Geschäften hingegen ungleich mehr zu verdienen sei.[8] Als Konsequenz wurden reguläre Beschäftigungsverhältnisse häufig nur noch deswegen angestrebt, um überhaupt Bezugscheine für Güter des täglichen Bedarfs zugeteilt zu bekommen und um in der Sozialversicherung zu verbleiben. Weil aber die offiziellen Lebensmittelrationen (wie dargestellt) kaum ausreichend waren, wurde auch die für ihren Erwerb aufgewandte effektive Arbeitsleistung auf ein Minimum beschränkt, um dafür mehr Zeit den zur vollen Bedarfsdeckung einträglicheren Nebenbeschäftigungen widmen zu können. Reichte dann der wöchentliche Verdienst für den Kauf auf Bezugschein nicht aus, so konnte immer noch auf die in breiten Bevölkerungsschichten vorhandenen Sparguthaben von ansonsten weitgehend wertloser Reichsmark zurückgegriffen werden oder aber es wurden mehrere parallele Beschäftigungsverhältnisse angestrebt. Häufiges Fernbleiben von der Arbeitsstätte für Behördengänge, Besorgungen und Nebentätigkeiten sowie eine entsprechend niedrige Arbeitsproduktivität wurden damit zu ganz alltäglichen Erscheinungen.

Als Reaktion auf diese nachlässige Arbeitshaltung gingen viele Unternehmer dazu über, um die Leistungsmoral ihrer Beschäftigten zu erhalten, neben dem offiziellen Lohn eine zusätzliche „Nebenvergütung" anzubieten, indem sie ihrer Belegschaft zum Beispiel Güter aus der eigenen Produktion zum Verkauf oder zum Vertauschen überließen.[9] Auch für die Unternehmer selbst war es häufig nur auf diese Weise möglich, sich mit Rohstoffen und Zwischenprodukten zu versorgen oder etwa ein betriebsnotwendiges Ersatzteil ohne langwierige behördliche Umwege zu beschaffen, zumal die von den Nationalsozialisten willkürlich festgelegten und von den Besatzungsmächten übernommenen Abgabepreise jetzt, nachdem die zuvor zahlreich gewährten staatlichen Subventionen weggefallen waren, häufig nicht mehr ausreichten, um auch nur die laufenden Kosten zu decken.[10]

Derartige „Umweggeschäfte" waren aber nicht nur im Verhältnis zum Aufwand außerordentlich ineffizient, sondern bewirkten gleichermaßen eine suboptimale Allokation der noch vorhandenen Ressourcen, so daß auch ein von

[8] "The story of a Ruhr miner which appeared in the U.S. Congressional Record exemplifies the situation. The miner whose weekly wages totaled 60 RM also owned a hen which laid five eggs in a week. He usually ate one egg and bartered the remaining four for twenty cigarettes; each of the cigarettes brought 8 RM on the black market — for a total of 160 RM. In other words, the hen earned nearly three times as much as the miner did for his six days' work in the coal mine". Backer, Priming the German Economy, S. 99

[9] "Unternehmen, die leicht verwertbare Güter wie Schuhe oder elektrische Birnen herstellten, bezahlten ihre Arbeitnehmer — in Ergänzung der Papierlöhne — mit ihren Fabrikaten. War diese Möglichkeit nicht gegeben, so änderten Firmen ihr Produktionsprogramm, um Tauschwaren zur Verfügung zu haben. Ließ sich das nicht einrichten, so handelten sie Konsumgüter für einen Teil ihrer eigenen Fabrikate ein oder ließen ihren Arbeitern Kohle zukommen". Henry C. Wallich, Triebkräfte des deutschen Wiederaufstiegs, S. 63

[10] Siehe: Gustav Stolper: Die deutsche Wirklichkeit, S. 119ff.

der Produktionsmittelausstattung her an sich mögliches hohes Produktivitätsniveau zumeist nicht realisiert werden konnte. Die Wiederanlaufschwierigkeiten der westdeutschen Wirtschaft waren somit in entscheidendem Maße sowohl auf das Fehlen einer allseits anerkannten volkswirtschaftlichen Rechen- und Werteinheit als auch auf die fehlende Ordnungsfunktion funktionierender Arbeits- und Gütermärkte zurückzuführen.

Eine weitere mit dem Versagen der Ordnungsfunktion des Geldwesens eng verbundene Wirkung bestand darin, daß viele lebensnotwendige Waren von den Produzenten oder, sofern sie überhaupt in den Handel gelangten, von den Händlern in Erwartung einer bevorstehenden Währungssanierung spekulativ auf den Lägern zurückgehalten wurden, getreu der Devise: „under the threat of a runaway inflation the first rule (is) to sell as little as possible against payment in the threatened currency and then seek protection in the acquisition of gold, foreign currencies, and real property".[11]

In Konsequenz dieses Verhaltens wurde nicht nur die allgemeine Not durch Hortung noch künstlich vergrößert, sondern auch ein circulus vitiosus ausgelöst, indem nämlich die Knappheit weitere Kontrollen und Rationierungen notwendig machte, wodurch dann wieder die Neigung zu Schwarzmarktgeschäften und zur Warenzurückhaltung begünstigt wurde. Das Verlangen nach „neuem Geld" wurde durch diese Erfahrungen bald so übermächtig, daß viele Deutschen allein schon darin das Allheilmittel gegen ihre materielle Not und alle Übelstände sahen.

Während bislang die in der amtlichen Statistik ausgewiesene Wachstumsbeschleunigung nach Durchführung der Währungsreform im Juni 1948 und der damit einhergehenden Einleitung der marktwirtschaftlichen Liberalisierungspolitik Ludwig Erhards zumeist eben diesen Neuordnungsentscheidungen zugerechnet worden ist, hat dieser Erklärungsansatz insbesondere mit den bereits erläuterten Untersuchungen von Manz und von Abelshauser Widerspruch erfahren.[12] Die geäußerte Kritik an einer ordnungspolitischen Begründung der Wachstumserfolge läßt sich im wesentlichen in den zwei folgenden Thesen zusammenfassen:

1. These: Die amtlich ausgewiesenen Produktionsindizes können nicht als Beweis für eine wesentliche Wachstumsbeschleunigung durch die Währungsreform herangezogen werden, weil sie den bedeutenden Anteil der Industrieproduktion statistisch nicht erfassen, der vor den Bewirtschaftungsbehörden verheimlicht wurde, um auf schwarzen Märkten abgesetzt oder in Spekulation auf die anstehende Währungsreform zurückgehalten zu werden. Dadurch unterschätzen die amtlichen Ziffern die tatsächliche Produktion vor und

---

[11] Backer, Priming the German Economy, S. 96

[12] "Manz und Abelshauser kommen mit einander ähnlichen Schätzverfahren zu dem Ergebnis, daß vor der Währungsreform die tatsächliche Produktion in der französischen Zone um 6-10% (Manz), in der Bizone um 10-13% (Abelshauser) über den amtlichen Werten gelegen sei". Albrecht Ritschl: Die Währungsreform von 1948, S. 137

überschätzen sie nach der Währungsreform: „Die Beschleunigung der Wachstumsraten, die bisher als gesicherte Folgeerscheinung der Währungsreform galt, fand offenbar nur in der amtlichen Statistik statt“.[13]

2. These: Die tatsächliche Bedeutung der ordnungspolitischen Reformen wird überschätzt, statt dessen sind andere günstige, und zwar systemunabhängige Wachstumsdeterminanten maßgeblich wirksam gewesen, indem während der „Rekonstruktionsperiode“ nach 1945 auf erhebliche Produktivitätsreserven zurückgegriffen werden konnte, „die sich aus dem Abbau nachkriegsspezifischer Disproportionen in der Menge, der Qualität und der regionalen Verteilung der Produktionsfaktoren ergeben (haben)“.[14]

Bei den Entgegnungen zu den von Abelshauser und Manz vertretenen Thesen ist zwischen einer Kritik an der methodischen Vorgehensweise und ordnungspolitischen Gegenargumenten zu unterscheiden, wobei im folgenden auf die methodischen Einwände nur kurz eingegangen werden soll, um nicht bereits geleistete Forschungsarbeit unnötig zu wiederholen und um dafür der hier thematisch im Vordergrund stehenden Frage nach einem möglichen Wiederanknüpfen an ordnungspolitische Grundlagen der Wiederaufbauphase mehr Raum widmen zu können.

Nach Abelshauser und Manz ist der in der amtlichen Statistik ausgewiesene Produktionsanstieg nach der Währungsreform zu relativieren, weil die Produktionsziffern zuvor einen unrealistisch niedrigen Stand angeben. Zur Begründung versuchen beide, über den Verbrauch eines bestimmten, für das Produktionsniveau repräsentativen Vorproduktes auf das tatsächliche Gesamtniveau der Produktion (also einschließlich der Hortungsläger) zu schließen. Abelshauser wählt hierfür den elektrischen Strom, Manz benutzt eine als „Energieverbrauch der Industrie“ bezeichnete Aggregatgröße.[15] Als zweite wichtige Voraussetzung ist die Relation zwischen dem Verbrauch dieses Vorproduktes und dem Produktionsausstoß, also die Produktivität, von entscheidender Bedeutung. Hier wird eine konstante Durchschnittsproduktivität des Vorproduktes angenommen, um eine repräsentative Proportionalität zur Gesamtproduktion herstellen zu können.[16]

Gerade diese zweite Annahme muß aber bereits als problematisch angesehen werden, nicht nur, worauf Ritschl hinweist, weil der Energieverbrauch an Kohle, Heizöl, Gas (weniger der Stromverbrauch) starken jahreszeitlichen Schwankungen ausgesetzt ist,[17] sondern auch wegen des von Wünsche vorgebrachten Arguments, daß man nicht von einer gleichbleibenden Effizienz im

[13] Abelshauser, Wirtschaft in Westdeutschland, S. 168

[14] Abelshauser, Wiederaufbau vor dem Marshall-Plan, S. 549

[15] Abelshauser, Wirtschaft in Westdeutschland, S. 55f. und bei Manz, Stagnation und Aufschwung, S. 34

[16] Ebenda

[17] Ritschl, Die Währungsreform, S.139 und S. 142

Einsatz dieser Vorprodukte vor und nach der Währungsreform ausgehen kann, weil das durch die Währungsreform absolut und relativ veränderte Preisgefüge eine sparsamere Verwendung und also eine günstigere Einsatzeffizienz dieser Vorprodukte bewirkt haben könnte.[18] Manz und Abelshauser rechnen dagegen ausschließlich in Mengen, ohne eine durch die Währungsreform möglicherweise veränderte Preiselastizität der Nachfrage für diese Vorprodukte zu berücksichtigen. Nach den statistisch gut abgesicherten Ergebnissen der Untersuchung von Ritschl ist indes insgesamt zwischen der Entwicklung der Stromproduktivität und der Gesamtproduktivität eine von der Währungsreform weitgehend unbeeinflußte, im gemeinsamen Wachstumstrend fortschreitende Entwicklung zu beobachten, so daß sowohl die Annahme einer durch die Währungsreform verbesserten Einsatzeffizienz als auch die Annahme einer vor der Währungsreform unterschätzten industriellen Produktion zurückgewiesen werden muß. Statt dessen ist tatsächlich eine mit der Ausgabe des neuen Geldes und mit der teilweisen Aufhebung der Bewirtschaftung einhergehende, von der Produktivitätsentwicklung dagegen nicht beeinflußte Wachstumsbeschleunigung zu verzeichnen.[19]

Für die auf dem in Kilokalorien gemessenen industriellen Energieverbrauch basierende These von Manz wirken sich die jahreszeitlichen Schwankungen — wie bereits vermutet — so störend aus, daß „nicht zwischen dem Saisoneinfluß und möglichen Produktivitätseffekten der Währungsreform unterschieden werden kann. Vergleichsdaten für 1949 waren nicht auffindbar. Es handelt sich also bei Manzens Schätzung um eine nicht prüfbare Hypothese".[20] Indem Ritschl daraufhin die auch bei Manz angegebenen Stromverbrauchsziffern an Stelle des Energieverbrauchs heranzieht, ergibt sich zunächst eine Bestätigung der Annahme konstanter durchschnittlicher Stromproduktivität, die sich dann aber unter Berücksichtigung der jahresspezifischen Schwankungen in der Zahl der Arbeitstage pro Monat letztlich doch als nicht haltbar erweist.[21] Damit ist der auch in der französischen Zone nach der Währungsreform beschleunigte Aufschwung der Industrieproduktion tatsächlich eine, wie Manz annimmt, „statistische Täuschung",[22] allerdings nicht wegen der von ihm unterstellten Unterschätzung der vorangehenden Produktion, sondern aufgrund der von ihm nicht berücksichtigten unterschiedlichen Zahl der Arbeitstage pro Monat.[23]

Gerade diese offenbar doch unterschiedliche Entwicklung zwischen dem französischen und dem amerikanisch-britischen Besatzungsgebiet kann indes als ein entscheidender Beleg für die synergetisch positiven Wachtumseffekte von Währungsreform und marktwirtschaftlicher Liberalisierungspolitik herangezo-

---

[18] Vgl. Horst Friedrich Wünsche, Wirtschaft in Westdeutschland, S. 37ff.

[19] Ritschl, Die Währungsreform, S. 149

[20] Ebenda, S. 150

[21] Ebenda, S. 154 (und die zugehörigen Erläuterungen in der Fußnote)

[22] Manz, Stagnation und Aufschwung, S. 38

[23] Ritschl, Die Währungsreform, S. 156

gen werden, denn in der französischen Zone wurde zwar die Währungsumstellung in gleicher Weise durchgeführt, eine entsprechende Lockerung der Bewirtschaftung und Preisfreigabe erfolgte aber erst sehr viel später.[24] Da also der für zentralverwaltungswirtschaftliche Ordnungen geradezu kennzeichnende Zwang der Unternehmensleitungen, sich durch hohe Lagerbestände an Vor-, Zwischen- und Endprodukten gegen mögliche Versorgungsengpässe aus zu erwartenden Friktionen des Bewirtschaftungssystems abzusichern bzw. für eventuell erforderliche Kompensationsgeschäfte Vorsorge zu treffen, in der französischen Zone nicht aufgehoben wurde, konnten die auf einem wieder funktionierenden Geldwesen basierenden und von marktwirtschaftlich autonomen Angebots- bzw. Nachfrageveränderungen ausgehenden Allokationssignale hier auch nicht in vergleichbar wachstumsfördernde Produktionsanreize umgesetzt werden.[25]

Diese wachstumspolitische Bedeutung der Kombination von Währungsreform und marktwirtschaftlicher Neuordnung läßt sich noch besonders deutlich am Beispiel der sowjetischen Besatzungszone aufzeigen, in der zwar ebenfalls zeitlich parallel eine Währungssanierung vorgenommen wurde, dies aber mit dem konsequenten Aufbau einer Zentralverwaltungswirtschaft einherging. Bezeichnenderweise spricht Abelshauser die Wachstumsentwicklung in der Ostzone nicht an, möglicherweise, weil sie seiner These einer „weitgehenden Bedeutungslosigkeit“ ordnungspolitischer Reformen entschieden widersprechen würde.[26]

Diese Gegenargumente sind noch durch ein weiteres zu ergänzen, denn neben der bislang vorwiegend behandelten binnenwirtschaftlichen Bedeutung, die einem funktionsfähigen Geldwesen als Grundlage für die marktwirtschaftlichen Allokationskräfte zu kommt, ist gleichermaßen auf die außenwirtschaftlichen Wirkungen der Währungsreform für den in großem Maße exportinduzierten Wachstumsaufschwung der 50er Jahre hinzuweisen. Die zu kurzsichtig auf die unmittelbaren Produktionswirkungen der Währungsreform fixierte Betrachtungsweise von Manz und Abelshauser vernachlässigt die erst allmählich stärker hervortretende Bedeutung von Währungsreform und Marktwirtschaft für eine erfolgreiche Reintegration Westdeutschlands in internationale Handelsbeziehungen.

Wegen der Abtrennung der früheren landwirtschaftlichen Überschußgebiete in der sowjetischen Zone (Mark Brandenburg) und des Verlustes der früheren „Kornkammern“ des Deutschen Reiches im Osten sowie ebenso wegen der Kriegszerstörungn und Demontagen war zu erwarten, daß Westdeutschland in starkem Maße auch langfristig von Nahrungsmittel- und Rohstoffeinfuhren abhängig bleiben würde. Die davon, wie im übrigen auch für ganz Westeuropa,

---

[24] Ebenda, S. 159

[25] Ebenda, S. 160

[26] Siehe dazu den Diskussionsbeitrag von Ernst Heuß, in: Die Korea-Krise als ordnungspolitische Herausforderung, S. 138f.

eigentlich erwartete chronische Devisenknappheit („Dollarlücke") aufgrund dauerhafter Importabhängigkeit[27] hätte sich wirtschaftlich besonders verhängnisvoll ausgewirkt, weil vor der Währungsreform die deutschen Exportlieferungen nach wie vor in nahezu wertlosen Reichsmark beglichen werden konnten. Schon deshalb kam der Neubestimmung eines realistischen Austauschverhältnisses der deutschen Währung gegenüber anderen westlichen Währungen (und hier vor allem gegenüber dem US-Dollar) für die wirtschaftliche Zukunft Westdeutschlands existentielle Bedeutung zu. Dabei würde die Währungsreform über die Stärke folgender zukünftiger Wachstumsfaktoren entscheiden:

1. über die Kaufkraft Westdeutschlands hinsichtlich der für den Wiederaufbau notwendigen Rohstoff- und Lebensmitteleinfuhren,
2. über die Wettbewerbsfähigkeit der westdeutschen Wirtschaft auf den Weltmärkten,
3. über den für die Abwicklung zukünftiger Reparations- und Entschädigungsleistungen anzusetzenden wirtschaftlichen Gegenwert,
4. schließlich über die Kreditwürdigkeit und Integrationsfähigkeit Westdeutschlands im internationalen Gefüge der Währungs- und Handelsbeziehungen.[28]

Gerade unter diesen letztgenannten Aspekten kam einer mit der Währungsneuordnung einhergehenden marktwirtschaftlichen Liberalisierungspolitik wesentliche Bedeutung zu, hatte doch schon in den 30er Jahren die von den Nationalsozialisten äußerst rigide gehandhabte Außenhandelssteuerung durch Devisenbewirtschaftung, Einfuhrrestriktionen und Exportsubventionierungen zu einer starken Bilateralisierung der Handelsbeziehungen unter weitgehender (politisch beabsichtigter) Abkoppelung vom internationalen Warenaustausch geführt.[29]

Somit hat das Angewiesensein Westdeutschlands auf Exporterfolge in Verbindung mit den von der Liberalisierungspolitik freigesetzten marktwirtschaftlichen Zwängen, sich dabei dem internationalen Wettbewerb zu stellen, in entscheidender Weise zu den raschen Wachstumsfortschritten der 50er Jahre

---

27 Siehe dazu T. Balogh, The Dollar-Crisis, S. 2ff.

28 "Sollte der Außenkurs der Reichsmark nicht nur eine willkürliche Verrechnungseinheit für die dringendsten Außenhandelsgeschäfte darstellen, sondern wieder ein verläßlicher Umrechnungskoeffizient für volkswirtschaftliche Grundwerte im internationalen Vergleich sein, so bedurfte es — und hierin waren sich alle Fachleute einig — in allererster Linie eines einheitlichen Marktes sowie einer Stabilisierung des Preisniveaus, eines Anstiegs der Produktion und der Produktivität — was eine geregelte Rohstoffversorgung voraussetzte — sowie einer grundlegenden Neuordnung des gesamten deutschen Wirtschaftsorganismus". Thomas Jerchow, Der Außenkurs der Mark, S. 262

29 So wurde mit dem von Reichsbankpräsident Hjalmar Schacht entwickelten „Neuen Plan" schon etwa ab Mitte 1934 „eine Umsteuerung der deutschen Außenwirtschaft zum zweiseitigen Verrechnungshandel" und eine weitgehende Abkoppelung vom Welthandel vollzogen. Dazu ausführlich: Boelcke, Die deutsche Wirtschaft, S. 102f.

beigetragen. Dies wird besonders deutlich, als, nachdem der binnenwirtschaftlich wirksame konjunkturelle „Treibsatz“ der mit der Währungsreform gekoppelten „Kopfgeldausgabe“ ausgebrannt war und erneute Stagnation drohte, die Bundesrepublik Deutschland in ganz wesentlichem Maße an dem vom Ausbruch des Krieges in Korea im Juni 1950 schwunghaft beschleunigten Welthandel („Korea-Boom“) außenwirtschaftlich partizipieren konnte und somit die inländischen Wachstumsimpulse von der außenwirtschaftlichen Flanke her eine wirksame Verstärkung erfuhren. Zugleich war, worauf später unter anderem Blickwinkel noch einzugehen sein wird, die Abwendung der damit vorübergehend verbundenen Zuspitzung in der internationalen Schuldnerposition der Bundesrepublik Deutschland durch die solidarische Haltung westeuropäischer Staaten ein deutlicher Beweis für die Bedeutung der international akzeptierten und gesicherten neuen Währung. Die dabei für kurze Zeit auf außenpolitischen Druck hin erfolgte Rücknahme der Einfuhrliberalisierung, um das kräftige Wachstum der inländischen Nachfrage zu bremsen, kann zudem als weiteres Indiz für eine anhaltende marktwirtschaftliche Wachstumsdynamik gewertet werden.[30]

Eine weiterer wichtiger Rückstrahlungseffekt der mit Währungsreform und Liberalisierungspolitik neu geöffneten außenwirtschaftlichen Verbindungen bestand in dem davon ausgehenden Disziplinierungszwang für das inländische Wirtschaftsverhalten; denn um dem neuen Außenwert der DM internationales Ansehen zu verschaffen, mußte der Stabilisierung des Preisniveaus durch restriktive Notenbankpolitik, durch zurückhaltende Lohnforderungen, durch weitgehend ausgeglichene öffentliche Haushalte sowie schließlich durch Begünstigung der Investitionen gegenüber dem Konsum unbedingte Priorität eingeräumt werden. Von diesen Sachzwängen gingen Impulse für eine sozialpartnerschaftliche Verständigungsbereitschaft zwischen den Tarifvertragsparteien selbst und, wie das etwa zeitlich parallele Zustandekommen der Montanmitbestimmung beweist, auch zwischen ihnen und dem Staat aus.

Hinsichtlich der eingangs angesprochenen zweiten These Abelshausers von der wachstumspolitischen Bedeutung einer „Rekonstruktionsperiode“ ist zunächst festzustellen, daß die in den vorangehenden Kapiteln konstatierten Befunde (Bevölkerungszuwanderung, Fremdarbeiterausfall, Arbeitskräftefehlallokation) dafür sprechen, daß von der Beseitigung der nach dem Krieg bestehenden Disproportionalitäten wesentliche Produktivitätsfortschritte und Wachstumsimpulse ausgegangen sind. Allerdings ist der hieraus von Abelshauser gezogenen Folgerung einer „weitgehenden Beliebigkeit“ der ordnungspoliti-

[30] Bereits am 31. Oktober 1949 wurde die Mitgliedschaft der Bundesrepublik Deutschland im „Europäischen Wirtschaftsrat“ zugelassen; eine weitgehende Liberalisierung des Außenhandels war die Folge. Die Beteiligung an der im Juli 1950 wirksam gewordenen „Europäischen Zahlungsunion“ (EZU) war ein weiterer Beweis für die neue Kreditwürdigkeit, die bereits im November 1950 durch die Inanspruchnahme einer Sonderkreditzahlung auf eine erste (erfolgreiche) Belastungsprobe gestellt wurde. Siehe dazu: Mathias Schmitt, Außenwirtschaftsprobleme, S. 57ff.

schen Rahmenbedingungen, unter denen diese notwendigen Strukturanpassungsprozesse dann vollzogen worden sind, ganz entschieden zu widersprechen.

Alle in der europäischen Nachkriegswirtschaftsentwicklung und ganz besonders die in der Bundesrepublik während der siebziger Jahren gemachten Erfahrungen sprechen dafür, daß der zur Entfaltung latent vorhandener Produktivitäts- und Wachstumskräfte notwendige Strukturwandel sich um so rascher und wirksamer vollzieht, je weniger ein Durchschlagen der marktwirtschaftlichen Sanktionsmechanismen durch staatlich, gewerkschaftlich, unternehmerisch oder sozialpartnerschaftlich vorgetragene blockierende Eingriffe behindert wird. Um eventuellen Mißverständnissen sogleich vorzubeugen: es geht hier nur um die Wachstumseffekte, selbstverständlich kann es aus beschäftigungs- und sozialpolitischen Erwägungen wünschenswert sein, die negativen Anpassungswirkungen nur „abgefedert" und zeitlich verzögert eintreten zu lassen. Für ein Übertreiben in beiden Richtungen gibt es inzwischen im europäischen Umfeld genügend Anschauungsmaterial. Vor allem die Entwicklung in Österreich, wo es nach 1945 zu umfangreichen Verstaatlichungsmaßnahmen, verbunden mit einer vielfältig institutionalisierten korporativistischen Verflechtung von Staat und Sozialpartnern, gekommen ist, liefert sozusagen als realisiertes Alternativmodell einer auch für Nachkriegsdeutschland von Sozialdemokraten und Gewerkschaften angestrebten Neuordnung ein (heute) eher warnendes Beispiel.

Die tatsächliche Relevanz der ordnungspolitischen Weichenstellungen in Westdeutschland wird damit sowohl im Rückblick als auch in der Gegenwartsbetrachtung so deutlich, daß das aus dem internationalen Vergleich der Wirtschaftsentwicklung gezogene Fazit von Abelshauser: „Nachkriegseuropa ist ein ordnungspolitisches Wunderland: Alle Strategien wurden gleichermaßen mit wirtschaftlichem Erfolg belohnt",[31] in seiner offensichtlichen Fehldeutung überrascht. Zwar haben sich zumindest die westeuropäischen Länder relativ rasch von den unmittelbaren Kriegsfolgen erholt und vermochten an die Entwicklungslinien der Vorkriegszeit weitgehend anzuknüpfen; insoweit ist Abelshauser und vor allem Janossy auch zuzustimmen. Doch wäre erstens eine derartige Aufwärtsentwicklung für das zerstörte und geteilte Deutschland wohl kaum zu erwarten gewesen und treten zum zweiten eben in diesem internationalen Vergleich die länderspezifischen Auswirkungen der unterschiedlichen ordnungspolitischen Grundsatzentscheidungen nur um so schärfer hervor.

Gerade weil (zum Beispiel) in Großbritannien das für Kriegszeiten konstruierte Bewirtschaftungssystem bis weit in die 50er Jahre beibehalten wurde und weil die Labour-Regierung einer Erhaltung der Vollbeschäftigung auch um den Preis nur arbeitsplatzkonservierender Maßnahmen unbedingte Priorität einzuräumen gewillt war, zeigten die britischen Gewerkschaften wenig Neigung, von ihrer tradierten „Grabenkampfmentalität" abzulassen, um — etwa dem

---

[31] Abelshauser, Wiederaufbau vor dem Marshall-Plan, S. 574

deutschen Beispiel folgend — durch tarifpolitische Zurückhaltung mehr Investitionen und mehr Beschäftigung zu erreichen. Weil schließlich weite Bereiche veralteter Grundstoff- und Investitionsgüterindustrien durch großflächige Verstaatlichungsmaßnahmen sowie nachfolgende Subventionierungen und protektionistische Schutzwälle von der internationalen Konkurrenz ausgenommen wurden, bestanden für die britische Wirtschaft — wieder im Gegensatz zur deutschen — ungleich weniger Wettbewerbsanreize und wirtschaftliche Sachzwänge, sich den unbequemen Erfordernissen des Strukturwandels durch Modernisierungen anzupassen.

Ganz ähnlich verhielt es sich in Frankreich, wo mit dem Regierungsantritt der Sozialisten eine der britischen vergleichbare Wirtschaftspolitik eingeleitet worden ist, nur daß — französischer Tradition entsprechend — das bürokratische Element zentraler Wirtschaftsplanung und -lenkung in ungleich stärkerem Maße als in Großbritannien ergänzend hinzugekommen ist.[32]

Während in diesen Ländern also tatsächlich wesentlich andere ordnungspolitische Weichenstellungen vorgenommen worden sind, wäre auch für Westdeutschland zunächst — jedenfalls nach den programmatischen Ankündigungen der meisten politischen Parteien — eine ganz ähnliche Entwicklung zu erwarten gewesen. Daß es dann letztlich doch nicht so gekommen ist, hat nicht nur, wie noch zu zeigen sein wird, ganz wesentlich zu der besonderen Art wirtschaftsfriedlicher Arbeitsbeziehungen beigetragen, die vorangehend als Kennzeichen von Sozialpartnerschaft beschrieben worden sind, sondern auch Anlaß zu der eingangs erläuterten These von einer angeblich „verhinderten Neuordnung" gegeben, der ich mich deshalb in den folgenden Kapiteln zuwenden möchte.

1.2 Zur programmatischen Orientierung — eine verhinderte wirkliche Neuordnung?

1.2.1 Ausgangsthesen — die neue „Dolchstoßlegende"

Die äußeren und inneren Bedingungen für das Zustandekommen der westdeutschen Wirtschafts- und Sozialordnung sind schon wiederholt Gegenstand heftiger Kontroversen gewesen. Ansatzpunkte boten dabei vor allem die bereits diskutierten Zweifel, ob die Wiederaufbauerfolge tatsächlich auf die marktwirtschaftliche Neuordnung zurückzuführen gewesen sind; zum anderen

---

[32] *Abelshauser* scheint demgegenüber die Bedeutung dieser ordnungspolitischen Entscheidungen für Großbritannien als weitgehend „funktionslos", für Frankreich hingegen insgesamt als positiv einzuschätzen. Vgl. Abelshauser, Wiederaufbau vor dem Marshall, Plan, S. 549ff. und S. 555ff. *Klump* weist dagegen anhand von statistischen Zeitreihen nach, daß von einer mit dem deutschen Beispiel vergleichbar starken Wachstumsentwicklung weder im west- und schon gar nicht im osteuropäischen Umfeld gesprochen werden kann. Vgl. Klump, Wirtschaftsgeschichte, S. 40ff. und S. 71ff.

wurde und wird bestritten, daß diese Grundsatzentscheidung tatsächlich dem mehrheitlichen Willen der Deutschen entsprochen habe. In jüngster Zeit hat diese bereits weit zurückreichende politische Auseinandersetzung durch Folgerungen aus der bereits erläuterten Janossy-Abelshauser These insoweit eine Neuauflage erfahren, wie damit nun von einer neuen wirtschaftshistorischen Argumentationsbasis ausgegangen werden kann. Wenn nämlich tatsächlich die Bedeutung ordnungspolitischer Entscheidungen zur Marktwirtschaft gegenüber langfristigen Wachstumsdeterminanten eher belanglos gewesen wäre, so könnte daraus gefolgert werden, daß dann gleichermaßen „alternative Systemvarianten", d.h. Wirtschaftsneuordnungen mit mehr sozialistischen Stilelementen wie zum Beispiel Kernbereichen verstaatlichter Industrien und dominant zentraler Wirtschaftsplanung und -lenkung, nicht etwa an fehlender politischer Attraktivität und zweifelhafter ökonomischer Funktionseffizienz gescheitert sind, sondern lediglich daran, daß sie gegenüber den „restaurativen Tendenzen" nicht mit genügendem Nachdruck vertreten worden sind bzw. nicht vertreten werden konnten, weil die Intervention der westlichen Besatzungsmächte — und hier insbesondere der USA — dem verhindernd entgegengestanden hat.[1]

Aus dieser neubegründeten Interpretation der Grundsatzentscheidungen nach 1945 als „erzwungenen Kapitalismus",[2] als bloße „Restauration"[3] wirtschaftlicher und sozialer Machtverhältnisse, der eine von deutscher Seite mehrheitlich anders beabsichtigte, jedoch „verhinderte Neuordnung"[4] entgegengestanden habe, ließe sich dann ein „Legitimationsdefizit" der Sozialen Marktwirtschaft ableiten, das nur durch die systemnotwendige Aufnahme sozialethisch höherwertiger sozialistischer Ordnungselemente daran gehindert werden könnte, die von der tradierten Klassenstruktur falsch gesetzten „Prioritätenmuster" in eine stets latente „Legitimationskrise" umschlagen zu lassen.[5]

---

[1] Siehe dazu die Literaturzusammenstellung bei: Dörte Winkler, Die amerikanische Sozialisierungspolitik, S. 88ff.; ebenso: Uwe Uffelmann, Wirtschaft und Gesellschaft, S. 3f. und Helmut Altrichter, Die verhinderte Neuordnung?, S. 362f.

[2] Vgl.: Schmidt/Fichter, Der erzwungene Kapitalismus. Die These findet sich bereits bei Wolfgang Abendroth, Die verfassungspolitische Entwicklung des Bundes, S. 50f.

[3] "Die Hilfe von außen durch den US-amerikanischen Kapitalismus war.. die entscheidende Voraussetzung dafür, daß auf westdeutschem Boden — trotz der antikapitalistischen Stimmung — die Herrschaft des Kapitals behauptet und sogar gewaltig gestärkt wurde". Altvater/Hoffmann/Schoeller/Semmler, Zur Entwicklung des Kapitalismus, S. 252

[4] Vgl.: Eberhard Schmidt, Die verhinderte Neuordnung

[5] *Habermas* leitet den von ihm entwickelten Begriff der „Legitimationskrise" aus dem von der marxistischen Krisentheorie behaupteten Grundwiderspruch ab, daß sich (auch) im Spätkapitalismus das Wirtschaftswachstum nach Prioritäten vollzieht, „die sich in Abhängigkeit nicht von verallgemeinerungsfähigen Interessen der Bevölkerung, sondern von privaten Zielen der Gewinnoptimierung herausbilden". Die Krise wird virulent, wenn Ansprüche bzw. Erwartungen entstehen, die auf systemkonforme Weise nicht mehr befriedigt werden können. Zitiert nach Jürgen Habermas, Legitimationsprobleme im Spätkapitalismus, S. 103 f.

Als eigentliches Ziel wäre demnach nicht eine „Teilreparatur spätkapitalistischer Wirtschaftsformen“, sondern eine an den Strukturen ansetzende, allmähliche Systemüberwindung in Richtung auf eine sozialistische Gesamtordnung anzustreben.

Unter diesen Vorzeichen könnten die Bestimmungsgründe der marktwirtschaftlichen Grundsatzentscheidung von 1948 weder in konjunkturpolitischer Hinsicht noch für eine Neuordnung der Arbeitsbeziehungen als Orientierung dienen. Vielmehr wäre eine nicht auf ihre schrittweise Überwindung ausgerichtete Revision der Sozialen Marktwirtschaft nicht nur als ein unzeitgemäßes Festhalten an historisch überholten Formen ökonomisch sinnlos, sondern müßte obendrein als politisch wenig wünschenswert angesehen werden. Es ist daher für den weiteren Fortgang der Untersuchung von Relevanz aufzuzeigen,

— daß die marktwirtschaftliche Neuordnung in den drei westlichen Besatzungszonen aus den von deutscher Seite unternommenen Bestrebungen resultierte, auf die Erfahrungen mit der korporativistischen Verflechtung von Staat und Wirtschaft in der Zeit der Weimarer Republik sowie mit der zentralverwaltungswirtschaftlichen Zwangsherrschaft der Nationalsozialisten nicht durch einen Rückgriff auf frühere Lösungskonzepte zu reagieren, sondern durch eine Neuorientierung, die politischen Föderalismus mit marktwirtschaftlicher Effizienz und sozialem Ausgleich zu verbinden vermochte; und

— daß diese Orientierungsabsicht von den westlichen Besatzungsmächten zwar unterstützt, nicht aber oktroyiert worden ist, sondern sich bereits in den ersten beiden Nachkriegsjahren sowohl in der programmatischen Entwicklung der politischen Parteien als auch im Aufeinandertreffen mit zentralistischen Gestaltungsabsichten in den bizonalen Verwaltungsinstitutionen als überlegen erwiesen und mehrheitlich durchgesetzt hat.

Die Abwertung der Entscheidung für eine soziale Marktwirtschaft als bloße „Restauration“ früherer kapitalistischer Verhältnisse wäre auch schon deshalb als verfehlt abzulehnen, weil nicht präzise angegeben werden kann, „worin denn der revolutionäre Prozeß bestanden haben könnte, hinter den mittels einer Restauration zurückzugehen gewesen wäre“.[6] Jedenfalls ist, wie auch Abelshauser feststellt, „die Restauration der liberalen Wirtschaftsordnung der Zeit vor der Weltwirtschaftskrise oder der auf sie folgenden nazistischen Befehls- und Kriegswirtschaft .. für keines der an der Auseinandersetzung beteiligten Lager ein wünschenswertes Ziel (gewesen)“.[7]

Statt dessen soll der Vorwurf der Restauration wohl zum Ausdruck bringen, „daß es Kräfte der Erneuerung, des Neuaufbaus, der Neuordnung gegeben hat, die an der Entfaltung von Handlungsspielräumen und Wirkungsfeldern gehindert oder doch in ihren Entfaltungsmöglichkeiten erheblich behindert worden

---

[6] Helga Grebing, Neubeginn oder Wiederaufbau?, S. 416

[7] Werner Abelshauser, Die verhinderte Neuordnung?, S. 53

sind"[8] — und ist somit als Ausdruck der enttäuschten Hoffnung zu werten, daß nach 1945 die Zeit für eine „sozialistische Wende" anbrechen werde, für die „produktive Utopie" eines „demokratischen Sozialismus ..., wie es ihn bisher weder im Osten noch im Westen gegeben hatte".[9]

Nun ist es zwar sicherlich legitim, trotz aller ernüchternden Erfahrungen mit den realen Erscheinungsformen nach wie vor auf demokratischem Wege eine sozialistische Umgestaltung von Wirtschaft und Gesellschaft anzustreben, unbedingt abzulehnen ist aber, wenn dann aus Enttäuschung über ausbleibende politische Mehrheiten für derartige Veränderungen eine Perhorreszierung des bestehenden demokratischen Gemeinwesens erfolgt, die in einer Gleichstellung mit dem Faschismus gipfelt: „Die objektiven gesellschaftlichen Voraussetzungen, die zum Faschismus führten bestehen fort. Wir haben die kapitalistische Profitwirtschaft restauriert und unsere Vorstellungen von einer grundlegenden Neuordnung schubladisiert. Die Saboteure der Weimarer Republik Verwaltung, Justiz und Militär, stabilisierten den Faschismus und wirken bis zur Stunde fort. Flucht in Ruhe, vordergründiger Wohlstand, Kalter Krieg und primitiver Antikommunismus verhindern die Bewältigung unserer Vergangenheit".[10] Nach dieser erst kürzlich von einem Vorstandsmitglied der größten deutschen Einzelgewerkschaft vertretenen Auffassung hätten sich seither nicht die Ziele, sondern nur die Methoden verändert: „Die neue Form des Faschismus kommt auf leisen Sohlen aus den vollklimatisierten Räumen der Konzernzentralen, aus den Ministerien, der Justiz und dem Militär".[11]

Diese verzerrende Bewertung der in der Bundesrepublik Deutschland realisierten freiheitlich-demokratischen Grundordnung hat zwar auch von gewerkschaftlicher Seite inzwischen Widerspruch erfahren, indem auf die gedankliche Nähe zur „Faschismusanalyse der KPD in der Weimarer Republik"[12] und darauf hingewiesen wurde, daß es nach 1945 „schlicht an einer Mehrheit für die Planwirtschaft" gefehlt habe,[13] doch ist bislang eine klare Abgrenzung unterblieben, wo die Funktion der Gewerkschaften im demokratischen Entscheidungsprozeß als wirtschaftlicher „Ordnungsfaktor" aufhört und wo ihre Rolle als politische „Gegenmacht" anfängt. Damit ist die von Nell-Breuning bereits in den fünfziger Jahren konstatierte Bewußtseinsspaltung der Gewerkschaften, daß sie „nicht wissen, was sie sein wollen" und daher „noch weniger wissen, was sie tun sollen" erneut aktuell geworden.[14]

---

[8] Grebing, Neubeginn oder Wiederaufbau, S. 416

[9] Walter Dirks, Verbündung für eine andere Republik, S. 4

[10] Hans Preiss, 8. Mai 1945 — 40 Jahre danach, S. 335

[11] Ebenda, S. 329

[12] Jürgen Walter, Ohne Fleiß kein Preis, S. 954

[13] Volker Jung, Führt Kapitalismus zum Faschismus?, S. 560. Siehe dazu auch Kurt Lange, Weder gerecht noch stabil, S. 950-953

[14] Oswald von Nell-Breuning, Selbstverständnis und Selbsterkenntnis der Gewerkschaften, S. 9

Wenn sich dabei die Auffassung durchsetzen sollte, daß, nachdem es weder 1918, noch 1933, noch 1945 gelungen sei, die Gewerkschaften gegen eine „Einheitsfront von Reaktion und Faschismus“ zum „Träger des Massenwiderstandes“ zu machen,[15] diese Versäumnisse dann eben heute auf die oben beschriebene Weise in die bundesdeutsche Gegenwart transponiert und nachgebessert werden müßten, so steht die Republik allerdings „in der Gefahr, daß ihr Ursprungskonsens zu Bruch geht mit der Folge, daß überall — rechts, links, in der Mitte, bei den Konservativen nicht weniger als bei den Progressiven — eine andere Republik gesucht wird“.[16]

Neben den politischen Dimensionen dieser Bedrohung steht dabei auch die Frage nach dem Fortbestand der Sozialen Marktwirtschaft im Mittelpunkt, so daß es für den mit der vorliegenden Arbeit angestrebten Beitrag zu einer ordnungspolitischen Neuorientierung als sinnvoll erscheint, wie Helga Grebing es ausdrückt, „in dieser Situation an das Zustandekommen des Ursprungskonsenses für unsere Republik und seine inhaltliche Substanz zu erinnern“.[17]

1.2.2 Antagonistische Gestaltungskonzepte

1.2.2.1 Die planwirtschaftliche Alternative

Mit dem sich bislang erst in Umrissen abzeichnenden neuen Grundsatzprogramm scheint innerhalb der SPD eine Umorientierung in Gang zu kommen, mit der die auf dem Parteitag in Bad Godesberg 1959 programmatisch weitgehend vollzogene Akzeptanz einer marktwirtschaftlichen Grundordnung, in der sich der Staat im wesentlichen auf eine „vorausschauende Konjunkturpolitik“ und auf „Methoden der mittelbaren Beeinflussung der Wirtschaft“ beschränkt,[1] zumindest teilweise wieder zugunsten direkter staatlicher Wirtschaftsgestaltung zurückgenommen wird und die Partei sich damit erneut an Orientierungspunkten ausrichtet, die bereits in der parteipolitischen Programmatik der ersten Nachkriegsjahre im Vordergrund gestanden haben. Damit droht eine angesichts der reichhaltigen während der Wiederaufbauphase gesammelten Erfahrungen eigentlich unnötige Neuauflage ordnungspolitischer Grundsatzdebatten, bei denen die Befürworter marktwirtschaftlicher Selbstheilungskräfte ein „Staatsversagen“ bei der Überwindung aktueller beschäftigungs- und sozialpolitischer Probleme konstatieren und deshalb an die frühere Liberalisierungspolitik anknüpfen möchten und entsprechend für einen Rückzug des Staates aus der Wirtschaft plädieren, wohingegen ihre ordnungspoliti-

[15] Preiss, 40 Jahre danach, S. 329 und 334

[16] Grebing, Neubeginn oder Wiederaufbau, S. 428

[17] Ebenda

[1] Zitiert aus dem Abschnitt „Stetiger Wirtschaftsaufschwung“ im Godesberger Programm, nach dem Abdruck in: Programmatische Dokumente, S. 349ff.(357)

schen Antagonisten angesichts des von ihnen behaupteten „Marktversagens" den Einfluß des Staates stärken wollen und darüber hinaus eine historisch weit zurückreichende korporativistische Verflechtung von Staat und Wirtschaft durchsetzen möchten, wie sie etwa in der Weimarer Republik bestanden hat.[2]

Je stärker indes die frühere ordnungspolitische Dichotomie von Plan versus Markt erneut hervortritt und je mehr sich dabei auf beiden Seiten die Neigung verfestigt, für die Lösung der aktuellen Probleme nur eine rigorose Neuauflage früherer Antworten zu liefern, um so geringer sind die Chancen anzusetzen, daß es angesichts der auseinanderdriftenden parteipolitischen Ordnungskonzepte überhaupt noch zu einer den sozialen Frieden wahrenden Konsenslösung kommt. Heute wie damals ist dabei auch das Beziehungsdreieck zwischen Staat, Gewerkschaften und Arbeitgebern härtesten Belastungsproben ausgesetzt. Hinsichtlich dessen und wegen der wiederaufgelebten Behauptung angeblicher „Legitimationsdefizite" der marktwirtschaftlichen Neuordnung könnte es hilfreich sein, zentrale Aspekte der früheren Grundsatzdebatte zur planwirtschaftlichen oder marktwirtschaftlichen Alternative erneut in Erinnerung zu rufen.

Dabei wird im folgenden die planwirtschaftliche Alternative von den in dieser Hinsicht wesentlichen programmatischen Absichten der Sozialdemokraten ausgehend dargestellt, obwohl anfänglich sehr wohl Affinitäten zu den Neuordnungsvorstellungen einiger christdemokratischer Gründerkreise (Frankfurt, Berlin) bestanden haben, in deren ersten programmatischen Äußerungen ebenfalls stark planwirtschaftlich und zentralistisch orientierte Neugestaltungskonzepte vertreten worden waren.[3] Auch die Sozialisierungsbestrebungen der Sozialdemokraten hatten bei vielen Christdemokraten anfänglich Zustimmung gefunden, so daß, wenn man die aus dem täglichen Anblick der Not nahezu zwangsläufig geborenen Forderungen nach einer planwirtschaftlich „gerechten" Verteilung des Mangels beim Worte nimmt, aus dieser pessimistischen Grundhaltung heraus tatsächlich zunächst weitgehende Übereinstimmung in der Forderung nach sozialistischen Wirtschaftsreformen bestanden hat. Es wäre aber verfehlt, aus diesen situativen Gemeinsamkeiten auf einen auch in der Substanz dauerhaft begründeten Konsens für eine sozialistische Neuordnung von Wirtschaft und Gesellschaft schließen zu wollen,[4] deren Zustandekommen dann nur durch den bestimmenden Einfluß von dritter Seite verhindert worden sei. Statt dessen ist dieser Anfangskonsens, wie noch zu zeigen sein wird, zum

---

[2] Vgl. „Nürnberger Aktionsprogramm: Massenarbeitslosigkeit überwinden — die Wirtschaft ökologisch und sozial erneuern". Beschluß zur Wirtschafts- und Beschäftigungspolitik der SPD, Parteitag in Nürnberg 25.-29. 8. 1986

[3] Siehe dazu Rudolf Uertz, Christentum und Sozialismus, S. 27ff.

[4] „Die Sozialismusneigung von 1945 war kaum mehr als eine spontane Reaktion auf den überdeutlich faßbaren Bankrott aller rechtsautoritären, nationalistischen Kräfte, eine „antikapitalistische Sehnsucht", Ausdruck eines allgemeinen Bedürfnisses nach materieller Besserung, Ordnung, Frieden und Sicherheit, die ein sorgsam und verantwortungsvoll planender Staat herbeiführen und abschirmen sollte". Kurt Klotzbach, Der Weg zur Staatspartei, S. 178

einen an der Erkenntnis zerbrochen, daß von einer bloßen „Verwaltung des Mangels" kein dynamisches Wirtschaftswachstum erwartet werden konnte; zum anderen an der immer stärker hervorgetretenen Unverträglichkeit von politischem Föderalismus und zentralverwaltungswirtschaftlichem Lenkungsanspruch. Drittens schließlich hat auch das abschreckende Beispiel sozialistischer Umgestaltung in der sowjetischen Besatzungszone zur abnehmenden Attraktivität der planwirtschaftlichen Neuordnungsalternative beigetragen.

Von den programmatischen Orientierungsentwürfen, die von den für die Reorganisation der Sozialdemokratischen Partei wesentlichen drei Führungsgruppen, nämlich vom „Zentralausschuß der SPD" in Berlin, vom „Büro Dr. Schumacher" in Hannover und von dem in London exilierten ehemaligen Parteivorstand, ausgegangen sind, haben zunächst vor allem die „Leitsätze zum Wirtschaftsprogramm der Sozialdemokratischen Partei", die von Erik Nölting 1945 im Auftrag des „Büro Dr. Schumacher" in Hannover ausgearbeitet worden sind, wesentliche Bedeutung für die Entwicklung einer sozialistisch-planwirtschaftlichen Neuordnungsalternative gehabt.[5] Allerdings wurde dieser Programmentwurf insgesamt eher durch Faktoren bestimmt, die nicht so sehr im Ökonomischen begründet waren, als vielmehr in einer Vergangenheitsinterpretation, mit der insbesondere die in der Zeit der Weimarer Republik gesammelten Erfahrungen bewertet und in die Gegenwartssituation transponiert werden sollten. Gerade dieses organisatorische und programmatische Wiederanknüpfen bedeutete aber auch eine belastende Übernahme tradierter Vorstellungen über das gesellschaftliche Sein-Sollen, wohingegen die neugegründeten Parteien der Christdemokraten und der Liberalen eine flexible Anpassung an die sich jeweils neu ergebenden, politisch verwertbaren Gestaltungsspielräume vornehmen konnten. Schon deshalb läuft der „Restaurationsvorwurf" ins Leere: Die SPD verkörperte nach 1945 vor allem mit ihrer Befangenheit in der Vorstellung, es müsse jetzt nur sozusagen das „Weimarer Modell" in einer „restaurierten" Ausführung neu herausgegeben werden, und der daraus resultierenden Fixierung auf den Staat als „die entscheidende Wirtschaftstatsache der Gegenwart"[6] in ungleich stärkerer Weise das unangepaßt Gestrige, zumal soeben erst die zentralstaatliche Diktatur der Nationalsozialisten zusammengebrochen und noch keineswegs abzusehen war, ob überhaupt und, wenn ja, in welcher Form ein deutsches Staatswesen wiederentstehen würde.

Aus der Erkenntnis, daß „von der Kräfteverteilung im Staat .. die Gestaltung der Wirtschaft grundlegend (abhängt)",[7] und der damit verbundenen gedankli-

---

[5] Im folgenden zitiert als „Leitsätze", nach dem Abdruck unter dem Titel „Leitsätze zum Wirtschaftsprogramm — Entwurf Dr. Kurt Schumacher von 1945", in: Ossip K. Flechtheim, Dokumente, Band 3, S. 9-13. Zur Vorgeschichte: Waldemar Ritter, Kurt Schumacher, S. 73f. und (besonders) zum Einfluß von Nölting: Erich Ott, Die Wirtschaftskonzeption, S. 5ff.

[6] Leitsätze, S. 9. Siehe dazu auch: Wolf-Dieter Narr, CDU-SPD, S. 64f. und S. 108; ebenso: Ott, Die Wirtschaftskonzeption, S. 85ff.

[7] Leitsätze, S.

chen Abkehr von der marxistischen These vom „absterbenden Staat" resultierte dabei die Gegenwartsforderung nach einer dauerhaften „Ausdehnung der staatlichen Wirtschaftslenkung und Wirtschaftskontrolle" in Richtung auf eine „an den Versorgungsbedürfnissen der Gesamtheit ausgerichtete Planwirtschaft".[8] Als zweiter Gestaltungsfaktor war der stufenweise Aufbau einer „Wirtschaftsdemokratie" vorgesehen,[9] worunter in Anlehnung an das von Naphtali für den Allgemeinen Deutschen Gewerkschaftsbund von 1925 bis 1928 entwickelte Ordnungskonzept eine korporativistische Verflechtung von zentralstaatlicher Wirtschaftssteuerung mit gewerkschaftlicher Mitbestimmung verstanden werden sollte,[10] wie sie ansatzweise bereits in der Weimarer Republik mit dem „vorläufigen Reichswirtschaftsrat" verwirklicht worden war. Während auf dieses „Korporationsmodell" an späterer Stelle noch ausführlich einzugehen sein wird, mag hier die Feststellung genügen, daß sich die „Leitsätze" auf die Grundaussage hin verdichten lassen, daß auf dem Weg zu einer sozialistischen Gesellschaftsordnung zweigleisig vorgegangen werden sollte: „Ausdehnung der staatlichen Kontrollfunktionen über die Wirtschaft und zum anderen Demokratisierung der die Wirtschaftsführung repräsentierenden Organe der wirtschaftlichen Selbstverwaltung".[11]

Diese „Zwei-Wege-Theorie"[12] zum Sozialismus hat mit den Entwürfen zum neuen Grundsatzprogramm eine im Themenzusammenhang interessante Aktualisierung erfahren, indem auch darin wieder das Verlangen nach verstärkter staatlicher Einflußnahme auf Ziel und Richtung der Wirtschaftsabläufe mit einer beabsichtigten Erweiterung der gewerkschaftlichen Handlungsmöglichkeiten durch Mitbestimmung verknüpft wird.[13] Die sich damit ankündigende Rückorientierung auf die Neuordnungskonzepte der ersten Nachkriegsjahre legt es nahe, aus den Ergebnissen der damaligen Kontroverse zwischen Planwirtschaft und Marktwirtschaft sowie aus dem gewerkschaftlichen Verhalten gegenüber beiden Neuordnungsalternativen Schlüsse zu ziehen, die für eine zukünftige ordnungspolitische Neuorientierung als Grundlage von Sozialpartnerschaft und Gemeinwohlbindung wesentlich werden könnten.

Inhaltlich kennzeichnend für die planwirtschaftliche Alternative, wie sie von seiten der Sozialdemokratie in jener Zeit öffentlich vertreten worden ist, sind insbesondere die Ausführungen von Viktor Agartz in seinem Hauptreferat auf

---

[8] Ebenda, S. 1

[9] "Die Wirtschaftsdemokratie gibt dem Volk das Recht der Mitbestimmung in einer doppelten Weise zurück: Über den Staat auf Grund des allgemeinen Wahlrechts, sodann über die Zugehörigkeit zu einer Organisation, die berufen ist, an der Wirtschaftsführung mitzuwirken". Ebenda

[10] Die Entwicklung zum Sozialismus sollte sich danach in dem Dreischritt von Ausdehnung der Mitbestimmung — Wirtschaftsdemokratie — sozialistische Gesellschaftsstruktur vollziehen. Vgl. Fritz Napthali, Wirtschaftsdemokratie, S. 16

[11] Leitsätze, S. 11

[12] Vgl. Narr, CDU-SPD, S. 113

[13] Vgl. Nürnberger Aktionsprogramm, Punkt 3

dem ersten Nachkriegsparteitag der SPD in Hannover im Mai 1946 gewesen. Während Kurt Schumacher, der das erste der beiden Hauptreferate dieses Parteitags übernommen hatte,[14] aufgrund seiner inneren Überzeugung „In Deutschland wird die Demokratie sozialistisch sein oder sie wird gar nicht sein!"[15] den Schwerpunkt seiner Ausführungen mehr auf „ein Bekenntnis zu Sozialismus und zur Demokratie" gelegt hatte als darauf, wie denn nun unter ökonomischem Aspekt dabei konkret verfahren werden sollte,[16] blieb diese Aufgabe Agartz als dem zweiten Hauptredner überlassen.

Dessen Ausführungen über „Sozialistische Wirtschaftspolitik"[17] waren indes im wesentlichen ein Plädoyer für eine straff organisierte, zentralgesteuerte Planwirtschaft ähnlich derjenigen, wie sie sich etwa zur selben Zeit in der sowjetischen Besatzungszone abzuzeichnen begonnen hatte. Es werden zwar immer wieder Bekenntnisse zur Freiheit, zum Privateigentum und zur Marktwirtschaft eingestreut, doch offenbart sich gerade darin nicht nur der ordnungspolitische Widerspruch, sondern zugleich wird deutlich, wie sich aus der Eigengesetzlichkeit eines auslösenden nicht-marktkonformen Eingriffs die Notwendigkeit zu weiteren dirigistischen Maßnahmen ableitet, bis selbst der de jure noch vorhandene Freiheitsspielraum so eingeschränkt worden ist, daß er de facto nicht mehr ausgeschöpft werden kann. Zugleich verdeutlicht dieses Referat in seinen Kernaussagen das in der Öffentlichkeit damals vorherrschende Bild über die von der SPD angestrebte Wirtschaftsneuordnung.

Einer der das damalige Referat beherrschenden und auch in der heutigen Auseinandersetzung wieder stärker hervortretenden Ansatzpunkte für die Umwandlung der kapitalistischen in die sozialistische Wirtschaftsordnung sollte, nach Agartz, die Erkenntnis sein, daß „die Beseitigung der den Fortschritt hemmenden Fehler im System der kapitalistischen Wirtschaft" nicht erfolgen könne, „indem man lediglich in die volkswirtschaftlichen Verteilungsvorgänge eingreift,", sondern es müsse „ein bestimmender zentraler Einfluß auf Umfang und Richtung der Produktion erzielt werden".[18] Während heute ganz ähnliche Forderungen in den Entwürfen zum neuen Grundsatzprogramm der SPD mit umweltpolitischen Zielen und mit der geforderten sozialen Steuerung des technischen Fortschritts begründet, insbesondere aber mit dem Argument verbunden werden, daß auf andere Weise die Vollbeschäftigung nicht wiedererlangt werden könnte, stand zur damaligen Zeit vor allem die Überwindung des alltäglich empfunden Mangels durch ein umfassendes Bewirtschaftungssystem im Vordergrund.

---

[14] Kurt Schumacher, Die Sozialdemokratie, S. 9

[15] Zu dem Referat „Aufgaben und Ziele der deutschen Sozialdemokratie" siehe: Protokoll SPD 1946, S. 23-56

[16] Willi Eichler in einem Diskussionsbeitrag zum Referat Schumachers, in: Ebenda, S. 104

[17] Im folgenden zitiert als „Referat Agartz" nach dem Abdruck in: Ebenda, S. 57-86

[18] Referat Agartz, S. 61

Von besonderem Interesse ist im folgenden noch der verminderte Stellenwert, der den Gewerkschaften im Gegensatz zur Zwei-Wege-Theorie Schumachers bei Agartz künftig zukommt; denn ebenso, wie nach seiner Auffassung die Ablösung des kapitalistischen Unternehmers in der Wirtschaftsführung nicht „durch einzelne Gruppen wirtschaftlich gebundender Arbeitervertreter in den Betrieben" erfolgen könnte, so könne auch die staatliche Planung „nicht ersetzt oder überflüssig gemacht werden — wie vielfach die Auffassung vorherrschend ist — durch ein noch so weitgehendes Mitbestimmungsrecht der Arbeitnehmer in den Betrieben", denn dem Aufgabenbereich des Staates obliege die alleinige Entscheidung „über den Umfang, über die Richtung und über die Verteilung der Produktion".[19] Folgerichtig ist auch die Investitionstätigkeit „zukünftig ausschließlich dem Staat zur vollständigen Kontrolle"[20] zu überantworten und ebenso können die Löhne und Gehälter als „wichtigste Kostenelemente der Produktion ... schon deswegen nicht von der staatlichen Lenkung ausgenommen werden".[21]

Zwar wird den Gewerkschaften dabei noch eine „mitwirkende Tätigkeit" zugebilligt,[22] doch ist insgesamt schwer einzusehen, worin die Attraktivität eines solchen Systems für autonome Gewerkschafter liegen könnte. Auch der für eine „Sozialisierung von unten"[23] vorgesehene stufenweise Aufbau einer „wirtschaftlichen Selbstverwaltung" soll zwar unter gewerkschaftlicher Beteiligung vollzogen werden, doch obliegt den Selbstverwaltungsorganisationen dabei lediglich die Pflicht, „die staatliche Wirtschaftsverwaltung durch Beratung zu unterstützen",[24] sie sind mithin nur als Erfüllungsgehilfen sozialistischer Staatsherrschaft anzusehen.

Merkwürdigerweise scheint die volle inhaltliche Tragweite der von Agartz vertretenen Vorstellungen auf dem Parteitag nicht erkannt worden zu sein, jedenfalls hat sie in den Diskussionen, wenn man von den von Eichler und Caspary vorgebrachten kritischen Einwendungen gegen das Ausmaß der vorgesehenen Sozialisierungsmaßnahmen absieht,[25] kaum Beachtung gefunden.[26] Die als programmatische „Kundgebung" auf diesem Parteitag schließlich verabschiedeten „politischen Leitsätze vom Mai 1946"[27] wiesen in

---

[19] Ebenda, S. 62

[20] Ebenda, S. 64

[21] Ebenda, S. 65

[22] Ebenda

[23] Ebenda, S. 69

[24] Ebenda, S. 65

[25] Vgl. Protokoll SPD 1946, Diskussionsbeitrag Eichler, S. 104-109 bzw. Caspary, S. 115-117

[26] So auch Theo Pirker, Die SPD nach Hitler, S. 54

[27] Im folgenden zitiert als „Politische Leitsätze" nach dem, so *Ott,* unvollständigen Abdruck in: Flechtheim, Dokumente, S. 17ff., siehe dazu Ott, Die Wirtschaftskonzeption, S. 102f.

ihren Kernaussagen zur Wirtschaftsgestaltung nur eine unwesentliche Abschwächung der von Agartz vertretenen Positionen auf. Also muß wohl davon ausgegangen werden, daß innerhalb der SPD zur damaligen Zeit offensichtlich eine weitgehende inhaltliche Übereinstimmung mit dem von Agartz vorgeschlagenen Kurs zur Wirtschaftsneuordnung bestanden hat. Kennzeichnend ist auch, daß die noch in dem von Erik Nölting ausgearbeiteten Leitsätzeentwurf zur Zwei-Wege-Theorie herausgehobenen Forderungen nach Mitbestimmung und Wirtschaftsdemokratie nun völlig entfallen sind, was allerdings durchaus einer inneren Logik entsprach, indem für den zentralverwaltungswirtschaftlichen Charakter der neuen Leitsätze ein gestaltendes Mitwirken der Gewerkschaften nicht nur unnötig geworden war, es mußte in einer weitgehend sozialisierten Wirtschaft sogar als systemfremder Störfaktor gelten.

Zwar sollte die beabsichtigte „Vergesellschaftung der Produktionsmittel" wohl „auf verschiedene Weise und in verschiedenen Formen" vorgenommen werden,[28] doch wären faktisch kaum wirtschaftliche Handlungsfreiräume verblieben, denn: „Die Sozialisierung hat zu beginnen bei den Bodenschätzen und den Grundstoffindustrien. Alle Betriebe des Bergbaues, der Eisen- und Stahlerzeugung und -bearbeitung bis zum Halbzeug, der größte Teil der chemischen Industrie und die synthetischen Industrien, die Großbetriebe überhaupt, jede Form der Versorgungswirtschaft und alle Teile der verarbeitenden Industrie, die zur Großunternehmung drängen, sind in das Eigentum der Allgemeinheit zu überführen. Die Förderung des Genossenschaftsgedankens, die Lösung betrieblicher Gemeinschaftsaufgaben in Handwerk, Handel und Landwirtschaft, stärkste Unterstützung der Verbrauchergenossenschaften sind nötig. Der gesamte Verkehr, die neuzugestaltende Geld- und Kreditversorgung und das Versicherungswesen sind Gegenstand sozialistischer Planung".[29]

Im Grunde hatte die SPD damit auf ihrem Parteitag vom Mai 1946 das von Agartz vorgeschlagene „Modell einer demokratisch kontrollierten, zentralen Verwaltungswirtschaft" weitgehend übernommen[30] und sich eine planwirtschaftliche Alternative zur marktwirtschaftlichen Neuordnung zu eigen gemacht, die in ihrer inhaltlichen Rigorosität nach dem Klassenkampfdenken des vergangenen Jahrhunderts strukturiert war und nun auf politische und wirtschaftliche Bedingungen angewandt werden sollte, die diesen früheren Gegebenheiten nicht mehr entsprachen. Demzufolge mußte die festgestellte anfängliche programmatische Übereinstimmung mit christdemokratischen Gründerkreisen genau dort enden, wo der Versöhnungsgedanke christlich-sozialistischer Ethik mit dem aus marxistisch-sozialistischer Klassenkampfperspektive unüberbrückbaren Antagonismus zwischen Kapital und Arbeit zusammenstieß. Auch

---

[28] Politische Leitsätze, Abschnitt „Sozialismus und Selbstverwaltung", Absatz 4

[29] Ebenda

[30] "Das Augenmerk muß auf die entscheidende Veränderung gerichtet bleiben, die die SPD im Mai 1946 für die deutsche Wirtschaft vorschlug: das Modell einer demokratisch kontrollierten, zentralen Verwaltungswirtschaft". Kaden, Einheit oder Freiheit, S. 275

aus der Sicht des Wählers blieb diese frühe programmatische Festlegung bestimmend für das äußere Erscheinungsbild der SPD, so daß die Chancen für einen politischen Erfolg dieses Programms, wie noch zu zeigen sein wird, nur gering waren: „Selbst die Betonung rechtstaatlicher Prinzipien und demokratischer Kontrollen wird wenig dazu beigetragen haben, die SPD als das erscheinen zu lassen, was sie nach Schumachers Referat und dem Selbstverständnis der Delegierten des Parteitages sein sollte: die Partei der Gerechtigkeit und der Freiheit.“[31]

Es mag somit, zumal im Hinblick auf die eingangs formulierte „Dolchstoßlegende“, insgesamt zwar zutreffend sein, daß sich für die vor allem von Willi Eichler, Heinrich Deist, Erik Nölting und Rudolf Zorn später betriebene Abkehr vom Agartz-Konzept und für die programmatische Entwicklung von der zunächst geforderten „sozialistischen Planwirtschaft“,[32] in welcher der Staat direkt Produktion und Verteilung übernimmt, zu einer „Sozialistischen Marktwirtschaft“,[33] in welcher der Staat sich auf regulierende Wirtschaftseingriffe beschränkt, unmittelbar nach 1945 möglicherweise eine politische Mehrheit hätte finden lassen, — doch hatten sich diese Neuordnungsvorstellungen zu jener Zeit noch nicht in der Partei durchgesetzt.[34] Statt dessen wurden die vorparlamentarischen Grundsatzdiskussionen in den bizonalen Verwaltungsinstitutionen, wie noch zu zeigen sein wird, in der öffentlichen Meinung von dem Parteienstreit um die von Agartz formulierte zentralverwaltungswirtschaftliche Alternative geprägt, deren geringe politische und ökonomische Überzeugungskraft dann maßgeblich der von Ludwig Erhard formulierten marktwirtschaftlichen Alternative (auch) in den Reihen der Christdemokraten endgültig zum Durchbruch verholfen hat.

Die aus der Anerkenntnis dieser Tatsache folgende Akzeptanz der Marktwirtschaft wurde von der SPD erst auf dem Dortmunder Parteitag im Jahre 1952 mit dem programmatischen Übergang von einer geforderten direkten staatlichen Wirtschaftssteuerung zu einer „Lenkung der Verwendung der Investitionsrate“[35] vollzogen und fand dann mit der 1959 im Godesberger Programm manifestierten Auffassung, daß die Sozialisierung des Produktiveigentums nur ein Mittel und keineswegs auch das Ziel der sozialistischen

---

[31] Ebenda

[32] Referat Agartz, S. 62

[33] Zu Inhalt und Entwicklung dieses auf dem Nürnberger Parteitag 1947 vorgestellten Konzepts siehe: Kurt Nemitz, Sozialistische Marktwirtschaft, Hauptteil B, S. 63ff.; ebenso: Dieter Klink, Vom Antikapitalismus zur sozialistischen Marktwirtschaft, S. 85 und S. 104ff.

[34] "Die Namen der wirtschaftspolitischen Sprecher (Agartz 1946, Eric Nölting 1947, Zorn 1948) standen für unterschiedliche, konkurrierende Konzeptionen, und ihr Wechsel markierte die Richtung, in die sich die Partei bewegte“. Helmut Altrichter, Die verhinderte Neuordnung, S. 358

[35] Helmut Schmidt, Das wirtschaftspolitische Konzept der Sozialdemokratie, S. 659 und S. 663

Umwandlung sein könne, ihren Abschluß. Für die schwierige Abgrenzung zwischen marktwirtschaftlicher Selbststeuerung und planwirtschaftlicher Lenkung sollte nun das von Karl Schiller formulierte Prinzip „Freiheit soweit wie möglich — Planung soweit wie nötig!“ Anwendung finden.[36] Zu diesem Zeitpunkt war indes die Umkehr von den ursprünglich christlich-sozialistischen Ausgangspositionen innerhalb der CDU schon zu weit vorangeschritten, als daß sich hier noch programmatische Gemeinsamkeiten in politische Mehrheit hätten umsetzen lassen.

Die auch heute wieder feststellbare Neigung innerhalb der SPD, für die Lösung von Zukunftsfragen nur eine Neuausgabe alter Antworten zu liefern, verstellte der Partei schon nach 1945 häufig den Blick auf die mögliche politische Attraktivität anderer Gestaltungsoptionen. Auch ist interessanterweise von damals bis heute nicht die zugegebenermaßen heikle Frage ausdiskutiert worden, welche Funktionen den Gewerkschaften zukommen, welche Handlungsmöglichkeiten ihnen überhaupt noch verbleiben könnten, wenn der staatlich-administrative Planungs- und Lenkungsanspruch ein so weites Feld für sich beansprucht. Auch ist schwerlich zu sehen, wie der „Mantel der Solidarität“ alle die offensichtlichen Diskrepanzen abdecken könnte, die sich zwangsläufig zwischen einer autonomen Interessenvertretung der Arbeitnehmer und einer Gewerkschaftsbewegung, die sich als verlängerter Arm, als Transmissionsriemen parteipolitischer Machterhaltungsinteressen, versteht, ergeben müßten. Wahrscheinlich ist dagegen, daß eine Regierung, die nur mit „gewerkschaftlichem Wohlgefallen“ handlungsfähig bleibt, früher oder später ihre politische Mehrheit verliert und daß entsprechend eine Gewerkschaft, die parteipolitische Bindungen über die eigentlichen Arbeitnehmerinteressen stellt, früher oder später der Spaltung anheimfällt und ihre Position an neue, konkurrierende Arbeitnehmerverbände abtreten muß.

Außerdem dürften die Gewerkschaftsführer hinsichtlich der Durchsetzbarkeit autonomer Forderungen letztendlich doch einen ungleich schwereren Stand haben, wenn sie sich bei gravierenden Konfliktfällen staatlich bestallten und nicht länger den Pressionen privatwirtschaftlicher Konkurrenz ausgelieferten Arbeitgebern gegenübersehen würden, zumal, wenn eine nicht gerade gewerkschaftsfreundliche Regierung dahinterstünde. Eine marktwirtschaftliche Ordnung läßt hingegen, schon aufgrund der ihr immanenten Entwicklungsdynamik, immer neue Umverteilungsspielräume entstehen, die gewerkschaftlich genutzt und entsprechend als Legitimationsbasis herangezogen werden können.

Schließlich, in der Bedeutung aber keineswegs letztrangig, scheint in der damaligen (und nicht nur in der SPD verbreiteten) „Planungseuphorie“ zunächst weitgehend übersehen worden zu sein, daß der Steuerungsanspruch

[36] Vgl. Willi Eichler, Die politische Rolle des Godesberger Programms, in: Lompe/Neumann (Hrsg.), Willi Eichlers Beiträge, vor allem die S. 171 ff. Das direkte Zitat entstammt dem Abschnitt „Stetiger Wirtschaftsaufschwung“ im Godesberger Programm, zitiert nach: Programmatische Dokumente, S. 358

einer sozialistisch zentralen Wirtschaftsplanung und -lenkung an den Autonomiebestrebungen der einzelnen Bundesländer politisch aufgerieben werden könnte. Genau dieses Schicksal hat aber, wie noch zu zeigen sein wird, das in der britischen Zone zumindest ansatzweise realisierte Planwirtschaftskonzept von Agartz erfahren. Bevor indes auf die systembedingten Inkompatibilitäten zwischen politischem Föderalismus und wirtschaftlichem Zentralismus eingegangen werden kann, bedarf es zunächst einer Erläuterung der marktwirtschaftlichen Neuordnungsalternative.

1.2.2.2 Die marktwirtschaftliche Alternative

Aus der nach dem Zusammenbruch des Hitlerregimes in Deutschland vorherrschenden Grundstimmung, daß nun etwas völlig Neues zu kommen habe und nicht an das Vergangene angeknüpft werden könne, resultierte auf Seiten der Christdemokraten zunächst die Forderung nach einem „Sozialismus aus christlicher Verantwortung" bzw. nach einem „christlichen Sozialismus", durch den eine reformorientierte Verknüpfung christlich begründeter, sozialethischer Solidarverpflichtung mit Elementen einer freiheitlich-demokratischen Grundordnung bewirkt und damit eine Abgrenzung sowohl zum traditionellen Sozialismus als auch zur christlich-sozialen Reformpolitik angestrebt werden sollte.[1] Eine parteipolitisch völlig neue Orientierung mußte schon deswegen als naheliegend empfunden werden, weil es sich bei der „Christlich-Demokratischen Union" (CDU) und bei der „Christlich-Sozialen Union" (CSU) um die einzigen wirklichen Parteineugründungen nach 1945 handelte, wohingegen Sozialdemokraten, Kommunisten und Liberale an bereits bestehende organisatorische Strukturen und programmatische Richtpunkte anzuknüpfen vermochten.

Nach den Neuordnungsvorstellungen christdemokratischer Gründerkreise sollte das Naturrecht auf Privateigentum mit den aus der christlichen Nächstenliebe entspringenden Forderungen nach sozialer Gerechtigkeit und nach Beachtung des Gemeinwohls so zu einer „gerechten" christlichen Wirtschaftsordnung umgeformt werden, daß drei Voraussetzungen gewährleistet waren:[2]

"eine technische: die Kräfte der Natur müssen so verwendet werden, daß eine dauerhafte Versorgung der Menschheit und eine pflegliche Gestaltung der Schöpfung zugleich erreicht werden,

eine politische: die Eigentumsverhältnisse müssen so geregelt werden, daß ein willkürlicher Mißbrauch privater Macht ausgeschlossen ist,

eine kulturelle: die Ordnung der Betriebe muß den ausführenden Mitarbeitern die Möglichkeit geben, ihr eigenes Schicksal selbst verantwortlich zu

[1] Zur Vorgeschichte des Christlichen Sozialismus siehe: Franz Focke, Sozialismus aus christlicher Verantwortung, Teile A und B, S. 29 bis 193

[2] Hierzu und im folgenden: Otto Heinrich von der Gablentz, Über Marx hinaus, S. 17

gestalten und damit in der Berufsausübung sich zum freien Menschen weiterzubilden".[3]

Ziel dieser Ordnungsvorstellungen war insgesamt die Gründung einer Gemeinschaft gleichberechtigter freier Bürger unter Beseitigung antagonistischer Klassengegensätze und bei voller Chancengleichheit sowohl hinsichtlich der Bildungsmöglichkeiten als auch bei der Erlangung öffentlicher Führungspositionen.[4]

Diese geradezu erstaunlich aktuell anmutenden Grundpostulate des Christlichen Sozialismus wurden von den in der Albert- Magnus-Akademie in Walberberg zusammengekommenen christdemokratischen Gründerkreisen teils abgeschwächt,[5] teils ergänzt und dann im „Ruf zur Sammlung des deutschen Volkes" vom Juni 1945 konkretisiert.[6] Unter dem Aspekt der Wirtschaftsneuordnung ist dabei vor allem von Interesse, wie die angestrebte „neue Volksgemeinschaft" auf der Grundlage von „sozialer Gerechtigkeit" und „sozialer Liebe" im konkreten Fall mit der „gottgegebenen Freiheit des einzelnen" und den „Forderungen des Gemeinwohls" in Einklang gebracht werden sollte.[7] So wird zwar der Zentralismus „als undeutsch abgelehnt" und die Selbstverwaltung sowohl im politischen als auch im wirtschaftlichen Bereich zum tragenden Organisationsprinzip erhoben,[8] doch wird dem Staat zugleich eine Fülle von Aufgaben übertragen: er soll (zum Beispiel) „die Eigentumsverhältnisse .. nach dem Grundsatz der sozialen Gerechtigkeit und den Erfordernissen des Gemeinwohls" ordnen, wobei „das Gemeineigentum so weit erweitert werden darf, wie das Allgemeinwohl es erfordert".[9] Als „Ziel der Wirtschaft"

---

[3] Ebenda

[4] Ebenda, S. 49f. Zu dem Aspekt menschlichen Zusammenlebens in einer christlichen Wirtschaftsordnung vor allem auch: Joachim Tiburtius, Christliche Wirtschaftsordnung, S. 37ff. und Eber,hard Welty, Christlicher Sozialismus, S. 132ff.

[5] Die Einladung der Christlichen Demokraten nach Walberberg (in der Nähe von Köln) erfolgte durch die Dominikanerpatres Siemer und Welty. Den Vorsitz hatte Leo Schwering. Vgl. Leo Schwering, Frühgeschichte, S. 71ff. und ebenso: Josef Hofmann, Erinnerungen, S. 153ff. Weil indes die Mehrheit der Eingeladenen (neben anderem) die vom Hausherrn Siemer vorgeschlagene Bezeichnung der neuen Partei als „christlich-sozialistisch" ablehnte, kam es bald zu einem Zerwürfnis mit dem Gastgeber. Vgl. Rudolf Uertz, Christentum und Sozialismus, S. 27ff.

[6] Die Proklamation „Ein Ruf zur Sammlung des deutschen Volkes. Vorläufiger Entwurf zu einem Programm der Christlichen Demokraten Deutschlands. Köln, im Juni 1945" wird im folgenden zitiert nach dem Abdruck in: Leo Schwering, Frühgeschichte, S. 215 bis 218

[7] Ebenda, zitiert aus der Präambel (S. 215)

[8] „Der Zentralismus wird als undeutsch abgelehnt. Deutschland gliedert sich in selbständige freie Länder. Ihr Zusammenschluß erfolgt in der Form des freien republikanischen Bundes". Ebenda, Leitsatz Nr. 8

[9] „Das Recht auf Eigentum wird gewährleistet. Die Eigentumsverhältnisse werden nach dem Grundsatz der sozialen Gerechtigkeit und den Erfordernissen des Gemeinwohls geordnet. Durch gerechten Güterausgleich und soziale Lohngestaltung soll es dem Nichtsbesitzenden ermöglicht werden, zu Eigentum zu kommen. Das Gemeineigentum

wird die „Bedarfsdeckung des Volkes" vorgeben,[10] und schließlich soll mit „einer großangelegten Arbeitsbeschaffung" die „Beteiligung aller Arbeitswilligen am Aufbau des deutschen Lebensraumes" ermöglicht werden.[11] Wie anders als mit Instrumenten zentralstaatlicher Wirtschaftsplanung und -lenkung hätte dieses weite Betätigungsfeld ausgefüllt werden können?

Die zentrale Schwäche der christlich-sozialistischen Programmatik liegt somit darin, daß man zwar „einen wahren christlichen Sozialismus, der nichts gemein hat mit falschen kollektivistischen Zielsetzungen", vertreten möchte,[12] dann aber letztlich doch nicht zu sagen weiß, wie die „gottgegebene Freiheit des einzelnen" sanktionslos mit den umfassenden zentralistisch-kollektiven Gestaltungsansprüchen in Einklang gebracht werden könnte, ohne in die historisch vorgezeichneten sozialistischen Lösungsmuster abzugleiten. Das angestrebte Ziel wird damit zwar in leuchtenden Farben beschrieben, die Wege dorthin bleiben aber weitgehend im Verborgenen.

Dieses nicht zu bewältigende Dilemma, an dem der christliche Sozialismus schließlich parteipolitisch gescheitert ist, tritt besonders deutlich hervor, wenn man den „Ruf zur Sammlung" mit den neuen Akzenten vergleicht, die schon von den nachfolgenden „Leitsätzen der Christlich-Demokratischen Partei in Rheinland und Westfalen" in der Sozialisierungsfrage gesetzt wurden, und mit den inhaltlichen Erweiterungen, die im Laufe des Jahres 1945 durch den Berliner Gründerkreis unter Leitung von Andreas Hermes und Jakob Kaiser hinzukamen, so vor allem hinsichtlich der Umwandlung der „Sozialisierungsklausel" von einer Kann- in eine Soll-Bestimmung[13] sowie der behaupteten Notwendigkeit, das Ziel der Bedarfsdeckung durch ein „System planvoller Wirtschaftslenkung" anzustreben.[14] Hier wird bereits die erste Bruchzone erkennbar, an der

darf so weit erweitert werden, wie das Allgemeinwohl es erfordert. Post und Eisenbahn, Kohlenbergbau und Energieerzeugung sind grundsätzlich Angelegenheiten des öffentlichen Dienstes. Das Bank- und Versicherungswesen unterliegt der staatlichen Kontrolle". Ebenda, Leitsatz 10

[10] „Das Ziel der Wirtschaft ist die Bedarfsdeckung des Volkes auf der Grundlage einer freien körperlichen Selbstverwaltung". Ebenda, Leitsatz 11

[11] Ebenda, Leitsatz 12

[12] Ebenda, zitiert aus der Präambel (S. 216)

[13] Zitiert als „Leitsätze vom September 1945", nach dem Abdruck als „Leitsätze der Christlich-Demokratischen Partei in Rheinland und Westfalen. September 1945", in: Leo Schwering, S. 219 bis 222. Zur Bildung von Gemeineigentum heißt es jetzt: „Das Gemeineigentum ist so weit zu erweitern, wie das Allgemeinwohl es erfordert" (Leitsatz 17)

[14] Das vom Berliner Gründerkreis eingeleitete „Reichstreffen der Christlich-Demokratischen Union" in Godesberg vom 14.-16. Dez. des Jahres stand stark unter dem Einfluß des christlich-sozialistisch eingestellten Parteiflügels. Vgl. Werner Conze, Jakob Kaiser, S. 42f., Leo Schwering, Frühgeschichte, S. 165 und Hans Georg Wieck, Die Entstehung der CDU, S. 213f. Das Zitat entstammt der dort gefaßten „Entschließung über die wirtschaftliche und soziale Neuordnung", in der es u. a. heißt: „Damit die von uns geforderte Wirtschafts- und Sozialordnung verwirklicht werden kann, ist es unerläßlich, schon um für alle Zeiten die Staatsgewalt vor illegitimen Einflüssen wirtschaftlicher

die „neue Volksgemeinschaft" in den Zwangskollektivismus umkippen könnte. Überhaupt mußte das Agartz-Konzept unter diesem Aspekt als überlegen angesehen werden, indem es gar nicht erst voraussetzte, daß der einzelne aus „sozialer Liebe und Gerechtigkeit" dazu bereit sein könnte, sich sanktionslos den Belangen des Gemeinwohls unterzuordnen.

Die Wirklichkeitsferne der beabsichtigten Verknüpfung von Christentum und Sozialismus kam schon bald angesichts der konkreten Erfahrungen mit der Umsetzung sozialistischer Neugestaltungsabsichten sowohl durch die von den Sozialdemokraten propagierte Zentralverwaltungswirtschaft nach dem Agartz-Konzept als auch durch die zumindest gedankliche Verwandtschaft zur politischen und wirtschaftlichen Zwangskollektivierung in der sowjetischen Besatzungszone und in Osteuropa deutlich zum Vorschein.

In Konsequenz der verlorenen Anfangsillusionen erfolgte eine allmähliche Korrektur der bisherigen Programmatik zugunsten einer stärkeren Betonung der freiheitlichen und auf das Individuum bezogenen Elemente der anzustrebenden Wirtschaftsneuordnung. Vor allem unter dem Einfluß Konrad Adenauers, der selbst nicht den Gründerkreisen zuzurechnen ist,[15] konnte sich der sozialreformerische Parteiflügel der Christdemokraten gegenüber den auf eine weitergehende sozialistische Umgestaltung drängenden Kräften endgültig durchsetzen. Maßgeblich war dabei unter ökonomischem Aspekt die aus der föderalistischen Grundhaltung Konrad Adenauers resultierende, tiefe Abneigung gegenüber jedweder zentralstaatlicher Machtzusammenballung, die er, sicherlich nicht zu Unrecht, als ein wahrscheinliches Resultat von zentraler Wirtschaftsplanung und -lenkung sowie von Sozialisierungsmaßnahmen befürchtete. Obwohl kein Ökonom, erkannte Adenauer doch klar das ordnungspolitische Dilemma zwischen individueller Wirtschaftsfreiheit und kollektivem Gestaltungsanspruch, in das der christliche Sozialismus nahezu zwangsläufig geraten mußte.

Machtstellungen zu sichern, daß die Bodenschätze in Gemeineigentum übergehen. Der Bergbau und andere monopolartige Schlüsselunternehmen unserer Wirtschaft müssen klar der Staatsgewalt unterworfen werden. Insgesamt muß das System planvoller Wirtschaftslenkung mit der alten abendländischen Idee der freien und verantwortlichen Persönlichkeit ausgefüllt und belebt werden. So vertreten wir einen Sozialismus aus christlicher Verantwortung". Zitiert nach dem auszugsweisen Abdruck bei: Rudolf Uertz, Christentum und Sozialismus, S. 60

[15] Adenauer hatte sich gegenüber der geplanten Parteigründung zunächst ablehnend verhalten. Vgl. Leo Schwering, Frühgeschichte, S. 15. Das „Reichstreffen" war die erste größere Parteiveranstaltung der christlichen Demokraten, an der er überhaupt teilgenommen hat. In seinen Memoiren finden sich dazu nur einige eher beiläufige Anmerkungen. Vgl. Konrad Adenauer, Erinnerungen 1945-1953, S. 53 und 55. Siehe dazu auch: Klaus Dreher, Der Weg zum Kanzler, S. 121. Erst die „Tagung des Zonenausschusses der C.D.U. am 22. und 23. Januar 1946 in Herford" ist als eigentliches Eintrittsdatum Adenauers in die Parteiarbeit anzusehen, zumal er als „Alterspräsident" den Vorsitz der Versammlung übernehmen konnte. Siehe dazu den Protokollabdruck in: Konrad Adenauer und die CDU, S. 113 bis 120, und Terence Prittie, Konrad Adenauer, S. 152

Das von ihm dagegen vertretene „machtverteilende Prinzip“[16] entsprach zwar eher realpolitischem Pragmatismus als ethischen Ansprüchen, setzte aber auch ungleich weniger voraus, indem es schlicht auf der Erfahrung beruhte, daß wirtschaftliche (und politische) Macht potentiell um so weniger „Böses“ anzurichten vermag, je besser die Gewaltenteilung funktioniert und also ausgleichende Gegenkräfte wirksam werden können. Außerdem glaubte Adenauer, daß die Übernahme der Sozialisierungsforderung einer wirkungsvollen parteipolitischen Abgrenzung gegenüber den Sozialdemokraten eher hinderlich sein würde, und wollte auch deshalb die individualistischen Ordnungselemente in der Parteiprogrammatik gegenüber den kollektivistischen hervorgehoben wissen.

Diese „weltanschauliche Kampfansage“[17] Konrad Adenauers ist im Zusammenhang mit den eingangs aufgestellten Thesen über eine angeblich „verhinderte Neuordnung“ nach 1945 insoweit bedeutsam, als mit der wachsenden Bedeutung Adenauers innerhalb der CDU die anfangs durchaus nicht unbegründeten Hoffnungen der parteipolitischen Linken zerrannen, daß es zu einer „großen Koalition“ zwischen dem linken Parteiflügel der Christdemokraten und den Sozialdemokraten für eine sozialistische Neuordnung kommen würde. Der politische Föderalismus Adenauers stand allen Bestrebungen für wirtschaftlichen Zentralismus blockierend entgegen, zumal er in der ähnlich gerichteten programmatischen Einstellung der bayerischen Schwesterpartei sowie bei den Liberalen starke Unterstützung fand.

Die durch Adenauer veränderte parteipolitische Ausrichtung wird besonders in dem (später so bezeichneten) „Programm von Neheim-Hüsten“ deutlich.[18] Neben der Befreiung von der mit viel Pathos angefüllten Vermischung christlicher und sozialistischer Aspekte in den ersten programmatischen Ankün-

---

[16] „Die Konzentration der politischen und wirtschaftlichen Macht in einer Hand, in der Hand des Staates, der öffentlichen Hand schlechthin, brachte nach meiner Überzeugung die Menschen in zu starke Abhängigkeit vom Staat“ und weiter „Freiheit der Person mußte auch Grundsatz im wirtschaftlichen Bereich sein. Mein Grundsatz war der des machtverteilenden Prinzips. Zuviel Macht durfte sich nach meiner Meinung nicht an einer Stelle, das heißt in den Händen von Einzelpersonen, Gesellschaften, privaten oder öffentlichen Organisationen, konzentrieren. Daher lehnte ich auch die Vereinigung von zuviel Macht in der Hand des Staates ab. Daher war ich gegen sozialistische Wirtschaftsexperimente, wie sie von einigen meiner anwesenden Parteifreunde verlangt wurden“. Konrad Adenauer, Erinnerungen 1945-1953, S. 60

[17] Klaus Dreher, Der Weg zum Kanzler, S. 159. Dazu *Nell-Breuning:* „Die Parteibildung vom Boden der „christlichen“ Weltanschauung — wenn „christlich“ nicht gleichbedeutend mit „katholisch“, sondern als weiterer, pseudo-generischer Begriff verstanden wird — ist in Wahrheit gar keine Parteibildung vom Boden einer vorgegebenen Weltanschauung her. Sie ist nichts anderes als der Versuch, einen Anti-Machtfaktor gegen die anti-christlichen Machtfaktoren zu schaffen und politisch zu aktivieren“. Oswald von Nell-Breuning, Zur Programmatik politischer Parteien, S. 26f.

[18] Zitiert als „Programm von Neheim-Hüsten“ nach dem Abdruck als „Programm der Christlich-Demokratischen Union der britischen Zone“, Dokument Nr. 5, in: Konrad Adenauer und die CDU, S. 131 bis 135

digungen der Gründerkreise tritt nun die Bedeutung freiheitlich orientierter Konstruktionsprinzipien für die anzustrebende Neuordnung Deutschlands in den Vordergrund. Dem Privateigentum soll dabei eine zentrale Funktion für die „Sicherung der wirtschaftlichen und politischen Freiheit des einzelnen wie der Gesamtheit" zukommen.[19] Wohl als Ausgleich zur weggefallenen Sozialisierungsforderung wird der Wirtschaftsfreiheit eine „Sozialbindung" des Eigentums gegenübergestellt, indem die Eigentumsverhältnisse „nach dem Grundsatz der sozialen Gerechtigkeit und den Erfordernissen des Gemeinwohls geordnet" werden sollten.[20]

Ein weiteres Kennzeichen der neuen Programmatik ist das Zurücktreten staatlicher Einflußnahme gegenüber einer „gleichberechtigten Tätigkeit von Arbeitnehmern und Arbeitgebern in Führung und Verantwortung" der Wirtschaftsgestaltung.[21] Damit sollte es der staatsfreien Interessenaustragung zwischen Gewerkschaften und Arbeitgeberverbänden überlassen bleiben, für eine gerechte Verteilung des „wirtschaftlichen Ertrages" zu sorgen.[22] Die Realisierung des Gerechtigkeitspostulates sollte also über eine gleichberechtigte Teilhabe am zukünftigen Wohlstand erfolgen — und nicht etwa durch staatliche Zwangsumverteilung des nach dem Krieg noch verbliebenen Bestandes an Kapital- und Realvermögen.Diese Regelungsweise paßte nahtlos in das später von Ludwig Erhard und Alfred Müller-Armack formulierte und durchgesetzte Konzept einer Sozialen Marktwirtschaft, mit dem „auf der Basis der Wettbewerbswirtschaft die freie Initiative mit einem gerade durch die marktwirtschaftliche Leistung gesicherten sozialen Fortschritt"[23] verbunden werden sollte.

Mit dem angestrebten Primat der Privatautonomie gegenüber staatlichem Interventionismus wurde aber nicht nur der korporativistischen Verflechtung von Staat und Wirtschaft in der Weimarer Republik bzw. der dem Führerprinzip unterworfenen nationalsozialistischen Zentralverwaltungswirtschaft eine klare Absage erteilt, sondern zugleich wurde damit ein ordnungspolitisches Austarieren in der Machtbalance zwischen Gewerkschaften und Arbeitgeberverbänden notwendig, denn einer drohenden Zusammenballung wirtschaftlicher Unternehmermacht konnte nicht nur durch staatliche Sicherung der Wettbewerbsordnung, sondern ebenso durch die Stärkung gewerkschaftlicher Gegenmacht vorgebeugt werden. Daran, daß es auch einmal notwendig werden könnte, einer gewerkschaftlichen Übermachtposition ordnungspolitisch begrenzend entgegenzutreten, dachte in der damaligen Notsituation allerdings noch niemand.

Nach der Vorstellung Adenauers, wie sie insbesondere schon in seiner Grundsatzrede am 24. März 1946 in Köln zum Ausdruck gekommen ist,[24] sollte

---

[19] Programm von Neheim-Hüsten, Teil II, Punkt 6

[20] Leitsätze vom September 1945, Punkt 17

[21] Programm von Neheim-Hüsten, Teil II, Punkt 2

[22] Ebenda

[23] Alfred Müller-Armack, Soziale Marktwirtschaft, S. 245

der Arbeiterschaft künftig eine wesentliche Beteiligung an Führung und Verantwortung der Wirtschaft eingeräumt werden und zwar im Rahmen von Selbstverwaltungskörperschaften, „in denen Arbeitgeber und Arbeitnehmer und unbeteiligte Konsumenten gleichberechtigt vertreten sind“,[25] als auch durch eine Förderung des Genossenschaftswesens, „um auch nicht kapitalkräftigen, aber arbeitsfreudigen Menschen eine unternehmerische Betätigung zu ermöglichen“.[26] Darüber hinaus sollte eine Beteiligung der Arbeiterschaft „in großen anonymen Kapitalgesellschaften erfolgen, in denen das Eigentumsrecht mehr oder weniger an Einfluß hinter dem Direktionsrecht zurückgetreten ist“.[27] Aus dieser schon 1946 offenbarten Einstellung wird nicht nur verständlich, warum Adenauer später die Montanmitbestimmung gegen heftige Widerstände (auch aus den Reihen der eigenen Partei) unterstützt hat, sondern zugleich wird deutlich, „wie wenig stichhaltig die These ist, daß Adenauer die ökonomischen und sozialen Verhältnisse der Zeit vor dem Nationalsozialismus zu restaurieren angestrebt habe. Konservativ war Adenauer in dem Sinne, daß er soziale Organismen und Werte der vorindustriellen Welt zu bewahren suchte und mit ihrer Hilfe Entgleisungen der Industrialisierung wie die Vermassung des Volkes und ökonomische wie politische Machtzusammenballungen korrigieren wollte, ohne jedoch den hohen Stand der industriellen Entwicklung und die industrielle Fortentwicklung in Frage zu stellen“.[28]

Das im Februar 1947 folgende „Ahlener Programm“[29] der CDU ist zwar vor allem in den Ausführungen zur Bildung von „Gemeineigentum“ und zum Umfang der für notwendig erachteten staatlichen Wirtschaftsplanung und -lenkung durchaus zutreffend als „dialektischer Gegenschlag“[30] zu den Vorgaben Adenauers zu verstehen, bringt aber auch neue programmatische Bestandteile ein, die für die spätere Gestaltung der Sozialen Marktwirtschaft von wesentlicher Bedeutung gewesen sind. Insbesondere die Mitbestimmungsforderungen werden in der späteren Diskussion an zentraler Stelle stehen. So war zum Beispiel vorgesehen, „in den Betrieben, in denen wegen ihrer Größe das Verhältnis zwischen Arbeitnehmer und Unternehmer nicht mehr auf einer persönlichen Grundlage beruht, .. ein Mitbestimmungsrecht der Arbeitnehmer an den grundlegenden Fragen der wirtschaftlichen Planung und sozialen

---

[24] Vgl. „Grundsatzrede des 1. Vorsitzenden der Christlich-Demokratischen Union für die britische Zone in der Aula der Kölner Universität“, abgedruckt in: Hans Peter Schwarz, Konrad Adenauer, Reden 1917-1967, S. 82-106

[25] Ebenda, S. 89

[26] Ebenda, S. 90

[27] Ebenda, S. 89

[28] Wolfgang Jäger, Adenauers Einwirkung, S. 442

[29] Zitiert nach dem Abdruck als „Programmatische Erklärung des Zonenausschusses der CDU der britischen Zone auf der Tagung vom 1. bis 3. Februar 1947 in Ahlen“ in: Konrad Adenauer und die CDU, Dokument Nr. 12, S. 280 bis 286

[30] Reinhard Blum, Soziale Marktwirtschaft, S. 252

Gestaltung sicherzustellen", indem „die Arbeitnehmer in den Aufsichtsorganen, z.B.im Aufsichtsrat des Unternehmens, die ihnen zustehende Vertretung haben".[31] Während hier bereits eine konzeptionelle Begründung der späteren Unterstützung der Montanmitbestimmung erkennbar wird, werden in der gleichfalls im Ahlener Programm vertretenen Forderung, daß „dem von der Belegschaft gewählten Vorsitzenden des Betriebsrates .. Gelegenheit zur Mitwirkung in allen Fragen zu geben (ist), welche die sozialen Interessen der Betriebsangehörigen berühren",[32] bereits Grundzüge des zukünftigen Betriebsverfassungsgesetzes erkennbar. Darüber hinaus wird mit der Forderung nach „geeigneten Maßnahmen", um den Arbeitnehmern „eine Beteiligung am Ertrage" zu sichern,[33] die heute wieder aktualisierte Diskussion um die Vermögensbildung und Vermögensbeteiligung der Arbeitnehmer bereits vorgezeichnet.

Die bisher beschriebene Entstehung der „marktwirtschaftlichen Alternative" wäre indes ohne Berücksichtigung der programmatischen Einflüsse unvollständig, die von der bayerischen Schwesterpartei der CDU, von der Christlich-Sozialen Union (CSU), und von den Parteineugründungen der Liberalen ausgegangen sind.

In der Gründungsphase der späteren CSU war der ehemalige Generalsekretär der Christlichen Gewerkschaften, Adam Stegerwald, die dominierende Persönlichkeit.[34] Ihm war vor allem daran gelegen, die interkonfessionelle Spaltung durch eine neue Partei zu überwinden, „in der er die einzige Möglichkeit sah, die deutsche Arbeiterschaft von der mehr und mehr erstarrenden, weltanschaulichen und volkswirtschaftlichen Ideologie des Marxismus, dessen politische Sterilität immer deutlicher wurde, zu befreien".[35] Die Bezeichnung „christlich" im neuen Parteinamen sollte vor allem auf die Ablehnung eines materialistisch begründeten Weltbildes und die Einbindung christlichen Gedankengutes in die Basis der zukünftigen Staatsordnung hinweisen, unter „sozial" wurde eine Synthese von individueller Freiheit und gesellschaftlicher Verpflichtung des einzelnen sowie die Anerkennung des Arbeitnehmers als gleichberechtigtem Partner in der volkswirtschaftlichen Produktion verstanden.[36] Nach dem Tod Stegerwalds im Dezember 1945 ging die Initiative auf den von der US-

---

[31] Ahlener Programm, Abschnitt III „Neugestaltung des Verhältnis,ses zwischen Arbeitgeber und Arbeitnehmer im Betriebe"

[32] Ebenda

[33] Ebenda (im Original hervorgehoben)

[34] Der Freistaat Bayern lag fast ausschließlich in der US-Besatzungszone und konnte daher sogleich wieder neu entstehen. Stegerwald wurde, trotz seines hohen Alters, von der Militärregierung als Regierungspräsident eingesetzt. Vgl. Walter Berberich, Die historische Entwicklung, S. 2

[35] Ernst Deuerlein, CDU / CSU 1945 - 1957, S. 55 und ebenso Helmut J. Schorr, Adam Stegerwald, S. 282f.

[36] Vgl. Adam Stegerwald, Deutsche Lebensfragen, zitiert bei: Walter Berberich, Die historische Entwicklung, S. 19

Militärregierung eingesetzten ersten bayerischen Ministerpräsidenten Fritz Schäffer und auf den Vorsitzenden des ersten Landesausschusses der CSU Josef Müller über.[37] Auf der Tagung in Eichstätt wird im Dezember 1946 ein „Grundsatz-Programm" für die neue Partei verabschiedet,[38] das in seiner Hervorhebung föderalistischer Neuordnungsprinzipien — „wir sind Föderalisten aus Überzeugung und Erfahrung"[39] — deutliche gedankliche Nähe zu den diesbezüglichen Leitvorstellungen Adenauers aufweist, wohingegen die den christlichen Sozialismus kennzeichnenden Tendenzen zu zentralstaatlicher Wirtschaftsplanung und -lenkung ebenso wie die Möglichkeit von Sozialisierungsmaßnahmen nur eher nebenbei und stark abgeschwächt Erwähnung finden.[40]

Dagegen wird „ein angemessenes Mitbestimmungsrecht der Arbeitnehmer und Arbeitgeber bei der Lenkung der Wirtschaft" und den Arbeitnehmern ein Mitbestimmungsrecht „bei der Gestaltung der Arbeitsbedingungen und Produktionsverhältnisse" zuerkannt.[41] In „Betrieben von erheblicher Bedeutung" sollte den Arbeitnehmern sogar ein „unmittelbarer Einfluß auf die Leitung und Verwaltung" zugestanden werden.[42]

Insgesamt läßt sich somit feststellen, daß die Ablehnung eines neuerlichen politischen und wirtschaftlichen Zentralismus durch Adenauer mit dem Hinzutreten der CSU eine wesentliche Unterstützung gefunden hat, die in ihrem späteren Einfluß auf die Gestaltung der (zunächst) bizonalen Verwaltungsinstitutionen und damit auf die Weichenstellungen für eine „planwirtschaftliche" oder eine „marktwirtschaftliche Alternative" kaum überschätzt werden kann. Wie noch zu zeigen sein wird, war damit ein politisches Gewicht entstanden, das nicht nur die spätere nord-süddeutsche bzw. britisch-amerikanische Kontroverse darüber, ob zentralistische oder föderalistische Neuordnungsprinzipien auf die Verwaltungsstruktur der Bizone Anwendung finden sollten, in entscheidender Weise beeinflußt hat, sondern auch das von der SPD angestrebte umfassende bizonale Bewirtschaftungssystem zum endgültigen Scheitern brachte.

Hinsichtlich der Mitbestimmungsforderungen ist die Verknüpfung zwischen dem Grundsatz-Programm der CSU und dem Ahlener Programm der CDU sehr

---

[37] Vgl. Alf Mintzel, Die CSU, S. 90ff.

[38] Abgedruckt als „Das Grundsatzprogramm der Christlich-Sozialen Union in Bayern, beschlossen auf der CSU-Landesversammlung am 14./15. Dezember 1946 in Eichstätt" bei: Walter Berberich, Die historische Entwicklung, S. 175ff.

[39] Zitiert nach den „Dreißig Punkten der Union vom 14./15. 12. 1946", die auf dem Grundsatzprogramm der CSU beruhen, „das sie erläutern und im einzelnen begründen" (Präambel). Zitiert nach: Josef Müller, Die dreißig Punkte der Union, Punkt 10

[40] Es heißt dazu: „Wenn die Rücksicht auf die Allgemeinheit es fordert, sollen für die Allgemeinheit lebenswichtige Produktionsmittel, Großbanken und Versicherungsunternehmen gegen angemessene Entschädigung in Gemeineigentum überführt werden". Ebenda, Punkt 19

[41] Grundsatzprogramm der CSU, Artikel IV

[42] Ebenda

viel deutlicher als zum Programm von Neheim-Hüsten, so daß auch in dieser Gemeinsamkeit ein wichtiger Grund für die Bereitschaft gelegen haben dürfte, die späteren Gesetze zur Montanmitbestimmung und zur Betriebsverfassung zu beschließen. Schon deshalb muß es auch als überzogen angesehen werden, die parlamentarische Durchsetzung der Montanmitbestimmung vorrangig auf ein „Kompensationsgeschäft" der Bundesregierung mit den Gewerkschaften zur Billigung der „Westintegrationspolitik" zurückführen zu wollen.[43]

Statt dessen stellt bereits das Ahlener Programm mit seiner frühzeitigen Konkretisierung der Formen, in denen sich eine „gleichberechtigte Teilhabe" der Arbeitnehmer am wirtschaftlichen Fortschritt vollziehen könnte und mit deren Hilfe sich der Antagonismus zwischen Kapital und Arbeit überwinden ließe, ein wesentliches programmatisches Element der Christdemokraten dar, indem reformorientierte Ausgangspositionen der eher christlich-sozialen als sozialistischen Gründerkreise mit dem vor allem von Konrad Adenauer eingebrachten Leitgedanken einer freiheitlichen (und daher) föderalistischen Neuordnung nach dem machtverteilenden Prinzip eine fruchtbare Synthese eingehen. Tarifautonomie, Mitbestimmung und Vermögensbeteiligung der Arbeitnehmer sind aber darüber hinaus auch heute noch als konstitutive Bestandteile der Sozialen Marktwirtschaft zur Gewährleistung von Sozialpartnerschaft und Gemeinwohlbindung anzusehen.

Für die parteipolitischen Neugründungen der Liberalen ist das Bestreben kennzeichnend gewesen, den seit der Zersplitterung des deutschen Liberalismus im Jahre 1866 in eine liberal-demokratische „Fortschrittspartei" und in eine „Nationalliberale Partei" fortbestehenden „prinzipiellen Dualismus"[44] zu überwinden, der auch in der Zeit der Weimarer Republik den politischen Niedergang der in eine „Deutsche Demokratische Partei" (DDP) und in eine „Deutsche Volkspartei" (DVP) gespaltenen liberalen Kräfte bewirkt hatte.[45] Ein in dieser Richtung heilsamer Druck ging nach 1945 von den Besatzungsmächten aus, die nicht wiederum eine parteipolitische Zersplitterung wie in der Weimarer Demokratie zulassen wollten, so daß die Liberalen schon von daher starken Zwängen ausgesetzt waren, ihre Zersplitterung möglichst frühzeitig zu überwinden und sich zu einer Gesamtpartei zu konstituieren. Die daraus resultierende neue Geschlossenheit der liberalen parteipolitischen Kräften hat bei den späteren Abstimmungen eine wichtige Rolle gespielt.

Der für die Reorganisation des parteigebundenen Liberalismus bedeutsamste Ansatz ist dabei von den traditionellen Hochburgen der Liberalen in Süd-

[43] Siehe dazu die Rezension „Der Kanzler brauchte den DGB gegen die Alliierten" (FAZ vom 17. 11. 1983) von Arnulf Baring zu der Untersuchung von Horst Thum, Mitbestimmung in der Montanindustrie. Der Mythos vom Sieg der Gewerkschaften. Stuttgart 1983

[44] Gottfried Eisermann, Partei und Fraktion, S. 34

[45] Vgl. Jörg Michael Gutscher, Die Entwicklung der FDP, S. 3f. und Heino Kaack, Zur Geschichte und Programmatik, S. 9f.

deutschland ausgegangen.[46] Die ersten programmatischen Anstöße sind allerdings nicht von Süddeutschland, sondern von der durch einen Berliner Gründerkreis entstandenen „Liberal-Demokratische Partei Deutschlands" (LDPD) ausgegangen.[47] Diese hatte sich schon sehr frühzeitig nach der Kapitulation mit dem „Aufruf der LDPD vom 5. Juli 1945" der Öffentlichkeit vorgestellt.[48] Von bleibendem Interesse ist daran vor allem, daß sich die Berliner Liberalen wie keine andere Partei von Anfang an freimütig dazu bekannten, daß „die Erhaltung einer freiheitlichen deutschen Volkswirtschaft, des Privateigentums und der freien Wirtschaft .. die Voraussetzung für die Initiative und erfolgreiche wirtschaftliche Betätigung (sei)".[49] Dagegen wurden Sozialisierungsmaßnahmen ebenso wie zentralstaatliche Planung und Lenkung der Wirtschaft eindeutig abgelehnt.[50] Das sich hierin artikulierende neugewonnene Selbstverständnis der Liberalen als „einzige nicht-sozialistische Partei",[51] als Sammelpunkt und Integrationszentrum der bewußt antisozialistisch ausgerichteten Wähler, sollte bald allgemein zum neuen Kernpunkt liberaler Programmatik werden und hat später in entscheidender Weise der marktwirtschaftlichen Politik Ludwig Erhards zum Durchbruch verholfen.

Während somit der Beitrag des Berliner Gründerkreises zur programmatischen Entwicklung der Liberalen in der betont marktwirtschaftlichen Orientierung zu sehen ist, bestand der Beitrag der süddeutschen Gründerkreise vor allem in einer deutlichen Absage an jeglichen staatlichen Zentralismus, weil „die neue Verfassung unseres Staates .. nach den Erfahrungen der jüngsten Geschichte auf die Zentralisierung der Befugnisse weitgehend verzichten (muß)".[52] Auch bei der erst im Dezember 1948 in Heppenheim erfolgten Konstituierung der „Freien Demokratischen Partei"[53] als übergreifendem Zusammenschluß der vielfältigen

[46] Beteiligt waren sowohl parteilose Liberale als auch frühere Mitglieder der DDP und der DVP, darunter an prominenter Stelle Reinhold Maier und Theodor Heuss. Am 18. September 1945 kam es zur Gründung der „Demokratischen Volkspartei" (DVP). In Würdigung des „Dreikönigstreffens" von 1862, bei dem die Württembergische Volkspartei entstanden war, wurde der Vorstand der neuen Partei am Dreikönigstag des Jahres 1946 (am 6. Januar) gewählt. Vgl. Hans Georg Wieck, Christliche und Freie Demokraten, S. 155

[47] Unter Führung der ehemaligen Reichsminister Wilhelm Külz und Eugen Schiffer. Vgl. Herbert Bertsch, Die FDP und der deutsche Liberalismus, S. 179

[48] Zitiert nach dem Abdruck bei: Ossip K. Flechtheim, Die Parteien, S. 192ff.

[49] „Aufruf der *LDPD*", ebenda, Abschnitt 8

[50] So sollte zum Beispiel die „Unterstellung von Unternehmen unter die öffentliche Kontrolle" nur dann gerechtfertigt sein, wenn „ein überwiegendes Interesse des Gesamtwohls dies gebietet". Ebenda

[51] Hans Georg Wieck, Christliche und Freie Demokraten, S. 204

[52] Zitiert nach dem „Programm der DVP von Baden-Württemberg vom 14. Juni 1946", abgedruckt bei: Jörg Michael Gutscher, Die Entwicklung der FDP, S. 337ff., zitiert: Abschnitt IV. Die starke föderalistische Orientierung der Liberalen wird auch in der neueren Untersuchung von *Juling* hervorgehoben: Peter Juling, Programmatische Entwicklung der FDP, S. 18f.

[53] Vgl. Gutscher, Die Entwicklung der FDP, S. 29ff

Gründerkreise blieben die Ablehnung des politischen und wirtschaftlichen Zentralismus sowie die hervorgehobene Bedeutung des Privateigentums und marktwirtschaftlicher Regelungsprinzipien prägende Kennzeichen der liberalen Programmatik und ließen die FDP als „politically progressive and economically conservative, a true party of free enterprise“ erscheinen, wie Lucius D. Clay dazu bemerkte.[54]

Abschließend betrachtet, ist für das Zustandekommen der marktwirtschaftlichen Neuordnungsalternative somit eine Synthese von christdemokratischen und liberalen Programmbestandteilen maßgeblich gewesen, für die im Themenzusammenhang insbesondere das synergetische Zusammenfließen von Föderalismusbestrebungen im politischen mit marktwirtschaftlicher Dezentralisierung im ökonomischen Bereich von Interesse ist. Des weiteren, daß die Ausgestaltung des Beziehungsdreiecks zwischen Staat, Gewerkschaften und Arbeitgeberverbänden nicht, wie vorangehend, im Wege einer engen personellen und institutionellen Verflechtung (wie sie zum Beispiel zeitlich parallel in Österreich entstand) erfolgen sollte, sondern durch eine trilaterale Machtbalance, die durch die konstituierenden Prinzipien Tarifautonomie für das Verhältnis zwischen Staat und Sozialpartnern sowie Mitbestimmung für das Verhältnis zwischen Gewerkschaften und Arbeitgebern gekennzeichnet war.

1.3 Konsequenzen der Föderalismus-Zentralismus Kontroverse für die Wirtschaftsneuordnung

1.3.1 Divergierende bizonale Verwaltungskonzepte

Durch die in diesen Dimensionen unerwartete Notlage der Bevölkerung stand der im Potsdamer Abkommen formulierten Absicht der Allierten, eine grundlegende Neugestaltung der politischen und wirtschaftlichen Verhältnisse im Nachkriegsdeutschland vornehmen zu wollen, von Anfang an die Notwendigkeit hemmend entgegen, zunächst einmal die Versorgung der Bevölkerung mit dem Lebensnotwendigsten wieder in Gang zu bringen. Weil die für das gesamte Besatzungsgebiet vorgesehenen zentralen deutschen Verwaltungsabteilungen für Finanzen, Transport, Verkehr, Außenhandel und Industrie unter leitender Aufsicht des Alliierten Kontrollrats in Berlin[1] als letztmögliche „ökonomische Klammer“ für die einheitliche Behandlung Deutschlands wegen der interalliierten Zerwürfnisse absehbar nicht wie geplant zustande kommen würden, verfuhr schließlich jede Militärregierung nach eigenen Vorstellungen bzw. nach vorgegebenen Direktiven für die anzuwendenden Wirtschafts- und Verwaltungsprinzipien.

---

[54] Lucius D. Clay, Decision in Germany, S. 93

[1] Potsdamer Abkommen, Abschnitt IV, Absatz 2

Der unter diesen ungünstigen Bedingungen häufig unkoordiniert und diskontinuierlich vollzogene Wiederaufbau der Verwaltungsorgane führte dazu, daß vor allem in den unteren und mittleren Führungsebenen deutsche Verwaltungsfachleute miteinbezogen werden mußten, die vielfach noch stark von ihrer früheren Tätigkeit im wirtschaftlichen und administrativen Zentralismus der Nationalsozialisten geprägt waren. Nicht zuletzt daraus erklärt sich die zumindest anfänglich stark verbreitete Bereitschaft für die Beibehaltung eines strikten Rationierungssystems sowie entsprechend das lange anhaltende Mißtrauen gegenüber marktwirtschaftlicher Liberalisierungspolitik innerhalb der Verwaltungsinstitutionen auf Zonenebene.[2]

Ungeachtet dieser von den Tageserfordernissen erzwungenen und von den Besatzungsmächten geduldeten „Kontinuität im Administrativen" sind aber aus den konfligierenden Handlungsabsichten und dem Fehlen einer durchsetzbaren alliierten Gemeinschaftslösung auch erst die Handlungsfreiräume entstanden, in denen der Gestaltungswille der Deutschen selbst, wenn auch zunächst nur auf die Zonenebene und auf Wirtschaftsfragen beschränkt, erstmals wieder frei formuliert und zur Geltung gebracht werden konnte.

Für die späteren Entscheidungen über marktwirtschaftliche oder planwirtschaftliche Neuordnung sind diese Entstehungszusammenhänge bedeutsam, weil in den beiden hierfür maßgeblichen Besatzungszonen sehr unterschiedliche Organisationsprinzipien für die Wirtschaftsverwaltung angewandt worden waren, die mit der Verschmelzung der amerikanischen und der britischen Zone zur „Bi-Zone" im Frühjahr 1947 diametral aufeinandertrafen. Im Gegensatz zum oktroyierten wirtschaftlichen und politischen Einheitssystem in der sowjetischen Besatzungszone konnte es damit zu einem „Wettkampf der Systeme" kommen, jedenfalls soweit es die Konkurrenz von föderalistischen und zentralistischen Neuordnungsbestrebungen unter deutschen Fachleuten und Politikern in den bizonalen Selbstverwaltungsorganen betraf. Die hieraus resultierenden und durchaus nicht nur in wirtschaftlicher Hinsicht strukturbestimmenden Vorentscheidungen stehen in deutlichem Widerspruch zu der These, daß es sich bei der marktwirtschaftlichen Neuorientierung um eine erzwungene „Restauration" früherer kapitalistischer Verhältnisse gehandelt habe und daß die eigentlich beabsichtigte sozialistische Neuordnung nur durch äußeren Druck verhindert worden sei.

Die richtungweisenden Konsequenzen aus der bereits damals offensichtlich gewordenen ordnungspolitischen Unvereinbarkeit von politischem Föderalismus und wirtschaftlichem Zentralismus haben indes bislang nicht nur in ihrer damaligen Bedeutung für die Möglichkeiten einer sozialistischen Wirtschaftsneuordnung zuwenig Beachtung gefunden, sondern vermögen auch für die

---

[2] Vgl. Carla Girndt, Zentralismus in der britischen Zone, S. 95f. Die Besetzung der Zentralämter mit ehemaligen Funktionsträgern der Reichsbürokratie gab insb. von süddeutscher Seite wiederholten Anlaß zu Kritik. Siehe dazu: Gerold Ambrosius, Die Durchsetzung der Sozialen Marktwirtschaft, S. 76f.

aktuelle Situation wertvolle Erkenntnisse zu liefern, indem sie deutlich machen, daß (vor allem) das Spektrum einsetzbarer konjunktur- und beschäftigungspolitischer Steuerungsinstrumente des Staates nicht ausschließlich in einer auf das Ökonomische fixierten Betrachtungsweise analysiert und beurteilt werden sollte. Statt dessen wäre ein interdisziplinärer Ansatz vorzuziehen, der die Ausgestaltung der rechtlichen und politischen Rahmenbedingungen des Gesamtsystems stärker berücksichtigt. Dies gilt in ganz besonderer Weise für die thematisch im Vordergrund stehenden Fragen einer institutionellen Ausgestaltung der Beziehungen zwischen Staat, Gewerkschaften und Arbeitgeberverbänden. Die damit skizzierten Argumentationszusammenhänge sollen im folgenden zunächst am Beispiel der absehbaren ordnungspolitischen Konsequenzen der bereits im August 1946 vorgesehenen Verschmelzung des britischen und des amerikanischen Besatzungsgebietes zur Bizone aufgezeigt werden.

Von seiten der britischen Labour-Party wäre nach ihrem Sieg bei den Parlamentswahlen von 1945 wohl eine politische Unterstützung der aus dem Exil und im besetzten Deutschland auf eine sozialistische Neuordnung drängenden Kräfte zu erwarten gewesen, zumal sie im eigenen Land zur gleichen Zeit mit umfangreichen Verstaatlichungen sowie mit zentralen Planungs- und Lenkungsmaßnahmen ihr Modell einer sozialistischen Wirtschaftsumgestaltung durchzusetzen begann. Tatsächlich hat aber die Labour-Regierung nicht den Versuch unternommen, die eigenen Neuordnungsvorstellungen über die nationale Ebene hinaus auch zu einem Modell für das besetzte Deutschland zu erheben.[3] Zwar wurden relativ viele deutsche Sozialdemokraten zur Mitarbeit in den Verwaltungseinrichtungen der britischen Militärregierung herangezogen, doch geschah dies wohl vorrangig, weil sie als politisch unbelastet gelten konnten. Insgesamt waren aber die besatzungspolitischen Maßnahmen primär darauf gerichtet, eine funktionierende Verwaltung und hinreichende Versorgung sicherzustellen. Unter den damaligen Bedingungen lag es nahe und entsprach wohl auch der militärischen Vorstellung von Effizienz, zum Zweck der „Bewirtschaftung" ein möglichst umfassendes System zentraler Wirtschaftssteuerung „mit den Merkmalen naturaler Planung und direkter Produktions- und Verteilungslenkung" einzurichten.[4]

Das resultierende „Sparta-System der Industrieplanung" sollte durch nach Herstellerkontingentierungen vorgenommene Bedarfsschätzungen und Produktionspläne der einzelnen Betriebe funktionieren. Kontingentiert wurde vor allem die Zuteilung der wichtigsten Grund- und Hilfsstoffe. Dieses Sparta-System gesamtwirtschaftlicher Lenkung war im zweiten Quartal 1946 einsatzbereit und wurde von da an mit vierteljährlichen Teilplänen fortgeschrieben.[5] Weil

---

[3] Vgl. May/Paterson, Die Deutschlandkonzeption der Labour-Party, S. 77 und S. 91

[4] Alexander Drexler, Planwirtschaft in Westdeutschland 1945-1948, S. 5. Siehe dazu ebenso: Gerold Ambrosius, Die Durchsetzung der Sozialen Marktwirtschaft, S. 48f.

[5] Vgl. Ebenda und: Werner Abelshauser, Die Rekonstruktion der westdeutschen Wirtschaft, S. 13

es sich aber unter den damals herrschenden Zuständen schon bald als nicht möglich erwies zu kontrollieren, ob die Betriebe tatsächlich mit dem zugeteilten Material genau das im Plan Vorgesehene herstellten, behalf man sich durch die Vorgabe von Produktionsauflagen und Zulieferungsbestimmungen, so daß auch hier bereits die verhängnisvolle Tendenz zwangswirtschaftlicher Maßnahmen zu weiteren administrativen Eingriffen erkennbar hervortrat. Schließlich lähmte das Sparta-System jegliche unternehmerische Initiative durch einen unüberschaubaren Wust von bürokratischen Verordnungen und Anforderungsformularen,[6] ohne aber zugleich verhindern zu können, daß ein immer größer werdender Anteil der Produktion am Bewirtschaftungssystem vorbeigeführt wurde, um in Hortungsläger, in Naturaltauschgeschäfte und in Schwarzmärkte zu fließen.

Angesichts dieser offensichtlichen Funktionsmängel muß einschränkend darauf hingewiesen werden, daß das Sparta-System von seiten der britischen Militärregierung häufig im Gegensatz zu den Absichten deutscher Wirtschaftsverwaltungsorgane durchaus nicht als Modell einer zukünftigen sozialistischen Wirtschaftsneuordnung angesehen worden ist, sondern lediglich der für effizient gehaltenen Methode entsprach, um die existenznotwendige Verwaltung des Mangels in den Griff zu bekommen.[7] Trotz dieser eingeschränkten damaligen Bedeutung ist aber das in der britischen Zone geschaffene Verwaltungssystem für die weitere Entwicklung zur Marktwirtschaft gerade in seinem offensichtlich gewordenen Nicht-Funktionieren von entscheidender Bedeutung gewesen, weil es, wie vorangehend in der parteipolitischen Programmatik bereits deutlich geworden ist und noch weiter zu zeigen sein wird, von den eine sozialistische Neuordnung anstrebenden deutschen politischen Kräften als organisatorischer Ansatzpunkt weitgehend übernommen worden ist. Erfolg oder Mißerfolg des britischen Bewirtschaftungssystems wurden damit zum Gradmesser für die öffentliche Popularität und politische Durchsetzbarkeit einer sozialistisch-planwirtschaftlichen Neuordnungsalternative in den bizonalen deutschen Selbstverwaltungsinstitutionen.

Über die damalige Bedeutung hinausreichend, ist dabei vor allem die inzwischen offenbar weitgehend in Vergessenheit geratene Erfahrung von bleibendem Wert, daß eine beabsichtigte staatliche Wirtschaftssteuerung nach sozialistischen Planungs- und Lenkungsprinzipien nur dann auch nur einigermaßen effizient betrieben werden kann, wenn

1. mit funktionsadäquaten Machtmitteln ausgestattete zentrale Verwaltungsinstitutionen bestehen, um die Durchsetzung der Steuerungsmaßnahmen gegebenenfalls dauerhaft zu erzwingen, und wenn
2. das gesamtgesellschaftliche Umfeld nach systemgleichen oder doch zumindest systemverträglichen Ordnungsprinzipien strukturiert ist, so daß keine

---

[6] Siehe dazu Gustav Stolper, Die deutsche Wirklichkeit, S. 98f.

[7] Vgl. Wolfgang Rudzio, Export englischer Demokratie?, S. 224ff.

Autonomiefreiräume mehr verbleiben, in denen blockierende oder sogar gegensteuernde Handlungsentscheidungen wirksam werden können.

Dies aber war und ist auch heute noch mit den bereits in der Vorlaufphase zur Gründung der Bundesrepublik Deutschland angewandten Aufbauprinzipien einer freiheitlich demokratischen Grundordnung unvereinbar. Die Funktionsprinzipien einer sozialen Marktwirtschaft sind und waren hingegen nicht nur in besonderem Maße durch Kompatibilität mit dieser Grundordnung gekennzeichnet, sondern ihre Anwendung entsprach auch dem in der Analyse der parteipolitischen Programmatik bereits deutlich zutage getretene Bestreben der Deutschen selbst, den so verhängnisvoll vorangegangenen politischen und wirtschaftlichen Zentralismus durch einen föderalistisch demokratischen Aufbau von Wirtschaft und Gesellschaft zu überwinden. Die dabei zutage getretene Unvereinbarkeit von politischem Föderalismus mit zentralverwaltungswirtschaftlichen Planungs- und Lenkungsmethoden soll im folgenden anhand der Entwicklung der bizonalen deutschen Verwaltungsinstitutionen deutlich gemacht werden.

Wie die nachfolgende Abbildung 7 in Auszügen wiedergibt, entsprach die in der britischen Zone von der Militärregierung eingerichtete Administration weitgehend dem bekannten Stab-Linien-Organisationsmodell.[8] Den Kern dieser Verwaltung bildeten nach militärischen und besatzungspolitischen Erfordernissen fachlich ausgerichtete Hauptabteilungen („Divisions") mit Untergliederungen nach „Branches" und „Groups".[9] Damit war, zumindest nach den strukturellen Voraussetzungen, an sich ein den Erfordernissen zentraler Wirtschaftssteuerung adäquater „Verwaltungsüberbau" geschaffen worden, der einen direkten vertikalen Zugriff über die verschiedenen Ebenen der Leitungshierarchie zu gewährleisten vermochte. Von diesen zentralen britischen Leitungsinstanzen für die Wirtschaftsverwaltung wurden schon 1945 deutsche Fachleute zu (anfänglich nur zeitweisen) beratenden Tätigkeiten, also in Stabsfunktion, herangezogen. Aus dieser Zusammenarbeit erwuchsen aber allmählich teilweise auch eigenständig arbeitende deutsche Verwaltungseinheiten als dauerhafte Einrichtungen, denen dann nicht nur beratende, sondern auch ausführende Funktionen mit entsprechend wachsender Handlungsvollmacht übertragen wurden. Schon im Laufe des Jahres 1946 entstanden daraus in unregelmäßiger Folge und in enger Anlehnung an die jeweils initiierenden britischen Verwaltungseinrichtungen sogenannte Zentralämter, auf die dann

[8] Im Stab-Linien-Organisationsmodell verläuft die Weisungsbefugnis vertikal von der obersten Leitungsebene über hierarchisch gegliederte „Linieninstanzen" bis zur untersten Leitungsebene. Jeder Linieninstanz können „Stäbe" von Fachspezialisten in ausschließlich beratender Funktion zugeordnet sein. Für die Horizontalkoordination zwischen Instanzen gleicher Hierarchieebene ist die Entscheidung einer übergeordneten Linieninstanz erforderlich. Die Einführung der Stab-Linien-Organisation geht auf den preußischen General Scharnhorst (1755-1813) zurück.

[9] Dazu ausführlich: Walter Vogel, Westdeutschland 1945-1950, Teil I, S. 14

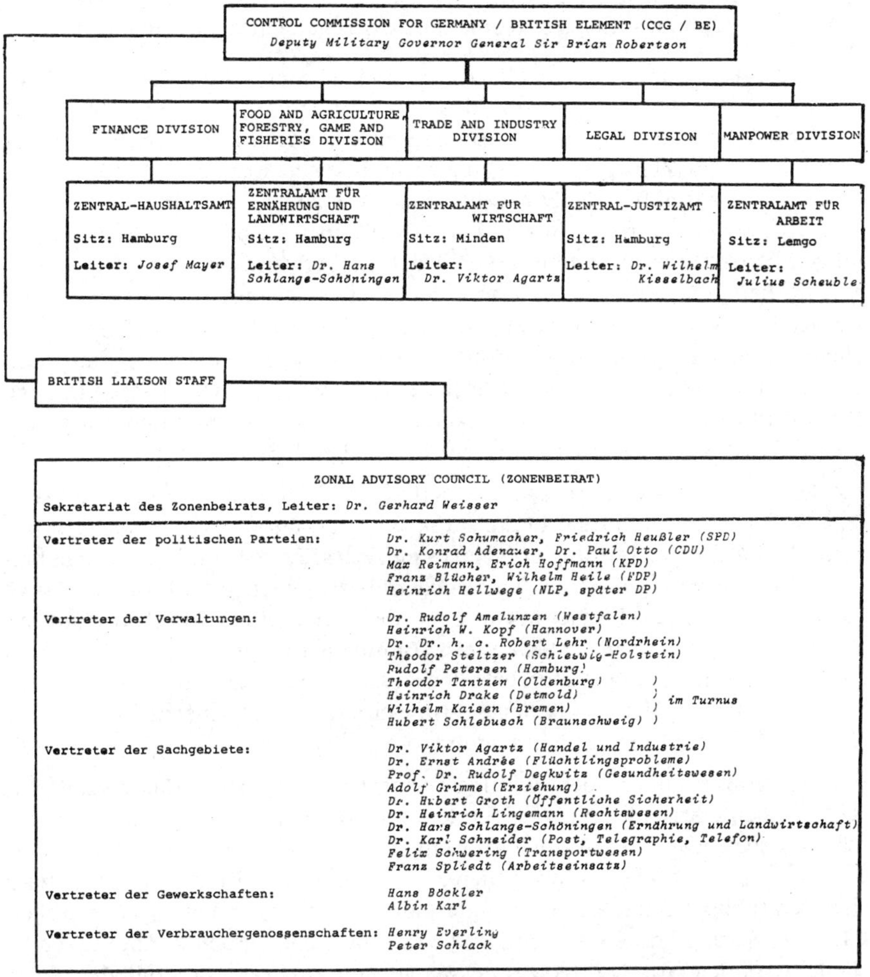

Quellen: Walter Vogel: Westdeutschland 1945–1950. Der Aufbau von Verfassungs- und Verwaltungseinrichtungen über den Ländern der drei westlichen Besatzungszonen. Teil I, Koblenz 1956, passim. *Tilman Pünder:* Das bizonale Interregnum. Die Geschichte des Vereinigten Wirtschaftsgebietes 1946–1949. Waiblingen 1966, S. 45 f. *Annelies Dorendorf:* Der Zonenbeirat der britisch besetzten Zone. Ein Rückblick auf seine Tätigkeit. Göttingen 1953, S. 141 f.

Abb. 7: Die Verwaltungsstruktur der britischen Zone im Jahre 1946 allmählich eine sich unter britischer Aufsicht vollziehende Anordnungs- und sogar Gesetzgebungsbefugnis in zonalen Angelegenheiten überging.

Wie die Abbildung zeigt, wurden die unter deutscher Leitung stehenden Zentralämter dabei deckungsgleich in das von britischer Seite bereits bestehende militärisch zentralisierte Organisationsschema eingepaßt. Folgerichtig gab es keine von allen Zentralämtern gemeinsam besetzte Instanz, die horizontale Koordinationsfunktionen hätte wahrnehmen können, so daß für alle derartigen Aufgaben zunächst der vertikale „Dienstweg" über die britischen Linienabteilungen befolgt werden mußte, bis von deren übergeordneter Leitungsinstanz eine horizontale Koordination und Kompetenzabstimmung vorgenommen werden konnte. Dies führte zu entsprechend zeitraubend langen und umständlichen Entscheidungsvorgängen, wenn von der Durchführung bestimmter Maßnahmen mehrere Zentralämter zugleich betroffen waren, wenn also zum Beispiel Finanzmittel und Transportmöglichkeiten für die Beschaffung und Verteilung von Nahrungsmitteln bereitgestellt werden sollten.[10,11]

Gleichermaßen existierte keine dauerhaft institutionalisierte und mit Weisungsbefugnis ausgestattete organisatorische Verknüpfung zwischen den der britischen Militärverwaltung vorgelagerten Zentralämtern und dem Zonenbeirat („Zonal Advisory Council") als noch zu beschreibender politischer Vertretung der deutschen Länder. Nur über die gleichzeitige Mitgliedschaft im Zonenbeirat und in den Zentralämtern konnte überhaupt ein gewisses Maß an gegenseitiger Information und Verhaltensabstimmung zwischen den Funktionsträgern im Bereich der politischen Selbstbestimmung und denen im Bereich der Wirtschaftsverwaltung erreicht werden.

Die hieraus resultierenden Reibungsverluste wurden noch dadurch verstärkt, daß die sich erst später aus Wahlen konstituierenden Länderparlamente und Länderregierungen formal zunächst weitgehend den Direktiven der Zentralämter unterworfen blieben, obwohl deren Leitung nicht über eine vergleichbare demokratische Legitimation verfügte, sondern lediglich von der britischen Militärregierung berufen worden war bzw. abgesetzt werden konnte und sich damit parlamentarischer Kontrolle weitgehend entzog.[12] Die mit der Wirtschaftsverwaltung beauftragten Zentralämter blieben somit im wesentlichen ein Verwaltungsüberbau der britischen Besatzungsmacht über den sich ungleich langsamer entwickelnden und mit sehr viel weniger Kompetenz ausgestatteten demokratisch gewählten Parlamenten und Regierungen auf Länderebene. Die britische Militärregierung begründete dieses Vorgehen damit, daß unter dem Gesichtspunkt der angestrebten zukünftigen Einheit Deutschlands der Verwaltungsapparat der Besatzungszone unabhängig von den deutschen politischen

[10,11] Vgl. Tilman Pünder, Das bizonale Interregnum, S. 45

[12] Die Ergebnisse der Gemeindewahlen der britischen Zone vom 13.10.1946 führten zwar zu einer Erweiterung des Zonenbeirates, ohne daß dies aber Konsequenzen für seine Funktionen gehabt hätte. Vgl. Annelies Dorendorf, Der Zonenbeirat, S. 32f.

Organen auf Länderebene für die Behandlung zentraler Fragen zur Verfügung stehen sollte.[13]

Immerhin hatte sich die britische Militärregierung aber neben der Wirtschaftsverwaltung durch die Zentralämter mit dem Zonenbeirat ein Konsultationsgremium geschaffen, über das der Kontakt zu den deutschen politischen Parteien und zu den Länderparlamenten der Besatzungszone aufrechterhalten werden sollte. Dieser Zonenbeirat wies eine breitgefächerte Besetzung auf (siehe Abbildung 7) und diente vorrangig dazu, die zuvor gefaßten Beschlüsse der Militärregierung der deutschen Öffentlichkeit bekannt zu machen und zu erläutern.[14] Da indes dieser Zonenbeirat, seinem organisatorischen Stabscharakter entsprechend, die Tätigkeit der Zentralämter und die Anordnungen der Militärregierung lediglich kommentieren durfte, ansonsten aber weder gegenüber den militärischen noch gegenüber den zivilen Verwaltungsorganen über irgendwelche Aufsichts- oder gar Weisungsbefugnisse verfügen konnte, blieb er primär ein Diskussionsforum und konnte auch in der späteren politischen Auseinandersetzung um die zukünftige Struktur der gemeinsamen Bizone keine dem (noch zu erläuternden) Länderrat in der amerikanischen Zone vergleichbare Verhandlungsposition einnehmen.

Aber auch für die Funktionseffizienz der zonalen Wirtschaftsverwaltung selbst sollten sich diese Schwächen im Bereich politischer Repräsentation schon bald als nicht weniger gravierend erweisen, weil aus der beschriebenen dichotomischen Entwicklung und strikten organisatorischen Trennung zwischen den Institutionen der wirtschaftlichen und denen der politischen Selbstverwaltung häufig Rivalitäten resultierten, die einer effizienten Zusammenarbeit im Wege standen. Während nämlich die Verwaltungsfachleute in den Zentralämtern ihre Kompetenzen aus den Anweisungen der Militärregierung abzuleiten gewohnt waren und sich entsprechend in diese Richtung orientierten, leiteten die Politiker in den Ländervertretungen ihre Kompetenzen aus der demokratischen Legitimation durch Wahlen ab und waren entsprechend auf die Wünsche ihrer jeweiligen Klientel hin ausgerichtet. Da die Länderparlamente zudem vorläufig schon mangels politischer Gestaltungsmöglichkeiten das Bestreben hatten, ihre Handlungsautonomie im wirtschaftlichen Bereich beständig auszudehnen, dies aber nur zu Lasten der hierin konkurrierenden Zentralämter gehen konnte, war damit ein Konflikt programmiert, der, nach Lage der Dinge nahezu zwangsläufig, zu einer fortschreitenden Paralyse der zentralverwaltungswirtschaftlichen Planung und Lenkung führen mußte.

---

[13] Außerdem entsprach diese „scharfe Trennung zwischen politischen und exekutivverwaltenden Funktionen", und zwar sowohl hinsichtlich der organisatorischen Gliederung als auch in den Weisungsbefugnissen, dem britischen „Civil Service System" und blieb „eine Grundkomponente der britischen Besatzungspolitik". Wolfgang Rudzio, Export englischer Demokratie?, S. 221

[14] Vgl. Annelies Dorendorf, Der Zonenbeirat, S. 32ff. ebenso Tilman Pünder, Das bizonale Interregnum, S. 44f.

Eine der maßgeblichen Ursachen hierfür bestand in den Eigengesetzlichkeiten der allmählich wiederanlaufenden industriellen Produktion, die eine zunehmende horizontale Koordination von Angebot und Nachfrage auf allen Fertigungsstufen und über alle Wirtschaftsbereiche hinweg erforderlich machte. Da aber der bürokratisch schwerfällige, vornehmlich für die vertikal verlaufenden Instanzenwege einer militärischen Verwaltung konstruierte britische Behördenapparat diese vielfältig vernetzten Koordinationsfunktionen nicht oder doch nur unter großen Reibungsverlusten wahrzunehmen vermochte, mußte auch die Handlungskompetenz der Zentralämter um so schwächer werden, je mehr die nur verteilende Verwaltung des Mangels von eigenständigen Produktionsimpulsen abgelöst wurde.

Die von amerikanischer Seite eingerichtete Zonenverwaltung war, im Gegensatz zu ihrem britischen Pendant, vornehmlich auf die beiden Ordnungsprinzipien Föderalismus und Selbstverwaltung hin ausgerichtet. Entsprechend hatte die US-Militärregierung schon im September 1945 in den zum Teil neu konstruierten Ländern Hessen, Baden-Württemberg und Bayern Regierungen und Ministerien entstehen lassen und sie auch sogleich in die Erledigung der alltäglichen Verwaltungsaufgaben mit eingebunden. Maßgeblich hierfür war die Absicht, der eventuellen Gefahr einer erneuten zentralen Zusammenballung von politischer und wirtschaftlicher Macht im Nachkriegsdeutschland vorzubeugen, indem die Position der Länder und ihrer Institutionen schon im Verwaltungsgefüge der besetzten Zone durch eine frühzeitige Delegation legislativer, exekutiver und richterlicher Entscheidungsbefugnisse so gestärkt wurde, daß sie sich auch als politisches Gegengewicht zu einer späteren deutschen Zentralregierung behaupten können sollten.

In diesem kontinuierlich fortschreitenden Übertragungsprozeß behielt sich die Militärmacht zwar alle Entscheidungen zur Verwirklichung „grundlegender Ziele der Besatzungspolitik" vor, doch konnte die Ausfüllung und Durchführung im Detail gerade deswegen schon frühzeitg an deutsche Institutionen delegiert werden.[15] Wie die nachfolgende Abbildung 8 in Auszügen wiedergibt, entstand auf diese Weise eine Verwaltungsstruktur, die sich diametral vom straffen Zentralismus in der britischen Besatzungszone abhob. Den Schlußstein in diesem Verwaltungsaufbau sollte nach dem Willen der US-Militärregierung ein Gremium bilden, das die Handlungskompetenz der drei Länder für übergreifende, die gesamte Zone betreffende Aufgaben in sich vereinigte. Dieser „Council of Minister Presidents", später als „Länderrat" bezeichnet, konstituierte sich bereits im Oktober 1945.[16]

Nach dem von deutscher Seite hierfür ausgearbeiteten Organisationsplan sollten alle Beschlüsse dieses Gremiums von den Ministerpräsidenten persönlich und in Einstimmigkeit getroffen werden — eine Regelung, die der starken föderalistischen Grundeinstellung der süddeutschen Politiker in besonderem

[15] Walter Vogel, Westdeutschland 1945-1950, Teil II, S. 10

[16] Vgl. Akten zur Vorgeschichte, Band 1, S. 125ff.

Maße entgegenkam. Bezeichnend für diese Denkweise war auch die Auseinandersetzung über ein von der Militärregierung vorgesehenes Sekretariat des Länderrats, das als ständige Institution die vierwöchentlichen Tagungen vorbereiten und in technischen Fragen der Beschlußfassung beratend tätig sein sollte. Hier gingen die deutschen Bestrebungen, insbesondere vom Land Bayern vorgetragen, dahin, dieses Sekretariat personell so klein wie möglich zu halten und seine Handlungskompetenz so einzuschränken, daß die Entscheidungsfreiheit der Länder dadurch nicht beengt werden konnte.[17]

Diese auch in der parteipolitischen Programmatik bereits zum Ausdruck gekommenen Autonomiebestrebungen der süddeutschen Länder gegenüber zentralstaatlichen Steuerungsansprüchen kamen den Neuordnungsvorstellungen der US-Militärregierung sehr entgegen, zum einen, weil dem Länderrat ohnehin eigenständige Koordinationsfunktionen übertragen werden sollten, zum anderen, weil der sich damit vorbereitende föderalistische zukünftige Staatsaufbau zutiefst amerikanischen Vorstellungen einer „grass-root-democracy" entsprechen würde.[18]

Schließlich kam noch die Erwartung hinzu, daß von den deutschen Selbstverwaltungsinstitutionen eine ausgleichende Wirkung auf die nach dem Potsdamer Abkommen vorgesehenen zentralen deutschen Wirtschaftsverwaltungen ausgehen würde, — zumal von amerikanischer Seite offenbar Befürchtungen bestanden, daß von diesen Verwaltungsabteilungen in Berlin ein kommunistisch gelenkter neuer ökonomischer und politischer Zentralismus ausgehen könnte.[19] Folgerichtig wurden dem Länderrat schon gegen Ende 1945 auf den Gebieten des Verkehrs, der Ernährung, der Landwirtschaft und der Industrie Handlungskompetenzen eingeräumt, die weit über die bislang überwiegende Koordinationstätigkeit hinausgingen und dazu führten, daß die politische Selbstverwaltung in der amerikanischen Zone schon frühzeitig eine sehr viel größere regionale Eigenständigkeit und Kompetenzzuweisung besaß, als dies in der britischen Zone der Fall war.[20] Nachdem im Jahre 1946, verbunden mit einer Abstimmung über die zukünftigen Länderverfassungen, zunächst Gemeindewahlen, dann Kreis- und Landtagswahlen durchgeführt worden waren, existierten damit in der amerikanischen Zone bereits zum 1. Januar 1947 — also noch vor der Vereinigung zur Bizone — parlamentarisch verantwortliche Länderregierungen, die über ihre Belange weitgehend eigenverantwortlich bestimmen durften.[21]

---

[17] Vgl. Lia Härtel, Der Länderrat, S. 10ff.

[18] *Foelz-Schroeter* hat diese demokratischen Neuordnungsvorstellungen auf amerikanischer Seite zutreffend als „Föderalismus-ist-gleich-Demokratie-Formel" gekennzeichnet. Vgl.: Marie Elise Foelz-Schroeter, Föderalistische Politik, S. 148f.

[19] Vgl. John Gimbel, Amerikanische Besatzungspolitik, S. 71, und ebenso Lucius D. Clay, Decision in Germany, S. 40

[20] Siehe dazu: Walter Vogel und Christoph Weisz in der Einleitung zu den Akten zur Vorgeschichte, Band 1, S. 34ff.

Insgesamt betrachtet unterschied sich das amerikanische Neuordnungskonzept vom britischen aber nicht etwa dadurch, daß substantielle Entscheidungsgewalt unkontrolliert an deutsche Institutionen abgegeben worden wäre, sondern lediglich durch eine geschicktere ablauforganisatorische Handhabung, mittels derer rahmensetzende besatzungspolitische Direktiven den Deutschen zur eigenverantwortlichen weiteren Ausfüllung in die Hände gegeben werden konnten. Dagegen blieben die an die Verwaltungseinrichtungen der britischen Militärregierung „angehängten" Zentralämter gegenüber den auch in dieser Zone alsbald durch Wahlen demokratisch legitimierten Selbstverwaltungsorganen auf Länderebene institutionelle Fremdkörper, deren Leitungen von seiten der Bevölkerung oftmals als bloße Erfüllungsgehilfen der Besatzungsmacht angesehen wurden.

Die daraus resultierende ablehnende Voreingenommenheit gegenüber bestimmten zentraladministrierten Rationierungsmaßnahmen wurde dann häufig auf das Bewirtschaftungssystem insgesamt übertragen. Besonders das Zentralamt für Ernährung und Landwirtschaft in Hamburg unter Leitung von Schlange-Schöningen sowie das Zentralamt für Wirtschaft in Minden unter Leitung von Viktor Agartz haben in dieser Hinsicht nicht gerade zur Popularität einer sozialistischen Wirtschaftsneugestaltung beigetragen, selbst wenn die verordneten Restriktionen bei objektiver Betrachtung notwendig gewesen sein mochten.

Als weiterer Faktor kam mit der Zonenverschmelzung im Frühjahr 1947 das Zusammentreffen des britischen zentralverwaltungswirtschaftlichen Sparta-Systems mit dem relativ locker gehandhabten Bewirtschaftungssystem in der US-Zone hinzu, das „weniger eine direkte in den Produktionsprozeß eingreifende fachliche, sondern vornehmlich eine regionale und dezentrale Planung vorsah".[22] Es war damit schon von seinen Funktionsprinzipien eher auf föderalistische Koordination als auf Zentralismus hin angelegt und eher als ein nur zeitweise notwendiges Übel denn auf dauerhaften Bestand, so daß es mit der beabsichtigten Förderung deutscher Initiativen zur Selbsthilfe und Selbstorganisation von vornherein schon den Keim zur eigenen Auflösung in sich barg.

1.3.2 Politischer Föderalismus — wirtschaftlicher Zentralismus?

Neben den ökonomischen Faktoren war maßgeblich, daß der Verwaltungsstil der US-Militärregierung den süddeutschen Autonomiebestrebungen sehr viel mehr entgegenkam als das stark zentralisierte Verwaltungssystem der britischen Zone, so daß sich zwischen den süddeutschen und den norddeutschen Ländern schon bald auch politische Trennungslinien bemerkbar machten. Während

---

[21] Vgl. Marie Elise Foelz-Schroeter, Föderalistische Politik, S. 21f. und Latour/Vogelsang, Okkupation und Wiederaufbau, S. 109ff.

[22] Gerold Ambrosius, Die Durchsetzung der Sozialen Marktwirtschaft, S. 52

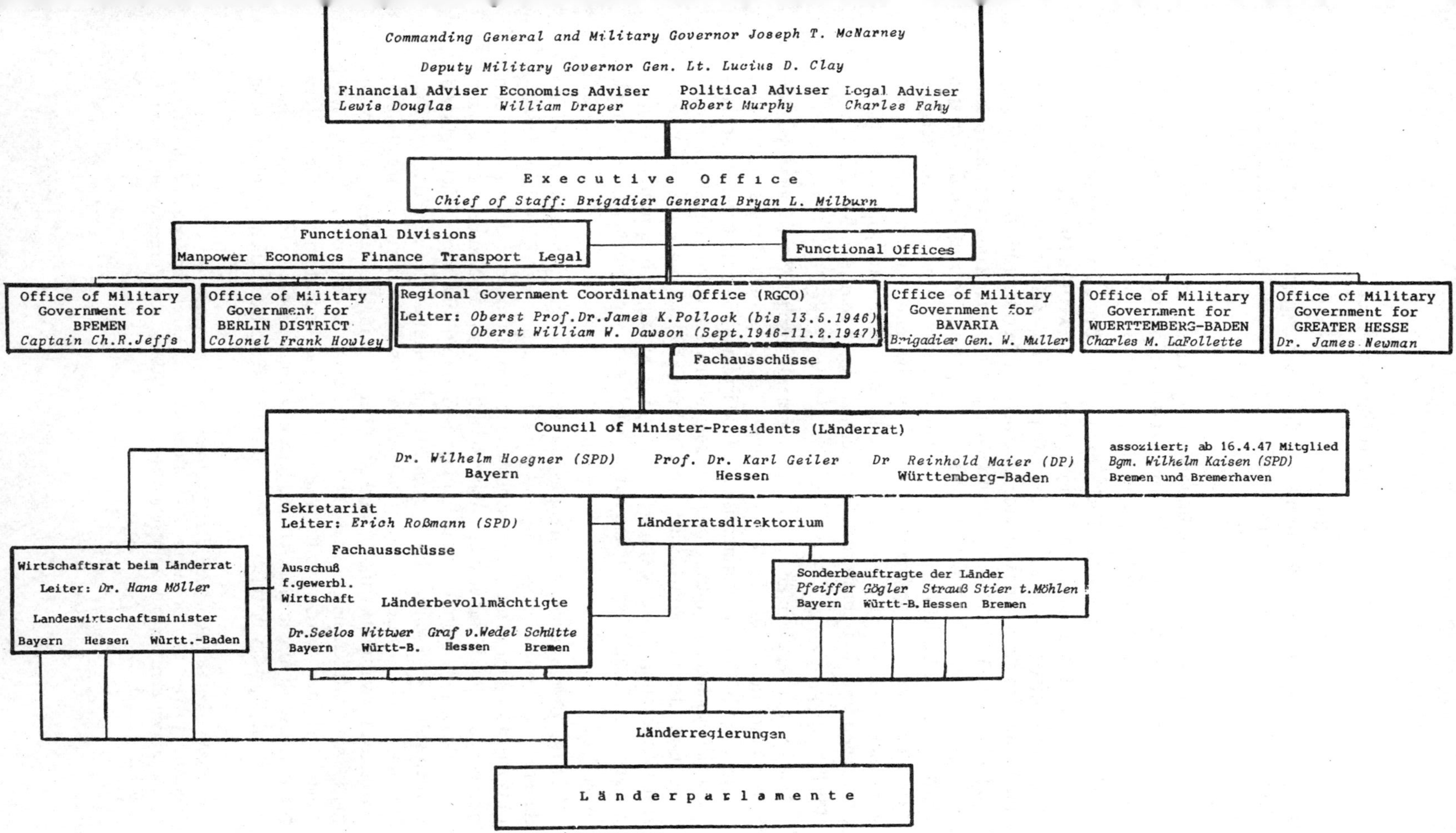

Quellen: Walter Vogel: Westdeutschland 1945-1950. Der Aufbau von Verfassungs- und Verwaltungseinrichtungen über den Ländern der drei westlichen Besatzungszonen. Teile I und II, Koblenz 1956 und Boppard 1964, passim. *Harold Zink:* American Military Government in Germany. New York 1947, S. 47, 54 und passim. *Lia Härtel:* Der Länderrat des amerikanischen Besatzungsgebietes. Stuttgart und Köln 1951, passim. *Lucius D. Clay:* Decision in Germany. Garden City 1950, passim.

Abb. 8: Die Verwaltungsstruktur der amerikanischen Zone im Jahre 1946 nämlich im britischen Verwaltungsaufbau der nur in Stabsfunktion tätige Zonenbeirat relativ wenig Einfluß auf die exekutiv-verwaltenden deutschen Zentralämter als verlängerten Arm der Militärregierung ausüben konnte, verhielt es sich im amerikanischen Verwaltungsaufbau genau umgekehrt, indem hier ein durchgehender Weisungsstrang vom „Office of Military Government" über den Länderrat als Exekutivorgan zu den Länderregierungen verlief, wohingegen die „Functional Divisions" und „Regional Offices" als Stabsabteilungen der US-Militärregierung angehängt waren.

Wie sich den vorangehenden Abbildungen der beiden Verwaltungssysteme entnehmen läßt, bestand in der britischen Zone eine weitgehende Trennung von wirtschaftlichen Exekutivbehörden und politischer Selbstverwaltung, in der amerikanischen Zone hingegen eine überaus enge Verflechtung beider Funktionen im Länderrat. Somit war offensichtlich, daß bei einer Zonenverschmelzung zwei grundsätzlich verschiedene Verwaltungskonzepte aufeinander treffen würden. Da die beiden beteiligten Militärregierungen wenig Neigung zeigten, diese Kontroverse vorab oder doch wenigstens beizeiten zu bereinigen, blieb es weitgehend den Deutschen selbst überlassen, diesen für die zukünftigen politischen und wirtschaftlichen Weichenstellungen zentralen Konflikt auszutragen.

Während dabei die in den Zentralämtern der britischen Zone überwiegenden Sozialdemokraten für die Beibehaltung des Bewirtschaftungssystems und entsprechend ihren programmatischen Erklärungen für umfangreiche Sozialisierungsmaßnahmen eintraten, war in den überwiegend von christdemokratischen und liberalen Politikern besetzten Ländervertretungen der amerikanischen Zone zumindest eine stärkere Ablehnung derartiger Neuordnungsbestrebungen vorhanden, als sie in den damaligen Parteiprogrammen zum Ausdruck kam.

Für die zu erwartenden ordnungspolitischen Auseinandersetzungen würde daher die personelle Besetzung und die Organisation der bizonalen Verwaltungsinstitutionen von ganz entscheidender Bedeutung sein, denn auch wenn mit der Zonenverschmelzung zunächst nur die im Potsdamer Abkommen vorgesehene Behandlung Deutschlands als ökonomische Einheit sichergestellt werden sollte,[23] so war doch absehbar, daß die Grundsatzentscheidungen über eine nach föderalistischen oder nach zentralistischen Prinzipien organisierte bizonale Verwaltungsstruktur und darüber, ob in der Bizone eher nach marktwirtschaftlichen oder eher nach zentralverwaltungswirtschaftlichen Prinzipien verfahren werden sollte, zukunftweisende Bedeutung für die spätere Nachkriegsordnung in Deutschland haben würden. Ebenso sollte es sich schon bald als illusorisch erweisen, die beabsichtigte wirtschaftliche Einheit ohne

---

[23] Siehe dazu das Protokoll der Tagungen des Länderrats vom 6. August und des Zonenbeirats vom 14./15. August 1946, auf denen die Folgen der Zonenverschmelzung diskutiert wurden. Auszugsweise abgedruckt in: Akten zur Vorgeschichte, Band 1, S. 638ff.

vorherige Klärung staatspolitischer Rahmensetzung herstellen zu wollen, so daß wirtschaftliche und politische Neuordnungsentscheidungen tatsächlich untrennbar miteinander verwoben waren.

Im folgenden soll an einigen Beispielen aufgezeigt werden, daß die sich damit zu jener Zeit ankündigenden ordnungspolitischen Konflikte nicht in einer Synthese von Föderalismus und Zentralismus, in einem „Dritten Weg" zwischen Marktwirtschaft und Zentralverwaltungswirtschaft, aufgehen konnten, weil zwischen dem für eine funktionsfähige zentrale Wirtschaftungssteuerung unerläßlichen „vertikalen Durchgriff" über alle ökonomischen und regionalen Ebenen hinweg und dem mehr auf horizontale (und damit dem Prinzip nach marktwirtschaftliche) Abstimmungsprozesse hin angelegten politischen Föderalismus unüberwindliche ablauforganisatorische Gegensätze bestanden. Ursächlich hierfür ist die bekannte wirtschaftspolitische Unmöglichkeit, in einem föderativen Verwaltungssystem „alle Ziele von oben nach unten verbindlich weiterzugeben oder die Zielsetzungskompetenzen derart auf die verschiedenen Entscheidungsträger jeder Ebene (...) zu verteilen, daß sich keine Überschneidungen (und damit Inkonsistenzen) ergeben".[24]

Als Folge dieser Unverträglichkeiten, die weder ein Miteinander noch ein Nebeneinander beider Ordnungsprinzipien erlauben, ist eine inhaltliche Entleerung der Hauptziele, die Prädominanz von kurzfristigen Zielen sowie ein vermehrtes Auftreten von Inkonsistenzen und Inkompatibilitäten zu erwarten, so daß eine wachsende Überforderung der zentralen Steuerungsinstanz auftritt.[25] Diese, zwischenzeitlich anscheinend wieder in Vergessenheit geratenen, Erfahrungen lassen sich besonders an dem mißlungenen Versuch aufzeigen, das von dem Zentralamt für Wirtschaft in Minden gesteuerte britische Bewirtschaftungssystem auch unter den neuen bizonalen Gegebenheiten aufrechtzuerhalten. Den Kern des im Oktober 1946 in Kraft getretenen Abkommens über die zukünftige bizonale Verwaltung bildeten fünf „Verwaltungsräte",[26] von denen dem Verwaltungsrat für Wirtschaft eine Schlüsselstellung zukam, und zwar nicht nur, weil diese Institution sozusagen den Überbau des ohnehin schon einflußstarken Zentralamtes in Minden darstellte, sondern auch, weil ihm im Rahmen der Ausfüllung alliierter Richtlinien „executive control of economic matters"[27] für das beide Zonen umfassende Gebiet zugesprochen werden sollte. Das heißt, der Verwaltungsrat sollte für die Festlegung der

---

24 Hans Karl Schneider, Zielbestimmung für die Wirtschaftspolitik, S. 49

25 Ebenda, S. 52

26 In Verwaltungsabkommen wurden folgende Verwaltungsräte gegründet: Der „Verwaltungsrat für Wirtschaft" in Minden, der „Ernährungs- und Landwirtschaftsrat" in Stuttgart, der „Verwaltungsrat für Post- und Fernmeldewesen" in Frankfurt, der „Verwaltungsrat für Verkehr" in Bielefeld und der „Deutsche Finanzrat" in Bad Homburg. Siehe dazu: Tilman Pünder, Das bizonale Interregnum, S. 70ff.

27 Ebenda, S. 72 und ebenso: Walter Vogel, Westdeutschland 1945-1950, Teil II, S. 372ff.

künftig anzuwendenden Grundsätze des allgemeinen deutschen Wirtschaftsrechts sowie des Wirtschaftsstrafrechts, für den Binnen- und Außenhandel, für die Wirtschaftsplanung und Produktionslenkung, für die Verkaufs- und Verbrauchslenkung, für die Preisgestaltung, für die industrielle Normung, für die Wirtschaftsstatistik und schließlich für die Erzeugung und Zuteilung von Gas, Wasser und Elektrizität zuständig sein.[28]

Angesichts dieser zukunftsentscheidenden Bedeutung ist es nicht verwunderlich, daß um die parteipolitische Inbesitznahme dieser Institution eine heftige Auseinandersetzung entbrannte, zumal damit nicht nur die Frage der Wirtschaftsneuordnung, sondern auch die Sicherung von politischen Gestaltungsansprüchen in den bereits bestehenden Länderparlamenten verbunden sein würde. Schon dabei sollte sich zeigen, daß die besatzungspolitisch eigentlich immer noch beabsichtigte Trennung von ökonomischen und politischen Zukunftsentscheidungen auf Dauer nicht durchzuhalten war, weil wirtschaftlicher Zentralismus ohne sekundierenden politischen Zentralismus nicht durchsetzbar gewesen wäre und weil sich entsprechend politischer Föderalismus ohne eine begleitende marktwirtschaftliche Dezentralisierung ökonomischer Macht nicht zu entfalten vermocht hätte. Wie also auch immer die ökonomischen Strukturentscheidungen getroffen worden wären, sie hätten auf jeden Fall die späteren politischen Strukturen mit vorgezeichnet.

Nachdem die Besetzung der Führungspositionen in den Verwaltungsräten zunächst sehr einseitig zugunsten von christdemokratischen und liberalen Politikern erfolgt war, kam im Dezember 1946 als Ergebnis der Landtagswahlen in der US-Zone ein ausgewogeneres politisches Kräfteverhältnis in den Länderparlamenten und Länderregierungen zustande, so daß insbesondere die Führung des wichtigen Verwaltungsrates für Wirtschaft von den Sozialdemokraten besetzt werden konnte.[29] Auf diese Weise gelangte im Januar 1947 der ehemalige Leiter des britischen Zentralamtes für Wirtschaft, Viktor Agartz, und damit, wie vorangehend am Beispiel seines auf dem Parteitag der SPD im Jahre 1946 gehaltenen Grundsatzreferates bereits gezeigt werden konnte, ein deutlicher Exponent des zentralistisch-planwirtschaftlich ausgerichteten Parteiflügels in eine Schlüsselstellung für die anstehenden ordnungspolitischen Weichenstellungen.[30]

Der Ausgang der solchermaßen auf Agartz personifizierten ordnungspolitischen Konfrontation ist für die Themenstellung vor allem deswegen so interessant, weil damit ein unvermitteltes Aufeinandertreffen von zentralistischen und föderalistischen Neuordnungsbestrebungen in allen Konsequenzen für die zukünftige Wirtschaftsgestaltung nahezu zwangsläufig geworden war,

---

[28] Ebenda

[29] Dazu ausführlich: Gerold Ambrosius, Die Durchsetzung der Sozialen Marktwirtschaft, S. 62ff.; Carla Girndt, Zentralismus in der britischen Zone, S. 167; Latour/Vogelsang, Okkupation und Wiederaufbau, S. 87ff.

[30] Vgl. Ambrosius, S. 65f.

wohingegen von den ersten parteipolitischen Aussagen zur Wirtschaftsneuordnung eher ein „Mischsystem" aus markt- und planwirtschaftlichen Elementen zu erwarten gewesen wäre, wie es etwa zur gleichen Zeit in westeuropäischen Nachbarländern realisiert worden ist.

Gegenüber der aus diesen anfänglichen programmatischen Gemeinsamkeiten genährten Behauptung, daß „eigentlich" auch von deutscher Seite eine stärker mit planwirtschaftlichen Elementen durchsetzte Wirtschaftsneuordnung beabsichtigt gewesen sei und nur durch die Fremdbestimmung von dritter Seite verhindert worden wäre, ist darauf hinzuweisen, daß diese frühzeitige und exponierte Zuspitzung der „Systemfrage" nahezu zwangsläufig zu einem raschen Auseinanderdriften der ursprünglich näher beieinanderliegenden parteipolitischen Ausgangspositionen und zu eindeutigen Systementscheidungen führen mußte. Agartz selbst war sich der Unvereinbarkeit von politischem Föderalismus und wirtschaftlichem Sozialismus wohl bewußt und hatte darauf hingewiesen, „daß Sozialismus und Föderalismus unvereinbar seien, da Sozialismus heute zentrale Planung auf allen Gebieten bedeute".[31]

Zugleich läßt sich mit dieser frühzeitigen ordnungspolitischen Konfrontation auch erklären, warum es nach 1945 nicht zu einer Wiederaufnahme korporativistischer Abstimmungsmuster aus der Zeit der Weimarer Republik und, zum Beispiel, nicht zur Re-Institutionalisierung einer gesamtwirtschaftlichen Mitbestimmung oder einer „Zentralarbeitsgemeinschaft" von Gewerkschaften und Arbeitgeberverbänden gekommen ist. Da die Gewerkschaften sich, wie noch zu zeigen sein wird, vorzeitig und sehr eindeutig auf die planwirtschaftliche Neuordnungsalternative der SPD festgelegt hatten, mußte eine parteipolitische Niederlage der Sozialdemokraten in den bizonalen Auseinandersetzungen über Planwirtschaft oder Marktwirtschaft auch die Gestaltungsmöglichkeiten der Gewerkschaften verringern. Die kompromißlose Zuspitzung der Neuordnungsdiskussion hat somit in ganz wesentlichem Maße auch über die zukünftige Gestaltung der Arbeitsbeziehungen sowie über das Verhältnis der Sozialpartner zum Staat entschieden.

Des weiteren ist von Bedeutung gewesen, daß Agartz im öffentlichen Ansehen nicht nur programmatisch, sondern auch politisch „den Sozialismus" in einer Weise personifiziert hat, die das Für oder Wider der von ihm getroffenen Anordnungen des Verwaltungsrates für Wirtschaft von vornherein nicht nur unter den Aspekt ökonomischer Effizienz, sondern ebenso unter den Aspekt politischer Wünschbarkeit stellte. Dadurch blieb die politische Attraktivität

---

[31] Zitiert nach dem Besuchsprotokoll der „Ruhrreise der Ministerpräsidenten, Wirtschafts- und Arbeitsminister der amerikanischen und britischen Zone 23.-25. Januar 1947", Besuch im Verwaltungsrat für Wirtschaft in Minden mit den Generälen Robertson und Keating. Abdruck als Dokument Nr.4, zitiert nach TOP 6, in: Akten zur Vorgeschichte, Band 2, Seite 142 bis 145 (S. 44). Die Auffassung einer Unvereinbarkeit von Föderalismus und Sozialismus schien in der öffentlichen Meinung weitgehend geteilt worden zu sein, siehe: Volker Schockenhoff, Wirtschaftsverfassung und Grundgesetz, S. 125ff.

einer sozialistischen Neuordnung von Wirtschaft und Gesellschaft im Urteil der breiten Öffentlichkeit eng an den wirtschaftlichen Erfolg der von Agartz propagierten Bewirtschaftungsmaßnahmen gebunden; eventuelle Mißerfolge würden auch unmittelbar eine politische Niederlage der von ihm und seiner Partei insgesamt vertretenen sozialistischen Neuordnungskonzeption bedingen.

Und schließlich: Wer eine sozialistische Wirtschaftsneuordnung politisch zu Fall bringen wollte, brauchte damit ökonomisch nur dort anzusetzen, wo die von der planwirtschaftlichen Zentralinstanz ausgehenden Steuerungsmaßnahmen beabsichtigt oder zwangsläufig Lücken aufwiesen und entsprechend durch konterkarierende „Gegensteuerung" oder auch nur durch passiven Widerstand unwirksam gemacht werden konnten. Dies würde um so leichter möglich sein, je mehr Freiheitsgrade für autonomes wirtschaftliches Handeln verblieben und je mehr die divergierenden gegenüber den konvergierenden politischen Kräfte überwiegen würden. Wenn also die Bewirtschaftungsmaßnahmen wirksam fortgesetzt werden sollten, so wäre dazu entweder ein programmatischer Konsens der politischen Parteien für eine zumindest in Teilbereichen planwirtschaftliche Neuordnung notwendig gewesen oder aber wenigstens die Möglichkeit, durch Sanktionen eine Beachtung der Bewirtschaftung zu erzwingen. Beide Voraussetzungen waren indes schon bald nicht mehr gegeben.

Wie rasch und wirksam divergierende Entscheidungskompetenz eine zentralverwaltungswirtschaftliche Steuerungsinstanz zu lähmen vermag, läßt sich am Beispiel der umstrittenen Kompetenzabgrenzung zwischen den Ländervertretungen und den fünf Verwaltungsräten aufzeigen. Nicht nur, daß zwischen den auch räumlich getrennten Verwaltungsräten selbst auf horizontaler Ebene zahlreiche Koordinationsmängel auftraten und ungeklärte Zuständigkeitsfragen zu Reibungsverlusten führten, sondern auch die Durchsetzung von Anordnungen in vertikaler Richtung funktionierte nicht in der gewünschten Weise, weil sich die Länder dem Zugriff der Zentralinstanzen weitgehend zu entziehen vermochten.

Dies geschah zum einen dadurch, daß die zunächst vorgesehene Gesetzgebungs- und Anordnungsbefugnis der Verwaltungsräte für die Ländervertretungen von diesen mit der Begründung erfolgreich abgewehrt werden konnte, daß eine derartige Fremdbestimmung gegenüber demokratisch legitimierten Institutionen untragbar wäre.[32] Zum anderen versuchten die Länder im Gegenzug selbst, die Verwaltungsräte unter ihre parlamentarische Kontrolle zu bringen. Auch wenn sie dabei (zunächst) nicht sehr erfolgreich waren, so gelang es ihnen doch, eine bizonal einheitlich bindende Gesetzgebungsbefugnis zu verhindern.[33]

---

[32] Siehe dazu die ausführliche Darstellung bei: Ambrosius, S. 53ff.

[33] Maßgeblich hierfür war die auf Betreiben der süddeutschen Ländervertretungen schließlich getroffene „Verfügung der Bipartite Economic Control Group an den Verwaltungsrat für Wirtschaft" vom 12. 3. 1947, in der festgestellt wurde: „No authority exists in German Civil Government which can issue a law binding in both zones". Abgedruckt in: Walter Vogel, Westdeutschland 1945-1950, Teil II, S. 378f.

Damit war aber bereits entschieden, daß es kein zonenübergreifendes Bewirtschaftungs- und Planungssystem geben konnte. Die politischen Autonomiebestrebungen der Länder hatten sich gegenüber dem wirtschaftlichen Zentralismus als überlegen erwiesen, eine „Machtübernahme" des Verwaltungsrates für Wirtschaft war erfolgreich abgewehrt worden.[34] In welcher Weise der demokratische Föderalismus als ordnungspolitischer Sprengsatz nach und nach die letzten Reste des Bewirtschaftungssystems funktionsunfähig werden ließ, soll im folgenden am Beispiel der „Warenverkehrsordnung"[35] aufgezeigt werden.

Eine der letzten Möglichkeiten des Verwaltungsrates für Wirtschaft, doch noch mit seinen Verordnungen ohne den effizienzraubenden Umweg über die Militärregierungen bis auf die Länderebene durchgreifen zu können, bot sich im Frühjahr 1947 mit der geplanten Einführung einer bizonalen Warenverkehrsordnung, mit deren Hilfe es möglich werden sollte, eine zentral gesteuerte Rationierung wichtiger Roh- und Hilfsstoffe für Produktionseinheiten mit höchster Priorität vorzunehmen sowie auch die entsprechende Verteilung der Fertigprodukte einem einheitlichen Bewirtschaftungsgesamtplan zu unterwerfen.[36] Dieses Schlüsselinstrument zur weiteren Durchsetzung einer umfassenden bizonalen Wirtschaftssteuerung, an sich bereits seit Oktober 1946 als ein unter ökonomischem Aspekt allgemein akzeptierter Versuch zur Steigerung der Produktionsleistung und zur Besserung der allgemeinen Versorgungslage geplant, wurde nun unter einem veränderten politischen Aspekt zum Dreh- und Angelpunkt im Kompetenzenstreit zwischen (vor allem) dem Verwaltungsrat für Wirtschaft und den Ländervertretungen. Letztere lehnten die Warenverkehrsordnung mit der Begründung ab, daß sie einem ökonomischen „Ermächtigungsgesetz" gleichkäme,[37] mit dem die nationalsozialistische Zwangsbewirtschaftung nun auf andere Weise fortgesetzt werden sollte.

---

[34] „... das bizonale Verwaltungsamt für Wirtschaft hat die hartnäckig erstrebte Gesetzgebungsbefugnis zur parlamentarischen Entmachtung der Länder nicht erhalten. ... Damit ist die Hintertür zur „Machtübernahme" einer Behörde vernagelt, deren Leitung klar zu erkennen gegeben hat, daß sie nur in den geläufigen Kategorien unitarischer Staatsbegriffe zu denken versteht ...". Zitiert aus einem Artikel in der Berliner Tageszeitung „Der Tagesspiegel" vom 16. 4. 1947 bei: Ebenda, in der Fußnote zu S. 22

[35] Gemeint ist die „Verordnung über Erzeugung, Zuteilung und Verteilung von Waren und Rohstoffen" vom 29. Mai 1947 (mit Wirkung vom 10. Juni), abgedruckt als „Verordnung Nr. 14 der Militärregierung Deutschland", in: Berichte und Drucksachen des Wirtschaftsrates, Band 1, S. 12 bis 16

[36] Ebenda, siehe dazu auch: Gerold Ambrosius, Die Durchsetzung der Sozialen Marktwirtschaft, S. 70ff.

[37] Von seiten der US-Militärregierung wurde diese Kennzeichnung sogar ausdrücklich gewählt: „Die Warenverkehrsordnung ist ein Ermächtigungsgesetz" ... „Von dem Augenblick an, wo Sie (Anm.: Agartz) im Namen eines solchen Ermächtigungsgesetzes handeln können, brauchen Sie sich nicht mehr an die Militärregierung zu wenden, sondern Sie senden ihre Verordnung direkt an die Länder zur Durchführung". So *McComb* als Vertreter der US-Militärregierung in einer Besprechung mit dem Verwaltungsrat für Wirtschaft am 21. 3. 1947. Als stenografischer Bericht abgedruckt bei: Walter Vogel, Westdeutschland 1945-1950, Teil II, S. 383ff., zitiert wurde S. 385

Tatsächlich hätte der Verwaltungsrat unter Leitung von Agartz, wenn es ihm gelungen wäre, auf diese Weise einen bizonal verbindlichen Bewirtschaftungsgesamtplan aufzustellen und dessen Durchführung von der Militärregierung genehmigt zu bekommen, in diesem Rahmen an den Länderkompetenzen vorbei verpflichtende Einzelverordnungen erlassen können, ohne dafür immer wieder den zeitraubenden Rückkoppelungsprozeß für Einzelgenehmigungen durch die Militärregierung durchlaufen zu müssen.[38] Besonders die vom strengen Winter 1946/47 noch verschärfte Notsituation in der Versorgungslage, die zugleich durch ein sprunghaftes Anwachsen illegaler Tausch- und Kompensationsgeschäfte gekennzeichnet war, hatte — auch nach Agartz eigenem Bekunden — die weitgehende Funktionsunfähigkeit des Bewirtschaftungssystems in seiner bisherigen Form gezeigt.[39]

Wenngleich diese Bestandsaufnahme im Frühjahr 1947 wohl allgemein geteilt wurde, so bestand doch Uneinigkeit in der anzuwendenden Remedur: sollte die zentrale Wirtschaftsplanung und -lenkung mit größeren Vollmachten ausgestattet werden, um so an Funktionsfähigkeit zu gewinnen, oder war etwa gerade die dirigistische Zentralisierung und Bürokratisierung als eigentlicher Störfaktor anzusehen, der eine raschere wirtschaftliche Erholung unbeabsichtigt hinauszögerte?

Eben diese zweite Möglichkeit war (insbesondere) für die süddeutschen Ländervertretungen ein wesentlicher Grund, um gegen die geplante Einführung der Befugnis des Verwaltungsratsvorsitzenden zu opponieren, über Einzelverordnungen bis in den Bereich der Länderexekutive direkt durchgreifen zu können. Die von der bizonalen Militärregierung schließlich getroffene Entscheidung, daß der Verwaltungsrat für Wirtschaft lediglich „Vollzugsanordnungen" für Bewirtschaftungsmaßnahmen erteilen durfte, die dann erst nach entsprechender Beschlußfassung der jeweiligen Länderregierung zur Ausführung gelangen sollten,[40] kam zwar de jure der geforderten Kompetenzerweiterung des Verwaltungsrates entgegen, band diese aber de facto an eine umständliche und in ihrem zeitlichen und inhaltlichen Ausgang ungewisse Durchführungsprozedur: „Es ist daher auf Grund der Warenverkehrsordnung zu keinem Erlaß von Bestimmungen gekommen".[41]

Gewissermaßen als Konsequenz wurde in der Folgezeit das bislang als ungesetzlich verfolgte liberal-marktwirtschaftliche Element der Naturaltausch-

[38] Ebenda

[39] Vgl. Gerold Ambrosius, Die Durchsetzung der Sozialen Marktwirtschaft, S. 70

[40] Der entsprechende Passus (§ 3) in der Warenverkehrsordnung besagt: „Alle Beschlüsse über allgemeine Richtlinien und die an die Länder gerichteten Vollzugsanordnungen werden erst dann allgemeinverbindlich und erzwingbar, wenn die Länder Bestimmungen zu ihrer Ausführung ... erlassen haben, und dann nur nach Maßgabe solcher Ausführungsbestimmungen". Zitiert nach dem Abdruck in: Berichte und Drucksachen des Wirtschaftsrates, Band 1, S. 12

[41] Gerold Ambrosius, Die Durchsetzung der Sozialen Marktwirtschaft, S. 73

und Kompensationsgeschäfte allmählich als beständiges „Korrektiv der Planung“ zunächst geduldet und schließlich über Ausnahmebestimmmungen auf Länderebene sogar legalisiert, indem es einzelnen Betrieben erlaubt wurde, einen Teil ihrer Produkte, sofern es sich nicht um lebensnotwendige Güter handelte, in freier Disposition zum Tausch anzubieten oder zur Bezahlung ihrer Mitarbeiter zu verwenden.[42] Es ist nach allen heutigen Erfahrungen kaum verwunderlich, daß diese eigentümliche Mischung aus zumeist unattraktiven (sonst hätte man sie nicht zu erlassen brauchen!) offiziellen Bewirtschaftungsanordnungen und privatwirtschaftlichen Verfügungsanreizen keinen dauerhaften Bestand hatte, sondern aus der damit freigesetzten Dynamik der Produktivkräfte auf eine ordnungspolitische Weichenstellung hindrängte, die, nach Lage der Dinge, unter ökonomischem Impetus nur auf weitere Liberalisierung und damit auf eine marktwirtschaftliche Neuordnung hinauslaufen konnte.

1.4 Die Durchsetzung der Marktwirtschaft

1.4.1 Institutionelle und politische Grundlagen

Wenn vorangehend die Konsequenzen aus dem Aufeinandertreffen von föderalistischen und zentralistischen Verwaltungsprinzipien für die zukünftige Wirtschaftsordnung aufgezeigt worden sind, so fehlten doch bislang noch sowohl die besatzungspolitischen als auch die institutionellen Voraussetzungen für eine eigenständige weitere Ausgestaltung von deutscher Seite. Diese Voraussetzungen wurden mit der Neugestaltung der bizonalen Verwaltungsinstitutionen im Frühsommer 1947 allmählich geschaffen.

Außenpolitischer Anlaß war dabei vor allem das auf den Moskauer Konferenzen zutage getretene Unvermögen der Alliierten, in der Deutschlandfrage noch zu einer gemeinsamen Lösung zu kommen, sowie die nach dem strengen Winter 1946/47 erneut verschärfte allgemeine Versorgungslage,[1] die, wie Abelshauser es bezeichnet, den „ersten Rekonstruktionsversuch“[2] der westdeutschen Wirtschaft hatte scheitern lassen. Damit drohte die weitere ökonomische Entwicklung Westdeutschlands im europäischen Umfeld nicht zur Stütze der Expansion, sondern zum beständige Subventionierungen erfordernden Bremsklotz zu werden, was dem politischen Ansehen der amerikanischen Besatzungsmacht in Westeuropa abträglich gewesen wäre. Wenn also der bei den Deutschen noch vorhandene Aufbau- und Leistungswille nicht alsbald in Resignation oder offene Ablehnung umschlagen sollte, so mußte ihnen anstelle der bisherigen Übergangs- und Improvisationslösungen eine dauerhafte wirtschaftliche Besserung und eine politische Perspektive in Aussicht gestellt werden.[3]

---

[42] Ebenda

[1] „The patient is sinking while the doctors deliberate“, wie Secretary *Georg C. Marshall* es sehr zutreffend formulierte, Vgl. Germany 1947-1949, S. 63

[2] Werner Abelshauser, Wirtschaft in Westdeutschland, S. 41

In dieser Hinsicht waren es vor allem drei Ereignisse, die wegweisend für die weitere Entwicklung werden sollten: die Umorganisation der Bizone zu einem Ausgangsmodell für die zukünftige Gesellschaftsordnung in Westdeutschland; das Angebot einer Wiederaufbauhilfe im westeuropäischen Verbund durch den „Marshall-Plan" sowie die damit einhergehende Aufhebung der bisherigen industriellen Beschränkungen durch die neue amerikanische Besatzungsdirektive JCS 1779; schließlich die Währungsreform mit der sie begleitenden Lastenausgleichsregelung und dem weiteren Abbau des Bewirtschaftungssystems. Im Rahmen der Themenstellung sind davon vorrangig die Reorganisation der Bizone und die Währungsreform in ihren weitreichenden Konsequenzen für die marktwirtschaftliche Neuordnung von Interesse.

Schon im Mai 1947 war es nach kurzen amerikanisch-britischen Verhandlungen und ohne vorherige oder auch nur begleitende Konsultation der betroffenen Deutschen zur Unterzeichnung eines Abkommens gekommen, das die völlige Verschmelzung beider Besatzungszonen sowie die Gründung eines bizonalen Wirtschaftsrates vorsah.[4] Für die zukünftigen parteipolitischen Mehrheitsverhältnisse im Wirtschaftsrat war das Besetzungsverfahren von wesentlicher Bedeutung. Würde jedes der beteiligten deutschen Länder gleich viele Abgeordnete stellen dürfen, wofür die Briten plädierten, so wäre eine parteipolitische Pattsituation oder sogar eine sozialistisch eingestellte Mehrheit zu erwarten gewesen; würde hingegen jedes Land entsprechend seiner Bevölkerungszahl und den in den Landtagswahlen festgestellten politischen Stimmenverhältnissen Berücksichtigung finden, wofür die Amerikaner plädierten, so wäre aufgrund der politischen Kräfteverhältnisse in den bevölkerungsstarken süddeutschen Ländern und in Nordrhein-Westfalen eine zumindest knappe Mehrheit für die christdemokratischen und liberalen Parteien zu erwarten gewesen.[5] Da aber das von amerikanischer Seite vorgeschlagene Auswahlverfahren für die Besetzung des Wirtschaftsrates durchaus der im westeuropäischen Umfeld üblichen — den Briten allerdings ungewohnten — Verhältniswahl entsprach, konnte sich Clay in dieser Frage schließlich durchsetzen.[6]

Die Hintergründe dieser Entscheidungen könnten eine gezielte politische Weichenstellung der US-Militärregierung vermuten lassen, doch dürften tat-

[3] Der US-Militärgouverneur *Clay* hatte dieses Problem klar erkannt: „We have stated repeatedly that we want to make Germany a democratic nation. Nevertheless we proceed unilaterally with irritating measures which we continue indefinitely. If we are to win and hold Germany for western civilization, we must bring such measures to an end some time." Clay in einem Schreiben vom 14. 4. 1947 an das Kriegsministerium, zitiert nach dem Abdruck in: Jean Edward Smith, Clay Papers, Doc. 212 (S. 337f.)

[4] Siehe dazu: Wörtliche Berichte und Drucksachen, Band 1, S. 10-16 und Akten zur Vorgeschichte, Band 2, S. 33 (Fußnote)

[5] Vgl. Tilman Pünder, Das bizonale Interregnum, S. 100; Akten zur Vorgeschichte, Band 2, S. 34 (Einleitung), Jean Edward Smith, Clay Papers, Band 1, Doc. 221 vom Mai 1947, in dem Clay die vorgesehene Organisation des Wirtschaftsrates dem Kriegsministerium erläutert

[6] Vgl. Wolfgang Rudzio, Export englischer Demokratie?, S. 220f.

sächlich andere Ursachen maßgeblich gewesen sein. Vor allem waren zu diesem frühen Zeitpunkt die nur vage abschätzbaren politischen Abstimmungsverhältnisse im Wirtschaftsrat angesichts der vertretenen Parteienvielfalt noch viel zu prekär, um auf eine bestimmte zukünftige Festlegung schließen zu können. Außerdem wäre ein anderes Besetzungsverfahren wohl auch nicht mit demokratischen Grundsätzen vereinbar gewesen, wenn der Wirtschaftsrat, wie absehbar, die Funktion einer vor-parlamentarischen Institution ausfüllen sollte.

Dagegen ist durchaus auch anzunehmen, daß sowohl auf britischer als auch auf amerikanischer Seite wirtschaftliche Effizienzüberlegungen eine Rolle gespielt haben. Dies schon deshalb, weil beiden Besatzungsmächten nach dem absehbar endgültigen Scheitern der Potsdamer Vereinbarungen an einer möglichst raschen wirtschaftlichen Erholung im besetzten Gebiet gelegen sein mußte, um sich von Versorgungslasten zu befreien. Dazu hielt die sozialistische britische Labour-Regierung offenbar ein zentralverwaltungswirtschaftliches Rationierungssystem für besser geeignet. Auf amerikanischer Seite bestand dagegen größeres Vertrauen in die Selbstheilungskräfte von Marktwirtschaft und freiem Unternehmertum.[7] Ebenso entsprach es nicht nur Geist und Inhalt der neuen Besatzungsdirektive JCS 1779, sondern auch der inneren Überzeugung des US-Militärgouverneurs Lucius D. Clay, daß das deutsche Volk nach einer dauerhaften Besserung seiner wirtschaftlichen und politischen Situation schon von sich aus die Vorzüge freier unternehmerischer Initiative und einer marktwirtschaftlichen Ordnung erkennen und schätzen lernen würde, so daß die Sozialismusforderungen dann von ganz alleine der Obsoleszenz anheimfielen.[8]

Neben diesen Überlegungen darf aber nicht vergessen werden, daß auch die Deutschen selbst bei der Vorbereitung der bizonalen Fusionsabkommen eine ganz wesentliche Rolle gespielt haben.

Zum einen zeigt allein schon die gedankliche Berücksichtigung eventueller zukünftiger Mehrheitsverhältnisse in den alliierten Besetzungsvorschlägen, daß zumindest zukünftig den Deutschen selbst größere Gestaltungsmöglichkeiten eingeräumt werden sollten. Zum anderen darf aus der Nichtbeteiligung von deutscher Seite bei Abschluß der Vereinbarungen nicht voreilig geschlossen werden, diese hätten auch zuvor keinen Einfluß auf deren Inhalt gehabt. Tatsächlich haben insbesondere die politischen Vertreter der süddeutschen Länder, schon seit die Fusionsabsichten etwa ab Mitte 1946 bekannt geworden

---

[7] "What we would like is assurance from our Government that its desire to make economic fusion work does not make it willing to accept a highly centralized economic control, which will be utilized in the hands of the SPD with the support of British military government, to extend the socialist influence. With such assurance, we should be able to insist on compromise solutions here which will, at least protect in some degree our policy of decentralization, and also a reasonable degree of free enterprise and initiative". So *Clay* am 29. April 1947 in einem Schreiben an das Kriegsministerium, abgedruckt in: Jean Edward Smith, Clay Papers, Band 1, Doc. 216

[8] Siehe dazu das Schreiben von Clay an Marshall vom 2. Mai 1947, in: Smith, Clay Papers, Band 1, Doc. 217

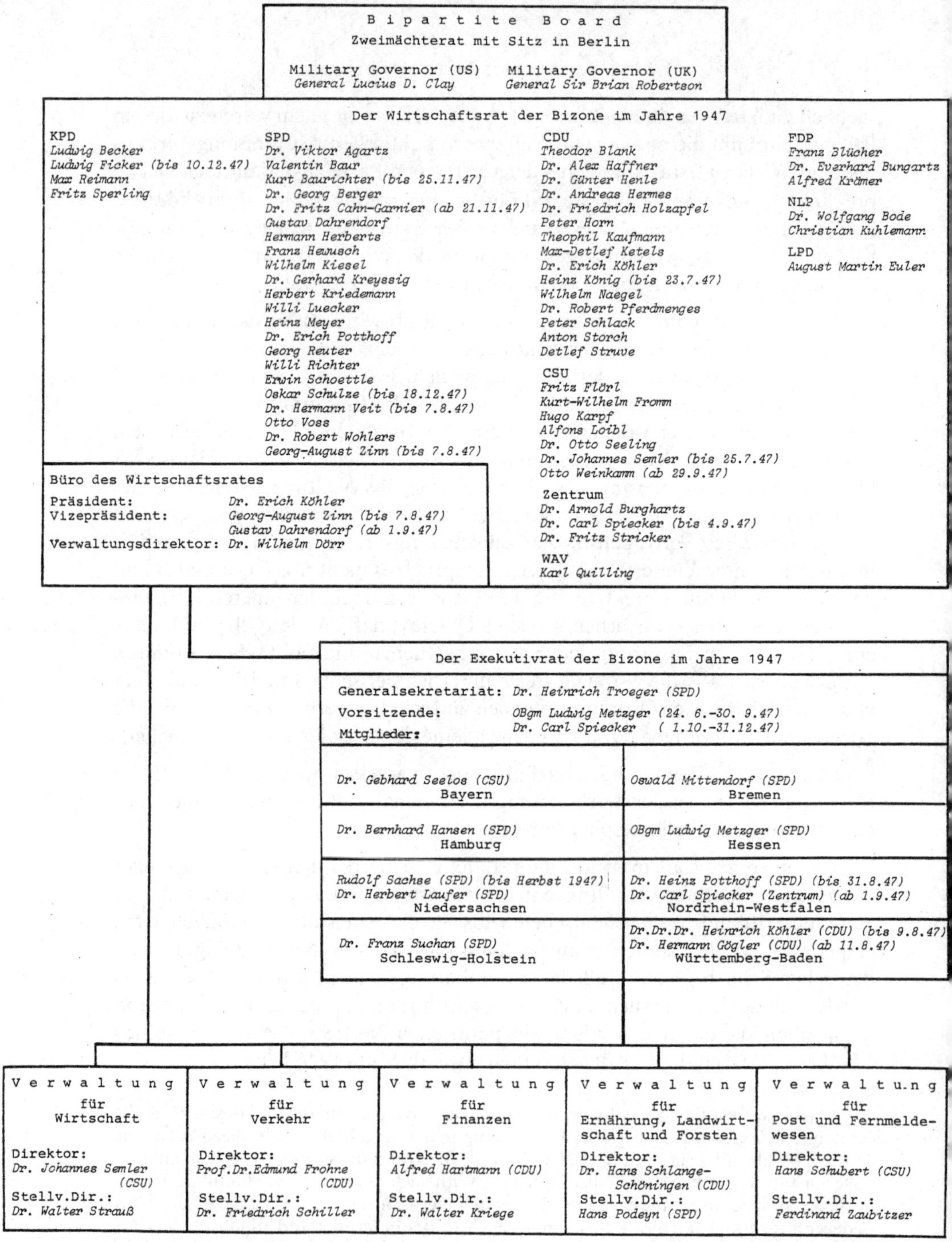

Quellen: Tilman Pünder: Das bizonale Interregnum. Die Geschichte des Vereinigten Wirtschaftsgebietes 1946–1949. Waiblingen 1966, S. 340 ff. *Lucius D. Clay:* Decision in Germany. Garden City (New York) 1950, passim. *Wörtliche Berichte und Drucksachen des Wirtschaftsrates* des Vereinigten Wirtschaftsgebietes 1947–1949. Hrsg. v. Institut für Zeitgeschichte und dem Deutschen Bundestag, Wisschenschaftliche Dienste. Bearbeiter: Christoph Weisz und Hans Woller, Band I (Erschließungsband), München und Wien 1977, *Proklamation Nr. 5* der amerikanischen Militärregierung, S. 10 ff.

Abb. 9: Zentralismus versus Föderalismus: Der erste Wirtschaftsrat waren, sehr nachdrücklich bei der US-Militärregierung gegen alle Regelungen interveniert, von denen eine Bedrohung ihrer föderalistischen Autonomie durch den Zentralismus der britischen Zone erwartet werden konnte. Die Kritik der süddeutschen Ländervertreter setzte sich auch nach dem Abschluß der Vereinbarungen fort, das Land Bayern lehnte die Neukonstruktion sogar insgesamt ab.[9]

Trotzdem läßt sich anhand der Organisationsstruktur der neuen bizonalen Verwaltungsinstiutionen und an der weiteren Entwicklung nachweisen, daß die anfänglichen Befürchtungen von süddeutscher Seite weitgehend unbegründet waren und daß sich die föderalistischen politischen Kräfte gegenüber den zentralistischen letztlich doch durchsetzen würden.

Mit dem am 29. Mai 1947 unterzeichneten Abkommen wurden drei neue Verwaltungsinstitutionen geschaffen:[10] ein Wirtschaftsrat als Volksvertretung der Länder mit 52 gewählten Abgeordneten der politischen Parteien; ein Exekutivausschuß (später: „Exekutivrat") von acht „Vertrauensmännern", die von den Länderregierungen bestellt werden sollten, und schließlich fünf, den früheren Zentralämtern bzw. Zentralräten ähnliche, Verwaltungen unter der Leitung von Direktoren auf den Gebieten Wirtschaft; Ernährung, Landwirtschaft und Forsten; Finanzen, Verkehr, Post und Fernmeldewesen. Insgesamt ergab sich damit ein Verwaltungsaufbau, wie ihn die nachfolgende Abbildung 9 zeigt.

Der Vergleich dieses Verwaltungsaufbaus mit den entsprechenden Organisationsstrukturen in der früheren amerikanischen bzw. in der britischen Zone zeigt, daß die früher als Linieninstanzen etablierten Verwaltungsräte sich jetzt in einer ungleich schwächeren, den vor-parlamentarischen Institutionen deutlich nachgeordneten Position wiederfanden. Der Wirtschaftsrat bildete dagegen (unterhalb des „Bipartite Board" der Militärregierungen) das eigentliche Entscheidungszentrum der neuen Verwaltung, ihm sollte es künftig durch einfache Mehrheitsentscheidung möglich sein, auch für die Länder verbindliche und sofort auszuführende Gesetze und Verordnungen für den „zulässigen wirtschaftlichen Wiederaufbau" zu erlassen[11] — eine Kompetenz, um die von seiten der Verwaltungsräte lange vergeblich gerungen worden war.

Die Kompetenzen des von je einem Vertreter der Länder besetzten Exekutivrates bestanden im Vorschlagsrecht für Gesetze und Verordnungen gegenüber dem Wirtschaftsrat sowie in der Koordination und Ausführung der von diesem Gremium gefaßten Beschlüsse. Des weiteren oblag ihm die Auswahl der Verwaltungsdirektoren, wobei aber deren Ernennung bzw. Entlassung dem

---

[9] Vgl. Gerold Ambrosius, Die Durchsetzung der Sozialen Marktwirtschaft, S. 83

[10] Proklamation Nr. 5, „Abkommen über Neugestaltung der Zweizonalen Wirtschaftsstellen" (Anhang A) und „Verordnung über Erzeugung, Zuteilung und Verteilung von Waren und Rohstoffen" (Warenverkehrsordnung, Anhang B). Abdruck in: Wörtliche Berichte und Drucksachen, S. 10-16

[11] Ebenda, Artikel I der Proklamation

Wirtschaftsrat vorbehalten blieb. Die Direktoren selbst sollten dann zwar der Aufsicht des Exekutivrates unterliegen, dabei aber zugleich dem Wirtschaftsrat gegenüber verantwortlich sein, dessen Vollmacht sie auch bedurften, um selbständig Ausführungsanordnungen treffen zu können.[12]

Diese verwickelte Kompetenzen- und Abhängigkeitsstruktur konnte eigentlich nur bei allseitigem Wohlwollen der Beteiligten funktionieren, zumal durch die Zwitterstellung des Exekutivrates das „Prinzip einheitlicher Weisungszuordnung“[13] verletzt worden war.

Hinsichtlich der für die weiteren Neuordnungsentscheidungen wesentlichen parteipolitischen Mehrheitsverhältnisse ergab sich im Wirtschaftsrat eine Überlegenheit der christdemokratischen und liberalen Kräfte. Infolgedessen dominierten bei der Besetzung der Verwaltungen die von der CDU/CSU gestellten Direktoren. Hingegen ergab sich im Exekutivrat aufgrund der Mehrheitsverhältnisse und Koalitionsabsprachen in den Länderregierungen eine deutliche Mehrheit für die Sozialdemokraten.[14]

Um die sich auch für zukünftige Abstimmungen abzeichnenden Mehrheitsblöcke zu verdeutlichen, sind in Abbildung 9 die Mitglieder des Wirtschaftsrates bereits entsprechend geordnet. Demnach entfiel für die vor allem innerhalb des linken Flügels der CDU diskutierte Option, sich mit der SPD im Rahmen einer „großen Koalition“ auf Kompromißlösungen zu einigen, die Notwendigkeit, weil auch zusammen mit den Liberalen und Splitterparteien funktionsfähige Mehrheiten zustande gebracht werden konnten. Da zudem aufgrund der gespaltenen Kompetenzverteilung ohne größere Probleme auch an dem mehrheitlich von der SPD besetzten Exekutivrat vorbei entschieden werden konnte, erscheint die Behauptung als gerechtfertigt, daß sich unter den in der neuen bizonalen Wirtschaftsverwaltung vertretenen parteipolitischen Kräften bereits am Ende des ersten Halbjahres 1947 weitgehend eigenständig, obwohl es auch anders möglich gewesen wäre, diejenigen durchgesetzt hatten, die gegen eine sozialistische und für eine den amerikanischen Vorstellungen entgegenkommende marktwirtschaftliche Neuordnung eingestellt waren.

Auch eine Analyse der in den Landtagswahlen zutage getretenen parteipolitischen Kräfteverteilungen ergibt ein ähnliches Bild. Ungleich der häufig aufgestellten Behauptung, die große Mehrheit der Deutschen sei in jener Zeit von der Forderung einer sozialistischen Neuordnung innerlich durchdrungen gewesen, ergibt eine Prüfung der in der nachfolgenden Übersicht zusammenge-

[12] Ebenda, Artikel II und III; Anhang A, Abschnitt „Aufbau und Aufgaben“. Dazu: Tilman Pünder, Das bizonale Interregnum, S. 103ff.

[13] Dieses Prinzip der „Unité de Commande“ wurde von dem Franzosen Henri Fayol (1841-1925) eingeführt und bezeichnet die Notwendigkeit, daß es für die Durchführung eines jeden Planes einen verantwortlichen Leiter geben müsse, um die innere Konsequenz der Verwaltungsstruktur zu gewährleisten

[14] Siehe dazu ausführlich: Gerold Ambrosius, Die Durchsetzung der Sozialen Marktwirtschaft, S. 89ff.

stellten Stimmenanteile der Parteien bei den 1946 und 1947 abgehaltenen Landtagswahlen in der amerikanischen und in der britischen Zone, daß von der parteipolitischen Kräfteverteilung her überhaupt nur in den Ländern Hessen und Schleswig-Holstein sowie in Hamburg und Bremen ein von Kommunisten und Sozialdemokraten gebildetes „Volksfrontbündnis“ zumindest rechnerisch mehrheitsfähig gewesen wäre. In den für die Mehrheitsverhältnisse insgesamt entscheidenden vier übrigen Ländern der Bizone wies dagegen das überwiegend von Christdemokraten und Liberalen gebildete „bürgerliche Lager“ eine zum Teil sogar recht komfortable absolute Mehrheit auf. Auch die Ausdehnung der Betrachtung auf alle drei westlichen Besatzungszonen ergibt keine besseren Aussichten für ein parlamentarisch mehrheitsfähiges Volksfrontbündnis, da sich in allen vier Ländern der französischen Besatzungszone eine deutliche Mehrheit für die christdemokratischen und liberalen Parteien ergeben hätte.

Die Behauptung erscheint somit als unbegründet, daß die Sozialdemokraten nach Kriegsende nur nicht energisch genug nach der politischen Macht gegriffen hätten, um eine sozialistische Neuordnung durchzusetzen, oder daß etwa nur die Abneigung gegenüber einer Aktionsgemeinschaft mit den Kommunisten den großen Umschwung verhindert habe — die sich schon frühzeitig abzeichnenden späteren parlamentarischen Mehrheitsverhältnisse hätten die Durchsetzung einer solchen Politik gar nicht ermöglicht, so daß etwa von einer „Politik der verpaßten Chancen“[15] keine Rede sein kann.

Eine weitere Behauptung besagt, daß erst die durch massive amerikanische Wiederaufbauhilfe wirtschaftlich erfolgreiche „Restauration des Kapitalismus“, vor allem aber die damit einsetzende rasche Besserung der Versorgungslage in der deutschen Bevölkerung den großen Stimmungsumschwung und die Abkehr von sozialistischen Neuordnungsbestrebungen bei den Wahlen zum ersten Deutschen Bundestag im August 1949 bewirkt hätten.[16] Um dies zu prüfen, wurden in der folgenden Übersicht abschließend die Ergebnisse der ersten Landtagswahlen in den drei westlichen Besatzungszonen zu einer fiktiven „Bundestagswahl“ zusammengefaßt und mit den Ergebnissen der späteren tatsächlichen Bundestagswahl verglichen. Obzwar sicherlich methodisch anfechtbar, treten dabei in der Tendenz doch erstaunliche Übereinstimmungen hervor, indem die „Mitte-Rechts-Parteien“, d.h. die Christdemokraten und Liberalen, sich in ihren Stimmanteilen offenbar schon sehr frühzeitig stabilisieren konnten, wohingegen auf der „linken“ Seite des politischen Spektrums eine nach außen hin immer stärker werdende Erosion des Wählerstimmenpotentials

---

[15] So zum Beispiel bei Schmidt / Fichter, Der erzwungene Kapitalismus, insb. S. 62 ff. zur Aktionseinheit mit der KPD. Die These, daß die SPD nach 1945 nicht entschlossen genug zur Macht gegriffen habe, findet sich vor allem bei *Theo Pirker,* Die SPD nach Hitler, pass., und bei *Wolfgang Abendroth,* Aufstieg und Krise, insb. S. 73 ff. und neuerlich wieder bei *Bernt Engelmann,* Wie wir wurden, was wir sind, passim. Siehe dazu auch die begrüßenswerte Klarstellung bei *Arno Klönne,* Legendäres über die Gründerzeit, insb. S. 18 f.

[16] So zum Beispiel bei Ernst-Ulrich Huster, Die Politik der SPD, S. 113

zu verzeichnen gewesen ist. Auffallend ist bei der tatsächlichen Bundestagswahl auch ein starkes „Ausfransen“ des Parteienspektrums zu kleineren Wählergemeinschaften (über 10 vH Restgruppen), das aber für die Mehrheitsverhältnisse keine Rolle gespielt hat.

Vorentscheidungen durch Wahlen

Diese Wahlergebnisse sprechen somit insgesamt dagegen, daß durch äußere Einflüsse ein plötzlicher Stimmungsumschwung unter der westdeutschen Bevölkerung stattgefunden haben könnte, abgesehen vielleicht von einer durch die Ereignisse in der sowjetischen Besatzungszone bewirkten Distanzierung von den Kommunisten. Als völlig abwegig muß aber vor diesem Hintergrund insbesondere die „neue Dolchstoßlegende“ angesehen werden: „Die für den 14. August 1949 ausgeschriebenen ersten Bundestagswahlen hatten lediglich die Aufgabe, den hinter dem Rücken des Volkes gefällten Entscheidungen nachträglich den Anstrich der Legitimität zu verleihen“.[17] Die daraus immer wieder abgeleitete Behauptung angeblicher „Legitimationsdefizite“ der westdeutschen Nachkriegswirtschaftsordnung wird indes nicht nur durch die frühe Wählerzustimmung zum föderalistisch-marktwirtschaftlichen Kurs der „bürgerlichen“ Mitte-Rechts-Parteien nachhaltig widerlegt, sondern ebenso, wie noch zu zeigen sein wird, durch den weiteren Ablauf der Entscheidungsprozesse im Wirtschaftsrat.

Tatsächlich bedurfte es schon zur Jahresmitte 1947 nur noch zweier Voraussetzungen, um eine marktwirtschaftliche Neuordnung zustande kommen zu lassen, nämlich erstens einer Erweiterung der deutschen Gestaltungsspielräume durch Aufgabe der bisherigen restriktiven Besatzungspolitik und zweitens der Formulierung einer mit politischem Föderalismus kompatiblen und zwischen Christdemokraten und Liberalen konsensfähigen Alternative zu den planwirtschaftlichen Neuordnungsvorstellungen der Sozialdemokraten.

Dem ersten Erfordernis wurde schon sehr bald in Form einer neuen amerikanischen Besatzungsdirektive und mit der zeitlich etwa parallelen Ankündigung eines wirtschaftlichen Wiederaufbauprogramms für Europa („Marshall-Plan“) sowie schließlich mit der Währungsreform Rechnung getragen.

Das vom US-Außenminister Marshall formulierte Angebot einer Wiederaufbauhilfe war zwar weniger auf Deutschland als auf Europa ausgerichtet, sehr wohl aber Teil eines neuen außenpolitischen Konzeptes, „which made Germany the heart of American strategy in Europe“.[18] Der ökonomische Kern bestand in der Überlegung, daß die europäischen Staaten zumindest für die ersten Nachkriegsjahre auf die Zufuhr amerikanischer Nahrungsmittel und anderer

---

[17] Badstübner / Thomas, Restauration und Spaltung, S. 275

[18] Joyce and Gabriel Kolko, The limits of power, S. 352

wichtiger Versorgungsgüter angewiesen bleiben würden und daß infolgedessen die sich daraus abzeichnende „Dollarlücke“ in einer Weise geschlossen werden müßte, die die Handelsverbindung zwischen den USA und Europa dauerhaft absichert.[19] Außerdem mußte dazu die politische und wirtschaftliche Integration Deutschlands als industrielles Zentrum Europas vorangetrieben werden; der Marshall-Plan war daher auch ein „crash program to dovetail German economic recovery with a general European recovery program in order to make German economic recovery politically acceptable in Europe and in the United States“.[20] Neben der bilateralen Handelsverklammerung zwischen Europa und den USA bestand die zweite Klammerfunktion des Marshall-Plans somit in der wirtschaftlichen und politischen Integration der europäischen Staaten untereinander.[21]

Für das besetzte Deutschland hatte diese neue außenpolitische Strategie unter ökonomischem Aspekt vor allem zwei Konsequenzen:

zum einen mußte durch eine neue besatzungspolitische Direktive, die spätere „JCS 1779“, von der industriellen Abrüstung auf Wiederaufbaumaßnahmen „umgeschaltet“ werden, „which will enable Germany to make a maximum contribution to European recovery“;[22]

zum anderen war dafür zu sorgen, daß Deutschland für seine Exporte nicht nur wertlose Reichsmark erhielt, sondern durch eine allseits akzeptierte Währung in die europäische und weltwirtschaftliche Handels- und Finanzverflechtung integriert werden konnte.

Im ersten Schritt wurde daher mit der JCS 1779 verordnet, daß alle Bezüge aus Deutschland künftig „in Form von bewilligten Importen oder in ausländischer Währung“ bezahlt werden mußten,[23] so daß Deutschland, d.h. zunächst nur die Bizone, damit zum gleichberechtigten Außenhandelspartner wurde. Des weiteren war vorgesehen, „daß bei der Auswahl von Artikeln für den deutschen Export der Nachdruck auf Waren gelegt wird, die von europäischen Ländern für ihren wirtschaftlichen Wiederaufbau benötigt werden“,[24] d.h. im wesentlichen Kohle und Industriegüter. Diese Bestimmung kam der eingangs aufgezeigten Wirtschaftsstruktur im Nachkriegsdeutschland (Abb. 5) mit ihren vom „Rü-

---

19 Vgl. Vorschläge Marshalls zur amerikanischen Hilfeleistung für die europäischen Länder, S. 821. Zu den erwarteten Nachkriegswirtschaftsproblemen: T. Balogh, The Dollar-Crisis, S. 2ff.; John Gimbel, The Origins of the Marshall-Plan, insb. S. 277ff. und Manfred Knapp, Deutschland und der Marshall-Plan, hier: S. 26

20 Gimbel, The Origins, S. 4 (in der Einleitung)

21 "The Marshall-Plan or the ERP respectively integrated a rehabilitated West Germany into the framework of a recovering and uniting Western Europe and managed her access to the Organization for European Economic Cooperation (OEEC)". Manfred Knapp, U.S. Economic Aid and the Reconstruction of West Germany, S. 60

22 JCS 1779, Abschnitt 18 b

23 Ebenda, Abschnitt 18 c (in der übersetzten Fassung)

24 Ebenda, Abschnitt 19 c (in der übersetzten Fassung)

Vorentscheidungen durch Wahlen*

Wahlen in der amerikanischen Besatzungszone

Landtagswahl in Württemberg-Baden vom 24. November 1946

Partei	KPD	SPD	CDU	DVP	Σ
Stimmen	129.685	408.554	486.734	247.542	1.272.515
in v.H.	10,19%	32,10%	38,25%	19,45%	99,99%
Sitze	10	32	39	19	100

Wahlbeteiligung: 74.9%, ungültige Stimmen: 282.317

Landtagswahl in Bayern vom 1. Dezember 1946

Partei	KPD	SPD	CSU	FDP/LPD	WAV	Σ
Stimmen	185.178	874.030	1.595.027	172.261	225.922	3.052.418
in v.H.	6,06%	28,63%	52,25%	5,64%	7,40%	99,98%
Sitze	-	54	104	9	13	180

Wahlbeteiligung: 75.8%, ungültige Stimmen: 141.454

Landtagswahl in Hessen vom 1. Dezember 1946

Partei	KPD	SPD	CDU	LDP	Σ
Stimmen	171.373	686.423	495.667	251.430	1.604.893
in v.H.	10,68%	42,77%	30,88%	15,67%	100%
Sitze	10	38	28	14	90

Wahlbeteiligung: 72.7%, ungültige Stimmen: 132.040

Wahlen zur Bremer Bürgerschaft vom 12. Oktober 1947

Partei	KPD	SPD	CDU	BDV	FDP	DP	RSF	Unabhängige	Σ
Stimmen	19.189	91.229	48.116	30.546	12.095	8.441	2.411	6.824	218.851
in v.H.	8,77%	41,69%	21,99%	13,96%	5,53%	3,86%	1,10%	3,12%	99,82%
Sitze	10	46	24	15	2	3	-	-	100

Wahlbeteiligung: 67.6%, ungültige Stimmen: 10.399

Wahlen in der britischen Besatzungszone

Wahlen zur Hamburger Bürgerschaft vom 13. Oktober 1946

Partei	DKP	KP	SP	CDU	FDP	RSF	RDP	Unabhängige	Σ
Stimmen	9.625	291.701	1.210.010	749.153	509.632	20.034	3.769	13.881	2.807.805
in v.H.	0,34%	10,39%	43,09%	26,68%	18.15%	0,71%	0,13%	0,49%	99,98%
Sitze	-	4	83	16	7	-	-	-	110

Wahlbeteiligung: 79.6%, ungültige Stimmen: 29.415

Landtagswahl in Niedersachsen vom 20. April 1947

Partei	KPD	SPD	CDU	Zentrum	DRP	FDP	NLP		Σ
Stimmen	138.977	1.066.370	498.422	101.283	7.245	215.815	440.367		2.468.479
in v.H.	5,63%	43,20%	20,19%	4,10%	0,29%	8,74%	17,84%		99,99%
Sitze	8	65	30	6	-	13	27		149

Wahlbeteiligung: 65.1%, ungültige Stimmen: 116.889

Landtagswahl in Nordrhein-Westfalen vom 20. April 1947

Partei	KPD	SPD	CDU	Zentrum	RVP	DRP	FDP	Unabhängige	Σ
Stimmen	701.615	1.601.389	1.874.431	488.150	13.247	24.879	209.115	855	4.913.681
in v.H.	14,28%	32,59%	38,15%	9,93%	0,27%	0,51%	4,26%	0,01%	100%
Sitze	26	69	92	20	-	-	12	-	212

Wahlbeteiligung: 66.06%, ungültige Stimmen: 259.630

Landtagswahl in Schleswig-Holstein vom 20. April 1947

Partei	KPD	SPD	SSV	CDU	Zentrum	FDP			Σ
Stimmen	50.266	469.131	99.383	365.274	1.073	53.299			1.038.426
in v.H.	4,84%	45,18%	9,57%	35,18%	0,10%	5,13%			100%
Sitze	-	43	5	22	-	4			74

Wahlbeteiligung: 66.06%, Zahl der ungültigen Stimmen nicht angegeben

Wahlen in der französischen Besatzungszone

Landtagswahl in Rheinland-Pfalz vom 18. Mai 1947

Partei	KPD	SV	SPD	CDU	LP	Σ
Stimmen	100.466	42.037	397.065	538.701	70.772	1.149.041
in v.H.	8,74%	3,65%	34,55%	46,88%	6,15%	99,97%
Sitze	8	4	34	47	7	100

Wahlbeteiligung: 78.0%, ungültige Stimmen: 133.427

Landtagswahl in Südbaden vom 18. Mai 1947

Partei	KP	SP	BCSV	DP		Σ
Stimmen	31.701	95.818	239.285	60.976		427.780
in v.H.	7,40%	22,39%	55,93%	14,25%		99,97%
Sitze	4	13	34	9		60

Wahlbeteiligung: 67.3%, ungültige Stimmen: 43.114

Landtagswahl in Südwürttemberg-Hohenzollern vom 18. Mai 1947

Partei	KP	SP	CDU	DP		Σ
Stimmen	27.536	76.650	204.927	66.985		376.098
in v.H.	7,32%	20,38%	54,48%	17,81%		99,99%
Sitze	5	12	32	11		60

Wahlbeteiligung: 68.5%, ungültige Stimmen: 30.838

Landtagswahl im Saargebiet vom 5. Oktober 1947

Partei	KP	SPS	CVP	DPS		Σ
Stimmen	37.929	147.261	230.063	34.253		449.506
in v.H.	8,43%	32,76%	51,18%	7,62%		99,99%
Sitze	2	17	28	3		50

Wahlbeteiligung: 92.4%, ungültige Stimmen: 49.159

Zusammenfassung der Ergebnisse

Amerikanische Zone (mit Bremen)

Partei	KPD	SPD	CDU/CSU	DP/DVP FDP/LPD	WAV	BDV	Rest[1]	Σ
Stimmen	505.425	2.060.236	2.625.544	691.769	225.922	30.546	9.235	6.148.677
in v.H.	8,22%	33,50%	42,70%	11,25%	3,67%	0,49%	0,15%	99,98%

Britische Zone

Partei	KPD/KP	SP/SPD	CDU/ Zentrum	FDP/NLP	SSV	Rest	Σ
Stimmen	1.182.559	4.346.900	4.077.786	1.428.228	99.383	93.535	11.228.391
in v.H.	10,53%	38,71%	36,31%	12,71%	0,88%	0,83%	99,97%

Französische Zone

Partei	KPD/KP	SV/SPD SP/SPS	BCSV CDU/CVP	LP/DP/DPS	Σ
Stimmen	197.632	758.831	1.212.976	232.986	2.402.425
in v.H.	8,22%	31,58%	50,48%	9,69%	99,97%

Ergebnisse einer fiktiven „Bundeswahl" auf dieser Grundlage[2]

Partei	KPD	SPD	CDU/CSU	FDP	Rest
Stimmen	1.885.616	7.165.967	7.916.306	2.352.983	458.621
in v.H.	9,53%	36,22%	40,02%	11,89%	2,31%

Ergebnisse der Bundestagswahl von 1949 (ohne Berlin)

Partei	KPD	SPD	CDU/CSU BP/Zentrum	DKP/DRP[3]	FDP/BDV DVP	DP[3]	Rest[3]
Stimmen	1.361.708	6.934.975	9.073.067	429.031	2.829.920	939.934	2.412.068
in v.H.	5,70%	29,20%	38,30%	1,80%	11,90%	4,00%	10,10%

1) Als "Rest" wurden alle Splitterparteien ohne Sitze in den Landtagen / Bürgerschaften zusammengefaßt, die KPD-Stimmen ohne Sitzanteil in Bayern und in Schleswig-Holstein wurden der Gesamtpartei jeweils zugerechnet. Die Stimmen der Zentrums-Partei wurden der CDU zugerechnet. Die liberalen Parteien wurden zusammen ausgewiesen, wobei unberücksichtigt bleiben mußte, daß bei den später erfolgenden Zusammenschlüssen einige der liberalen Parteimitglieder zur CDU überwechselten (vgl. Kapitel)

2) Die Parteien wurden dabei zu vier Stimmblöcken zusammengefaßt. Die Splitterparteien WAV, BDV, SSV wurden zusammen mit den bisherigen Restparteien ausgewiesen, weil eine eindeutige Zuordnung als nicht möglich erschien.

3) Als Restparteien wurden ausgewiesen: WAV (Wirtschaftliche Aufbau-Vereinigung), SSV (Südschleswigsche Wählervereinigung), RWVP (Rheinisch-Westfälische Volkspartei), NG (Notgemeinschaft), RSF (Radikal-Soziale Freiheitspartei), EVP (Europäische Volksbewegung Deutschlands) und parteilose Delegierte (mit beträchtlichen insgesamt 4,8 v.H. Stimmanteilen).
Die Parteien DKP (Deutsche Konservative Partei) und DRP (Deutsche Reichspartei) sind wohl programmatisch den Konservativen zuzurechnen, die DP (Deutsche Partei) zu den Liberalen.

* Die Angaben zu den Landtagswahlen wurden entnommen aus: Europa-Archiv, hrgs. von Wilhelm Cornides, 2. Jg., 1947, S. 1023 f. Die Angaben zur Bundestagswahl sind aus: Datenhandbuch zur Geschichte des Deutschen Bundestages 1949 bis 1982, verfaßt und bearbeitet von Peter Schindler, hrsg. vom Presse- und Informationsamt des Deutschen Bundestages, Bonn 1983, S. 34 ff.

stungsboom" der dreissiger Jahre verstärkten Schwerpunkten in der Herstellung hochwertiger industrieller Ausrüstungsgüter und einem (auch) wegen der Autarkiebestrebungen leistungsfähigen Grundstoffbereich in ganz besonderer Weise entgegen.

Die solchermaßen unter relativ günstigen Ausgangsvoraussetzungen auf ein zunächst notwendigerweise exportinduziertes Wirtschaftswachstum gelenkten deutschen Wiederaufbauanstrengungen in einem schon bald überwiegend marktwirtschaftlich geprägten westeuropäischen Umfeld bildeten, zusammen mit der noch ausstehenden Währungsreform sowie mit der begleitenden vorparlamentarischen Durchsetzung der Liberalisierungspolitik Ludwig Erhards im Wirtschaftsrat, die eigentlichen Grundlagen für das spätere „Wirtschaftswunder".

1.4.2 Monetäre Reform und Liberalisierungspolitik

Neben diesen institutionellen und politischen Ausgangsvoraussetzungen war für eine marktwirtschaftliche Neuordnung vor allem noch die Art und Weise von wesentlicher Bedeutung, mit der die notwendige Währungsreform vorgenommen werden würde, denn die Lösung der drei in der JCS 1779 in dieser Hinsicht angesprochenen zentralen Probleme — Reduktion des Geldumlaufs und der finanziellen Ansprüche, gerechte Verteilung der Kriegsfolgelasten, Herstellung eines gleichgewichtigen Lohn- Preis-Verhältnisses[25] — würde auch weitreichende ordnungspolitische Konsequenzen haben.

Die geplante Reduktion der Geldmenge sowie der Gläubiger- und Schuldnerpositionen hättte, zumal in Verbindung mit der vorgesehenen Lastenausgleichsregelung, sehr wohl zu einer grundlegenden Umgestaltung der bestehenden Einkommens- und Vermögensstrukturen eingesetzt werden können. Die fällige strukturelle Bereinigung der von den Kriegsfolgen verzerrten Löhne und Preise hätte sowohl auf dem Wege marktwirtschaftlicher Anpassung an die veränderten Angebots- und Nachfrageverhältnisse erfolgen können als auch durch zentralverwaltungswirtschaftlichen Dirigismus.

Diesen möglichen Verfahrensprinzipien entsprechend sind von deutscher Seite zahlreiche Vorschläge zur Währungssanierung ausgearbeitet worden, die indes allesamt für die tatsächliche Vorgehensweise der Alliierten erstaunlich wenig Beachtung gefunden haben.[26] An den von der amerikanischen „Colm-Dodge-Goldsmith-Kommission"[27] schließlich vorgeschlagenen Maßnahmen

---

[25] Für eine ausführliche Darstellung der zahlreichen Reformvorschläge siehe Hans Möller (Hrsg.), Zur Vorgeschichte der Deutschen Mark, S. 25-403

[26] Vgl. Heinz Sauermann, Der amerikanische Plan, S. 193ff.; Hans Möller, Die westdeutsche Währungsreform, S. 448ff.

[27] Dieser auf Drängen Clays im Frühjahr 1946 entsandten Kommission gehörten neben Josep M. Dodge, dem finanziellen Berater Clays, der Bankier Raymond Goldsmith an sowie der aus Deutschland emigrierte Volkswirtschaftler Gerhard Colm und weitere

ist im Themenzusammenhang vor allem der Vorschlag interessant, daß zur Lastenausgleichsregelung die nach der Geldmengenreduktion verbliebenen Nettovermögen über 10.000 DM mit einer progressiven Kapitalabgabe zwischen 10 und 90% und alle Eigentümer von Grundvermögen, Fabriken, Ausrüstungen und Lagerbeständen über 1000 DM mit einer Hypothek in Höhe von 50% des unbelasteten Vermögens (zum gegenwärtigen Marktwert) belegt werden sollten. Aus den auf diese Weise über zehn Jahre in einem zentralen „Lastenausgleichsfonds" zusammenfließenden Finanzmitteln sollte dann an die vom Krieg besonders Geschädigten eine Unterstützung geleistet werden.[28]

An dem weiteren Procedere bis zur Währungsreform im Juni 1948 ist unter ordnungspolitischen Gesichtspunkten vor allem die weitere Behandlung der Lastenausgleichsfrage von Bedeutung, weil sich hier über die Gestaltung der Mittelaufbringung sowie der Mittelverwendung zahlreiche Ansatzmöglichkeiten für eine „kalte" Sozialisierung oder doch jedenfalls für eine direkte Investitionslenkung geboten hätten, zumal bei einer entsprechenden Beteiligung der Gewerkschaften oder des Staates. Die 1983 erfolgte und sehr umstrittene Gründung zentraler „Arbeitnehmerfonds" in Schweden hat auch in der aktuellen Diskussion die ordnungspolitische Brisanz derartiger Institutionen deutlich zutage treten lassen.[29]

Hinzu kommt, daß zwar die Währungsreform selbst weitgehend das Werk der Alliierten geblieben ist, die endgültige Regelung des Lastenausgleichs dagegen unter eher beiläufiger Beschreibung der Vorgehensweise den Deutschen zur eigenständigen Ausführung übertragen worden ist, weil, wie Militärgouverneur Clay dazu ausführte, „our Government felt this was a responsibility which should be left to German hands".[30] Das tatsächliche Sozialisierungspotential einer Lastenausgleichsregelung scheint somit von dieser Seite zunächst nicht voll erkannt worden zu sein. Als dann aber der Wirtschaftsrat, gemäß der mit der Währungsreform ergangenen Handlungsaufforderung,[31] bereits im August

---

amerikanische Berater. Vgl. John H. Backer, Priming the German Economy, S. 91f.; Lucius D. Clay, Decision in Germany, S. 19;

[28] Vgl. Plan für die Liquidation, S. 245f.

[29] Die 1983 per Gesetz in Schweden gegründeten (fünf) Arbeitnehmerfonds werden durch eine Gewinnsteuer finanziert. Ihre Funktion besteht darin, durch Kapitalbeteiligungen eine Mindestrendite zu erwirtschaften, mit der (unter anderem) die Rentenversicherung saniert werden soll. Die Leitungsgremien werden mehrheitlich mit Gewerkschafter besetzt. Vgl. Hildegard Waschke, Kontroversen um Arbeitnehmerfonds, S. 19ff.

[30] Lucius D. Clay, Decision in Germany, S. 210

[31] Die vier Gesetze zur Währungsneuordnung (Währungsgesetz, Emissionsgesetz, Umstellungsgesetz, Festkontengesetz) wurden von der bizonalen Militärregierung in zeitlicher Abfolge einiger Monate als Verordnungen erlassen. Vgl. den Originalabdruck in: Germany 1947-1949, S. 492-512. Die deutsche Verpflichtung zum Lastenausgleich wurde mit dem Umstellungsgesetz wie folgt festgelegt: „The funds required to carry through the equalization of burdens shall be provided by means of special levies on property, the receipts from which shall be paid for this purpose to an equalization fund outside the budget. Further provisions shall be made in the German legislation on equalization of

1948 tatsächlich ein „Gesetz zur Milderung dringender sozialer Notstände" (Soforthilfegesetz) vorlegte, verzögerte die amerikanische Militärregierung die Genehmigung um sieben Monate und selbst dann wurde nur erlaubt, die Ausgleichsmaßnahmen über eine kontinuierliche steuerliche Belastung der laufenden Einkommen vorzunehmen.[32]

Für diesen Stimmungsumschwung, so die hier vertretene These, könnte der Einfluß Ludwig Erhards maßgeblich gewesen sein; denn dieser hatte bereits im März 1944 eine Denkschrift zur „Kriegsfinanzierung und Schuldenkonsolidierung" erstellt, in der das angesprochene Sozialisierungspotential einer Staatsschuldentilgung bereits sehr deutlich herausgearbeitet worden ist. Auch die mögliche Entschärfung dieser Problematik durch eine fiskalpolitische Kaufkraftübertragung an die Geschädigten aus den laufenden Einkommen ist dabei von Erhard bereits in der später zur Durchführung gelangten Weise vorgeschlagen worden.[33]

Zunächst ist aber eine kurze Überlegung zu den drei einzeln oder kombiniert anwendbaren Möglichkeiten zum Abbau eines durch permanente staatliche Verschuldungspolitik entstandenen Kaufkraftüberhangs angebracht:

Erstens könnte das aufgeblähte Geldvolumen durch „dosierte Inflationierung" mit den realwirtschaftlichen Gegebenheiten allmählich wieder in Einklang gebracht werden. Dies brächte allerdings die Gewerkschaften in die ungünstige Situation, den steigenden Preisen tarifpolitisch ständig hinterherlaufen zu müssen, um wenigstens die Realposition der Arbeitnehmereinkommen zu sichern.

Zweitens könnte der Nennbetrag von Bargeld und Buchgeld durch einen Währungsschnitt den neuen Gegebenheiten angepaßt werden, um solcherma-

---

burdens to be enacted by 31st December 1948, as laid down in the preamble to the currency law". Ebenda, Artikel 29

[32] "... in December 1948 I was required to withhold approval of the first measure adopted by the Council. This change of front on our part was displeasing to labor and to the leaders of the political parties, who regarded it as inconsistent with our assertions that the problem was their responsibility. Finally we were permitted to approve the measure, amended to permit the use of equalization tax revenue for relief purposes only". Lucius D. Clay, Decision in Germany, S. 211

[33] Nach Auskünften der Ludwig-Erhard-Stiftung in Bonn-Bad Godesberg war Ludwig Erhard zu jener Zeit als freiberuflicher Leiter des von ihm gegründeten „Instituts für Industrieforschung Berlin-Nürnberg" tätig. Im Herbst 1944 konnte er seine im Winter 1943/44 erstellte Denkschrift zunächst leitenden Angehörigen der Reichsgruppe Industrie vorstellen und erläutern, später auch vor Vertretern aus dem Reichswirtschaftsministerium. Danach brechen die weiteren Spuren der Denkschrift zunächst ab, die meisten Exemplare sind wohl nach dem Stauffenberg-Attentat aus Furcht vor Repressionen vernichtet worden. In den 50er Jahren erhält Erhard überraschend aus dem Nachlaß eines verstorbenen Industriellen der Stahlindustrie ein Exemplar zugestellt. Eine Veröffentlichung wird erwogen, dann aber aus parteipolitischen Erwägungen zurückgestellt. Erst zum Anlaß seines 80jährigen Geburtstags wird die Erhard-Denkschrift 1977 der Öffentlichkeit zugänglich.

ßen das in Staatsschuldpapieren angelegte Geldvermögen zu reduzieren. Ohne kompensatorische Maßnahmen würde dies aber die Masse der Sparguthaben in besonderer Weise belasten, die Besitzer von Sachvermögen hingegen einseitig begünstigen.

Drittens wäre es möglich gewesen, die Einlösung der Staatsschulden durch eine Umwandlung in längerfristige Verbindlichkeiten zunächst hinauszuzögern, um sie dann allmählich über differenzierte fiskalpolitische Maßnahmen (Vermögensabgaben, Zwangshypotheken, Steuerzuschläge) aufzulösen, wobei die Inzidenz der Staatsschuldentilgung dann zumindest äußerlich und vorläufig in die verteilungspolitisch gewünschte Richtung hätte gelenkt werden können.

Von diesen drei Vorgehensweisen wurde die „inflationistische Lösung" von den Alliierten zwar zunächst erwogen, dann aber verworfen, weil damit eine rasche wirtschaftliche Erholung nicht erreicht werden konnte. Die Umschuldungsversion schied daraufhin gleichermaßen aus, weil die Alliierten die vom Naziregime zur Kriegführung aufgenommenen Staatsschulden nicht allmählich abgetragen, sondern als Strafmaßnahme vollständig annulliert sehen wollten.[34] So blieb schließlich nur die zweite Möglichkeit, nämlich die Reduktion des Währungsnennbetrags mit gleichzeitiger Streichung der Reichsschulden. Durch eben diese Verbindung kam aber dem vorzunehmenden Lastenausgleich eine besondere Bedeutung zu, weil jetzt nicht nur die individuell unterschiedliche Belastung durch direkte und mittelbare Kriegsfolgen, sondern darüber hinaus auch die sozial ungerechtfertigte Benachteiligung der praktisch entwerteten Geldvermögen gegenüber den ungeschmälerten Sachvermögen auszugleichen war. Es hätte sich somit dringend angeboten, „die Stillegung von Geldvermögen sogleich in die Erfassung aller Vermögen und Vermögensschäden einzubauen und auf diese Weise geldpolitische Sanierung und Lastenausgleich zumindest im Ansatz zu einem einzigen Gesetzgebungswerk zusammenzufügen".[35] Über die Gründe, warum es dazu letztlich nicht gekommen ist, liefern die in der Erhard-Denkschrift formulierten Überlegungen wertvolle Hinweise.[36]

Erhard beginnt seine Ausführungen zur Schuldenkonsolidierung mit dem Ausscheiden von „Scheinlösungen", die seines Erachtens zwar technisch machbar wären, jedoch nicht zu einer „sozialwirtschaftlich befriedigenden Ordnung" führen könnten.[37] Hierzu rechnet er sowohl eine bloße Annullierung der Reichsschulden, weil dies zu einer Ungleichbehandlung von Staatsgläubi-

---

[34] Vgl. Manuel Gottlieb, Failure of Monetary Reform, S. 400ff.

[35] Hans Möller, Die westdeutsche Währungsreform, S. 438

[36] Dabei ist zu berücksichtigen, daß Erhard die Bedingungen des Kriegsausgangs noch nicht bekannt waren. Auch von der Höhe der Reichsschulden hatte er nur ungefähre Vorstellungen. Seine Vorschläge zur Umstellung der deutschen Wirtschaft von der Kriegs- auf eine Friedensproduktion mußten zudem politisch unverfänglich formuliert werden. Zur Entstehung und zu den gedanklichen Zusammenhängen des Gutachtens siehe: Ludolf Herbst, Krisenüberwindung und Wirtschaftsneuordnung, S. 305ff.

[37] Ludwig Erhard, Kriegsfinanzierung und Schuldenkonsolidierung, S. 57

gern gegenüber anderen Gläubigern führen müßte, als auch die Möglichkeit, über eine „dosierte Inflationierung“ den Schuldenberg allmählich einebnen zu wollen, weil dies den Übergang von der zentralgesteuerten Kriegswirtschaft auf eine „durch freien Preisautomatismus gekennzeichnete freie (oder demgegenüber doch freiere) Wirtschaft“ nur unnötig erschweren würde. Zwar könnten inflationäre Stimuli „zur Entfachung einer Wirtschaftsbelebung und vor allem der privaten Initiative wohl geeignet“ sein, doch bedürfe eine von den Fesseln staatlicher Vormundschaft befreite Wirtschaft dessen nicht.[38]

Als dritte Scheinlösung bezeichnet Erhard das Vorhaben, über eine Vermögensabgabe die finanzwirtschaftlichen Verpflichtungen des Staates abdecken zu wollen, denn die Belastung von Sachwerten mit (zum Beispiel) vom Staat erzwungenen Hypotheken „würde nur das bekannte Experiment der Assignatenwirtschaft in neuer Form wieder aufleben lassen und wie seinerzeit eine ungezügelte Inflation hervorrufen“.[39] Weil aber der Staat „zur Verzinsung und Tilgung seiner Schulden des Verfügungsrechts über wirtschaftlich fundierte Kaufkraft bedarf“,[40] die er auf diese Weise nicht gewinnen kann, müßte eine Übertragung privater Kaufkraft über fiskalpolitische Abschöpfung und sozialpolitische Umverteilung aus den laufenden Einkommen erfolgen.[41]

Diese zentrale These Erhards steht in engem Zusammenhang mit seiner (noch zu erläuternden) Befürchtung, daß es nach Kriegsende zu einer Stagnation der Investitionstätigkeit kommen könnte, wenn die Sachvermögen sogleich durch hohe Zwangsabgaben belastet werden sollten. Vor allem wäre damit die von ihm geforderte rasche Umstellung von der Rüstungs- auf eine Friedensproduktion gefährdet gewesen.

Eine Vermögensabgabe lehnte Erhard aber auch deswegen ab, weil sie im Zusammenhang mit der nach Kriegsende zu erwartenden Forderung nach einer grundlegenden „Umgestaltung der sozialen und gesellschaftlichen Ordnung überhaupt“ erhoben werden könnte,[42] indem „nach Beendigung des Krieges mit Sicherheit die Frage aufgeworfen werden (wird), ob es angesichts einer derart schicksalsschweren Entwicklung vertreten werden kann, das private Eigentum an Produktionsmitteln aufrecht zu erhalten und auf diese Weise eine gesellschaftlich privilegierte und durch die Kriegsentwicklung noch begünstigte Schicht von Vermögensträgern in dieser Sonderstellung zu belassen bzw. neu zu bestätigen“.[43]

Die sich daraufhin anbietende Verbindung einer Vermögensabgabe mit Sozialisierungsmaßnahmen hat Erhard in ihrer vollen ordnungspolitischen

---

[38] Ebenda, S. 125

[39] Ebenda, S. 73

[40] Ebenda, S. 74

[41] Ebenda, S. 74ff.

[42] Ebenda, S. 80

[43] Ebenda, S. 81f.

Brisanz erkannt: „In letzter Konsequenz gipfeln solche Überlegungen in der Forderung nach einer Sozialisierung der Produktionsmittel, nach einer Vermögensabgabe also, die für die Zukunft dem Staat nicht nur die wirtschaftslenkende, sondern auch die unmittelbar unternehmerische Funktion zuweist".[44] Ebenso sah Erhard, auf welch elegante Weise sich der Staat durch die Sozialisierung von Produktivkapital seiner Schulden entledigen könnte, denn „mit der Enteignung der Produktionsmittel geraten auf der einen Seite eine ganze Reihe von Ansprüchen an den Staat in Wegfall und vermindern die endgültig festzustellende Staatsschuld um ein sehr Beträchtliches, und auf der anderen Seite fließen dem Staat aus eigener wirtschaftlicher Tätigkeit dann so erhebliche Erträge zu, daß seine Restschuld nicht nur materielle Deckung findet, sondern daß diese Staatsschuld sich sogar auf rentetragendes Kapital zu stützen vermag".[45] Zugleich würde dies nahelegen, daß sich der „gerechte Lastenausgleich" nur auf diese Weise als „gemeinwirtschaftliches" Anliegen und nicht im Rahmen der „hergebrachten Gesellschafts- und Wirtschaftsordnung" bewerkstelligen ließe.[46]

Derartige Absichten standen indes der Überzeugung Ludwig Erhards diametral entgegen, daß nur die Methoden einer „freien Wirtschaft" den allseits zu erwartenden Mangel der Nachkriegszeit rasch überwinden könnten und es nicht „so komplizierter und fragwürdiger Verfahren zur Neuverteilung der im Kriege erhalten gebliebenen sachlichen Produktivkräfte" bedürfe, sondern vielmehr darauf ankomme, „alle Kräfte zur materiellen Überwindung des durch den Krieg bedingten Notstandes zusammenzufassen und anzuwenden".[47]

Entsprechend hielt Erhard es für notwendig, nach der Schuldenliquidierung so rasch wie möglich von der strengen Bewirtschaftung und Preisüberwachung abzugehen, um die freie Entfaltung der Unternehmerinitiative und der Produktivkräfte nicht durch staatliche Bevormundung zu behindern. Allerdings sollte der Staat anfänglich die Planung und Lenkung der Produktion soweit in die Hand nehmen, um eine gesamtwirtschaftliche „Rangordnung der Nachkriegsaufgaben" nach „übergeordneten sozialen und wirtschaftlichen Gesichtspunkten" vornehmen zu können.[48] Der Staat sollte „Programm und Ziel", also volkswirtschaftliche Rahmendaten, setzen, nach denen die freie Unternehmerwirtschaft dann eigenverantwortlich vorgeht, dies jedoch nur für die Überwindung der unmittelbaren Nachkriegsprobleme, denn „das erstrebenswerte Ziel bleibt in jedem Falle die freie, auf echtem Leistungswettbewerb beruhende Marktwirtschaft mit den jener Wirtschaft immanenten Regulativen".[49]

---

44 Ebenda, S. 82

45 Ebenda

46 Ebenda, S. 83

47 Ebenda, S. 103

48 Ebenda, S. 226

49 Ebenda, S. 246

Die konjunkturpolitische Strategie Erhards basierte auf der Überzeugung, daß nach einer marktwirtschaftlichen Liberalisierung „gewissermaßen eine einmalige Aktion hinreicht, um die Wirtschaft dann selbständig in Gang zu halten",[50] es nach der Währungssanierung also im wesentlichen nur einer „Kaufkraftinjektion" bedürfe, um über diesen von der Verbrauchsgüterindustrie ausgehenden konjunkturellen Impuls den Wirtschaftskreislauf mit neuem Leben zu erfüllen.[51]

Mit den von Keynes entwickelten Vorstellungen verbindet Erhard die Befürchtung, daß die deutsche Volkswirtschaft, ähnlich wie nach der Weltwirtschaftskrise, auch nach dem bevorstehenden Kriegsende in eine alle Initiative lähmende Stagnation verfallen könnte, aus der sie sich von allein nicht zu befreien vermag. Die von Keynes für diese Situation vorgeschlagene Lösung, daß dann der Staat den Mangel an effektiver Nachfrage durch „deficit spending" ausfüllen sollte, wird von Erhard, allerdings ohne Bezug auf Keynes, letztlich verworfen, weil die Methode „künstlicher Kreditschöpfung" des Staates vorrangig auf die für die vorangegangenen Rüstungszwecke ohnehin übermäßig ausgedehnten Produktionsmittelindustrien wirken würde.[52]

Statt dessen hält Erhard, angesichts der enormen privaten Bedürfnisse, den Ansatz für aussichtsreicher, über die im Krieg vernachlässigte Verbrauchsgüterindustrien eine Konjunkturbelebung in Gang zu bringen, weil durch die zu erwartende hohe Umlaufgeschwindigkeit und geringe Sparneigung hier eine ungleich höhere Wirkung zu erwarten sei.[53] Ebenso, wie der Anstoß eines ruhenden Uhrpendels das Räderwerk spontan in andauernde Bewegung versetzt, so sollte ein wohldosierter Kaufkraftimpuls den marktwirtschaftlichen Mechanismus von Angebot und Nachfrage aus der kriegsbedingten Erstarrung und aus der zentralverwaltungswirtschaftlichen Verzerrung lösen, alles weitere könnte dann den der Marktwirtschaft innewohnenden Selbstantriebskräften überlassen bleiben.

Allerdings war diese Strategie Erhards in verteilungspolitischer Hinsicht insoweit problematisch, als die für das Wiederingangsetzen der Produktion notwendige Begünstigung privatwirtschaftlicher Unternehmerinitiative zu einer einseitigen Kapitalbildung führen mußte, indem die notwendigen Betriebsmittel für die während des Krieges unterbliebenen Re-Investitionen über eine erhöhte Selbstfinanzierungsrate (zunächst) der Verbrauchsgüterindustrie zufließen soll-

---

[50] Ebenda

[51] *Erhard* war der Meinung, „daß die Wirtschaft zur Erstellung dieser für unmittelbar konsumtive Zwecke bestimmten Gütererzeugung keines echten Kapitals, sondern flüssiger Betriebsmittel bedarf", und daß noch genügend Rohstoffe und sonstige Vorräte aus der Kriegszeit hierfür anfänglich zur Verfügung stehen würden. Daher sei auf dem Gebrauchsgütersektor die konjunkturelle Belebung relativ am leichtesten in Gang zu setzen. Ebenda, S. 245f.

[52] Ebenda, S. 232f.

[53] Ebenda, S. 236

ten, um dann von dort über Investitionen in die anderen Sektoren auszustrahlen. Nachdem aber die Ausgangsverteilung der Sachvermögen ohnehin nicht grundlegend verändert werden sollte, mußte dies zu einer aus der Einkommensentstehung fortlaufend genährten und damit immer „schiefer" werdenden Vermögensverteilung führen, wohingegen reagierende verteilungspolitische Maßnahmen der Gewerkschaften bzw. „sozialpolitische Korekturen der Ergebnisse des Wirtschaftsprozesses" erst im Anschluß an die wirtschaftliche Wiederbelebung erfolgen sollten.[54]

Die solchermaßen unter das Primat ökonomischer Effizienz gestellte Konjunkturpolitik Erhards war somit von Anfang an darauf angelegt, daß einer Befreiung der marktwirtschaftlichen Dynamik während der „Reanimationsphase" im weiteren eine Politik des sozialen Ausgleichs durch starke Gewerkschaften und eben eine „soziale" Marktwirtschaft folgen sollte.

Auch wenn sich für die eingangs geäußerte Vermutung keine direkten Beweise haben finden lassen, daß es der Einfluß Erhards war, der den plötzlichen Umschwung von der zunächst vorgesehenen Verbindung von Währungsreform und Lastenausgleichsregelung durch Vermögensabgaben zur bloßen Besteuerung der laufenden Einkommen bewirkt hat, so bleibt doch die Übereinstimmung erstaunlich, mit der seine 1944 entwickelten Vorstellungen einige Jahre später unter völlig andersartigen und unvorhersehbaren Umständen in dieser Hinsicht realisiert worden sind. Auch ist die Verfahrenstreue bemerkenswert, mit der Erhard den in der Denkschrift ausgearbeiteten Vorschlägen später in seinem wirtschafts- und ordnungspolitischen Handeln gefolgt ist. Schon aus diesen Gründen ist die Denkschrift auch ein wichtiger Beweis dafür, daß es sich bei den die Währungsreform begleitenden Maßnahmen nicht um das Ergebnis „externer Steuerung", sondern um einen eigenständigen deutschen Neuordnungsansatz gehandelt hat.

Ludwig Erhard selbst bemerkt dazu im Vorwort zu der erst 1977(!) erfolgten Publikation seiner Denkschrift: „Mir wurde vielleicht erst in den ersten Nachkriegsmonaten so ganz bewußt, welchen Sinn meine Arbeit an der Denkschrift erlangt hatte und welchen Nutzen ihre wesentlichen Gedanken für den Wiederaufbau und die Herstellung der wirtschaftlichen, finanziellen und währungspolitischen Ordnung besaßen. Es standen damals zwar auch noch andere Pläne zur Erörterung, aber nach langem Zögern beruhte die endgültige Regelung der Währungsreform auf der Übereinstimmung der amerikanischen Vorstellungen mit meinen eigenen hier niedergelegten Überlegungen".[55]

---

[54] Hans-Hermann Hartwich, Sozialstaatpostulat, S. 113. *Hartwich* spricht in diesem Zusammenhang von einem „Prinzip vom Primat der Wirtschaft", ebd.

[55] Ludwig Erhard, Kriegsfinanzierung und Schuldenkonsolidierung, zitiert aus dem Vorwort „Zu meiner Denkschrift 1943/44" der Faksimileausgabe von 1977, S. XIII

1.4.3 Die Durchsetzung im Wirtschaftsrat

Damit waren, nach den parteipolitisch programmatischen und den institutionellen, nun auch konzeptionelle Grundlagen für eine marktwirtschaftliche Neuorientierung vorhanden. Im weiteren würde es darauf ankommen, ob diese Ordnungsalternative auch im vor-parlamentarischen Wirtschaftsrat eine Mehrheit finden und sich politisch durchsetzen lassen würde.

Nachdem das nationalsozialistische Bewirtschaftungssystem, wie beschrieben, zunächst von den Besatzungsmächten weitgehend übernommen worden war, befaßte sich der bizonale Wirtschaftsrat erstmals im Oktober 1947 mit einer grundlegenden Überarbeitung der bisherigen Verfahren. Das gegen den Widerstand von SPD und KPD mit 24 gegen 18 Stimmen beschlossene „Gesetz über Notmaßnahmen auf dem Gebiete der Wirtschaft, der Ernährung und des Verkehrs" (Bewirtschaftungsnotgesetz) sollte sich ausdrücklich nur auf die Bewirtschaftung von „Erzeugung, Gewinnung, Erfassung, Zuteilung, Lagerhaltung, Verteilung, Ein- und Ausfuhr" der Güter beziehen, „die nicht in ausreichender Menge verfügbar sind, um eine geordnete Erzeugung oder die Deckung des notwendigen Bedarfs der Bevölkerung aufrechtzuerhalten".[56] Durch die vorgesehene Befristung bis zum 31. Dezember 1949 erhielten alle mit dem Gesetz getroffenen Vorkehrungen von vornherein den Charakter eines durch die Notlage bedingten Provisoriums, das keineswegs zum beständigen Prinzip der Wirtschaftsneuordnung erhoben werden sollte.[57]

Von seiten der SPD und der KPD war dagegen in den Ausschußberatungen vergeblich versucht worden, die Notwendigkeit einer auf Dauer angelegten gesamtwirtschaftlichen Planung und Lenkung als konstituierenden Verfahrensgrundsatz festzuschreiben. Schon zu diesem frühen Zeitpunkt existierte aber eine deutliche Mehrheit, die das vom früheren Mindener Zentralamt für Wirtschaft betriebene Rationierungssystem als eine Fortsetzung der nationalsozialistischen Zwangswirtschaft ablehnte.[58] Damit war bereits eine wichtige Vorentscheidung gefallen.

Mit der nach dem Scheitern der alliierten Londoner Konferenzen im Dezember 1947 durchgeführten Umgestaltung des (ersten) Wirtschaftsrates zur Vorform eines zukünftigen deutschen Parlaments ergab sich dann insoweit eine veränderte Situation, als im Gefolge der damit einhergehenden organisatorischen Veränderungen (unter anderem) der bisher mehrheitlich von der SPD besetzte Exekutivrat in seiner beschriebenen „Zwitterfunktion" zwischen dem

---

[56] Vgl. Wörtliche Berichte und Drucksachen, Band 4, Drs. 19 und 87 sowie das Protokoll der 7. Vollversammlung, in: Ebenda, Band 2, S. 157ff., zitiert wurde S. 184. Die endgültige Fassung des Gesetzes findet sich im: Gesetzblatt der Verwaltung des Vereinigten Wirtschaftsgebietes (WiGBl) 1947-1949, Jg. 1948, S. 3ff.

[57] Ebenda, zitiert aus § 1 des Gesetzes

[58] Siehe dazu den Verhandlungsverlauf nach dem Protokoll der 7. Vollversammlung, in: Wörtliche Berichte und Drucksachen, Band 2, insb. die S. 161ff. und 165ff.

Der Wirtschaftsrat des Vereinigten Wirtschaftsgebietes (1948/49)

KPD (6 Abgeordnete)
Ludwig Becker (bis 14.6.48)
Dr. Alfred Kroth
Kurt Müller
Heinrich Niebes
Max Reimann
Friedrich Rische (ab 8.7.48)
Fritz Sperling

SPD (40 Abgeordnete)
Dr. Viktor Agartz (bis 8.5.48)
Erich F. W. Altwein
Dr. Adolf Arndt
Walter Ballof (ab 14.6.48)
Valentin Baur
Dr. Georg Berger
Dr. Paul Bleiß
Dr. Fritz Cahn-Garnier (gest. 8.6.49)
Johann Cramer
Gustav Dahrendorf
Robert Daum
Willi Eichler
Irmgard Enderle
Dr. Dr. h. c. Hermann Heimerich
Franz Heinen
Heinrich Hemsath
Hermann Herberts
Gerhard van Heukelum (bis 14.6.48)
Franz Hewusch
Walter Hölkeskamp
Wilhelm Kiesel
Anton Köhler
Lisa Korspeter
Anni Kranstöver
Dr. Gerhard Kreyssig
Herbert Kriedemann
Bruno Leddin
Willi Luecker
Wilhelm Mellies (ab 25.5.48)
Heinz Meyer
Dr. Karl Mommer
Dr. Adam Remmele
Georg Reuter
Willi Richter
Fritz Rupprecht
Dr. Joachim Schöne
Erwin Schoettle
Karl Schulze
Walter Seuffert
Wilhelm Strahringer
Otto Voß
Dr. Robert Wohlers

CDU (CDU/CSU: 40 Abgeordnete)
Prof. Dr. Georg Baur
Theodor Blank
Georg-Wilhelm Boysen (ab 10.11.48)
Josef Braun
Wilhelm Brese
Dr. Gerd Bucerius (ab 21.4.48)
Hermann A. Eplée (ab 9.11.48)
Albrecht Gehring
Bernhard Günther
Dr. Alex Haffner (bis 19.11.48)
Dr. Günter Henle
Dr. Andreas Hermes
Heinrich Hohl
Dr. Friedrich Holzapfel
Peter Horn
Theophil Kaufmann
Max-Detlef Ketels
Dr. Erich Köhler
Wilhelm Naegel
Maria Niggemeyer
Dr. Paul Otto
Dr. Robert Pferdmenges
Peter Schlack
Dr. Hanno Schmidt (2.3.-19.10.48)
Walter Siara
Anton Storch (bis 9.11.48)
Heinrich Strunk
Detlef Struve
Dr. Rudolf Vogel (ab 14.12.48)
Bernhard Winkelheide
Christoph Heinrich Wolf

CSU
Dr. Wolfgang Butz (ab 17.8.48)
Dr. Fritz Dengler
Franz-Michael Elsen (ab 2.3.48)
Fritz Flörl
Kurt-Wilhelm Fromm
Hugo Karpf
Thusnelda Lang-Brumann
Alfons Loibl (bis 15.2.49)
Ernst Rattenhuber (ab 15.2.49)
Hans Schütz
Dr. Otto Seeling (bis 14.6.48)
Franz-Josef Strauß
Otto Weinkamm
Dr. Max Zwicknagel

FDP (8 Abgeordnete)
Franz Blücher
Dr. Everhard Bungartz
August Martin Euler
Heinrich Faßbender
Alfred Krämer
Dr. Fritz Oellers
Dr. Emil Schwamberger
Dr. Hans Wellhausen

DP (4 Abgeordnete)
Dr. Wolfgang Bode (bis 18.2.49)
Dr. Carl von Campe
Christian Kuhlemann
Dr. Hans Mühlenfeld
Dr. Heinrich Zimmermann (ab 18.2.49)

Zentrum (4 Abgeordnete)
Dr. Arnold Burghartz (ab 9.2.49 CDU)
Matthias Hoogen (ab 21.4.48, ab 19.2.49 CDU)
Joseph Jakob (ab 3.3.49 CDU)
Dr. Carl Spiecker (bis 21.4.48)
Dr. Fritz Stricker

WAV (2 Abgeordnete)
Erich Kühne
Karl Quilling (WAV bis 1.10.48, parteilos bis 23.4.49, FDP bis 10.7.49, dann parteilos)

Büro des Wirtschaftsrates

Präsident: *Dr. Erich Köhler*
Vizepräsident: *Gustav Dahrendorf*
Verwaltungsdirektor: *Dr. Wilhelm Dörr (bis 15.5.48)*
Dr. Heribert Kalveram (ab 15.5.48)

Der Verwaltungsrat des Wirtschaftsrates

Vorsitzender: *Oberdirektor Dr. Hermann Pünder (CDU)*

Verwaltung für Wirtschaft
Direktor: *Dr. Ludwig Erhard (FDP)*

Verwaltung für Verkehr
Direktor: *Prof. Dr. Edmund Frohne (CDU)*

Verwaltung für Finanzen
Direktor: *Alfred Hartmann (CDU)*

Verwaltung für Ernährung, Landwirtschaft und Forsten
Direktor: *Dr. Hans Schlange-Schöningen (CDU)*

Verwaltung für Post und Fernmeldewesen
Direktor: *Hans Schuberth (CSU)*

Verwaltung für Arbeit
Direktor: *Anton Storch (CDU)*

Der Länderrat des Vereinigten Wirtschaftsgebietes

Generalsekretariat: *Dr. Heinrich Troeger (SPD)*

Vorsitzender:
Feb.48–März 48: Dr. Hans Ehard
Apr.48–Juni 48: Heinrich Wilhelm Kopf
Juli48–Sept.48: Dr. Heinrich Köhler
Okt.48–Dez. 48: Hermann Lüdemann
Jan.49–März 49: Max Brauer
Apr.49–Juni 49: Wilhelm Kaisen
Juli49–Aug. 49: Christian Stock

Mitglieder:

Dr. Hans Ehard (CSU)
Dr. Hanns Seidel (CSU)
Bayern

Wilhelm Kaisen (SPD)
Gustav Wilhelm Harmssen (BDV)
Bremen

Max Brauer (SPD)
Dr. Bernhard Hansen (SPD)
Hamburg

Christian Stock (SPD)
Dr. Werner Hilpert (CDU)
Hessen

Hinrich Wilhelm Kopf (SPD)
Dr. Georg Strickrodt (CDU)
Niedersachsen

Karl Arnold (CDU)
Dr. Erick Nölting (SPD, bis 5.4.48)
Dr. Carl Spiecker (Zentrum, ab 5.4.48)
Nordrhein-Westfalen

Hermann Lüdemann (SPD)
Dr. Rudolf Katz (SPD)
Schleswig-Holstein

Dr. Dr. Heinrich Köhler (CDU, bis 6.2.49)
Dr. Edmund Kaufmann (CDU, ab 28.2.49)
Dr. Hermann Veit (SPD)
Württemberg-Baden

Geschäftsführender Ausschuß des Länderrates (Bevollmächtigte der Länder)

Dr. Gebhardt Seelos (CSU)
Bayern

Oswald Mittendorf (SPD)
Bremen

Dr. Bernhard Hansen (SPD)
Hamburg

Wilhelm Apel (SPD)
Hessen

Dr. Herbert Lauffer
Niedersachsen

Dr. Carl Spiecker (Zentrum)
Nordrhein-Westfalen

Dr. Franz Suchan (SPD)
Schleswig-Holstein

Dr. Manfred Klaiber
Württemberg-Baden

Quellen: Tilman Pünder: Das bizonale Interregnum, S. 125 ff. und passim. *Wörtliche Berichte und Drucksachen* des Wirtschaftsrates des Vereinigten Wirtschaftsgebietes und dem Deutschen Bundestag, Wissenschaftliche Dienste. Bearbeiter: *Christoph Weisz* und *Hans Woller.* Band 1, Erschließungsband, München und Wien 1977, S. 25 ff.

Abb. 10: Föderalismus versus Zentralismus: Der zweite Wirtschaftsrat

Wirtschaftsrat und den Verwaltungen durch einen von den Ländern mit je zwei Vertretern besetzten Länderrat ohne eigene Exekutivbefugnisse abgelöst wurde.[59] Damit entstand insgesamt die in der folgenden Abbildung 10 wiedergegebene Verwaltungsstruktur.

Diese Neugestaltung des Wirtschaftsrates bedeutete indes nicht nur einen weiteren Schritt in Richtung auf eine separate westdeutsche Staatsgründung, sondern schuf auch die Voraussetzungen dafür, daß sich die schon vorhandene quasi-parlamentarische Mehrheit für eine marktwirtschaftliche Neuordnung nun weiter festigen und durchsetzen konnte. Vor allem die Leitungsvergabe der neuen Verwaltung für Wirtschaft an den damals parteilosen und von der FDP nominierten Kandidaten Ludwig Erhard ist in diesem Zusammenhang von zukunftsentscheidender Bedeutung gewesen, denn mit dieser Wahl hatte „die Wirtschaftspolitik .. die parlamentarische Rollenverteilung geklärt", Christdemokraten und Liberale bildeten zusammen die „Regierungsparteien", wohingegen Sozialdemokraten und Kommunisten die Rolle der „Regierungsopposition" übernommen hatten.[60]

Angesichts der vorangehend wiedergegebenen Mehrheitsverhältnisse wäre das Neuordnungskonzept der Sozialdemokraten selbst mit den Stimmen der Kommunisten nicht mehrheitsfähig gewesen — wohl aber mit den Vertretern des christlichen Sozialismus in der CDU. Weil indes nicht zu erwarten war, das die Christdemokraten nach ihrem langen Sammlungs- und Orientierungsprozeß und der mühsamen Überwindung der konfessionellen Gräben die neugegründete Partei sogleich wieder der Gefahr einer Spaltung aussetzen würden, war den Liberalen damit praktisch die Rolle des „Mehrheitsmachers" zugefallen, sozusagen mit dem Wirtschaftsprogramm Ludwig Erhards als gemeinsamem Nenner.

Bei den solchermaßen abgesteckten Fronten erschien es konsequent, daß die oppositionellen Sozialdemokraten in ihrer Ablehnung jeglicher Mitverantwortung für die sich ankündigende Auflösung der Bewirtschaftungsmaßnahmen so weit gingen, daß sie völlig darauf verzichteten, für die anstehende Besetzung der Direktorenposten im Verwaltungsrat überhaupt eine personelle Alternative anzubieten, und statt dessen leere Stimmzettel abgaben.[61] Dies geschah wohl „in dem illusionären Glauben, abwarten zu können, bis das für die nahe Zukunft absehbare Versagen der Wirtschaftspolitik der Mehrheit des Wirtschaftsrates eintreten würde, um dann selbst die Wirtschaftspolitik zu übernehmen und die verfahrene Lage zu retten".[62] Der heute gelegentlich erhobene Vorwurf,

---

[59] Zu den Londoner Konferenzen: Germany 1947-1949, S. 63-67, Lucius D. Clay, Decision in Germany, S. 344ff. und zur Reorganisation: Tilman Pünder, Das bizonale Interregnum, S. 128f.

[60] Gerold Ambrosius, Die Durchsetzung der Sozialen Marktwirtschaft, S. 157

[61] Siehe dazu das Protokoll der 13. Vollversammlung, in: Wörtliche Berichte und Drucksachen, Band 2, S. 361ff.

[62] Eberhard Schmidt, Die verhinderte Neuordnung, S. 129

Christdemokraten und Liberale hätten als „Bürgerblock" jeden Vorschlag der Opposition prinzipiell niedergestimmt, wo doch tatsächlich viele Gemeinsamkeiten vorhanden gewesen wären, muß daher insoweit zurückgewiesen werden, als dieses Verhalten durchaus der damals auf beiden Seiten vorherrschenden Stimmungslage entsprach, daß „es keinen Sinn hat, zwei Ärzte mit verschiedenen Behandlungsmethoden an dem Krankenbette des deutschen Patienten zu haben".[63]

Zugleich war es aber angesichts der Gesamtsituation taktisch unklug, in politischer Abseitsstellung auf eine Situation zu hoffen, „in der man nach einer gewissen Methode der Bewirtschaftung schreien muß, weil einem die Dinge unter den Händen davonrinnen",[64] weil die SPD durch das Versäumnis, eine den Gegenwartserfordernissen angepaßte Alternative aufzuzeigen, in der öffentlichen Meinung mit dem Odium behaftet blieb, den kausalen Zirkel „Sozialismus-Bürokratie-Zwangswirtschaft"[65] einführen zu wollen, und damit angesichts der späteren marktwirtschaftlichen Aufbauerfolge „als nörgelnder Störenfried des werdenden Wohlstands"[66] erscheinen mußte.

Für Ludwig Erhard, der am 2. März 1948 sein neues Amt als Direktor für Wirtschaft antrat, waren diese ordnungspolitischen Frontstellungen im Wirtschaftsrat insoweit günstig, als dadurch ein von der Parteiraison erzwungener Solidarisierungseffekt mit seinem Wirtschaftsprogramm erfolgte, der die ansonsten wohl auch aus den eigenen Reihen zu erwartenden Bedenken von vornherein verstummen ließ. Diesen Rückhalt konnte Erhard sogleich nutzen, um den seit einiger Zeit schwelenden Kompetenzstreit zwischen den Verwaltungsdirektoren um die zentrale Frage, wer für die gesamtwirtschaftliche Preisregelung zuständig sein sollte, endgültig für sich zu entscheiden. Der Streit hierüber war entstanden, weil die vom nationalsozialistischen „Reichskommissar für die Preisbildung" eingerichteten Preisbildungsstellen auf Länderebene noch keine neue gesetzliche Grundlage erhalten hatten.[67]

Der von der SPD majorisierte Exekutivrat hatte daraufhin den Antrag vorgelegt, eine „Oberste Preisbehörde" für das Vereinigte Wirtschaftsgebiet zu schaffen, die dann unter Leitung des Verwaltungsdirektors für Finanzen „Preise, Tarife, Mieten, Pachten, Gebühren und sonstige Entgelte für Güter und Leistungen jeder Art, ausgenommen Löhne, festsetzen" sollte,[68] was praktisch

[63] Der Vergleich war zunächst vom CDU-Abgeordneten *Holzapfel,* der hier zitiert wird, gebracht worden und wurde dann vom SPD-Fraktionsvorsitzenden *Schoettle* zustimmend übernommen. Siehe dazu das Verhandlungsprotokoll der 12. Vollversammlung, in: Wörtliche Berichte und Drucksachen, Band 2, S. 322 bzw. S. 331

[64] Zitiert aus dem Diskussionsbeitrag Schoettle, in: Ebenda, S. 331

[65] Wolf Dieter Narr, CDU-SPD, S. 114

[66] Ebenda

[67] Siehe dazu die Berichterstattung des FDP-Abgeordneten Schwamberger auf der 13. Vollversammlung, in: Wörtliche Berichte und Drucksachen, Band 2, S. 378

[68] Abdruck als „Entwurf des Exekutivrats. Gesetz über Preisbildung und Preisüberwachung (Preisgesetz)", in: Ebenda, Band 4, Drs. 174, zit. wurde § 2, Abs. 1

einer Wiederbelebung der bürokratisch- schwerfälligen Planungs- und Lenkungsmechanismen des früheren Mindener Zentralamtes gleichgekommen wäre. So schien es für die Sozialdemokraten vorrangig darum zu gehen, rasch noch einen „zentralistischen Haltemast“ in die sich bereits abzeichnende Auflösung des Bewirtschaftungssystems zu implantieren, um für den antizipierten Fall der späteren Regierungsübernahme wenigstens in der Preispolitik noch einen Ansatzpunkt für ein gesamtwirtschaftliches Kontrollsystem zur Verfügung zu haben.

Diesem Antrag setzte Erhard seinen Vorschlag entgegen, ihm und nicht einer Preisbehörde die Zuständigkeit für die Preisbildung zu übertragen.[69] Der von christdemokratischen und liberalen Politikern mehrheitlich beherrschte Ausschuß für Wirtschaft machte sich mit seiner Gesetzesvorlage im wesentlichen den Ansatz Erhards zu eigen, allerdings sollte jede Änderung der Preise von Waren und Leistungen grundlegender Bedeutung von der Zustimmung des Wirtschaftsrates abhängig bleiben. Außerdem wurde das vorgeschlagene „Übergangsgesetz über Preisbildung und Preisüberwachung“ (Preisgesetz) bis zum 31. 12. 1948 befristet und trug somit gleichermaßen ausdrücklich das Kennzeichen eines Provisoriums, wie es auch beim Bewirtschaftungsnotgesetz schon der Fall gewesen war.[70] Dahinter stand die Absicht, die Institutionalisierung einer Preisbehörde unbedingt zu vermeiden, um diese nach dem mit der Währungsreform geplanten Übergang zu marktwirtschaftlichen Regelungen nicht wieder in zeitraubenden und möglicherweise unpopulären Verhandlungen auflösen zu müssen.

Es kam daher im Wirtschaftsrat zu einer deutlichen Mehrheit von 52 zu 35 Stimmen für das vom Wirtschaftsausschuß vorgeschlagene Preisgesetz.[71] Ludwig Erhard konnte damit, ohne auf eine observierende Preisbehörde Rücksicht nehmen zu müssen, seine Pläne zur Wirtschaftsneuordnung entwickeln und stellte schon am 21. April 1948 dem Wirtschaftsrat seine diesbezüglichen Absichten vor, die in den wesentlichen Verfahrensgrundsätzen ziemlich genau dem entsprachen, was bereits in seiner Denkschrift von 1943/44 formuliert worden war: „planvolle Förderung der Verbrauchsgüterindustrie“, fortschreitende Auflockerung der Bewirtschaftung und eine Durchführung des Lastenausgleichs nicht durch „Aufteilung der Masse, sondern wesentlich in einer dem Ausgleichsgedanken Rechnung tragenden Verteilung der gesamten volkswirtschaftlichen Erträge, denn nicht in der Nivellierung des Mangels und der Not, sondern in der gerechten Verteilung eines mählich wachsenden Wohlstandes muß das Heil gesucht und gefunden werden“.[72]

---

[69] Ebenda, Drs. 178

[70] Ebenda, Drs. 212. Siehe dazu auch die Diskussionsbeiträge des FDP-Abgeordneten Schwamberger und des SPD-Abgeordneten Kreyssig auf der 13. Vollversammlung, in: Ebenda, Band 2, S. 378ff. bzw. S. 382f.

[71] Ebenda, S. 385f.

[72] Zitiert nach dem Protokoll der 14. Vollversammlung, ebenda, S. 436ff.

Besonders ausführlich ging Ludwig Erhard in seiner wirtschaftspolitischen Grundsatzerklärung auf die mit der Durchführung der Währungsreform verbundenen konjunkturellen Risiken ein. Er unterschied dabei vor allem drei Gefahren, die den Erfolg der Reform bedrohen könnten:[73]

— Erstens die Gefahr einer nachfragelähmenden Massenfreisetzung von Arbeitskräften durch die notwendigen Strukturumschichtungen von einer auf die Grundstoff- und Produktionsgüterindustrien ausgerichteten Rüstungswirtschaft zu einer verbrauchsgüterorientierten Friedensproduktion.

— Zweitens die Gefahr, daß die mit der Währungsreformgeschaffene neue Kaufkraft mangels Güterproduktion und Vorratshaltung sozusagen ins Leere stoßen könnte.

— Drittens die Gefahr, daß es nicht rasch genug gelingen könnte, die aus der fehlenden Kapitalausstattung der deutschen Wirtschaft resultierende Stagnation zu überwinden.

Diese möglichen Konsequenzen vor Augen, war das konjunkturpolitische Konzept Erhards darauf gegründet, daß angesichts der bevorstehenden Währungsreform eine gewisse Hortung natürlich und sogar notwendig sei, weil „eine radikale Lagerauflösung vor der Reform ungefähr der verhängnisvollste Schritt sein würde, den man sich überhaupt denken könnte, denn nicht nur daß bei den derzeitigen Erfahrungen eine Verteilung an die Würdigsten und Bedürftigsten nicht gewährleistet wäre, müßte die verfügungsfreie Kaufkraft trotz des Marshall-Plans mindestens für die Dauer eines durchschnittlichen Produktionsumschlags ins Leere stoßen".[74]

Hinsichtlich der eingangs diskutierten Thesen über die Bedeutung der Ordnungsentscheidungen als konjunktureller Initialzündung ist daher zu berücksichtigen, daß somit, ungeachtet des positiven Gesamteffektes, tatsächlich ein gewisses Maß an Wachstumsabschwächung vor und an Wachstumsbeschleunigung nach der Währungsreform auf eben diesen Hortungseffekt zurückzuführen ist.

Des weiteren war das konjunkturpolitische Konzept Erhards auf eine rasche ausländische Kapitalzuführung durch den Marshallplan gegründet, denn weil nicht erwartet werden konnte, „daß die deutsche Wirtschaft aus eigener Kraft zu rascher und ins Gewicht fallender Kapitalanreicherung befähigt wäre", um die notwendigen Strukturumschichtungen vorzunehmen,[75] müßten „Währungsreform und Marshallplan-Hilfe als etwas untrennbar Zusammengehöriges" behandelt werden, wobei der Erfolg „umso früher, umso nachhaltiger und sicherer eintreten" werde, je mehr beide Maßnahmen „auch im zeitlichen Ablauf zusammenstimmen".[76]

---

[73] Abdruck als „Erklärung des Direktors der Verwaltung für Wirtschaft", in: Ebenda, S. 439f.

[74] Ebenda, S. 440f.

[75] Ebenda

Wie aus heutiger Sicht festgestellt werden kann, hat Erhard die wirtschaftlichen Auswirkungen des Marshall-Plans sowohl in ihrem zeitlichen Eintreten als auch in ihrer konjunkturellen Bedeutung weit überschätzt, so daß die Kapitalbildung der westdeutschen Wirtschaft tatsächlich in sehr viel stärkerem Maße auf die verteilungspolitische Zurückhaltung der Gewerkschaften und eine aus der Selbstfinanzierung gespeiste hohe Investitionsrate angewiesen blieb. Die neben seiner politischen Rehabilitationsfunktion eigentliche Bedeutung des Marshall-Plans bestand nach 1948 zunächst darin, daß er der Währungsreform ein „außenwirtschaftliches Fundament“ verliehen hat, von dessen Grundlage aus die europäischen und überseeischen Märkte für die westdeutsche Wirtschaft geöffnet werden konnten, so daß sich hierauf das spätere, stark exportinduzierte Wirtschaftswachstum stützen konnte.[77]

Ein weiterer strategischer Faktor in Erhards Überlegungen bestand in der aus psychologischen und politischen Gründen wichtigen Absicht, die strukturbedingt notwendigen Arbeitskräfteumlenkungen möglichst rasch und ohne anhaltende Massenarbeitslosigkeit ablaufen zu lassen. Dazu sollte neben den von der nationalsozialistischen Zwangswirtschaft völlig verzerrten Preisrelationen auch das Lohngefüge in gleicher Weise entzerrt und den neuen Erfordernissen angepaßt werden. Der dem entgegenstehende „Dualismus zwischen zentralistischer und föderativ gegliederter Wirtschaft“ würde aber, wie Erhard zutreffend erkannte, „so lange nicht zu beseitigen sein, als uns aus dem äußeren Zwang der Verhältnisse die Anwendung des derzeitigen Bewirtschaftungssystems in seinen Formen vorgeschrieben ist“.[78]

Außerdem wäre für diesen Bereinigungsprozeß eine gut funktionierende Abstimmung zwischen den Sozialpartnern notwendig gewesen. Dies hätte die Rückkehr zu der in der Weimarer Republik betriebenen Kooperation von Gewerkschaften und Arbeitgeberverbänden in einer „Zentralarbeitsgemeinschaft“ und zu korporativistischen Räteinstitutionen nahelegen können, wie sie zumindest einigen Gewerkschaftsführern nach 1945 wohl auch vorgeschwebt haben mag,[79] doch standen dem (zumindest) zwei Faktoren verhindernd entgegen:

zum einen war eine derartige korporativistische Verflechtung von Staat und Wirtschaft der Gedankenwelt Erhards (ähnlich der Adenauers) gänzlich fremd, wie überhaupt in seinem Konzept die Gewerkschaften erstaunlich wenig, um nicht zu sagen: keine, Berücksichtigung gefunden haben;

---

[76] Ebenda, S. 443

[77] Vgl. Manfred Knapp, Wiederaufbau und West-Integration, S. 119ff.

[78] Erklärung des Direktors , S. 444

[79] "Den Gewerkschaften schwebte als Ziel ein liberaler Korporatismus vor, dessen Intensität und Institutionalisierung zwar möglichst intensiv gestaltet werden sollte, dessen Grundlage aber die Autonomie beider Sozialpartner sein sollte“. Jürgen P. Nautz, Die Durchsetzung der Tarifautonomie, S, 160

zum anderen blieben, wie noch zu zeigen sein wird, auch die Gewerkschaften selbst zu lange und zu einseitig auf die politisch nicht mehrheitsfähige planwirtschaftliche Konzeption der SPD und damit auf den Widerstand gegen die marktwirtschaftliche Neuordnungsalternative und deren Leitfigur Ludwig Erhard fixiert. Nicht zuletzt dadurch sind für die spätere Bundesrepublik Deutschland weitgehend staatsfreie Arbeitsbeziehungen kennzeichnend geblieben.

Am 18. Juni 1948, nur wenige Stunden vor Bekanntgabe der Währungsreform, erfolgte mit der abschließenden Beratung des von Ludwig Erhard und Leonhard Miksch entworfenen „Gesetzes über Leitsätze für die Bewirtschaftung und Preispolitik nach der Geldreform“ (Leitsätzegesetz) im Wirtschaftsrat die endgültige Durchsetzung einer marktwirtschaftlichen Neuordnung. Bezeichnend für den neuen Wirtschaftsstil waren weniger der eher irreführende Titel des Gesetzes als die drei darin niedergelegten Verfahrensprinzipien:[80]

1. „Der Freigabe aus der Bewirtschaftung ist vor ihrer Beibehaltung der Vorzug zu geben“.
2. „Der Freigabe der Preise ist vor der behördlichen Festsetzung der Vorzug zu geben“.
3. „Soweit der Staat den Verkehr mit Waren und Leistungen nicht regelt, ist dem Grundsatz des Leistungswettbewerbs Geltung zu verschaffen.“

Zusammen mit der bereits in der Präambel hervorgehobenen Feststellung, daß erst die mit der Währungsreform erfolgte Wiederherstellung der „natürlichen Beziehung zwischen Leistung und Gegenleistung“ es ermöglichen werde, den „Markt wieder stärker zur Steigerung der Wirtschaftlichkeit in Erzeugung und Verteilung einzusetzen“,[81] war die Richtung klar, in der es zukünftig weitergehen sollte. Trotz aller noch zu überwindenden Widerstände war der Name Ludwig Erhard damit sozusagen zum Wirtschaftsprogramm der christdemokratischen und liberalen Parteien geworden.

---

[80] Zur Zusammenarbeit Erhards mit Miksch: Gerold Ambrosius, Die Durchsetzung der Sozialen Marktwirtschaft, S. 172f., zur Behandlung des Gesetzentwurfs im Wirtschaftsrat das Protokoll der 18. Vollversammlung, in: Wörtliche Berichte und Drucksachen, Band 2, insb. S. 629ff. sowie der (spätere) Gesetzestext, aus dem hier zitiert wird, in: Gesetzblatt der Verwaltung, Jg. 1948, S. 59f. Interessant ist in diesem Zusammenhang noch, daß sich auch der (damals schon existierende!) Wissenschaftliche Beirat der Verwaltung für Wirtschaft in seinem ersten Gutachten vom 1. April 1948 bereits mehrheitlich für „eine möglichst sofortige Freigabe der Preisbildung“ ausgesprochen hatte, „denn die Währungsreform ist nur sinnvoll, „wenn eine grundsätzliche Änderung der bisherigen Wirtschaftslenkung mit ihr verbunden wird“. Auch damals gab es bereits ein „Minderheitsvotum“, in dem für eine weitgehende Beibehaltung der Bewirtschaftung und Wirtschaftslenkung plädiert wurde. Siehe dazu: Wissenschaftlicher Beirat, Gutachten vom 1. 4. 1948, zitiert wurde aus den Ziffern 7 und 2

[81] Zitiert aus der Präambel des Entwurfs zum „Leitsätzegesetz“ nach dem Abdruck in: Wörtliche Berichte und Drucksachen, Band 4, Drs. 331

Die von der SPD angeführte Opposition argumentierte vor allem damit, daß das „Stahlbad der freien Preise“ nur die Inflation anheizen würde, die Wirtschaft hingegen „nur durch eine systematische Planung und durch eine ebenso systematische Lenkung aller notwendigen Bedarfsgüter in Deutschland“ wieder in Gang gesetzt werden könnte. Daher sollte ein „Überwachungsausschuß“, bestehend aus Abgeordneten des Wirtschaftsrates, des Länderrates, der Gewerkschaften sowie von Vertretern des gewerblichen und des landwirtschaftlichen Sektors, gebildet werden.[82] Während dieser Antrag von seiten der Christdemokraten Zustimmung fand, wohl um dem Eindruck zu begegnen, hier solle ein „Ermächtigungsgesetz für den Direktor der Wirtschaft“ geschaffen werden,[83] stellte sich einzig die FDP-Fraktion uneingeschränkt hinter die Politik Ludwig Erhards und forderte sogar, daß auch bei eventuell auftretenden Schwierigkeiten kein Rückfall in die „Zwangswirtschaft“ erfolgen dürfe. Außerdem forderten die Liberalen eine Resolution des Wirtschaftsrates an die Militärregierung zur Freigabe der Löhne und eine Ergänzung des Leitsätzegesetzes, „daß mit der Lockerung der Bewirtschaftung und der Preisbildung eine entsprechende Lockerung der Lohnbildung verbunden wird“.[84]

Damit wird bereits ein weiterer wichtiger Zukunftsaspekt angesprochen, war es doch offensichtlich, daß die von Erhard beabsichtigte Bereinigung der von der Rüstungswirtschaft verzerrten Preisstrukturen nur dann zu den gewünschten Umlenkungen der Produktion und des Arbeitskräfteeinsatzes führen konnte, wenn als Pendant auch eine Freigabe der Löhne erfolgen würde. Ansonsten waren Fehlallokationen unvermeidlich. Das Verhalten der Vertreter der neuen „Einheitsgewerkschaft“ war nun insoweit interessant, als von diesen offenbar die Bedeutung einer parteipolitischen Solidarität mit der SPD über die einer autonomen Interessenvertretung der Arbeitnehmer gestellt worden ist: Ein Festhalten an den Bewirtschaftungsregelungen mußte zwangsläufig mit einem Festhalten am Prinzip zentral-administrativer Festlegung von Preisen und Löhnen einhergehen, wohingegen nur eine fortschreitende Liberalisierungspolitik den nötigen Freiraum für eine autonome tarifpolitische Betätigung der Gewerkschaften und damit für eine Beteiligung der Arbeitnehmer an den wachsenden Einkommen in „neuem Geld“ entstehen lassen konnte.

Die starre Fixierung einer großen Mehrheit der Gewerkschaftsfunktionäre auf das weder politisch mehrheitsfähige noch wirtschaftlich überzeugende Planungs- und Lenkungskonzept der SPD war somit ein schwer zu verstehendes Paradoxon und kann wohl nur damit erklärt werden, daß die Mehrheit der Gewerkschafter entweder aus Gründen ihrer gleichzeitigen Parteimitgliedschaft

---

[82] Zitiert aus dem Diskussionsbeitrag des SPD-Abgeordneten *Kreyssig* nach dem Abdruck des Protokolls der 18. Vollversammlung, in: Ebenda, Band 2, S. 627ff., zitiert wurde S. 629f.

[83] Siehe dazu den Diskussionsbeitrag des CDU-Fraktionssprechers *Naegel,* in: Ebenda, S. 632f.

[84] Zitiert aus dem Diskussionsbeitrag des FDP-Fraktionssprechers *Bungartz,* in: Ebenda, S. 634

in der SPD oder aus innerer Überzeugung auf die Tarifautonomie zu verzichten bereit war, um sich der von den Sozialdemokraten vertretenen Verhaltensweise anzuschliessen: „... wir werden an den Konsequenzen unserem Volke zeigen, wohin es führt, wenn man in einer Situation, in der das Sicherste in unserer Wirtschaft der Mangel bei den breiten Volksmassen ist, dieser Tatsache nicht ins Auge sieht, sondern einem Phantom nachjagt, das man freie Wirtschaft nennt — eine freie Wirtschaft, die auf lange hinaus nicht in der Lage sein wird, die Bedürfnisse unseres Volkes auch nur annähernd zu befriedigen".[85]

Die tatsächlichen Konsequenzen dieser aus einseitiger Parteisolidarität mitvollzogenen krassen Fehleinschätzung der künftigen Entwicklung bestanden vorrangig darin, daß die Gewerkschaften die entscheidungsohnmächtige Oppositionsrolle der SPD weitgehend teilten und sich damit von einer möglichen Mitgestaltung der zwar ungeliebten, letztlich aber mehrheitsfähigen Marktwirtschaftspolitik Erhards — das „Leitsätzegesetz" wurde schließlich mit 50 gegen 37 Stimmen angenommen[86] sozusagen selbst ausklammerten, wo doch tatsächlich sehr wohl programmatische Gemeinsamkeiten mit dem linken Parteiflügel der CDU, so zum Beispiel in der Mitbestimmungsfrage, vorhanden gewesen wären. Statt dessen sollte wohl die angeblich ohnehin kurz bevorstehende politische und wirtschaftliche „Bankrotterklärung" der Liberalisierungspolitik Erhards nicht durch kooperatives gewerkschaftliches Verhalten der Gewerkschaften unnötig verzögert werden.

Während also zwischen den politischen Parteien die Auseinandersetzung darüber ausgetragen wurde, ob eine marktwirtschaftliche oder eine planwirtschaftliche Neuordnungsalternative verwirklicht werden sollte, bestand auf Seiten der Gewerkschaften offenbar die zumindest gedanklich angenommene Alternative zwischen korporativistisch institutioneller Integration in den von den Sozialdemokraten angestrebten gesamtwirtschaftlichen Planungs- und Lenkungsapparat oder, alternativ dazu, funktioneller Integration in Marktwirtschaft und Tarifautonomie.

Für die weitere Entwicklung stellte sich damit die Frage, ob die Gewerkschaften ihre bisherige oppositionelle Grundhaltung gegenüber der sich abzeichnenden marktwirtschaftlichen Neuordnung beibehalten und sich also weiterhin als politische „Gegenmacht" zur Mehrheit im Wirtschaftsrat verhalten würden oder aber, ob sie sich zu einer Akzeptanz der ihnen angebotenen Funktion als marktwirtschaftlicher „Ordnungsfaktor" bereitfänden.

---

[85] Zitiert aus dem Diskussionsbeitrag des SPD-Fraktionssprechers *Schoettle,* in: Ebenda, S. 655

[86] Siehe dazu den Abdruck des Protokolls der 18. Vollversammlung, in: Ebenda, S. 666f.

1.5 Die Integration der Gewerkschaften

1.5.1 Zur Ausgangslage

Wie bereits erläutert, lassen sich die wirtschaftlichen Ausgangsvoraussetzungen nach 1945 dadurch kennzeichnen, daß dem verheerenden Ausmaß von Zerstörungen an Wohnsubstanz und Infrastruktur ein weitgehend erhalten gebliebener industrieller Produktionsapparat gegenübergestanden hat, dem es aber zunächst an Roh- und Hilfsstoffen und an Transportmöglichkeiten fehlte. Hinzu kamen die durch den millionenfachen Ausfall von freiwilligen und zwangsverpflichteten Fremdarbeitern hervorgerufenen Produktionslähmungen. Da hiervon die für den Wiederaufbau und für die Versorgung der Bevölkerung zentralen Bereiche Hoch- und Tiefbau, Bergbau und Landwirtschaft in ganz besonderer Weise betroffen gewesen waren, ergab sich die paradoxe Situation, daß es infolge des Zustroms an Flüchtlingen und Vertriebenen zwar Millionen sozial entwurzelter, arbeitswilliger Erwerbsloser gab, es aber zugleich in den für den Wiederaufbau entscheidenden Bereichen an Arbeitskräften fehlte.

Im Gegensatz zur heutigen Beschäftigungskrise, die von ungleich schwerer zu überwindenden intersektoralen Verschiebungen und veränderten Qualifikationsanforderungen der Arbeitsnachfrage gekennzeichnet ist, war die damalige strukturelle Arbeitslosigkeit somit vorrangig „nur" durch eine Fehlallokation an sich vorhandener Arbeitskraftressourcen bedingt, die mit dem Wiederanlaufen der industriellen Produktion durch die beschriebene selektive Beschäftigungsrückwanderung verhältnismäßig rasch überwunden werden konnte. Indes hatte dies auch zur Folge, daß die nach Kriegsende eigentlich zu erwartende offene Massenarbeitslosigkeit in den industriellen Ballungsgebieten ausblieb und es daher, ganz im Gegensatz zur Situation nach dem Ersten Weltkrieg, an einem für revolutionäre Aktionen politisch aktivierbaren und auch anzahlmäßig durchsetzungsfähigen Protestpotential fehlte. Zwar formierten sich nach dem politischen und militärischen Zusammenbruch zahlreiche kommunistische und radikal-sozialistische Agitationsgruppen, die eine grundlegende Umgestaltung nicht nur der politischen Ordnung, sondern (und vor allem) auch der dem Faschismus angeblich zugrundeliegenden „kapitalistischen" Eigentumsverhältnisse forderten, doch blieben diese revolutionären Einzelaktionen schon aufgrund der katastrophalen Verkehrssituation regional eng begrenzt und standen zudem unter der mißtrauischen Observanz der Besatzungsmächte, die sich den Neugestaltungsprozeß keinesfalls auf diese Weise aus der Hand nehmen lassen wollten.

Für das Wiederentstehen der Gewerkschaftsbewegung kamen, ungeachtet der im Potsdamer Abkommen erfolgten Ankündigung, daß „vorbehaltlich der Aufrechterhaltung der militärischen Sicherheit ... die Bildung freier Gewerkschaften erlaubt werden (sollte)", in der besatzungspolitischen Praxis doch noch zahlreiche retardierende Vorschriften erschwerend hinzu.[1] So zum Beispiel, indem von den Militärregierungen für die Reorganisation bestimmte Verfahrensprinzipien zwingend vorgeschrieben wurden, denen zufolge — vor allem in der wegen der Ruhrindustrien entscheidenden britischen Zone — auf der Ebene einzelner Betriebe anfangend und nach Industriebereichen differenziert fortschreitend verfahren werden mußte, weil „die Militärregierung glaubte, die Demokratie sei nur dann gewährleistet, wenn der Impuls zur Schaffung von Organisationen einzig und allein von der Arbeiterschaft im Betrieb ausgehe, und daß dies nicht in irgendeiner Form zentral gesteuert werden dürfe".[2] Dergestalt war nur ein langsam fortschreitender Reorganisations- und Integrationsprozeß der gewerkschaftlichen Vertretung von Arbeitnehmerinteressen zu erwarten, der auch nach seinem Abschluß schwerlich zu der eigentlich beabsichtigten durchsetzungsmächtigen Zentralinstanz, sondern nur zu einem vergleichsweise lockeren Dachverband weitgehend autonomer Industriegewerkschaften führen konnte.

Für diese Vorschriften der britischen Militärregierung mag wohl ausschlaggebend gewesen sein, daß Einflüsse „von außen" auf die neuen deutschen Gewerkschaften möglichst vermieden werden sollten, dies vermutlich in der Befürchtung, daß die aus dem (zumeist britischen) Exil zurückkehrenden und noch immer einflußreichen früheren Gewerkschaftsführer womöglich gegen die besatzungspolitischen Maßnahmen Stellung beziehen könnten und sich nicht auf die vorgeschriebene ausschließliche Behandlung von Arbeits- und Betriebsproblemen beschränken lassen würden. Da zudem auf Gewerkschaftsversammlungen über die behördlich festgesetzten Löhne und Arbeitszeiten ohnehin nicht verhandelt werden durfte, war die Gefahr um so größer, daß ein auf Betriebsebene entstehender Unmut sich nicht gegen die Unternehmensleitungen, sondern gegen die Militärregierung richten würde und also die Gewerkschaften zum Nukleus einer Opposition gegen die Besatzungsmacht werden könnten. Ein derartiger öffentlicher Protest der vom Verdacht nationalsozialistischer Kollaboration unbelasteten Gewerkschaftsführer mußte der britischen Labour-Regierung indes sehr ungelegen sein, da sie sich schwerlich offen in eine Frontstellung zu der ihr politisch nahestehenden sozialdemokratischen Gewerkschaftsführung begeben konnte, auf der anderen Seite aber wegen ihrer

---

[1] Potsdamer Abkommen, Teil A, Politische Grundsätze, Ziffer 10. Siehe dazu zum Beispiel den stufenweisen Zulassungsprozeß für Gewerkschaftsgründungen gemäß der „Industrial Relations Direktive Nr. 16" des alliierten Kontrollrates. Abdruck in: Die Gewerkschaftsbewegung, S. 24f.

[2] Ebenda, S. 11, unter Bezug auf die „erste offizielle Bekanntmachung der Militärregierung über die Gründung von Gewerkschaften" vom August 1945, abgedruckt in: ebd., S. 12-14. Die Gliederung der neuen deutschen Gewerkschaften in autonome Industrieverbände wurde mit der allierten „Direktive Nr. 31" vom 3. Juni 1946 über „Grundsätze für die Errichtung von Gewerkschaftsverbänden" vorgeschrieben, siehe dazu den Abdruck in: Amtsblatt der Militärregierung, (Britisches Kontrollgebiet) Nr. 8 vom 1. Juli 1946. Allerdings hatten sich die deutschen Gewerkschafter zuvor schon eigenständig auf die Gründung von 14 Industrieverbänden geeinigt. Vgl. Hartmut Pietsch, Militärregierung, Bürokratie und Sozialisierung, S. 100f.

Verpflichtung auf die Ziele alliierter Besatzungspolitik, zumal in der Ruhrgebietsfrage, keine Einschränkungen ihrer Handlungsautonomie hinnehmen durfte. Schon deshalb mußte unbedingt verhindert werden, daß sich dieses mögliche Widerstandspotential über die relativ leicht zu kontrollierende Betriebsebene hinaus zur offenen überregionalen Revolte zu kumulieren vermochte.

In dem für die wirtschaftliche Zukunft des westlichen Nachkriegsdeutschlands entscheidenden Ruhrgebiet war es somit keineswegs der später so häufig beschworene Einfluß der kapitalistischen amerikanischen Besatzungsmacht, sondern es handelte sich tatsächlich um ein vielschichtiges Konglomerat von Faktoren, das einer gewerkschaftlichen Einflußnahme auf die wirtschaftliche Zukunft der Ruhrindustrien und insbesondere den beabsichtigten Enteignungs- und Sozialisierungsvorhaben begrenzend entgegengestanden hat.

Neben den umständlichen, auf der Ebene einzelner Betriebe ansetzenden Zulassungsverfahren sowie der ungewohnten Reorganisation nach dem Industrieverbandsprinzip wirkte es sich als besonders ungünstig aus, daß die zentralverwaltungswirtschaftliche Struktur der nationalsozialistischen Arbeitsmarktverwaltung von den Besatzungsmächten zunächst im wesentlichen unverändert übernommen worden war. So wurde zum Beispiel die zur Entmachtung und Gleichschaltung der Gewerkschaften eingeführte „Deutsche Arbeitsfront" (DAF) zwar formal aufgelöst, doch gingen die Anordnungsbefugnisse der früheren „Reichstreuhänder der Arbeit" an die Präsidenten der jeweiligen Landesarbeitsämter über, denen damit, nach Maßgabe der Militärregierung, jetzt das Recht zustand, „Tarifordnungen und Lohnordnungen zu erlassen, zu widerrufen und abzuändern".[3] Vorläufig sollten indes, um Deutschland als „einheitliches Wirtschaftsgebiet" zu behandeln, „die bestehenden Lohnsätze, einschließlich derer für Stückarbeit und Überstunden sowie alle Sonderzulagen, auf ihrer gegenwärtigen Höhe erhalten und angewandt werden".[4] Damit wurden die auf die Belange der Rüstungswirtschaft ausgerichteten Lohnstrukturen des Naziregimes konserviert und tarifpolitische Aktionen der Gewerkschaften ausgeschlossen.

Unter den gegebenen Umständen mutet es fast wie ein Kuriosum an, daß auch das „Gesetz zur Ordnung der nationalen Arbeit" vom Januar 1934, mit Hilfe dessen das Führerprinzip auf die Betriebsebene ausgedehnt worden war, indem es Angestellte und Arbeiter zur „Gefolgschaft" der Unternehmensleitungen degradiert hatte, erst mit Wirkung vom 1. Januar 1947 offiziell aufgehoben worden ist.[5] Während dieses Gesetz unter dem Naziregime vorrangig dazu

---

[3] Vgl. „Verordnung Nr. 7" der britischen Militärregierung über den „Transfer of Powers of Reichstreuhänder der Arbeit", in Kraft am 27. August 1945, abgedruckt in: Amtsblatt der Militärregierung (Britisches Kontrollgebiet), Nr. 4, S. 6f.

[4] Zitiert aus der „Direktive Nr. 14" des alliierten Kontrollrates über „Grundsätze für die Bestimmungen betreffs der Arbeitslöhne" vom 12. Oktober 1945, abgedruckt in: ebd., Nr. 9, S. 188f.

gedient hatte, alle produktiven Kräfte auf die Rüstungserfordernisse hin mit zentralverwaltungswirtschaftlichen Methoden auszurichten und „gleichzuschalten", die Gewerkschaften zu entmachten sowie auch die Verbands- und Handlungsautonomie der Arbeitgeber dem staatlichen Lenkungsanspruch unterzuordnen, wurde es nach 1945 vorrangig deshalb beibehalten, um Preise und Löhne, Produktion und Verteilung besser steuern zu können.

Diese weitgehende Übernahme des bestehenden Planungs- und Lenkungssystems mit rigiden Löhnen und Preisen bot zwar, wie gezeigt, den parteipolitischen Auseinandersetzungen über die Gestaltung der zukünftigen Wirtschaftsordnung genügend Spielraum, doch blieb die dadurch erzwungene Tatenlosigkeit der Gewerkschaften in dem für die Breitenwirkung wesentlichen tarifpolitischen Aktionsraum nach wie vor bestehen, zumal auch eine Lösung der Währungsreform bis zum Juni 1948 ausstand. In dieser Zwangslage bot es sich an, die Mitbestimmungsforderung — wie auch schon nach dem Ersten Weltkrieg — wieder in das Zentrum der Gewerkschaftspolitik zu rücken, zumal mit dem Kontrollratsgesetz Nr. 22 schon frühzeitig „zur Wahrnehmung der beruflichen, wirtschaftlichen und sozialen Interessen der Arbeiter und Angestellten in den einzelnen Betrieben ... die Errichtung und Tätigkeit von Betriebsräten in ganz Deutschland gestattet worden war".[6]

Die dadurch bewirkte Konzentration auf die Mitbestimmung hatte indes auch zur Folge, daß sich die Gewerkschaftsfunktionäre, zumindest auf betrieblicher Ebene, schon frühzeitig wieder in einem stärkeren Maße, als es zunächst politisch beabsichtigt gewesen war, auf eine Zusammenarbeit mit den Arbeitgebern einlassen mußten. Diese angesichts der bestehenden Sachzwänge naheliegende Besinnung auf kurzfristig erreichbare Erfolge in der betrieblichen Mitbestimmung ist den Gewerkschaftsführern später häufig als mangelnde Entschlossenheit bei der Durchsetzung weitergehender politischer und wirtschaftlicher Umgestaltungspläne ausgelegt worden, als ein „Zu-Kurz-Greifen" gegenüber den an sich vorhandenen Handlungsoptionen.

Diese Kritik vernachlässigt indes nicht nur das tatsächlich doch relativ enge Spektrum ordnungspolitischer Gestaltungsmöglichkeiten, sondern ebenso die aus der notwendigen organisatorischen Überwindung der früheren Spaltung in Richtungsgewerkschaften resultierenden Probleme. Vor allem wegen des von vielen Gewerkschaftsführern so empfundenen eigenen politischen Versagens, dem totalitären Machtanspruch der Nationalsozialisten eine entschlossene „Abwehrfront der Arbeit" gegenüberzustellen, wurde nach 1945 dem Aufbau

---

[5] Gemeint ist das am 23. Januar 1934 im Reichsgesetzblatt, Teil I, Nr. 7, auf den Seiten 45 bis 56 ausgegebene Gesetz der Nationalsozialisten bzw. die Aufhebung desselben durch das Kontrollratsgesetz Nr. 40 über „Repeal of the Law of 20. January, 1934, on the 'Organisation of National Labour'", ausgefertigt am 30. November 1946, abgedruckt in: ebd., Nr. 16, S. 397

[6] Zitiert aus dem „Gesetz Nr. 22" des Allierten Kontrollrats vom 10. April 1946 (Artikel I), nach dem Abdruck in: Die Gewerkschaftsbewegung, S. 290-292

einer alle Arbeitnehmer umfassenden Einheitsorganisation oberste Priorität zuerkannt. Ein Zusammenschluß von Gewerkschaftern aus liberalen, auf einen sozialpartnerschaftlichen Ausgleich zwischen Kapital und Arbeit abzielenden „Hirsch-Dunckerschen Gewerkvereinen" und ähnlich eingestellten „Christlichen Gewerkschaften" mit dem nach Einfluß und Mitgliederzahl traditionell größten deutschen Gewerkschaftsverband, den auf eine sozialistische Gesellschaftsordnung hinarbeitenden „Freien Gewerkschaften", erforderte jedoch eine zumindest vorübergehende Aufgabe radikaler Umgestaltungsabsichten, wenn die neugegründete Einheitsgewerkschaft nicht sogleich wieder an den früheren ideologischen Auseinandersetzungen zerbrechen sollte. Die solchermaßen auf eine Integration divergierender gewerkschaftspolitischer Kräfte ausgerichtete Voreinstellung hat auch wesentlich zur späteren gewerkschaftlichen Akzeptanz der marktwirtschaftlichen Neuordnungsalternative beigetragen. Trotzdem hat die Gewerkschaftsführung unter Hans Böckler, wie am Beispiel der „gewerkschaftlichen Willenskundgebung" vom November 1948 zu zeigen sein wird, zuvor sehr wohl den Versuch unternommen, ihren Einfluß als politische „Gegenmacht", sozusagen als zusätzliche außerparlamentarische Opposition, geltend zu machen, um dem zentralverwaltungswirtschaftlichen Neuordnungsmodell der Sozialdemokraten doch noch zum Durchbruch zu verhelfen. Der Ausgang dieser politischen Machtprobe ist nicht nur für die zukünftigen Grenzen gewerkschaftlicher Einflußnahme entscheidend gewesen, sondern zugleich dafür, ob eine ordnungspolitische Rückkehr zu den korporativistischen Strukturen der Weimarer Republik oder aber eine weitgehend „reine" marktwirtschaftliche Neuordnungskonzeption im Wirtschaftsrat mehrheitsfähig und durchsetzbar sein würde.

Für die Arbeitgeberseite hatte die nationalsozialistische „Gleichschaltungspolitik" ebenfalls zu einer Auflösung der Verbandsorganisationen in der „Deutschen Arbeitsfront" (DAF) geführt, mit der dann letztendlich „über eine in ihrer Grundstruktur kapitalistisch bleibende Unternehmerwirtschaft eine Befehlswirtschaft gestülpt wurde, deren zentralistisch-planwirtschaftliche Elemente im Verlauf der Jahre immer stärker hervortraten, bis im Krieg dann eine im Zeichen totaler Mobilmachung stehende Kriegswirtschaft entstand".[7] Bereits mit der Bestellung eines „Kommissars für die Preisbildung" war im Oktober 1936 die unternehmerische Entscheidungsbefugnis über die Preisgestaltung weitgehend eingeschränkt worden.[8] Die Ausschaltung der Gewerkschaften hatte die innerbetriebliche Handlungsposition der Arbeitgeber somit zwar zunächst begünstigt, doch war dies mit einem fortschreitenden Autonomieverlust auf den unternehmerischen Entscheidungsfeldern außerhalb der Betriebe einhergegangen.

---

[7] Walter Tormin, Die Jahre 1933-1934, S. 35. Über Rolle und Bedeutung der Gewerkschaften in der nationalsozialistischen Ideologie siehe: Karl-Heinz Sohn, Berufsverband und Industriegewerkschaft, S. 72ff.

[8] Vgl. Reichsgesetzblatt 1936, Teil I, S. 927f. und das „Gesetz zur Ordnung der nationalen Arbeit" vom 20. Januar 1934, ebd., Jg. 1934, S. 45ff.

Auch die Arbeitgeberseite stand deshalb nach 1945 vor dem Problem, verlorene Handlungsautonomie zurückzugewinnen und Neuansätze für eine Reorganisation auf Verbandsebene zu entwickeln. Dabei kam für sie erschwerend die politische Diskriminierung hinzu, der sie sich als tatsächliche oder auch nur angebliche „Handlanger der nationalsozialistischen Machtergreifung" ausgesetzt sahen. Trotzdem gab es schon im Mai 1945 erste Versuche, in regional und wirtschaftlich eng begrenztem Rahmen zunächst Industrie- und Handelskammern, Handwerks- und Landwirtschaftskammern wiederentstehen zu lassen, auch wurde die Neubildung der gleichermaßen von den Nationalsozialisten aufgelösten Fachverbände der Wirtschaft angestrebt.[9] Insgesamt wurde schon in den Gründungsansätzen eine Rückorientierung an den Ordnungsstrukturen aus der Zeit der Weimarer Republik erkennbar, indem wiederum ein dreigliedriger Aufbau von regionalen Kammern, fachlichen Wirtschaftsverbänden und vorwiegend sozialpolitisch tätigen Arbeitgeberverbänden angestrebt wurde.

Damit setzte sich die von Gewerkschaftsseite beklagte „unheilvolle Spaltung der Wirtschaft in das sogenannte rein-wirtschaftliche Lager und ein ausschließlich sozialpolitisches Lager" fort,[10] von der eine dichotome Argumentationsweise der Arbeitgeber in Konfliktsituationen erwartet wurde: „Die sogenannten nur-wirtschaftlich denkenden Gruppen kümmern sich gar nicht oder nur wenig um die sozialpolitischen Auswirkungen, und die nur-sozialpolitisch tätigen Unternehmer lassen sich gerne von ihren Kollegen in den Wirtschaftsverbänden beweisen, daß Lohnforderungen z.B. aus Gründen der Wirtschaftlichkeit absolut untragbar seien".[11] Solchermaßen resultierte aus der Reorganisation der Arbeitgeberverbände „in den alten Gleisen" von Anfang an ein Mißklang zwischen den Sozialpartnern, weil die Gewerkschaften es ablehnten, „mit Unternehmern zu verhandeln, die eine säuberliche Trennung zwischen wirtschaftlichen und sozialen Fragen vornehmen" und sich nicht wie sie „für das gesamte Geschehen auf allen Gebieten der Wirtschaft verantwortlich fühlen und entsprechend handeln".[12]

Allerdings sind auch die Arbeitgeber in der Wahl ihrer Organisationsform nicht frei, sondern sowohl in der britischen als auch in der amerikanischen Zone an bestimmte (und zwar unterschiedliche) Verfahrensprinzipien gebunden gewesen, die jedoch im Gegensatz zu den Gewerkschaften eine Reorganisation in früheren Formen begünstigten.[13] Auf der anderen Seite scheint aber auf Arbeitgeberseite auch kein großes Verlangen nach einer Rückkehr zu korporati-

---

[9] Siehe dazu: Birgit Pollmann, Reformansätze in Niedersachsen, S. 50f.

[10] Die Gewerkschaftsbewegung, S. 236

[11] Ebenda, S. 237

[12] Ebenda, S. 238

[13] Siehe dazu: Rudolf Hahn, Die Stellung und Aufgabe der Wirtschaftsverbände, der die wichtigsten Verordnungen im Anhang wiedergibt. Zu den Unternehmerverbänden: Ingo Tornow, Die deutschen Unternehmerverbände, insb. S. 238ff.

vistischen Formen und Institutionen der Zusammenarbeit bestanden zu haben. Diese Ablehnung ist besonders gegenüber gewerkschaftlichen Versuchen erkennbar geworden, zu einer gemeinsamen Besetzung der Industrie- und Handelskammern zu gelangen. Jedenfalls sind derartige Bestrebungen über einige wenige Reformansätze, wie zum Beispiel in Niedersachsen,[14] nicht hinausgelangt, weil vor allem von den Kammervertretern selbst eine gewerkschaftliche Beteiligung mit der Begründung abgelehnt worden ist, daß der solchermaßen hereingetragene Gegensatz zwischen Unternehmern und Gewerkschaftern „die Kammern zu sehr belasten und ihrer bisherigen Funktion entziehen" müßte.[15] Außerdem hätten die Kammern vorrangig Selbstverwaltungsaufgaben auf Arbeitgerberseite wahrzunehmen, bei deren Ausübung eine Beteiligung der Gewerkschaften diese nur ihrem eigentlichen Zweck als Vertretung der Arbeitnehmerinteressen entfremden würde.[16]

Eine scheinbare Ausnahme in dieser Hinsicht bildete die von den Arbeitgebern selbst angebotene gleichberechtigte Beteiligung der Gewerkschaften an der Leitung der Eisen- und Stahlindustrien des Ruhrgebietes. Dabei hat aber das Bestreben im Vordergrund gestanden, sich der Unterstützung der Gewerkschaften gegen die drohenden Entflechtungs- und Abrüstungspläne der Alliierten zu sichern. Trotzdem bot sich, wie zu zeigen sein wird, mit der späteren gesetzlichen Absicherung des „Montanmodells" auch die Möglichkeit, die Mitbestimmung zu einem konstitutiven Bestandteil der sich erst allmählich entfaltenden Sozialen Marktwirtschaft zu entwickeln, zur Integration der Gewerkschaften beizutragen und ihnen die grundsätzliche Akzeptanz der marktwirtschaftlichen Neuordnungsentscheidung zu erleichtern.

1.5.2 Gewerkschaften — Ordnungsfaktor oder Gegenmacht?

1.5.2.1 Abwehr kommunistischer Radikalisierungsversuche

Wie bereits dargelegt worden ist, hatte der strenge Winter 1946/47 eine nahezu völlige Lähmung der Verkehrsverbindungen und eine weitere Verschärfung der Versorgungslage, vor allem im dichtbevölkerten Ruhrgebiet, mit sich gebracht. Besonders betroffen waren naturgemäß diejenigen, die bei diesen Hungerrationen noch schwere körperliche Tätigkeiten zu verrichten hatten, so zum Beispiel die Bergbau- und die Hafenarbeiter. Nun sah das sogenannte Bergarbeiterpunktesystem zwar zusätzliche Bezugsberechtigungen für knappe Nahrungsmittel vor, doch konnten diese Sonderzuteilungen im März 1947 nicht durchgehalten werden.[17] Hierfür war nicht zuletzt auch das umständliche und

[14] Vgl. Birgit Pollmann, Reformansätze in Niedersachsen, S. 82ff.

[15] Zitiert nach ebenda, S. 83f.

[16] Ebenda, S. 87f.

[17] Vgl. Kleßmann/Friedemann, Streiks und Hungermärsche, S. 40ff.

funktionsuntüchtige Bewirtschaftungssystem unter Leitung des nordrhein-westfälischen Ernährungsministers Schlange-Schöningen verantwortlich, gegen den sich Ende Februar, Anfang März erste wilde Streiks und Demonstrationen richteten.[18] Bis zum Ende dieses Monats eskalierte der Protest in zahlreichen Städten im Ruhrgebiet, im Rheinland, in Niedersachsen und in Baden-Württemberg zu Massenkundgebungen mit Zehntausenden von Teilnehmern, die Sofortmaßnahmen gegen die „Hungerkatastrophe", Razzien und harte Strafen gegen Schwarzmarkthändler sowie eine bessere Erfassung und Verteilung der rationierten Güter verlangten — „Fort mit Schlange-Schöningen!"[19]

Diesen zumindest anfänglich ungesteuerten, impulsiven Protestaktionen standen die Militärregierungen zunächst ziemlich ratlos gegenüber, wohl wissend, daß die Versorgungsmisere kurzfristig nicht gelöst werden konnte. Auch für die Vertreter der um ihre Zulassung kämpfenden neuen deutschen Gewerkschaften kam diese Konfrontation mit der Besatzungsmacht zu einem ebenso unerwarteten wie ungelegenen Zeitpunkt, waren doch davon Rückschläge für die organisatorische Aufbauarbeit zu erwarten. Außerdem waren sich die Gewerkschaftsführer dessen bewußt, daß eine dauerhafte Verbesserung der Versorgungslage nicht durch eine Obstruktionspolitik gegen, sondern nur durch kooperative Verhandlungen mit den Militärregierungen erreicht werden konnte. Allerdings mußten die Gewerkschaftsführer bei ihren Vermittlungsbemühungen zwischen den Forderungen der Betriebsbelegschaften und den Anordnungen der Besatzungsmacht sehr behutsam vorgehen, denn „um bei ihren Mitgliedern nicht an Einfluß zu verlieren, konnten sie es sich nicht leisten, in den Ruf passiver Kollaborateure der Alliierten zu gelangen".[20]

Ein weiteres Dilemma erwuchs daraus, daß die verhältnismäßig zahlreichen, von der KPD gesteuerten oder doch zumindest wesentlich beeinflußten Betriebsräte sich sogleich an die Spitze der Protestbewegung zu setzen versuchten, um den eigenen Einfluß zu vermehren und ebenso, um dem Protest eine neue, und zwar politische, Stoßrichtung zu geben. Tatsächlich ist in der Strategie der KPD zum Jahreswechsel 1946/47 eine deutliche Wende zu beobachten. Während nämlich die erste programmatische Ankündigung im Juni 1945 noch ganz im Zeichen einer mit allen nur denkbaren taktischen Konzessionen anzustrebenden „antifaschistischen Einheitsfront" mit den „bürgerlichen Parteien" oder doch zumindest mit der SPD gestanden hatte, war nun mit dem Ausgang der ersten freien Wahlen in den Besatzungszonen (und zwar auch in der Ostzone!) offensichtlich geworden, „daß es der KPD nicht gelingen würde, das politische System in den Westzonen nach der Volksfront-Einheitsfront-Konzeption der SBZ zu prägen".[21] In Konsequenz dieser Tatsache wandte sich die KPD

---

[18] Ebenda, S. 132f., ebenso Akten zur Vorgeschichte, Band 2, S. 387

[19] Zitiert nach der Berichterstattung in den Tageszeitungen, so zum Beispiel in „Die Welt", Nr. 37 vom 27. und Nr. 38 vom 29. 3. 1947

[20] Michael Balfour, Vier-Mächte-Kontrolle, S. 370. Siehe dazu auch Hartmut Pietsch, Militärregierung, Bürokratie und Sozialisierung, S. 272

in den Jahren 1947/48 immer deutlicher von ihrem früheren „Maximalziel" der Einheitsfront ab und „hin zum Minimalziel, eine Integration der Westzonen in den kapitalistischen Block zu verhindern".[22] Die sich abzeichnende Westintegration wäre indes am nachhaltigsten durch radikale wirtschaftliche Strukturveränderungen zu behindern gewesen, so daß eine möglichst tiefgehende ökonomische „Systementfremdung" von den westlichen Besatzungsmächten, insbesondere von den an der freien Marktwirtschaft orientierten USA, eintreten würde. Eine solche ordnungspolitische Weichenstellung konnte, nach Einschätzung der KPD, zum Beispiel die Sozialisierung der Bergbauindustrien des Ruhrgebietes sein. Entsprechend boten die an sich nicht politisch motivierten „Hungerstreiks" eine willkommene Gelegenheit, die eigene Basis in den Betrieben auszubauen und dabei zugleich die auch von den anderen Parteien vertretenen Sozialisierungsforderungen wieder stärker in den Vordergrund zu bringen. Damit wurde der in den Betrieben ohnehin schon schwelende Konflikt zwischen SPD und KPD um den Führungsanspruch bei den Belegschaften noch weiter angefacht und auch in die noch sehr zerbrechliche neue Einheitsgewerkschaft selbst hineingetragen, indem sich eine gemeinsame Abwehrfront von der SPD nahestehenden Vertretern der früheren Freien Gewerkschaften und der CDU nahestehenden Christlichen Gewerkschaften zusammenfand, um den radikalisierenden Einfluß der kommunistischen Agitatoren bei den Belegschaften zurückzudrängen.

In welchem Maße die kommunistischen Kräfte von der in den Betrieben herrschenden Stimmung zu profitieren verstanden, hatte bereits die im Oktober/November 1946 vorangegangene Auseinandersetzung um die Annahme der Sonderschichtenregelung im Steinkohlenbergbau gezeigt; denn obwohl sich der Industrieverband Bergbau und viele prominente nichtkommunistische Gewerkschaftsführer (Böckler, Karl, Böhme, Spliedt) für Sonderschichten ausgesprochen hatten, lehnten Betriebsräte und gewerkschaftliche Vertrauensleute aus dem Ruhrgebiet auf einer gemeinsamen Konferenz mehrheitlich diese Zusatzleistungen ab. Auch die schließlich zur endgültigen Klärung durchgeführte Urabstimmung der Bergbauarbeiter ergab im November eine deutliche Ablehnung der Sonderschichtenregelung.[23] Diese Entscheidung war ein großer Erfolg für die KPD, hatte sich doch gezeigt, daß sich das zumindest latent vorhandene Mißtrauen gegenüber der Besatzungsmacht in politischen Einfluß an der Betriebsbasis umsetzen ließ, zumal die nichtkommunistischen Gewerkschafter aus den bekannten Gründen gegenüber der Besatzungsmacht ungleich zurückhaltender auftreten mußten.

Durch dieses Beispiel gewarnt, war die Gewerkschaftsführung der britischen Zone bestrebt, die neuen Protestaktionen im Frühjahr 1947 in den eigenen organisatorischen Bahnen zu kanalisieren, wohingegen die kommunistischen

---

[21] Pietsch, S. 237

[22] Ebenda

[23] Vgl. Kleßmann/Friedemann, Streiks und Hungermärsche, S. 41

Gewerkschaftsvertreter die Forderungen der Streikenden nach besserer Versorgung in das Verlangen nach einer Sozialisierung der Bergbaubetriebe („Die Gruben in des Volkes Hand!") zu lenken trachteten. Parallel hierzu ergriff die KPD im nordrhein-westfälischen Landtag die Initiative für Gesetzgebungsmaßnahmen zur umgehenden Sozialisierung der Ruhrindustrien. Um Druck auf die Landtagsdebatten auszuüben, hatte die KPD außerdem zahlreiche Betriebsvertreter mobilisiert, deren Anhörung dann aber vom Landtag abgelehnt wurde.[24]

Für die nichtkommunistischen Gewerkschaftsführer und die ihnen nahestehenden politischen Parteien entstand durch dieses geschickte Taktieren der KPD eine schwierige Situation, denn schließlich war die Forderung nach einer Sozialisierung der Ruhrindustrien zuvor übereinstimmend von nahezu allen politischen Kräften zur dringlichen „Gegenwartsaufgabe" erklärt worden, so daß es nun selbst angesichts der erkannten Durchführungsprobleme schwerfiel, öffentlich von dieser Position wieder abzurücken. Aus diesem Dilemma resultierte eine dergestalt ambivalente Haltung, daß für die Sozialisierungsforderung zwar nach wie vor Lippenbekenntnisse abgelegt wurden, ohne daß dem aber noch eine tatsächliche Überzeugung entsprochen hätte. Auf jeden Fall bestand die Einsicht, daß eine politisch motivierte Konfrontation mit der Besatzungsmacht in dieser Frage, etwa durch Androhung eines Generalstreiks, keine Verbesserungen ergeben konnte.

Statt dessen wurde es von den nichtkommunistischen Gewerkschaftsführern als sinnvoll angesehen, auf dem Verhandlungswege Fortschritte in der Versorgungslage zu erzielen und sich selbst dabei zugleich als vertrauenswürdiger Verhandlungspartner und als Ordnungsfaktor gegen „wilde" Streikaktionen auszuweisen. Auf der anderen Seite würde jede durch diesen Kooperationskurs bewirkte Verbesserung der Lebenssituation die Legitimation gegenüber den eigenen Mitgliedern stärken und die Basis der Organisation in den Betrieben festigen.

Es war somit ein Verbund gegenseitiger Interessen, der die gemäßigten Gewerkschaftsführer mit der bizonalen Militärregierung verband: Die Besatzungsmacht brauchte die Unterstützung der Gewerkschaften, um den wirtschaftlichen Wiederaufbau und die Versorgung der Bevölkerung in Gang zu bekommen — die Gewerkschaftsführer brauchten ihrerseits eine öffentliche Anerkennung als Verhandlungspartner und vorzeigbare Erfolge, um die neugegründete Einheitsgewerkschaft organisatorisch auszubauen und in der Arbeitnehmerschaft zu verankern. Das einigende Band sowohl zwischen den nichtkommunistischen Gewerkschaftsführern in der Einheitsgewerkschaft als auch zwischen ihnen und der Besatzungsmacht bestand somit vorrangig in der gemeinsamen Abwehrfront linksradikaler Störversuche. Diese Haltung soll im folgenden am Beispiel der Reaktion auf die „Hungerstreiks" erläutert werden.

---

[24] Vgl. Badstübner/Thomas, Restauration und Spaltung, S. 221 ff.

Im Gegensatz zur aufwiegelnden Haltung der kommunistischen Gewerkschafter, denen aus politischen Gründen an einer direkten Konfrontation mit den westlichen Besatzungsmächten gelegen sein mußte, waren die gemäßigten Kräfte um Hans Böckler von Anfang an darum bemüht, den Protest nicht so weit eskalieren zu lassen. Zwar konnte nicht verhindert werden, daß es nach dem eintägigen Hungerstreik vom 31. März am 3. April zu einem 24stündigen Streik der Bergarbeiter im Ruhrgebiet kam, doch wurde bereits an diesem Tag in einem gemeinsamen Aufruf der Vorsitzenden aller Industrieverbände und des Bezirksausschusses der Gewerkschaften für Nordrhein-Westfalen die Erwartung ausgesprochen, „daß, nachdem durch die Arbeitsniederlegung unserer Not und Verzweiflung sichtbar Ausdruck verliehen wurde, nunmehr die Wirtschaft vor weiteren Störungen bewahrt wird".[25]

Damit wurden die Streikaktionen öffentlich von der „Systemfrage", als die sie die KPD darstellen wollte, auf das Ausmaß einer bloßen Ventilfunktion für den Unmut über die Versorgungsmisere reduziert. Ebenso war es den Kommunisten trotz großer Bemühungen nicht gelungen, die Sozialisierung der Ruhrindustrien zu einem Hauptanliegen der Belegschaften zu machen. Zwar gelang es dem KPD-Gewerkschaftsführer Willi Agatz gegen den Willen des gemäßigten Vorsitzenden des Industrieverbands Bergbau, August Schmidt, auf der Ruhrrevierkonferenz Anfang April eine Resolution durchzusetzen, in der neben den bekannten tagespolitischen Forderungen auch verlangt wurde, „die Sozialisierung ... zu einer Sache des arbeitenden Volkes, vor allem aller Bergbauarbeiter zu machen", doch erschien dieser Passus erst an sechster und damit letzter Stelle des Forderungskatalogs.[26] Insgesamt hatte sich damit doch die gemäßigte Mehrheit der Gewerkschaftsführer durchgesetzt, so daß die britische Militärregierung feststellen konnte: „There is a general consensus of opinion that the original trouble was entirely spontaneous. It was the unreasoning reaction of hungry people against a system, the aims and methods of which they do not understand, but which has provided them for months with a steady shrinking quota of the minimum necessities of life. An important feature of the demonstrations was the manner in which they were canalized by the Trade Unions, so that collisions with the Occupying Power were avoided".[27]

Hatten sich die Gewerkschaften damit offensichtlich schon als Ordnungsfaktor gut eingeführt, so mußten sie nun noch ihren Mitgliedern gegenüber den Beweis antreten, daß sie in Verhandlungen mit der Militärregierung Erfolge zu erzielen vermochten. Eine Gelegenheit dafür bot die Auseinandersetzung darüber, ob die Bergbauarbeiter für die wegen des Streiks ausgefallenen

---

[25] Zitiert aus dem „Aufruf des Bezirksausschusses der Gewerkschaften und der Verbandsvorstände in Nordrhein-Westfalen vom 3. 4. 1947", in: Hartmut Pietsch, Militärregierung, Bürokratie und Sozialisierung, S. 284

[26] Vgl. Kleßmann/Friedemann, Streiks und Hungermärsche, S. 43

[27] Zitiert aus dem „Monthly Report" der Kontrollkommission vom März 1947, in: Akten zur Vorgeschichte, Band 2, S. 331

Arbeitstage die ansonsten nach dem Punktesystem übliche Zusatzverpflegung erhalten sollten. Die britische Militärregierung vertrat dabei gegenüber dem bizonalen Verwaltungsrat für Wirtschaft den Standpunkt, daß der Sinn des Punktesystems eine Belohnung für regelmäßige Arbeitsleistung sei, die durch den Streik nicht erbracht worden wäre.[28] Daraufhin beschloß der Industrieverband Bergbau zunächst einstimmig, daß die Streikschichten unter keinen Umständen, wie gefordert, nachgeholt werden würden. Schließlich einigte man sich aber doch darauf, die Ableistung von zwei Notschichten anzubieten. Trotzdem kam erst kurz vor dem endgültigen Scheitern der Verhandlungen ein Schlichtungsergebnis zwischen den Bergarbeitergewerkschaften und der Militärregierung zustande, das dann allerdings „zu einem Wendepunkt in der Kohlenföderung nach dem jähen Absturz und der nachfolgenden Stagnation der Förderkurve als Folge der Hungersnot im Frühjahr 1947" wurde und zu einer dauerhaft besseren Versorgung der Bergbauarbeiter führte.[29]

Auch in der Tarifpolitik konnten die Gewerkschaften schon frühzeitig Erfolge vorweisen, denn nachdem am 13. September 1946 durch eine Ergänzung der Direktive Nr. 14 der Militärregierung die seit dem 8. Mai 1945 unverändert geltenden Lohnsätze in „Problembereichen" verändert werden konnten und auch die sogenannten Hungerlöhne unter 50 Reichspfennig je Arbeitsstunde beseitigt worden waren, durften Arbeitgeber und Gewerkschaften „über die neuen Tarifsätze innerhalb der vorgeschriebenen Grenzen verhandeln, und zwar unter Aufsicht der betreffenden deutschen Behörden".[30] Für die Ausübung dieses Mitspracherechts wurde im März 1947 beim Zentralamt für Arbeit ein „Lohnberatender Ausschuß" eingerichtet, dem neben Delegierten der Länderarbeitsverwaltungen und der Länderregierungen auch je fünf Vertreter von Gewerkschafts- und Arbeitgeberseite angehörten.[31] Inwieweit hier ein Zusammenhang mit den zeitlich parallelen Protestdemonstrationen im Ruhrgebiet bestanden hat, läßt sich nur vermuten, jedenfalls aber bot sich damit den Gewerkschaften erstmals die Gelegenheit, mitentscheidend (aber auch mitverantwortlich) für ihre Mitglieder tarifpolitisch tätig zu werden. So faßte dieser Ausschuß am 13. Mai 1947 auf Initiative der Gewerkschaftsvertreter zum Beispiel einstimmig den Beschluß, der Militärregierung die weitere Heraufsetzung der „Hungerlohngrenze" und Lohnerhöhungen in Problemindustrien zu empfehlen. Daraufhin wurden dann tatsächlich „die Löhne der Bergarbeiter, Bauarbeiter, der Arbeiter der baustofferzeugenden Industrie, der Textilarbeiter, Reichsbahnarbeiter und Waldarbeiter einer solchen Lohnerhöhung zugeführt", der später weitere Einkommenssteigerungen folgten.[32]

---

[28] Vgl. ebenda, S. 391

[29] Zitiert aus dem „Bericht der Arbeitsgruppe Kohle vom 30. 4. 1947", in: Ebenda, S. 392 (Fußnote 20)

[30] Zitiert nach dem Abdruck in: Die Gewerkschaftsbewegung, S. 178-180, zit. S. 178

[31] Ebenda, S. 179

[32] Ebenda

Auch wenn diese ersten Schritte zur Entzerrung der von der nationalsozialistischen Zwangswirtschaft verursachten Disproportionalitäten sich schon bald als unzureichend erwiesen, weil es zu den offiziellen Preisen des Bewirtschaftungssystems zu wenig zu kaufen gab, die Schwarzmarktpreise hingegen den offiziellen Löhnen immer schneller davonliefen, so darf doch nicht übersehen werden, daß hiermit ordnungspolitisch ein erster Schritt zur Wiederherstellung der Tarifautonomie und damit zur gewerkschaftlichen Übernahme von Ordnungsfunktionen unternommen worden war.

Den eigentlichen Verlierer in dieser Entwicklung stellten damit die Kommunisten, denen es nicht gelungen war, die spontan entstandenen Hungerdemonstrationen in einen politischen Protest gegen die westlichen Besatzungsmächte einmünden zu lassen oder doch wenigstens auf diesem Wege die angestrebte Sozialisierung der Bergbauindustrien zu erreichen. Statt dessen war aus der gemeinsamen Abwehrhaltung gegen linksradikale Agitation und Aufputschversuche ein gewisser Solidarisierungseffekt eingetreten, und zwar sowohl zwischen den nichtkommunistischen Gewerkschaftsführern selbst als auch zwischen ihnen und der bizonalen Militärregierung. Auch hierin hatte die neuentstandene Einheitsorganisation ihre erste große Belastungsprobe als Ordnungsfaktor abgelegt.

Die erreichte organisatorische Geschlossenheit und Handlungsstärke wurde besonders deutlich, als es Anfang Januar 1948 wieder zu spontan aufflackernden Streikaktionen kam, die dieses Mal aber nicht vom Bergbau ausgingen, sondern von den Arbeitern in der metallverarbeitenden Industrie Nordrhein-Westfalens und von den Hamburger Hafenarbeitern, also von Beschäftigten, die zwar gleichfalls körperlich schwer belastet waren, dabei aber nicht die Verpflegungsprivilegien der Bergbauarbeiter hatten.[33] Der mäßigende Einfluß der nichtkommunistischen Gewerkschaftsführer zeigte sich sogleich darin, daß anfängliche solidarische Anschlußaktionen im Bergbau erfolgreich abgeblockt wurden, und in den Bemühungen, die Streikaktionen innerhalb der eigenen Organisation zu kanalisieren und nicht in unkontrollierbar ausufernde Einzelaktionen entgleiten zu lassen.[34] Dabei wurde offensichtlich, daß neben den offiziell propagierten Anliegen der Arbeitnehmer hier auch noch ein weiterer Konflikt ausgetragen wurde, nämlich der Machtkampf gegen den kommunistischen Einfluß an der Gewerkschaftsbasis in den Betrieben. Während sich die kommunistischen Gewerkschaftsführer darüber im klaren waren, daß nur eine weitere dramatische Verschärfung in der Versorgungslage die Radikalisierung der Arbeiterschaft fördern und damit den Führungsanspruch der KPD festigen konnte, jede Verbesserung der Lebenssituation hingegen unmittelbar ihren Einfluß vermindern bzw. die Integration der gewerkschaftlichen Kräfte in das westliche System fördern würde, bestand auf Seiten der nichtkommunistischen Gewerkschaftsführer gleichermaßen die Überzeugung, daß die Festigung der neugegründeten

[33] Vgl. Kleßmann / Friedemann, Streiks und Hungermärsche, S. 49 ff.

[34] Ebenda, S. 55 ff.

Einheitsgewerkschaft und ihre Legitimierung gegenüber den Arbeitnehmern nur durch vorweisbare wirtschaftliche Verbesserungen erreicht werden konnte. Daß überhaupt Erfolge erzielbar waren, hatten die Verhandlungen zur Beilegung der Streiks im Frühjahr 1947 bereits bewiesen. Auf der anderen Seite „besaß die Militärregierung in ihrer Kontrolle über das Ernährungssystem einen entscheidenden Hebel, eine militante Gewerkschaftsführung und die hungernde Mitgliedschaft zu trennen".[35]

Die später häufig aufgeworfene Frage, warum es in der Bundesrepublik Deutschland nicht in anderen westeuropäischen Ländern vergleichbarer Weise zu einer umfassenden Aktionseinheit von sozialdemokratischen bzw. sozialistischen und kommunistischen Gewerkschaftern gekommen ist, erklärt sich somit zum einen aus den in der Zeit der Weimarer Republik gemachten Erfahrungen, welche die neugewonnene Einheitsorganisation als das höhere Gut erscheinen ließen, zum anderen daraus, daß eine Legitimierung dieser Einheitsorganisation durch materielle Verbesserungen nur in Zusammenarbeit mit der Militärregierung möglich sein würde. Dazu mußten die gemäßigteren Gewerkschafter zunächst ihren Wert als Ordnungsfaktor in der Abwehr radikalisierender kommunistischer Einflüsse beweisen. Dieser Wirkungszusammenhang ist als einer der ersten Faktoren anzusehen, die den Weg für die spätere sozialpartnerschaftliche Zusammenarbeit von Gewerkschaftern und Arbeitgebern bereitet haben, und soll in seiner Funktionsweise am Beispiel der Streikwelle zu Anfang des Jahres 1948 im folgenden verdeutlicht werden.

Als die gegen Ende Januar 1948 wegen der wiederum verschlechterten Versorgungslage ausgebrochenen „wilden" Streikaktionen in den Bergbaubetrieben des Ruhrgebietes sich trotz gewerkschaftlicher Eindämmungsversuche immer weiter auszudehnen drohten, berief der Gewerkschaftsbund schließlich eine „Delegierten-Konferenz der Ortsausschüsse der Rhein- und Ruhrgroßstädte" ein, um über Maßnahmen zur besseren Versorgung zu beraten. Dabei sah sich der politisch gemäßigte Gewerkschaftsvorstand scharfen Angriffen ausgesetzt, weil er sich nicht an die Spitze der Streikaktionen gestellt habe und sich also offenbar scheue, die zur Verfügung stehenden Machtmittel auch tatsächlich anzuwenden. Statt dessen wäre es an der Zeit, daß „wir Deutschen .. unser Schicksal selbst in die Hand nehmen und uns den Weg in den Sozialismus erkämpfen. Wenn der Bundesvorstand sich dabei nicht an die Spitze stelle, würde er das Vertrauen der Kollegen verlieren".[36]

Trotz dieser Bemühungen der KPD, den gemäßigten Kurs der Gewerkschaftsführung unter Hans Böckler doch noch umzukehren, gelang es der kommunistischen Gewerkschaftsopposition im Frühjahr 1948 jedoch nicht mehr, eine vergleichbare Politisierung der Arbeiterschaft zu erreichen, wie ihr

---

[35] Hartmut Pietsch, Militärregierung, Bürokratie und Sozialisierung, S. 291

[36] Zitiert aus dem Protokollabdruck nach: Kleßmann/Friedemann, Streiks und Hungermärsche, S. 154ff. (im Anhang), zit. wurde der Beitrag Triebeck (Wattenscheid) S. 155

dies noch ein Jahr zuvor gelungen war. Ganz im Gegenteil verminderte die verschärfte Konfliktstrategie gegenüber dem Bundesvorstand sogar den kommunistischen Einfluß in den Betrieben, indem sich die nichtkommunistischen Kräfte dadurch zwangsweise noch enger zusammenschlossen. Allerdings sind hierfür sicherlich auch die abschreckende Rückwirkung der Zwangsvereinigung von SPD und KPD zur SED in der sowjetisch besetzten Zone sowie die dortige Ausschaltung der gewerkschaftlichen Handlungsmöglichkeiten maßgeblich gewesen. Jedenfalls ist der auf dem Bezirksparteitag vom 26. Februar 1948 getroffenen Lageanalyse des Vorsitzenden der KPD des Ruhrgebietes, Ledwohn, im aus seiner Position festgestellten Ergebnis zuzustimmen: „Es muß festgestellt werden, daß unter dem Schumacherkurs ein Teil der Gewerkschaftsleitungen die gefaßten gewerkschaftspolitischen Grundsätze verläßt und mehr und mehr auf die Linie einer aus der Weimarer Zeit unrühmlich bekannten Arbeitsgemeinschaftspolitik mit den neu entstandenen Unternehmerverbänden abgleitet".[37]

Hieran ist ohne Zweifel richtig, daß die Gewerkschaftsführung unter Hans Böckler nicht dazu bereit war, sich die von der KPD aus außenpolitischen Gründen verfolgte kompromißlose Ablehnung der westlichen Besatzungspolitik oktroyieren zu lassen. Außerdem hätte das Beharren auf einer grundlegenden Umkehrung der Eigentumsverhältnisse durch Enteignungs- und Sozialisierungsmaßnahmen unter den gegebenen Umständen nur zu einer letztlich aussichtslosen Konfrontation mit den westlichen Besatzungsmächten, mit der politischen Mehrheit in den bizonalen deutschen Verwaltungsinstitutionen und mit den Arbeitgebern geführt. Der davon zu erwartende Ansehensverlust der Einheitsgewerkschaft bei ihren Mitgliedern und in der Öffentlichkeit konnte nicht im Interesse der Gewerkschaftsführung sein — wäre aber sehr wohl geeignet gewesen, den künftigen Einfluß radikaler innergewerkschaftlicher Oppositionsgruppen zu verstärken.

Hingegen waren durch einen Kooperationskurs sowohl Fortschritte in der Mitbestimmungsfrage als auch auf dem Felde der Tarifpolitik erreichbar, zumal mit der „Industrial Relations Direktive Nr. 40" vom 29. April 1948 hierfür die erste Grundlage geschaffen worden war: „Die englischen und amerikanischen Behörden haben die gegenwärtige Lage auf dem Gebiet der Löhne in den vereinigten Zonen sorgfältig überprüft und sind zu dem Schluß gekommen, daß nunmehr der Zeitpunkt da ist, wo man die erforderlichen Schritte unternehmen kann, um ein System des freien kollektiven Aushandelns wiederherzustellen, demzufolge Arbeitgeber und Gewerkschaften gemeinsam die eigene Verantwortung für die Festlegung der Lohnsätze übernehmen können".[38] Nach längeren Verhandlungen kam es daraufhin zwischen den Spitzenorganisationen der Sozialpartner am 31. Mai 1948 zu dem Übereinkommen, „neue Tarifvereinba-

---

[37] Zitiert nach Kleßmann/Friedemann, S. 288

[38] Zitiert aus der Anlage der Direktive Nr. 40 nach dem Abdruck in: Die Gewerkschaftsbewegung, S. 180ff.

rungen im Rahmen einer 15%igen Erhöhung gemäß der Direktive Nr. 40 ... möglichst bald abzuschließen".[39]

Aber nicht nur in dieser auf die Wiederherstellung der Tarifautonomie und damit letztlich auch auf eine gewerkschaftliche Integration in die systemzugehörige marktwirtschaftliche Neuordnung ausgerichten Frage waren die Kommunisten auch noch in einer anderen Entscheidung unterlegen, indem sich gegen ihre vehemente Opposition der Außerordentliche Bundeskongreß der Gewerkschaften am 17. Juni 1948 mit großer Mehrheit der vom Bundesvorstand und Bundesbeirat vorgeschlagenen „Bejahung des Europahilfsplanes" anschloß.[40] Dabei war sich die Gewerkschaftsführung durchaus dessen bewußt, daß die Marshallplanhilfe sowohl ökonomischen als auch politischen Absichten dienen sollte und daß sie letztlich gegen die Sozialisierung der Grundstoffindustrie gerichtet war, doch wollte sie die sich gleichermaßen bietenden Vorteile des Plans für den wirtschaftlichen Wiederaufbau und für die Gewerkschaftsarbeit im europäischen Verbund nutzen. Mit dieser pragmatischen Grundeinstellung hatte sich auch innerhalb der deutschen Gewerkschaften ein „Primat der ökonomischen Effizienz" gegenüber allen ideologischen Überzeugungen durchgesetzt, das der Auffassung Ludwig Erhards weitgehend entsprach. Jedenfalls war damit schon zur Jahresmitte 1948 eine fortschreitende Isolierung der kommunistischen Kräfte innerhalb der deutschen Gewerkschaften vorgezeichnet: „Der Kommunismus war für die breiten Massen Westdeutschlands und für die Funktionäre und Mitglieder der Gewerkschaften im Jahre 1948 keine politische Alternative mehr. Er war nicht einmal mehr ein Bundesgenosse in den inneren Kämpfen".[41]

1.5.2.2 Gewerkschaften als politische Gegenmacht

Als Konsequenz der Ablehnung einer in Aktionseinheit mit den Kommunisten vollzogenen Obstruktionspolitik bot es sich statt dessen für die Gewerkschaftsführung an, über die weitere Integration als Ordnungsfaktor an Einfluß und Gestaltungsmöglichkeiten zu gewinnen. Die Möglichkeiten hierfür waren indes zunächst ungünstig, denn die Währungsreform konnte nur funktionieren, wenn es, wie Erhard bereits in seinem schon während des Krieges verfaßten Gutachten vorhergesehen hatte, für das „neue Geld" auch tatsächlich etwas zu kaufen gab. Daher mußte es durch eine zeitlich parallele und möglichst weitgehende Freigabe der Preise gelingen, die vorhandenen Läger aufzulösen und die in Schwarzmarkttransaktionen gebundenen Waren dem offiziellen

---

39 Ebenda, S. 180

40 Zitiert nach dem Protokoll des „Außerordentlichen Bundeskongresses des Deutschen Gewerkschaftsbundes der Britischen Zone vom 16.-18. Juni 1948 in Recklinghausen", S. 64

41 Theo Pirker, Die blinde Macht, Teil 1, S. 9642 Rainer Skiba/Hermann Adam, Das westdeutsche Lohnniveau, S. 71

Markt zuzuführen. Zugleich mußten die Löhne und Gehälter als Kostenfaktoren anfänglich hinter der Preisentwicklung zurückbleiben, um über eine hohe Selbstfinanzierungsrate die Investitionen anzuregen.

Diesen konjunkturpolitischen Teil der Währungssanierung hatte Ludwig Erhard zutreffend antizipiert und mit dem Leitsätzegesetz verwirklicht. Was er hingegen nicht beabsichtigt hatte und auch nicht vorhersehen konnte, war, daß die Siegermächte auf einer vollständigen Anullierung der Reichsschulden bestehen würden. Dadurch gelangte von den von ihm eigentlich vorgesehenen Maßnahmen sozusagen nur die eine Hälfte zur Durchführung und das ganze Reformwerk wurde in seiner extremen Begünstigung der Sachwertbesitzer verteilungspolitisch schieflastig. Weil die privaten Sparguthaben zur Investitionsfinanzierung praktisch ausfielen, mußte die angestrebte rasche wirtschaftliche Expansion nun in einem noch viel stärkeren Maße, als es Erhard vorgeschwebt haben mochte, auf die aus der unternehmerischen Selbstfinanzierung gespeiste Investitionstätigkeit abgestützt werden.

Infolgedessen entwickelte sich nicht nur eine bis heute sehr ungleiche Verteilung des Privateigentums am Produktivkapital, sondern auch die verteilungspolitische Situation zwischen Arbeitgebern und Gewerkschaften wurde für letztere immer ungünstiger, weil die Kapitaleinkommen den nach wie vor gestoppten Löhnen und Gehältern davonliefen und weil auch die Kaufkraft letzterer durch die fortschreitende Inflationierung stärker geschmälert wurde. Das Niveau der administrativ veränderten Preise hatte sich zwar auch schon 1945 im Vergleich zu 1938 um etwa 15 Prozent erhöht, doch allein im ersten Halbjahr 1948 wuchs dieser Abstand auf 42 Prozent, so daß selbst unter diesem Aspekt das bisherige Bewirtschaftungssystem seine Aufgabe, „durch dirigistische Kontrollsysteme die Preisentwicklung den Konjunkturkräften zu entziehen", nicht erfüllt hatte.

Die mit der Währungsreform verbundene Aufhebung von etwa 90 Prozent der bis dahin gültigen Preisvorschriften löste indes noch einmal „einen sprunghaften Preisanstieg aus, dessen Ausmaß alle bisherigen inflationistischen Entwicklungen in der Nachkriegszeit übertraf. Von Juni bis Dezember 1948 stieg der Preisindex für die Lebenshaltung im Vergleich zum ersten Halbjahr 1948 um fast 19 v.H.".[42,43]

Mit dieser inflatorischen Entwicklung ging allerdings auch ein beträchtlicher Anstieg des offiziellen Warenangebotes einher. Erst nachdem der konjunkturelle Treibsatz der „Kopfgeldausgabe" in der neuen Deutschen Mark sozusagen wie ein Feuerwerk ausgebrannt war, begann die von Erhard richtig vorhergesehene kritische Phase im Übergang von der zentralverwaltungswirtschaftlichen zur marktwirtschaftlichen Ordnung, weil nun zwangsläufig eine Periode steigender Preise bei stagnierendem Warenangebot folgen mußte, bis nämlich

[42,43] Ebenda, S. 72.

die Umsetzung des mit der Reform eingeleiteten Kaufkraftanstoßes aus der Konsumtion in den Investitionsbereich produktionssteigernde Wirkungen zeigen konnte.

Genau in diesem etwa im Herbst 1948 erreichten Stagflationszeitpunkt hatte das konjunktur- und ordnungspolitische Experiment Erhards seine Achillesferse, denn wenn die Gewerkschaften jetzt durch weitflächige und anhaltende Streikaktionen den noch zögerlichen Produktionsanstieg gelähmt und zugleich durch von ihnen erzwungene, unangemessen hohe Lohn- und Gehaltssteigerungen die Arbeitskosten erhöht bzw. die Selbstfinanzierung gemindert hätten, so wäre der an sich mögliche Wirtschaftsaufschwung schon aus purem Kapitalmangel wie Seifenschaum in sich zusammenfallen und die ohnehin noch nicht besonders große Popularität des marktwirtschaftlichen Kurses wäre in der breiten Öffentlichkeit sicherlich rasch dahingeschwunden.

Es ist, auch aus heutigem Blickwinkel, schwer zu sagen, ob die Gewerkschaften diese konjunkturpolitische Achillesferse überhaupt erkannt haben oder ob es nur ihre Fixierung auf das gleichfalls autonomen Lohn- und Gehaltsforderungen gegenüber anfällige zentralistische Bewirtschaftungssystem der Sozialdemokraten war, die ihnen den Blick auf diese Handlungsoption verstellt hat. Wenn indes später den Gewerkschaften der Vorwurf der „verpaßten Gelegenheit“ gemacht worden ist, weil das „Experiment Erhard“ im Spätherbst 1948 sozusagen auf der Kippe gestanden habe und es nur eines energischeren Anstoßes der Gewerkschaften bedurft hätte, um mit Ludwig Erhard auch den gesamten Kurs der marktwirtschaftlichen Neuordnung politisch vom Sockel zu stürzen, so bezieht sich dies zumeist nicht auf die soeben beschriebene Gelegenheit, sondern auf den „Demonstrations- und Generalstreik“[44] vom 12. November 1948, der im folgenden als Beispiel für gewerkschaftliches Verhalten in der Position einer außerparlamentarischen Gegenmacht dargestellt werden soll.

Hinsichtlich der Ausgangssituation ist festzustellen, daß im bisherigen Verlauf des Jahres 1948 unter dem Primat der Besatzungspolitik eine aus der Sicht der Gewerkschaften höchst unbefriedigende Situation entstanden war, in der sie sich von den wesentlichen Entscheidungen ausgeklammert fühlten und in der sich auch die erkennbare Entwicklungsrichtung immer mehr gegen sie zu kehren schien: Die angestrebte Sozialisierung der Ruhrindustrien war angesichts der zahlreichen Widerstände zusehends aussichtslos geworden; in der Mitbestimmung war kein Fortschritt erkennbar, wie überhaupt die weitere Ausgestaltung der marktwirtschaftlichen Neuordnung im Wirtschaftsrat weitgehend ohne ihre Beteiligung abzulaufen drohte — in den wirtschaftspolitischen Leitsätzen Ludwig Erhards kamen die Gewerkschaften als zukünftiger Ordnungsfaktor überhaupt nicht vor.

---

[44] Gerhard Beier, Der Demonstrations- und Generalstreik, S. 35f.

Erst in dieser perspektivlosen Situation entschloß sich die Gewerkschaftsführung dazu, ihre Handlungsmacht in einer politischen Aktion einzusetzen, um der von den Sozialdemokraten angestrebten Neuordnungsalternative durch Druck von außen im Wirtschaftsrat zum Durchbruch zu verhelfen. Die geplante Protestaktion durfte allerdings nicht als „Generalstreik“ bezeichnet werden, um nicht eine direkte Konfrontation mit der bizonalen Militärregierung hervorzurufen, und wurde daher in der offiziellen Sprachregelung lediglich als „Demonstration des gewerkschaftlichen Willens“ angekündigt. Es sollte sich dabei, nach der offiziellen Sprachregelung, „nicht um eine vorweg zeitlich nicht begrenzte Arbeitseinstellung handeln mit dem Ziel, von einem einzelnen oder einer Gruppe von Unternehmungen bestimmte Zugeständnisse zu erkämpfen, sondern darum, allen an den beklagten wirtschaftlichen Nöten Schuldigen und für die Abstellung Verantwortlichen den gewerkschaftlichen Willen ernstlich zu demonstrieren“.[45]

Dieser „Wille“ wäre inhaltlich auf eine Totalrevision des bisherigen ordnungspolitischen Kurses zugunsten des von der SPD im Wirtschaftsrat vertretenen Alternativkonzepts hinausgelaufen.[46] Bereits die Erfüllung der ersten Forderung nach einer „amtlichen Verkündigung des wirtschaftlichen Notstandes“ innerhalb des in einer „10-Punkte-Erklärung“ zusammengefaßten gewerkschaftlichen Maßnahmenkatalogs wäre für Ludwig Erhard sozusagen der öffentliche Abgabe einer politischen Bankrotterklärung gleichgekommen.[47] Auch die weiteren Forderungen im Gewerkschaftsaufruf verdeutlichen die auf den Sturz Ludwig Erhards abzielende Stoßrichtung der Streikaktion. So wird zum Beispiel, einem früheren SPD-Antrag entsprechend, erneut die „Einsetzung eines Preisbeauftragten mit besonderen Vollmachten“ verlangt (Punkt 2a), des weiteren werden die bereits bekannten sozialistischen Neuordnungsprinzipien vorgetragen: „Aufrechterhaltung bzw. Wiederherstellung der vollen Erfassung und Bewirtschaftung im Ernährungssektor“ (Punkt 6), „Planung und Lenkung im gewerblich-industriellen Sektor“ (Punkt 7), „Überführung der Grundstoffindustrien und Kreditinstitute in Gemeinwirtschaft“ (Punkt 8).

Als einziger gewerkschaftstypischer Bestandteil taucht die Forderung nach „Demokratisierung der Wirtschaft und gleichberechtigte Mitwirkung der Gewerkschaften in allen Organen der wirtschaftlichen Selbstverwaltung“ (Punkt 9) auf. Dagegen ist von einer Anpassung der Löhne und Gehälter an die gestiegenen Preise im gesamten Aufruf nicht die Rede, das Problem wird nicht einmal erwähnt.[47] Wie ist dieses tarifpolitische Stillhalten der Gewerkschaften

---

[45] Zitiert nach dem Abdruck des gewerkschaftlichen Aufrufs vom 6. 11. 1948 zur Arbeitsruhe am 12. November, in: Die Gewerkschaftsbewegung, S. 278f.

[46] Sehr aufschlußreich dazu auch das Streitgespräch zwischen *Erik Nölting* (SPD) und *Ludwig Erhard* am 14. November 1948. Siehe: Volkhard Laitenberger, Deutsche Wirtschaftspolitik nach der Währungsreform, in: Orientierungen zur Wirtschafts- und Gesellschaftspolitik, 4/1983, S. 38-47

[47] Hier und im folgenden wird nach dem Abdruck des Gewerkschaftsaufrufs zitiert: Die Gewerkschaftsbewegung, S. 278f.

angesichts der Tatsache zu interpretieren, daß, neben der bereits erwähnten Kontrollratsdirektive, auch der Wirtschaftsrat schon am 30. September 1948 in dritter Lesung das „Gesetz zur Aufhebung des Lohnstopps“[48] verabschiedet und damit den Weg zur vollen Wiederherstellung der Tarifautonomie endgültig freigemacht hatte?

In der Untersuchung von Beier zu diesem Thema wird dazu folgende Erklärung angeboten: „Das lohnpolitische Programm des DGB in dieser Aufbauphase hieß 'Lohnverzicht'. Aus dieser Haltung heraus fühlte der DGB sich aber zu größeren politischen Forderungen legitimiert“.[49] Als Beleg hierfür ließen sich die Äußerungen Hans Böcklers in einem Zeitungsinterview am Vortag der Protestaktion heranziehen: „Die Gewerkschaften könnten sich darauf beschränken, in einer Kette von Lohnkämpfen den steigenden Preisen nachzujagen, um den Werktätigen einen angemessenen Anteil am Sozialprodukt zu sichern“[50] — aber: „Wenn die Gewerkschaften in dieser Hinsicht Maß zu halten versuchen, so geschieht dies aus gesamtwirtschaftlichen Erwägungen. Sie halten eine aufeinander abgestimmte Lohn-, Preis- und Produktionspolitik für erforderlich, um den gegenwärtigen wirtschaftlichen Notstand zu überwinden, der durch die hemmungslose Verfolgung von Sonderinteressen hervorgerufen wurde. Freilich können die Gewerkschaften diese wirtschaftspolitische Linie nur verantworten, wenn ihnen eine reale Mitwirkung an der Steuerung der Wirtschaft eingeräumt wird. Mitverantwortung setzt Mitbestimmung voraus“.[51]

Wie bereits angedeutet, spricht aber mehr dafür, daß sich die eigentliche Stoßrichtung der gewerkschaftlichen Streikaktion eher auf eine ordnungspolitische Totalrevision und den Sturz Ludwig Erhards gerichtet hat und nicht auf eine Anerkennung dieses Mitbestimmungsanspruchs. Zudem ist nicht zu sehen, wo im Liberalisierungskonzept Erhards überhaupt eine Beteiligung der Gewerkschaften bei der letztlich gar nicht eingeplanten „Steuerung der Wirtschaft“ institutionalisierbar gewesen wäre. Der tatsächliche Ansatzpunkt der Streikaktion erhellt sich indes im Zusammenhang mit der kurze Zeit vorangegangenen Entscheidung im Wirtschaftsrat für eine paritätische Besetzung der fachlichen Wirtschaftsstellen.

Wie bereits erwähnt, hatten die Gewerkschaften bei der neugeschaffenen „Verwaltung für Arbeit“ eine paritätische Besetzung der wichtigsten Ausschüsse durchsetzen können. Nun kam es ihnen darauf an, auch in den von der Militärregierung geforderten „fachlichen Wirtschaftsstellen“ paritätisch vertreten zu sein, die im August 1948 zur Durchführung des „Bewirtschaftungsnotgesetzes“ vom 30. Oktober 1947 als beratende nachgeordnete Dienststellen der

---

[48] Vgl. Wörtliche Berichte und Drucksachen, Band 3, Wörtlicher Bericht über die 22. Vollversammlung des Wirtschaftsrates vom 30. 9. 1948, S. 975-977

[49] Gerhard Beier, Der Demonstrations- und Generalstreik, S. 42

[50] Hans Böckler am 11. 11. 1948, in: „Die Neue Zeitung“. Zitiert nach: Ebenda, S. 42

[51] Ebenda

Direktoren der Verwaltung für Wirtschaft bzw. der Verwaltung für Ernährung, Landwirtschaft und Forsten geschaffen werden sollten.[52] Da diesen Stellen auf Anordnung des betroffenen Verwaltungsdirektors die Zuständigkeit für die Zuteilung der bewirtschafteten Waren sowie die Bearbeitung von Einfuhr- und Ausfuhr-Angelegenheiten (Erteilung von Devisengenehmigungen!) übertragen werden konnte, wäre den Gewerkschaften bei einer paritätischen Beteiligung ein Mitspracherecht bei wesentlichen gesamtwirtschaftlichen Entscheidungen zugekommen.[53]

Bei der Behandlung dieser Frage im Wirtschaftsrat am 31. August 1948 sind drei Positionen zu unterscheiden: Ludwig Erhard als Leiter der Verwaltung für Wirtschaft wollte die Funktionen der geplanten Stellen zeitlich und horizontal möglichst eng begrenzt sehen, es sollte ihnen lediglich die Aufgabe zukommen, „die sich mehr und mehr aufsaugenden Reste der Bewirtschaftung bis zum völligen Auslaufen zu übernehmen und gegebenenfalls auch noch bestimmte Funktionen in der Abwicklung des Außenhandels zu übernehmen“.[54] Der Militärregierung war vorrangig daran gelegen, durch die Wirtschaftsstellen die Bewirtschaftungsverfahren sowie die Außenhandelsgenehmigungen zu entbürokratisieren und unternehmerischem Sachverstand zu unterstellen. Eine Beteiligung der Gewerkschaften war nur in beratender Funktion vorgesehen, wohingegen Erhard eine direkte gewerkschaftliche Vertretung zumindest nicht ausgeschlossen hatte.[55] Einzig die SPD-Fraktion im Wirtschaftsrat vertrat die Auffassung, daß eine paritätische Besetzung durch Gewerkschafter und Arbeitgebervertreter vorgesehen werden sollte.[56]

Ihren ersten Höhepunkt erfuhr die Auseinandersetzung, als der Abgeordnete Blank (CDU), Mitglied des Rechtsausschusses, offenbar völlig unerwartet plötzlich die Seiten wechselte und sich für den Antrag der „oppositonellen“ SPD und damit gegen den von Ludwig Erhard aussprach.[57] Von seiten der FDP wurde daraufhin versucht, dieser überraschenden Wendung der Dinge mit dem Hinweis zu begegnen, es handle sich hierbei „um Dinge in Betrieben, und da

---

[52] Siehe dazu: Wörtliche Berichte und Drucksachen, Band 2, Wörtliche Berichte, S. 775-779 und 858-868; Band 4, und Drucksachen, S. 679f. (DS 435) und S. 789f. (DS 503)

[53] Ebenda, DS 503, § 4

[54] *Ludwig Erhard* auf der 20. Vollversammlung des Wirtschaftsrates am 17. 8. 1948 in der Begründung seines Entwurfs einer „Verordnung über die Errichtung fachlicher Wirtschaftsstellen“ (DS 435). Vgl. Wörtliche Berichte und Drucksachen, Band 2, Wörtliche Berichte, S. 776

[55] Vgl. ebenda, S. 858-861

[56] Zitiert aus dem SPD-Vorschlag auf der 21. Vollversammlung des Wirtschaftsrates am 31. 8. 1948, in: ebenda, S. 862

[57] “Ich bin also der Meinung, daß wir diesem sozialdemokratischen Antrag — ich spreche jetzt nicht namens meiner Fraktion, weil wir uns vorher nicht haben abstimmen können — zustimmen sollten, und dann mag die Militärregierung entscheiden, was sie tut“. Zitiert nach: Wörtliche Berichte, ebenda, S. 864

sehen wir uns nicht in der Lage, in irgendeiner Form bei reinen Angelegenheiten, für die Verantwortung ausschließlich nur beim Unternehmer liegt, der Mitbestimmung zuzustimmen".[58] Nachdem die bisherigen Fronten solchermaßen durcheinandergeraten waren, beantragte die CDU zunächst eine kurze Unterbrechung, um dann nach dieser Sitzungspause einen Antrag auf Vertagung der weiteren Aussprache einzubringen, weil der SPD-Antrag „so neu und von so großer Bedeutung sei, daß wir uns unbedingt über diesen Antrag eingehend unterhalten müssen" — offenbar sollte einer sich abzeichnenden Bruchzone in der „Pro-Erhard-Koalition" damit vorbeugend begegnet werden.[59] Die Abstimmung von 90 Abgeordneten ergab mit 45 zu 45 Stimmen eine kleine Sensation — es mußten angesichts der Mehrheitsverhältnisse einige Christdemokraten (oder Liberale) mit der Opposition gestimmt haben! Damit war eine Vertagung dieser wichtigen Entscheidung abgelehnt worden.[60]

Nach einiger begreiflicher Aufregung im Sitzungssaal wurde dann durch Handaufheben über den von der SPD eingebrachten Antrag zur paritätischen Mitbestimmung der Gewerkschaften in den fachlichen Wirtschaftsstellen abgestimmt, mit dem überraschend hohen Ergebnis von 51 zu 38 Stimmen (bei einer Enthaltung) für den Antrag.[61] Danach wurde das Gesetz mit weiteren, hier nicht interessierenden Änderungen in zweiter Lesung angenommen und es kam zur entscheidenden dritten Lesung, für die namentliche Abstimmung vereinbart wurde.[62] An dieser Abstimmung nahmen nur noch 86 Abgeordnete teil, d.h. vier Abgeordnete, die zuvor offensichtlich noch abgestimmt hatten, waren zur namentlichen Abstimmung nicht wieder im Sitzungssaal erschienen. Von seiten der SPD waren zwar alle 40 Abgeordneten anwesend, doch hätte auch dies gegen die Stimmen der Liberalen (9), der WAV (2), der KPD (3) und der Christdemokraten noch nicht ausgereicht, wenn sich letztere nicht in so wankelmütiger Form präsentiert hätten: von den zu dem Zeitpunkt 39 Abgeordneten der CDU / CSU-Fraktionsgemeinschaft waren 5 krank bzw. fehlten entschuldigt, 4 waren bei der Abstimmung aus anderen Gründen nicht anwesend. 25 Abgeordnete stimmten nun gegen die SPD, einer (Abg. Horn) enthielt sich der Stimme und 4 offene „Dissidenten" waren zu verzeichnen (Abg. Blank, Karpf, Schlack und Winkelheide). Da sich der SPD bei der Abstimmung noch zwei Abgeordnete der Zentrums-Partei anschlossen, ergab sich schließlich eine deutliche Mehrheit von 46 zu 39 Stimmen bei einer Enthaltung.[63]

Obwohl dieser Entscheidung für eine paritätische Mitbestimmung der Gewerkschaften in den fachlichen Wirtschaftsstellen im weiteren (aus anderen Gründen) kaum praktische Bedeutung zugekommen ist, so besteht das eigent-

---

[58] Ebenda

[59] Ebenda

[60] Ebenda, S. 865

[61] Ebenda, S. 866

[62] Ebenda, S. 867

[63] Ebenda, S. 867f.

lich Interessante in der Art und Weise ihres Zustandekommens. Es hatte sich damit erstmals bestätigt, daß es den Gewerkschaften noch möglich war, mit den Stimmen der SPD-Fraktion und dem gewerkschaftsfreundlichen Parteiflügel der Christdemokraten eine Entscheidung gegen den ansonsten übermächtigen politischen Einfluß Ludwig Erhards und die ihn unterstützenden christdemokratischen und liberalen Kräfte durchzusetzen. Wenn nach den Beweggründen für die gewerkschaftliche Massenstreikaktion im November 1948 gefragt wird, so ist in diesem im August vorangegangenen erfolgreichen Versuch, eine Bresche in die parteipolitische Abwehrphalanx um den marktwirtschaftlichen Kurs Erhards zu schlagen, die Antwort zu finden.

Nach diesem gelungenen „Probelauf" bot es sich an, mit dem öffentlichen Druck einer wohlorganisierten Massenaktion mehrere Ziele auf einmal anzustreben: Mit Ludwig Erhard die Leitfigur der marktwirtschaftlichen Neuordnung politisch zu stürzen und damit eine Umkehrung oder doch zumindest Verwässerung dieses Kurses zu bewirken; eine Aufsplitterung der bisherigen „Abstimmungskoalition" von Christdemokraten und Liberalen herbeizuführen, um damit eventuell den Weg für eine „Große Koalition" zwischen der SPD und dem linken Parteiflügel der CDU vorzubereiten; die innere Geschlossenheit der neugegründeten Einheitsgewerkschaft zu demonstrieren und zur Solidarisierung ihrer Mitglieder beizutragen.

Schon am 26. Oktober 1948 war die Entscheidung für die Massenstreikaktion gefallen, als der Beirat des DGB der britischen Zone den Bundesvorstand mit der Vorbereitung von Kampfmaßnahmen beauftragte. „Zunächst war an einen 48stündigen Streik in allen drei Westzonen gedacht. Mit Rücksicht auf die weichere Haltung der Gewerkschaften in der amerikanischen Zone verkürzte der Gewerkschaftsrat die Streikdauer auf 24 Stunden. Die französische Zone blieb ausgespart".[64] Die vorgesehene „Arbeitsruhe" sollte am 12. November 1948 von 00 Uhr bis 24 Uhr dauern, ausgenommen blieben Post, Bahn und wichtige Versorgungsbetriebe.[65]

Zugleich wurde die Aktion durch einen „offenen Brief" des Gewerkschaftsführers Albin Karl zur Kampfansage an den Direktor der Verwaltung für Wirtschaft; unter der Überschrift „Es wird gefährlich, Herr Prof. Erhard!" hieß es: „Wir rücken dem Zeitpunkt näher, an dem die Spannung zwischen Lohn und Preis, die eine unerträgliche Senkung der Massenkaufkraft zur Folge hat, mit einer klaren Negation der Mitbestimmungsrechte der Arbeiterschaft zusammentrifft. Das wird der Punkt sein, an dem Gewerkschaften mit geballter Kraft den Kampf aufnehmen".[66]

---

[64] Gerhard Beier, Der Demonstrations- und Generalstreik, S. 37

[65] Vgl. Die Gewerkschaftsbewegung, S. 278ff.

[66] Albin Karl, zitiert nach: Ebenda, S. 278

Gegenüber der Besatzungsmacht hatten sich die Gewerkschaftsführer schon frühzeitig um eine Genehmigung des Streiks durch die beiden bizonalen Militärgouverneure bemüht und diese unter der Voraussetzung erhalten, daß am Tag der Arbeitsniederlegung keine öffentlichen Kundgebungen und Versammlungen stattfinden würden und daß die Arbeitswilligen arbeiten dürften.[67] Damit war die Bahn endgültig frei für den Einsatz der „Willenskundgebung" in der Arena, für welche die Aktion eigentlich vorbereitet worden war, nämlich in der parteipolitischen Auseinandersetzung im Wirtschaftsrat. Bereits am 5. November, einem Freitag, war eine neunköpfige Gewerkschaftsdelegation unter Leitung Hans Böcklers von dem Vorsitzenden des Verwaltungsrates, Hermann Pünder, empfangen worden und hatte die bereits erwähnte „10-Punkte-Erklärung" mit den gewerkschaftlichen Forderungen überreicht. In einer mehrstündigen Aussprache, an der neben den bereits Erwähnten auch die Herren Schlange-Schöningen, Erhard, Hartmann und Storch teilnahmen, kam es erwartungsgemäß zu keiner Einigung. Pünder bot an, daß im Laufe der kommenden Woche eine weitere Aussprache im kleineren Kreis erfolgen könnte,[68] doch war offensichtlich, daß damit nur auf Zeitgewinn gespielt wurde: die unausweichliche Debatte der gewerkschaftlichen Forderungen im Wirtschaftsrat sollte nicht unter dem „Damoklesschwert" der bereits angekündigten Massenstreikaktion erfolgen müssen. Um dem zu entgehen, mußten die außerhalb laufenden Verhandlungen mit den Gewerkschaften nur bis zum projektierten 12. November ausgedehnt werden, um die Gewerkschaften in den Zugzwang zu bringen, entweder die ganze Aktion wieder abzusagen oder aber sich dem Vorwurf auszusetzen, den Abbruch der Verhandlungen willkürlich herbeigeführt zu haben.

Dieses geschickte Taktieren Pünders wurde allerdings durch den Antrag der SPD-Fraktion, die gewerkschaftlichen Forderungen unverzüglich vor dem Plenum des Wirtschaftsrates zu erörtern, durchkreuzt, so daß die „konzertierte Aktion" von SPD und Gewerkschaften nun doch zumindest ihr vorläufiges Ziel erreicht hatte: Pünder und Erhard sollten sich, mit der drohenden Massenstreikaktion als Hintergrund, im Wirtschaftsrat gegenüber den gewerkschaftlichen Vorwürfen rechtfertigen müssen und darüber politisch zu Fall gebracht werden. Gelänge dies, so wäre die tatsächliche Durchführung der Protestdemonstration nur noch von zweitrangiger Bedeutung gewesen; gelänge es nicht, so würde die geplante Aktion zwar politisch ins Leere laufen, behielte aber auch dabei noch ihren Wert zur Festigung der Verbandsorganisation und zur Solidarisierung der Mitglieder.

---

[67] Siehe dazu: Gerhard Beier, Der Demonstrations- und Generalstreik, S. 39f.

[68] Siehe dazu die „Erklärung des Vorsitzenden des Verwaltungsrates über die Verhandlungen mit den Vertretern der Gewerkschaften", in: Wörtliche Berichte und Drucksachen, Band 3, Wörtlicher Bericht über die 24. Vollversammlung des Wirtschaftsrates am 9. und 10. 11. 1948, S. 1101-1127

Unter diesen Vorzeichen wurde am 10. November im Wirtschaftsrat die Diskussion mit der einleitenden Berichterstattung Hermann Pünders aufgenommen, der zwar ein bestehendes Mißverhältnis zwischen Löhnen und Preisen konzedierte, insbesondere aber auf die nicht zu leugnenden wirtschaftlichen Wiederaufbauerfolge hinwies und eine Rückkehr zu den Methoden der „nationalsozialistischen Zwangswirtschaft" strikt ablehnte.[69] Eben diese unattraktive Alternative wurde auch von seiten der Liberalen in den Vordergrund gestellt, daß nämlich, nachdem der Zustand bis zur Währungsreform hinreichend bewiesen habe, „daß alle Methoden der Zwangsregulierung der Wirtschaft völlig erfolglos sind", jetzt „ausgerechnet in einer Zeit, in der die Bevölkerung so deutliche Ansätze einer nachhaltigen Wendung zum Besseren zu sehen bekommt, .. ein wirtschaftlicher Notstand verkündet werden soll". Dieses Verlangen werde vollends unverständlich, „wenn man sieht, was die Gewerkschaften an Mitteln zur Besserung anzupreisen haben: im wesentlichen alte marxistische Hausrezepte".[70]

In der Tat blieb dem Abgeordneten Kriedemann, der den von seiten der SPD gestellten Antrag auf Abberufung Pünders und Erhards begründen sollte, in der Substanz seiner Argumentation letztlich doch nichts anderes übrig, als tatsächlich wieder rhetorisch in die alten Kerben zu schlagen und die Wiedereinführung von Preiskontrolle, Kontrolle der Rohstoffverwendung sowie die Wiedereinrichtung des Bewirtschaftungssystems zu verlangen. Seine Ausführungen endeten mit dem Antrag der SPD auf Abberufung des Verwaltungsratsvorsitzenden Pünder und des Direktors der Verwaltung für Wirtschaft Erhard.[71]

Ludwig Erhard nutzte die Gelegenheit, um in seinen Ausführungen dem Auditorium sozusagen eine Lektion in volkswirtschaftlichen Kreislaufzusammenhängen zu erteilen, indem er auf die Schwierigkeiten einer sachgerechten Bemessung der mit der Währungsreform erfolgten Neugeldausgabe hinwies und auch offen zugab, daß man sich bei der Dosierung der neuen Kaufkraft „in allem etwas getäuscht habe". Daher sei das Warenangebot nicht ausreichend gewesen, um diese Kaufkraft ohne Preissteigerungen zu absorbieren. Daneben wären begrenzte Preiserhöhungsspielräume aber auch notwendig, um das neue Geld rascher aus dem Konsumgüterbereich in den Kapitalgüterbereich fließen zu lassen.[72]

Als es dann schließlich zu der entscheidenden letzten Abstimmung kam, war der noch bei der Entscheidung über die paritätische Besetzung der fachlichen Wirtschaftsstellen feststellbare Vorrat an über die Parteigrenzen hinwegreichenden politischen Gemeinsamkeiten offensichtlich aufgebraucht und das aus früheren Auseinandersetzungen bekannte Mehrheitsverhältnis im Wirtschafts-

---

[69] Wörtlicher Bericht, ebenda, S. 1102

[70] Abg. *Euler* (LDP) in der Aussprache zu der Erklärung Pünders, ebenda, S. 1103 f.

[71] Ebenda, S. 1114

[72] Ebenda, S. 1115f.

rat stellte sich wieder ein: der Antrag auf Abberufung Erhards wurde mit 52 zu 43 Stimmen, der auf Abberufung Pünders mit 51 zu 43 Stimmen abgelehnt.[73]

Ein anderer Ausgang wäre auch einer Sensation gleichgekommen, und zwar nicht etwa, weil Ludwig Erhards marktwirtschaftlicher Kurs in den eigenen Reihen keine Gegner gehabt hätte, sondern weil diese durch ihn personifizierte Neuordnungspolitik längst als Integrationsklammer der im Wirtschaftsrat entscheidenden Koalition von Christdemokraten und Liberalen unverzichtbar geworden war. In der parteipolitischen Auseinandersetzung um die „richtigen" Neuordnungsprinzipien hatte sich solchermaßen eine Polarisierung zwischen dem von Sozialdemokraten und Kommunisten vertretenen zentralverwaltungswirtschaftlichen Konzept gegenüber dem marktwirtschaftlichen Kontrastprogramm Ludwig Erhards herausgebildet, bei der dessen Person Symbolcharakter zukam, d.h. wenn er politisch fallen sollte, so würden sich auch die Mehrheitsverhältnisse im Wirtschaftsrat grundlegend verändern.

Erst mit der Erkenntnis dieser Zusammenhänge wird die eigentliche Stoßrichtung der Massenstreikaktion vom 12. November 1948 voll erkennbar: es war eine gewerkschaftliche Solidaritätskundgebung für das von der SPD propagierte sozialistisch-planwirtschaftliche Ordnungsmodell, dem durch Mobilisierung der „öffentlichen Meinung" und durch Druck von außen zu einer politischen Mehrheit im Wirtschaftsrat verholfen werden sollte. Unter diesem Blickwinkel wird auch erkennbar, warum in der 10-Punkte-Erklärung keine Lohnforderungen enthalten waren, denn bei Erfolg der ganzen Aktion, d.h. wenn die gewünschte Abberufung von Hermann Pünder und Ludwig Erhard im Wirtschaftsrat gelungen wäre, hätte eine mit der Hypothek hoher Lohnforderungen vorbelastete Rückkehr zur Bewirtschaftung die in sie gesetzten Erwartungen kaum erfüllen können. Dem neueingesetzten „Preiskommissar" wäre angesichts der objektiv unabwendbaren ökonomischen Zusammenhänge kaum eine andere Wahl geblieben, als von eventuellen (und allemal populären) tarifpolitischen Zusagen sehr rasch wieder abzurücken. Dies aber hätte nicht nur für die Rückkehr zur Bewirtschaftung, sondern auch für die Gewerkschaftsführung selbst einen schweren öffentlichen Prestigeverlust bedeutet und leicht zu einer Wiederbelebung des soeben erst zurückgedrängten kommunistischen Einflusses an der betrieblichen Basis führen können.

Des weiteren enthüllen diese Konsequenzen einen tiefgreifenden inneren Konflikt, in den die Gewerkschaftsführung durch ihren Solidaritätsstreik geraten war, konnten doch keine Illusionen darüber bestehen, daß auch auf Dauer amtliche Preisfestsetzungen sowie eine zentrale Planung und Lenkung der Wirtschaft schwerlich mit gewerkschaftlicher Autonomie vereinbar sein würden. Hinzu kam, daß auch von der Leitung des Zentralamtes für Arbeit in der britischen Zone sowie von derjenigen der späteren bizonalen Verwaltung für Arbeit, im Gegensatz zur alliierten Militärregierung, eher ein, wie Nautz es

---

[73] Ebenda, S. 1127

nennt, „staatskorporatistisches" Tarifvertragswesen vertreten worden ist, in dem den Sozialpartnern lediglich zuliefernde und ausführende Funktionen zugekommen wären und über dem die ständige Drohung staatlicher Zwangsschlichtung gestanden hätte.[74] Die Gewerkschaftsführung stand damit vor der Zwangslage, sich um den Preis parteipolitischer Solidarität erneut einer offensichtlich ungebrochenen „Kontinuität zum staatsinterventionistischen Denken der Arbeitsverwaltungsbürokraten" ausliefern zu müssen.[75] Wollte sie sich hingegen auf autonome Tarifregelungen einlassen, so wäre nicht nur die aus parteipolitischen Gründen abgelehnte marktwirtschaftliche Neuordnung als „systemadäquat" anzusehen gewesen, sondern es hätte dann auch freier Unternehmer und einer raschen Wiederzulassung von Arbeitgeberverbänden bedurft, um überhaupt Tarifverträge aushandeln und abschließen zu können.

Diese letzte Konsequenz war innerhalb der Gewerkschaftsbewegung zwar zunächst noch umstritten, weil einer direkten „wirtschaftsdemokratischen" Beteiligung an den beabsichtigten zentralen Institutionen zur Wirtschaftsplanung und -lenkung der Vorzug gegeben werden sollte, doch hatte sich schon in den Jahren 1946/47 gegen das insbesondere von Potthoff vertretene Konzept einer von staatlichen Interventionen begrenzten Tarifvertragsfreiheit die Forderung nach vollständiger Rückkehr zur Tariffreiheit und nach vollständiger Autonomie beider Vertragspartner durchgesetzt.[76] Diese neugewonnene gewerkschaftliche Grundeinstellung kann somit weder durch eine Fremdbestimmung der Besatzungsmächte noch als Resignation gegenüber marktwirtschaftlich eingestellten Mehrheiten in den bizonalen Institutionen erklärt werden.

Statt dessen dürfte die Erfahrung mit staatlicher Zwangsschlichtung in der Weimarer Republik maßgeblich gewesen sein, vor allem aber die Erkenntnis, daß sich die Reorganisation einer starken Gewerkschaftsbewegung und ihre Legitimation als Interessenverband schwerlich gegen den uneingeschränkten Gestaltungsanspruch der von Agartz vertretenen zentralverwaltungswirtschaftlichen Neuordnungskonzeption durchsetzen lassen würden. Ohnehin hätte auch eine „wirtschaftsdemokratische" Beteiligung der Gewerkschaften an staatlichen Entscheidungsprozessen nicht das Grundproblem zu lösen vermocht, daß eine Arbeitnehmerorganisation primär Arbeitnehmerinteressen zu vertreten hat, die nicht unmittelbar und in jeder Hinsicht mit den Regierungsinteressen deckungsgleich sein können. Dabei werden die zu erwartenden Reibungsflächen und entsprechenden Konfliktpotentiale sich zumindest tendenziell mit dem Ausmaß staatlicher Steuerungseingriffe vermehren. Früher oder später gerät die Gewerkschaftsführung dann in das „unappetitliche Dilemma", sich zwischen der Solidarität mit den politischen Interessen einer bestimmten Regierungspartei und der Solidarität mit den wirtschaftlichen und sozialen Interessen der Arbeitnehmer entscheiden zu müssen. Entscheidet sie sich in diesem Fall für die

[74] Jürgen P. Nautz, Die Durchsetzung der Tarifautonomie, S. 142

[75] Ebenda

[76] Ebenda, S. 149ff.

Parteisolidarität, so zerfällt die Bindekraft der Einheitsorganisation, entscheidet sie sich für die Arbeitnehmersolidarität, so kommt es zur direkten Konfrontation mit der Staatsmacht.

Dieses Dilemma ist, wenn auch in anderer Weise, bereits im Zusammenhang mit der Streikaktion vom November 1948 deutlich geworden, weil nach der vollzogenen konzeptionellen Hinwendung der Gewerkschaften zur Tarifautonomie die marktwirtschaftliche Neuordnung als logische Konsequenz erscheinen mußte. Die „Willenskundgebung" war somit eher ein Paradoxon, weil sie inhaltlich so offensichtlich gegen das gewerkschaftliche Selbstinteresse gerichtet war. Nun ist interessanterweise, ungeachtet des Mißerfolgs der gesamten Aktion, die damit verbundene Entscheidung für ein tarifpolitisches „Stillhalten" der Erhardschen Konjunkturpolitik nicht etwa hinderlich, sondern sogar außerordentlich hilfreich gewesen. Wie oben beschrieben, war das zumindest vorübergehende Zurückbleiben der Löhne hinter den Preisen eine wichtige Funktionsvoraussetzung für das Gelingen des Wirtschaftsaufschwungs. Die (zumindest offiziell) aus anderen Gründen erfolgte Zurückhaltung der Gewerkschaften hat somit wesentlich dazu beigetragen, die Marktwirtschaftspolitik Ludwig Erhards überhaupt erst zum Erfolg werden zu lassen. Hat es sich bei der „gewerkschaftlichen Willenskundgebung" vom 12. November 1948 vielleicht sogar nur um ein aus Solidaritätsgründen geführtes Scheingefecht gehandelt?

Verhielte es sich so, so wäre der Behauptung angeblicher „Legitimationsdefizite" bereits damit widersprochen. Die Integration der Gewerkschaften in die marktwirtschaftliche Neuordnung hätte sich dann bereits zu diesem frühen Zeitpunkt durch eine ordnungstabilisierende Funktionsübernahme innerhalb der Tarifautonomie und nicht erst mit der nachfolgenden Akzeptanz der Mitbestimmung als Ersatz für nicht durchsetzbare Sozialisierungsforderungen vollzogen.

1.5.2.3 Neuordnung der Montanindustrien

Mit der Besetzung Deutschlands hatte das Oberkommando der alliierten Streitkräfte in Europa (SHAEF) Verfügungen getroffen, um das Vermögen aller natürlichen und juristischen Personen zu beschlagnahmen, die mit dem Hitlerregime in Verbindung gebracht wurden. Von diesen Maßnahmen waren, neben zahlreichen Geschäftsbanken und anderen Kreditinstituten, vor allem die rüstungswirtschaftlich relevanten Ruhrkonzerne sowie die Kohlenbergbaubetriebe betroffen.[77] Gemäß den in den Potsdamer Vereinbarungen festgelegten Verfahrensgrundsätzen sollte die Blockade der Verfügungsgewalt über das

---

[77] Hierfür wurde bereits am 18. 9. 1944, dem ersten Tag der Besetzung deutscher Gebiete, das Militärgesetz Nr. 52 erlassen. Im folgenden wird aus der geänderten Fassung dieses Gesetzes vom 4. 4. 1945 sowie aus den in „Allgemeinen Verfügungen" (General Orders) festgelegten Ausführungsbestimmungen zitiert. Siehe: Amtsblatt der Militärregierung (Britisches Kontrollgebiet), Nr. 3, S. 18-21 und S. 58-65

Betriebsvermögen zunächst lediglich sicherstellen, daß die alliierten Auflagen bezüglich industrieller Abrüstung und Entmilitarisierung sowie die Reparationslieferungen erfüllt wurden. Die endgültige Regelung der Eigentumsfrage blieb dagegen zunächst offen, wenngleich festzustehen schien, daß die beschlagnahmten Unternehmen, wenn überhaupt, jedenfalls nicht an mit dem Naziregime verbundene frühere Eigentümer zurückgegeben, sondern einer noch festzulegenden Form von internationaler Kontrolle unterworfen werden sollten.[78]

Insbesondere die britische Regierung hatte aber schon frühzeitig Sozialisierungsabsichten geäußert und damit unter den hieran interessierten deutschen politischen Kräften Hoffnungen geweckt, nachdem im August 1946 durch ein Gesetz der Militärregierung die Eisen- und Stahlindustrien der britischen Besatzungszone, also auch des Ruhrgebietes, mit dem Ziel unter die Aufsicht der „North German Iron and Steel Control“ (NGISC) gestellt worden waren, „die Auflösung der in Privateigentum stehenden Kartelle und Konzerne, die Beschränkung der Produktionskapazität auf die zugestandene Friedenserzeugung, die Umgestaltung der Industrie für die Neuordnung auf der Grundlage öffentlichen Eigentums“ zu betreiben.[79] Zu diesem Zweck war eine Aufteilung der beschlagnahmten Unternehmen in neu zu gründende Gesellschaften vorgesehen, die sich auf jeweils eine Produktionsstufe beschränken sollten, um eine Entflechtung der als unerwünscht angesehenen vertikalen Verbundkonzentration zu erreichen.[80]

Die bisherigen Geschäftsleitungen sollten hingegen, weil personeller Ersatz fehlte, zumeist in ihren früheren Funktionen verbleiben, um im Auftrag und unter Kontrolle der Alliierten die Produktion sicherzustellen. Dies war ein Umstand, der weitreichende Folgen haben würde, weil dadurch nicht nur in betriebstechnischer Hinsicht eine gewisse Kontinuität gewahrt blieb, sondern auch in den persönlichen Einstellungen und inneren Verpflichtungen dieser „leitenden Angestellten“ gegenüber der Belegschaft und den Gewerkschaften sowie vor allem auch gegenüber den früheren Eigentümern. Auch die im Auftrag der NGISC handelnde und für die Entflechtung zuständige deutsche „Treuhandverwaltung“ unter Leitung von Heinrich Dinkelbach hat einen

---

[78] Vgl. Rolf Steininger, Großbritannien und die Ruhr, S. 11 ff.

[79] Vgl. Allgemeine Verfügung Nr. 7 zum Gesetz Nr. 52 sowie die „Bekanntmachung“ vom 14. 9. 1946, in: Amtsblatt der Militärregierung (Britisches Kontrollgebiet), S. 308 f. So hatte zum Beispiel der britische Militärgouverneur *Robertson* am 14. 8. 1946 vor dem Zonenbeirat versichert, „daß es die Absicht der Regierung seiner Majestät ist, eine sozialisierte Wirtschaft in Deutschland zu fördern“ (Akten zur Vorgeschichte, Band 1, Dokument 27, S. 675). Der britische Außenminister *Bevin* äußerte am 22. 10. 46 in einer Rede vor dem Unterhaus zum weiteren Schicksal der Ruhrindustrien: „Our intention is that those industries should be owned and controlled in future by the public. The exact form of this public ownership and control is now being worked out. They should be owned and worked by the German people, but subject to such international control that they cannot again be a threat to their neighbours“. Zit. nach: Rolf Steininger, Reform und Realität, S. 169 f.

[80] Vgl. Bericht der Stahltreuhänder, S. 59

vergleichbaren, wesentlichen Einfluß auf das weitere Schicksal der Ruhrindustrien und insbesondere auch auf das Zustandekommen der Montanmitbestimmung ausgeübt, zumal mit Dinkelbach als ehemaligem Vorstandsmitglied der (ebenfalls beschlagnahmten) Vereinigten Stahlwerke AG ein direkt von den Maßnahmen Betroffener mit der Ausarbeitung und Durchführung der Neuordnungspläne betraut worden war.[81]

Ein weiterer für die wirtschaftliche Zukunft Nachkriegsdeutschlands wesentlicher Faktor bestand darin, daß der Beschlagnahme der Ruhrindustrien und der Bergbaubetriebe die Wirkung einer Schutzvorschrift zukam, indem nämlich, gerade weil das weitere Vorgehen in der Eigentumsfrage zunächst ungeklärt blieb, dadurch eine betriebstechnische „Ausplünderung" der Produktionsanlagen, ähnlich wie in der sowjetischen Besatzungszone, verhindert worden ist. Auch die später hervortretende Absicht, eine Präjudizierung der Eigentumsfrage deshalb zu vermeiden, um die beschlagnahmten Industrien als „Faustpfand" für einvernehmliche Regelungen über die zukünftige Behandlung Deutschlands als Wirtschaftseinheit zu behalten, stellte die Unternehmen noch zusätzlich unter eine die Vermögenssubstanz weitgehend konservierende Schutzglocke, weil damit sowohl ein Zugriff „von außen", d. h. etwa über die vor allem von französischer und sowjetischer Seite gestellten Reparations- und Demontageforderungen, als auch ein Zugriff „von innen", d. h. durch die von den Deutschen selbst geäußerten Sozialisierungsabsichten, wirkungsvoll verhindert wurde. Insbesondere einer von den zumeist kommunistisch gelenkten „antifaschistischen Aktionsgruppen" verschiedentlich versuchten Besetzung und „Adhoc-Sozialisierung" einzelner Betriebe wurde damit ein Riegel vorgeschoben.[82]

Aus der Sicht der deutschen Gewerkschaften schien sich mit der anstehenden Neuordnung der Ruhrindustrien zunächst eine willkommene Gelegenheit zu bieten, um mit Unterstützung der britischen Militärregierung eigenen Zielen hinsichtlich Sozialisierung und Mitbestimmung zum Durchbruch zu verhelfen, zumal auch Dinkelbach, zumindest grundsätzlich, für eine Zusammenarbeit mit den Gewerkschaften aufgeschlossen war.

Des weiteren war durch die Interessengleichheit von Belegschaften und Unternehmensleitungen bei den vereinten Anstrengungen um das Wiederingangsetzen der Produktion bzw. in der Abwehr von Demontage- und Reparationsforderungen vielfach eine Atmosphäre partnerschaftlicher Verbundenheit entstanden, aus der die Miteinbeziehung gewerkschaftlicher Interessen, insbesondere in der Mitbestimmungsfrage, selbstverständlich zu sein schien.

Bereits am 31. Dezember 1945 wurde von Karl Jarres, dem Aufsichtsratsvorsitzenden der Klöckner AG, ein erster Vorstoß in dieser Richtung unternom-

---

[81] Ebenda, siehe dazu auch: Walter Vogel, Westdeutschland 1945-1950, Teil II, S. 229f.

[82] Dazu ausführlich: Niethammer / Borsdorf / Brandt, Arbeiterinitiative 1945, Kapitel C sowie die Übersichtskarte auf S. 720 im Anhang. Ebenso: Hartmut Pietsch, Militärregierung, Bürokratie und Sozialisierung, S. 79ff. und S. 110ff.

men, indem er in einer Besprechung mit Betriebsräten erklärte, „daß er es angesichts der herrschenden großen Not für unverantwortlich hielte, wenn sich die Gegensätze zwischen Arbeitnehmer und Arbeitgeber weiter zuspitzten“, und deshalb vorschlug, daß die Arbeiterschaft künftig an der Führung der Betriebe mitwirken sollte.[83] Diese Beteiligung könnte sich auf dreierlei Weise vollziehen:

1. durch Hereinnahme eines Vertrauensmannes der Gewerkschaften und der Betriebsvertretungen in den geschäftsführenden Vorstand der großen Werke mit allen Rechten und Pflichten eines ordentlichen Vorstandsmitgliedes;
2. durch Entsendung eines solchen Vertrauensmannes in den Aufsichtsrat der Gesellschaften, und zwar als stellvertretenden Vorsitzenden des Aufsichtsrates, wobei unterstellt werden müsse, daß die Aufgaben und Rechte des Aufsichtsrates in Zukunft erheblich erweitert werden müßten und dieser Vertrauensmann als Delegierter des Aufsichtsrates auch gelegentlich aktiv in die Geschäftsführung eingreifen könne;
3. durch Erweiterung der Befugnisse und des Aufgabenkreises des Betriebsrates in der Weise, daß diesem aktivere Mitarbeit in allen sozialen Fragen und der Personalpolitik der Werke eingeräumt werde.[84]

Dieses erste Mitbestimmungsangebot wurde von den Betriebsräten der Klöckner-Werke als unzureichend abgelehnt und eine gleichberechtigte Beteiligung am Aufsichtsrat mit je acht Delegierten gefordert. Darüber hinaus sollte auch der geschäftsführende Vorstand mit je zwei Vertretern paritätisch besetzt werden. Hierüber kam es zwar zu diesem Zeitpunkt zu keiner Einigung, doch bekundeten die Aufsichtsratsmitglieder des Konzerns im Januar 1946 ihr grundsätzliches Einverständnis mit der verantwortlichen Beteiligung von Belegschaftsmitgliedern an der Konzernleitung.[85]

Für die weitere Entwicklung ist festzuhalten, daß dies mit der Forderung nach einer Institutionalisierung der betrieblichen Mitbestimmung auf gemeinsamer Grundlage „mindestens für das ganze rheinisch-westfälische Revier, am besten durch eine gesetzliche Regelung für die gesamte deutsche Wirtschaft“ vorgenommen werden sollte. Für den Fall, daß eine derartige gesetzliche Regelung auf absehbare Zeit nicht zustande kommen könnte, wurde eine freiwillige Vorab-Verständigung in Erwägung gezogen, zu der es dann aber trotz weiterer Gespräche 1946 nicht mehr kam.[86]

Für eine Beurteilung dieser doch ziemlich frühzeitig geäußerten Bereitschaft zu Mitbestimmungsvereinbarungen ist allerdings zu berücksichtigen, daß damit von seiten der Konzernleitung auch durchaus eigennützige Interessen mitver-

---

[83] Zitiert aus einer bei *Potthoff* wiedergegebenen Aktennotiz der Besprechung: Erich Potthoff, Zusammenbruch und Wiederaufbau, S. 130

[84] Ebenda, S. 131

[85] Ebenda, S. 136f.

[86] Zitiert nach einem Schreiben von *Jarres* an die Gewerkschaftsvertretung vom 15. 7. 1946 bei: Erich Potthoff, Der Kampf um die Montan-Mitbestimmung, S. 32

folgt worden sind, bot es sich doch an, die politisch als weitgehend unverfänglich geltenden „traditionellen" deutschen Gewerkschaftsführer in die Mitverantwortung für das ungewisse weitere Schicksal der Ruhrkonzerne verpflichtend miteinzubeziehen, um dadurch der Enteignung zu entgehen und die jedenfalls drohenden Entflechtungs- und Abrüstungsmaßnahmen möglicherweise abzumildern.[87] Das Mitbestimmungsangebot der Leitung der Klöckner-Werke war insoweit auch als Versuch zu interpretieren, die Gewerkschaften auf diese Weise von ihren nach wie vor verfolgten Sozialisierungsplänen abzubringen und dabei die Position der gemäßigten Gewerkschafter zu stärken bzw. den Einfluß kommunistisch gelenkter radikaler Aktionsgruppen zurückzudrängen, die häufig durch Betriebsbesetzungen die Aufhebung des Privateigentums sowie die Vertreibung der Geschäftsleitungen zu erzwingen versuchten.[88] Die Annahme einer Beteiligung an den betrieblichen Entscheidungsprozessen hätte somit zwar die innergewerkschaftliche Legitimationsbasis der Arbeitnehmervertreter gestärkt, wäre aber auf der anderen Seite mit einer zur Mäßigung drängenden Übernahme von Ordnungsfunktionen einhergegangen; denn Mitbestimmung hieß in diesem Zusammenhang auch Mitverantwortung für das wirtschaftliche Schicksal der beschlagnahmten Konzerne.

Während für die Absicht einer grundlegenden Umgestaltung der Eigentumsverhältnisse im Vergleich zu einer ungleich schwerer durchsetzbaren „En-bloc-Sozialisierung" die Zerteilung und wirtschaftliche Schwächung der Konzerne eher günstig gewesen wäre, um die Kapitalinteressen zurückzudrängen, mußte unter dem Gesichtspunkt der betrieblichen Verantwortung für die Arbeitsplätze eher der Zusammenhalt der gewachsenen Konzernstrukturen und ihre wirtschaftliche Stärkung vertreten werden. Es kann daher nicht verwundern, daß innerhalb der Gewerkschaften eine ambivalente Einstellung zur Mitbestimmung vorherrschte, je nachdem, ob diese als eigenständiges Ziel oder vorrangig als bloßes Mittel angesehen wurde, als Zwischenstation auf dem Weg zu einer sozialistischen Umgestaltung der Eigentumsverhältnisse, bei der die Gewerkschaften gleichberechtigt mit politischen Kräften an der zentralen Planung und Lenkung der Wirtschaftsprozesse teilhaben würden.

Wie ein entsprechendes Mitbestimmungsmodell aussehen könnte, wird aus einem von dem Betriebsratsvorsitzenden der KlöcknerWerke, Karl Strohmenger, an den Leiter der NGISC, Harris-Burland, gerichteten Schreiben vom 14. September 1946 deutlich. Demzufolge sollte sich der zukünftige Aufsichtsrat in den beschlagnahmten Unternehmen wie folgt aus neun Mitgliedern zusammensetzen: „One representative of the economic ministry of the state (Land) in which the plant was located; the mayor or other executive (Landrat) of the municipality in which it was located; one representative of the main bank connected with the corporation; one production expert close to the firm; one business expert close to the firm; one elected representative of its wage-earning

[87] Vgl. Eberhard Schmidt, Die verhinderte Neuordnung, S. 75

[88] Vgl. Badstübner/Thomas, Restauration und Spaltung, S. 219f.

employees; one elected representative of its salaried employees; two men representing the union leadership".[89]

Angesichts der zu erwartenden Mehrheitsverhältnisse wäre eine derartige Aufsichtsratsbesetzung ein erster Schritt zur Überführung der Konzerne in die Gemeinwirtschaft gewesen. Entsprechend war für die Kapitaleigner überhaupt keine unmittelbare personelle Beteiligung vorgesehen, sondern lediglich die Möglichkeit, über die „Hausbank" des Unternehmens indirekt Einfluß zu nehmen. Angesichts dieser Absichten kann es nicht verwundern, daß die Gewerkschaften nicht dazu bereit waren, ihre Sozialisierungsziele einem Mitbestimmungsangebot zu opfern, das sogar noch hinter der geforderten vollen Parität als Mindestbedingung zurückblieb. Auch von seiten der Konzernleitungen wuchs die Bereitschaft zu weitergehenden Konzessionen erst, als im weiteren Verlauf des Jahres 1946 allmählich die Entflechtungsabsichten der Treuhandverwaltung in ihren Grundstrukturen bekannt wurden.

Dinkelbach hatte schon im Herbst 1945 von sich aus der britischen Militärregierung Neuordnungsvorschläge unterbreitet, denen zufolge aus der „Konkursmasse" der früheren Konzerne einzelne Betriebe herausgelöst und als „Übergangsfirmen" weitergeführt werden sollten.[90] Insgeheim verfolgte er damit wohl die Absicht, nicht nur soviel wie möglich von der verbliebenen betrieblichen Vermögenssubstanz vor der weiteren Vernichtung zu bewahren, sondern dabei vor allem die technisch hochwertigen Produktionsbetriebe intakt zu erhalten. Tatsächlich hat sich Dinkelbach damit später auch weitgehend durchsetzen können, indem nämlich aus der Konzernbilanz Werksanlagen ausgegliedert und durch Nutzungsverträge an „Betriebsführungsgesellschaften" übertragen wurden. Die zugehörigen Vorräte und Werksgeräte wurden an die neugegründeten Gesellschaften verkauft und übereignet. Auf diese Weise entstanden technisch hochwertige und schon bald rentabel arbeitende Betriebseinheiten, die jedem weiteren Zugriff durch Demontage- und Reparationsforderungen entzogen waren.[91]

Die Geschäftsleitungen der damit verbleibenden Rumpfkonzerne waren verständlicherweise von diesen Plänen wenig angetan. Ihre Kritik richtete sich zum einen gegen die vorgenommene Heraustrennung der Hütten- und Stahlwerke aus dem vertikalen Verbund mit den vorgelagerten Kohlezechen und Kokereibetrieben sowie den nachgelagerten Weiterverarbeitungsbetrieben, vorrangig aber dagegen, daß die Betriebsführungsgesellschaften die aus früheren Waren- und Finanzschulden resultierenden Konzernverbindlichkeiten nicht

---

[89] Zitiert nach dem ohne Quellenangabe versehenen Abdruck bei: Herbert J. Spiro, The Politics of German Codetermination, S. 29

[90] Auch Vertreter der ersten vier von der Entflechtung betroffenen Unternehmen sind schon am 18. 12. 1946 vorab vertraulich von Dinkelbach unterrichtet worden. Die offizielle Bekanntgabe der Pläne verzögerte sich bis zum 18. 1. 1947. Vgl. Bericht der Stahltreuhänder, S. 575f.

[91] Ebenda, S. 63ff.

mittragen sollten.[92] Im Nachhinein sollte sich diese Befreiung von den Altlasten indes auch für die früheren Konzerne politisch als ein geschickter Schachzug erweisen, weil sie damit hinsichtlich der zu erwartenden Entschädigungsforderungen in- und (vor allem) ausländischer Gläubiger für eventuelle spätere Enteignungsmaßnahmen weitgehend unattraktiv geworden waren.

Eine weitere Gefahr bestand aus der Sicht der Konzernleitungen in der Möglichkeit, daß die angekündigten und von ihnen nach Ziel und Inhalt durchweg abgelehnten Vorschläge Dinkelbachs die Unterstützung der Gewerkschaften finden könnten, so daß dann womöglich beides drohte: Entflechtung und Mitbestimmung. Angesichts dieser Perspektive mußte es als günstiger angesehen werden, die Gewerkschaften durch Konzessionen in der Mitbestimmungsfrage auf die eigene Seite zu ziehen, um mit ihnen gemeinsam ein anderes Neuordnungsmodell für die Eisen- und Stahlindustrie zu entwerfen, das dann den Plänen der Treuhandverwaltung gegenübergestellt werden konnte.[93]

Aber auch Dinkelbach hatte die Gewerkschaften schon frühzeitig informiert und für seine Pläne zu gewinnen versucht. Daneben war auch auf Seiten der Gewerkschaftsführer ein starkes Interesse vorhanden, in die weitere Vorgehensweise miteinbezogen zu werden, bestand doch aus ihrer Sicht die Gefahr, daß die britische Militärregierung die längst schon erwarteten Sozialisierungsentscheidungen unabsehbar weiter hinausschieben und die Erfüllung der Mitbestimmungsforderungen dabei gleichfalls in weite Ferne rücken würde. Unter diesem Aspekt mußte es für die Gewerkschaften als vordringlich gelten, einen „organisatorischen Hebel" zu finden, um den eigenen Ansprüchen eine höhere Priorität zu verleihen. Hierfür bot es sich an, über das von Dinkelbach vorgeschlagene Mitbestimmungsangebot einen direkten Einfluß auf die Leitung der Betriebsführungsgesellschaften zu erhalten.

Bei den offiziellen Verhandlungen zwischen dem Leiter der NGISC, Harris-Burland, und dem der Treuhandverwaltung, Dinkelbach, mit Vertretern der Einheitsgewerkschaft NordrheinWestfalens unter Vorsitz von Hans Böckler im Oktober 1946 legten die Gewerkschaften ihre auf den ersten Gewerkschaftskonferenzen der britischen Zone beschlossenen Forderungen nach paritätischer Mitbestimmung und nach einer schrittweisen Überführung der beschlagnahmten Unternehmen in Gemeineigentum vor.[94]

Besonders auf seiten der NGISC fanden diese Forderungen viel Zustimmung, zum einen, weil die Sozialisierung der Ruhrindustrien von der britischen

---

[92] Siehe dazu aus führlich die „Denkschrift der Konzerne" vom Dezember 1947 über die vorgesehenen Entflechtungsmaßnahmen. Abgedruckt in: Ebenda, S. 523-560

[93] Zu den Plänen der Konzernleitungen für ein solches Neuordnungsmodell siehe: Ebenda, S. 554ff.

[94] Vgl. Protokoll der ersten Gewerkschaftskonferenz der britischen Zone vom 12. bis 14. März 1946 in Hannover-Linden, S. 33 und das zitierte Protokoll der Gewerkschaftskonferenz der britischen Zone vom 21. bis 23. August 1946 in Bielefeld, S. 24

Militärregierung ohnehin angestrebt wurde, zum anderen, weil man sich der gewerkschaftlichen Unterstützung versichern wollte, um den dringend erforderlichen Produktionsanstieg in den Schlüsselindustrien des Ruhrgebietes in Gang zu setzen. Hierfür bot es sich an, den relativ gemäßigten Gewerkschaftsführern und den ihnen nahestehenden Betriebsräten Erfolge in der Mitbestimmungsfrage zuzugestehen, um damit zugleich den Einfluß radikaler Betriebsgruppen zurückzudrängen und weitere Arbeitskonflikte zu vermeiden.[95]

Von seiten der Treuhandverwaltung war die Zustimmung differenziert. Als der Gewerkschaftsführung unter Böckler im Dezember 1946 in einer vertraulichen Unterredung erste Einzelheiten der geplanten Neuordnung im Montanbereich mitgeteilt wurden, betonte Dinkelbach: „Bei dem Plan müssen zwei Dinge herausgestellt werden:

a) daß die bisherigen Eigentümer nicht mehr über ihr Eigentum verfügen können, mit anderen Worten,

b) daß die Arbeiter in ehrlicher und klarer Weise mit in die Leitung der Unternehmen eingeschaltet werden".[96]

Dies sollte geschehen, indem die neu zu gründenden Betriebsführungsgesellschaften aus dem früheren Konzernverbund herausgelöst und unter die Kontrolle der Treuhandverwaltung gestellt werden würden, wobei die Aufsichtsräte dieser Unternehmen dann in gleicher Anzahl mit Vertretern der Arbeitnehmer und der Konzernleitungen besetzt werden sollten.[97]

Der wesentliche Unterschied zu den gewerkschaftlichen Vorstellungen bestand darin, daß für die Gewerkschaften die Überführung in Gemeineigentum und die gleichberechtigte Beteiligung der Arbeitnehmer an der Leitung der Konzerne bislang stets zwei unabhängig voneinander anzustrebende Ziele gewesen waren, wohingegen in der Ankündigung Dinkelbachs auf sehr geschickte Weise zunächst die eigentlich geforderte Enteignung durch eine bloße

---

[95] Aufschlußreich ist in dieser Hinsicht der Bericht „Workers' Responsibility for Management of Reorganized Iron and Steel Works" vom 11. Juli 1947, in dem *Harris-Burland* seine bisherigen Erfahrungen mit den deutschen Gewerkschaften zusammenfaßt: „In the separate steel works the Works' Councils who, in general, are more Left Wing and less responsible than the trade unions, were pressing the management of the owner concerns for far reaching concessions, many of which were of an anarchical and impracticable nature. Before our control was instituted the individualists were making concessions to the Works' Councils in fear of being attacked and denounced as the nazis and reactionaries which, in most cases, they were. The result was a confused and disorganized relation between the industrial management on the one side and the workers, represented by their Works' Councils which in many cases defied the more responsible trade unions. This increasingly disorganized state of labour relations was threatening the productive capacity of the steel works". Zitiert bei: Herbert J. Spiro, The Politics of German Codetermination, S. 33. Siehe dazu auch: Bericht der Stahltreuhänder, S. 82

[96] Zit. bei: Eberhard Schmidt, Die verhinderte Neuordnung, S. 77

[97] Vgl. zu den Maßnahmen: Bericht der Stahltreuhänder, S. 82f. und zum Verhandlungsverlauf: Erich Potthoff, Zusammenbruch und Wiederaufbau, S. 135

Einschränkung der Verfügungsgewalt ersetzt worden war und dann bereits die bloße Mitbestimmung schon diese Einschränkung herbeiführen und bedeuten sollte. Also nicht Enteignung und Mitbestimmung, sondern lediglich Einschränkung der Verfügungsgewalt durch Mitbestimmung. Trotzdem erklärten sich die Gewerkschaften mit den Plänen Dinkelbachs einverstanden.

Als die endgültig vorgesehenen Entflechtungsmaßnahmen einige Tage später im Dezember auch den Konzernleitungen offiziell bekannt wurden, unternahmen diese vermehrte Anstrengungen, um die Gewerkschaften doch noch auf die eigene Seite zu ziehen und mit ihrer Hilfe der drohenden Zerschneidung der Konzernstrukturen entgegenzuwirken. Bereits am 18. Januar schlug Jarres den Gewerkschaften vor, einen „Gegenplan" zu den Absichten der Treuhandverwaltung zu erstellen, weil die anzustrebende „praktische Gleichstellung, d. h. Gleichberechtigung, aber auch Gleichverantwortung von ‚Kapital und Arbeit'" bei einer Neuordnung der Eisen schaffenden Industrie nicht durch ungeeignete Entflechtungsmaßnahmen gefährdet werden dürfe.[98]

Als konkrete Gegenleistung bot Jarres an, daß der zukünftige Aufsichtsrat der Klöckner-Werke so besetzt werden sollte, daß die Vertreter der Arbeitnehmer zusammen mit denjenigen der öffentlichen Hand sogar über die Mehrheit verfügen könnten. Sozusagen als Preis für diese Beteiligung sollte dieser Aufsichtsrat dann „in Verbindung mit dem Vorstande Vorschläge für eine organische Durchführung der Konzernentflechtung machen", wobei insbesondere, neben den Belangen der Arbeitnehmer, „alle bestehenden Verbindlichkeiten und die Rechte des in dem Unternehmen arbeitenden in- und ausländischen Kapitals" gewahrt bleiben müßten.[99] Zeitlich parallel dazu richteten auch die Herren Reusch und Hilbert vom Vorstand der Gutehoffnungshütte Oberhausen AG ein Mitbestimmungsangebot an die Einheitsgewerkschaft in Köln, das vorsah, „daß der Aufsichtsrat durch die Zuwahl von Vertretern der Arbeitnehmer bzw. der Gewerkschaften erweitert" werden sollte, allerdings wohl nur vorübergehend und vorrangig, „um eine Entflechtung durchzuführen, welche die Wirtschaftlichkeit der Werke nicht gefährdet".[100]

Beide Mitbestimmungsangebote der Konzernleitungen blieben damit hinter der von der Treuhandverwaltung angebotenen vollen Parität zurück. Eine Beteiligung von Arbeitnehmervertretern an dem für die alltägliche Unternehmensführung ungleich maßgeblicheren Vorstand der Konzerne wurde überhaupt nicht angeboten. Es kann daher nicht verwundern, daß sich die Gewerkschaftsvertreter auf die Seite der Treuhandverwaltung stellten. Am 1. März 1947 kam es dann zur Gründung von zunächst vier der insgesamt 25

---

[98] Das Schreiben von *Jarres* an die Einheitsgewerkschaft in Köln ist abgedruckt in: Bericht der Stahltreuhänder, S. 609

[99] Das Schreiben von *Reusch* und *Hilbert* (Vorstand Gutehoffnungshütte) findet sich ebenda

[100] Ebenda, S. 65

vorgesehenen Betriebsführungsgesellschaften, wobei die neuen Mitbestimmungsvereinbarungen erste Anwendung fanden. Diese „Einschaltung der Arbeitnehmerschaft und ihrer Vertretungen in die Mitbestimmung und Mitverantwortung" bildete, nach Auffassung der Treuhandverwaltung, sogar „eines der hervorragendsten Kennzeichen der Neuordnung der Eisen- und Stahlindustrie" überhaupt.[101]

Hinsichtlich einer „Demokratisierung der Betriebe" war die Treuhandverwaltung also „von der Notwendigkeit durchdrungen, die soziale Gleichberechtigung zu verwirklichen und den Menschen in den Mittelpunkt der Wirtschaft zu stellen", wohingegen in der Sozialisierungsfrage Zurückhaltung angebracht sein sollte, weil die Militärregierung eine Entscheidung darüber ausdrücklich „dem deutschen Volke" vorbehalten hatte.[102]

Konkret gingen die neuen Mitbestimmungsrechte tatsächlich noch über eine bloße Überwachung des geschäftsführenden Vorstands hinaus, wie sie bereits das Betriebsrätegesetz von 1920 vorgesehen hatte, indem die Belegschaften „durch die Schaffung eines dritten Vorstandspostens, des Arbeitsdirektors, unmittelbar in die Betriebsführung eingeschaltet (wurden)". Dieser Arbeitsdirektor sollte gegenüber dem bisherigen kaufmännischen und technischen Direktor gleichberechtigt tätig sein, um „die Belange des arbeitenden Menschen zu vertreten und mit den wirtschaftlichen Erfordernissen in Einklang zu bringen". Seine Ernennung sollte, in Abstimmung mit den Gewerkschaften, durch den Aufsichtsrat, den Betriebsrat und die zuständigen Stellen der Militärregierung erfolgen.[103]

In den Aufsichtsräten der Betriebsführungsgesellschaften sollte die Mitbestimmung durch eine paritätische Besetzung des auf elf Mitglieder erweiterten Gremiums dauerhaft etabliert werden, und zwar mit je einem Arbeiter und einem Angestellten aus dem Betriebsrat, einem Vertreter des Industrieverbandes Metall, einem Vertreter des Gewerkschaftsbundes sowie mit einem Vertreter der öffentlichen Hand, der das Vertrauen der Gewerkschaften hat. Diesen fünf Arbeitnehmervertretern sollten gleichfalls fünf Arbeitgebervertreter entsprechen, davon drei von den Konzernen vorgeschlagene Mitglieder, ein von der NGISC bestellter Vertreter der öffentlichen Hand, der den Unternehmen nahesteht, sowie „ein Vertreter aus dem Kreis der entflochtenen Gesellschaften".[104]

Das elfte Mitglied sollte eine den Vorsitz führende neutrale Persönlichkeit sein und (zu jener Zeit) von der Treuhandverwaltung entsandt werden. Die Stimme

---

[101] Zitiert aus der „Stellungnahme der Treuhandverwaltung im Auftrag der North German Iron and Steel Control. Die Entflechtung und Neuordnung der Eisen schaffenden Industrie" vom April 1948, abgedruckt in: Bericht der Stahltreuhänder, S. 561 - 620, zitiert wurde Ziffer 197

[102] Ebenda, Ziffer 198

[103] Ebenda, Ziffern 197, 199 und 202

[104] Ebenda, Ziffer 205

des Vorsitzenden konnte aber satzungsgemäß nicht den Ausschlag geben, „um sicherzustellen, daß der Aufsichtsrat nicht durch seinen Vorsitzenden beherrscht wird".[105] Die Beteiligung der öffentlichen Hand über die Arbeitgeber- und die Arbeitnehmerseite war wegen des starken Interesses, „das die Öffentlichkeit an der Neuordnung der Eisen schaffenden Industrie nimmt", vorgesehen.[106]

Damit kann vorläufig abschließend zur Einführung der paritätischen Mitbestimmung in den Betriebsführungsgesellschaften der Eisen- und Stahlindustrie festgehalten werden, daß es sich dabei nicht um „ein Geschenk der Alliierten"[107] gehandelt hat und daß sie gleichfalls nicht „Ergebnis einer brutalen Erpressung durch die Gewerkschaften"[108] gewesen ist. Vielmehr stand die (hier wesentliche) britische Militärregierung den gewerkschaftlichen Mitbestimmungsforderungen zwar wohlwollend gegenüber, dies aber vorrangig, weil es mit der eigentlich versprochenen Sozialisierung absehbar nichts werden würde. Keineswegs aber hat sie derartige, den britischen Arbeitsbeziehungen ohnehin fremde Regelungen initiiert oder gar aufgezwungen.[109]

Maßgeblich für die Durchsetzung waren die auch bei zumindest einigen Mitgliedern der Konzernleitungen grundsätzlich vorhandene Bereitschaft, die Belegschaftsangehörigen auf irgendeine Weise in die Zukunftsentscheidungen über die Betriebe miteinzubeziehen, sowie vor allem der Umstand, daß mit Dinkelbach ein Aufsichtsratsvorsitzender der beschlagnahmten Unternehmen die Leitung der Treuhandverwaltung übertragen bekommen hatte, der von Anfang an um ein gutes Einvernehmen mit den Gewerkschaften bemüht gewesen ist. Auf ihn ist insbesondere die Institutionalisierung des „Arbeitsdirektors" in die geschäftsführenden Vorstände der Eisen- und Stahlindustrie zurückzuführen.[110] Durch die Aufgeschlossenheit Dinkelbachs für Mitbe-

---

[105] Ebenda

[106] Ebenda, Ziffer 206

[107] Das Zitat stammt von *Potthoff*, der sich aber gegen diese Auffassung wendet und auf die Gestaltungsabsichten der Gewerkschaften verweist. Vgl. Erich Potthoff, Der Kampf um die Montanmitbestimmung, S. 27

[108] Vorstandsmitglied *Reusch* auf einer Hauptversammlung der Gutehoffnungshütte im Jahre 1952. Zitiert nach: Erich Potthoff, Mitbestimmung in den Holdinggesellschaften, S. 138

[109] So wohl zutreffend *Hirsch-Weber*: „Die NGISC und die deutsche Treuhandverwaltung führten die Mitbestimmung ein in Erfüllung eines alten Verlangens der Gewerkschaften, das in weiten Kreisen nicht nur der Arbeiterschaft Symphatie gefunden hatte, und im ausdrücklichen Einverständnis mit den Unternehmern". Wolfgang Hirsch-Weber, Gewerkschaften in der Politik, S. 87

[110] Dies läßt sich insbesondere der von *Harris-Burland* in einer Ansprache vor Unternehmern und Gewerkschaftern Anfang 1947 in Düsseldorf vorgenommenen Würdigung der Arbeit der Stahltreuhänder entnehmen: „Although Herr Dinkelbach is not responsible for deciding upon the aims, he is responsible to me for all the details of the plan and its execution. To Herr Dinkelbach I owe the excellent proposal, for example, that the workers should be given immediately a share in the management of the new companies which are being formed to operate the steel works during the transitory stage". Zitiert nach: Herbert J. Spiro, The Politics of German Codetermination, S. 31

stimmungsvereinbarungen gerieten die Konzernleitungen in den Zwang, mit entsprechenden Angeboten sozusagen nachziehen zu müssen, wollten sie nicht jeglichen Einfluß auf den Lauf der Dinge verlieren.

Letztlich entscheidend war aber, daß die Gewerkschaften, in denen die Bereitschaft, die Mitbestimmung neben der Sozialisierung als gleichberechtigte Forderung anzuerkennen, zumindest anfänglich nicht gerade groß war, damit in die günstige Situation eines aus politischen Gründen umworbenen Partners gerieten, dem die Mitbestimmung sozusagen als Preis für das Einschwenken auf die jeweils eigene Verhandlungslinie zugestanden wurde. Das Mitbestimmungsangebot war somit von seiten der Treuhandverwaltung die „Mitgift" für das Akzeptieren, von seiten der Konzernleitungen für das Ablehnen der Entflechtungspläne Dinkelbachs. Dieser Zusammenhang erhellt allein schon daraus, daß die Gewerkschaften auch weiterhin weder dazu bereit waren, ihre früheren Sozialisierungsforderungen aufzugeben, noch daß sich die Mitbestimmung in irgendeiner Weise als notwendig erweisen sollte, um eine Enteigung der Ruhrkonzerne zu verhindern. Tatsächlich ist die Enteignung schließlich, ungeachtet der anfänglichen Absichtserklärungen sowohl von alliierter als auch von deutscher Seite, an Faktoren gescheitert, die völlig außerhalb etwaiger ordnungspolitischer Überlegungen gestanden haben.

1.5.2.4 Scheitern der Sozialisierung

Je länger die Diskussion unter den Allierten darüber andauerte, ob die im Potsdamer Abkommen beanstandete „übermäßige Konzentration der Wirtschaftsmacht" nun, wie von Großbritannien und der Sowjetunion gefordert, durch Enteignung und Verstaatlichung oder aber, so die von den Vereinigten Staaten vertretene Auffassung, durch Entflechtungs- und Dekartellisierungsmaßnahmen nach dem Vorbild der US-Antitrustgesetzgebung beseitigt werden sollten, um so mehr geriet diese Auseinandersetzung inhaltlich unter den Einfluß des wachsenden Ost-West-Konflikts und damit in eine politische Sphäre, die von den ursprünglichen Zielen weit entfernt war. Allerdings wäre auch bei einer rein ökonomischen Betrachtungsweise kaum einzusehen gewesen, wie der im Potsdamer Abkommen beanstandete politische und wirtschaftliche Zentralismus dadurch hätte abgebaut werden können, daß die Verfügungsmacht über die großindustriellen Konglomerate von den immerhin noch miteinander konkurrierenden Konzerneignern an ungleich mächtigere Staatsorgane übertragen worden wäre.

Im Grunde handelte es sich in der Sozialisierungsdiskussion um das gleiche ordnungspolitische Problem, das bereits die beschriebene Föderalismus-Zentralismus Kontroverse geprägt hatte: wenn für die Wirtschaftsneuordnung im Nachkriegsdeutschland zentralverwaltungswirtschaftliche Prinzipien Anwendung finden sollten, so würde dies einen Abbau der Privatwirtschaft zugunsten von Staatsunternehmen bedingen; sollten hingegen föderalistische Prinzipien angewandt werden, so würde dies mit der Wiederherstellung einer auf Privateigentum gegründeten freiheitlichen Wettbewerbsordnung einhergehen müssen. In diesem Zusammenhang wäre von den Ruhrindustrien als Modellfall erfolgreich durchgeführter Sozialisierungsmaßnahmen eine wahrscheinlich für die Gestaltung der gesamten Wirtschaftsordnung in Westdeutschland entscheidende Ausstrahlungswirkung ausgegangen.

Daß es dann letztlich trotz aller Ankündigungen nicht dazu gekommen ist, wird zumeist auf das angebliche Eingreifen der US-Militärregierung, auf den mangelnden Durchsetzungswillen der Gewerkschaften und / oder schließlich auf das Wiedererstarken kapitalistisch-restaurativer Tendenzen zurückgeführt.[111] Tatsächlich ist aber, wie aus neueren Untersuchungen entnommen werden kann, die Sozialisierung der Ruhrindustrien im wesentlichen an den mit einer Enteignung verbundenen nationalen und internationalen Verwicklungen und, vor allem, an den französischen Sicherheitsinteressen gescheitert.[112]

Der Entscheidungsprozeß in der Ruhrgebietsfrage war im Herbst 1946 in eine entscheidende Phase gelangt, nachdem mit der vorgesehenen Gründung der Bizone absehbar geworden war, daß es zu der vor allem von Frankreich (und der Sowjetunion) geforderten Internationalisierung des Ruhrgebietes nicht kommen würde, die britische Verfügungsgewalt hingegen demnächst mit der amerikanischen Militärregierung geteilt werden mußte. Die für eine Sozialisierung eingestellte britische Labour- Regierung verabschiedete daher im Oktober 1946 einen Plan, demzufolge die Sozialisierung der Ruhrindustrien möglichst noch vorher auf nationaler Ebene und unter alliierter Kontrolle in drei Stufen vorgenommen werden sollte:

„Stufe A“ sah die Einsetzung deutscher Treuhänder als Leiter der enteigneten Betriebe vor, in

„Stufe B“ sollten diese Betriebe dann in noch zu gründende deutsche Staatsgesellschaften eingebracht werden und in

„Stufe C“ wäre dann eine internationale Kontrolle der sozialisierten Industriebereiche einzurichten gewesen.[113]

Diese an sich schlüssige Vorgehensweise hakte sich indes schon in der ersten Stufe an den zentralen Fragen fest, wem die Treuhänderschaft denn überhaupt politisch unbesorgt übergeben werden könnte, wieweit die Verfügungsmacht gehen sollte und ob später die zuständige Landesregierung von Nordrhein-Westfalen oder aber eine etwaige deutsche Zentralregierung die Treuhänderschaft übernehmen sollte. Vor allem über dem letzten Problem kam es zu einer

---

111 Vgl. Eberhard Schmidt: Die verhinderte Neuordnung, insb. S. 150ff.; Schmidt / Fichter, Der erzwungene Kapitalismus, S. 23ff.; Badstübner / Thomas, Restauration und Spaltung, 217ff.; Frank Deppe, Das Bewußtsein der Arbeiter, S. 291

112 Siehe dazu Carsten Lüders, Die Regelung der Ruhrfrage, insb. S. 93ff.

113 Vgl. Bericht der Stahltreuhänder, S. 59 und ebenso Rolf Steininger, Reform und Realität, S. 170

harten Kontroverse zwischen dem britischen Außenminister Bevin und seinem Amtskollegen für deutsche Angelegenheiten Hynd, wobei ersterer sich mit seinem Eintreten für die Übergabe an eine zukünftige Zentralregierung durchzusetzen vermochte.[114] Damit war die praktische Durchsetzung der Maßnahmen aber erst einmal in weite Ferne gerückt, zumal noch nicht einmal festzustehen schien, ob es überhaupt jemals wieder eine deutsche Zentralregierung geben würde.

Im Februar 1947 beschloß das britische Kabinett dann schließlich, auf Länderebene Treuhänder für die Kohlen-, Eisen- und Stahlindustrie ihrer Besatzungszone zu ernennen, wobei über die endgültige Eigentumsform der zu sozialisierenden Industrien aber erst später entschieden werden sollte. Selbst diese zurückhaltende Vorgehensweise entfachte indes schon einen Proteststurm, den wohl niemand in diesem Ausmaß und in dieser Richtung erwartet hatte. Es waren nämlich vorrangig die Niederlande, Belgien und Luxemburg, die ihre Beteiligungsinteressen an den Ruhrindustrien durch die drohende Sozialisierung gefährdet sahen. Hinzu kamen die schon bekannten sicherheitspolitischen Bedenken Frankreichs gegen eine eventuelle spätere Übergabe der Verfügungsgewalt an eine neue deutsche Zentralregierung, so daß bereits am 1. März 1947 die Ernennung von Treuhändern „vorläufig" aufgeschoben werden mußte.[115]

Damit geriet aber die Ruhrgebietsfrage zeitlich immer stärker unter den Einfluß der vorgesehenen Verschmelzung von britischem und amerikanischem Besatzungsbiet zur „Bi-Zone" und damit in die bereits beschriebene Auseinandersetzung darüber, ob der zukünftige bizonale Verwaltungsaufbau eher nach föderalistischen oder nach zentralistischen Regelungsprinzipien vorgenommen werden sollte. Dabei konnte die Sozialisierungsentscheidung selbstverständlich nicht ausgeklammert bleiben. Insbesondere Clay sah in den britischen Bestrebungen den Versuch, „to introduce socialistic controls which would pave the way to the complete socialisation of the Bizonal area" und einen möglichen Ansatz für eine „rigid centrally controlled German economy".[116]

Allerdings war angesichts der aufgetretenen Probleme hinsichtlich der Treuhänderschaft, der endgültigen Übergabe der Verfügungsgewalt und der zu erwartenden Entschädigungsverpflichtungen die anfängliche britische Entschlossenheit in der Sozialisierungsfrage inzwischen auch schon weitgehender Ernüchterung gewichen. Außderdem war die wirtschaftliche Abhängigkeit der Labour Regierung von amerikanischer Finanzhilfe so stark geworden, daß man schon von daher dem auch in demokratischer Hinsicht überzeugenden Argu-

---

[114] Ebenda, S. 171

[115] Ebenda, S. 182ff.; der Auslandsbesitz an der Ruhrindustrie betrug 1930 im Steinkohlenbergbau 250 Mio RM, im Braunkohlenbergbau 150 Mio RM, in der eisenschaffenden Industrie 180 Mio RM und in der eisenverarbeitenden 100 Mio RM. Vgl. den Artikel „Auslandsbesitz in der Ruhrindustrie", in: „Die Welt" vom 5. 4. 1947

[116] *Clay* am 28. 4. 1947 in einem Schreiben an das US-Kriegsministerium, abgedruckt in: Jean Edward Smith, Clay Papers, Band 1, S. 342

ment Clays zuzustimmen geneigt gewesen wäre, daß Sozialisierungsentscheidungen auf Länderebene nur dann möglich sein sollten, wenn sie der freien Entscheidung des deutschen Volkes entsprächen und nicht von außen oktroyiert werden würden.[117] Hinsichtlich der dabei entscheidenden Frage, ob denn darüber auf Länderebene oder auf gesamt(west)deutscher Ebene abzustimmen sein sollte, setzte sich etwa ab Jahresmitte 1947 endgültig die amerikanische Auffassung durch, daß Sozialisierungsmaßnahmen „nur nach einer vollständigen und freien Äußerung des Volkswillens" möglich sein sollten, „die durch eine Volksbefragung, eine verfassungsmäßige Gesetzgebungsmaßnahme, eine eindeutige Parteienplattform oder ähnliches erfolgen könnte".[118]

Immerhin schien damit auch weiterhin im Grundsätzlichen noch eine regional und industriell begrenzte Teilsozialisierung unter deutscher Regie möglich zu sein, wenn dazu die parteipolitischen Kräfte anders verteilt gewesen und die ursprünglichen programmatischen Absichten beibehalten worden wären. Im bizonalen Entscheidungsbereich deutscher Selbstbestimmung war aber, wie die vorangehende Analyse gezeigt hat, zu diesem Zeitpunkt bereits keine politische Mehrheit für eine sozialistische Umgestaltung der Wirtschaft vorhanden.

Nachdem auf die beschriebene Weise von 1947 bis zum April 1948 insgesamt 24 Betriebsführungsgesellschaften entstanden waren, konnte damit die Phase der Entflechtung als abgeschlossen gelten, so daß sich jetzt die Frage nach dem endgültigen Schicksal der neuen Gesellschaften und der Altkonzerne stellte. Auch in dem für die Ruhrgebietsfrage inzwischen maßgeblichen bizonalen Entscheidungsrahmen hatte sich aber das Kräfteverhältnis aufgrund der wachsenden außenwirtschaftlichen Abhängigkeit Großbritanniens stark von der britischen auf die amerikanische Seite verlagert,[119] so daß, wie beschrieben, eine „von außen angeordnete" Sozialisierung ohnehin nicht mehr in Frage kommen konnte. Entsprechend findet sich im abschließenden „Gesetz über die Umgestaltung des deutschen Kohlenbergbaus und der deutschen Eisen- und Stahlindustrie" vom November 1948 die bereits bekannte amerikanische Auffassung zu diesem Thema: „The question of the eventual ownership of the

[117] "However, I did not anticipate that conditions could be created in Germany which would permit such a free expression until its future political structure had been determined and central government established. Moreover, I have never expressed any views as to the desirability of socializing coal and steel industry of the Ruhr in Land North Rhine Westphalia". *Clay* am 24. 6. 1947 an den Assistant Secretary of War *Petersen*. Abgedruckt in: Jean Edward Smith, Clay Papers, Band 1, S. 375

[118] *Clay* am 1. 5. 1947 an General *Noce* vom US-Kriegsministerium. Zitiert nach: Akten zur Vorgeschichte, Band 2, S. 33

[119] Das Dilemma in der Sozialisierungsfrage faßte der britische Delegationsteilnehmer an den Verhandlungen in Washington, *Burrows*, im Juli 1947 wie folgt zusammen: „We cannot offend the Americans or we shall not get dollars; we cannot offend the Germans or we shall get no more coal; we cannot offend the French or we shall weaken Mr. Ramadier's Government and forfait French support in the Paris discussion; we cannot abandon socialization too completely or there will be an outcry in Parliament here". Zitiert bei: Rolf Steininger, Reform und Realität, S. 218f.

Coal and Iron and Steel Industries should be left to the determination of a representative, freely elected German Government".[120]

Aber auch damit war die „Sozialisierungsoption" grundsätzlich immer noch offen. Es konnten allerdings nach der bisherigen parteipolitischen Entwicklung und insbesondere nach den Ergebnissen der ersten Landtagswahlen kaum Zweifel daran bestehen, daß unter den Deutschen in den drei Westzonen absehbar keine parlamentarische Mehrheit für eine Sozialisierung zustande kommen würde. Auf Länderebene, so zum Beispiel in Hessen und in Nordrhein-Westfalen, hatten die Militärgouverneure zwar, ihren Vereinbarungen entsprechend, die Durchführung verabschiedeter Sozialisierungsbeschlüsse mit dem Hinweis auf den dazu notwendigen Entscheid einer zukünftigen deutschen Bundesregierung durch ihr Veto blockiert, keineswegs aber, wie oft und fälschlich behauptet wird, die Sozialisierung schlechthin „verboten".[121]

Unabhängig davon wäre es sehr wohl möglich gewesen, daß es bei einem eventuellen späteren Beschluß der Bundesregierung für die Sozialisierung doch noch zu einem tatsächlichen „Verbot" von seiten der Allierten Hohen Kommission gekommen wäre, zumal Frankreich das Gesetz zur Neugestaltung der Ruhrindustrien gerade wegen dieser „Sozialisierungsklausel" sogleich abgelehnt hatte.[122] Davon abgesehen, ging die weitere Entwicklung aber doch in die Richtung, daß die neue deutsche Regierung nach Gründung der Bundesrepublik eine wachsende Entscheidungskompetenz auch in der Ruhrgebietsfrage übertragen bekommen würde und daß jedenfalls die früheren Internationalisierungspläne nicht weiter verfolgt werden sollten.

Damit lief die Zeit gegen die Durchsetzungschancen der von den Sozialdemokraten und von der Gewerkschaftsführung nach wie vor vertretenen Sozialisie-

---

[120] Zitiert aus der Präambel des Gesetzes Nr. 75 nach dem Abdruck in: Amtsblatt der Militärregierung (Britisches Kontrollgebiet), Nr. 28, S. 1025

[121] Nebenbei sei festgestellt, daß die praktische Umsetzung des bekannten „Sozialisierungs-Artikel 41" der hessischen Landesverfassung letztlich nicht etwa, wie so oft fälschlich behauptet wird, am Einspruch der US-Militärregierung gescheitert ist, die nur einen positiven Volksentscheid verlangt hatte, sondern an der fehlenden Mehrheit im hessischen Landtag. Als es nämlich 1950 zur entscheidenden Abstimmung über die Ausführungsgesetzgebung kam, ergab sich ein Patt von 41 zu 41 Stimmen (und damit eine Ablehnung), weil eine Abgeordnete, die wohl dafür gestimmt hätte, sich zum fraglichen Zeitpunkt auf ihrer Hochzeitsreise befand. Vgl. Eugen Kogon, Hessen nach dem Zusammenbruch, S. 40f.

[122] Der französische Außenminister *Schumann* äußerte am 24. 11. 1948 dazu: „Indem man der deutschen Regierung die Bestimmung ihrer zukünftigen Eigentumsverwaltung überläßt, läuft man die Gefahr einer Wiederherstellung dieser wirtschaftlichen und industriellen Konzentration — die man gerade vermeiden will —, wenn sich diese Regierung beispielsweise für die Verstaatlichung des Ruhrvermögens ausspricht". Zitiert bei: Raymond Poidevin, Frankreich und die Ruhrfrage, S. 326. Die Zustimmung Frankreichs zur „Trizone" konnte schließlich durch die Beteiligung an der „Internationalen Ruhrbehörde" und durch die Zusicherung gewonnen werden, daß die endgültige Entscheidung der Eigentumsfrage nur vorbehaltlich eines allseitigen Friedensvertrages mit Deutschland getroffen werden dürfte. Ebenda, S. 327

rungsabsichten. Von seiten des DGB und der IG Metall wurde daher Ende Januar 1949 der Versuch unternommen, durch ein Memorandum an die britische Militärregierung den andauernden Schwebezustand in der Eigentumsfrage doch noch zu verändern.[123] Die Vorschläge liefen darauf hinaus, die Unternehmen der Eisen- und Stahlindustrie unter eine gemeinsame Dachorganisation zu stellen, deren Leitungsorgane „durch Einbau von Gewerkschaftsvertretern unter demokratische Kontrolle gestellt werden (sollten)".[124]

Neben dieser Mitbestimmungserweiterung wurde betont, „daß die Entscheidung der Eigentumsfrage eine der wesentlichsten Voraussetzungen für die Produktionssteigerung darstellt". Dabei sollte die Eisen- und Stahlindustrie aber „nicht das Eigentum eines einzelnen Landes oder einer Zone werden. Die Gewerkschaften wünschen vielmehr die Errichtung einer treuhänderischen Verwaltung des Eigentums zugunsten einer höheren Einheit. Ähnlich liegen die Verhältnisse bei der Kohle, so daß ohne weiteres die endgültige Entmachtung der Konzerne in den Grundstoffindustrien Eisen und Kohle im Interesse einer neuen, demokratisch aufgebauten Wirtschaft durch Sozialisierung erfolgen kann".[125]

Mit dem Ausgang der Wahlen zum Ersten Deutschen Bundestag im August 1949 wurde dieses Gewerkschaftsmemorandum dann aber endgültig zu einer bloßen Solidaritätserklärung mit der Minderheitenposition der Sozialdemokraten, wohingegen es der Gewerkschaftsführung nun durch diesen engen parteipolitischen Schulterschluß an Möglichkeiten zu fehlen begann, um überhaupt noch Einfluß auf das weitere Schicksal der Ruhrkonzerne nehmen zu können. Die erste Bundesregierung wurde von politischen Kräften gebildet, die ihre parlamentarische Mehrheit nicht nur ohne die Unterstützung, sondern oft sogar gegen den erklärten Widerstand der Gewerkschaften erlangt hatten und die sich nun dementsprechend nicht gerade zu einer besonderen Rücksichtnahme auf gewerkschaftliche Anliegen verpflichtet zu fühlen brauchten.

Über die Bedeutung der damaligen Ereignisse hinausreichend, offenbart daher die Auseinandersetzung um die Sozialisierung der Ruhrindustrien, ebenso wie schon die vergeblichen Streikaktion zur Durchsetzung der planwirtschaftlichen Neuordnungsalternative im Wirtschaftsrat, auch die gravierenden Probleme, in die eine Gewerkschaftsbewegung durch einseitige parteipolitische Bindung geraten kann. Dies sollte auch zu einem Überdenken bestimmter gegenwärtiger Positionen Anlaß geben.

Wenn nicht durch den äußeren Druck von Arbeitskampfmaßnahmen ohnehin sichergestellt werden kann und soll, daß sich jede Regierung gewerkschaftsfreundlich verhält, so empfiehlt es sich, möglichst viele Verhandlungsoptionen offenzuhalten. Zumal eine Gewerkschaftsbewegung, die sich als eine von den

---

[123] Abgedruckt in: Die Gewerkschaftsbewegung, S. 110-116

[124] Ebenda, Absatz IV, S. 115

[125] Ebenda, Absatz V, S. 116

politischen Parteien unabhängige Einheitsorganisation versteht, darf sich nicht in parteipolitische Auseinandersetzungen hineinziehen lassen, sondern muß auch bei sich ändernden parlamentarischen Mehrheitsverhältnissen dialogfähig bleiben, um die Interessen aller Arbeitnehmer uneingeschränkt von parteipolitischen Erwägungen wahrnehmen zu können. Dies wäre aber insbesondere dann nicht der Fall, wenn sie sich, zum Beispiel aus Gründen personeller und programmatischer Verbundenheit, mit einer politisch unterlegenen Partei sozusagen in eine gemeinsame Oppositionsrolle zur parlamentarischen Mehrheit begeben würde. Eine Gewerkschaft, die sich gleichermaßen verhält oder doch zumindest verhalten möchte, fehlinterpretiert ihre Aufgabe als marktwirtschaftlicher Ordnungsfaktor zu derjenigen einer politischen Gegenmacht und dies ganz besonders dann, wenn sie zugleich beansprucht, eine Vertretung der Interessen aller Arbeitnehmer zu sein. Der lange Niedergang der traditionsreichen britischen Gewerkschaften im Automobilsektor, bei Kohle und Stahl sowie im Druckgewerbe und parallel dazu das Aufkommen parteipolitisch ungebundener Gewerkschaftsneugründungen, deren Führer sich allein den professionellen Mitgliederinteressen verpflichtet fühlen, sollte zumindest heute ein in dieser Hinsicht warnendes Beispiel sein.

Im Jahre 1949 hatte sich die Gewerkschaftsführung durch einseitige parteipolitische Stellungnahme in eine ähnliche Situation manövriert: es war ihr auch mit dem Druck von Massenstreikaktionen nicht gelungen, die entscheidende Abstimmung über die marktwirtschaftliche Liberalisierungspolitik Ludwig Erhards zugunsten der opponierenden SPD zu beeinflussen, sondern statt dessen war ihr Einfluß auf die politische Mehrheit weiter geschwunden. Als nächstes war sie nun, wieder zusammen mit der SPD, auch in der Sozialisierungsfrage ins politische Abseits geraten, so daß nun sogar die schon erreichte Montanmitbestimmung erneut in Gefahr zu geraten drohte.

1.5.2.5 Integration durch Mitbestimmung

In seiner Regierungserklärung vom September 1949 hatte Bundeskanzler Konrad Adenauer angekündigt, daß „die Rechtsbeziehungen zwischen Arbeitnehmern und Arbeitgebern .. zeitgemäß neu geordnet werden (müßten)“,[126] und dabei auch die zukünftige Position der Bundesregierung umrissen: „Die Selbstverwaltung der Sozialpartner muß an die Stelle der staatlichen Bevormundung treten. Die Bundesregierung steht auf dem Boden der Koalitionsfreiheit. Sie wird es den Verbänden überlassen, alles das in freier Selbstverwaltung zu tun, was den wirtschaftlichen und sozialen Interessen förderlich ist und was einer weiteren Verständigung zwischen Arbeitgebern und Arbeitnehmern dient. Ein verständiger Ausgleich sozialer Gegensätze ist eine unumgängliche Voraussetzung

[126] Zitiert nach dem Protokoll in: Verhandlungen des Deutschen Bundestages, 1. Wahlperiode, 5. Sitzung am 20. 9. 1949

zung für den Aufstieg unseres Volkes. Dieser Ausgleich muß durch die Sozialpartner selbst herbeigeführt werden."[127]

Zukunftweisend war daran vor allem die nicht zuletzt aus dem Scheitern der Weimarer Republik gewonnene Erkenntnis, daß ein Durchschlagen von Interessenkonflikten in den Arbeitsbeziehungen auf die unmittelbare staatliche Einflußsphäre und damit verbundene schädliche Auswirkungen auf das öffentliche Ansehen des Staatswesens unbedingt vermieden werden müßten. Statt einer „Schiedsrichterfunktion", wie sie in der Weimarer Republik mit der staatlichen Schlichtung, die dann auch zur Zwangsschlichtung werden konnte, bestanden hatte, sollte zukünftig eine deutliche Trennung zwischen dem von den Arbeitsmarktparteien in Tarifautonomie zu regelnden Bereich und staatlicher Politik maßgeblich sein.

Mit diesem Rückzug des Staates aus den Arbeitsbeziehungen findet ein wesentliches ordnungspolitische Stilelement der Sozialen Marktwirtschaft für die Gestaltung der Arbeitsbeziehungen seinen Ausdruck, gemäß dem auch im Beziehungsdreieck zwischen Staat und Sozialpartnern das eine Wettbewerbsordnung kennzeichnende konflikt- und machtverteilende Autonomieprinzip Anwendung finden sollte. Der Staat hat sich also subsidiär zu verhalten und darf nicht Entscheidungen an sich ziehen, die von den Sozialpartnern selbst autonom gelöst werden könnten. Zugleich hat der Staat dafür zu sorgen, daß die Machtbalance zwischen den Sozialpartnern und damit ihre Konfliktfähigkeit nicht durch einseitige politische oder wirtschaftliche Einflußnahme aus dem Gleichgewicht gerät.

Dies bedeutet nicht, daß der Staat gegenüber der Entwicklung in den Arbeitsbeziehungen und ihren Konsequenzen völlig neutral sein könnte, noch daß er dies überhaupt anstreben sollte, sondern nur, daß er sich nicht als Instrument einseitiger Interessendurchsetzung mißbrauchen lassen darf und also in seinem Verhältnis zu den Interessenstandpunkten der Sozialpartner eine prinzipielle Äquidistanz beachten sollte.

Wie dies im einzelnen geschehen könnte, wird später noch ausführlich zu erläutern sein und soll hier vorerst nur exemplarisch entwickelt werden. Einiges ist dazu auch schon im vorangehenden Kapitel am Beispiel der Föderalismus-Zentralismus Kontroverse und am Beispiel der Weigerung Ludwig Erhards, die früheren Bewirtschaftungsmethoden fortzusetzen, zusammengetragen worden. Während somit die Ablehnung administrativer Lohn- und Preisfestsetzungen die Sozialpartner bereits auf die Handlungsfreiräume einer den Staat entlastenden Tarifautonomie verwiesen hat, würde sich nun zeigen, daß die Ablehnung von Sozialisierungsmaßnahmen die gleichermaßen staatsentlastende Einführung konfliktregelnder Mitbestimmungsvereinbarungen bewirkte.

---

[127] Ebenda

Zunächst war allerdings die Neigung zu einvernehmlichen Regelungen weder auf der Arbeitgeber- noch auf der Gewerkschaftsseite besonders groß. Die Gewerkschaften hofften darauf, daß der Bundestag doch noch die in der Regierungserklärung Adenauers immerhin auch angekündigte „Neuordnung der Besitzverhältnisse in den Grundindustrien“[128] und eine paritätische Gewerkschaftsbeteiligung an allen betrieblichen Entscheidungen beschließen würde. Die Arbeitgeber hofften ihrerseits darauf, daß mit wachsendem Einfluß der privatwirtschaftlich eingestellten Amerikaner auf die Alliierte Hohe Kommission alle gewerkschaftlichen Sozialisierungs- und Mitbestimmungspläne obsolet werden würden.[128a]

Der ergebnislose Ausgang der Verhandlungen in Hattenheim über die zukünftige Gestaltung und institutionelle Absicherung der Montanmitbestimmung im Januar und März 1950 machte dann deutlich, daß von den Sozialpartnern keine autonome Konfliktregelung zu erwarten war, solange zumindest einer der beiden Kontrahenten noch darauf hoffen konnte, die Unterstützung eines Dritten für die eigenen Pläne zu gewinnen. Während die Arbeitgeberseite in den Hattenheimer Gesprächen nur eine Mitbestimmung in personellen und sozialen Fragen zuzugestehen bereit war, hatten die Gewerkschaftsvertreter einen Forderungskatalog vorgelegt, der neben einer umfassenden betrieblichen Mitbestimmung auch in wirtschaftlichen Fragen vor allem überbetriebliche Beteiligungen forderte, so eine paritätische Besetzung der Industrie- und Handelskammern, Landwirtschafts- und Handwerkskammern, der noch zu gründenden „Landeswirtschaftsräte“ bis hin zu einem „Bundeswirtschaftsrat“.[129] Diese Maximalforderungen konnten, nach Lage der Dinge, eigentlich „keine Grundlage zu weiteren Verhandlungen mit den Arbeitgebern sein, sondern sie waren eine Kampfansage des DGB an die Unternehmer“.[130]

Die Realisierung dieser gewerkschaftlichen Forderungen hätte eine völlige konzeptionelle Umkehr von den Autonomie- und Subsidiaritätsprinzipien der Sozialen Marktwirtschaft zugunsten einer korporativistischen Verflechtung von Staat und Wirtschaft verlangt, wie sie etwa den von Naphtali entwickelten Vorstellungen von „Wirtschaftsdemokratie“ als Vorform einer sozialistischen Ordnung von Wirtschaft und Gesellschaft entsprochen hätte und in der Weimarer Republik ansatzweise mit dem „vorläufig“ gebliebenen Reichswirtschaftsrat realisiert worden war.[131]

---

[128] "Die sozial- und gesellschaftspolitische Anerkennung der Arbeitnehmerschaft macht eine Neuordnung der Besitzverhältnisse in den Grundindustrien notwendig“. Ebenda

[128a] Daß diese Hoffnungen durchaus nicht unberechtigt waren, zeigt die Studie von Werner *Link* über „transnationale Beziehungen“: Werner Link, Deutsche und amerikanische Gewerkschaften und Geschäftsleute 1945-1975, siehe insb. S. 71 ff.

[129] Dazu ausführlich: Gerhard Erdmann, Die Deutschen Arbeitgeberverbände, S. 246ff. und Theo Pirker, Die blinde Macht, Teil 1, S. 168ff.

[130] Ebenda, Pirker, S. 170

Auch in dieser gewerkschaftlichen Rückorientierung erweist sich wieder, daß die Behauptung, es habe sich bei der marktwirtschaftlichen Neuordnung nach 1945 um eine „Restauration“ früherer kapitalistischer Verhältnisse gehandelt, nicht haltbar ist, wohingegen eine „Restauration der gewerkschaftlichen Vorstellungswelt der zwanziger Jahre“ sehr deutlich festgestellt werden kann.[132] Die Soziale Marktwirtschaft ist somit als das eigentlich Neue nach 1945 anzusehen, wohingegen sich sowohl die parteipolitische Linke als auch die Gewerkschaften am gescheiterten „Weimarer Modell“ orientiert haben.

Nachdem die Gespräche von Hattenheim, trotz Einlenkens der Arbeitgeberseite in der geforderten Gründung eines Bundeswirtschaftsrates, gescheitert waren, kam es zwar im Mai und Juni 1950 auf Vermittlung von Bundesarbeitsminister Storch noch zu weiteren Verhandlungen, die aber allesamt ergebnislos endeten. Wie schon in der Sozialisierungsdiskussion, bildete auch bei der Behandlung der zukünftigen Gestalt und Funktion der betrieblichen und überbetrieblichen Mitbestimmung die Eigentumsfrage das zentrale Problem. Während die Arbeitgeberseite darauf verwies, daß „die Übertragung der politischen Gleichberechtigung zwischen Kapital und Arbeit auf die wirtschaftliche Betriebs- und Unternehmensführung ... die Eigentumsordnung, den Grundpfeiler der westlichen Gesellschaftsordnung, beseitigen und den Unternehmer in die Lage eines ‚hälftig beteiligten Miteigentümers‘ versetzen würde“,[133] entgegnete die Gewerkschaftsseite, daß es nicht darum gehe, „das Eigentum in seiner betrieblichen, wirtschaftlichen und kulturellen Bedeutung anzutasten“, sondern daß vielmehr der Einfluß der Arbeitnehmer auf die Funktionen des Eigentums gewährleistet werden müsse.[134] Damit war zunächst einmal eine unüberwindliche Patt-Situation in der Mitbestimmungsfrage entstanden, bei der beide Seiten darauf hofften, von „außen“ Unterstützung für die eigene Position zu erlangen.

Inzwischen waren mit dem Gesetz Nr. 27 vom Mai 1950 von der Alliierten Hohen Kommission in dieser Hinsicht neue Handlungsgrundlagen geschaffen worden. Zwar sollte die endgültige Regelung der Eigentumsfrage im Kohlenbergbau und in der Eisen- und Stahlindustrie einer deutschen Gesetzgebungsregelung übertragen und damit weiterhin offen bleiben, doch wurde für den Enteignungsfall erstmals eine angemessene Entschädigung der Altbesitzer vorgesehen. Außerdem sollten die bisherigen Betriebsführungsgesellschaften in Aktiengesellschaften umgewandelt werden.[135] Damit war zumindest ein rasches

[131] Im Jahre 1928 hatte eine vom ADGB beauftragte Kommission ein Konzept zur Realisierung der „Wirtschaftsdemokratie“ ausgearbeitet, das den stufenweisen Ausbau überbetrieblicher Mitbestimmungsorgane vorsah. In der Weimarer Republik ist davon nur ein „vorläufiger Reichswirtschaftsrat“, über den später noch zu sprechen sein wird, zustande gekommen.

[132] Eberhard Schmidt, Die verhinderte Neuordnung, S. 100

[133] Gerhard Erdmann, Die Deutschen Arbeitgeberverbände, S. 253

[134] Ebenda, Hervorhebung im Original. Dazu ebenso: Erich Potthoff, Der Kampf um die Montanmitbestimmung, S. 72ff.

Vorgehen ausgeschlossen, weil es zu jener Zeit ganz aussichtslos erscheinen mußte, die hierfür erforderlichen Mittel aufzubringen. Statt dessen konnte nur in Frage kommen, die früheren Kapitaleigner durch Anteilsscheine an den neuen Gesellschaften, also durch einen Aktienumtausch, zu entschädigen. Auf diese Weise würde auch der Auslandsbesitz abgesichert werden können.

Aber nicht nur die Sozialisierung, sondern auch die Einführung der paritätischen Mitbestimmung war durch das Gesetz Nr. 27 in Gefahr geraten, weil die vorgesehenen neuen Aktiengesellschaften nach deutschem Recht gebildet werden sollten, das bislang keine derartigen Mitbestimmungsregelungen kannte. Somit bestand aus der Sicht der Gewerkschaften die Gefahr, daß die bisherigen Mitbestimmungsregelungen zukünftig sogar ganz wegfallen würden.[136]

Die Betriebsratsvorsitzenden der entflochtenen Gesellschaften äußerten daher im Oktober 1950 in einem Appell die dringende Forderung, daß „die seit über drei Jahren in den entflochtenen Werken der eisenschaffenden Industrie bewährte paritätische Mitbestimmung der Arbeitnehmer, die in den dort vorhandenen Betriebsverfassungen verankert ist, ... in jedem Fall beibehalten werden müßte und ... richtunggebend für alle umzubildenden Kerngesellschaften sein sollte“.[137]

Um diesem Verlangen Nachdruck zu verleihen, beschlossen der DGB und die IG Metall vorsorglich, eine Urabstimmung in allen Werken der Eisen- und Stahlindustrie über eventuelle Kampfmaßnahmen für den Erhalt der paritätischen Mitbestimmung einzuleiten. Das offizielle Ergebnis der am 29. und 30. November 1950 durchgeführten Urabstimmung ergab, daß etwa 96 Prozent der gewerkschaftlich organisierten Arbeitnehmer für Kampfmaßnahmen gestimmt hatten. Die im Januar 1951 durchgeführte Urabstimmung in den Bergbaubetrieben ergab mit fast 93 Prozent ein ähnliches Ergebnis.[138]

Bundeskanzler Konrad Adenauer war vom Gewerkschaftsführer Hans Böckler bereits im November von der bevorstehenden Urabstimmung unterrichtet worden und hatte sich seitdem in einem längeren Briefwechsel mit dem DGB-Vorsitzenden über das Problem der Montanmitbestimmung auseinandergesetzt. Dabei hatte Adenauer darauf verwiesen, daß die Entscheidung über das Mitbestimmungsrecht allein dem demokratisch legitimierten Parlament obliege, ein eventueller Streik könne somit „nur das Ziel haben, die Entscheidung der frei gewählten Volksvertretung durch die Androhung oder Herbeiführung von

---

135 Zitiert nach Abdruck in: Bericht der Stahltreuhänder, S. 341 - 351

136 Siehe dazu den bei *Hirsch-Weber* im Anhang wiedergegebenen Briefwechsel zwischen Bundeswirtschaftsminister Erhard und dem Vorsitzenden der IG-Metall, Freitag. Wolfgang Hirsch-Weber, Gewerkschaften in der Politik, S. 151 ff.

137 Zitiert bei: Eberhard Schmidt, Die verhinderte Neuordnung, S. 182f.138 Ebenda, siehe dazu auch Gabriele Müller-List, Die Entstehung der Montanmitbestimmung, S. 136ff.

138 Ebenda, siehe dazu auch Gabriele Müller-List, Die Entstehung der Montanmitbestimmung, S. 136ff.

wirtschaftlichen Schäden, die alle treffen, in die Richtung der gewerkschaftlichen Wünsche zu drängen. Ich befürchte, daß damit ein Weg beschritten wird, der letztlich zu einem Konflikt mit der staatsrechtlichen Grundordnung führen kann".[139]

Diese Ausführungen Adenauers zeigen, wie weit sich die Sozialpartner schon von einer autonomen Regelung der Mitbestimmungsproblematik entfernt hatten. Wäre es dagegen bei den vorangegangenen Verhandlungen in Hattenheim, Bonn und Maria Laach zur Einigung auf ein Mitbestimmungsmodell gekommen und der Bundesregierung ein entsprechender Vorschlag zugeleitet worden, so hätte eine Ablehnung im Parlament gegen den erklärten Willen der direkt Beteiligten wohl kaum stattgefunden. Der dagegen nun von den Gewerkschaften vorgetragene Versuch, mit einer Streikdrohung, sozusagen als „Brechstange", die sich abzeichnenden politischen Mehrheitsverhältnisse doch noch umzubiegen, war und ist jedenfalls ein untaugliches Instrument: „Ein Zusammenstoß der Gewerkschaften mit der Bundesregierung — das wäre für die Öffentlichkeit in Westdeutschland noch zu ertragen gewesen; ein Zusammenstoß mit dem höchsten Souverän in der jungen Demokratie, dem Parlament: das war undenkbar. Aber gerade in diese Situation trieben die Gewerkschaften".[140]

Nach den Darstellungen Böcklers sollten politische und „wirtschaftliche" Demokratie als eine Einheit betrachtet werden, so daß die politische Demokratie „ihre sinngemäße Ergänzung auch durch die Einführung demokratischer Grundsätze in der Wirtschaftsführung und Wirtschaftsgestaltung erhält".[141] Dagegen waren nach der im Subsidiaritätsprinzip der katholischen Staats- und Soziallehre verwurzelten Auffassung Adenauers Staat und Wirtschaft zwei zunächst gedanklich streng voneinander zu trennende Bereiche, wobei den Sozialpartnern nur eine erste, vorläufige Verantwortung für die Ausgestaltung der Wirtschafts- und Arbeitsbedingungen zukommen könnte, sozusagen noch in dem durch die Tarifautonomie begrenzten Vorhof der mit überlegener demokratischer Legitimation ausgestatteten parlamentarischen Normensetzungskompetenz. Aus diesem Verfassungsverständnis heraus berief sich Adenauer darauf, daß es „in einem demokratischen Staatswesen ... einen Streik gegen die verfassungsmäßigen Gesetzgebungsorgane nicht geben könne, denn es kann keine Rede davon sein, daß die verfassungsgesetzlich gewährleistete Koalitionsfreiheit einer organisierten Minderheit, die die Gewerkschaften vom Ganzen gesehen sind, das Recht gibt, durch Niederlegung der Arbeit die Wirtschaft lahmzulegen, um dadurch bestimmte Akte der Gesetzgebung zu erzwingen".[142]

---

[139] Der Briefwechsel zwischen Adenauer und Böckler ist wiedergegeben bei: Theo Pirker, Die blinde Macht, Teil 1, S. 188-195. Das Zitat stammt aus dem Schreiben *Adenauer*s an Böckler vom 27. 11. 1950

[140] Theo Pirker, ebenda, S. 186

[141] Zitiert aus dem Schreiben *Böckler*s an Adenauer vom 11. 12. 1950, abgedruckt: Ebenda, S. 189f.

Von allen Einwendungen Adenauers mag Böckler wohl der Hinweis auf die nicht zu leugnende Tatsache, daß es sich bei den Gewerkschaften letztlich um eine zwar mächtige, aber aus der Sicht des Staatswesens eben doch nur um eine Minderheit neben anderen handelt, am tiefsten getroffen haben, denn er ging in seinem Antwortschreiben auf diese zentrale Frage sehr ausführlich ein. Nach Böcklers Auffassung wäre es nicht richtig, „hinsichtlich der Mitbestimmung von den Gewerkschaften als einer organisierten Minderheit zu sprechen, denn in den entscheidenden Industrien gehört weitaus die Mehrzahl der Arbeitnehmer den Gewerkschaften an"; auch wäre die Frage zu stellen: „Wie viele .. der von ihnen angenommenen Mehrheit haben sich in der Vergangenheit aufs schwerste an den allgemeinen Interessen des Volkes vergangen und tun dies noch heute? Die Stimmen sollten deshalb nicht nur gezählt, sondern auch gewogen werden".[143]

Beide Argumente sind, wenngleich in veränderten Formen, in jüngster Zeit erneut aufgegriffen worden. Das erste Argument, das ich als das der „qualifizierten Minderheit der Betroffenen" bezeichnen möchte, hat seitdem in zahlreichen Bürgerinitiativen (gegen den Bau von Fernstraßen, Atomkraftwerken, Mülldeponien etc.) seinen Ausdruck gefunden und begründet sich in der auf basis- bzw. rätedemokratische Grundgedanken zurückgreifenden Überzeugung, daß in einer Demokratie gegen den mehrheitlichen Willen der direkt Betroffenen nicht entschieden werden dürfte. Auch im ökonomischen Bereich ist dieses Argument nicht unbekannt, sondern wird zum Beispiel häufig dann erhoben, wenn Subventionen gekürzt, bestimmte Produktionsstandorte aufgegeben und unrentable Arbeitsplätze abgebaut werden sollen — kurz: vorrangig dann, wenn (wie und warum auch immer) betroffene Minderheiten eine Alimentierung durch die Mehrheit erlangen oder behalten wollen.

Unter dem für das Thema relevanten ordnungspolitischen Aspekt geht es nun nicht darum, ob es möglich oder vielleicht sogar wünschenswert sein könnte, eine Demokratie sozusagen um Betroffenengruppen herum zu organisieren, sondern vielmehr darum, daß eine Beachtung dieses Prinzips in letzter Konsequenz auf eine völlige Zersetzung des Ordnungsgedankens hinauslaufen müßte. Statt dessen wäre dann mit der sich rasch nach Zusammensetzung und Zielen ändernden jeweiligen „Gemengelage" von vielfältigen Betroffenen- oder auch nur Interessentengruppen, eine unbeständig hin- und herwechselnde Prozeßpolitik zu betreiben.

Während die Ordnungspolitik sich mit der Formulierung und Vorgabe bestimmter konsistenter Organisationsprinzipien für Aufbau und Ablauf der Wirtschaftsprozesse ein festes Gerüst für die Handlungsorientierung zu geben vermag, so zum Beispiel durch das Wettbewerbsprinzip, fällt eine davon abgelöst betriebene Prozeßpolitik in ihrer nahezu unbegrenzten Anpassungsfähigkeit an Augenblickserfordernisse nur allzu leicht der Prinzipienlosigkeit

[142] Zitiert aus dem Schreiben *Adenauer*s an Böckler vom 14. 12. 1950, ebenda, S. 191 f.

[143] Zitiert aus dem Schreiben *Böckler*s an Adenauer vom 29.12. 1950, ebenda, S. 193 f.

anheim und trägt dann insbesondere zu einer fortdauernden Erosion der Wettbewerbsordnung bei — oder jedenfalls geht es bei dem sich dann entwickelnden Wettbewerb nicht mehr um die ökonomische Effizienz, sondern um die Verteilung öffentlicher Mittel an die sich jeweils am lautstärksten artikulierenden Interessengruppen. Angesichts eines nahezu zwangsläufig resultierenden „competition of the truly greedy against the truly needy" kann es nicht verwundern, daß — neben der Ordnungspolitik — damit auch der (später noch zu erläuternde) Gemeinwohlgedanke in der öffentlichen Diskussion gegenüber der im Vordergrund stehenden Erfüllung von Partikularinteressen immer weiter zurückweichen muß.

Um eventuellen Mißverständnissen vorzubeugen, sei hier ausdrücklich darauf verwiesen, daß es nicht etwa illegitim noch undemokratisch wäre, der Prozeßpolitik gegenüber der Ordnungspolitik solchermaßen Priorität verleihen zu wollen; es erscheint mir nur unbillig, angesichts auftretender wirtschaftlicher Probleme dann von einem angeblichen „Marktversagen" zu sprechen.

Mit dem zweiten Argument Böcklers, daß Stimmen „nicht nur gezählt, sondern auch gewogen" werden sollten, offenbart sich der schon bekannte und in jüngster Zeit nur in verschärfter Form wiederholte gewerkschaftliche Anspruch auf eine überlegene demokratische Legitimation gegenüber anderen Interessengruppen, vor allem gegenüber der Arbeitgeberseite.

Diese Überlegenheitsposition wird, zum Beispiel, damit begründet, daß die Mehrheit der Bevölkerung als Arbeitnehmer tätig ist und daß die Gewerkschaften als legitime Vertretung der Arbeitnehmerinteressen damit auch im demokratischen Sinne eine Bevölkerungsmehrheit vertreten würden. Gegen eine derartige Argumentation ließe sich zum Beispiel einwenden, daß die Interessen der Bevölkerung durch ein sehr viel breiter gefächertes Spektrum gekennzeichnet sind und sich keineswegs auf die bloßen Arbeitnehmerfunktionen fokussieren lassen, so daß die Gewerkschaften nur einen zwar wichtigen, aber doch inhaltlich begrenzten Ausschnitt im Gesamtprozeß der demokratischen Willensbildung vertreten. Daneben ist auch der organisatorische Alleinvertretungsanspruch des Deutschen Gewerkschaftsbundes weder vom Organisationsgrad der Arbeitnehmer, noch von der Verbandseinheit her zu begründen, da es unabhängige weitere Gewerkschaftsverbände gibt und auch jederzeit neue entstehen könnten.

Der für das Thema wesentliche ordnungspolitische Einwand gegen den gewerkschaftlichen Anspruch überlegener demokratischer Legitimation richtet sich indes darauf, daß ein derartiges Überlegenheitsdenken nicht nur einer sozialpartnerschaftlich gleichberechtigten Interessenvertretung mit den Arbeitgebern diametral entgegensteht, sondern daß sich dieser Anspruch auch gegen das Parlament selbst zu richten vermag.

Die daraus resultierende Streitfrage, ob sich die gewerkschaftliche Durchsetzungsmacht auf die Vertretung der Arbeitnehmerinteressen gegenüber der

Arbeitgeberseite zu beschränken hat oder ob sie sich (und, wenn ja, wann) zur Durchsetzung allgemeinpolitischer Ziele auch gegen den Staat richten darf (und vielleicht sogar sollte), ist zwischen Gewerkschaftern und Sozialdemokraten schon seit der „Massenstreikdebatte" auf den SPD-Parteitagen von Jena (1905) und Mannheim (1906) sowie auf dem begleitenden Gewerkschaftskongreß in Köln (1905) immer wieder sehr kontrovers diskutiert und beurteilt worden.[144]

Aber auch vom politisch motivierten „Generalstreik" gegen die marktwirtschaftliche Neuordnung im November 1948 über die Streikdrohung vom November 1951 für eine gesetzliche Regelung der Montanmitbestimmung bis zur Generalstreikdiskussion anläßlich der Notstandsgesetzgebung im Jahre 1968 und schließlich zur jüngsten Auseinandersetzung um die Novellierung des Paragraphen 116 AFG zieht sich wie ein roter Faden die Kontroverse um das Kernproblem: Bezieht sich die „Gegenmachtposition" der Gewerkschaften nur auf ausgleichende wirtschaftliche Gegenmacht zur unternehmerischen Dispositionsfreiheit oder läßt sich daraus auch eine Legitimation als politische Gegenmacht zu demokratisch gewählten Verfassungsorganen ableiten?

Unstreitig scheint nur das, wohl auch deswegen immer wieder herangezogene, Versagen der Gewerkschaften gegenüber der nationalsozialistischen Bedrohung zu sein, als Beispiel, daß die Gewerkschaften die Streikwaffe zur Abwehr einer drohenden Gefahr für das demokratische Gemeinwesen einsetzen dürfen und müssen, wie sie es zuvor beim Kapp-Lüttwitz-Putsch im Jahre 1920 erfolgreich getan hatten,[145] dann aber bei ihrer handstreichartigen Entmachtung durch die Nationalsozialisten 1934 versäumten. Gegen derartige Begründungen für eine politische gewerkschaftliche Gegenmacht müßte vor allem eingewandt werden, daß sich historische Gegebenheiten nur sehr begrenzt in Gegenwartssituationen transponieren lassen. Außerdem werden derartige Bedrohungen nicht immer so eindeutig bestimmbar sein: wäre zum Beispiel die 1987 ohne gesetzgeberische Maßnahmen ausgelaufene Mitbestimmung nach dem Montanmodell eine so wertvolle demokratische Errungenschaft, daß für ihren Erhalt der Einsatz der Streikwaffe gegen die Entscheidung des Parlaments verfassungskonform gewesen sein könnte?

Wie ließe sich überhaupt verbindlich darüber entscheiden, ob etwa ein bestimmter Parlamentsbeschluß (wie zum Beispiel über die Neufassung des § 116 AFG) demokratische Rechte in solcher Weise gefährdet, daß der Einsatz der Streikwaffe dagegen legitimiert wäre?

---

[144] Siehe dazu: Wolfgang Hirsch-Weber, Gewerkschaften in der Politik, S. 8ff. sowie die Parteitagsdokumente in: Borsdorf/Hemmer/Martiny (Hrsg.), Grundlagen der Einheitsgewerkschaft, S. 58ff.

[145] Unter dem Druck der Putschisten waren Reichspräsident und Reichsregierung aus Berlin geflohen. Der in enger Zusammenarbeit mit der SPD vom DGB ausgerufene Generalstreik der Gerwerkschaften hatte „Doppelcharakter", er „diente sowohl der Verteidigung eigener Partikularinteressen wie als Hilfe für die legale, nur nicht handlungsfähige Regierung". Heinrich Potthoff, Gewerkschaften und Politik, S. 262; siehe dazu auch Heinz Josef Varain, Freie Gewerkschaften, Sozialdemokratie und Staat, S. 172ff.

Unabhängig von einer inhaltlichen Prüfung der hier zur Entscheidung anstehenden Sachfrage, die von Einzelfall zu Einzelfall durchaus unterschiedlich ausfallen könnte, scheint mir vorrangig problematisch zu sein, daß eine gegen parlamentarische Entscheidungen mobilisierte gewerkschaftliche Gegenmacht ungleich zu den festgelegten und überprüfbaren Entscheidungsprozeduren demokratisch legitimierter Institutionen nach Inhalt, Zielrichtung und Wirkungsweise weitgehend unbestimmt und unkontrolliert eingesetzt werden könnte. Wenn, wie Lassalle sich einst geäußert hat, auch Verfassungsfragen nicht eigentlich Rechtsfragen sind, sondern vornehmlich Ausdruck bestehender gesellschaftlicher Machtverhältnisse,[146] so würde es sich doch geradezu anbieten, eine nach Verfahrensregeln und Inhalten weitgehend ungebundene gewerkschaftliche Gegenmacht als „Transmissionsriemen" einzuspannen, um auf diese Weise Entscheidungen „von außen" durchzudrücken, für die sich in freien und geheimen Wahlen keine Mehrheiten finden ließen.

Nicht zuletzt auch um dieser Gefahr ungebundener Machtpotentiale zu begegnen, besitzt die Staatsordnung der Bundesrepublik Deutschland im Gegensatz zur Weimarer Republik mit dem Bundesverfassungsgericht eine wirkungsvolle Institution, die auch über parlamentarische Beschlüsse befinden und diese gegebenenfalls als verfassungswidrig verwerfen kann. Damit entfallen sowohl Notwendigkeit als auch Legitimation dafür, die Gewerkschaftsbewegung zur letzten Berufungsinstanz für eine angebliche Demokratieunverträglichkeit bestimmter parlamentarischer Entscheidungen aufbauen zu wollen.

Ebensowenig, wie es der Gewerkschaften als außerparlamentarischer Opposition bedarf, damit parteipolitische Oppositionsfunktionen wahrgenommen werden können, ebensowenig bedarf es einer Gewerkschaftsbewegung, die sich als selbsternannte einzig „wahre" Hüterin der Demokratie versteht.

Im Gegensatz zur Situation vom November 1948 kam es vor der anstehenden Entscheidung zur Montanmitbestimmung indes nicht zu einer weiteren Eskalation, weil sich Bundeskanzler Adenauer und der DGB-Vorsitzende Böckler am 11. Januar 1951 in einer vertraulichen Unterredung für die Öffentlichkeit unerwartet rasch auf eine gemeinsame Regelung der Mitbestimmungsgesetzgebung geeinigt hatten.[147] Am 10. April 1951 wurde daraufhin mit den Stimmen von CDU / CSU und SPD gegen die Stimmen der Liberalen (!) das „Gesetz über

---

146 „Verfassungsfragen sind ursprünglich nicht Rechtsfragen, sondern Machtfragen; die wirkliche Verfassung eines Landes existiert nur in den reellen tatsächlichen Machtverhältnissen, die in einem Lande bestehen; geschriebene Verfassungen sind nur dann von Wert und Dauer, wenn sie der genaue Ausdruck der wirklichen in der Gesellschaft bestehenden Machtverhältnisse sind ..." Ferdinand Lassalle, Über das Verfassungswesen, S. 55

147 Über diese vertrauliche Unterredung scheint kein Protokoll vorzuliegen, doch hat sich Adenauer bereits einige Tage später, am 14. Januar, auf dem CDU-Landesparteitag in Westfalen positiv zum Mitbestimmungsrecht geäußert. Vgl. Wolfgang Hirsch-Weber, Die Gewerkschaften in der Politik, S. 92 und Horst Thum, Mitbestimmung in der Montanindustrie, S. 79f.

die Mitbestimmung der Arbeitnehmer in den Aufsichtsräten und Vorständen der Unternehmen des Bergbaus und der Eisen und Stahl erzeugenden Industrie" verabschiedet und trat im Mai in Kraft.[148]

Was Adenauer letztlich dazu bewogen haben mag, die gesetzliche Absicherung der Montanmitbestimmung parlamentarisch zu unterstützen, läßt sich nur vermuten. Die vorangegangene Analyse seines Einflusses auf die programmatische Entwicklung der CDU legt es nahe, weniger nach ökonomischen Sachinteressen als nach politischen Motiven für dieses unvermittelte Einschwenken auf die gewerkschaftlichen Vorstellungen zu suchen. Wahrscheinlich befürchtete Adenauer außenpolitische Belastungen für die noch junge Staatssouveränität der Bundesrepublik, die aus der zu erwartenden direkten Konfrontation zwischen Parlament und Gewerkschaften hätten erwachsen können. Des weiteren mag Adenauer auch daran gelegen gewesen sein, die Regierungsparteien für die Gewerkschaften politisch attraktiver oder doch zumindest akzeptabel erscheinen zu lassen, zumal auch der einflußreiche Arbeitnehmerflügel innerhalb der CDU grundsätzlich der Mitbestimmung gegenüber sehr aufgeschlossen war, wie sich schon bei den Abstimmungen über die paritätische Besetzung der fachlichen Wirtschaftsstellen gezeigt hatte.

Vieles spricht daher für die von Thum vertretene Auffassung, daß es sich bei der Zustimmung Adenauers zur Montanmitbestimmung um ein „Kompensationsgeschäft" zwischen Regierung und DGB gehandelt haben könnte, mit dem der Bundeskanzler die Unterstützung der Gewerkschaften gegen die Entflechtungs- und Dekartellisierungsabsichten der Alliierten und für die vom französischen Außenminister Schumann vorgeschlagene westeuropäische Kohle- und Stahlgemeinschaft gewinnen wollte.[149] Demzufolge hätte es sich bei dem, bislang zumeist als Erfolg einer geschickten Mobilisierungsstrategie Böcklers und entschlossener Konfliktbereitschaft ausgegebenen, gewerkschaftlichen „Sieg" in der Durchsetzung der Montanmitbestimmung letztlich nur um den bloßen „Mythos" eines Sieges gehandelt.[150]

Für die These, daß also nicht etwa die gewerkschaftliche Streikdrohung, sondern das erwähnte Kompensationsgeschäft letztlich den Ausschlag gegeben hat, ließe sich zum Beispiel anführen, daß sich der Gewerkschaftsstandpunkt schon bei den nur etwa ein Jahr später ablaufenden parlamentarischen Beratungen des neuen Betriebsverfassungsgesetzes nicht mehr in vergleichbarer Weise durchsetzen ließ.[151] Nachdem das schon wegen der drohenden Entflech-

[148] Vgl. Verhandlungen des Deutschen Bundestages, 1. Wahlperiode, 132. Sitzung am 10. 4. 1951, Stenografische Berichte, S. 5115ff.

[149] Vgl. Horst Thum, Mitbestimmung in der Montanindustrie, siehe dazu insb. die Zusammenfassung auf S. 148f.

[150] Ebenda, S. 12f.

[151] Vgl. Verhandlungen des Deutschen Bundestages, 1. Wahlperiode, Stenografische Berichte, S. 9945ff. und S. 10239ff., siehe dazu auch Horst Thum, Mitbestimmung in der Montanindustrie, S. 139 und ebenso Eberhard Schmidt, Die verhinderte Neuordnung, S. 215

tungsmaßnahmen als Sonderfall zu betrachtende Montanmodell nur mit großen Schwierigkeiten durchzusetzen gewesen war, konnte von der anstehenden Regelung der betrieblichen Mitbestimmung von vornherein nur weniger erwartet werden. Fraglich blieb indes, wie weit eine inhaltliche Anknüpfung an das aus Gewerkschaftssicht verhältnismäßig vorteilhafte Betriebsrätegesetz von 1920 gelingen könnte, nachdem das vom Kontrollrat der Alliierten 1946 eingeführte Betriebsrätegesetz nur Rahmenbedingungen für betriebsinterne Mitbestimmungsvereinbarungen auf freiwilliger Basis vorgesehen hatte.[152] Daneben standen, nachdem die angestrebte Institutionalisierung eines „Wirtschaftsrätesystem" zur überbetrieblichen Mitbestimmung ohnehin aus der Mitbehandlung in dem geplanten Gesetzgebungswerk herausgefallen war,[153] vor allem zwei Fragen im Vordergrund, nämlich ob es gelingen könnte, neben dem Mitbestimmungsrecht in personellen und in sozialen Fragen auch eine Beteiligung an betriebswirtschaftlichen Entscheidungen zu erreichen; zum anderen, ob sich eine paritätische Besetzung der Aufsichtsräte auch außerhalb der Montanindustrien durchsetzen lassen würde.

Die diesbezüglichen gewerkschaftlichen Vorstellungen waren von der SPD-Bundestagsfraktion übernommen und eingebracht worden, doch zeigt schon ein Vergleich der Überschriften beider Vorschläge: „Entwurf eines Gesetzes zur Neuordnung der Wirtschaft" (SPD) versus „Entwurf eines Gesetzes über die Mitbestimmung der Arbeitnehmer im Betrieb" (CDU), daß zwischen dem darin hervortretenden antagonistischen Gegensatz einer Mitbestimmung als Instrument sozialistischer Wirtschaftsneuordnung und einer Mitbestimmung zur Förderung sozialpartnerschaftlicher Zusammenarbeit von Arbeitgebern und Arbeitnehmern in einer marktwirtschaftlichen Ordnung eine Kompromißlösung kaum möglich sein würde.[154] Es war daher von Anfang an unwahrscheinlich, daß es wiederum zu einer gemeinsamen Mehrheitsentscheidung von CDU / CSU und SPD wie bei der Montanmitbestimmung kommen würde. Statt dessen war eine Regelung gemäß den Prinzipien freier Selbstverwaltung der Sozialpartner zu erwarten, wie sie Konrad Adenauer in seiner Regierungserklärung vom September 1949 inhaltlich vorgezeichnet hatte.

Um den erfolgreichen Versuch einer inneren Aushöhlung der privatwirtschaftlichen Unternehmensgrundlage durch Mitbestimmungsregelungen auszuschließen, durfte vor allem an zwei Grundfesten unternehmerischer Selbstbestimmung nicht gerührt werden: an der wirtschaftlichen Entscheidungsautonomie und an der eindeutigen Mehrheit der Kapitaleigner in den Aufsichtsräten.

Es kann daher nicht verwundern, daß der Regierungsentwurf sozusagen im dialektischen Gegenschlag zu einer Mitbestimmung als Klassenkampfinstru-

---

[152] Gesetz Nr. 22 vom 10. 4. 1946, abgedruckt in: Amtsblatt der Militärregierung (Britisches Kontrollgebiet), S. 139f.

[153] Vgl. Horst Thum, Mitbestimmung in der Montanindustrie, S. 130f.

[154] Siehe dazu: Verhandlungen des Deutschen Bundestages, Anlagen zu den Stenografischen Berichten, 1. Wahlperiode, Drucksache 970 bzw. 1229

ment ein Modell betrieblicher Partnerschaft zu entwickeln versuchte, wie es vor allem im Paragraphen 49 des späteren Betriebsverfassungsgesetzes zum Ausdruck kommt:[155]

„Arbeitgeber und Betriebsrat arbeiten im Rahmen der geltenden Tarifverträge vertrauensvoll und im Zusammenwirken mit den im Betrieb vertretenen Gewerkschaften und Arbeitgebervereinigungen zum Wohl des Betriebs und seiner Arbeitnehmer unter Berücksichtigung des Gemeinwohls zusammen"

„Arbeitgeber und Betriebsrat haben alles zu unterlassen, was geeignet ist, die Arbeit und den Frieden des Betriebs zu gefährden. Insbesondere dürfen Arbeitgeber und Betriebsrat keine Maßnahmen des Arbeitskampfes gegeneinander durchführen"

Die damit zum Ausdruck kommende Fixierung auf die unmittelbaren Belange der Einzelunternehmung bzw. ihrer zugehörigen Beschäftigten findet ihr Pendant in der hervorgehobenen Bedeutung der innerbetrieblichen Einigung gegenüber einer Schlichtung von außen (§ 49 Abs. 3) sowie in der gegenüber dem Montanmodell eingeschränkten gewerkschaftlichen Einflußnahme auf die ohnehin nur drittelparitätisch vorgesehene Besetzung der Aufsichtsräte. Zudem sollte diese Mitbesetzung nur für Großunternehmen mit mehr als 500 Beschäftigten zwingend sein.[156]

Ansonsten folgt das Betriebsverfassungsgesetz von 1952 weitgehend den bereits mit dem Betriebsrätegesetz von 1920 vorgezeichneten Bahnen: Mitbestimmung in personellen und sozialen Angelegenheiten, aber nur ein Anhörungsrecht bei einschneidenden wirtschaftlichen Maßnahmen.[157] Im Unterschied zum Betriebsrätegesetz wird die Unterscheidung zwischen diesen drei Entscheidungsbereichen im Betriebsverfassungsgesetz zusätzlich durch eine detaillierte Aufzählung und Zuordnung hervorgehoben: Soweit es „Fabrikations- und Arbeitsmethoden; das Produktionsprogramm; die wirtschaftliche Lage des Unternehmens; die Produktions- und Absatzlage; sonstige Vorgänge, welche die Interessen der Arbeitnehmer des Unternehmens wesentlich berühren" (§ 67 (3)), anbetrifft, war bei normalem Geschäftsablauf keine Mitbestimmung, sondern lediglich eine Unterrichtung der Beschäftigten „von der Lage und von der Entwicklung des Unternehmens" (§ 69) vorgesehen. Hierfür sollte in Unternehmen „mit in der Regel mehr als einhundert ständigen Arbeitnehmern" ein paritätisch mit je zwei bis vier Mitgliedern besetzter „Wirtschaftsausschuß" dienen (§ 67 (1)).

---

[155] Betriebsverfassungsgesetz vom 11. 10. 1952, zitiert nach: Bundesgesetzblatt, Teil I, Jg. 1952, S. 681-695

[156] Ebenda, § 76, Abs. 6 und § 77. Eine direkte Delegation von Gewerkschaftsfunktionären in die Aufsichtsräte wurde nach § 76, Abs. 2 dadurch begrenzt, daß sich bei zwei oder mehr Arbeitnehmervertretern unter diesen „mindestens zwei Arbeitnehmer aus den Betrieben des Unternehmens, darunter ein Arbeiter und ein Angestellter befinden (mußten)"

[157] Vgl. Betriebsrätegesetz vom 4. 2. 1920, zitiert nach: Reichsgesetzblatt, Jg. 1920, S. 147-174, hier § 56 bis 75

Eine Weiterung gegenüber dem Betriebsrätegesetz von 1920 ist dagegen das neu eingeführte Mitbestimmungsrecht des Betriebsrates „bei geplanten Betriebsänderungen, die wesentliche Nachteile für die Belegschaft oder erhebliche Teile der Belegschaft zur Folge haben können“ (§ 72 (1)), so daß bei tiefgehenden Eingriffen in die Beschäftigungs- bzw. Betriebsstruktur ein gewisser Zwang zu einvernehmlichem Interessenausgleich gegeben war.

Insgesamt präsentiert sich das nach langen parlamentarischen Verhandlungen im Oktober 1952 in Kraft tretende Betriebsverfassungsgesetz als Versuch, anknüpfend an die während der Zeit der Weimarer Republik gültigen Regelungen in der betrieblichen Mitbestimmung, eine Synthese zwischen unternehmerischer Entscheidungsfreiheit und Bindung an den betrieblichen sozialen Frieden zu begründen. Mit der Förderung der innerbetrieblichen Einigungskräfte, mit der Verpflichtung zu vertrauensvoller Zusammenarbeit und mit den stark eingeschränkten Möglichkeiten, von außen über den Betriebsrat Verbandskonflikte auf die Ebene der Einzelunternehmung zu transponieren, waren wesentliche Grundvoraussetzungen für eine auf Betriebsautonomie gegründete Politik sozialpartnerschaftlichen Interessenausgleichs geschaffen worden. Da außerdem etwa zeitlich parallel bereits parlamentarische Vorbereitungen für ein gesondertes „Personalvertretungsgesetz“ des Öffentlichen Dienstes liefen, sahen sich die Gewerkschaften schließlich einer Aufsplitterung ihrer ursprünglich als Gesamtkonzeption vertretenen Mitbestimmungsforderungen durch eine inhaltliche Differenzierung nach den Bereichen Montanindustrie, Privatwirtschaft und Öffentlicher Dienst gegenüber.[158] Damit waren insgesamt nicht nur die angestrebten überbetrieblichen Mitbestimmungsinstitutionen weggefallen, sondern auch die potentielle Durchsetzbarkeit einer sozialistischen Wirtschaftsumgestaltung auf dem Wege betrieblicher Mitbestimmung war entscheidend geschwächt worden.

Außerdem war das aus dieser Perspektive enttäuschende Ergebnis zustandegekommen, obwohl die Gewerkschaften (wiederum) mit einer sorgfältig vorbereiteten Mobilisierungskampagne von Massenkundgebungen und Warnstreikaktionen versucht hatten, die anstehenden Gesetzesentscheidungen doch noch durch außerparlamentarische Aktionen zu verhindern.[159] Zugleich hatte sich bei den Gewerkschaftsführern allerdings auch die Einsicht durchgesetzt, „daß derartige entscheidende Fragen der Wirtschaftsverfassung nur gesetzmäßig zu regeln waren“.[160]

Insofern ist der von Eberhard Schmidt geäußerten Auffassung dann zwar zuzustimmen, daß die Akzeptanz der vom Gesetzgeber beschlossenen Mitbestimmungsregelungen letztlich die Integration der Gewerkschaften in die marktwirtschaftliche Neuordnung nach 1945 bewirkt hat, jedoch nicht der von

[158] Vgl. Verhandlungen des Deutschen Bundestages, 1. Wahlperiode, Stenografische Berichte, S. 9945ff. und S. 10239ff.

[159] Siehe dazu: Horst Thum, Mitbestimmung in der Montanindustrie, S. 136ff.

[160] Eberhard Schmidt, Die verhinderte Neuordnung, S. 213ff.

ihm angebotenen Begründung, daß dies „aus dem Fehlen einer tragfähigen antikapitalistischen Strategie und der mangelnden Willensbildung von unten nach oben innerhalb der Gewerkschaften" erklärt werden könnte.[161]

Statt dessen dürften wohl die während der „Hungerstreiks" gemachten Erfahrungen mit kommunistischen Radikalisierungsversuchen dafür maßgeblich gewesen sein, daß die Gewerkschaftsführung eine erneute Aktivierung der betrieblichen Basis für Streikaktionen als nicht erstrebenswert angesehen hat. Zudem wäre von einer inhaltlich weitergehenden Regelung des Betriebsverfassungsgesetzes eher ein verstärkter Einfluß dieser radikalen Kräfte zu erwarten gewesen. Schließlich hätte die Gefahr bestanden, dadurch ungewollt in einen von kommunistischer Seite aus politischen Gründen beabsichtigten „Systemkonflikt" mit der im Gegensatz zum Zeitpunkt des Generalstreiks des Jahres 1948 inzwischen parlamentarisch gefestigten Demokratie getrieben zu werden, der, nach Lage der Dinge, wohl mit einem öffentlichen Gesichtsverlust der noch jungen Einheitsgewerkschaft ausgegangen wäre. Diese Überlegungen mögen zu der damals zumindest in der Gewerkschaftsführung vorherrschenden Einsicht beigetragen haben, daß in letzter Instanz allein dem demokratisch gewählten Parlament die Gesetzgebungsbefugnis zukommt.

Wie stark diese Auffassung in der Gewerkschaftsspitze verankert war, erhellt schon daraus, daß sich nicht nur der wegen angeblich fehlender Kampfbereitschaft nicht wiedergewählte DGB-Vorsitzende Fette dagegen ausgesprochen hatte, die gewerkschaftliche Macht dazu zu mißbrauchen, um den parlamentarisch artikulierten Willen des Volkes „zu korrigieren",[162] sondern daß sich auch sein Nachfolger Walter Freitag nach der Verabschiedung des Betriebsverfassungsgesetzes (damals noch als Vorsitzender der IG Metall) im September 1952 wie folgt äußerte: „Wir haben die Haltung eingenommen, alle zusammen, wie sie nur eingenommen werden konnte: Das Parlament hat gesprochen und der Entscheidung des Parlaments müssen wir uns beugen".[163]

1.5.3 Ansätze zu einer „korporativen" Marktwirtschaft?

Nachdem solchermaßen die Grundsatzentscheidungen für Tarifautonomie und Mitbestimmung bzw. gegen Bewirtschaftung und Sozialisierung getroffen worden waren, erfuhr die marktwirtschaftliche Neuordnung durch die außenwirtschaftlichen Folgen der im Juni 1950 vom Einmarsch der Nordkoreaner nach Südkorea ausgelösten Krise eine Belastungsprobe, die zu einer Aussetzung der bisherigen Liberalisierungspolitik führte und in der sogar eine dauerhafte

[161] Zitiert nach dem „Protokoll der 23. Sitzung des Bundesvorstands des DGB vom 2. 12. 1951", bei Horst Thum, Mitbestimmung in der Montanindustrie, S. 131

[162] Vgl. Schmidt, Die verhinderte Neuordnung, S. 218

[163] Zitiert nach dem „Protokoll des 2. Gewerkschaftstag der IG-Metall 1952", bei: Ebenda

Rückkehr zur Bewirtschaftung erwogen wurde. In der schließlichen Überwindung der Zahlungsbilanzkrise durch die vereinten Anstrengungen von Bundesbank und Bundesregierung sowie unter direkter Beteiligung der Spitzenverbände der Wirtschaft und der Gewerkschaften sieht Abelshauser Ansätze für eine bereits zu Anfang der fünfziger Jahre erneut einsetzende „korporative Durchdringung“[164] der Marktwirtschaft: „Der korporative Rahmen der deutschen Wirtschaft, im Kaiserreich entstanden, in der Weimarer Republik voll ausgebildet und während des NS-Regimes autoritär verformt, begann sich erneut zu etablieren“.[165]

Dieses Argument soll offensichtlich seine eingangs der vorliegenden Arbeit dargestellte These stützen, daß es sich bei den wirtschaftlichen Erfolgen in der Wiederaufbauphase nicht um Resultate einer tatsächlichen ordnungspolitischen Neuorientierung, sondern nur um die begünstigenden Effekte einer vorübergehend wirksamen Rekonstruktionsperiode gehandelt habe, deren positive Wachstumseffekte zusätzlich von einer Rückkehr zu tradierten korporativen Verhaltensmustern aus der Zeit der Weimarer Republik erfolgreich unterstützt und getragen worden seien. Die in der zweiten Hälfte der sechziger Jahre eingetretene Wachstumsabschwächung wäre demnach auf das Auslaufen eben dieser Rekonstruktionsperiode zurückzuführen, nicht aber auf zwischenzeitlich eingetretene Veränderungen in den wirtschaftlichen Rahmenbedingungen.

Wenn dem so gewesen sein sollte, so könnte auch in der gegenwärtigen Beschäftigungskrise von einer ordnungspolitischen Neuorientierung an den Grundlagen sozialpartnerschaftlicher Konfliktregulierung wenig erwartet werden. Statt dessen wäre dann die Rückbesinnung auf eine stärkere unmittelbare Beteiligung von Arbeitgeberverbänden und Gewerkschaften an der Formulierung und Durchführung staatlicher Wirtschaftspolitik anzustreben und also einer (noch darzustellenden) „korporativistischen Alternative“ der Vorzug zu geben.

Die außenwirtschaftliche Bedrohung der Liberalisierungspolitik durch die Korea-Krise vollzog sich über eine ab Herst 1950 rasch voranschreitende Verschlechterung der deutschen Handelsbilanz und über verteidigungspolitische Anforderungen, die von seiten der USA an die Bundersregierung gestellt wurden. Die Ursachen dieser Zahlungsbilanzkrise lagen vornehmlich in dem nach Ausbruch der Kampfhandlungen in Korea einsetzenden, von Spekulation und Weltkriegsbefürchtungen verschärften, weltweiten Nachfrageboom.[166]

Die deutsche Wirtschaft gelangte dadurch zwar zu ersten großen Exporterfolgen, doch stand dem ein durch Hortungseffekte verstärkter Importsog von Rohstoffen und Vorprodukten entgegen, der nur unter rasch steigenden Preisen abgedeckt werden konnte und dem gegenüber sich die deutschen Währungsre-

---

[164] Vgl. Werner Abelshauser, Ansätze „Korporativer Marktwirtschaft“, S. 732.

[165] Ebenda, S. 734

[166] Vgl. Otmar Emminger, Ordnungs- und währungspolitische Probleme, S. 16f.

serven schon bald als völlig unzureichend erwiesen.[167] Die resultierenden Engpässe bei Kohle, Stahl und Energie zwangen Bundeswirtschaftsminister Erhard schon gegen Ende Oktober 1950, wieder (als erstes) zur vollen Bewirtschaftung der Kohle zurückzukehren.[168]

Damit stand die Liberalisierungspolitik vor der entscheidenden Klippe, ob es mit marktwirtschaftlichen Mitteln, unterstützt von restriktiven geld- und kreditpolitischen Maßnahmen der Notenbank, gelingen könnte, die von einem inflationstreibenden Entsparungsprozeß und wachsender Umlaufgeschwindigkeit des Geldes genährte, überschäumende Nachfrage wieder in ein gesamtwirtschaftliches Gleichgewicht zurückzudrängen.[169] Die Alternative hätte in einer generellen Rückkehr zu einer Politik staatlich administrierter Preis- und Mengenrationierung bestanden.

Die außenpolitische Bedrohung der Liberalisierungspolitik bestand in der amerikanischen Forderung, daß die in den USA bereits im September 1950 eingeleitete wirtschaftliche Mobilmachung und der im Dezember verkündete nationale Notstand von den Verbündeten durch ähnliche dirigistische Maßnahmen unterstützt werden sollte. Insbesondere glaubte man von seiten der Vereinigten Staaten nicht, „daß die Bundesrepublik Deutschland ohne ähnliche Lenkungs- und Kontrollmaßnahmen mit den Rohstoffproblemen sowohl für die eigene Wirtschaft als auch für ihren Verteidigungsbeitrag fertig würde — und sie wurden in diesem Mißtrauen natürlich durch die deutsche Zahlungsbilanzkrise mit ihren Auswirkungen auf die Versorgungslage bestärkt. So kam es zu einem Mißtrauensvotum gegenüber der Erhardschen Marktwirtschaft".[170]

Der Höhepunkt dieser ordnungspolitischen Kontroverse zwischen Besatzungsmacht und Bundesregierung wurde durch ein Schreiben vom 6. März 1951 des amerikanischen Hochkommissars McCloy an Bundeskanzler Adenauer eingeleitet, in dem, weil „nur eine bedeutsame Modifizierung der freien Marktwirtschaft der veränderten Situation gerecht werden kann",[171] ultimativ verlangt wurde, „daß die Bundesregierung sofort das erforderliche System von Verwaltungsmaßnahmen zur Kontrolle von Prioritäten und Zuteilungen wie auch zur Kontrolle ausgewählter Preise ausarbeiten muß, und daß sie zugleich den organisatorischen Apparat und den Stab aufstellen muß, der zur Durchfüh-

---

[167] Mit einem kumulativen Defizit von 357 Millionen Dollar war die Bundesrepublik Ende 1950 „das Land mit dem größten Defizit innerhalb der EZU geworden und hatte bereits wenige Monate nach Gründung (Anm.: die „Europäische Zahlungsunion" war am 1. Juli 1950 gegründet worden) ihre Kreditlinie aufgebraucht". Matthias Schmitt, Außenwirtschaftsprobleme, S. 58

[168] Vgl. Werner Abelshauser, Ansätze „Korporativer Marktwirtschaft", S. 720

[169] Vgl. Otmar Emminger, Ordnungs- und währungspolitische Probleme, S. 9

[170] Ebenda, S. 17

[171] Zitiert aus dem Schreiben des Special Representative of the Economic Cooperation Administration for Germany *John J. McCloy* an Bundeskanzler Konrad Adenauer vom 6. März 1951 nach dem übersetzten Abdruck im Anhang zu: Werner Abelshauser, Ansätze „Korporativer Marktwirtschaft", S. 734-738, zitiert aus Seite 736

rung dieser Kontrollen benötigt wird".[172] Folgende Einzelmaßnahmen sollten ergriffen werden:

1. Die Errichtung eines Zuteilungs- und Prioritätensystems für alle knappen Inlandsgüter und lebenswichtigen Importe, für die Verteidigungsausfuhren nach Nato Ländern und für die Lieferungsauflagen der Besatzung.[173]
2. Die „nachdrückliche Durchführung der notwendigen Krediteinschränkungen und einer verschärften Auswahl der gewährten Kredite".[174]

Ansonsten bestünde „wenig Aussicht, daß die Regierung der Vereinigten Staaten bewogen werden kann, die Dollarhilfe fortzusetzen und der Bundesregierung beim Erwerb der unentbehrlichen Rohstoffe behilflich zu sein".[175]

Im Rückblick auf die vorangehend erfolgte Auseinandersetzung mit der These einer angeblich von der US-Regierung „verhinderten Neuordnung" in Westdeutschland ist daran zunächst bemerkenswert, daß es mit dem von amerikanischer Seite auf die Kräfte der „freien Marktwirtschaft" gesetzten Vertrauen wohl doch nicht so weit hergewesen sein kann. Sodann kann die offensichtliche Widerwilligkeit und Halbherzigkeit, mit der, wie noch zu zeigen sein wird, dieser Aufforderung von deutscher Seite gefolgt worden ist, als weiterer Beweis dafür gelten, daß es sich bei der Einführung der Marktwirtschaft nach 1948 tatsächlich um einen eigenständig deutschen Neuordnungsansatz gehandelt hat, den man offensichtlich auch nicht so ohne weiteres aufzugeben bereit war.

Ludwig Erhard hat dazu rückblickend festgestellt, er habe einen „Generalangriff auf die deutsche Marktwirtschaft" abzuwehren gehabt, in dem die „Jünger der englischen Vollbeschäftigungsthese ... überraschenderweise ... ein Bündnis mit amerikanischen Beamten der Hohen Kommission" geschlossen hätten.[176] Dagegen beurteilt Abelshauser diese Situation (wohl zutreffend) so, daß die US-Regierung, bei aller grundsätzlichen Zustimmung zur Anwendung marktwirtschaftlicher Prinzipien, durch eine derartige Liberalisierungspolitik doch die politische und wirtschaftliche Stabilisierung Westeuropas als Besatzungsziel nicht gefährdet sehen wollte.[177] Zu einem derartigen Gefahrenherd drohte die Bundesrepublik aber im Jahre 1950 bei steigender Arbeitslosigkeit und Inflation zu werden.[178]

In dieser wirtschaftlichen und politischen Krise Standfestigkeit zu beweisen, mußte Konrad Adenauer und Ludwig Erhard um so schwerer gefallen sein, als

---

[172] Ebenda, S. 737

[173] Ebenda, S. 737f.

[174] Ebenda, S. 738

[175] Ebenda

[176] Ludwig Erhard, Wohlstand für alle, S. 44 (Hervorhebungen nicht übernommen)

[177] Vgl. Abelshauser, Ansätze „Korporativer Marktwirtschaft", S. 719

[178] Vgl. Emminger, Ordnungs- und währungspolitische Probleme, S. 19f.

das Festhalten an marktwirtschaftlichen Prinzipien nicht nur nach außen, sondern auch der deutschen Bevölkerung gegenüber vertreten werden mußte, die mehrheitlich noch keineswegs von der Überlegenheit der Marktwirtschaft überzeugt war: „Nach jahrzehntelanger Gewöhnung an staatliche Wirtschaftslenkung schien den Deutschen ein Prinzip freier Wirtschaft, freier unternehmerischer Entfaltung und freier Preisbildung aufgrund von Angebot und Nachfrage zunächst völlig unbegreiflich. Mit fallenden Preisen und wachsender Produktion bildete sich erstes Vertrauen in die neue Wirtschaftspolitik, das jedoch schon bald nach Beginn des Koreakrieges wieder verlorenging".[179]

Auch von seiten der parlamentarischen Opposition und der Gewerkschaften wurde diese günstige Gelegenheit genutzt, um erneut eine Rückkehr zu staatlicher Preisfestsetzung und Mengenrationierung zu fordern, so daß die Bedeutung der damaligen ordnungspolitischen Entscheidungen schon daraus erhellt, daß Ludwig Erhard sich schließlich gezwungen sah, gegen die Vorwürfe der US-Regierung und der Alliierten Hohen Kommission, gegen die Stimmung in der Bevölkerung, gegen die parlamentarische Opposition und schließlich gegen die Politiker in den eigenen Reihen, die um ihre Wiederwahl fürchteten, „mit einer an Sturheit grenzenden Beharrlichkeit, das marktwirtschaftliche Prinzip unter allen Umständen aufrecht zu erhalten".[180]

Von den tatsächlich durchgeführten Ent-Liberalisierungsmaßnahmen waren vor allem die kreditpolitischen Restriktionen der damaligen „Bank deutscher Länder" sowie die mit dem „Wirtschaftssicherungsgesetz" vom 9. März 1951 geschaffenen rechtlichen Grundlagen für die geforderte Zuteilungs- und Prioritätenfestsetzung von einiger Bedeutung.[181] Nachdem die Notenbank angesichts der sich im Februar 1951 abzeichnenden internationalen Zahlungsunfähigkeit der Bundesrepublik schon mit einer „direkten Rückführung der kurzfristigen Bankenkredite um 1 Milliarde DM" zu einer drastischen Ausnahmemaßnahme gegriffen hatte,[182] machte die Bundesregierung dann am 20. Februar von ihrer

179 Rüdiger Schulz, Die Reaktionen der Bundesbürger, S. 70

180 *Ludwig Erhard* am 6. Februar 1952 in Zürich. Zitiert nach: Ebd., S. 69 Über die Stimmung in der Bevölkerung waren Adenauer und Erhard gut informiert, weil sie regelmäßig durch das Institut für Demoskopie in Allensbach Umfragen durchführen ließen. Auf dem Höhepunkt der Krise im März 1951 sprachen sich 47 Prozent der befragten Bundesbürger für „von der Regierung kontrollierte feste Preise für alle Waren" aus, auch wenn dies „zugleich für viele Waren Knappheit, vielleicht Wiedereinführung von Karten und Bezugsscheinen" bedeutet; nur 37 Prozent waren für nicht kontrollierte Preise. Rüdiger Schulz, Die Reaktionen der Bundesbürger, S. 75

181 Gemeint ist das „Gesetz für Sicherungsmaßnahmen auf einzelnen Gebieten der gewerblichen Wirtschaft" vom 9. März 1951 (BGBl, Teil I, Jg. 1951, S. 163-165), das aber lediglich eine „Kann-Bestimmung" für Bewirtschaftungsmaßnahmen vorsah und dessen Gültigkeit von vornherein nur bis zum 30. 6. 1952 befristet war. Selbst diese halbherzige Maßnahme wurde dann bereits am 5. Mai 1951 durch das noch enger gefaßte „Gesetz zur Änderung des Gesetzes für Sicherungsmaßnahmen auf einzelnen Gebieten der gewerblichen Wirtschaft" (BGBl, Teil I, Jg. 1951, S. 298f.) weiter eingeschränkt.

182 Emminger, Ordnungs- und währungspolitische Probleme, S. 20

im Liberalisierungskodex der damaligen „Organisation europäische wirtschaftliche Zusammenarbeit" (OEEC) vorgesehenen Möglichkeit Gebrauch, eine Aussetzung der Einfuhrliberalisierung anzuordnen.[183]

In institutioneller Hinsicht kam es zwar zur Gründung einer „Bundesstelle für den Warenverkehr der gewerblichen Wirtschaft" und eines Interministeriellen Wirtschaftsausschusses, „für die in der Praxis wirklich erforderlichen Lenkungsmaßnahmen bediente man sich aber weitgehend der Hilfe der Wirtschaftsverbände, vor allem, um nicht eine eigene Bewirtschaftungsbürokratie aufziehen zu müssen".[184] Außerdem wäre die sich kurzfristig abzeichnende „Lenkungslücke" für die amtlichen Kontrollen anders kaum abzudecken gewesen. Hier setzt nun Abelshausers Argumentation an, der in dieser „Mobilisierung der Selbstverantwortung der Wirtschaft" einen Rückgriff auf frühere korporative Verhaltensmuster sieht.[185]

Als ersten Anwendungsfall einer derartigen korporativen Konfliktlösungsstrategie führt Abelshauser die vom Zusammenbruch der Versorgung im Oktober 1950 erzwungene Wiedereinführung der Kohlenbewirtschaftung an, bei der Erhard sich mangels personell und institutionell geeigneter staatlicher Planungs- und Lenkungsorgane gezwungen gesehen habe, „diese Aufgabe in die Hände der Wirtschaft, der Gewerkschaften und der Verbände der Industrie, zu legen und deren Macht und Einfluß damit zu stärken".[186]

Dagegen könnte vor allem eingewandt werden, daß es Erhard mit seinem Rückgriff auf die von den Alliierten eingesetzte Treuhandverwaltung der Steinkohlenwirtschaft wohl eher darauf angekommen ist, sich die fachliche Kompetenz der Konzernleitungen für Beratungszwecke sichern. Dies wird schon daran deutlich, daß der Leiter der Hauptabsatzabteilung der Deutschen Kohlenbergbau-Leitung, Martin Sogemeier, zum „Beauftragten für die Regelung aller Fragen der inländischen Kohlenversorgung" bestellt wurde.[187] Da Erhard selbst sich zudem wiederholt und nachdrücklich gegen jegliche Form von „Syndikalismus" gewandt hat und entsprechend „von jeher und unerbittlich ein Gegner des vom DGB in Anlehnung an die Weimarer Reichsverfassung geforderten Systems von Wirtschaftsräten mit einem Bundeswirtschaftsrat an der Spitze gewesen ist",[188] dürfte daneben der Gedanke maßgeblich gewesen sein, daß sich die privatwirtschaftlich eingestellten Konzernleitungen schon aus Eigeninteresse alle Wege offenhalten würden, um sich dauerhaften und wirklich durchgreifenden staatlichen Gängelungsversuchen wieder zu entziehen.

---

183 Vgl. Matthias Schmitt, Außenwirtschaftsprobleme, S. 63

184 Emminger, Ordnungs- und währungspolitische Probleme, S. 23f.

185 Abelshauser, Ansätze „Korporativer Marktwirtschaft", S. 726

186 Ebenda, S. 720

187 Ebenda, S. 725f.

188 Albrecht Düren, Ludwig Erhards Verhältnis zu organisierten wirtschaftlichen Interessen, S. 57f.

Diese Annahme wird auch, wie insbesondere die Untersuchung von Thum gezeigt hat, von der ansonsten engen Zusammenarbeit zwischen Bundesregierung und Altkonzernen in der Frage der Entflechtung des Kohle- und Eisen-Verbundes sowie hinsichtlich, der Eigentumsneuregelung unterstützt.[189] Zudem sind diese wichtigen Vorentscheidungen nicht nur ohne wesentliche Beteiligung der Gewerkschaften, sondern sogar gegen deren erbitterten Widerstand und diametral zu den von ihnen vertretenen Vorstellungen durchgesetzt worden.[190] Nur in der Montanmitbestimmung hatten die Gewerkschaften, aus bereits dargestellten Gründen, einen Erfolg erringen können. Wenn also für das Beispiel der Kohlenbewirtschaftung überhaupt von einer korporativen Verhaltensabstimmung gesprochen werden kann, dann nur von einer zwischen der Bundesregierung und den Konzernleitungen.

Das zweite von Abelshauser angeführte Beispiel betrifft die Ernennung des Generaldirektors Otto A. Friedrich zum „Rohstoffberater" der Bundesregierung und zum späteren kommissarischen Leiter der Bundesstelle für den gewerblichen Warenverkehr, die bei ihrer Arbeit von den paritätisch von Arbeitgeberverbänden und Gewerkschaften besetzten „Fachstellen der gewerblichen Wirtschaft" unterstützt wurden.[191] Aufgabe dieser Beratungsgremien sollte es sein, das von den USA gewünschte Prioritäten- und Zuteilungssystem aufzustellen.[192]

Gegenüber der Behauptung Abelshausers, daß die Spitzenverbände damit bereit gewesen wären, „die durch die Wirtschaftsreform von 1948 entstandene „Lenkungslücke" auszufüllen",[193] ist zunächst darauf zu verweisen, daß in diesem Zusammenhang von einem Versagen des marktwirtschaftlichen Angebots- und Nachfragemechanismus nicht gesprochen werden kann. Tatsächlich lag nämlich gerade im Bereich der Grundstoffindustrien und der Rohstoffversorgung keine freie Marktwirtschaft vor, auch nicht im Bereich der „liberalisierten" Kohlenbewirtschaftung, zumal hier umfangreichen besatzungspolitischen Verpflichtungen Vorrang gegenüber einem marktwirtschaftlichen Ausgleich zukam.[194]

---

189 Siehe dazu: Thum, Mitbestimmung in der Montanindustrie, S. 110ff.

190 Ebenda, S. 52ff.

191 Vgl. Abelshauser, Ansätze „Korporativer Marktwirtschaft", S. 729f.

192 Die daneben von ihren Initiatoren beabsichtigte Funktion, als Ansatzpunkt einer „wirtschaftsdemokratischen" Neuordnung zu dienen, haben diese Fachstellen allerdings nie auszuüben vermocht. Siehe dazu: Georg Müller, Die Grundlegung der westdeutschen Wirtschaftsordnung, S. 209ff.

193 Ebenda

194 Dazu *Erhard* am 14. März 1951 vor dem Deutschen Bundestag, nachdem er auf die strukturellen Verzerrungen in den Grundstoffindustrien hingewiesen hatte: „Aber ich darf gleich hinzufügen, daß die Störungen und Spannungen in der Grundstoffindustrie damit in einem Marktsektor in Erscheinung getreten sind, in dem wir ganz bestimmt keine Marktwirtschaft hatten, sondern in dem durch das Fehlen klarer Eigentumsbegriffe, klarer Zuständigkeiten und Verantwortungen eigentlich das Ideal Ihrer Wirtschaftspoli-

Des weiteren ist daran zu erinnern, daß die über diesen Bereich hinausgehende Aufhebung der Einfuhrliberalisierung — worauf auch Abelshauser ausdrücklich hinweist — auf Druck der US-Regierung und der Alliierten Hohen Kommission zustande kam und also auf außenpolitischen Druck und nicht auf angebliche „Lenkungslücken" der Marktwirtschaft zurückzuführen gewesen ist. Daß es sich bei der Rücknahme der Einfuhrliberalisierung um etwas anderes als um eine außenpolitische Konzession, in der Art und Weise aber um ein Festhalten in der Sache, nämlich der marktwirtschaftlichen Grundüberzeugung, gehandelt haben könnte, muß insbesondere vor dem (beschriebenen) Hintergrund der heftigen Auseinandersetzungen, die im Wirtschaftsrat um eben diese Frage der Bewirtschaftung geführt worden sind, als zweifelhaft gelten.

Vor allem aber ist nicht einzusehen, warum die christdemokratischen und liberalen Regierungsparteien — nachdem sie sich in den Bundestagswahlen 1949 mit dem marktwirtschaftlichen Programm Ludwig Erhards offensichtlich erfolgreich profiliert hatten — nun plötzlich auf das durch die Forderung nach Bewirtschaftungsmaßnahmen und nach einer wirtschaftsdemokratischen Verflechtung von Staat, Arbeitgeberverbänden und Gewerkschaften gekennzeichnete Alternativkonzept der parlamentarischen Opposition umschwenken sollten. Insofern ist es sicherlich unzutreffend, die Korea-Krise abgelöst von den vorangehenden und nachfolgenden Entscheidungen betrachten zu wollen.

Der beschriebene Zusammenhang erhellt schon aus dem provisorisch organisierten und zeitlich engen Rahmen, in dem sich das behauptete korporative Mitwirken abgespielt hat, so daß die Rohstoffbewirtschaftung, wie überhaupt die gesamte Rücknahme der Einfuhrliberalisierung, von vornherein das Signum des Behelfsmäßigen, nur für eine vorübergehende Verwendung Geschaffenen trug. Dies wird erstens dadurch unterstrichen, daß kein systematischer Aufbau von Institutionen (mit entsprechend hauptamtlichem Personal) beabsichtigt worden ist, der ein eventuelles Bewirtschaftungssystem dauerhaft hätte tragen können; zum zweiten durch den zeitlich doch sehr eng begrenzten Rahmen, in dem das Ganze stattfand.

Bereits im März (!) 1951 begann sich die Außenhandelssituation merklich zu entspannen, schon im Frühsommer 1951 war eine „Wende vom Defizit- zum Überschußland" zu erkennen, „im gesamten Jahr 1951 gelang es der Bundesrepublik zum ersten Mal seit Kriegsende, Einfuhr und Ausfuhr annähernd auszugleichen und in der gesamten Waren- und Dienstleistungsbilanz sogar einen Überschuß zu erzielen".[195] Bereits im Januar 1952, also nach nicht einmal einem Jahr!, wurde die Einfuhrliberalisierung schrittweise wiederhergestellt, im April schon auf 77 Prozent der Einfuhren erweitert,[196] und seitdem ist die

---

tik, meine Herren von links, verwirklicht war". Zitiert nach dem als „Dokument Nr. 33" wiedergegebenen Stenographischen Bericht der Bundestagsrede, in: Die Korea-Krise, S. 301 - 329, zitiert wurde S. 305

[195] Emminger, Ordnungs- und währungspolitische Probleme, S. 26f.

[196] Ebenda, S. 27 und Matthias Schmitt, Außenwirtschaftsprobleme, S. 64

Bundesrepublik für viele Jahre das Hauptüberschußland und Schrittmacher der außenwirtschaftlichen Liberalisierung in der damaligen „Europäischen Zahlungs-Union" (EZU) gewesen. Selbst wenn also mit der gemeinsamen Abwehr der Zahlungsbilanzkrise eine Rückkehr zur „korporativen Durchdringung" der Marktwirtschaft beabsichtigt gewesen wäre, so hätte allein schon der notwendige zeitliche Rahmen dafür gefehlt.[197]

Auch in der Unterstützung der staatlichen Rohstoffbewirtschaftung durch den damaligen „Bundesverband der deutschen Industrie" (BDI) könnte nur ein unvollkommener, einseitig entwickelter korporativer Ansatz gesehen werden, denn selbst Abelshauser vermag keinen Beweis für eine leitende Beteiligung der Gewerkschaften zu liefern.[198] Eine solche wäre auch kaum zu erwarten gewesen, stand der Deutsche Gewerkschaftsbund der Erhardschen Wirtschaftspolitik doch insgesamt — wie beschrieben — äußerst ablehnend gegenüber.

Schließlich muß die Kühnheit des gedanklichen Bogens überraschen, den Abelshauser von der eher informellen politischen Verflechtung zwischen Schwerindustrie und Deutschem Kaiserreich, den Arbeiter- und Wirtschaftsräten der Weimarer Republik als verfassungsrechtlichen Mitbestimmungsinstitutionen, über die berufsständische Gleichschaltung durch die Nationalsozialisten bis hin zu den behaupteten Ansätzen einer korporativen Marktwirtschaft in den fünfziger Jahren zu spannen versucht. Es verwundert daher nicht, daß er sich zu den Inhalten und Funktionen des von ihm verwendeten Korporatismusbegriffs nicht weiter äußert. Tatsächlich wären für die angegebenen Beispiele wesentliche Unterscheidungen nach der institutionellen Verankerung und personellen Besetzung sowie nach der Funktionssynthese notwendig gewesen. Würde man den Korporatismusbegriff hingegen soweit ausdehnen, daß er auch eine zeitlich und funktionell so eng begrenzte Beratungstätigkeit staatlicher Institutionen durch Wirtschaftsverbände umfassen würde, wie sie während der Korea-Krise vorgelegen hat, so müßte dieser Begriff seine inhaltliche Trennschärfe damit völlig verlieren.

Obwohl die These einer Wiederaufnahme früherer korporativer Verhaltensmuster während der Korea-Krise somit zumindest in der von Abelshauser vertretenen Form zurückgewiesen werden muß, so ist für das „gesellschaftspolitische Leitbild" der Sozialen Marktwirtschaft insgesamt doch ein Stil kennzeich-

---

[197] Nicht zu vergessen ist in diesem Zusammenhang auch die europäische Dimension: eine fortdauernde Aufhebung der außenwirtschaftlichen Liberalisierung wäre mit einer weiteren Mitgliedschaft der Bundesrepublik in der *OEEC* und auch in der EZU kaum zu vereinbaren gewesen.

[198] Siehe dazu Abelshauser, Ansätze „Korporativer Marktwirtschaft", S. 720, 726 und 731. Dies wird auch in der Besetzung der bereits angeführten „Fachstellen" deutlich: die den Gewerkschaften hier eingeräumte paritätische Beteiligung wurde de facto durch die Hereinnahme weiterer Gruppen (Handwerk und Handel), vor allem aber durch die Einführung eines „Gruppenvetos" wieder entwertet, weil dann die Entscheidung an den Direktor der Verwaltung für Wirtschaft (und das war Ludwig Erhard) überging. Vgl. Georg Müller, Die Grundlegung der westdeutschen Wirtschaftsordnung, S. 213f.

nend, der sich vom Neoliberalismus deutlich abhebt und der sehr wohl auch mit dem von Abelshauser gleichfalls als Beweis angeführten Investitionshilfegesetz,[199] insbesondere aber mit den vorangehend beschriebenen Entscheidungen zur Montanmitbestimmung und zur Betriebsverfassung seinen Ausdruck gefunden hat.

Die Integration und soziale Befriedung der zunächst gegen eine marktwirtschaftliche Neuordnung eingestellten Gewerkschaften durch Tarifautonomie und Mitbestimmung entsprach durchaus dem Grundgedanken der Sozialen Marktwirtschaft als Versöhnungsidee und „irenische Formel .., die versucht, die Ideale der Gerechtigkeit, der Freiheit und des wirtschaftlichen Wachstums in ein vernünftiges Gleichgewicht zu bringen".[200] Dies jedoch nicht, worauf noch einzugehen sein wird, über eine institutionelle Verflechtung von Staat und Wirtschaft, sondern durch eine über das Trennende der natürlichen Interessengegensätze hinweg anzustrebende soziale Verpflichtung auf das Gemeinsame.

Eine derartige Überwindung klassenkämpferischen Denkens „nicht durch autoritären Zwang, sondern aus eigener Kraft, aus eigenem Willen, aus der Erkenntnis und dem wachsenden Bewußtsein der gegenseitigen Abhängigkeit" mag Ludwig Erhard auch vorgeschwebt haben, als er 1965 sein Konzept einer „Formierten Gesellschaft" vorgestellt hat,[201] wenngleich ihm selbst dann unter der Last der politischen Alltagsgeschäfte die Kraft für eine konsequente konzeptionelle Weiterentwicklung gefehlt haben mag.

---

[199] Das Investitionshilfegesetz (1952) kam zwar mit Billigung der Gewerkschaften zustande, ging aber inhaltlich aus einer „Sieben-Punkte-Erklärung" hervor, die am 8. April 1951 vom „Gemeinschaftsausschuß der deutschen gewerblichen Wirtschaft" (ohne Gewerkschaftsbeteiligung) formuliert worden war. Vgl. Abelshauser, Ansätze „Korporativer Marktwirtschaft", S. 731, zur Gesetzesentstehung: Volkhard Laitenberger, Zur Programmatik und zur Politik Ludwig Erhards, S. 26. Zudem kann das Gesetz als „eine Notmaßnahme gerade in einem noch nicht marktwirtschaftlich geordneten Sektor" gewertet werden und hat überdies keine dauerhafte Bedeutung gehabt: „im Bundestag wurde ihm nachgerufen: „Einmal und nicht wieder", wie Abelshauser selbst dazu feststellt. Abelshauser, S. 7333, das vorangehende Zitat stammt von Laitenberger, S. 26

[200] Müller-Armack, Der Moralist und der Ökonom, S. 131

[201] Ludwig Erhard, Das Leitbild der Formierten Gesellschaft, S. 9

2. Arbeitsbeziehungen in Rückblick und Gegenwart — Anlaß für eine kritische Bilanz

2.1 Neo-Korporativismus oder marktwirtschaftliche Erneuerung?

Wie vorangehend beschrieben, haben sich die Gewerkschaften nur unter heftigen Widerständen und Vorbehalten in die neue marktwirtschaftliche Ordnung integrieren lassen. Der besonders im „Generalstreik" vom November 1948 deutlich gewordene Einsatz für die von der SPD vertretene planwirtschaftliche Alternative zeigt zum einen eine von den nationalsozialistischen Erfahrungen offenbar ungebrochene programmatische Hinwendung auf den Staat als wirtschaftsgestaltende und wirtschaftslenkende Zentralgewalt, zum anderen eine vom Leitgedanken der angestrebten Einheitsgewerkschaft weitgehend unbeeinträchtigte parteipolitische Anlehnung an die SPD. Die sich darin manifestierende Rückorientierung auf die enge personelle Zusammenarbeit und institutionelle Verflechtung vor allem zwischen den im „Allgemeinen Deutschen Gewerkschaftsbund" (ADGB) vereinigten sozialistischen Freien Gewerkschaften und der Sozialdemokratie in der Weimarer Republik hat auch in jüngster Zeit auf dem Nürnberger Parteitag der SPD und auf den Gewerkschaftskongressen des Jahres 1986 mit den wieder aufgenommenen Forderungen nach dem Einbau von „wirtschaftsdemokratischen" Ordnungselementen (paritätische Strukturkommissionen, Wirtschafts- und Sozialräte) eine überraschend deutliche programmatische Neuauflage erfahren.[1]

Heute wie damals scheint man „Weimar im Auge zu haben, das es nun in völlig umgearbeiteter ‚Auflage' erneut ‚herauszugeben' gilt".[2] Daß eine der wesentlichen Ursachen des politischen und wirtschaftlichen Versagens der Weimarer Demokratie gerade in der Widerstände provozierenden personellen und institutionellen Verflechtung von sozialistischer Politik auf der Staats- und auf der Wirtschaftsebene bestanden hatte, wurde und wird dabei offensichtlich übersehen.

Nun ist diese ordnungspolitische Rückorientierung nach 1945, wie beschrieben, zumeist mit parlamentarischen Niederlagen für die SPD und damit indirekt auch für die Gewerkschaften ausgegangen, weil dafür in den seit 1946 wieder stattfindenden Wahlen keine Mehrheiten gefunden werden konnten und weil die aus der demokratischen Neuordnung Deutschlands resultierenden förderalisti-

---

[1] Vgl. „Nürnberger Aktionsprogramm". Beschluß zur Wirtschafts- und Beschäftigungspolitik der SPD, Parteitag in Nürnberg 25.-29. 8. 1986, in: „Politik", Informationsdienst der SPD, Nr. 9, Sept. 1986

[2] Wolf-Dieter Narr, CDU-SPD, S. 108

schen Grundstrukturen keinen starken Zentralstaat aufkommen ließen. Außerdem wäre auch bei objektiver Betrachtung schwer einzusehen gewesen, warum das bereits einmal gescheiterte „Weimarer Modell" als Ausgangspunkt einer politischen Neuorientierung und zur raschen Überwindung der wirtschaftlichen Not besonders geeignet sein sollte. Schon deshalb mußte diese programmatische Rückorientierung bald sowohl gegen eine Kritik von rechts („Neuauflage gescheiterter Sozialisierungsbestrebungen") als auch von links („Wenn schon Sozialismus, dann richtig!") verteidigt werden und es kam zur Durchsetzung der Sozialen Marktwirtschaft und einer ihr adäquaten, weitgehend staatsfreien Gestaltung der Arbeitsbeziehungen.

Unbeschadet dieses damaligen Ausgangs der Neuordnungskontroverse könnte heute, vor dem Hintergrund einer anhaltenden Beschäftigungs- und Wachstumskrise, die im Vorwort zum ersten Band des im Mai 1948 erschienenen „Jahrbuch für die Ordnung von Wirtschaft und Gesellschaft" (ORDO) aufgeworfene Frage „Wie muß die Wirtschafts- und Sozialordnung beschaffen sein, in der sich ein menschenwürdiges und wirtschaftlich erfolgreiches Leben verwirklichen kann?" unter verändertem Blickwinkel neu gestellt werden.

Waren es in der Nachkriegszeit Millionen von entlassenen Kriegsgefangenen, Flüchtlingen und Vertriebenen, die wirtschaftlich und sozial zu integrieren waren, so ergeben sich heute mit der strukturell und demografisch bedingt hohen Arbeitslosigkeit vergleichbare Herausforderungen; den früheren Umstellungsproblemen von der Rüstungsproduktion auf die Bedarfe einer Friedenswirtschaft entspricht heute der erforderliche Übergang auf umweltfreundliche und ressourcenschonende Produktionsverfahren.

Mit dieser Herausforderung scheint sich auch die frühere Ordnungskontroverse in ähnlicher Weise erneut zu stellen, ob nämlich für eine anzustrebende wirtschaftspolitische Neuorientierung die nach 1945 angewandten Mittel marktwirtschaftlicher Ordnungspolitik als Grundlage von Sozialpartnerschaft und Gemeinwohlbindung eingesetzt werden sollten oder ob statt dessen eine stärker mit korporativ „wirtschaftsdemokratischen" Elementen durchsetzte Lösung anzustreben wäre.

Zwar könnten angesichts der veränderten Ausgangslage die nach 1948 eingesetzten Methoden marktwirtschaftlicher Liberalisierungspolitik heute nicht in gleicher Weise Anwendung finden, doch könnten die in der „Aufbruchszeit der Marktwirtschaft"[3] eingesetzten Problemlösungskonzepte für die gegenwärtig mit oftmals konzessionsloser Entweder-Oder-Rigorosität ausgefochtene Kontroverse zwischen post-keynesianischen und neo-klassischen Handlungsempfehlungen sowohl konjunkturpolitische Denkanstöße liefern als auch an die notwendige Beachtung ordnungspolitischer Erfordernisse erinnern.

Anzusetzen wäre dabei an der von ihren Begründern bereits in den sechziger Jahren zwar angekündigten, doch weitgehend ausgebliebenen Fortentwicklung

[3] Matthias Schmitt, Aufbruch zur Marktwirtschaft, S. 227

der Sozialen Marktwirtschaft in einer „Zweiten Phase“.[4] Statt dessen haben sich, vielleicht gerade wegen des unerwartet rasch wachsenden Wohlstands, in der praktischen Wirtschaftspolitik immer stärkere Ablösungserscheinungen von der stilprägenden Leitfunktion marktwirtschaftskonformer Ordnungspolitik bemerkbar gemacht. Das von Eucken geforderte konstituierende Prinzip einer „Konstanz der Wirtschaftspolitik“ wurde offenbar in dem Glauben vernachlässigt, daß die Soziale Marktwirtschaft schon von sich aus genügend Kräfte zur Erhaltung ihrer Ordnungskontinuität entwickeln würde.[5]

Vor allem in zwei Bereichen ist eine ordnungskonforme weitere Ausgestaltung der Sozialen Marktwirtschaft vernachlässigt worden, zum einen in der sozialen Dimension, indem aus der eigentlich angestrebten „Synthese von Marktwirtschaft und sozialem Schutz“[6] ein zunehmend von parteipolitischen Prioritäten gesteuerter Wildwuchs von klientelorientierten „Wohltaten“ und fallweisen, punktuellen Interventionen geworden ist, denen es an einem marktwirtschaftskonformen Gesamtkonzept mangelt; zum anderen im Bereich der Arbeitsmarktordnung, wo es versäumt worden ist, für eine funktionsgerechte Ausfüllung der Tarifautonomie Rahmenbedingungen aufzustellen, um damit auch in Zeiten schrumpfender Umverteilungsspielräume und geringeren Wirtschaftswachstums noch auf Sozialpartnerschaft und Gemeinwohlbindung hinwirken zu können.

Für beide Versäumnisse mag es auch gute Gründe gegeben haben, zumal die resultierenden Steuerungsdefizite bei den früheren raschen Wohlstandsfortschritten eher vernachlässigt werden konnten als heute. Entsprechend hatte die Entfaltung privater Unternehmerinitiative nach 1948 auch deshalb schließlich die politische Akzeptanz der Arbeitnehmer und ihrer Organisationen gefunden, weil damit insgesamt anhaltende Verbesserungen in den materiellen (Arbeitseinkommen, soziale Sicherung) und in den immateriellen (Arbeitsrecht, Arbeitsschutz, Mitbestimmung) Arbeitsbedingungen erreicht werden konnte. Der hierauf gegründete sozialpartnerschaftliche Konsens über die zu bewahrende Kontinuität der rahmengebenden marktwirtschaftlichen Ordnung war der bislang tragende Bestandteil für ein international vielbeachtetes kooperatives Klima in den Arbeitsbeziehungen.

Wie eingangs dieser Untersuchung bereits festgestellt worden ist, wird dieser sozialpartnerschaftliche Konsens gegenwärtig von einer wachsenden Konfliktbereitschaft und von einer damit einhergehenden Erosion in der bislang gemeinsamen marktwirtschaftlichen Orientierung bedroht. Den Transmissionsriemen für diese Entwicklung liefert in politischer Hinsicht die vorangehend behandelte Behauptung angeblich bestehender „Legitimationsdefizite“ der nach 1945 zustande gekommenen marktwirtschaftlichen Neuordnung; in

---

[4] Alfred Müller-Armack, Die zweite Phase, S. 267ff.

[5] Siehe dazu: Ernst Dürr, Historische Erfahrungen, S. 22ff.

[6] Alfred Müller-Armack, Die künftige Verfassung der Sozialen Marktwirtschaft, S. 189

wirtschaftlicher Hinsicht der Zweifel daran, ob die Methoden der Sozialen Marktwirtschaft dafür geeignet sein könnten, unter menschenwürdigen Umweltbedingungen für genügend Beschäftigungsmöglichkeiten zu sorgen.

Eine eventuell anzustrebende Weiterentwicklung und Ergänzung der Sozialen Marktwirtschaft dürfte sich deshalb nicht auf eine Beseitigung der konstatierten arbeitsmarkt- und sozialpolitischen Steuerungsdefizite beschränken, sondern müßte auch darauf gerichtet sein, den früheren Konsens zwischen den Sozialpartnern neu zu begründen.

Während also das Ziel einer marktwirtschaftlichen Neuorientierung heute darin gesehen werden könnte, Sozialpartnerschaft und Gemeinwohlbindung durch rahmengebende Ablaufregeln und Ordnungsprinzipien zu unterstützen, bestünde die im folgenden zunächst zu betrachtende Alternative darin, der offenbar wachsenden Konfliktbereitschaft und den wirtschaftspolitischen Steuerungsdefiziten durch den Einbau korporativ „wirtschaftsdemokratischer" Institutionen im Beziehungsdreieck zwischen Staat, Gewerkschaften und Arbeitgeberverbänden zu begegnen.

Bei den Formen, in denen eine solche Institutionalisierung vollzogen werden könnte, ließe sich nach „autoritären" und nach „liberalen" korporativistischen Varianten unterscheiden. Dabei wäre als autoritäre Variante eine enge organisatorische und personelle Verflechtung sowie wechselseitige Durchdringung von Zielen und Mitteln zwischen Staat und Wirtschaft anzusehen, die im Extrem bis zu einem ständischen Korporationensystem mit Zwangscharakter gehen könnte, wie es zum Beispiel im faschistischen Italien und im nationalsozialistischen Deutschland angestrebt und teilweise auch erreicht worden ist oder wie es sich gegenwärtig im osteuropäischen Sozialismus zumindest ansatzweise darbietet.[7] Dieser ständische Korporatismus bleibt im folgenden außerhalb der Betrachtung. Das Spektrum miteinbezogener korporativistischer Varianten endet daher bei der in der Weimarer Republik realisierten Form mit den Komponenten (vorläufiger) Reichswirtschaftsrat, Zentralarbeitsgemeinschaft und staatliche Schlichtung.

Auf der anderen Seite eines breiten Spektrums mehr oder weniger korporativistisch geprägter Mischformen, die sich vor allem nach der Dominanz staatlicher Vorgaben und in den Formen der Institutionalisierung unterscheiden, sind die liberalen Varianten vor allem durch Freiwilligkeit bei der Teilnahme gekennzeichnet sowie dadurch, daß die konsens- oder auch nicht konsensfähigen Ergebnisse der Verhaltensabstimmung keine rechtlich erzwingbaren Handlungsfolgen zum Ergebnis haben. Für die Bundesrepublik Deutschland ließe sich hier als Beispiel das von Karl Schiller entwickelte Instrument einer „Konzertierten Aktion" anführen. Auch die in Österreich seit 1957

[7] Siehe dazu und zur neueren „Neokorporatismus"-Diskussion vor allem: Gerhard Lehmbruch, Sozialpartnerschaft in der vergleichenden Politikforschung, S. 87ff. Zur Situation in der Bundesrepublik Deutschland: Klaus Lompe, Das Ende des Neokorporatismus, S. 280ff.

bestehende „Paritätische Kommission für Preis- und Lohnfragen“ stellt eine derartige, allerdings etwas weiter zur autoritären Variante hin angesiedelte Form korporativistischer Verhaltensabstimmung dar.[8]

Im folgenden werden zunächst mit der Zentralarbeitsgemeinschaft, dem Reichswirtschaftsrat und mit dem staatlichen Schlichtungswesens drei der wichtigsten korporativistischen Ordnungselemente der Weimarer Republik in ihrem Aufbau und in ihrer vorgesehenen Funktionsweise dargestellt. Sodann wird zu fragen sein, ob aus den damaligen Erfahrungen mit diesen Institutionen bleibende Erkenntnisse abgeleitet werden können, die auch für eine Beurteilung der gegenwärtig eventuell anzustrebenden korporativistischen Neuorientierungsalternative richtungweisend sein sollten.

2.2 Elemente korporativistischer Verhaltensabstimmung

2.2.1 Institutionalisierte Kooperation von Arbeit und Kapital

Für die öffentliche Anerkennung der Gewerkschaften als Ordnungsfaktor sind vor allem die Konsequenzen der mit den im „Gesetz über den vaterländischen Hilfsdienst“ vom 5. Dezember 1916 vorgesehenen Maßnahmen zur weiteren Mobilisierung von Arbeitskraftreserven für die Zwecke der Kriegsführung von entscheidender Bedeutung gewesen. Dabei verhielt es sich so, daß für einen planmäßigen Einsatz aller Arbeitskräfte die bisherige freie Wahl des Arbeitsplatzes aufgehoben und eine allgemeine Arbeitspflicht eingeführt werden sollte.[9] Die zur Ausarbeitung der Gesetzesvorlage mit herangezogenen Gewerkschaften erhielten nicht nur die Zusicherung, daß im Gesetz „all das enthalten sein werde, was zum Schutz der Rechtssicherheit der Arbeiter und Angestellten unbedingt erforderlich wäre“,[10] sondern waren damit auch erstmalig „als offizielle Vertreter der Arbeitnehmer seitens der Regierung anerkannt“ worden.[11]

Die Vorbereitung und Durchführung der in diesem Gesetz vorgesehenen Maßnahmen zwang Gewerkschaften und Arbeitgeberverbände außerdem „zu einer bis dahin für unmöglich gehaltenen Form der gemeinsamen Behandlung vorgesteckter Ziele“.[12] So mußten, zum Beispiel, in allen staatlichen und privaten Betrieben mit mehr als 50 Beschäftigten „Arbeiterausschüsse“ gebildet werden, die „das gute Einvernehmen innerhalb der Arbeiterschaft des Betriebes“ sowie „zwischen der Arbeiterschaft und dem Arbeitgeber“ fördern sollten

[8] Reinhard Neck, Die Stellung der Verbände, vor allem S. 4ff.

[9] Reichsgesetzblatt (RGBl), Jg. 1916, Nr. 276, S. 1333-1339 (zit. „Hilfsdienstgesetz“), zu den Hintergründen der Gesetzgebung: Roswitha Leckebusch, Entstehung und Wandlungen, S. 63f.

[10] Zitiert nach: Leckebusch, ebenda, S. 64 (in der Fußnote)

[11] Dieter Schuster, Die deutsche Gewerkschaftsbewegung, S. 39

[12] Roswitha Leckebusch, Entstehung und Wandlungen, S. 63

und „Anträge, Wünsche und Beschwerden der Arbeiterschaft, die sich auf die Betriebseinrichtungen, die Lohn- und sonstigen Arbeitsverhältnisse des Betriebs und seiner Wohlfahrtseinrichtungen beziehen, zur Kenntnis des Unternehmers zu bringen und sich darüber zu äußern" hatten.[13]

Im Fall von „Streitigkeiten über die Lohn- und sonstigen Arbeitsbedingungen" sollten besondere Schlichtungsstellen tätig werden, die mit einem Offizier als Vorsitzenden und zwei höheren Staatsbeamten, vor allem aber paritätisch auch mit je zwei „Vertretern der Arbeitgeber und der Arbeitnehmer" besetzt werden sollten.[14] Arbeitnehmer aus kleineren Betrieben konnten sich an einen regionalen Schlichtungsausschuß wenden, der gleichfalls paritätisch besetzt war, jedoch unter dem Vorsitz eines vom Reichskriegsamt bestellten „Neutralen" stehen sollte. War der Arbeitgeber nicht bereit, den ergangenen Schiedsspruch zu akzeptieren, so konnten die betroffenen Arbeitnehmer das Beschäftigungsverhältnis lösen, um sich einen anderen Arbeitsplatz zuweisen zu lassen. In Verbindung mit dem kriegsbedingten Arbeitskräftemangel resultierte hieraus ein starker Einigungszwang.[15] Für die weitere Entwicklung war indes bedeutsamer, daß mit dieser, wenn auch zunächst nur als kriegsbedingte Maßnahme vorgesehenen, Institutionalisierung eines staatlichen Schlichters bereits der Keim für die verhängnisvolle spätere Zwangsschlichtung gelegt worden war.

Nachdem diese gemeinsamen Mobilisierungsanstrengungen bereits zu einer weitreichenden Zusammenarbeit von Gewerkschaften, Arbeitgeberverbänden und staatlichen Institutionen geführt hatten, wurde diese Inanspruchnahme der Verbände für Ziele staatlicher Politik durch das absehbare Kriegsende noch verstärkt, weil nun die inhaltlich umgekehrten Probleme der Demobilisierung und der Wirtschaftsumstellung auf eine Friedensproduktion zu bewältigen waren. Unter diesem äußeren Druck kam es im Juli und im Oktober 1918 zu Vorgesprächen, die schließlich eine zwischen dem Vorsitzenden der Generalkommission der Freien Gewerkschaften, Carl Legien, und Hugo Stinnes als dem führenden Vertreter der Ruhrindustriellen am 15. November geschlossene Vereinbarung über eine zu bildende „Arbeitsgemeinschaft" zur Folge hatten.[16] Ihre Teilnahme hatten die Gewerkschaftsvertreter von der Erfüllung zuvor lange vergeblich angestrebter Forderungen abhängig gemacht: „Anerkennung als

---

[13] Hilfsdienstgesetz, § 11

[14] Ebenda § 5

[15] Ebenda, § 13; dazu auch: Heinrich Potthoff, Gewerkschaften in Weltkrieg und Revolution, S. 114ff.

[16] Zur Vorgeschichte des Abkommens: Otto Leibrock, Die Zentralarbeitsgemeinschaft, S. 22f.; Heinrich Kaun, Die Geschichte der Zentralarbeitsgemeinschaft, S. 45ff.; Gerald D. Feldman, Die Freien Gewerkschaften und die Zentralarbeitsgemeinschaft, S. 236f. Das Abkommen wurde als „Vereinbarung zwischen den großen Arbeitgeberverbänden und den Gewerkschaften vom 15. November 1918" im „Deutschen Reichsanzeiger" Nr. 273 vom 18. 11. 1918 veröffentlicht und wird im folgenden unter der Bezeichnung „November-Abkommen" zitiert nach dem Abdruck in: Feldman / Steinisch, Industrie und Gewerkschaften, S. 135-137

berufene Arbeitervertretungen, unbeschränktes Koalitionsrecht, paritätische Regelung des Arbeitsnachweises, Einsetzung von paritätischen Schlichtungsinstanzen, Abschluß von Tarifverträgen in allen Industrien und Verzicht der Arbeitgeber auf jede Unterstützung der wirtschaftsfriedlichen Werkvereine".[17]

Dieser bemerkenswerte Einstellungswandel auf Arbeitgeberseite gegenüber den Gewerkschaften, nachdem noch im März 1918 in einer Denkschrift die Forderung erhoben worden war, den „Kriegssozialismus" nunmehr zurückzuführen, „soweit hierdurch die freie Unternehmertätigkeit beschränkt oder ausgeschaltet worden ist",[18] war durchaus nicht freiwillig zustande gekommen, sondern dürfte vor allem durch das mit dem Kriegsausgang einhergehende Erstarken der politischen Linken gefördert worden sein, zumal nachdem mit dem Aufstand von Matrosen und Arbeitern am 3. November in Kiel die Gefahr revolutionärer Veränderungen heraufgezogen war. Angesichts der Unwägbarkeiten für die weitere Entwicklung erschien es als zweckmäßig, mit Hilfe von Zugeständnissen an die „etablierten", leichter berechenbaren Gewerkschaften einer möglicherweise bevorstehenden „revolutionären Flut" besser widerstehen zu können, wie es der Geschäftsführer des Vereins Deutscher Eisen- und Stahlindustrieller, Jakob Reichert, Ende 1918 in einem Vortrag formulierte: „Tatsächlich war die Lage schon in den ersten Oktobertagen klar. Es kam darauf an: wie kann man die Industrie retten? Wie kann man auch das Unternehmertum vor der drohenden ... Sozialisierung ... und der nahestehenden Revolution bewahren? ... Einen überragenden Einfluß schien nur die organisierte Arbeiterschaft zu haben. Daraus zog man den Schluß: inmitten der allgemeinen großen Unsicherheit, angesichts der wankenden Macht des Staates und der Regierung, gibt es für die Industrie nur auf seiten der Arbeiterschaft starke Bundesgenossen, das sind die Gewerkschaften".[19] Für diese Unterstützung waren die Arbeitgeber bereit, den Gewerkschaften in betrieblichen und überbetrieblichen Fragen Mitbestimmungsrechte einzuräumen sowie damit „ein begrenztes Maß an Sozialpolitik als ein notwendiges Korrektiv" der freien Unternehmerwirtschaft zu akzeptieren.[20]

Es zeigt sich damit eine erstaunliche Parallelität zu der Situation in den nach 1945 gleichfalls von radikalen Veränderungen, nämlich von Sozialisierung, Entflechtung und Demontage, bedrohten Eisen- und Stahlindustrien sowie im Steinkohlenbergbau des Ruhrgebietes. Auch hier war das Mitbestimmungsangebot der Konzernvorstände vorrangig darauf gerichtet, die Gewerkschaften als Bundesgenossen, diesmal gegen die Dekartellisierungsabsichten der Alliierten und ebenso gegen die radikale, häufig kommunistisch gelenkte Rätebewegung

---

[17] Zitiert nach: Otto Leibrock, Die Zentralarbeitsgemeinschaft, S. 23

[18] Zitiert nach: Roswitha Leckebusch, Entstehung und Wandlungen, S. 65

[19] Zitiert nach: Wolfgang Hirsch-Weber, Gewerkschaften in der Politik, S. 24 (in der Fußnote)

[20] Helga Grebing, Geschichte der deutschen Arbeiterbewegung, S. 157

an der Betriebsbasis, zu gewinnen. Als Ergebnis kam es dann schließlich, wie beschrieben, zur Montanmitbestimmung.

Auch für die Gewerkschaften läßt sich eine vergleichbare Parallelität feststellen: War die geringe Neigung zu revolutionären Systemveränderungen nach 1945 vorrangig von der Ablehnung einer Zusammenarbeit mit den Kommunisten bestimmt und von dem Bestreben, die neugewonnene Einheitsgewerkschaft nicht durch allzu große Radikalität sogleich wieder in Frage zu stellen, so stand nach 1918 das Bestreben nach organisatorischer Festigung und nach öffentlicher Anerkennung im Vordergrund, ein Mitlaufen mit den vielfältigen revolutionären Splittergruppen hätte das Ansehen (und ebenso die Funktionsfähigkeit) der Gewerkschaften als Ordnungsfaktor gefährdet.

Desgleichen läßt sich in der Abwehr innergewerkschaftlicher Oppositionskräfte eine vergleichbare Situation zwischen 1918 und 1945 feststellen. Mit dem Auseinanderfallen der sozialdemokratischen Partei in eine radikal-sozialistische Fraktion der „Unabhängigen Sozialdemokratischen Partei“ (USPD) unter Führung von Luxemburg, Liebknecht, Zetkin und Mehring sowie eine zahlenmäßig ungleich stärkere Rumpfpartei, die sich unter Führung von Kautsky, Hilferding und Bernstein fortan als „Mehrheitssozialisten“ (MSPD) bezeichnete, war bereits im Frühjahr 1917 eine auch für die Gewerkschaftsbewegung bedrohliche Situation entstanden, weil diese Spaltungstendenzen auf die eigene Organisation überzugreifen drohten.[21]

Aus der Sicht der mit der MSPD personell und programmatisch eng verflochtenen Freien Gewerkschaften bestand nach den zu erwartenden Mehrheitsverhältnissen die durchaus berechtigte Hoffnung, daß die Sozialdemokraten unter Führung von Ebert, Scheidemann und Noske bei den für Januar 1919 angesetzten Wahlen zur Nationalversammlung eine regierungsfähige Mehrheit erlangen würden. Den größten Unsicherheitsfaktor stellte dabei das Abschneiden der radikalen USPD-Fraktion dar. An dieser politischen Front waren auch die Freien Gewerkschaften herausgefordert; denn hier stand die von den zumeist kommunistisch bzw. radikal-sozialistisch orientierten „Arbeiter- und Soldatenräten“ beeinflußte Betriebsrätebewegung[22] in scharfer Opposition zu der spätestens seit dem Hilfsdienstgesetz fest in eine „Burgfriedenspolitik“[23] mit der Reichsführung und den Arbeitgeberverbänden eingebundenen gewerkschaftlichen Führungsschicht. Ein eventuelles Einschwenken dieser Entscheidungsträ-

---

[21] Vgl. Heinrich Potthoff, Gewerkschaften in Weltkrieg und Revolution, S. 116

[22] "Hervorgegangen aus den Arbeiter- und Soldatenräten der Umsturzphase, gedacht als deren wirtschaftspolitischer Hebelarm, als Organe der Sozialisierung, erhoben sie (Anm.: die Betriebsräte) weitgehende Ansprüche auf Mitwirkung in den Betriebsleitungen; in weitem Maße der Gesinnung nach, zum Teil auch organisatorisch mit den Körperschaften jener Arbeiter- und Soldatenräte verbunden, standen sie im Begriff, sich als selbständiger Zweig der Arbeiterbewegung neben oder gar über die Gewerkschaften zu stellen“. Richard Seidel, Die deutschen Gewerkschaften, S. 113

[23] Siehe dazu: Heinrich Potthoff, Gewerkschaften und Politik, S. 27f.

ger auf revolutionäre Forderungen hätte eine entscheidende Verschiebung in der ohnehin prekären parteipolitischen Kräftebalance bewirken können. Wie brisant die Lage tatsächlich war, zeigte sich, als der von je drei Mehrheitssozialisten und Unabhängigen gebildete „Rat der Volksbeauftragten" zur Verteidigung der neuen Republik schon im Dezember 1918 Truppen der alten Reichsarmee zu Hilfe rufen mußte, um sich der aufständischen Radikalen zu erwehren.[24]

Das Zustandekommen des November-Abkommens sowie die (ausschlaggebende) Beteiligung der Freien Gewerkschaften an der nachfolgenden Zentralarbeitsgemeinschaft war somit auch ein politisches Kontrastprogramm zu der von den Arbeiter- und Soldatenräten angestrebten revolutionären Umwälzung und vollzog sich in völliger Konformität mit dem Kurs der MSPD: „Zuerst Wiederherstellung der staatlichen und wirtschaftlichen Organisation, um die Existenz des deutschen Staates und Reiches zu sichern; danach sollte eine sozialdemokratische Neuordnung von Staat und Gesellschaft angestrebt werden, wozu die künftige demokratische Verfassung die Möglichkeit bieten sollte".[25] Eine sinngemäß vergleichbare Situationsbeurteilung könnte wohl auch nach 1945 für die Haltung der SPD und der Gewerkschaftsführung als zutreffend angenommen werden.

Dieses Primat eines Kurses der Reform und nicht der Revolution erklärt ebenso, warum die Gewerkschaftsführer 1918 gleichermaßen wie 1945 auch in Zeiten, die scheinbar oder tatsächlich für radikale „Systembrüche" günstig gewesen wären, an einer Verständigung mit der Arbeitgeberseite festgehalten haben: es bedurfte des privatwirtschaftlich handelnden Unternehmers als ausgleichendes Gegengewicht, um überzogen radikale Forderungen aus den eigenen Reihen dämpfen zu können und um die organisatorische Geschlossenheit gegenüber zentrifugalen Tendenzen zu wahren; des weiteren zur Legitimation der eigenen Handlungsautonomie nicht nur gegenüber den Arbeitnehmern, sondern auch gegenüber staatlichen Interventionen.

Vor allem unter diesem letzten Aspekt ist die bereits im November-Abkommen angedeutete und mit dem späteren Abkommen zur Zentralarbeitsgemeinschaft vollzogene Abkoppelung des Staates von den Bereichen, die künftig der Selbstverwaltung der Arbeitsmarktparteien unterliegen sollten, bemerkenswert. Dieses Autonomiebestreben äußert sich nicht nur darin, daß die bekannten sozialistischen Forderungen nach zentraler Wirtschaftsplanung und -lenkung sowie nach Verstaatlichungsmaßnahmen gar nicht angesprochen werden, sondern darüber hinaus fällt auf, daß für den Staat nicht einmal eine „Schiedsrichterfunktion" als oberste Schlichtungsinstanz vorgesehen war.[26] Mit

---

[24] Vgl. Helga Grebing, Geschichte der deutschen Arbeiterbewegung, S. 149f.

[25] Ebenda, S. 150

[26] So war sowohl für die vorgesehenen „Schlichtungsausschüsse bzw. Einigungsämter" als auch für den zukünftigen „Zentralausschuß" nur eine paritätische Besetzung mit Arbeitnehmer- und Arbeitgebervertretern vorgesehen (November-Abkommen, Punkt 8

dem November-Abkommen hatten sich die Gewerkschaften somit im Bewußtsein der eigenen Stärke „zur Parität als einem grundlegenden Prinzip der neuen Wirtschafts- und Sozialordnung bekannt".[27]

Insgesamt lassen sich in dem Abkommen drei Aussagedimensionen unterscheiden, von denen die erste überwiegend tarifpolitische Themen betrifft, so zum Beispiel Vereinbarungen zur wirtschaftlichen Demobilisierung sowie zur Gestaltung der Arbeitszeit und sonstiger Arbeitsbedingungen. In der zweiten Dimension wird das Verhältnis zwischen den Verbänden und den staatlichen Institutionen definiert und dabei insbesondere der Bereich der von Gewerkschaften und Arbeitgeberverbänden zukünftig zu übernehmenden Selbstverwaltungsaufgaben abgegrenzt. Die dritte Dimension der Vereinbarungen betrifft schließlich die zukünftige Gestaltung der gegenseitigen Beziehungen.

Die tarifpolitischen Vereinbarungen brachten den Gewerkschaften zwar wichtige Erfolge, so zum Beispiel die Einführung des lange umkämpften Acht-Stunden-Arbeitstages, doch für die weitere Entwicklung waren die beiden anderen Dimensionen des Abkommens von größerer Bedeutung. Hier ist vor allem das gewerkschaftliche Bestreben kennzeichnend, die bereits mit dem Hilfsdienstgesetz erreichte öffentliche Anerkennung als Ordnungsfaktor auch von der Arbeitgeberseite bestätigt zu bekommen und weiter auszubauen. Insbesondere wollten die Gewerkschaften zukünftig „als berufene Vertreter der Arbeiterschaft anerkannt" werden und entsprechend sollten Beschränkungen der Koalitionsfreiheit unzulässig sein.[28]

Neben dieser ohnehin zu erwarten gewesenen Festschreibung der Anerkennung als Vertragspartei sind im Themenzusammenhang vor allem die Vereinbarungen zur betrieblichen und zur überbetrieblichen Mitbestimmung sowie das vorgesehene Schlichtungswesen von weiterem Interesse. Das November-Abkommen sah hier einen dreistufigen Aufbau von Institutionen vor:

— Auf der Ebene von Betrieben mit mehr als 50 Beschäftigten sollten (die bereits im Hilfsdienstgesetz vorgesehenen) „Arbeiterausschüsse", in „Gemeinschaft mit dem Betriebsunternehmer" darüber wachen, „daß die Verhältnisse des Betriebes nach Maßgabe der Kollektivvereinbarungen geregelt werden" (Punkt 7).

---

bzw. Punkt 10). Der damit vorgegebene Einigungszwang war durchaus beabsichtigt, wollte man doch „eine Körperschaft.. schaffen, in der sich die Beteiligten ihrer Verantwortung bewußt wären und nicht versuchen könnten, diese Verantwortung auf Dritte abzuwälzen". *C. F. von Siemens* über eine Äußerung des Gewerkschaftsvorsitzenden Legien bei Abschluß des November-Abkommens. Zitiert nach der Niederschrift der letzten ZAG-Sitzung, abgedruckt in: Feldman / Steinisch, Industrie und Gewerkschaften, S. 209 bis 214, zit. S. 210

27 Hans Hermann Hartwich, Arbeitsmarkt, Verbände und Staat, S. 7

28 Punkt 1 und Punkt 3 des November-Abkommens

— Auf tarifvertraglicher Ebene waren paritätisch besetzte „Schlichtungsausschüsse bzw. Einigungsämter" zur Beilegung von Streitfällen vorgesehen (Punkt 8).

— Auf der Verbandsebene sollte ein gleichfalls paritätisch besetzter „Zentralausschuß" entstehen, in dem alle übergreifenden, grundsätzlichen Entscheidungen und Streitigkeiten entschieden werden sollten (Punkt 10).

Aus der weiteren inhaltlichen Gestaltung der Aufgaben und Ziele dieses Zentralausschusses ging etwa ein Jahr später das am 12. Dezember 1919 unterzeichnete Abkommen über die „Satzung der Zentralarbeitsgemeinschaft der industriellen und gewerblichen Arbeitgeber und Arbeitnehmer Deutschlands" (Dezember-Abkommen) hervor,[29] mit dem, „durchdrungen von der Erkenntnis und der Verantwortung, daß die Wiederaufrichtung unserer Volkswirtschaft die Zusammenfassung aller wirtschaftlichen und geistigen Kräfte und allseitiges, einträchtiges Zusammenarbeiten verlangt ...,"[30] „die gemeinsame Lösung aller die Industrie und das Gewerbe Deutschlands berührenden wirtschafts- und sozialpolitischen Fragen sowie aller sie betreffenden Gesetzgebungs- und Verwaltungsangelegenheiten" bezweckt werden sollte.[31]

Während somit das November-Abkommen aus gewerkschaftlicher Sicht vornehmlich der Bestätigung des uneingeschränkten Koalitionsrechts und der Anerkennung des Tarifvertragswesens durch die Arbeitgeberseite gedient hatte, war das Dezember-Abkommen von dem gewerkschaftlichen Bestreben nach einer über die Kriegsfolgen hinausreichenden, gleichberechtigen Zusammenarbeit mit den Arbeitgebern gekennzeichnet, und zwar nicht nur im „Innenverhältnis" auf Betriebs- und Verbandsebene, sondern auch in der Behandlung gemeinsamer Fragen im „Außenverhältnis" gegenüber Dritten, d.h. vor allem gegenüber staatlichen Institutionen. Dieser Selbstverwaltungsanspruch konnte indes nicht lange durchgehalten werden,[32] so daß dann schon damit eine wichtige Funktionsvoraussetzung für den Fortbestand einer autonomen Konfliktregelung der Sozialpartner fehlte.

Vor allem wegen dieser unterschiedlichen Aussagerichtung ist es wichtig, die häufig zu beobachtende Vermischung und Verwechslung beider Abkommen zu vermeiden. Tatsächlich stellen das Hilfsdienstgesetz und die beiden Gemeinschaftsabkommen drei Entwicklungsstationen in den Arbeitgeber-Arbeitneh-

---

[29] Zitiert nach dem Abdruck in: Feldman/Steinisch, Industrie und Gewerkschaften, S. 137-141

[30] Ebenda, zitiert aus der Präambel

[31] Ebenda, Punkt 1. Vor allem dieser Absatz der Satzung war auf Arbeitgeberseite sehr umstritten und hatte wesentlichen Anteil daran, daß das Zentralarbeitsgemeinschaftsabkommen erst mit einiger Verzögerung zustande kam. Von seiten der Großindustriellen bestand die Befürchtung, daß die Gewerkschaften durch den umfassenden Mitbestimmungsanspruch die Verbandsautonomie gefährden könnten. Vgl. Feldman/Steinisch, S. 33ff.

[32] Michael Ruck, Von der Arbeitsgemeinschaft zum Zwangstarif,S. 34

mer-Beziehungen dar, die zwar in einem engen Zusammenhang miteinander stehen, aber doch von ihrem Zustandekommen und von ihren Gestaltungsabsichten her deutlich unterschieden werden sollten: Beim Hilfsdienstgesetz handelte es sich um einen staatlichen Eingriff, der Gewerkschaften und Unternehmer in einen auf die Zwecke der Kriegsführung ausgerichteten korporativistischen Verbund mit staatlichen Institutionen führen sollte. Die damit verbundene öffentliche Anerkennung der Gewerkschaften als kollektive Vertretungsmacht der Arbeiter und Angestellten bildete dann die Voraussetzung dafür, daß die Arbeitgeberseite unter äußerem politischen Druck mit dem November-Abkommen einen Status quo in den gegenseitigen Beziehungen anerkennen und festschreiben mußte, wie er dann auch in der staatlichen „Verordnung über Tarifverträge, Arbeiter- und Angestelltenausschüsse und Schlichtung von Arbeitsstreitigkeiten" vom 23. 12. 1918 zum Ausdruck kam.[33] Diese im Reichsarbeitsamt unter Beteiligung der großen Arbeitgeber- und Arbeitnehmerorganisationen zustandegekommene Verordnung kann zu recht als „Frucht der Zentralarbeitsgemeinschaft"[34] bezeichnet werden. Während die vorgesehenen Ausschüsse kaum faktische Bedeutung erlangt haben, bedeutete insbesondere die festgelegte Unwirksamkeit von Abweichungen tarifvertraglicher Vereinbarungen („Unabdingbarkeit" gemäß § 1) sowie die Möglichkeit der Ausdehnung des tarifvertraglichen Geltungsbereichs auf Außenstehende durch eine Erklärung der „Allgemeinverbindlichkeit" (gemäß § 2) von seiten des Reichsarbeitsamtes die vollgültige Integration des Tarifvertragswesens in die Rechtsordnung. Die im dritten Abschnitt vorgesehene Schlichtungsordnung (§§ 15-30) baute auf den Regelungen des Hilfsdienstgesetzes von 1916 auf, wobei aber der militärische Vorsitzende durch einen von den paritätisch bestimmten Beisitzern gewählten „Unparteiischen" ersetzt wurde (§ 15 Abs 4). Wichtig war, daß der Schiedsspruch von den Parteien autonom angenommen oder abgelehnt werden konnte.[35]

Erst auf der Grundlage dieser Entwicklungsstationen wird die eigenständige Aussageabsicht des Dezember-Abkommens voll erkennbar: Nachdem die Gewerkschaften zuvor mit staatlicher Hilfe zum gleichberechtigten Partner der Arbeitgeber aufgestiegen waren, kann das Abkommen über die Zentralarbeitsgemeinschaft als Versuch gewertet werden, sich aus der korporativistischen

---

[33] RGBl 1918, S. 1456-1467

[34] Ludwig Preller, Sozialpolitik, S. 231

[35] Allerdings erfuhr dieses autonome Schlichtungsverfahren bereits im Januar 1919 eine erste Abwertung, weil im Rahmen der Demobilisierungsmaßnahmen vorgesehen wurde, daß staatliche Kommissare die „Verbindlicherklärung" eines Schiedsspruchs verfügen konnten, sofern sich die Tarifparteien nicht zu einigen vermochten. Als nach heftigen Arbeitskonflikten im Oktober 1923 schließlich eine neue staatliche Schlichtungsordnung erlassen wurde, gemäß der Reichsbeamte als Schlichter fungieren sollten und verbindliche Schiedssprüche fällen konnten, war damit auch das Ende der Zentralarbeitsgemeinschaft besiegelt. Siehe dazu: Ebenda und S. 260f. sowie Helga Timm, Die deutsche Sozialpolitik, S. 18ff.

Verflechtung mit der staatlichen Politik wieder zu lösen. Es drückt somit auch ein über die bloße inhaltliche Konsolidierung der gleichberechtigten gegenseitigen Beziehungen hinausreichendes Autonomiebestreben beider Sozialpartner aus.

Aus diesen Gründen wäre es unzutreffend, die Zentralarbeitsgemeinschaft ebenfalls als ein aus der kriegsbedingten, staatlich erzwungenen Zusammenarbeit der Arbeitsmarktparteien resultierendes Ordnungselement zu interpretieren. Es entsprach vielmehr dem auf Unternehmer- und auf Gewerkschaftsseite gleichermaßen vorhandenen Bedürfnis nach einem gemeinsamen Gremium zur Behandlung von Fragen, die beide Seiten und vor allem das gemeinsame Verhältnis zu staatlichen Institutionen und Maßnahmen betrafen. Daß dieses Bedürfnis inhaltlich über den organisatorischen Verfall der Zentralarbeitsgemeinschaft hinaus Bestand hatte, zeigte sich schon darin, daß sogleich nach dem Ausscheiden der Gewerkschaften Anfang 1924 Versuche zu einer Wiederbelebung der Gemeinschaftspolitik auf weniger anspruchsvollen, informellen Wegen unternommen worden sind: Es „existierte so etwas wie ein negativer Konsensus, zumindest unter einigen der führenden Personen auf Arbeitgeber- und Arbeiterseite, der auf dem Prinzip der gegenseitigen Kontrolle durch Zusammenarbeit basierte“.[36] Zumindest deshalb hätte die Zentralarbeitsgemeinschaft sehr wohl ein brauchbarer Ansatz zu sozialpartnerschaftlicher Konfliktregulierung sein können, wenn sie unter günstigeren wirtschaftlichen und politischen Begleitumständen bestanden hätte, in ihrer Konstruktion weniger anspruchsvoll und in ihrer Funktionsweise weniger umständlich gewesen wäre. Unter den gegebenen Bedingungen mußte sie aber nahezu zwangsläufig, so jedenfalls die hier vertretene These, schließlich sowohl an inneren Widerständen als auch (und vor allem) an den „Verlockungen staatlicher Inanspruchnahme“ zerbrechen.

In ihrem organisatorischen Aufbau war für die Zentralarbeitsgemeinschaft eine den übrigen Mitbestimmungsstrukturen vergleichbare hierarchische Gliederung vorgesehen, indem „unter Zusammenfassung verwandter Industrie- und Gewerbezweige“ insgesamt vierzehn sogenannte Reichsarbeitsgemeinschaften gebildet werden sollten, denen die „Auslegung von Kollektivvereinbarungen“ sowie die „Schlichtung von Arbeitsstreitigkeiten“ obliegen sollte.[37] Innerhalb dieser Reichsarbeitsgemeinschaften konnten zur „selbständigen Regelung der fachlichen und örtlichen Fragen“ auf fachlicher, bezirklicher und örtlicher Grundlage „Gruppen“ gebildet werden.[38]

Für die „Beratung und Regelung aller derjenigen Fragen, die sämtlichen Reichsarbeitsgemeinschaften ... gemeinsam sind, sowie derjenigen Fragen, die über den Bereich der einzelnen Reichsarbeitsgemeinschaft hinausgehen“, sollte

---

[36] Feldman/Steinisch, Industrie und Gewerkschaften, S. 106

[37] Dezember-Abkommen, §§ 4 und 5

[38] Ebenda

ein mit Delegierten von Arbeitger- und Arbeitnehmerseite paritätisch besetzter „Zentralausschuß“ zuständig sein.[39] Die für den Autonomieanspruch wesentliche Vertretung nach außen sollte von einem „Zentralvorstand“ wahrgenommen werden. Dieser Vorstand stellte zudem die oberste Instanz für Auslegungsfragen und Schlichtungsentscheidungen dar und war somit gemäß dieser Funktionssynthese als direkter Ansprechpartner der Reichsregierung anzusehen. Seine Besetzung mit je 23 Delegierten erfolgte auf Vorschlag und mit Zustimmung der einzelnen Verbandsorganisationen.[40] Auf diese Weise waren auf Seiten der Arbeitgeber der Reichsverband der Deutschen Industrie, die Vereinigung der deutschen Arbeitgeberverbände und der Reichsverband des Deutschen Handwerks der Zentralarbeitsgemeinschaft angeschlossen, auf Arbeitnehmerseite oblag das Delegationsrecht den jeweiligen Vorständen des Allgemeinen Deutschen Gewerkschaftsbundes, des Gesamtverbandes der Christlichen Gewerkschaften Deutschlands, des Verbandes der (Hirsch-Dunckerschen) Gewerkvereine, der Arbeitsgemeinschaft freier Angestelltenverbände, des Gewerkschaftsbundes der Angestellten sowie des Gewerkschaftsbundes kaufmännischer Angestelltenverbände.[41]

Solchermaßen war mit dem Abkommen über die Zentralarbeitsgemeinschaft ein genau zu den (im folgenden noch zu erläuternden) wirtschaftsdemokratischen Artikeln der Weimarer Verfassung passender Schlußstein für einen hierarchisch geschlossenen Aufbau von paritätisch besetzten Mitbestimmungs- und Selbstverwaltungsinstitutionen von der betrieblichen bis zur gesamtwirtschaftlichen Ebene gesetzt worden. Gerade wegen dieser deutlichen strukturellen Übereinstimmung bestand aber auch von Anfang an ein starkes ordnungspolitisches Spannungsverhältnis zwischen den auf ein weitgehend staatsfreies und, damit zumindest im Grundsatz, sozialpartnerschaftlich orientiertes Zusammenwirken hin angelegten Arbeitsgemeinschaftsabkommen und den von der Weimarer Verfassung ausgehenden Anziehungskräften für eine korporativistische Inanspruchnahme des Staates bei Konflikten in den Arbeitsbeziehungen. Warum dies so war und welche Konsequenzen daraus resultierten, soll im folgenden dargestellt werden.

2.2.2 Räteverfassung und staatliche Schlichtung

Die mit der Ordnung des Wirtschaftslebens befaßten Artikel 151 bis 165 der Weimarer Verfassung sind von einer auffallenden Ambivalenz, einem Schwanken zwischen sozialistischen und privatwirtschaftlichen Ordnungsprinzipien, gekennzeichnet. So sichert Artikel 156 dem Staat zwar das Recht zu, „in sinngemäßer Anwendung der für Enteignung geltenden Bestimmungen, für die

---

[39] Ebenda § 7

[40] Ebenda § 8

[41] Ebenda

Vergesellschaftung geeignete private wirtschaftliche Unternehmungen in Gemeineigentum zu überführen" oder „auf der Grundlage der Selbstverwaltung zusammenzuschließen" — jedoch handelt es sich nur um Kann-Bestimmungen, die also keine Verpflichtung begründen, sondern lediglich eine Berechtigung des Staates „zum Wohle der Allgemeinheit und auf gesetzlicher Grundlage" in die Eigentumsordnung einzugreifen. Auch sollten für derartige Maßnahmen Entschädigungen geleistet werden.[42]

Dieser Verpflichtung auf das Gemeinwohl entsprechend, wird auch die ausdrückliche Gewährleistung des Privateigentums in Artikel 153 dadurch eingegrenzt, daß der Gebrauch von Eigentum „zugleich Dienst sein (soll) für das gemeine Beste". Neben dem solchermaßen bestätigten Recht auf Privateigentum werden auch das Erbrecht (Artikel 154) sowie das Recht auf Vertragsfreiheit im Wirtschaftsverkehr (Artikel 152) gewährleistet, so daß damit „die drei Grundpfeiler der individualistischen Rechts-, Wirtschafts- und Gesellschaftsordnung, welche die Revolution wohl erschüttert, nicht aber umgestürzt hatte, aufs neue verankert und befestigt" worden sind.[43]

Aufallend ist indes der sich wie ein roter Faden durch nahezu sämtliche Artikel zur Wirtschaftsordnung fortsetzende Versuch, die Wirkungsschärfe dieser privatwirtschaftlich-individualistischen Ordnungsprinzipien durch die Verpflichtung auf Erfordernisse des „Gemeinwohls" sozusagen abzupuffern und an sozial betonte Verfahrensprinzipien zu binden. Dieser Versuch beginnt schon mit dem einleitenden Artikel 151: „Die Ordnung des Wirtschaftslebens muß den Grundsätzen der Gerechtigkeit mit dem Ziele der Gewährleistung eines menschenwürdigen Daseins für alle entsprechen. In diesen Grenzen ist die wirtschaftliche Freiheit des einzelnen zu sichern" ... „Gesetzlicher Zwang ist nur zulässig zur Verwirklichung bedrohter Rechte oder im Dienst überragender Forderungen des Gemeinwohls". Dieser Grundgedanke, „daß alle individuelle Freiheit ihre Schranken finden muß an einer staatlichen Ordnung, welche die Gerechtigkeit im Wirtschaftsleben verwirklicht und verbürgt",[44] begründete indes einen Gestaltungsanspruch an die staatliche (Wirtschafts-)Ordnungspolitik, den diese — wie im folgenden zu zeigen sein wird — schwerlich zu erfüllen vermochte.

Das in der Weimarer Verfassung damit angelegte Spannungsverhältnis zwischen marktwirtschaftlicher Gestaltungsfreiheit und staatlicher Gerechtigkeits- und Gemeinwohlverpflichtung mußte insbesondere dann zu Belastungen zwischen Staat und Wirtschaft führen, wenn ökonomisches bzw. politisches Können und Wollen konfligierend zusammenstießen. Dies würde unter den widrigen inneren und äußeren Verhältnissen noch häufig der Fall sein, häufiger

[42] Der Text der Weimarer Verfassung wird im folgenden zitiert nach: Gerhard Anschütz, Die Verfassung des Deutschen Reiches, hier aus dem fünften Abschnitt „Das Wirtschaftsleben", S. 697-750, zit. S. 726

[43] Gerhard Anschütz, Die Verfassung des Deutschen Reiches, im Kommentar, S. 698

[44] Ebenda, S. 699

jedenfalls, als es die noch junge Demokratie in Deutschland auszuhalten vermochte. Wo derartige Bruchzonen zwischen Wirtschaftsautonomie und Staatsintervention auftreten könnten, deutet sich bereits an mit dem in Artikel 157 formulierten Postulat „Die Arbeitskraft steht unter dem besonderen Schutz des Reichs. Das Reich schafft ein einheitliches Arbeitsrecht", ebenso mit der in Artikel 163 eingegangenen Verpflichtung „Jedem Deutschen soll die Möglichkeit gegeben werden, durch wirtschaftliche Arbeit seinen Unterhalt zu erwerben".

Die in ihren diesbezüglichen praktischen Auswirkungen weitestreichende Bestimmung der Weimarer Verfassung wurde indes mit dem Artikel 165 vorgenommen, der das Beziehungsdreick zwischen Staat, Arbeitern und Angestellten sowie Unternehmern regeln sollte. Er wird, wegen seiner grundlegenden Bedeutung, nachstehend in voller Länge wiedergegeben:

„Die Arbeiter und Angestellten sind dazu berufen, gleichberechtigt in Gemeinschaft mit den Unternehmern an der Regelung der Lohn- und Arbeitsbedingungen sowie an der gesamten wirtschaftlichen Entwicklung der produktiven Kräfte mitzuwirken. Die beiderseitigen Organisationen und ihre Vereinbarungen werden anerkannt.

Die Arbeiter und Angestellten erhalten zur Wahrnehmung ihrer sozialen und wirtschaftlichen Interessen gesetzliche Vertretungen in Betriebsarbeiterräten sowie in nach Wirtschaftsgebieten gegliederten Bezirksarbeiterräten und in einem Reichsarbeiterrat.

Die Bezirksarbeiterräte und der Reichsarbeiterrat treten zur Erfüllung der gesamten wirtschaftlichen Aufgaben und zur Mitwirkung bei der Ausführung der Sozialisierungsgesetze mit den Vertretungen der Unternehmer und sonst beteiligten Volkskreise zu Bezirkswirtschaftsräten und zu einem Reichswirtschaftsrat zusammen. Die Bezirkswirtschaftsräte und der Reichswirtschaftsrat sind so zu gestalten, daß alle wichtigen Berufsgruppen entsprechend ihrer wirtschaftlichen und sozialen Bedeutung darin vertreten sind.

Sozialpolitische und wirtschaftspolitische Gesetzentwürfe von grundlegender Bedeutung sollen von der Reichsregierung vor ihrer Einbringung dem Reichswirtschaftsrat zur Begutachtung vorgelegt werden. Der Reichswirtschaftsrat hat das Recht, selbst solche Gesetzesvorlagen zu beantragen. Stimmt ihnen die Reichsregierung nicht zu, so hat sie trotzdem die Vorlage unter Darlegung ihres Standpunkts beim Reichstag einzubringen. Der Reichswirtschaftsrat kann die Vorlage durch eines seiner Mitglieder vor dem Reichstag vertreten lassen.

Den Arbeiter- und Wirtschaftsräten können auf den ihnen überwiesenen Gebieten Kontroll- und Verwaltungsbefugnisse übertragen werden. Aufbau und Aufgabe der Arbeiter- und Wirtschaftsräte sowie ihr Verhältnis zu anderen sozialen Selbstverwaltungskörpern zu regeln, ist ausschließlich Sache des Reichs."[45]

[45] Weimarer Verfassung, Art. 165

Im Themenzusammenhang ist an diesem Verfassungsartikel zunächst die Aktualität bemerkenswert, die der damals vorgesehene Aufbau eines wirtschaftsdemokratischen Rätesystems für die gegenwärtige programmatische Orientierung von SPD und Gewerkschaften für die Institutionalisierung eines gleichermaßen hierarchisch aufgebauten Systems von „Wirtschafts- und Sozialräten“ erneut erhalten hat.[46] Schon aus diesen Gründen erscheint es als sinnvoll, bei der Beurteilung der eingangs dargestellten Alternativen einer wirtschaftspolitischen Neuorientierung die in der Weimarer Republik zustande gekommenen korporativistischen Lösungsansätze als Ausgangspunkt zu wählen.

Mit der im ersten Absatz von Artikel 165 festgestellten „gleichberechtigten Gemeinschaft“ der Arbeiter und Angestellten mit den Unternehmern setzt die Weimarer Verfassung eine Entwicklung fort, die sich bereits mit dem Hilfsdienstgesetz 1916 abzeichnete, dann mit dem November-Abkommen sowie mit der staatlichen Tarifvertrags- und Schlichtungsverordnung vom Dezember 1918 weitergeführt worden ist und mit der im Dezember 1919 der Verfassungsgebung nachfolgenden Vereinbarung über eine Zentralarbeitsgemeinschaft ihre konsequente Vollendung fand.

Im Gegensatz zu den vom Bestreben um eine möglichst weitgehend staatsfreie Gestaltung der Arbeitsbeziehungen geprägten Gemeinschaftsabkommen sind aber für den Artikel 165 insgesamt eher korporativistische Tendenzen kennzeichnend, indem Arbeiter, Angestellte und Unternehmer bzw. ihre jeweiligen Organisationen auch an der gesamtwirtschaftlichen Entwicklung „mitwirken“ sollten. Rein äußerlich bedeutete dies in der damaligen Situation, insbesondere für die Gewerkschaften, zunächst ein zuvor ungekanntes Ausmaß an öffentlicher Anerkennung, doch wurden beide Tarifvertragsparteien damit auch in ein Spannungsfeld zwischen Verbands- bzw. Mitgliederinteressen und Verpflichtungen durch gesamtwirtschaftliche Verantwortung hineingezogen, aus dem sich nur allzu leicht einschränkende Rückwirkungen auf die Tarifautonomie ergeben konnten.

Ohnehin war mit Artikel 159 der Weimarer Verfassung ausdrücklich nur die „Vereinigungsfreiheit zur Wahrung und Förderung der Arbeits- und Wirtschaftsbedingungen“ zugelassen worden und nicht etwa eine allgemeine „Koalitionsfreiheit“, wie die Tarifvertragsparteien sie im November-Abkommen autonom vorgesehen hatten.[47] Dabei ist die Überlegung maßgeblich gewesen, daß aus der Koalitionsfreiheit nach herrschender Rechtsauslegung eine allgemeine „Streikbefugnis“ resultieren würde, nicht aber aus der bloßen Vereini-

---

[46] Zur neueren Diskussion im DGB siehe die Ergebnisse des 13. ordentlichen Bundeskongresses des DGB vom 25. bis 31. Mai 1986 in Hamburg sowie deren Kommentierung von Ernst Breit: Vor neuen Herausforderungen, S. 257ff. und ebenso: Ilse Brusis, Wirtschaftsdemokratie, S. 417f. und Ulrich Borsdorf, Wirtschaftsdemokratie und Mitbestimmung, WSI Mitteilungen, Schwerpunktheft „Zukunft der Arbeit“, 3/1986, S. 264ff.

[47] Vgl. Anschütz, Die Verfassung, S. 733

gungsfreiheit. Da man von seiten des Verfassungsausschusses aber weder eine rechtlich unbegrenzte Streik- noch Aussperrungsfreiheit zulassen wollte, wurde der Begriff Koalitionsfreiheit abgelehnt.[48]

Eine ähnliche Begrenzung kommt in den Artikeln 151 und 157 der Weimarer Verfassung zum Ausdruck. Während Art. 157 die Arbeitskraft „unter den besonderen Schutz des Reiches stellt", drückt Art. 151 mit der bereits erwähnten Forderung nach einer gerechten und menschenwürdigen Ordnung des Wirtschaftslebens einen sich wie ein roter Faden durch nahezu alle Artikel dieses (dritten) Abschnitts der Weimarer Verfassung fortsetzenden Gestaltungsanspruch aus, der bereits den Keim zu dem den Niedergang der Weimarer Republik kennzeichnenden staatlichen „Sozialinterventionismus" in sich trug.[49]

Insgesamt sollte die volle Handlungsautonomie der Arbeitsmarktparteien damit nur dann bestehen, „wenn es vom Staat zugelassen war, sich in den vom Staat gezogenen Grenzen hielt, in den Formen erfolgte, die der Staat zur Verfügung stellte".[50] Die allgegenwärtige Möglichkeit staatlicher Intervention stand damit von Anfang an wie ein Schatten hinter allen Vereinbarungen, welche die Arbeitsmarktparteien getroffen hatten oder treffen würden, auch wenn das später hierzu herangezogene Instrument der Zwangsschlichtung selbst in der Verfassung nicht vorgesehen war.[51]

Eine derartige staatliche Vorbehaltsfunktion gegenüber Inhalten und Ergebnissen der Tarifautonomie konnte aber auf Dauer schwerlich mit den Funktionsprinzipien sozialpartnerschaftlicher Interessenwahrnehmung vereinbar sein, weil sich Sozialpartnerschaft nur in selbstverantwortlichem Handeln der Arbeitsmarktparteien zu vollziehen vermag, nicht aber, wenn von vornherein die Möglichkeit einseitiger staatlicher Intervention als Handlungsoption miteinbezogen werden kann. Wie am Beispiel staatlicher Zwangsschlichtung noch aufzuzeigen sein wird, fehlt es bei einer derartigen Optionsmöglichkeit vor allem an dem für Kompromißlösungen nötigen Einigungsdruck.

Eine zweite korporativistische Tendenz bestand darin, daß sich die vorgesehene „Mitwirkung" der Arbeitsmarktparteien auch auf Kernbereiche staatlicher Wirtschaftsgestaltung erstrecken sollte, so etwa, indem gemäß Artikel 165 „sozialpolitische und wirtschaftspolitische Gesetzentwürfe von grundlegender

---

[48] Zitiert aus dem Protokoll der Beratungen des Verfassungsausschusses, in: Ebenda. Auch Art. 9 Abs. III GG sieht, aus ganz ähnlichen Beweggründen, bekanntlich nur eine Vereinigungsfreiheit vor, die indes heute in weitgehender Übereinstimmung als Koalitionsfreiheit aufgefaßt wird.

[49] Die These von einem Niedergang der Weimarer Republik (auch) aufgrund wirtschaftlich untragbarer sozialpolitischer Interventionen zugunsten der Gewerkschaften wird insbesondere von Knut *Borchardt* vertreten. Siehe dazu: Ders., Wirtschaftliche Ursachen des Scheiterns der Weimarer Republik, in: Ders., Wachstum, Krisen, Handlungsspielräume, S. 183-205

[50] Hartwich, Arbeitsmarkt, Verbände und Staat, S. 21

[51] Ebenda, S. 22

Bedeutung .. von der Reichsregierung vor ihrer Einbringung dem Reichswirtschaftsrat zur Begutachtung vorgelegt werden (sollten)". Darüber hinaus sollte dem Reichswirtschaftsrat sogar ein Initiativ- und Vertretungsrecht für derartige Gesetzesvorlagen zukommen. Die damit angelegte Tendenz zu einem „Verbändestaat" müßte — wenn sie denn Bestand gehabt hätte — eine schleichende Aushöhlung der „inneren Staatssouveränität" bewirken und damit insbesondere die Gemeinwohlbindung der Arbeitsmarktparteien verletzen, weil dem Staat unter dem zu erwartenden Druck der Verbandsinteressen dann bald die politische Durchsetzungskraft zum Schutze von legitimen Minderheitsinteressen fehlen dürfte.

Als dritte korporativistische Tendenz sind die Strukturen wesentlich, in denen sich das Mitwirken von Arbeitern, Angestellten und Unternehmern vollziehen sollte. Hier ist zunächst die in Artikel 165 vorgesehene „Räteorganisation" von Bedeutung. Arbeiter und Angestellte sollten ihre „sozialen und wirtschaftlichen Interessen" von der Betriebs- über die Bezirks- bis hin zur Reichsebene durch „Räte" als gesetzliche Vertretungen wahrnehmen können. Dabei ist man sich bei den verfassunggebenden Beratungen „darüber einig gewesen, daß es nach wie vor Aufgabe der freien Berufsverbände ist und sein soll, die Arbeits- und Lohnbedingungen durch Tarifverträge und eventuell durch Arbeitsgemeinschaften zu regeln."[52] Entsprechend sah das am 4. Februar 1920 folgende Betriebsrätegesetz die auch im heutigen Betriebsverfassungsgesetz (vergleichbar) gültige Regelung vor, daß Aufgaben der Arbeiter- und Angestelltenräte im Tarifwesen nur wahrgenommen werden dürften, „soweit eine tarifvertragliche Regelung nicht besteht" und auch dann nur „im Benehmen mit den beteiligten wirtschaftlichen Vereinigungen der Arbeitnehmer".[53]

Eine derartige Funktionsbeschränkung stärkte zwar, wie wohl beabsichtigt, die Position der Gewerkschaften als Interessenverband gegenüber radikalen Basisgruppen, konnte jedoch auch ambivalent wirken, wenn zugleich, wie mit den Arbeiterräten vorgesehen war, Institutionen entstehen sollten, die zwar am wirtschaftsdemokratischen Mitbestimmungs- bzw. Mitwirkungsprozeß mitwirken würden, ohne aber dabei zugleich funktionell der zur Mäßigung verpflichtenden Einbindung in tarifpolitische Verantwortlichkeiten zu unterliegen. Die absehbare Folge war, daß die zwischen den Spitzenorganisationen der Gewerkschaften und der Unternehmer stattfindenden Verhandlungen in der Zentralarbeitsgemeinschaft (und später auch im „vorläufigen" Reichswirtschaftsrat) häufig unter einem radikalisierendem Forderungsdruck „von unten" vollzogen werden mußten. Wahrscheinlich liegt hierin auch eine der wichtigsten Ursachen dafür, warum der in Artikel 165 der Weimarer Verfassung vorgesehene

---

[52] So der Abgeordnete Sinzheimer bei der Begründung des Verfassungsentwurfs. Zitiert nach: Anschütz, Die Verfassung, S. 746

[53] Zitiert aus § 78, Abs. 2 des Betriebsrätegesetzes vom 4. 2. 1920, RGBl Jg. 1920, Nr. 26, S. 147-185, zit. S. 165

dreistufige Aufbau von Mitbestimmungsinstitutionen dann tatsächlich nicht oder doch zumindest nur sehr unvollständig realisiert worden ist.

In den damit verbundenen Erfahrungen ist, vorab bemerkt, einer der wichtigsten Gründe dafür zu sehen, warum die Gewerkschaften auch gegenwärtig vor einer, zwar oftmals gegenüber den Arbeitgebern androhend propagierten, tatsächlich aber kaum durchgeführten stärkeren tariflichen Differeng, etwa nach dem Konzept einer „betriebsnahen Tarifpolitik“, zurückschrecken. Dies würde nämlich nahezu zwangsläufig den Einfluß der Betriebsvertretungen auf die Formulierung und Durchsetzung tarifpolitischer Ziele verstärken und entsprechend den Verbandseinfluß zurückdrängen.[54] Da indes die von der Gewerkschaft auf Verbandsebene vertretbaren Ziele nicht ohne weiteres mit dem deckungsgleich sind, was auf der Betriebsebene wünschenswert und durchsetzbar sein könnte, würde eine funktionale Auffächerung der tarifpolitischen Kompetenzen zu Zerreißproben für die Solidarität innerhalb der Beschäftigten sowie für den Zusammenhalt und damit letztlich auch für die Durchsetzungsfähigkeit der Gewerkschaften als Interessenverband führen. Daher gehen auch die immer wieder aus beschäftigungspolitischen Gründen zumeist an die Gewerkschaftsseite erhobenen Forderungen, von den bisherigen „branchendeckenden Einheitstarifen“ zugunsten einer stärkeren fachlichen und regionalen Differenzierung abzurücken, insoweit an der Realität vorbei, als hier — wie übrigens in ganz ähnlicher Weise auf der Arbeitgeberseite — tatsächlich andere, verbandsbezogene Ziele maßgeblich sind.

In gleicher Weise zwiespältig wirkten auch die gemäß Artikel 165 mit Arbeitern, Angestellten, Unternehmern und „sonst beteiligten Volkskreisen“ zu besetzenden „Wirtschaftsräte“ auf Bezirks- und auf Reichsebene als zweite Säule der gesamtwirtschaftlichen Mitbestimmung.

Für die Gewerkschaftsbewegung als Institution stellte die gleichberechtigte Zusammenarbeit mit den Unternehmern und das „Mitwirken“ an gesamtwirtschaftlichen Entscheidungen mit der Reichsregierung im (vorläufigen) Reichswirtschaftsrat einen Höhepunkt öffentlicher Anerkennung und Einflußnahme dar, — für die Gewerkschaftsbewegung als Interessenverband der Arbeitnehmer bedeutete genau dieser Erfolg aber einen Verlust an Legitimationsgrundlagen, weil der Abstand zwischen den mit der Reichsregierung und Spitzenverbänden der Wirtschaft verhandelnden gewerkschaftlichen Funktionsträgern und der Mitgliederbasis in den Betrieben dadurch immer grösser wurde.

Das in Artikel 165 formulierte Mitspracherecht der im Reichswirtschaftsrat vertretenen Organisationen über „sozialpolitische und wirtschaftspolitische Gesetzentwürfe von grundlegender Bedeutung“ dehnte die Verantwortungsübernahme der Arbeitsmarktparteien über den Bereich der Tarifpolitik hinaus auf gesamtwirtschaftliche Entscheidungen aus und führte häufig zu Ergebnis-

---

[54] Siehe dazu: Hans Jürgen Rösner, Mehr Arbeitsmarkteffizienz durch Tarifflexibilisierung, insbes. S. 605f.

sen, die in diesem Rahmen auch für die Gewerkschaftsführer insgesamt wohlbegründet und akzeptabel sein mochten, von der Perspektive des einfachen Mitglieds aber zwangsläufig so weit abstrahierten, daß sie oft nicht mehr vermittelbar waren. Der resultierende Entfremdungseffekt konnte dann von radikalen Kräften in den Betrieben dazu genutzt werden, um die Zusammenarbeit der Gewerkschaftsführer auf höchster Ebene als „Kumpanei" anzuprangern und um den Bestand oft mühsam ausgehandelter Kompromißlösungen durch neue, weitergehende Forderungen zu gefährden, wohl wissend, daß sie selbst dafür keine Verantwortung zu übernehmen brauchten. Diese unüberbrückbare Diskrepanz zwischen einer in gesamtwirtschaftlicher Verantwortung denkenden und handelnden Gewerkschaftsführung und den politisch und wirtschaftlich unerfüllbar radikalen Forderungen an der Mitgliederbasis ist später „eine der Hauptursachen für den Zerfall der Gemeinschaftsarbeit" gewesen.[55]

Einen weiteren wichtigen Faktor stellte in diesem Zusammenhang die zunächst aus Kriegsgründen eingeführte, dann aber in die Weimarer Verfassung, wie vorangehend beschrieben, übernommene Eingriffsmöglichkeit des Staates dar, regulierend „im Dienst überragender Forderungen des Gemeinwohls" oder „zum Schutze der Arbeitskraft" durch Schlichtungsregelungen Auseinandersetzungen zwischen Kapital und Arbeit beizulegen.

Der Rechtsbegriff „Schlichtung" ist mit dem Hilfsdienstgesetz des Jahres 1916 eingeführt worden.[56] Das Schlichtungsverfahren sollte vor allem verhindern, daß während der Kriegszeit durch Arbeitsstreitigkeiten Produktionsausfälle entstünden. Dabei wurde zwar grundsätzlich am Prinzip der Freiwilligkeit festgehalten, doch konnte, wie bereits dargestellt, bei Nichtannahme der Schlichtungsvereinbarung durch den Unternehmer das Arbeitsverhältnis einseitig und fristlos von den Beschäftigten aufgegeben werden, so daß angesichts des kriegsbedingten Arbeitskräftemangels ein starker Einigungszwang bestand. Aber auch nach dem Kriegsende war die Arbeitgeberseite darauf bedacht, von diesem Schlichtungsverfahren wieder loszukommen. Indes war die Position der Gewerkschaften politisch so stark geworden, daß auch im November-Abkommen die paritätische Besetzung der Schlichtungsausschüsse fortgesetzt wurde.

Als für die weitere Entwicklung entscheidende Neuerung kamen im Januar 1919 zur Durchführung der Demobilisierungsmaßnahmen erlassene Verordnungen hinzu, gemäß denen die staatlichen „Demobilisierungskommissare" ebenso wie der Reichsarbeitsminister nicht nur selbst Schiedsverfahren anregen, sondern und vor allem Schiedssprüche der Schlichtungsausschüsse für rechtsverbindlich erklären konnten.[57] Zwar sollte es sich dabei zunächst nur um ein vorübergehendes Provisorium zur Überwindung der Umstellungsprobleme von

---

[55] Heinrich Kaun, Zentralarbeitsgemeinschaft, S. 88

[56] Vgl. Peter Rommelspacher, Schlichtung und Tarifautonomie, S. 19f.

[57] Dazu ausführlich: Preller, Sozialpolitik, S. 255ff. und Timm, Die deutsche Sozialpolitik, S. 19ff.

der Kriegs- auf die Friedenswirtschaft handeln, doch, wie häufig, so erwies sich auch dieses Provisorium als beständig, zumal die Weimarer Verfassung in der beschriebenen Weise auf staatliche Interventionen im Dienste des Gemeinwohls und zum besonderen Schutz der Arbeitskraft hin angelegt war. Wenn also der Staat bzw. die Reichsregierung dieser Selbstverpflichtung nachkommen wollte, so bedurfte sie dazu eines Instruments, um in die ansonsten bestehende Tarifautonomie eindringen und den Arbeitsmarktparteien die von ihr favorisierte Lösung oktroyieren zu können. Zu diesem Instrument würde in der Folgezeit die zunächst nur für Kriegszwecke eingeführte Möglichkeit staatlicher Schiedssprüche bei Arbeitsstreitigkeiten werden.

Die Konsequenzen der sich daraus entwickelnden Zwangsschlichtung vermögen über den damaligen zeitlichen Rahmen hinaus auch gegenwärtig wertvolle Erkenntnisse für eine ordnungspolitische Neuorientierung zu liefern, indem sie deutlich werden lassen, wie sensibel das Kräftedreieck zwischen Staat, Gewerkschaften und Arbeitgeberverbänden auf Veränderungen in den Rahmenbedingungen reagiert und wie schwierig es wird, die Machtbalance wiederherzustellen, wenn sie erst einmal nachhaltig gestört worden ist.

Mit der seit dem 30. 10. 1923 gültigen „Verordnung über das Schlichtungswesen“[58] wurde der Schlußpunkt hinter eine Entwicklung gesetzt, die mit dem Hilfsdienstgesetz begonnen hatte und mit dem Novemberabkommen fortgesetzt worden war. Die bisherigen Schlichtungsausschüsse wurden durch neue ersetzt, die „von der obersten Landesbehörde im Einvernehmen mit dem Reichsarbeitsminister“ eingerichtet und aus „einem oder mehreren unparteiischen Vorsitzenden und aus Beisitzern der Arbeitgeber und der Arbeitnehmer in gleicher Zahl“ bestehen sollten. Dabei bestellte die oberste Landesbehörde, „nach Anhörung der wirtschaftlichen Vereinigung der Arbeitgeber und der Arbeitnehmer des Bezirks“, den bzw. die Vorsitzenden.[59]

Für „größere Wirtschaftsbetriebe“ wurden vom Reichsarbeitsminister „nach Anhörung der beteiligten obersten Landesbehörden“ besondere Schlichter bestellt, die „in Fällen, die für das Wirtschaftsleben von besonderer Wichtigkeit sind“, die Schlichtung vornehmen sollten.[60] Da die damit geschaffenen Ausschüsse und Schlichter auch „von Amts wegen“ (also nicht nur, wenn sie von beiden Seiten gerufen wurden) tätig sein konnten und da ein Schiedsspruch auch bei Ablehnung verbindlich sein sollte, „wenn die in ihm getroffene Regelung bei gerechter Abwägung der Interessen beider Teile der Billigkeit entspricht und ihre Durchführung aus wirtschaftlichen und sozialen Gründen erforderlich ist“,[61] ging damit die letztgültige Verantwortung zur Beilegung von volkswirtschaftlich bedeutsamen Arbeitskonflikten an den Reichsarbeitsminister über.

---

[58] RGBl 1923, Nr. 111, S. 1043-1045

[59] Ebenda, zitiert aus § 1

[60] Ebenda

[61] Ebenda, § 6

Im Themenzusammenhang sind an diesem „Pyrrhussieg über die Tarifautonomie“ zunächst die Auswirkungen auf die Zentralarbeitsgemeinschaft von Interesse. Dabei zeigt allein schon die Tatsache, daß die Schlichtungsregelung schließlich nicht als Gesetz, sondern nur als Notverordnung des Reichspräsidenten zustande kam, wie umstritten das ganze Verfahren war. Trotz vierjähriger Beratungen war nämlich der Anfang 1920 vorgelegte Gesetzentwurf des Reichsarbeitsministers gescheitert, weil die Tarifvertragsparteien — offenbar im Vertrauen auf die Funktionsfähigkeit ihrer Gemeinschaftsabkommen — darauf beharrten, daß „die Einigung im Wege der Selbstverwaltung den Vorrang vor der staatlichen Schlichtung haben müsse“.[62]

Außerdem befürchteten die Gewerkschaften, daß ihnen durch den in der Schlichtungsordnung vorgesehenen Einigungszwang „das Recht, erforderlichenfalls als letztes Mittel des Kampfes für berechtigte Arbeitsforderungen den Streik anzuwenden“, genommen werden könnte.[63] Ein daraufhin liberalisierter Gesetzentwurf, demzufolge eine Verbindlichkeitserklärung „nur auf Antrag, unter Hinzuziehung je eines Vertreters der Parteien aus Bezirkswirtschaftsrat und Reichswirtschaftsrat, und mit Zweidrittel-Mehrheit ausgesprochen werden (sollte)“,[64] fand zwar im Februar 1922 Zustimmung im Reichsrat, doch zogen sich die weiteren Beratungen so lange hin, daß die Schlichtungsordnung nicht mehr vom Reichstag verabschiedet, sondern schließlich im Rahmen des Ermächtigungsgesetzes des Jahres 1923 von der Regierung in der ursprünglichen Fassung auf dem Verordnungsweg erlassen wurde.[65]

Mit der damit geschaffenen Möglichkeit, über Zwangsschlichtung und Verbindlichkeitserklärung im Konfliktfall auf den Staat zurückgreifen zu können, wurde nicht nur der Staat „in die Auseinandersetzung zwischen den Tarifparteien einbezogen“,[66] sondern es entfiel auch die Notwendigkeit, überhaupt noch Kompromißlösungen anzustreben, wenn einer der Konfliktgegner seine ansonsten eventuelle Konzessionen erfordernde Unterlegenheit in wirtschaftlichen Durchsetzungschancen durch eine politische Überlegenheitsposition mehr als nur ausgleichen konnte. Durch diesen möglich gewordenen Rückgriff auf den Staat war die zentrale Funktionsgrundlage und damit Existenzberechtigung der Zentralarbeitsgemeinschaft weitgehend entfallen, denn „mit der Ausformung der Republik zum Sozial- und Interventionsstaat bis weit hinein in die Tarifpolitik gerieten die Gewerkschaften in eine wachsende Abhängigkeit vom Staat und gewöhnten sich so an das Zusammenwirken mit der Staatsgewalt, daß Arbeiterpolitik nur mit dem Staat, aber nicht mehr ohne ihn möglich schien“.[67]

---

[62] Hartwich, Arbeitsmarkt, Verbände und Staat, S. 33

[63] Zitiert aus der Resolution des ADGB-Bundesvorstands vom 18. 3. 1924 nach dem Abdruck in: Ebenda, S. 347

[64] Ebenda, Hartwich, S. 33

[65] Ebenda

[66] Volker Bahl, Lohnverhandlungssystem der Weimarer Republik, S. 398

Wie weit die Durchsetzungsmöglichkeiten der Arbeitgeberseite von der staatlichen Zwangsschlichtung schließlich zurückgedrängt worden sind, wird besonders daran deutlich, daß sie sich erst im „Ruhreisenstreit" vom November 1928 zum ersten Mal gegen die einseitig verfügte Verbindlichkeitserklärung eines Schiedsspruchs durchzusetzen vermochten.[68] Nachdem die drei beteiligten Gewerkschaften den vom sozialdemokratischen Reichsarbeitsminister Wissell beschlossenen Schiedsspruch sogleich angenommen und die Verbindlichkeitserklärung beantragt hatten, lehnte der zuständige Arbeitgeberverband diese Vereinbarung ab und erzwang durch weitere Aussperrungsmaßnahmen die Wiederaufnahme der Verhandlungen, die schließlich zu einem Kompromiß führten.[69] Damit waren unter enormen volkswirtschaftlichen Verlusten durch Streik und Aussperrung erstmals die Grenzen staatlicher Intervention zugunsten der Gewerkschaften deutlich geworden.

2.3 Erfahrungen und Konsequenzen

2.3.1 Belastungsgrenzen der Zentralarbeitsgemeinschaft

Die weitere Entwicklung nach der Schlichtungsverordnung vom Oktober 1923 ist durch den fortschreitenden Verfall der institutionalisierten Zusammenarbeit von Arbeit und Kapital gekennzeichnet gewesen. Ursächlich hierfür waren sicherlich auch die politisch wie wirtschaftlich widrigen inneren und äußeren Umstände, unter denen sich die Gemeinschaftsabkommen zu bewähren hatten. Des weiteren waren mit der vorangehend beschriebenen Einführung der Möglichkeit einer dem sozialpartnerschaftlichen Konfliktregelungssystem feindlichen Zwangsschlichtung sowie mit den in der Weimarer Verfassung angelegten Tendenzen zu staatlichem Interventionismus Ordnungselemente implantiert worden, die den Fortbestand der Gemeinschaftspolitik auf das äußerste bedrohten. Letztlich ausschlaggebend für die verhängnisvolle weitere Entwicklung war indes, daß auch die Arbeitsmarktparteien selbst nicht mehr die nötige Kraft fanden, um die im Prinzip als richtig erkannte Zusammenarbeit gegen diese ungünstigen Einflüsse, vor allem aber gegen die klassenkämpferischen Tendenzen in den eigenen Reihen zu verteidigen.

Tatsächlich ist der mit den Gemeinschaftsabkommen formulierte Status quo in den gegenseitigen Beziehungen sogleich und innerhalb beider Parteien umstritten gewesen. Ebenso, wie auf Arbeitgeberseite nach wie vor starke Widerstände gegen die Akzeptanz des Tarifvertragswesens bestanden, war auch bei den Gewerkschaften stets eine starke Opposition gegen die Zusammenarbeit

[67] Heinrich Potthoff, Freie Gewerkschaften, S. 303

[68] Bahl, Lohnverhandlungssystem, S. 406ff.; ebenso: Volker vom Berg, Der Ruhreisenstreit, S. 385-396

[69] Ebenda

mit den Arbeitgebern generell und gegen die Gemeinschaftsabkommen im besonderen spürbar. Organisatorischer Ausgangspunkt dieser Ablehnung waren dabei vor allem die (wie erwähnt) zumeist radikal-sozialistisch oder kommunistisch eingestellten Arbeiter- und Soldatenräte. Zum einen ging diesen Gruppen die bloße Gleichberechtigung mit den Arbeitgebern längst nicht weit genug, nachdem der politische Umsturz die Hoffnung geweckt hatte, „mit der Besitzergreifung der politischen Macht durch die sozialistischen Parteien würde sich nun die gesamte Lage grundlegend zu ihren Gunsten wandeln".[70] Zum anderen bestand an der Mitgliederbasis eine starke Ablehnung gegen „Gewerkschaftsbürokratie" und „Gewerkschaftsführung" insgesamt, und zwar nicht nur personell und programmatisch, sondern im Grundsätzlichen, als „Auflehnung der Massen gegen jede Autorität".[71] Da das gleichberechtigte, institutionalisierte Zusammenwirken von Gewerkschaftsführern und Arbeitgebern auf gesamtwirtschaftlicher Ebene zwangsläufig auf Kompromisse und nicht auf Klassenkampf angelegt sein mußte, wurde die Zentralarbeitsgemeinschaft damit „der wirksamste Agitationsstoff der radikalen Linken in den ersten Nachkriegsjahren".[72]

Nachdem sich die der MSPD nahestehenden, gemäßigten und auf die Arbeitsgemeinschaftspolitik ausgerichteten Gewerkschaftsführer auf dem Nürnberger Kongreß der größten deutschen Gewerkschaften (danach im Allgemeinen Deutschen Gewerkschaftsbund vereinigt) im Juni/Juli 1919 in wichtigen innergewerkschaftlichen Fragen noch einmal hatten durchsetzen können,[73] wurde die Zusammenarbeit mit den Arbeitgebern in der Folgezeit zum entscheidenden Ansatzpunkt, von dem aus die radikalen Kräfte die Position der Gewerkschaftsführer erfolgreich unterminierten. Dies zeigte sich bereits im Oktober 1919, also knapp ein Jahr nach dem November-Abkommen,

---

[70] Heinrich Kaun, Zentralarbeitsgemeinschaft, S. 89.

[71] Ebenda. *Kaun* zitiert dazu *Sombart*. „In allen Ländern beobachten wir jene Vorgänge, die die Engländer treffend als rank and file-movement bezeichnen: die Masse will nicht mehr geführt sein, das heißt will nicht mehr irgendwelchen rational orientierten Persönlichkeiten ihren impulsiven Willen unterordnen". Werner Sombart, Der Proletarische Sozialismus. Jena 1924, Bd. II, S. 422

[72] Kaun, Zentralarbeitsgemeinschaft, S. 91

[73] Der Kongreß war vor allem durch die Auseinandersetzung mit dem radikal linken Gewerkschaftsflügel gekennzeichnet und führte zur Aufkündigung des „Mannheimer Abkommens" (1906), mit dem sich die Gewerkschaften in allen wichtigen Fragen zur Abstimmung mit der SPD verpflichtet hatten. Da die Gewerkschaftsführungen nach dem Abspalten der USPD zumeist den gemäßigteren Mehrheitssozialisten (MSPD) zugehalten hatten, stellte diese Entscheidung als Konzession an den linken Flügel offiziell eine Neutralität zu beiden sozialistischen Parteien her. Im Gegenzug verzichteten die Radikalen auf ihre Forderung nach einem revolutionären Umsturz und akzeptierten eine von der Gewerkschaftsführung vorgelegte Resolution, die eine schrittweise Umwandlung von Wirtschaft und Gesellschaft zum Sozialismus vorsah. Siehe dazu: Richard Seidel, Die deutschen Gewerkschaften S. 114; Wolfgang Hirsch-Weber, Gewerkschaften in der Politik, S. 25; Adolf Weber, Kapital und Arbeit, S. 141; Hans Hermann Hartwich, Arbeitsmarkt, Verbände und Staat, S. 344

als Alexander Schlicke, der Vorsitzende des mitgliederstarken Metallarbeiterverbandes (DMV) und Protagonist einer Verständigung mit den Unternehmern, sein Amt niederlegte, weil er den von einer innergewerkschaftlichen Opposition geforderten und durchgesetzten Austritt des DMV aus dem Abkommen nicht mittragen wollte.[74]

Die von dem neugewählten Vorsitzenden Robert Dißmann (USPD) und von dem späteren Kommunisten Richard Müller vorgelegte und verabschiedete Resolution auf dem Verbandstag kennzeichnete den sich in der Gewerkschaftsbewegung insgesamt ausbreitendenden Oppositionskurs: „Der DMV lehnt jede Arbeitsgemeinschaftspolitik mit dem Unternehmertum ab. Er verwirft die Kriegspolitik der Gewerkschaften, weil sie den Klassenkampfcharakter der Gewerkschaften verschwinden ließ. Der Wiederaufbau der Wirtschaft muß ein sozialistischer sein. Davon ausgehend sind Haltung und Politik des Verbandes konsequent auf den Boden des revolutionären Klassenkampfes und des Rätesystems zu stellen. Die Klassengegensätze und Klassenkämpfe durch Arbeitsgemeinschaften zu überbrücken, ist ein Versuch, Verwirrung in die Reihen der Arbeiter zu tragen und den erforderlichen Klassenkampf zu unterbinden".[75]

Ein weiteres Beispiel für diesen frühzeitigen Erosionsprozeß bieten die Streikaktionen im Ruhrbergbau. Auch hier hatten sich die Unternehmer unter dem Druck der revolutionären Ereignisse bereit gefunden, mit der gemäßigten Führung des Bergarbeiterverbandes („Alter Verband") eine dem November-Abkommen vergleichbare Vereinbarung abzuschließen, die (neben verbesserten Arbeitsbedingungen) eine volle tarifvertragliche Anerkennung der Bergarbeitergewerkschaft brachte.[76]

Gegen die vom Alten Verband in der Folgezeit betriebene wirtschaftsfriedliche Politik zur Sicherstellung der in der Notsituation der Nachkriegszeit unentbehrlichen Kohlenversorgung opponierte vor allem der kommunistische Spartakusbund mit der Forderung, die Revolution nun nicht „mittendrin" abzubrechen, sondern mit der Sozialisierung des Bergbaus und mit dem Aufbau einer durchgehenden „Rätedemokratie" unverzüglich zu beginnen. Zugleich wurden „wilde Streiks" initiiert, um die Stellung der gemäßigteren Gewerkschaftsführer als Ordnungsfaktoren und Tarifvertragspartner der Unternehmer zu erschüttern. Nachdem die zunächst regional eng begrenzten Aktionen auf immer größere Bereiche des Ruhrgebietes übergegriffen und schließlich zu blutigen Zusammenstößen geführt hatten, wurden sie mit Hilfe der Reichswehr im Februar 1919 gewaltsam beendet. Daraufhin riefen von der USPD und von Kommunisten unterstützte Kräfte am 18. Februar einen „Generalstreik" aus mit dem Ziel, die Reichsregierung zu stürzen und die Gründung einer „Räterepublik" auszurufen.[77]

---

74 Vgl. Hartwich, Arbeitsmarkt, Verbände und Staat, S. 76f.

75 Zitiert nach: Ebenda, S. 77

76 Vgl. Manfred Dörnemann, Die Politik des Verbandes, S. 19ff.

Als diese primär politisch motivierten Arbeitskämpfe dann an der fehlenden Resonanz bei der Arbeiterschaft und am entschlossenen Widerstand der von der Reichsregierung unterstützten Gewerkschaftsführung scheiterten, verbanden die revolutionären Gruppen bei dem bereits im März 1919 erneut ausgerufenen „Generalstreik" die bisherigen Forderungen in geschickter Weise mit tariflichen Zielen, so vor allem mit der populären Forderung nach Einführung der Sechsstundenschicht.[78] Angesichts der aus den Arbeitsniederlegungen resultierenden Engpässe bei der Versorgung der Bevölkerung und bei der Erfüllung der Reparationsverpflichtungen war die Reichsregierung zum Nachgeben bereit, so daß bereits am 9. April als Kompromiß statt der geforderten Absenkung der bestehenden Achtstundenschicht auf sechs Stunden immerhin die Einführung der Siebenstundenschicht vereinbart wurde.[79]

Durch diesen Erfolg im öffentlichen Ansehen bestärkt, formierte sich die innergewerkschaftliche Opposition schon im September 1919 erneut und es kam sogar zur organisatorischen Abspaltung einzelner Bergarbeiterverbände, die sich dann zur „Freien Arbeiter-Union" zusammenschlossen.[80] Im Januar 1920 erhoben diese Gruppen dann wieder die bereits bekannte Forderung nach Einführung der Sechsstundenschicht sowie nach zusätzlichen „Beschaffungshilfen" zur besseren Versorgung mit Nahrungsmitteln.[81] Nachdem die Reichsregierung eine derartige Arbeitszeitverkürzung nachdrücklich offiziell abgelehnt hatte, konnten sich die gemäßigten Gewerkschaftsführer der traditionellen Bergarbeiterverbände mit dieser Unterstützung zunächst gegen die „Syndikalisten" durchsetzen,[82] indem im Februar 1920 ein Abkommen zur „Überschichtenregelung" unterzeichnet wurde, das zur Besserung der akuten Notlage zwar verlängerte Arbeitszeiten, dafür aber auch eine entsprechende Mehrentlohnung vorsah.[83]

Doch sollte auch diese Übereinkunft nicht lange Bestand haben, weil sich die Führung der Bergarbeiterverbände bereits im März 1921 unter dem Druck des linken Gewerkschaftsflügels zur Kündigung der Vereinbarungen gezwungen sah.[84]

Mit dem Tod Karl Legiens, des prominentesten gewerkschaftlichen Fürsprechers einer Zusammenarbeit mit den Unternehmern, zu Beginn des Jahres 1921 traten innerhalb des ADGB die Gegner der Zentralarbeitsgemeinschaft immer stärker hervor, nachdem bereits im November des vorangegangenen Jahres eine

77 Ebenda, S. 48
78 Ebenda, S. 52ff.
79 Ebenda, S. 59f.
80 Ebenda, S. 99f.
81 Ebenda, S. 132
82 Dazu ausführlich: Dirk H. Müller, Der Syndikalismus, S. 64f.
83 Vgl. Manfred Dörnemann, Die Politik des Verbandes, S. 132
84 Vgl. Gerald D. Feldman, Arbeitskonflikte im Ruhrbergbau, S. 203f.

Entschließung angenommen worden war, welche die bloße Vorläufigkeit der Zusammenarbeit mit der Arbeitgeberseite hervorgehoben hatte: „Die Gewerkschaften sind der Arbeitsgemeinschaft beigetreten, um die gewerkschaftlich organisierten Arbeiter an der Führung der Wirtschaft zu beteiligen. In diesem Sinne ist die Arbeitsgemeinschaft ein brauchbares Mittel im Kampfe um die Eroberung der wirtschaftlichen Macht und der Sozialisierung der Wirtschaft. Ihre Bedeutung ist jedoch zeitlich begrenzt und wird erlöschen, wenn mit der fortschreitenden Organisation der Gemeinwirtschaft andere, verfassungsrechtliche und gesetzlich fundierte Organe geschaffen werden, in denen die Arbeiterschaft an der Leitung der Wirtschaft beteiligt wird.“[85]

Wenn also vorangehend einschränkend angemerkt worden ist, daß die mit den Gemeinschaftsabkommen von der Arbeitgeberseite vollzogene Anerkennung des Gewerkschaften als gleichberechtigtem Verhandlungspartner oft nur als eine von widrigen politischen und wirtschaftlichen Umständen erzwungene, vorübergehende Konzession angesehen worden ist, so ist jetzt festzustellen, daß sich nun auch in den Gewerkschaften eine Grundeinstellung durchzusetzen begann, die in der Arbeitsgemeinschaftspolitik vorrangig eine Zwischenstation auf dem Wege weitergehender sozialistischer Umgestaltung von Wirtschaft und Gesellschaft sah und somit letztlich darauf abzielte, die privatwirtschaftliche Unternehmerschaft als autonomen Verhandlungspartner auszuschalten. Damit war aber der (zumindest als stillschweigende Vereinbarung) erforderliche Konsens darüber, daß die in der Wirtschaftsordnung festgelegten Existenzgrundlagen des anderen nicht durch gravierende Veränderungen im ordnungspolitischen Status quo der gegenseitigen Beziehungen gefährdet werden dürfen, als entscheidende Geschäftsgrundlage für die Fortsetzung einer Politik sozialpartnerschaftlichen Interessenausgleichs auf beiden Seiten entfallen.

Außerdem sind an diesem Beispiel besonders deutlich die negativen Konsequenzen zu erkennen, die aus korporativistischen Institutionen für eine sozialpartnerschaftliche Zusammenarbeit resultieren. So wäre aus der Sicht der Gewerkschaften mit dem erwarteten Ausbau des in der Verfassung vorgesehenen Wirtschaftsrätesystems von vornherein die Notwendigkeit für eine weitere Zusammenarbeit in der Zentralarbeitsgemeinschaft entfallen.

Nachdem sich die Befürworter eines weiteren Verbleibens der Gewerkschaften in der Zentralarbeitsgemeinschaft auf dem XI. Kongreß der Freien Gewerkschaften im Juni 1921 und auf dem 1922 nachfolgenden ADGB-Kongreß in Leipzig nur noch mit knappen Mehrheiten gegen die von unabhängigen und von kommunistischen Gewerkschaftern vorgebrachten Austrittsanträge hatten durchsetzen können, war die Vorläufigkeit des weiteren Verbleibens zumindest der sozialistischen Freien Gewerkschaften in der Zentralarbeitsgemeinschaft offensichtlich geworden.[86] Nachdem die Angestellten-

[85] Zitiert nach Heinrich Kaun, Die Geschichte der Zentralarbeitsgemeinschaft, S. 95; siehe dazu auch: Gerhard Erdmann, Die deutschen Arbeitgeberverbände, S. 108

[86] Vgl. Otto Leibrock, Zentralarbeitsgemeinschaft, S. 180f.

gewerkschaften aufgrund der Weigerung vieler Arbeitgeber, mit ihnen Tarifverträge abzuschließen, bereits am 3. Januar 1924 ihren Austritt erklärt hatten, faßte der Bundesvorstand des Adgb am 16. Januar einen gleichlautenden Beschluß. Am 21. März 1924 erfolgte die offizielle Austrittserklärung. Die Christlichen Gewerkschaften, die Hirsch-Dunckerschen Gewerkvereine sowie die Arbeitgeberverbände blieben zwar weiterhin Mitglieder der Zentralarbeitsgemeinschaft, doch hatte dies keine praktischen Auswirkungen mehr.[87]

Schon bald wurde offenbar, daß sich die Freien Gewerkschaften mit dieser Austrittserklärung nicht nur den radikalen Kräften in den eigenen Reihen ausgeliefert hatten, sondern daß ihnen zur Durchsetzbarkeit ihrer Forderungen künftig nur noch die „politische Schiene" über die Reichsregierung zur Verfügung stehen würde, weil die Arbeitgeberseite sich jetzt auch von der im November-Abkommen vereinbarten uneingeschränkten Anerkennung des Koalitionsrechts und des Tarifvertragswesens zurückzuziehen versuchte. Zwar hatte der ADGB-Bundesvorstand angestrebt, diese für die Gewerkschaftsbewegung zentralen Verhandlungsgrundlagen über die Aufkündigung der im Dezember-Abkommen begründeten Zentralarbeitsgemeinschaft hinwegzuretten, indem ausdrücklich zwischen beiden Abkommen unterschieden wurde, doch lehnten die Arbeitgeber dies mit der Begründung ab, daß „Organisation und Satzung der ZAG und das Abkommen vom 15.11.1918 eine Einheit bilden".[88]

Obwohl der von Gewerkschaftsseite geäußerte Verdacht, „die Arbeitgeber wollten los vom Novemberabkommen mit seinen Bindungen bezüglich der Arbeitszeit und der Kollektivverträge", sicherlich nicht unberechtigt war, wurde auf beiden Seiten doch auch ein gewisses Bedauern über das Scheitern der Arbeitsgemeinschaftspolitik offenbar und es wurde der Hoffnung Ausdruck gegeben, daß sie in anderer Form und mit anderen Inhalten zu günstigerer Zeit fortgesetzt werden könnte.[89]

Aus diesen sich noch einige Jahre hinziehenden, letztlich aber doch vergeblichen Versuchen, zu einer Wiederbelebung der Arbeitsgemeinschaftspolitik zu gelangen,[90] wird deutlich, daß beide Parteien entgegen allen Widerständen durchaus den Bedarf für ein gemeinsames „Interessenclearing" erkannt hatten, so daß der Gedanke naheliegt, die Ursachen des Scheiterns in etwaigen Konstruktionsmängeln der Vereinbarungen und nicht in unüberwindlichen Interessenkonflikten zu suchen.[91] Dazu wird hier die These vertreten, daß neben

[87] Vgl. Hans Hermann Hartwich, Arbeitsmarkt, Verbände und Staat, S. 314 und Gerhard Erdmann, Die deutschen Arbeitgeberverbände, S. 108f.

[88] Zitiert nach Hans Hermann Hartwich, Arbeitsmarkt, Verbände und Staat, S. 314. Siehe dazu ausführlich den Abdruck der „Niederschrift über die Sitzung des geschäftsführenden Vorstandes der ZAG am 15. Februar 1924 über die Auflösung der ZAG", in: Feldman/Steinisch, Industrie und Gewerkschaften, S. 202-208

[89] Ebenda. Das Zitat stammt vom Arbeitnehmer-Mitglied *Spliedt* (S. 208)

[90] Siehe dazu: Heinrich Kaun, Die Geschichte der Zentralarbeitsgemeinschaft, S. 121ff.

den beschriebenen widrigen äußeren Umständen der stark formalisierte und eng an die rätedemokratischen, korporativistischen Elemente des Artikels 165 angelehnte hierarchische Aufbau der Zentralarbeitsgemeinschaft mit eine der wesentlichen Ursachen ihres Scheiterns gewesen sind.

Zudem lassen sich aber auch bestimmte Funktionsrisiken aufzeigen, denen eine sich derartig, sozusagen „im Licht der Öffentlichkeit", vollziehende Zusammenarbeit der Sozialpartner grundsätzlich ausgesetzt ist:

1. Eine so weitgehend institutionalisierte und formalisierte Kooperation der Sozialpartner, wie sie mit der Zentralarbeitsgemeinschaft angestrebt worden war, erzeugt allein schon durch die unvermeidliche Publizität und Kommentierung der Zusammenkünfte und ihrer eventuellen Ergebnisse gesamtwirtschaftliche Signaleffekte und einen öffentlichen Erwartungsdruck, der die Art und Weise der Verhandlungsführung beeinflußt und ihre Politisierung begünstigt. Dadurch wird eine sachliche Behandlung ökonomischer Fragen eher erschwert als erleichtert.[92]

2. Folgt daraus eine unter Rücksichtnahme auf übergeordnete Zusammenhänge formulierte Verbandspolitik, so muß zwangsläufig von den individuellen und direkten Mitgliederinteressen der Einzelorganisationen abstrahiert werden. Der resultierende Entfremdungseffekt provoziert Widerspruch und den Vorwurf „abgehobener" Verhandlungsführung aus der unmittelbaren Betroffenheitsebene. Damit verstärkt sich der Einfluß oppositioneller Gruppen innerhalb der jeweiligen Verbandsorganisationen. Dies gilt besonders dann, wenn zu der Beachtung verbandsübergeordneter Zusammenhänge noch parteipolitische Bindungen hinzukommen und tarifpolitische Rücksichtnahme erfordern, weil damit zu den rein ökonomischen Sachargumenten eine Politisierung und Ideologisierung des Verteilungskonflikts verschärfend hinzutritt, die eine weitere Radikalisierung der Standpunkte begünstigt.[93]

---

[91] Siehe dazu die nüchterne Bilanz der Zentralarbeitsgemeinschaftspolitik in den Ausführungen des Arbeitgeber-Mitglieds *Tänzler* zur Neugestaltung der ZAG, in: „Anlage zum VDA-Rundschreiben Nr. 19 vom 12. Januar 1924", abgedruckt in: Feldman/Steinisch, Industrie und Gewerkschaften, S. 201 f.

[92] Vgl. Bernhard Külp, Theoretische Grundlagen der Konzertierten Aktion, S. 105 ff. Außerdem lastet diese Publizität ungleich stärker auf den Gewerkschaften, deren Tarifforderungen unter kritischer Observanz der öffentlichen Meinung durchgesetzt werden müssen, zumal, wenn aus dem Abstimmungsprozeß mehr oder weniger verklausulierte „Lohnleitlinien" resultiert sind, wohingegen sich weder die unternehmerische Preisgestaltung noch die Bundesbankpolitik in vergleichbarer Weise vollziehen.

[93] Diese Gefahr ist in der Weimarer Republik besonders bei den Bergarbeiterkonflikten deutlich geworden: weil das Interesse der Reichsregierung auf größtmögliche Kohlenförderung gerichtet war, gab sich die Gewerkschaftsführung gegenüber der in den Zechen erhobenen Forderung nach Arbeitszeitverkürzung zurückhaltend und provozierte damit eine wachsende Radikalisierung an der Belegschaftsbasis. Siehe dazu: Heinrich A. Winkler, Von der Revolution zur Stabilisierung, S. 159ff.

3. Wenn nicht von vornherein ein Scheitern der Spitzenverhandlungen beabsichtigt ist, können nur solche Ausgangspositionen bezogen werden, die auch tatsächlich kompromißfähig sind. Dadurch entsteht leicht der Eindruck, daß nicht mit der angeblich nötigen Härte verhandelt wird. Entsprechend wird ein Teil des zur Dämpfung überzogener Forderungen und zur Akzeptanz der unvermeidlichen Kompromißlösung erforderlichen Gegendrucks schon im Vorfeld einer (eventuellen) späteren Einigung vom Kontrahenten weg in die eigenen Reihen verlagert.[94]

4. Weil schließlich auf Arbeitgeberseite ein im Vergleich zu den Gewerkschaften ungleich geringeres Maß an kollektiver Bindung besteht, kann die Glaubwürdigkeit der Verhandlungsführer von der Betriebsebene her relativ leicht unterlaufen werden.[95]

Über die damit beschriebenen grundsätzlichen Funktionsprobleme hinaus schwächte vor allem das korporativistische Zusammenwirken von Gewerkschaftsführung und Reichsregierung sowohl die Möglichkeiten als auch die Bereitschaft zur weiteren Kooperation mit den Unternehmern in der Zentralarbeitsgemeinschaft. Die Ursachen hierfür lagen in der zunehmenden Neigung der Gewerkschaften, die mit der Arbeitgeberseite zunächst auf freiwilliger Basis getroffenen Vereinbarungen nach und nach von der Reichsregierung gesetzlich verankern zu lassen. Dieses Verfahren war zwar insoweit verständlich, wie die Gewerkschaften „politisch den Unternehmern gegenüber eine stärkere Stellung besaßen als wirtschaftlich" und es für sie infolgedessen verlockend erscheinen mußte, „daß es mit Staatshilfe möglich sein könnte, mehr zu erreichen, zumindest was die Gesamtheit der Arbeitnehmer anbelangte".[96] Doch zugleich bedeutete „die Erhebung der freien Zugeständnisse der Unternehmer im Novemberabkommen zu Gesetzesvorschriften .. ihre Einbeziehung in den Machtbereich des Staates und damit die Entziehung ihres Sinnes als Einigungsgrundlage für die Gemeinschaftsarbeit".[97]

Eine andere Konsequenz dieser Absicherungspolitik bestand darin, daß sich die Arbeitgeberseite immer weniger zu freiwilligen Konzessionen bereit fand, weil sie befürchten mußte, daß auch weitere, selbst zeitlich und/oder regional begrenzte Zugeständnisse alsbald zum Gegenstand weiterer Gesetzgebungsmaßnahmen gemacht werden würden — und weil sich dies tatsächlich so

---

[94] Diese Tendenz kann für Verlauf und Ergebnis der Verhandlungen durchaus vorteilhaft sein — sofern sich auf beiden Seiten Führungspersönlichkeiten gegenüberstehen, die diesem Druck standzuhalten vermögen. Hierin liegt ein wahrscheinlicher Grund dafür, warum der Fortbestand sozialpartnerschaftlicher Beziehungen so häufig personenabhängig ist.

[95] Dies war in der Zeit der Zentralarbeitsgemeinschaft besonders oft der Fall, weil viele Arbeitgeber sich trotz der Abkommen weigerten, mit den anerkannten Gewerkschaften Tarifverträge abzuschließen. Vgl. Heinrich Kaun, Die Geschichte der Zentralarbeitsgemeinschaft, S. 102

[96] Hans Hermann Hartwich, Arbeitsmarkt, Verbände und Staat, S. 348f.

[97] Heinrich Kaun, Die Geschichte der Zentralarbeitsgemeinschaft, S. 83

verhielt, erschien es den Gewerkschaften um so naheliegender, das, was den Arbeitgebern in Verhandlungen gar nicht oder nur als Kompromißlösung abzutrotzen war, dann besser gleich über die institutionellen und personellen Verflechtungen mit staatlichen Institutionen auf dem Verordnungs- bzw. Gesetzgebungsweg anzustreben.[98] Auf diese Weise trat eine fortschreitende inhaltliche und funktionelle Aushöhlung der ohnehin nur sehr bedingt vorhandenen sozialpartnerschaftlichen Grundlagen der Zentralarbeitsgemeinschaft und damit auch der Tarifautonomie insgesamt ein.

Insbesondere die am 30. 6. 1920 erfolgte Konstituierung des in Artikel 165 vorgesehenen Reichswirtschaftsrates hat diese Entwicklung wesentlich beschleunigt, weil die damit institutionalisierte quasi-parlamentarische Beratung und Begutachtung von Gesetzesvorhaben durch die Arbeitsmarktparteien sowie die darüber hinaus vorgesehene Möglichkeit, sogar direkt eigene Gesetzesvorlagen einbringen zu können, die Notwendigkeit einer Zentralarbeitsgemeinschaft als vorgelagerter „Clearingstelle" weitgehend aufhob. Die im Zusammenhang mit der weiteren Entwicklung dieser korporativistischen Institution gesammelten Erfahrungen haben auch für die bereits in den fünfziger Jahren und in der aktuellen Diskussion erneut erhobenen Forderungen zur Bildung eines „Bundeswirtschaftsrates" bleibende Bedeutung.[99]

Auch wenn eine Zwischenbewertung der Arbeitsgemeinschaftspolitik als Konfliktregelungsinstrument im Rückblick auf die nur relativ kurze Periode, in der die beiden Abkommen Bestand hatten, schwerfällt, so lassen sich doch aus einem Vergleich der Intensität und der Ergebnisse von vorausgehenden und nachfolgenden Arbeitskämpfen einige Anhaltspunkte gewinnen. Dabei ist zunächst an die schwierigen wirtschaftlichen und politischen Bedingungen zu erinnern, unter denen sich die Gemeinschaftsabkommen zu bewähren hatten. Somit wären, zumindest aus gewerkschaftlicher Perspektive, allein schon die Anerkennung des Koalitionsrechts sowie die allgemeine Durchsetzung des Tarifvertragswesens als wichtige Erfolge zu bewerten. Hinzu kommt ein gut ausgebautes Schlichtungswesen, das unbeschadet seiner damals von der staatlichen Schlichtung funktionell entwerteten Bedeutung für eine gegenwärtige Neuorientierung richtungweisend sein könnte.

Die Wirksamkeit der Zentralarbeitsgemeinschaft als Faktor zur Sicherung des sozialen Friedens kann nur unter einschränkender Berücksichtigung der vorangehend beschriebenen politischen Radikalisierungstendenzen gewertet werden, die vor allem in der Eisen- und Stahlindustrie sowie in den Bergbauindustrien zu immer wieder aufflackernden Streikaktionen geführt hatten.

---

[98] „Denn ein Grundtatbestand der Weimarer Republik war die staatstragende Stellung von Parteien, die der Arbeitnehmerschaft nahestanden, und eine erhebliche Verflechtung personeller und programmatischer Art zwischen den Gewerkschaften und diesen Parteien", Hans Hermann Hartwich, Arbeitsmarkt, Verbände und Staat, S. 337

[99] Siehe dazu: Hellmuth Stefan Seidenfus, Gedanken zur Errichtung eines Bundeswirtschaftsrates, S. 11 f.

Trotzdem hebt sich die Periode der Zentralarbeitsgemeinschaft durchaus vorteilhaft ab. Werden dafür als Beispiel die Dauer, die Beteiligung und die Intensität von Arbeitskampfmaßnahmen als Kriterien herangezogen, so ergibt sich folgendes Bild:

Periode	Dauer[a])		Beteiligung[b])		Intensität[c])	
	Streik	Aussp.	Streik	Aussp.	Streik	Aussp.
1904-1908	31,2	38,7	100	324	3 103	12 530
1909-1913	26,5	46,0	110	249	2 917	11 444
1914-1918	4,1	29,1	778	343	3 214	9 969
1919-1923	12,6	16,3	457	596	5 732	9 710
1924-1928	20,5	21,8	367	2 369	7 522	51 638
1929-1932	13,1	23,7	330	1 369	4 310	32 496

[a]) Ausfalltage pro Beteiligten
[b]) Beteiligte pro Arbeitskampf
[c]) Ausfalltage pro Arbeitskampf

Quelle: Heinrich Volkmann, Zur Entwicklung von Streik und Aussperrung in Deutschland, in: Gewerkschaftliche Monatshefte, Jg. 1979, S. 347-358, zit S. 349 (in Auszügen)

Wenn man nun weiterhin berücksichtigt, daß die Möglichkeiten zur Führung von Arbeitskämpfen während der Kriegszeit von 1914 bis 1918 durch zahlreiche Restriktionen begrenzt wurden, so hebt sich die Zeit der Arbeitsgemeinschaftspolitik von 1919 bis 1923 doch recht vorteilhaft heraus. Vor allem fällt auf, wie massiv von Arbeitgeberseite nach dieser Periode Aussperrungsmaßnahmen eingesetzt worden sind. Da während dieser Jahre unter dem wachsenden Druck der Zwangsschlichtung verhandelt und abgeschlossen werden mußte, spricht diese Entwicklung zumindest nicht dafür, daß der soziale Frieden durch staatliche Intervention besser gewahrt werden kann als durch eine funktionsfähige Tarifautonomie.

Für die Beurteilung des Streikerfolgs ist die von Volkmann in anderem Zusammenhang unternommene statistische Auswertung interessant, bei der „rein formal danach gemessen worden ist, ob die als Kampfziele formulierten Forderungen der Streikenden ganz, teilweise oder gar nicht erreicht worden sind“.[100] Danach ergibt sich folgendes Bild:

[100] Vgl. Heinrich Volkmann, Zur Entwicklung von Streik und Aussperrung, S. 353

Vom 100 Streiks endeten in der Periode	mit vollem Erfolg	teilweisem Erfolg	ohne Erfolg
1904–1908	19	41	40
1909–1913	18	42	40
1914–1918	14	47	39
1919–1923	20	59	21
1921–1928	25	43	32
1929–1932	21	28	51

Quelle: Heinrich Volkmann, Zur Entwicklung von Streik und Aussperrung in Deutschland, in: Gewerkschaftliche Monatshefte, Jg. 1979, S. 347–358, zit. S. 354 (in Auszügen)

Auch nach diesen Ergebnissen hebt sich die Periode der Zentralarbeitsgemeinschaft vorteilhaft ab, denn daß von 1919 bis 1923 die meisten Arbeitskämpfe mit einem Kompromiß („teilweisem Streikerfolg") ausgegangen sind, kann als Symptom für eine relativ ausgeglichene Verhandlungssituation zwischen den Arbeitsmarktparteien und für die Bereitschaft zu Kompromißvereinbarungen gewertet werden. Diese Beurteilung wird auch von der Entwicklung in den nachfolgenden Perioden bestätigt, in denen, vor allem dann unter dem Druck der Weltwirtschaftskrise, ein deutlicher Einbruch bei den Streikerfolgen zu beobachten ist.

Für die Zeit staatlicher Zwangsschlichtung weist auch die Streikerfolgsbilanz eine deutliche Verschlechterung für die Gewerkschaften aus, so daß die in der damaligen Zeit für den Erhalt der Demokratie in verhängnisvoller Weise zu spät gewonnene Erkenntnis, daß den wirtschaftlichen Gesetzmäßigkeiten allein mit Klassenkampfideologie und staatlichem Zwang nicht beizukommen ist, eigentlich zum festen Bestandteil auch der Gegenwartsorientierung geworden sein sollte.

2.3.2 Funktionsprobleme der Wirtschaftsdemokratie

Der von der Reichsregierung am 4. Mai 1920 auf dem Verordnungsweg einberufene „Vorläufige Reichswirtschaftsrat" wurde deshalb so bezeichnet, weil es eine seiner Hauptaufgaben sein sollte, die Verfassung für den geplanten endgültigen Reichswirtschaftsrat zu erarbeiten, um sich dann selbst wieder aufzulösen.[101] Daß es dazu unter Zustimmung sowohl des politisch linksseitigen als auch des rechtsseitigen Parteienspektrums überhaupt gekommen war, beruhte vornehmlich auf den jeweils unterschiedlichen Erwartungen, die mit

[101] Aufbau und Funktion des Reichswirtschaftsrates wurden in einer Verordnung festgelegt (RGBl, Jg. 1920, S. 858-869); die Auflösung war nach Artikel 13 vorgesehen

diesem „Wirtschaftsparlament" verknüpft wurden: Für die einen war der Reichswirtschaftsrat konsequenter Ausdruck des mit Artikel 165 in die Weimarer Verfassung implantierten Rätegedankens — für die anderen hingegen ein berufsständisch konzipiertes Gremium, von dessen wirtschaftlichem Sachverstand ein ordnungspolitisches Gegengewicht zur sozialistisch eingestellten Reichstagsmehrheit erwartet wurde.[102]

Bei diesen sehr widersprüchlichen Erwartungen war von vornherein abzusehen, daß sich dort primär die parteipolitischen Auseinandersetzungen innerhalb des Reichstages widerspiegeln würden. Da zudem gemäß Artikel 165 im Reichswirtschaftsrat „alle wichtigen Berufsgruppen entsprechend ihrer wirtschaftlichen und sozialen Bedeutung" vertreten sein sollten, kam eine enorme personelle Aufblähung hinzu. War nach den ersten Entwürfen des Reichsarbeitsministeriums von nur etwa 100 Mitgliedern die Rede gewesen, so führte der erste Regierungsentwurf vom Dezember 1919 bereits zu einer Verdoppelung dieser Besetzung. Der zur Beratung hinzugezogene Reichsrat setzte die Mitgliederzahl noch einmal (auf 280 Personen) herauf, um die Vertretungen der Länder besser miteinbeziehen zu können.[103] Die Reichsverordnung vom 4. Mai 1920 ergab dann schließlich eine Besetzung mit 326 Mitgliedern: 68 Vertreter der Land- und Forstwirtschaft, darunter 25 Arbeitnehmervertreter, sowie 6 der Gärtnerei und der Fischerei; sodann in paritätischer Zusammensetzung: 68 Vertreter der Industrie, 44 Vertreter des Handels, der Banken und des Versicherungswesens, 34 Vertreter des Verkehrs und der öffentlichen Unternehmungen; 36 Vertreter des Handwerks, darunter 22 Arbeitnehmer; 30 Vertreter der Verbraucherschaft sowie 16 der Beamtenschaft und der freien Berufe; 12 mit dem Wirtschaftsleben der einzelnen Landesteile besonders vertraute Persönlichkeiten und schließlich noch 12 von der Reichsregierung nach freiem Ermessen zu benennende Personen.[104]

Da abzusehen war, daß ein so umfangreiches Gremium sehr schwerfällig sein würde, mußte neben der ohnehin erforderlichen Gruppenzuordnung, weil neben der Abstimmung „nach Köpfen" auch eine solche „nach den Gruppen" erfolgen sollte, gleichermaßen eine Aufteilung nach fachlichen Abteilungen vorgesehen werden, um überhaupt Arbeitsfähigkeit herzustellen. Des weiteren waren komplizierte Abstimmungsprozeduren zu beachten, mit denen sichergestellt werden sollte, daß die Rechte von Minderheiten besondere Berücksichtigung fanden. Auch durfte eine überstimmte Gruppe oder Minderheit ihre Stellungnahme direkt der Reichsregierung übermitteln.[105]

Von den Mitgliedern wurde verlangt, daß sie sich als „Vertreter der wirtschaftlichen Interessen des ganzen Volkes" verhalten sollten, „nur ihrem

---

[102] Vgl. Georg Bernhard, Wirtschaftsparlamente, S. 42

[103] Ebenda, S. 50

[104] Ebenda, siehe dazu auch Ludwig Preller, Sozialpolitik in der Weimarer Republik, S. 251 f.

[105] Zitiert aus Artikel 7 der Verordnung

Gewissen unterworfen und an Aufträge nicht gebunden".[106] Diese idealistisch hochgesteckten Erwartungen mußten indes wegen der Delegationsweise und Abstimmungsprozeduren als weltfremd angesehen werden, weil sich die Delegierten primär als Lobbyisten des Verbandes fühlten, der sie bestellt hatte.

Daneben wirkten auch die später zusätzlich zur horizontalen Gliederung der Gewerbegruppen eingeführten drei vertikalen Abteilungen (I. Arbeitgeber, II. Arbeitnehmer, III. Verbraucher, freie Berufe, Beamte und von der Regierung Präsentierte) dahingehend, daß die aus der Zentralarbeitsgemeinschaft bekannten Frontstellungen in den Reichswirtschaftsrat übertragen wurden. Daraus entwickelte sich in den Abteilungen „immer deutlicher die Neigung ..., daß von Arbeitgebern und Arbeitnehmern in wichtigen Fragen nach einheitlichen Parolen abgestimmt (wurde)", d.h. die so empfundene „Klassensolidarität" und der „Klasseninstinkt" bewirkten, daß, ungeachtet der geforderten Verantwortung für die „wirtschaftlichen Interessen des ganzen Volkes", letztlich doch „schon die Beratungen mancher volkswirtschaftlicher Fragen, mehr aber noch und in der Regel alle sozialpolitischen Diskussionen sich kaum anders als im Parlament abwickelten" und somit „vielfach wie Kopien der Diskussionen und der Abstimmungen im Reichstag wirkten".[107]

Solchermaßen geriet die eigentlich vorgesehene berufssachverständige Beratung häufig zum bloßen Streit um Mehrheiten, weil insbesondere die Abteilungen der Arbeitgeber und der Arbeitnehmer bei Meinungsverschiedenheiten weniger Mühe darauf verwandten, sich zu Kompromissen durchzuringen, als vielmehr darauf, die Mitglieder der dritten Abteilung jeweils auf ihre Seite zu ziehen, um auf diese Weise bestimmte Entscheidungen mehrheitlich durchdrücken zu können.[108] Je mehr diese Möglichkeit in Anspruch genommen werden konnte, desto geringer wurde verständlicherweise die Neigung, sich in der Zentralarbeitsgemeinschaft überhaupt noch um eigenverantwortliche, verständigungsbereite Lösungen zu bemühen, so daß eine fortschreitende Zersetzung der Funktionsfähigkeit dieser auf eine sozialpartnerschaftliche Grundkonstante angewiesenen Institution und, auf der anderen Seite, ein immer stärkerer politischer Einfluß von seiten der Reichsregierung und des Reichstags auf den Bereich der Tarifautonomie zu verzeichnen war.

Aber auch das der Gründung des Vorläufigen Reichswirtschaftsrates zugrunde liegende Konzept, ein berufsständisches Wirtschaftsparlament als politisches Gegengewicht und als korporativistische Ergänzung zum Reichstag zu schaffen, wurde von dem Aufeinandertreffen horizontal und vertikal, wirtschaftlich und politisch, verbands- und parteiorientiert divergent ausgerichteter Interessenlagen allmählich bis zur gänzlichen Lähmung der Entscheidungsfindung zerrieben.

---

[106] Zitiert aus Artikel 5 der Verordnung

[107] Georg Bernhard, Wirtschaftsparlamente, S. 61

[108] Vgl. Gerhard Erdmann, Die deutschen Arbeitgeberverbände, S. 148

Neben diesen funktionshemmenden inneren Reibungswiderständen kam als äußeres Hemmnis eine wachsende Rivalität zwischen dem Reichstag als politischem Parlament und dem sich selbst als „Wirtschaftsparlament" verstehenden Reichswirtschaftsrat hinzu. Dies nicht nur, weil beide Seiten den entscheidungsrelevanten Sachverstand für sich reklamierten, sondern auch, weil zahlreiche Berufspolitiker befürchten mußten, an Einfluß und an Wahlgeldern zu verlieren, wenn die Vertreter der wirtschaftlichen Interessengruppen die Oberhand gewinnen würden, verhielt es sich doch so, daß neben der SPD und der Zentrumspartei die übrigen Parteien „ihre Wahlkosten in erster Linie aus den Zuwendungen der großen Unternehmungen oder der überaus zahlreichen wirtschaftlichen Organisationen und Interessenverbände" finanzieren mußten.[109]

Der ohnehin nur „vorläufig" zustande gekommene Reichswirtschaftsrat erwies sich somit aus einer Vielzahl von Gründen als unfähig, die für ihn vorgesehene Funktion als Instrument korporativistischer Verhaltensabstimmung zwischen Staat und Wirtschaft auszufüllen. Bereits seit Juni 1923 wurde nicht mehr die Vollversammlung der 326 Mitglieder einberufen, sondern die Reichsregierung begnügte sich damit, die drei bedeutendsten ständigen Fachausschüsse, nämlich den wirtschaftspolitischen, den finanzpolitischen und den sozialpolitischen Hauptausschuß (von je 30 Mitgliedern), zu fallweisen Konsultationen heranzuziehen.[110]

Es kann daher kaum verwundern, daß an die formale und rechtliche Ausgestaltung des endgültigen Reichswirtschaftsrates ohne große Begeisterung herangegangen wurde. Zwar kam es noch zur Vorlage entsprechender Gesetzentwürfe, doch scheiterte deren Realisierung nach jahrelanger Diskussion schließlich „an der unüberwindlich gewordenen Schwierigkeit, ... , einen einigermaßen gerechten und überzeugenden Maßstab für die Auswahl der zu bedenkenden Gruppen und für die Einflußverteilung zwischen ihnen zu finden".[111]

Damit ist das (neben den beschriebenen inneren und äußeren Widerständen) bis in die Gegenwart unverändert fortbestehende Kernproblem einer derartigen Mitbestimmungsinstitution auf gesamtwirtschaftlicher Ebene genau umrissen: um funktionsfähig zu sein und also konsensfähige Entscheidungen überhaupt zustande zu bringen, müßte die Anzahl der teilnehmenden Funktionsträger so gering und ihr Rang so hoch wie möglich gehalten werden. Genau die damit an sich gegebene Wirksamkeitsvoraussetzung wäre dann aber auch dazu angetan, das Mitwirken in diesem „elitären Zirkel" so attraktiv (wenn auch vielleicht nur wegen der Öffentlichkeitswirkung) erscheinen zu lassen, daß nahezu zwangsläufig immer neue Forderungen, den Teilnehmerkreis zu erweitern, auftreten

[109] Bernhard, Wirtschaftsparlamente, S. 81

[110] Vgl. Willibalt Apelt, Geschichte der Weimarer Verfassung, S. 225

[111] Ebenda, S. 226

würden mit der allemal vertretbaren Begründung, daß diese und jene Interessen unabweisbar auch Berücksichtigung finden müßten — was im übrigen ja auch tatsächlich zutrifft, wenn es denn überhaupt zu „wirtschaftsdemokratisch" repräsentativen Entscheidungen kommen soll.[112]

Gelänge es also, eine derartige korporativistische Institution, sei es nun ein Reichs- bzw. Bundeswirtschaftsrat (oder auch nur eine Konzertierte Aktion), von der Besetzung und Funktionsweise her so zu gestalten, daß die beabsichtigte gesamtwirtschaftliche Verhaltensabstimmung zu relevanten Ergebnissen führt, so würde schlechthin jeder daran beteiligt sein wollen, — gelänge dies nicht, so wäre eine bloße Teilnahme politisch und ökonomisch ziemlich belanglos. Entsprechend bietet gerade der erfolgreiche Einsatz einer derartigen Institution die sicherste Gewähr dafür, daß sich ein Prozeß unaufhaltsamer Selbstzerstörung einleitet, denn mit wachsendem Teilnehmerkreis wird allein schon die Wahrscheinlichkeit, daß es überhaupt noch zu gemeinsamen Entscheidungen kommt, immer geringer:

1. Weil der Komplexitätsgrad der Entscheidungsstruktur mit progressiver Rate zur Anzahl der vertretenen Interessen ansteigt, so daß, selbst wenn eine einvernehmliche Lösung existieren sollte, es auch objektiv immer schwieriger wird, diese tatsächlich zu finden.

2. Weil die damit verbundenen Ansprüche an die zum Verständnis notwendige Fähigkeit und Bereitschaft zur Abstraktion von der eigenen individuellen Entscheidungssituation immer größer werden.

3. Weil die Transponibilität von Einzelentscheidungen auf der verbands- bzw. auf der wirtschaftspolitischen Entscheidungsebene in sich erst kumulativ ergebende gesamtwirtschaftliche Ergebnisse nicht mit hinreichender ökonometrischer Stringenz prognostizierbar ist.

4. Und weil es schließlich mit wachsender Teilnehmerzahl immer schwieriger wird, über die zur Entscheidungsfindung offenbarten Interna die nötige Vertraulichkeit zu bewahren, zumal sich die eine oder andere Seite Handlungsvorteile davon versprechen könnte, bestimmte Informationen zu einem selbstgewählten Zeitpunkt an das Licht der Öffentlichkeit dringen zu lassen.

2.4 Erkenntnisse für eine ordnungspolitische Neuorientierung

Auch wenn die bisherige Betrachtung der in der Weimarer Republik angestrebten wirtschaftsdemokratischen Verflechtung von Staat und Wirtschaft eine Reihe von Funktionsmängeln zutage gefördert hat, so könnte daraus doch der Schluß gezogen werden, daß nicht eine korporativistische Neuorientierungs-

---

[112] Vor allem müßte, worauf insbesondere *Külp* hingewiesen hat, noch das Problem tarifpolitischer „Außenseiter" bewältigt werden. Siehe dazu: Bernhard Külp, Theoretische Grundlagen der Konzertierten Aktion, S. 106f.

alternative als solche abzulehnen sei, sondern daß vielmehr die von der SPD und vom Deutschen Gewerkschaftsbund angestrebten Wirtschafts- und Sozialräte auf Bundes-, Landes- und auf regionaler Ebene nach Form und Inhalt entsprechend den mit dem früheren Reichswirtschaftsrat gemachten Erfahrungen angepaßt werden müßten.

Eine Beurteilung hätte deshalb zu prüfen, ob über die beschriebenen Detailmängel hinausreichende, prinzipielle Erwägungen gegen die Einführung einer Verhaltensabstimmung zwischen Staat und Wirtschaft durch korporativistische Institutionen sprechen. Um hierauf eine Anwort zu finden, wäre zunächst danach zu fragen, welche Funktionen derartige Institutionen im wirtschaftspolitischen Entscheidungsprozeß ausfüllen können müßten, um eine staatsentlastende Rolle zu übernehmen, und welchen daraus abgeleiteten Kriterien sie demzufolge zu genügen hätten. Dabei lassen sich (zumindest) vier Hauptfunktionen unterscheiden:[113]

1. Die Repräsentationsfunktion, d. h. in horizontaler Dimension müßte gewährleistet sein, daß alle für wirtschaftspolitische Entscheidungen relevanten Bevölkerungsgruppen, Interessenverbände und öffentlichen Institutionen in einem ihrer politischen und wirtschaftlichen Bedeutung angemessenen Verhältnis vertreten sind; in vertikaler Dimension wäre dafür Sorge zu tragen, daß diese Delegierten auf demokratische Weise gewählt werden und daß sich die zugehörigen Personenkreise durch sie vertreten fühlen.

2. Die Informationsfunktion, d. h., wenn die beabsichtigte Verhaltensabstimmung einen Rationalitätsfortschritt bewirken soll, so müßten durch sie die bisherigen Handlungsgrundlagen der wirtschaftspolitischen Entscheidungsträger über einen wechselseitigen Informationsprozeß eine deutliche qualitative Verbesserung erfahren.

3. Die Interessenausgleichsfunktion, d. h. die Fähigkeit dieser Institutionen, drohende Konflikte zu vermeiden oder doch wenigstens unter geringeren Reibungsverlusten ablaufen zu lassen, als dies bei anderen ordnungspolitischen Arrangements der Fall wäre. Diese Fähigkeit wird wesentlich durch das Ausmaß an Akzeptanz bestimmt, das die gefällten Entscheidungen bei den Betroffenen finden.

4. Die Herrschaftsfunktion, d. h. im „Innenverhältnis“ müßten die am Abstimmungsprozeß teilnehmenden Akteure die Fähigkeit besitzen, den getroffenen Vereinbarungen in den eigenen Reihen zur Durchsetzung zu verhelfen und entgegengerichtetes Handeln zu unterbinden. Im „Außenverhältnis“ müßten die Beziehungen zwischen korporativistischen und staatlichen Institutionen so geregelt sein, daß die aus der (nach wie vor) überlegenen demokratischen Legitimation resultierende Entscheidungsprärogative des Parlaments gewahrt bleibt. Die Aufgabendelegation darf daher nicht so weit

---

[113] Vgl. Hellmuth St. Seidenfus, Gedanken zur Errichtung eines Bundeswirtschaftsrates, S. 18

gehen, daß neben der Vorbereitung und (eventuell) Durchführung wirtschaftspolitischer Maßnahmen auch die Entscheidungsbefugnis an die korporativistischen Institutionen übergeht.

Für eine Prüfung der Frage, ob diese Kriterien durch den Reichswirtschaftsrat erfüllt worden sind bzw. ob sie durch den avisierten Bundeswirtschaftsrat erfüllbar wären, kommen schon bei der Beurteilung der Repräsentationsfunktion Zweifel auf, hatte doch (wie beschrieben) eine der wesentlichen Ursachen dafür, daß der Reichswirtschaftsrat über das Stadium der Vorläufigkeit nicht hinausgelangt ist, in der offensichtlichen Unmöglichkeit bestanden, einen geeigneten Verteilungsschlüssel für die Besetzung und für die Stimmrechte zu finden.

Die prinzipielle Unlösbarkeit dieses Problems liegt vor allem darin begründet, daß eine moderne Industriegesellschaft, im Gegensatz zum Ständestaat, durch eine quer über alle Bevölkerungsschichten hinwegreichende Amalgamierung wechselnder und jeweils unterschiedlicher Interessen gekennzeichnet ist, deren Komplexität sich dem für das Repräsentationsprinzip erforderlichen Kriterium der Abgrenzbarkeit einzelner Gruppen widersetzt.[114] Diesem Problem kann man zwar dadurch seine Schärfe zu nehmen versuchen, daß der Kreis der Beteiligten, um einen halbwegs repräsentativen Bevölkerungsquerschnitt zu erreichen, immer weiter ausgedehnt wird, doch erlangt das Gremium damit rasch einen Umfang, der es bis zur Funktionsunfähigkeit lähmt und der insbesondere zu den vorangehend beschriebenen Problemen der Entscheidungsfindung führt. Diesem unlösbaren Widerspruch ist nicht nur der Reichswirtschaftsrat mit seinen insgesamt 326 Mitgliedern schließlich erlegen; sondern auch für einen Bundeswirtschaftsrat mit seinen immerhin 120 bis 160 vorgesehenen Mitgliedern wäre ein ähnliches Schicksal zu erwarten.[115]

Es wäre indes verfrüht, schon aus diesen gegen die Institutionalisierung von Wirtschafts- und Sozialräten gerichteten Erwägungen auch eine allgemeine Ablehnung korporativistischer Institutionen zur wirtschaftspolitischen Verhaltensabstimmung ableiten zu wollen, weil das Repräsentationsproblem durch die Einschränkung von Aufgabenstellung und Funktionen des vorgesehenen Gremiums entschärft werden könnte.

Eben dieser Umgehungsversuch ist in Österreich mit der „Paritätischen Kommission für Lohn- und Preisfragen“ und in der Bundesrepublik Deutschland mit der „Konzertierten Aktion“ unternommen worden. In Österreich hat dabei ursprünglich primär die Absicht im Vordergrund gestanden, in der Wiederaufbauphase nach dem Zweiten Weltkrieg „durch eine relative Zurückhaltung der Lohnsteigerungen und damit des Konsumanteils angesichts des

---

[114] Ebenda

[115] Siehe dazu: Reinhard Schultz, Arbeitnehmerkammern und Wirtschafts- und Sozialräte, S. 17f. und ebenso Bernhard Schossig, Emanzipatorische Gewerkschaftspolitik, S. 81ff.

geringen verfügbaren Sozialprodukts Raum für Investitionen zu schaffen, ohne die Inflation allzu hoch werden zu lassen".[116]

Die im § 3 des Stabilitätsgesetzes (StabG) festgelegte Funktion der Konzertierten Aktion sollte dagegen darin bestehen, durch das „gleichzeitige, aufeinander abgestimmte Verhalten" von Spitzenvertretern der Gewerkschaften, Unternehmerverbände und Gebietskörperschaften zur Erreichung der Ziele des gesamtwirtschaftlichen Gleichgewichts beizutragen, wobei die Bundesregierung bei einer drohenden Gefährdung dieser Ziele „Orientierungsdaten" zur Verfügung zu stellen hat.[117]

Bei der Besetzung wurde somit nicht etwa nach dem Repräsentationsprinzip verfahren, sondern nach der vermuteten ökonomischen Entscheidungs- und Durchsetzungsmacht. Wie sich gezeigt hat, kann eine derartige Reduktion des Repräsentationsanspruchs auf die bloße Machtfrage nicht ohne gravierende Konsequenzen für die Erfüllung der übrigen drei Hauptfunktionen korporativistischer Verhaltensabstimmung vorgenommen werden. Entsprechend ist das neunjährige Bestehen der Konzertierten Aktion aus zahlreichen sowohl verfahrensrechtlichen (Teilnehmerkreis, Staatsautonomie) als auch funktionstechnischen Gründen (Effizienz, Praktikabilität) kritisiert worden, von denen hier vorrangig die zu erwartenden negativen Auswirkungen auf ein sozialpartnerschaftliches Zusammenwirken und auf eine mögliche Gemeinwohlbindung der Arbeitsmarktparteien interessieren.

Negative Rückkoppelungseffekte sind bereits aus der Informationsfunktion korporativistischer Institutionen zu erwarten, weil ein oligopolähnlich eng begrenzter Teilnehmerkreis die Möglichkeit verbessert, vorrangig solche Informationen in den Abstimmungsprozeß einfließen zu lassen, die den eigenen Interessen nützlich sind. Damit wäre aber die Hoffnung hinfällig geworden, auf diesem Wege eine überlegene Rationalistätsebene für wirtschaftspolitische Entscheidungen erreichen zu können. Übrig bliebe ein mehr oder weniger stark institutionalisierter Lobbyismus der großen Wirtschaftsverbände.

Vor allem muß es als zweifelhaft gelten, ob unter diesen Umständen tatsächlich noch ein dem pluralistischen Gemeinwesen gerecht werdender, wirtschaftspolitisch umfassender Interessenausgleich zustande kommt, der mehr als das umfaßt, worauf sich die Sozialpartner zu einigen vermögen. Zumindest ist zu erwarten, daß die gesamtwirtschaftlichen Aspekte gegenüber Partikularinteressen an Gewicht verlieren werden, weil mit dem Übergang zu einer oligopolähnlichen Verhandlungssituation das Risiko einer „Collusion" wächst,[118] d. h. in diesem Zusammenhang, daß es zwar zu einem einvernehmli-

---

[116] Günther Chaloupek, Hannes Swoboda, Sozialpartnerschaft und Wirtschaftsentwicklung, S. 333

[117] Vgl. §§ 1 und 3 des „Gesetzes zur Förderung der Stabilität und des Wachstums der Wirtschaft vom 8. Juni 1967" (StabG) Bundesgesetzblatt, Teil I, S. 582

[118] Hellmuth St. Seidenfus, Gedanken zur Errichtung eines Bundeswirtschaftsrates, S. 20

chen Verhalten der Sozialpartner kommt, diese sich aber in ökonomisch mißbräuchlicher Weise „zu Lasten Dritter" einigen werden,[119] um sich dann dieses Einigungsergebnis auch noch von der staatlichen Wirtschaftspolitik sanktionieren zu lassen.

Damit werden die Interessen der ohnehin schon wirtschaftlich Mächtigen zusätzlich noch mit politischer Macht versehen, wohingegen die gleichermaßen legitimen, jedoch mit weniger ökonomischer Durchsetzungsfähigkeit ausgestatteten und daher eigentlich besonders zu schützenden Interessen der wirtschaftlich Schwächeren nicht, zumindest aber nicht hinreichend, repräsentiert werden. Dies wäre nicht nur in sozialer Hinsicht untragbar, sondern würde auch die Gefahr heraufbeschwören, daß es zu gravierenden volkswirtschaftlichen Fehlentwicklungen kommt. Die Funktionsfähigkeit der Sozialen Marktwirtschaft ist wesentlich von ihrer prinzipiellen Offenheit für Veränderungen ökonomisch relevanter Daten und Verhaltensparameter abhängig, der Marktmechanismus „atmet" sozusagen mit den darauf basierenden Ergebnissen einer möglichst großen Vielzahl und Vielfalt von differenzierenden Einzelentscheidungen.

Eine Collusionspolitik der Sozialpartner wäre hingegen darauf gerichtet, eben diese Einflußmöglichkeiten zu verengen, zumindest aber nach Tendenz und Richtung im Bereich staatlicher Maßnahmen auf das eigene beschäftigungs-, verteilungs- und sozialpolitische Interessenspektrum hin zu komprimieren. Aber selbst, wenn es nicht soweit kommen sollte, so wären doch nur oder zumindest vorrangig noch solche Vereinbarungen zu erwarten, die sich auf möglichst breiter Ebene und einheitlich durchsetzen lassen, weil jede Differenzierung — und sei sie auch ökonomisch noch so sinnvoll — den vorzuschaltenden politischen Abstimmungsprozeß erheblich erschweren würde.

Ein derartig primär auf die partikularen Verbandsziele hin ausgerichtetes Verhalten ist schon deshalb zu erwarten, weil neben dem nach außen stärker hervortretenden Verteilungsantagonismus, wie noch zu zeigen sein wird, mit den übereinstimmenden Wirtschaftlichkeitsinteressen auch ein breites Spektrum an Gemeinsamkeiten zwischen den Sozialpartnern besteht.

Diese Interessenharmonie wird insbesondere dann hervortreten, wenn die Sozialpartner auf diese Weise versuchen, ihnen unangenehme Konsequenzen des Strukturwandels zu umgehen, zumindest aber zu verzögern oder doch jedenfalls die Anpassungslasten auf die Allgemeinheit zu übertragen, um auf diese Weise den eigentlich zwischen ihnen auszutragenden ökonomischen „Binnenkonflikt" in einen politischen „Außenkonflikt" zu verwandeln. Dergestalt würde die korporativistische Verhaltensabstimmung nicht etwa eine Entlastung und einen Rationalitätsfortschritt der staatlichen Wirtschaftspolitik bewirken, sondern eher zu neuen Steuerungshemmnissen und Reibungsverlusten führen, insbesondere aber retardierende Wirkungen auf den Strukturwan-

---

[119] Horst Sanmann, Artikel Sozialpartner, S. 58

del haben. Die Gefahren einer derartigen Entwicklung sind in der Bundesrepublik Deutschland bereits bei Entscheidungen über Erhaltungssubventionen für bestimmte Industriezweige (Eisen- und Stahlindustrie, Bergbau, Werften) ebenso deutlich geworden wie bei zahlreichen geplanten Umweltschutzmaßnahmen zur Luftreinhaltung, zur Abfallentsorgung und zum Gewässerschutz.

Das sich erst aus der friedlichen Konkurrenz möglichst umfassend repräsentierter gesellschaftlicher Interessen günstigenfalls allmählich herausfilternde „bonum commune" kann auch in seinen ökonomischen Dimensionen nicht als Ergebnis eines oligarchischen Zusammenwirkens erwartet werden, bei dem die wirtschaftliche Macht und nicht repräsentative Mehrheitsverhältnisse Teilnahme- und Einflußkriterium sind, so daß ohnehin allenfalls eine inhaltlich sehr begrenzte Interessenausgleichsfunktion an ein derartiges korporativistisches Gremium delegiert werden könnte. Damit bliebe es dann doch wieder primär den staatlichen Trägern der Wirtschaftspolitik überlassen, den übergeordneten Erfordernissen eines „gesamtwirtschaftlichen Gleichgewichts" Beachtung zu verschaffen und dabei insbesondere die „Mißbrauchsaufsicht" über eine mögliche sozialpartnerschaftliche Collusionspolitik auszuüben.

Eine derartige Gemeinwohlbindung wäre dann aber unter ungünstigeren Handlungsbedingungen als vor der korporativistischen Inanspruchnahme der Wirtschaftsverbände zu vollziehen, weil die Mißbrauchsprävention nun vor dem Hintergrund eines Schattenkabinetts „intermediärer Oligarchien"[120] formuliert und durchgesetzt werden müßte. Dieser Einwand gilt zumal dann, wenn den an der korporativistischen Verhaltensabstimmung Beteiligten ein Vorschlagsrecht für wirtschafts- und sozialpolitische Gesetzesinitiativen eingeräumt werden sollte, so daß diese dann sozusagen als ein mit den parlamentarischen Institutionen konkurrierendes wirtschaftsdemokratisches Verfassungsorgan auftreten könnten.[121]

Damit sind bereits die im Zusammenhang mit der Herrschaftsfunktion besonders schwerwiegenden Einwände gegen eine korporativistische Verhaltensabstimmung angesprochen worden: Entspricht eine derartige Institution nicht dem Repräsentationsprinzip, so wird sie auch die vorgesehenen Informations- und Interessenausgleichsfunktionen nicht oder jedenfalls nicht in einer demokratisch befriedigenden Weise ausfüllen können und müßte wegen dieser Legitimationsmängel und wegen der vorangehend beschriebenen Gefahren für den sozialen Zusammenhalt des Gemeinwesens ein mit verhältnismäßig wenig Einflußmacht ausgestattetes Beratungsgremium im Vorfeld der Entscheidungsfindung bleiben, das selbst keine bindenden Beschlüsse fassen kann. Eine wirkliche Delegation von Herrschaftsfunktionen von den Trägern staatlicher Wirtschaftspolitik an dieses Gremium könnte nicht stattfinden. Was bliebe, wäre ein unverbindlicher Austausch von Informationen und Meinungen, der

---

[120] Seidenfus, Gedanken zur Errichtung, S. 23

[121] Vgl. Kurt Ballerstedt, Zum Programm des DGB, S. 517

zwar, zumal in Krisensituationen, durchaus atmosphärisch bereinigend wirken und damit hilfreich sein könnte, insgesamt aber doch zuwenig wirksame Einflußmöglichkeiten böte, um den Aufwand einer Institutionalisierung zu rechtfertigen und um insbesondere den von den Gewerkschaften erhobenen Anspruch gesamtwirtschaftlicher Mitbestimmung dauerhaft befriedigen zu können. Wahrscheinlich liegt hierin eine der wesentlichen Ursachen für den Auszug der Gewerkschaften aus der Konzertierten Aktion und für ihre erneute Rückbesinnung auf die wirtschaftsdemokratischen Institutionen der Weimarer Räteverfassung.

Nach den Ergebnissen der vorangehenden Analyse müßten sich indes auch die auf derartige Institutionen gerichteten gewerkschaftlichen Erwartungen einer maßgeblichen direkten Beteiligung an staatlichen wirtschaftspolitischen Entscheidungen als illusorisch erweisen, und zwar selbst für eine dem Repräsentationsprinzip so weitgehend entsprechende Institution, wie sie mit dem Reichswirtschaftsrat bestanden hat bzw. mit dem Bundeswirtschaftsrat entstehen soll. Dies nicht nur wegen der bereits beschriebenen Funktionsmängel und Besetzungsprobleme, sondern weil auch in mögliche Qualitäten und Inhalte der Entscheidungs- und Durchsetzungsmöglichkeiten eines solchen Gremiums nur sehr begrenzte Erwartungen gesetzt werden können.

Insbesondere wäre die Annahme abwegig, es könnten auf diesem Wege substantielle Veränderungen der Wirtschaftsordnung betrieben werden, für die sich in den parlamentarischen Institutionen sonst keine parteipolitischen Mehrheiten finden lassen. Die Hindernisse hierfür liegen darin, daß zum einen der interne Belastungsdruck durch konfligierende Interessen, den eine solche Institution aushalten kann, nicht allzu hoch veranschlagt werden darf; zum anderen darin, daß die weiter oben beschriebene Dichotomie zwischen „wirtschaftsdemokratischen“ und „parlamentarisch-demokratischen“ Entscheidungsprozeduren auf Dauer politisch keinen Bestand haben wird. Dafür gibt es zahlreiche Gründe.

Zum einen werden die in derartigen korporativistischen Institutionen gefaßten Beschlüsse nur dann auch praktisch durchsetzbar sein, wenn sie nicht nur mehrheitsfähig, sondern auch darüber hinausgehend unter allen Beteiligten konsensfähig sind. Dies wird vor allem dann nicht der Fall sein, wenn (zum Beispiel) die Interessen einer starken Opposition oder wichtigen Minderheit unberücksichtigt bleiben. Um dies zu verhindern, sind bereits für den Reichswirtschaftsrat komplizierte Abstimmungsprozeduren vorgesehen gewesen, die dann allerdings häufig dazu geführt haben, daß der Reichsregierung letztlich doch mehrere Beschlußalternativen vorgelegt werden mußten.[122] Für den geplanten Bundeswirtschaftsrat sind nach dem DGB-Entwurf gleichermaßen Schutzvorschriften für die Rechte einer „qualifizierten Minderheit“ vorgesehen, so daß sich hier vermutlich eine ganz ähnliche Entwicklung ergeben würde.[123]

---

[122] Vgl. Gerhard Erdmann, Die deutschen Arbeitgeberverbände, S. 148f.

Ein weiteres Problem besteht darin, daß eine nur horizontal verlaufende Verhaltensabstimmung, zum Beispiel auf der Hierarchieebene des Bundeswirtschaftsrates, ohne Berücksichtigung ihrer vertikalen Verbindungen unvollständig bleiben müßte. Dies nicht nur um sicherzustellen, daß Beschlüsse auch tatsächlich bis hinunter auf die Ebene der einzelnen Betriebe fachlich und regional verteilt gleichermaßen wirksam werden, sondern auch, um eine vertikale Zulieferung von entscheidungsrelevanten Informationen zu gewährleisten. So ist auch das Versagen des vorläufig gebliebenen Reichswirtschaftsrates von gewerkschaftlicher Seite wesentlich auf das Fehlen eines derartigen „Unterbaus" zurückgeführt worden. Entsprechend ist in dem gegenwärtigen gewerkschaftlichen Konzept ein von der Betriebs- bis zur Bundesebene durchgehender und alle großen Wirtschaftsbereiche umfassender Aufbau von „Wirtschafts- und Sozialräten" vorgesehen.[124]

Trotzdem könnte auch dadurch nicht ausgeschlossen werden, daß es zwischen diesen korporativistischen Institutionen aufgrund vertikal oder horizontal divergierender Auffassungen zu einer gegenseitigen Blockade bis zur Beschlußunfähigkeit kommt. Derartige Patt-Situationen werden vor allem dann eintreten, wenn in diesen Institutionen andere Mehrheitsverhältnisse vorliegen, als sie im Parlament zu erwarten sind. Die bei der wirtschaftsdemokratischen Abstimmung unterlegene Seite würde dann darauf vertrauen, daß eine von ihr als Minderheitsvotum vorgelegte Beschlußalternative von der anders gearteten parteipolitischen Mehrheit im Parlament doch noch „gekippt" wird. Wenn also, was zu erwarten ist, die Politiker nicht gewillt sein werden, ihre Entscheidungskompetenz an ein wie auch immer konstruiertes „Wirtschaftsparlament" abzutreten, so haben nur solche Beschlüsse Aussicht auf Verwirklichung, die auch den parteipolitischen Mehrheitsverhältnissen entsprechen. Damit muß aber der für eine repräsentative korporativistische Verhaltensabstimmung notwendigerweise betriebene Aufwand als unverhältnismäßig gelten.

Es könnte sich allerdings auch so verhalten, daß die korporativistische Einflußnahme nicht eigentlich die Entscheidungsgrundlagen staatlicher Wirtschaftspolitik verbessern, sondern dazu dienen soll, um eine politische Gegenmachtposition der Gewerkschaften zu begründen, von der aus dann durch außerparlamentarischen Druck „systemüberwindende Strukturreformen"

---

[123] Zu der Minderheitenschutzregelung der DGB-Konzeption siehe: Wilhelm Kaltenborn, Über die Notwendigkeit gesamtwirtschaftlicher Mitbestimmung, S. 534

[124] Gemeint sind hier die auf dem „13. ordentlichen Bundeskongreß des DGB vom 25. bis 31. Mai 1986 in Hamburg" (erneut) erhobenen Forderungen nach „wirtschaftsdemokratischer Mitbestimmung". Siehe dazu: Ilse Brusis, Wirtschaftsdemokratie, S. 417f. Die Forderung nach überbetrieblicher Mitbestimmung durch Räte ist in dieser Form bereits auf dem Gründungskongreß des DGB im Oktober 1949 erhoben worden, wurde dann erstmals im Düsseldorfer Grundsatzprogramm des DGB vom November 1963 nicht mehr explizit erwähnt, fand aber bereits 1971 wieder Aufnahme in den gewerkschaftlichen Forderungskatalog. Siehe dazu: Bernhard Schossig, Emanzipatorische Gewerkschaftspolitik, S. 66ff.

durchgesetzt werden sollen, für die sich sonst keine parteipolitischen Mehrheiten finden lassen würden. Für eine derartige Absicht spricht nicht nur die zumindest ambivalente Haltung führender Gewerkschafter zur Sozialisierung und Investitionslenkung sowie zu staatlicher Planung und Lenkung der Wirtschaft, sondern auch bereits die Tatsache, daß das gegenwärtig erneut in der Diskussion stehende wirtschaftsdemokratische Konzept in der Weimarer Republik ausdrücklich als eine Zwischenstufe zum eigentlich anzustrebenden Sozialismus entwickelt worden ist.[125]

Aber auch unter diesem Aspekt müßten die effektiven Möglichkeiten, korporativistische Institutionen als einen eigenständigen ordnungspolitischen Gestaltungsfaktor, als „dritte Kraft“, ausbauen zu wollen, doch entäuschen. Nach den bisherigen Erfahrungen verhält es sich sogar so, daß derartige Institutionen eher dahin tendieren, den einmal erreichten und als konsensfähig etablierten ordnungspolitischen Status quo sorgfältig zu konservieren, weil keine Seite ein Interesse hat, sich den unwägbaren Risiken einer „Rock-the-boat-policy“ auszusetzen, indem die bestehende, sorgfältig austarierte Machtbalance willkürlich durcheinander gebracht wird. Statt der Aussicht, auf diesem Wege Reformen voranzutreiben, die ansonsten parlamentarisch nicht durchsetzbar wären, ist eher eine bürokratische Verkrustung und Ritualisierung der Entscheidungsprozeduren zu erwarten — oder das Ganze bricht unter der Belastung interner Konflikte auseinander, weil zumindest eine der beteiligten Parteien nicht länger mitzumachen bereit ist. Die in der Zeit der Weimarer Republik gesammelten Erfahrungen, daß sich derartige korporativistische Institutionen nicht dafür eignen, sozusagen am Parlament bzw. am Sozialpartner vorbei die Gewichte in Wirtschaft und Gesellschaft wesentlich zu verschieben, würden wahrscheinlich auch heute noch gelten.

Die bisherige Prüfung der korporativistischen Neuorientierungsalternative hat damit ergeben, daß schon bei der Institutionalisierung eines entsprechenden Gremiums grundsätzliche Probleme für die Mitgliederauswahl und Stimmengewichtung auftreten, die eine spätere Funktionsfähigkeit fragwürdig erscheinen lassen, wenn dem Repräsentationsprinzip in demokratischer Weise Genüge getan werden soll. Bleibt dieses Erfordernis aber unerfüllt, so muß auch die Erwartung aufgegeben werden, daß die angestrebte wirtschaftsdemokratische Institution ihre Informationsfunktion hinreichend wahrnehmen und einen umfassenden Interessenausgleich gewährleisten könnte, um damit für die staatliche Wirtschaftspolitik unterstützend zu wirken. Statt dessen droht von einer nicht mehr nach dem Prinzip der Repräsentation gesellschaftlicher Strukturen, sondern nach dem Prinzip der Repräsentation wirtschaftlicher Macht besetzten Institution die Gefahr zunehmend einseitiger Beeinflussung von Zielen und Inhalten staatlicher Politik bis hin zu dem Stadium, in dem sich die wirtschaftspolitische Gestaltungsfähigkeit des Staates schließlich auf das reduziert, was die Sozialpartner gemeinsam durchzusetzen wünschen. Je mehr

---

[125] Vgl. Bernd Otto, Zur Geschichte der überbetrieblichen Mitbestimmung, S. 618

diese Institution dann mit Handlungskompetenz ausgestattet ist, desto schwerer wird es für die jeweilige Regierung, ihr zu widerstehen und den übergeordneten Belangen einer sich an den Erfordernissen des gesamtwirtschaftlichen Gleichgewichts konkretisierenden Gemeinwohlbindung zur Beachtung zu verhelfen.

Diese Gefahr würde sich besonders dann ergeben, wenn es tatsächlich zu dem im DGB-Aktionsprogramm vorgesehenen hierarchisch durchgehenden Aufbau von Institutionen überbetrieblicher Mitbestimmung"[126] käme und diese „wirtschaftsdemokratische Sekundärverfassung"[127] dann noch in Kombination mit den bereits bestehenden betrieblichen Mitbestimmungsmöglichkeiten auf die staatliche Wirtschaftspolitik einwirken könnte.[128] Damit wüchsen die Risiken, daß es zu volkswirtschaftlichen Fehlentwicklungen kommt und daß insbesondere notwendige Strukturanpassungsprozesse unterbleiben. Die Gründe hierfür liegen nicht nur in den bereits erwähnten Unwägbarkeiten für das interne Gleichgewicht in den sozialpartnerschaftlich ausgewogenen Arbeitsbeziehungen, die der Strukturwandel mit sich bringen könnte, sondern (und vor allem) in den von der korporativistischen Verhaltensabstimmung verbesserten Möglichkeiten einer Abwälzung zu erwartender Anpassungslasten auf die Allgemeinheit der Steuerzahler oder aber auf Gesellschaftsgruppen, die nicht mit einer vergleichbaren Vertretungsmacht ausgestattet sind.

Eine derartige „Subventionierungsstrategie" würde für die Sozialpartner wohl zumeist die Lösung darstellen, auf die sie sich am leichtesten zu einigen vermögen und als deren Ergebnis eine Anpassung an veränderte Strukturerfordernisse als nicht zwingend, zumindest aber als vorübergehend vermeidbar erscheint. Dadurch wächst indes die Gefahr, daß sich notwendige Anpassungen nicht nur, was durchaus wünschenswert sein könnte, in sozialpolitisch abgemilderten Formen vollziehen, sondern durch staatliche Arbeitsplatz- und Standortgarantien immer weiter hinausgezögert werden, so daß eine beständig steigende Zufuhr an Erhaltungssubventionen notwendig wird, ohne daß sich aber dadurch an den verursachenden wirtschaftlichen Grundtatbeständen etwas ändern würde. Da sich die Bundesrepublik Deutschland gegenwärtig in einer durch das rasche Vordringen neuer Technologien gekennzeichneten Phase beschleunigten Strukturwandels befindet,[129] könnte dieser Einwand allein

---

[126] Nach meiner Auffassung ist es unzulässig, in diesem Zusammenhang von Mit-Bestimmung und nicht, wie zutreffend wäre, von bloßer Mit-Wirkung zu sprechen. Eine Mitbestimmung von Gewerkschaften oder Arbeitgeberverbänden bei der staatlichen Wirtschaftspolitik würde die Entscheidungsprärogative der parlamentarischen Institutionen in verfassungsrechtlich unzulässiger Weise einschränken. Die Sozialpartner sind als „Koalitionen" im Sinne des Grundgesetzes letztlich nur Interessenverbände, zwar volkswirtschaftlich besonders bedeutsam, jedoch nicht deshalb schon in verfassungsrechtlich gleichrangiger Position.

[127] Günter Triesch, Keine wirtschaftsdemokratische Sekundärverfassung, S. 536

[128] Siehe dazu: Gerhard Leminsky, Aufgaben überbetrieblicher Mitbestimmung, S. 604ff.

[129] Siehe dazu: Werner Dostal, Neue Technologien und Arbeitsmarkt, S. 48ff.

schon als ausreichend angesehen werden, um die korporativistische Neuorientierungsalternative abzulehnen.

Als weiteres Problem wäre zu berücksichtigen, daß als Folge derartiger Möglichkeiten korporativistischer Beeinflussung staatlicher Wirtschaftspolitik immer mehr Interessenverbände und Institutionen auf eine wirtschaftsdemokratische Repräsentation drängen werden, sei es, um selbst staatliche Unterstützungsleistungen zu erlangen, oder sei es auch nur, um sich gegen eine derartige Inanspruchnahme aus „Verträgen zu Lasten Dritter“ (Sanmann) zur Wehr zu setzen. In Konsequenz dehnt sich die Teilnehmerzahl der korporativistischen Institution entweder bis zur weiter oben beschriebenen Funktionsfähigkeit aus (wie es auch bei der Konzertierten Aktion schließlich der Fall war) oder aber den Sozialpartnern (und vielleicht noch einigen anderen mächtigen Interessengruppen) gelingt es, diesen Zugang abzuschotten und die „Überwälzungsprivilegien“ erfolgreich zu verteidigen. Tendenziell droht dann eine fortschreitende wirtschaftspolitische Kompetenzüberweisung vom Staat an die Sozialpartner, zumindest aber eine in demokratischer Hinsicht bedenkliche oligarchische Zusammenballung von politischer und wirtschaftlicher Macht.

Als vorläufiges Fazit bliebe daher zu fragen, ob die rationalitätsfördernden Wirkungen einer sozialpartnerschaftlichen Informations- und Interessenausgleichsfunktion nicht auch ohne eine korporativistische Verflechtung für die staatliche Wirtschaftspolitik nutzbar zu machen wären, ob es insbesondere möglich sein könnte, den in der Wiederaufbauphase gültigen „Rahmenpakt für Wohlstand und Vollbeschäftigung“ zwischen Gewerkschaftern und Arbeitgebern mit zeitgemäß veränderten Inhalten wieder funktionsfähig zu machen und ordnungspolitisch abzustützen. Ziel derartiger Überlegungen müßte es sein, bereits im parlamentarischen Vorfeld eine Sichtung und Filterung sich abzeichnender Interessenkonflikte stattfinden zu lassen, um deren Durchschlagen auf die staatliche Ebene zu vermeiden und um eine Entlastung der Wirtschaftspolitik zu bewirken. Um eine derartige Lösung vorschlagen zu können, ist es zunächst erforderlich, die inhaltlichen Grundlagen und funktionellen Voraussetzungen partnerschaftlicher Arbeitsbeziehungen einer näheren Überprüfung nach geeigneten Ansatzpunkten zu unterziehen. Dabei liegt es nahe, bei der keineswegs allgemein akzeptierten Kennzeichnung von Gewerkschaften und Arbeitgeberverbänden als „Sozialpartner“ anzusetzen.

3. Antagonismus und Harmonie in den Arbeitsbeziehungen

3.1 Sozialpartnerschaft als Minimalkonsens

3.1.1. Wesen und Funktionsbedingungen

Die meines Wissens erstmalig im Jahre 1947 bei den wirtschaftspolitischen Debatten in den deutschen Verwaltungsinstitutionen der amerikanisch-britischen Zone aufgetauchte und sehr bald in den allgemeinen Sprachgebrauch übernommene Bezeichnung von Gewerkschaften und Arbeitgeberverbänden als „Sozialpartner" weist inhaltlich viele mehrdeutige und daher interpretationsbedürftige Facetten auf, die häufig zu einer Ablehnung dieses Begriffs geführt haben. Trotzdem sollte der Begriff Sozialpartner nicht nur wegen seiner Popularität im öffentlichen Sprachgebrauch, sondern vor allem deshalb beibehalten werden, weil er vom gedanklichen Ansatz her eine im wesentlichen zutreffende Kennzeichnung moderner Arbeitsbeziehungen ausdrückt, die zwar nicht im Sinne obsoleten Klassenkampfdenkens sein mag, wohl aber den Bedürfnissen einer sozialstaatlichen Industrie- und Dienstleistungsgesellschaft entspricht.

Dagegen wird häufig vorgebracht, daß die (auch) sprachlich unglückliche Konstruktion aus der eher auf gesellschaftliche Zusammenhänge gerichteten Komponente „sozial" und der eher auf den Bereich individuell-zwischenmenschlicher Beziehungen gerichteten Komponente „Partner" in dieser doppelten Verknüpfung von vornherein auf bestehende Gemeinsamkeiten hinzuweisen scheint und also das Trennende gegenüber dem Verbindenden zurückstellt.[1] Demgegenüber würde die wertneutrale Kennzeichnung von Arbeitgeberverbänden und Gewerkschaften im engeren Sinn als „Tarifvertragsparteien" bzw. im weiteren Sinn als „Arbeitsmarktparteien" oder, wie es dem Sprachgebrauch in Österreich entspricht, als „Wirtschaftspartner"[2] den Vorzug bieten, nicht dieser „atmosphärischen Vorbelastung" zu unterliegen.

Schließlich trifft der zweite Begriffsbestandteil auch deswegen auf Ablehnung, weil eine Kennzeichnung der Beziehungen zwischen Gewerkschaftern und Unternehmern als „Partnerschaft" die im Kapitalismus angeblich grundsätzlich

---

[1] Dies ist besonders dann der Fall, wenn Sozialpartnerschaft als „Gesinnung" interpretiert wird und ihr ethische Prinzipien, wie zum Beispiel gegenseitiges Vertrauen, Ehrlichkeit und Verläßlichkeit zugrundegelegt werden. Siehe dazu: Reinhold Biskup, Partnerschaft in der Sozialen Marktwirtschaft, S. 14ff.

[2] Siehe dazu: Gerald Schöpfer, Zur Genesis der österreichischen Sozialpartnerschaft, S. 23ff.

unüberwindbaren Klassengegensätze zwischen Arbeit und Kapital übertünchen scheint, so daß eine gedankliche Nähe zur „Kumpanei" oder doch zumindest zu der in Deutschland mit dem Hilfsdienstgesetz des Jahres 1916 eingeleiteten „Burgfriedenspolitik" mit dem Klassenfeind in und nach dem Ersten Weltkrieg resultieren könnte. Die an dieser historischen Vorbelastung ansetzende Kritik übersieht allerdings, daß der Begriff „Partner" bzw. „Partnerschaft" tatsächlich sehr unterschiedliche Aussagedimensionen umfaßt, indem darunter zwar auf die gemeinschaftliche Verfolgung bestimmter Ziele gerichtete zwischenmenschliche Beziehungen verstanden werden, diese aber keineswegs gefühlsmäßige Bindungen miteinbeziehen müssen, sondern sich auch auf die völlig unemotionale Verfolgung gleichgerichteter Interessen beschränken können, wie es zum Beispiel bei Spiel- oder Geschäfts- und Vertragspartnern der Fall ist.[3]

Schließlich ist noch darauf hinzuweisen, daß eine Partnerschaft, aus welchen Gründen auch immer sie zustande gekommen sein mag, nicht voraussetzt, daß alle bestehenden Zielsetzungen bzw. Interessenlagen miteinander deckungsgleich oder auch nur kompatibel sein müssen; ebenso ist es keineswegs erforderlich, daß die Beteiligten in der Partnerschaft uneigennützig handeln, vielmehr wird der Anreiz zur Teilnahme und auch die Bindung an den Partner sogar um so stärker sein, je mehr eigennützige Interessen damit in vorteilbringender Weise verbunden werden können.[4] Es ist daher sehr wohl möglich, daß in Teilbereichen der Partnerschaft divergierende oder sogar einander zuwiderlaufende Absichten verfolgt werden, sofern nur ein „Minimalkonsens"[5] an übereinstimmenden Grundhaltungen bestehen bleibt, die sich inhaltlich nach drei „Konsensebenen"[6] unterscheiden lassen:

1. Der Konsens darüber, daß ein Ausgleich konfligierender Interessen durch autonome Vereinbarungen absoluten Vorrang gegenüber der Miteinbeziehung Dritter haben sollte („Autonomiekonsens").
2. Der Konsens darüber, auf welche Art und Weise und mit welchen Mitteln Interessenkonflikte ausgetragen werden dürfen („Spielregelkonsens").
3. Der Konsens darüber, daß keine Veränderung in der bestehenden Ordnung von Wirtschaft und Gesellschaft angestrebt wird, die zu einer Bedrohung der Gleichgewichtslage oder sogar zu einer Aufhebung der rechtlichen bzw. der funktionalen Handlungsfähigkeit des Sozialpartners führen könnte („Systemkonsens").

Im Zusammenhang mit der hier im Vordergrund stehenden Frage nach den für die ordnungspolitische Gestaltung wesentlichen Funktionsbedingungen einer sozialpartnerschaftlichen Interessenvertretung ist dabei vor allem zwi-

---

[3] Vgl. Horst Sanmann, Artikel Sozialpartner, S. 52

[4] Ebenda

[5] Zum Begriff siehe: Stephan Eisel, Minimalkonsens, S. 25ff.

[6] Ebenda

schen einer das Verhältnis zwischen Gewerkschaften und Arbeitgeberverbänden kennzeichnenden „Innenbeziehung“ und einer das gemeinsame Verhältnis zum Staat kennzeichnenden „Außenbeziehung“ zu unterscheiden. Dabei stehen beide Beziehungsbereiche in einer engen Verbindung zueinander.

Die Auftrittswahrscheinlichkeit und Kohäsion sozialpartnerschaftlicher Interessenlagen wird in der Regel um so größer sein, je mehr eine Erfüllung der mit der Partnerschaft verfolgten Ziele durch die gemeinsamen Außenbeziehungen bestimmt wird und sich also gegen Dritte richtet, so zum Beispiel gegen ausländische Konkurrenz oder auch gegen bestimmte Maßnahmen der eigenen Regierung, und sie wird um so geringer werden, je mehr sich diese Realisierung der angestrebten Ziele in die Innenbeziehung verlagert und damit die Wahrscheinlichkeit zunimmt, daß die Zielerfüllung des einen teilweise oder sogar vollständig nur noch zu Lasten des anderen vollzogen werden kann („Nullsummen-Situation“).

Da solchermaßen in den Innenbeziehungen der Sozialpartner Zielantinomie, in den Außenbeziehungen hingegen Zielkomplementarität überwiegen wird, besteht für beide Seiten ein starkes Interesse daran, drohende Binnenkonflikte möglichst von vornherein nach außen zu verlagern, d.h. zu Lasten Dritter zu lösen, oder doch wenigstens dadurch zu entschärfen, daß etwaige negative Konsequenzen möglichst nicht auf die Innenbeziehung durchschlagen. Demzufolge kann der von Arbeitgebern und Gewerkschaftern gemeinsam (und daher zumeist erfolgreich) vorgetragene Versuch, (zum Beispiel) den Verteilungskonflikt durch Kostenüberwälzung zu entschärfen, strukturelle Anpassungsprobleme durch öffentliche Subventionen finanzieren zu lassen und drohende Beschäftigungsverluste durch staatliche Ausgabenprogramme abzuwenden, geradezu als Kennzeichen einer weitgehend reibungslos funktionierenden Partnerschaftsbeziehung angesehen werden, weil beide Seiten darum bemüht sind, das Konfliktpotential in der Innenbeziehung zu minimieren, indem sie es in die Außenbeziehung verlagern. Es sind daher sehr wohl auch konsensfähige „Spielregeln“ mit gesamtwirtschaftlich schädlichen Folgen denkbar und durchsetzungsfähig, zumal die Sozialpartner hierbei mit vereinten Kräften ansetzen werden.

Entsprechend hat die Politik sozialpartnerschaftlichen Interessenausgleichs in der Wiederaufbauphase nach 1945 nicht zuletzt deswegen so gut funktioniert, weil die Gewerkschaften bei raschem allgemeinem Wohlstandsfortschritt die potentiell vorhandenen Umverteilungsspielräume nicht voll ausschöpfen mußten, um ihren Mitgliedern steigende Arbeitseinkommen zu gewährleisten, so daß bei relativ geringem internem Konfliktdruck ein von weitgehend friktionslos vollzogener Selbstfinanzierung gespeistes starkes Wirtschaftswachstum durchgehalten werden konnte. Ein weiterer konfliktentlastender Beitrag wurde mit der chronischen Unterbewertung der Deutschen Mark geleistet, die es über viele Jahre ermöglichte, strukturell bedingte Beschäftigungsumschichtungen (Steinkohlenbergbau, Textilindustrie, Landwirtschaft) durch immer neue Außenhandelserfolge verhältnismäßig rasch zu bewältigen bzw. eventuelle Beschäftigungsverluste an das Ausland zu übertragen.

Drittens schließlich hat als vielleicht sogar wichtigster Faktor auch die damals noch weitgehend ausgeglichene Gestaltung der öffentlichen Haushalte mäßigend und begrenzend auf die Möglichkeiten der Sozialpartner eingewirkt, sich durch gemeinsamen Zugriff auf Steuergelder interner Einigungszwänge zu entledigen bzw. den Verteilungskampf bis in die staatliche Ausgabengestaltung hinein auszudehnen. Durch diesen (wahrscheinlich unbeabsichtigten) Nebeneffekt einer wohl primär aus Inflationserfahrungen von Schuldenabstinenz geprägten staatlichen Haushaltspolitik wurden der wirtschaftliche Pragmatismus und die Kompromißbereitschaft der Sozialpartner wesentlich gefördert.

Tatsächlich haben die Auswirkungen einer fortdauernden staatlichen Verschuldungspolitik auf die Arbeitsbeziehungen bis heute viel zu wenig Beachtung gefunden. Dies ist besonders deutlich geworden, als nach der raschen Überwindung der ersten Nachkriegsrezession in den Jahren 1967/68 die zunächst erfolgreiche Rezeption keynesianischer Konjunkturpolitik durch das von Bundeswirtschafts- und Finanzminister Karl Schiller entwickelte Konzept der Globalsteuerung dann von einer zunehmend prozyklisch wirkenden Fortsetzung kreditfinanzierter Ausgabengestaltung abgelöst worden ist.[7] Bereits der Rücktritt von Bundesfinanzminister Alex Möller im Jahre 1971 kennzeichnet einen in dieser Hinsicht wichtigen Wendepunkt der Nachkriegsentwicklung. Wohl durch die Faszination der raschen Rezessionsüberwindung und einen damit einhergehenden konjunkturpolitischen Steuerungsoptimismus kam es zur instrumentellen Überschätzung der Prozeßpolitik, indem nun weniger auf die Entstehungsgrundlagen marktwirtschaftlich autonomer, als vielmehr auf staatlich induzierte Wachstumsimpulse gesetzt wurde. Tatsächlich ist das im weiteren Verlauf der siebziger Jahre realisierte Wirtschaftswachstum wesentlich auf steigende Staatsausgaben zurückzuführen gewesen.[8]

Im Rückblick kann heute wohl weitgehende Übereinstimmung darin festgestellt werden, daß der Versuch, mit konjunkturpolitischen Mitteln dauerhaft Wachstumspolitik betreiben zu wollen, die staatlichen Steuerungsmöglichkeiten überfordert hat. Als die eigentliche Crux einer prozeßorientierten Wirtschaftspolitik hat sich dabei ausgerechnet ihre anfänglich für besonders vorteilhaft gehaltene instrumentelle Überschaubarkeit und kurzfristige Einsatzeffizienz erwiesen, indem es nämlich gerade diese Eigenschaften den Wirtschaftssubjekten ermöglicht haben, die zu erwartenden staatlichen Reaktionen antizipierend in ihre Kalkulationen miteinzubeziehen, so daß die eigentlich beabsichtigten Steuerungseffekte zusehends ins Leere liefen, weil sie bereits zum Bestandteil

---

[7] Vgl. Herbert Giersch, Episoden und Lehren, S. 284f.

[8] Vgl. Glastetter/Paulert/Spörel, Die wirtschaftliche Entwicklung, insb. S. 109 ff. Zu den Zusammenhängen zwischen ordnungspolitischer Gestaltung und wirtschaftlicher Entwicklung siehe: Ernst Dürr, Historische Erfahrungen über die Wirtschaftspolitik, S. 26ff.

von Verhaltensdispositionen geworden waren. Es zeigte sich somit, daß Keynes gute Gründe dafür gehabt hatte, den nur kurzfristigen Zeithorizont seiner Ziel-Mittel-Analyse hervorzuheben,[9] konnte er doch dann auf einen gewissen Überraschungs-, um nicht zu sagen Täuschungseffekt vertrauen, der bei längerfristigerem Einsatz einer Gewöhnung weichen würde.

Dabei wäre zunächst daran zu erinnern, daß die keynesianische Strategie (im hier interessierenden Zusammenhang) letztlich darauf hinausläuft, durch kreditfinanzierte zusätzliche Nachfrage inflationäre Kostenüberwälzungsspielräume entstehen zu lassen, die eine Senkung der Reallöhne bewirken und damit beschäftigungsfördernde Investitionen anregen. Ohne Absicherung der tarifpolitischen Flanke durch ein erzwungenes oder freiwilliges „Stillhalten" der Sozialpartner kann dies aber nur funktionieren, solange noch ein kurzfristiger „Überraschungseffekt" derartiger staatlicher Nachfrageinjektionen eintritt, solange nämlich, worauf insbesondere Milton Friedman in seiner bekannten „Nobel Lecture" hingewiesen hat,[10] wie bei den Arbeitnehmern eine gewisse Geldillusion fortbesteht, die eine Vorwegnahme der zu erwartenden Realeinkommensverluste durch neue Tarifforderungen verhindert. Dies wird aber um so weniger der Fall sein, je häufiger eine Regierung den Versuch unternimmt, durch zusätzliche kreditfinanzierte Ausgabenprogramme die Beschäftigung auf einem politisch gewünschten hohen Niveau zu halten, das der Arbeitsmarkt selbst (ceteris paribus) nicht gewährleisten würde. Wird Vollbeschäftigung solchermaßen, wie Hayek es treffend formuliert hat, „als jenes Maximum an Beschäftigung (verstanden), das in in kurzer Frist durch monetären Druck erreicht werden kann",[11] so werden auch die Tarifvertragsparteien sehr rasch dazu übergehen, vornehmlich in monetären Größen zu kalkulieren und eventuell auftretende Diskrepanzen zu realwirtschaftlichen Faktoren, wie zum Beispiel der Produktivitätsentwicklung, vom Staat inflatorisch „ausliquidieren" zu lassen.

Ist die Entwicklung aber erst einmal so weit fortgeschritten, so wird die staatliche Nachfragesteuerung zu einem „Ritt auf dem Tiger"; denn es bedarf jetzt immer höherer Dosierungen, um die Sozialpartner überhaupt noch im keynesianischen Sinne „überraschen" zu können und nennenswerte Beschäftigungseffekte zu erzielen. Auf der anderen Seite verlangt der sich ausbreitende Attentismus der Investoren, eben weil sie die staatliche Ausgabenpolitik und Inflationierung bereits einkalkuliert haben, daß damit auch tatsächlich fortgefahren wird, wenn nicht tiefe Beschäftigungseinbrüche die Folge sein sollen. So ist die Regierung zur Gefangenen ihrer eigenen Politik geworden, indem aus der

---

[9] *Keynes* begründet dies (u. a.) damit, daß Wirtschaftssubjekte angesichts der Unwägbarkeiten zukünftiger Entwicklung dazu neigen, ihre Erwartungen an einer Fortschreibung gegenwärtiger Tatsachen zu orientieren. Vgl. John Maynard Keynes, General Theory, S. 148ff.

[10] Vgl. Milton Friedman, Nobel Lecture, 453f.

[11] Friedrich A. von Hayek, Vollbeschäftigung, Planwirtschaft und Inflation, S. 185

zunächst nur politisch motivierten Denaturierung der Arbeitsmarktordnung und ihrer Gesetzmäßigkeiten nunmehr tatsächlich ökonomische Sachzwänge entstanden sind, denen sie sich nun kaum noch zu entziehen vermag.

Wenn in einer derartigen Situation nicht die formale Aufhebung oder Einschränkung der Tarifautonomie als Ausweg in Betracht gezogen werden soll, wie es übrigens in anderen westeuropäischen Ländern durchaus häufiger der Fall gewesen ist, so müßten sich die Sozialpartner einer freiwilligen Selbstbeschränkung unterziehen. Dies ist aber aufgrund der vorangegangenen Überlegungen nicht, jedenfalls nicht dauerhaft zu erwarten, weil damit eine Intensivierung von Konflikten und ihre Verlagerung in die Innenbeziehung der Sozialpartner einhergehen müßte. Hierzu besteht indes wenig Anlaß, solange durch gemeinsam ausgeübten wirtschaftlichen und politischen Druck auf die Regierung eine gemeinwohlschädliche Collusionspolitik durchgesetzt werden kann.

Der wenigstens tendenziell und mittelfristig einzuhaltenden öffentlichen Verpflichtung zur ausgeglichenen Haushaltsführung kommt somit eine wichtige Schutzfunktion gegen die sonst drohende Anspruchsinflation von seiten der Sozialpartner zu, während ein sich unabsehbar fortsetzendes „deficit spending" geradezu als Aufforderung verstanden werden müßte, verteilungspolitische Friktionen und strukturelle Anpassungserfordernisse durch eine Lastenverlagerung von der Innen- in die Außenbeziehung zu entschärfen. Eine, wie auch immer geartete, sei es durch Absichtserklärung oder auch nur durch konkludentes Regierungshandeln offenbarte, staatliche „Vollbeschäftigungsgarantie" könnte sich damit „als Lohnsteigerungsgarantie und als Lohnkostenüberwälzungsgarantie in einem" erweisen.[12] Zwar läge hierin auch gegenwärtig durchaus eine Möglichkeit, um wieder zu einem verbesserten Klima in den sozialpartnerschaftlichen Beziehungen beizutragen, doch müßte dies von der Allgemeinheit der Steuerzahler teuer, vielleicht zu teuer erkauft werden.

Außerdem bliebe fraglich, wie lange ein beschäftigungs- und sozialpolitisches „Ausliquidieren" der Konflikte, über die sich die Sozialpartner selbst nicht einigen können oder wollen, überhaupt durchgehalten werden könnte. Nach den bisherigen Erfahrungen ist dies immerhin noch bis weit über die Folgen der ersten Ölkrise in den Jahren 1973/74 hinaus möglich gewesen und erst daran gescheitert, daß sich die damalige Regierungskoalition angesichts der in den Jahren 1979/80 eintretenden zweiten Ölkrise nicht mehr über eine Fortsetzung dieser konfliktentlastenden Schuldenexpansion zu einigen vermochte.

Seitdem ist das Verhältnis der Sozialpartner zueinander schon deswegen komplizierter geworden, weil sich auch die jetzige Bundesregierung weigert, durch weitere kreditfinanzierte Ausgabenprogramme erneut die frühere Funktion des Ausliquidierens zu übernehmen. Da indes auch die in der Wiederaufbauphase noch erfolgreich angewandten Konfliktüberwälzungsmuster nicht mehr so gut funktionieren, weil mit steigendem Wohlstand das Wachstumsziel

---

[12] Horst Sanmann, Die Gewerkschaften in Wirtschaft und Gesellschaft, S. 142

an öffentlichem Stellenwert verloren hat und entsprechend nur noch geringe Neigung besteht, sich hierfür in den Lohnforderungen disziplinieren zu lassen, und weil zugleich einer exportinduzierten Wachstumsbeschleunigung bei international hoher Arbeitslosigkeit und Staatsverschuldung engere Grenzen als früher gesteckt sind, haben seitdem die „Nullsummen-Situationen" bei Konflikten in den Arbeitsbeziehungen stark zugenommen.

Als Folge weitgehend ausbleibender Umverteilungs- und Überwälzungsspielräume hat sich nicht nur die Intensität verschärft, sondern auch die inhaltliche Substanz derjenigen Konflikte vermehrt, die von den Sozialpartnern selbst in ihrer Innenbeziehung ausgetragen werden müssen. Mit diesen Belastungen einhergehend, hat offenbar auch die Bereitschaft abgenommen, weiterhin bestimmte Verfahrensregeln für die Konfliktaustragung zu akzeptieren, so zum Beispiel, daß Arbeitskampfmaßnahmen nur als letztes Mittel nach Ausschöpfung aller Einigungsmöglichkeiten ergriffen werden sollten („Ultima-ratio-Prinzip").[13] Schließlich scheint auch, wie besonders bei den Auseinandersetzungen um eine Neuformulierung des § 116 AFG deutlich geworden ist, das Autonomiebewußtsein der Sozialpartner nachzulassen.

Dies wirft die Frage auf, ob von staatlicher Seite etwas unternommen werden könnte und sollte, um der wachsenden Konfliktorientierung in den Arbeitsbeziehungen entgegenzuwirken. Wenn eine verstärkte Fortsetzung der ohnehin kaum gebremsten öffentlichen Schuldenexpansion als Lösung ausgeschlossen wird, bieten sich noch zwei alternative Handlungsoptionen an: Entweder könnte man der bereits beschriebenen korporativistischen Alternative folgen und den Konfliktdruck zwischen den Sozialpartnern dadurch verringern, daß man ihn von der Innen- in die Außenbeziehung verlagert und damit quasi zur öffentlichen Angelegenheit macht, oder aber man könnte den hier vorzuschlagenden gegenteiligen Weg beschreiten und die Sozialpartner auf ihre Eigenverantwortlichkeit zurückverweisen, indem die staatliche Wirtschaftspolitik sich auf die Formulierung eines Ordnungsrahmens beschränkt, innerhalb dessen die Konflikte aus den Innenbeziehungen in ihrem Ablauf geregelt und ihren volkswirtschaftlichen Auswirkungen begrenzt werden.

Die korporativistische Alternative könnte sich in der gegenwärtigen konjunkturellen Situation vor allem deswegen als verhängnisvoll erweisen, weil durch eine direkte Beteiligung der Sozialpartner an der Formulierung und Durchsetzung staatlicher Wirtschaftspolitik, so zum Beispiel durch Wirtschafts-und Sozialräte, zwar eine Konfliktverlagerung aus dem Bereich der Arbeitsbeziehungen stattfinden würde, in diesen selbst dadurch aber nicht mehr genügend „Innendruck" vorhanden sein könnte, um kompromißbereites Handeln herbeizuführen.

---

[13] Siehe dazu: Manfred H. Bobke und Herbert Grimberg,"Neue Beweglichkeit" — gegen rechtliche Begrenzung der Handlungsfreiheit, S. 413-423, ebenso: Bobke, Arbeitskampfrecht im Umbruch, S. 232ff.

Hinzu käme das bereits beschriebene Problem, das eine korporativistische Verhaltensabstimmung starke Tendenzen zur Behinderung strukturellen Wandels und zur einseitigen Interessendurchsetzung aufweist. Infolgedessen wären von einem derartigen Abstimmungsprozeß eher falsche Signale und eine zunehmende Wahrscheinlichkeit zu erwarten, daß marktwidrige Tarif- und Produktionsstrukturen durch politisch opportune Subventionierung nur kosmetisch überdeckt, dahinter jedoch weitgehend unkorrigiert bestehen bleiben würden. Vor allem wüchse die Gefahr, daß die vom Marktmechanismus ausgehenden Sanktionen nun erst gar nicht mehr in die Innenbeziehung der Sozialpartner durchschlagen, sondern sogleich und unmittelbar in politischen Druck auf staatliches Handeln umgesetzt werden würden. Damit wäre erneut das Risiko gegeben, daß es — auf ähnliche Weise wie in der Weimarer Republik — zu einer fortschreitenden Politisierung von Arbeitskonflikten und zu verstärkten Versuchen einseitiger parteipolitischer Inanspruchnahme staatlicher Institutionen kommen könnte.

Das Hilfsdienstgesetz des Jahres 1916 ließe sich in diesem Zusammenhang als eine Konfliktverlagerung nach innen interpretieren, weil den Arbeitsmarktparteien damit die eigentlich vom Staat zu lösende Aufgabe der Arbeitskräftemobilisierung für Kriegszwecke übertragen wurde. Trotz der gewiß nicht geringen zu bewältigenden Probleme hat sich aus diesen ersten Ansätzen einer sozialpartnerschaftlichen Zusammenarbeit die Vertrauensbasis zur Gründung der späteren Zentralarbeitsgemeinschaft entwickelt.

Dagegen bedeuteten die Einführung, vor allem aber der exzessive Rückgriff auf die Zwangsschlichtung eine Konfliktverlagerung nach außen, weil damit vom Staat die eigentlich von den Arbeitsmarktparteien zu bewältigende Lösung von Verteilungskonflikten übernommen wurde. Diese Entlastung der Innenbeziehungen hat sich indes eher als verhängnisvoll erwiesen, zum einen, weil den gemäßigten Gewerkerkschaftsführern nun gegen die verbandsinternen Radikalisierungstendenzen die Begründung fehlte, um noch länger an der Kompromisse erfordernden Arbeitsgemeinschaftspolitik festzuhalten, und zum anderen, weil die zusehends unter politischen Druck geratende staatliche Schlichtung sich in wachsende Widersprüche zu den wirtschaftlichen Gegebenheiten verwickelte.

Offensichtlich bedarf es somit nicht nur eines ausgewogenen Gegenmachtverhältnisses in der Innenbeziehung der Sozialpartner, sondern auch eines gewissen „Gegendrucks“ von außen, um beide Parteien zu kompromißbereitem Handeln zu veranlassen.

Aufgrund dieser Überlegungen ist die verschärfte gegenwärtige Konfliktintensität in den Innenbeziehungen der Sozialpartner als eine zwar bedauerliche, nicht aber durch direkte staatliche Intervention zu beseitigende Begleiterscheinung hinzunehmen, sozusagen als „Abstinenzeffekt“ nach einer längeren Periode praktizierter öffentlicher Inanspruchnahme. Entsprechend sollte als eine Konsequenz des hier Dargestellten die Erkenntnis wesentlich sein, daß es einen zu beachtenden Optimalitätsgrad an sozialpartnerschaftlicher Harmonie gibt, bei dessen Überschreiten der Staat zusehends unter einen gemeinwohlschädlichen Druck vereinter Collusionspolitik gerät, dem er nur schwer widerstehen kann. Die ordnungspolitische Folgerung daraus müßte in einer verstärkten Beachtung und Förderung des Autonomieprinzips in den Arbeitsbeziehungen bestehen. Hierzu scheint eine gewisse Standfestigkeit im Regierungshandeln gegenüber außerparlamentarischem Druck von seiten der Sozialpartner zu gehören, wie sie bereits in der Entstehungsphase der Bundesrepublik von der politischen Mehrheit in den Verwaltungsinstitutionen der britisch-amerikanischen Besatzungszone und hier insbesondere im Wirtschaftsrat bewiesen worden ist. Als komplementär dazu ist die Forderung anzusehen, daß eine Regierung dem Prinzip der Subsidiarität folgend nicht Aufgaben an sich zieht, deren Lösung von den Sozialpartnern selbst übernommen werden könnte und sollte. Ferner darf sich eine Regierung nicht einseitig zum Instrument von Arbeitgeber- bzw. Gewerkschaftsinteressen machen lassen, sondern sollte nach dem Prinzip der Äquidistanz etwa gleichen inhaltlichen Abstand zu den Interessenstandpunkten, deren inhaltliche Substanz Gegenstand autonomer Arbeitsbeziehungen ist, einzuhalten versuchen und einen auf Erhaltung bzw. Wiederherstellung des gesamtwirtschaftlichen Gleichgewichts gerichteten, übergeordneten Standpunkt vertreten.

Schließlich und insgesamt werden die Chancen einer erfolgreichen Erneuerung früherer Grundlagen für einen sozialpartnerschaftlichen Rahmenpakt zur Wiedergewinnung der Vollbeschäftigung um so größer sein, je höher die Opportunitätskosten für einen Ausstieg aus der gemeinsamen Problemlösung sind und je weniger Handlungsalternativen sich dafür anbieten. Daher wird der Einschränkung eben dieser Möglichkeit, die Partnerschaftsbeziehung durch einen „Rückgriff auf Dritte" zu verlassen, im späteren Zusammenhang mit der Formulierung einer Gemeinwohlbindung noch besondere Bedeutung zukommen. Zunächst mag indes die Feststellung genügen, daß eine Sozialpartnerschaft „im engeren Sinne", wie Egon Tuchtfeldt sie bezeichnet,[14] aufgrund der vorangehend dargestellten Wesensmerkmale weder übertriebene Harmoniegläubigkeit noch ein Leugnen bestehender Konflikte voraussetzt, sondern lediglich der Sicherung eines Minimalkonsenses bedarf, auf dessen ordnungs- und prozeßpolitische Funktionsbedingungen ökonomische Prinzipien Anwendung finden können.

---

[14] *Tuchtfeldt* spricht in diesem Zusammenhang von einer „Taktik des begrenzten Konflikts" und unterscheidet davon eine Sozialpartnerschaft „im weiteren Sinne", die auch eine wirtschaftspositive Übereinstimmung im Denken und Handeln miteinschließt. Vgl. Egon Tuchtfeldt, Aspekte der Wirtschafts- und Sozialstruktur, S. 76ff.

3.1.2 Inhaltliche Dimensionen

Wenn vorangehend angemerkt worden ist, daß der Begriff Sozialpartner trotz aller Kritik den Charakter moderner Arbeitsbeziehungen insgesamt zutreffend kennzeichnet, so vor allem, weil er einen umfassenden Gestaltungsanspruch der Arbeitsmarktparteien zum Ausdruck bringt. Angesichts der wachsenden Komplexität der heutigen Industrie- und Dienstleistungsgesellschaft kann die tarifvertragliche Ausgestaltung der Beschäftigungsverhältnisse nicht von ihren wirtschafts- und sozialpolitischen Zusammenhängen abgelöst und isoliert betrachtet werden. Gewerkschafter und Arbeitgeber verhalten sich zwar durchaus nicht immer als „soziale Partner", sie sind aber doch untrennbar „Partner im Sozialen" geworden, und zwar vornehmlich deshalb, weil sich die gesamtwirtschaftliche Tragweite der von ihnen einseitig oder gemeinsam getroffenen Entscheidungen räumlich und inhaltlich immer weniger begrenzen läßt.

Die Ursachen hierfür sind zum einen in der starken rechtlichen und faktischen „Befestigung" (Goetz Briefs) begründet, die von der Gewerkschaftsbewegung in der Bundesrepublik Deutschland erreicht worden ist. Seinen wohl deutlichsten Ausdruck findet das tatsächliche Ausmaß an gewerkschaftlicher Durchsetzungsmacht wohl darin, daß es kaum noch einzelnen Wirtschaftszweigen, geschweige denn einzelnen Unternehmen gelingt, sich den in den Gewerkschaftszentralen formulierten Tarifzielen zu entziehen. Dies ist besonders am Verlauf der Arbeitskämpfe um die Einführung der „35-Stunden-Woche" und bei der seit einigen Jahren zu beobachtenden Gleichförmigkeit der Tarifbewegungen, quer über alle regionalen, strukturellen und konjunkturellen Unterschiede in den Wirtschaftsbereichen hinweg, erkennbar geworden. Demnach ist es für die Durchsetzung tarifpolitischer Ziele offensichtlich nicht mehr erforderlich, auf die in den jeweiligen Tarifbezirken doch sehr ungleiche Wirtschafts- und Ertragssituation der einzelnen Unternehmen überhaupt noch Rücksicht zu nehmen: für den von Arbeitslosigkeit bedrohten Metallfacharbeiter in den Schiffbauindustrien Norddeutschlands sollen die gleichen Tarife gelten wie für die Beschäftigten in den prosperierenden Maschinen- und Werkzeugbaubetrieben Baden-Württembergs. Selbst für die seit vielen Jahren von staatlicher Subventionierung abhängigen Stahl- und Bergbauunternehmen im Ruhrgebiet werden trotz weiterhin drohender Arbeitsplatzverluste keine tarifpolitischen Konzessionen angeboten. Selbst dort, wo zunächst (und wohl nur aus arbeitskampfrechtlichen Gründen) unterschiedliche Forderungen erhoben worden sind, besteht die Gewerkschaftsführung dann im Abschluß zumeist auf völlig einheitlichen Gesamtvereinbarungen.[15] Daß dieses vom Konzept einer „solidarischen Lohnpolitik" (Meidner / Rehn) der schwedischen Gewerkschaften übernommene „Einheitslohnprinzip" weitgehend unbeeinflußt von der anhaltenden Massenarbeitslosigkeit und ungeachtet der vielfach geäußerten Kritik an den

[15] Siehe dazu: Josef Isensee, Die Neuregelung der Arbeitskampf-Neutralität, S. 429 ff.

beschäftigungspolitischen Folgen durchgesetzt werden konnte, ist als symptomatisch für die inzwischen erlangte Machtposition der westdeutschen Gewerkschaften anzusehen.

Zum anderen liegen die Ursachen der gestiegenen gesamtwirtschaftlichen Tragweite tarifpolitischer Entscheidungen in der Materie selbst begründet, indem die Regelung von Arbeitsbedingungen zu einem komplizierten und komplexen Feld geworden ist, das sich längst nicht mehr auf die reine Entgelt- und Arbeitszeitgestaltung beschränken läßt, sondern in steigendem Maße auch Fragen der Mitbestimmung im Betrieb und am Arbeitsplatz,[16] der beruflichen Qualifikation, der Vermögens- und Gewinnbeteiligung, des schrittweisen Ausscheidens aus dem Erwerbsleben sowie schließlich der betrieblichen Altersversorgung umfaßt. Diese oftmals mit beträchtlichen arbeits- und sozialrechtlichen Konsequenzen fortschreitende inhaltliche Ausdehnung tarifvertraglich geregelter Fragen in immer neue Bereiche hat inzwischen nicht nur viele arbeitsmarkttheoretische Betrachtungen als weltfremd erscheinen lassen, sondern auch die effektiven Gestaltungsmöglichkeiten staatlicher Wirtschafts- und Sozialpolitik stark eingeengt, so daß sich bereits häufig die Frage stellt, „ob eine Politik der Wirtschafts- und Konjunktursteuerung auch bei vorhandener parlamentarischer Mehrheit überhaupt noch ohne die zumindest stillschweigende Unterstützung durch die Gewerkschaften auf der einen, die großen Investoren auf der anderen Seite möglich ist".[17]

Allerdings ist dieser sich auf den Wegen tarifvertraglicher Vereinbarungen und (oft sogar vorrangig) unter extensivierender Ausnutzung richterlicher Entscheidungsspielräume vollziehende Emanzipationsprozeß von staatlichen Vorgaben keineswegs schon an sich als negativ anzusehen, da die Sozialpartner auch in diesen Fragen über große, häufig sogar überlegene Sachkompetenz verfügen und außerdem einer „Abnutzung der staatlichen Autorität" durch autonome Regelungen entgegenwirken.[18] Außerdem sind manche davon in besonderer Weise betroffene Bereiche, wie zum Beispiel das Arbeitskampfrecht, vom Gesetzgeber bislang bewußt ausgespart geblieben,[19] so daß die Sozialpart-

---

[16] Siehe dazu: Ingrid Kurz-Scherf, Mitbestimmung durch Tarifvertrag, S. 187ff. Während die Gewerkschaften in zunehmendem Maße erkannt haben, daß sich durch eine Ausdehnung tarifvertraglicher Gestaltungsmöglichkeiten Entscheidungen herbeiführen lassen, zu denen es auf politischem Wege sonst nicht kommen würde, weist *Leisner* zutreffend darauf hin, daß die solchermaßen aus der staatlichen Obhut entlassene Kompetenz „nicht etwa in die große und natürliche Privatautonomie zurück(fällt), aus der (sie) einst in laufenden Sozialverträgen auf den Staat transferiert wurde", sondern an „Zwischengewalten", bis „der demokratische Staat sich nicht etwa in Verbände auflöst, sondern seine Macht den Sozialpartnern übergibt". Walter Leisner, Vom Gesetzesstaat zur Tarifvertragsgemeinschaft, zit. S. 119 und S. 118

[17] Ernst Wolfgang Böckenförde, Die politische Funktion wirtschaftlich-sozialer Verbände, S. 236

[18] Reinhold Biskup, Partnerschaft in der Sozialen Marktwirtschaft, S. 19f.

[19] Siehe dazu: Hugo Seiter, Zur Gestaltung der Arbeitskampfordnung, insb. S. 167 f.

ner hier in verständlicher Selbsthilfe handeln, wenn sie sich über die Gerichte um eine rechtliche Klärung bemühen.

Fraglich ist hingegen, ob durch diese weitgehend politisch unkontrolliert, von Einzelfall zu Einzelfall über Gerichtsurteile oder tarifvertragliche Vereinbarungen voranschreitende Rechtsfortbildung überhaupt Rechtsklarheit und Rechtssicherheit zustande kommt.[20] Nun könnte ein gewisses prinzipielles Offenhalten der marktwirtschaftlichen Grundordnung für unvorhersehbar eintretende Veränderungen in den wirtschaftlichen oder institutionellen Rahmenbedingungen durchaus als sinnvoll gelten, bestünde nicht auch die Gefahr, daß auf diesen Wegen von isolierten Sachverhalten ausgehend und am taktisch Möglichen orientiert, eine zunächst unscheinbare, dafür aber stetig voranschreitende Erosion bestimmter strategisch ausgewählter Rechtspositionen betrieben werden könnte, bis die inhaltliche Kumulation einzelner Veränderungen dann schließlich von der Quantität normensetzend in neue Rechtsqualitäten umschlägt.[21] Auf diese Weise könnte es zu einer schleichenden inhaltlichen Aushöhlung und funktionellen Lähmung der von Walter Eucken angeführten konstituierenden Elemente der Wettbewerbsordnung kommen, so zum Beispiel des Prinzips offener Märkte, des Privateigentums an Produktionsmitteln, der Vertragsfreiheit und der Haftung.[22] Eine daraufhin schließlich eintretende Reaktionsunfähigkeit auf veränderte Angebots- und Nachfragebedingungen würde wahrscheinlich sogar noch als „Marktversagen“ fehlinterpretiert werden.

Drittens kann als Ergebnis dieses unüberschaubar weiter anwachsenden „kasuistischen Wildwuchses“ arbeits- und sozialrechtlicher Einzelentscheidungen, dessen verwaltungstechnische Bewältigung auch enorme Kosten verursacht, nicht eine marktwirtschaftskonforme und ordnungspolitisch widerspruchsfreie Gesamtkonzeption erwartet werden. Statt dessen geht mit der vor allem in jüngster Vergangenheit zu beobachtenden Flut von bis vor die höchsten Gerichte getragenen Rechtsbegehren die weitere Ausgestaltung der Wirtschafts- und Sozialordnung immer mehr an die Justiz über. Dies ist vorrangig auf die bereits konstatierte Überbetonung der Prozeßpolitik unter entsprechender Vernachlässigung einer konzeptionellen Weiterentwicklung der Sozialen Markt-

---

[20] Vgl. Bernd Rüthers, Die Unsicherheit vor dem nächsten Arbeitskampf, S. 84ff. und Otto Rudolf Kissel, Das Bundesarbeitsgericht — vom Gesetzgeber allein gelassen?, S. 137ff.

[21] Der DGB-Vorsitzende Heinz Oskar *Vetter* hat diese Möglichkeit in einer Fernsehsendung wie folgt ausgedrückt: „... man muß die Politik jeden Tag neu überprüfen ... Programme sind das eine. Aber die praktische Politik — da können unmerklich die Steine verschoben werden, und irgendwo schlägt dann die Menge in die Qualität um. Das muß man sehr wohl beobachten. Die Abweichung von einer früher gehabten Linie geschieht manchmal sehr unmerklich und ist dann eines Tages nicht wieder korrigierbar“. In der Fernsehsendung „Zu Protokoll“, Ende 1971, zitiert nach dem Abdruck des Wortlauts in der „Frankfurter Allgemeinen Zeitung“ vom 6. 12. 1971, bei: Horst Sanmann, Die Gewerkschaften in Wirtschaft und Gesellschaft, S. 141

[22] Vgl. Walter Eucken, Grundsätze der Wirtschaftspolitik, S. 163ff.

wirtschaft zurückzuführen. Des weiteren entziehen sich viele Gestaltungstatbestände auch immer mehr bereinigenden Eingriffen staatlicher Ordnungspolitik, und zwar besonders dann, wenn inzwischen rechtlich unantastbare „soziale Besitzstände" entstanden sind. Vor allem im Bereich der Sozialen Sicherung ließen sich für diese Entwicklung zahlreiche Beispiele angeben, von denen hier aber nur dasjenige der betrieblichen Altersversorgung herausgegriffen werden soll.

Die bereits im 19. Jahrhundert vereinzelten Personengruppen (zumeist leitenden Angestellten) gewährte betriebliche Altersversorgung war zunächst vor allem eine freiwillige Zusage des Arbeitgebers, die dieser bei sich verschlechternder Wirtschaftslage ohne weiteres zurückziehen konnte. Im Jahre 1972 hat das Bundesarbeitsgericht (BAG) dann erstmalig derartigen Ansprüchen, wenn auch zunächst nur in besonders gelegenen Fällen, eine „Unverfallbarkeit" zugebilligt und die so eingeschlagene Richtung dann kontinuierlich, unter anderem durch das Verlangen nach einem fortlaufenden Teuerungsausgleich und einer Insolvenzsicherung, fortgesetzt. Im Dezember 1974 wurden die Ergebnisse dieser Entwicklung dann schließlich in einem Gesetz über die betriebliche Altersversorgung (BetrAVG) zusammengefaßt.[23]

Inzwischen sind durch die Ausdehnung des Kreises der Begünstigten, aber auch nur durch die inzwischen entstandene Kumulation individueller Ansprüche häufig bereits im Verhältnis zur Eigenkapitalausstattung der dafür Deckung erwirtschaftenden Unternehmungen beträchtliche und fortlaufend weiter anwachsende Versorgungslasten mit Fixkostencharakter (!) entstanden. Die dafür notwendigen Rückstellungen werden zwar zunächst häufig wie ein willkommener Beitrag zur steuerfreien Selbstfinanzierung angesehen, doch darf dabei nicht vergessen werden, daß hieraus auch langfristige finanzielle Verpflichtungen entstehen, die bei einer dauerhaften konjunkturellen Verschlechterung zu bedrohlichen Liquiditätsengpässen und zur Investitionsschwäche führen können. Zwar ist die Rechtmäßigkeit eines Widerrufs betrieblicher Versorgungszusagen wegen wirtschaftlicher Notlage (noch?) unumstritten, doch besteht hierfür eine betriebswirtschaftlich und unternehmerisch problematische Nachweispflicht, zum anderen darf auch dann die Schmälerung der Versorgungsansprüche nur vorübergehend erfolgen und nicht stärker ausfallen, als zur Abwendung der Notlage unabdingbar ist.[24]

Diese Probleme könnten sich zumal dann verschärfen, wenn die absehbar eintretende Überalterung des deutschen Erwerbspersonenpotentials sich voll auf die Beschäftigtenstruktur auswirken wird. Schon jetzt finden Arbeitnehmer häufig (auch deswegen) keine neue Anstellung, wenn ihre unabweisbare Beteiligung an den betrieblichen Pensionskassen in absehbarer Zeit zu finanziel-

---

[23] Siehe dazu: Michael Kittner, Arbeits- und Sozialordnung, S. 404ff.

[24] Vgl. Reinhold Höfer, Die Notwendigkeit interdisziplinärer Zusammenarbeit, S. 330ff.

len Belastungen führen könnte. Einen ersten Hinweis auf das mögliche Ausmaß zukünftiger Probleme stellen die vor allem im Bergbau und in der Stahlindustrie gewährten, großzügigen Abfindungen und Versorgungszusagen für einen vorzeitigen Ausstieg aus dem Berufsleben dar. Auf diese Weise sind für viele Jahre und unabhängig von der wirtschaftlichen Entwicklung beträchtliche finanzielle Ansprüche geschaffen worden, die zumindest von der Ertragskraft dieser Unternehmen kaum getragen werden können und daher eine arbeitsplatzsichernde Sanierung stark gefährden. Aber auch in anderen Wirtschaftsbereichen könnte sich die Akkumulation derartiger betrieblicher Versorgungslasten langfristig als ein Problem erweisen, das sich nur durch hohe betriebliche Wachstumsraten und eine zugleich mit allen Mitteln vorangetriebene Rationalisierung oder schließlich durch Konkurs bewältigen ließe. Zu Letzterem wird es, wie heute schon vor allem in den USA beobachtet werden kann, um so häufiger kommen, als wenig Anreize bestehen, ein Unternehmen mit derartigen „sozialen Altlasten" insgesamt zu übernehmen. Bei erklärter Zahlungsunfähigkeit springt dagegen der „Pensions-Sicherungs-Verein" (PSV) ein, so daß danach einzelne Betriebsteile, natürlich ohne die Belegschaften, unbelastet übernommen werden können. Die Abwendung eines drohenden Konkurses, so zum Beispiel durch Veräußerung oder durch außergerichtlichen Vergleich, erscheint daher oft als nicht lohnend, weil (zum Beispiel) bei einem Betriebsübergang (§ 613a BGB) vom Erwerber auch die Pensionsverbindlichkeiten prinzipiell in vollem Umfang, zumindest zu einem wesentlichen Teil mit übernommen werden müßten.[25] Auf diese Weise gehen nicht nur viele Arbeitsplätze verloren, sondern auch ein sonst vielleicht noch mögliches Sanierungskonzept durch die Betriebsfortführung von seiten des Vergleichs- bzw. Konkursverwalters wird hierdurch häufig erschwert.

Um etwaigen Mißverständnissen vorzubeugen, sei ausdrücklich darauf hingewiesen, daß es hier nicht um eine Beurteilung nach dem Maßstab geht, ob diese Entwicklung insgesamt sozial- bzw. tarifpolitisch sinnvoll oder vielleicht sogar wünschenswert sein könnte. Deswegen wurde auch bewußt auf das besonders umstrittene Beispiel der Erweiterungen des Kündigungsschutzes verzichtet.[26] Vielmehr sollte nur exemplarisch aufgezeigt werden, wie die Einsatzflexibilität des Faktors Arbeit in vielen Bereichen von arbeits- und sozialrechtlichen Entscheidungen immer stärker eingeschnürt worden ist und weiterhin wird, ohne daß die beschäftigungspolitischen Konsequenzen bislang entsprechende Beachtung von seiten der Sozialpartner oder des Staates gefunden haben. Dabei wäre doch die Einsicht naheliegend, das es der Funktionsfähigkeit des Arbeitsmarktes nicht dienlich sein kann, wenn positive

---

[25] Ebenda

[26] So ist nach *Rüthers* Auffassung bereits „durch den gesetzlichen, mehr noch den richterrechtlichen Ausbau des Kündigungsschutzes der rechtliche Bestand eines Arbeitsverhältnisses stärker geschützt als der einer Ehe". Bernd Rüthers, Arbeitsrecht im Wandel, S. 107. Zu den ökonomischen Auswirkungen siehe: Bernhard Külp, Der Einfluß der Sozialpolitik, S. 73.

Abweichungen von tariflich oder rechtlich normierten Arbeits- und Entlohnungsbedingungen zumindest nach einiger Zeit als einklagbare „betriebliche Übung" gerichtliche Anerkennung finden und damit ein praktisch unaufhebbarer Sperrklinkeneffekt nach unten ausgelöst wird.[26a]

Insgesamt ist an den damit konstatierten Zusammenhängen auch nicht oder doch zumindest nicht vorrangig zu bemängeln, daß auf gerichtlichen Wegen inhaltlich fallweise fortschreitende Entscheidungen angestrebt werden, für die sich auf politischen Wegen möglicherweise keine Mehrheiten finden lassen würden. Zu kritisieren ist aber, daß erstens auf diese Weise durch die inhaltlich und konzeptionell weitgehend ungebundenen Gestaltungsmöglichkeiten der Sozialpartner häufig Weichenstellungen mit gravierenden Konsequenzen für die Funktionsfähigkeit der Marktwirtschaft herbeigeführt werden, von denen sich die staatliche Wirtschaftspolitik dann später nicht oder doch zumindest nur unter beträchtlichen Schwierigkeiten wieder lösen kann, und daß zweitens den Vorsitzenden der Arbeits- und Sozialgerichte dabei häufig Entscheidungen zugemutet werden, deren ökonomische Tragweite und ordnungspolitische Brisanz sie selbst kaum noch zu überschauen vermögen.[27]

Drittens schließlich ist zu kritisieren, daß die fallweise arbeits- und sozialrechtliche Ausgestaltung des Beschäftigungssystems sich unter weitgehender Ablösung von dessen ökonomischen Funktionsgrundlagen vollzieht und eine offenbar bereits eigengesetzlich gewordene Entwicklungsdynamik aufweist, mit der fortwährend neue Rechtsansprüche geschaffen werden, ohne daß Fragen der erforderlichen Finanzierung dabei überhaupt noch eine wesentliche Rolle zu spielen scheinen. Wo doch dem von Alfred Müller-Armack entwickelten konzeptionellen Grundgedanken der Sozialen Marktwirtschaft entsprechend, eigentlich erst „die Fortschritte des Wettbewerbs das ökonomische Fundament sozialer Interventionen bilden (sollten)",[28] scheinen heute diese Interventionen bei abnehmender Wettbewerbsfähigkeit eher stärker zu werden und eilt das Wachstum der materiellen Basis tatsächlich den bereits ausgeteilten sozialen Errungenschaften oft nur noch mühsam hinterher.

Nachdem es, wie Wolfgang Stützel zutreffend bemerkt, schon 1948 an einer „tragfähigen und robusten Grundsatzentscheidung" gefehlt hat, um „die Konzeption einer Marktwirtschaft mit systemkonformer Sozialpolitik" darauf begründen und fortentwickeln zu können,[29] droht die Entwicklung heute immer

---

[26a] Typische Fallkonstellationen für betriebliche Übung sind Jahresgratifikationen, Ruhegeldansprüche, Ansprüche auf Freizeit, Einschränkungen des Kündigungsrechts des Arbeitgebers sowie Anpassungen des Effektivlohnes an Tarifabschlüsse. Dazu ausführlich: Ludger Backhaus, Die arbeitnehmerbegünstigende betriebliche Übung, S. 65ff. und ebenso Wolfgang Hromadka, Zur betrieblichen Übung, S. 241ff.

[27] Vgl. Külp, Der Einfluß, S. 73ff. Sehr interessant ist in diesem Zusammenhang auch die Untersuchung der sozialversicherungsrechtlichen Konsesequenzen der neuen gewerkschaftlichen Arbeitskampfführung bei: Walter Schmidt, Fernwirkungen von Schwerpunktstreiks und Modellarbeitskämpfen, S. 179ff.

[28] Alfred Müller-Armack, Das gesellschaftspolitische Leitbild, S. 296

mehr dem Prinzip zu folgen, daß die gerichtliche Durchsetzungsfähigkeit bzw. die faktischen Machtverhältnisse zwischen Gewerkschaften und Arbeitgeberverbänden darüber entscheiden, was als wirtschaftlich tragfähig und machbar anzusehen ist. Gelingt es aber erst einmal, solchermaßen „Sozialfunktionen in den Dienst von Herrschaftsansprüchen zu stellen" (Christian Watrin), so resultiert daraus die Gefahr, daß die Leistungen der Sozialen Sicherung zukünftig vornehmlich nach dem dafür mobilisierbaren politischen Druck betroffener Interessengruppen gestaltet werden.

In ordnungspolitischer Hinsicht wäre daran vor allem bedenklich, daß sich hierdurch der Eindruck verfestigen könnte, daß die Folgen marktwirtschaftlicher Ausleseprozesse wesentlich nur noch von den sozialen Gruppen getragen werden müssen, die ihre Interessen nicht in vergleichbarer Weise organisieren und durchsetzen können. Der Staat selbst würde unter dem daraus zu erwartenden Ansturm vielfältiger und häufig divergierender Gruppeninteressen zusehends in Bedrängnis geraten, zur bloßen „Umverteilungsagentur" (Guy Kirsch) zu degenerieren, die mit dem dem zwar als falsch erkannten, aber immerhin populären weiteren „Austesten der wirtschaftlichen Belastbarkeitsgrenzen"[30] schon deswegen fortfahren muß, weil ihr die Fähigkeit, zumindest aber die Bereitschaft zur autonomen konzeptionellen Gestaltung längst abhanden gekommen ist.

Trotz dieser Risiken wäre es nach der hier vertretenen Auffassung der falsche Weg, die grundrechtlich abgestützte sowie historisch zugewachsene wirtschaftliche und soziale Mitgestaltungskompetenz der Sozialpartner — so es denn überhaupt möglich wäre — wieder zurückdrängen zu wollen. Vielmehr ist nicht der Übergang derartiger Initiativfunktionen in die Handlungssphäre der oft mit überlegener Sachkenntnis ausgestatteten Arbeitsmarktparteien als solcher zu kritisieren, wohl aber, daß dieser Mitgestaltungskompetenz keine deckungsgleiche Delegation an beschäftigungs- und sozialpolitischer Verantwortung gefolgt ist.

Statt dessen wird insbesondere das Ziel der „Vollbeschäftigung" primär als Aufgabe staatlicher Wirtschaftspolitik verstanden und entsprechend öffentlich eingefordert, wobei der Staat aber tatsächlich, wie in der Beschäftigungskrise der letzten Jahre deutlich sichtbar geworden ist, kaum noch über die Möglichkeiten und wohl auch nicht über den dazu nötigen politischen Mut verfügt, um sich gegen die juristischen und tarifpolitischen Vorentscheidungen der Sozial-

---

29 Wolfgang Stützel, Ohne Konzeption im Bereich des Sozialen, S. 7

30 Hier wird auf den bekannten Ausspruch von Jochen *Steffen* auf dem Steuerparteitag der SPD des Jahres 1971 rekurriert, wonach „unter den gegebenen Verhältnissen.. keiner die Grenzen der sog. Belastbarkeit kennt", und weiter: „wenn wir unter diesen gegebenen Bedingungen strukturverändernde Politik machen wollen — ... —, dann müssen wir auch den Mut haben, die Grenzen der Belastbarkeit zu erproben". Zitiert nach dem Verhandlungsprotokoll des „Außerordentlichen Parteitags der SPD vom 18. bis 20. November 1971 in Bonn", 1. Teil, S. 343f.

partner durchzusetzen. Angesichts dieser Lage könnten und sollten Gewerkschafter und Arbeitgeber, auch im Bewußtsein der Öffentlichkeit, wieder stärker an den in der Wiederaufbauphase noch weitgehend unangefochtenen Konsens darüber erinnert werden, daß Tarifautonomie nur dann Bestand haben kann, wenn die primäre Verantwortung für das Beschäftigungsziel sozialpartnerschaftlich getragen wird und der Staat in einer subsidiären Funktion verbleibt.

Wenn also zum Beispiel von seiten der Arbeitgeber in diesem Zusammenhang beschäftigungsfeindlich hohe Personalzusatzkosten beklagt werden, so wäre zunächst daran zu erinnern, daß die Einführung und Weiterentwicklung vieler dieser Kosten auf zunächst freiwillig gewährte Sonderleistungen zurückzuführen ist, die dann nach und nach in tarifvertragliche Vereinbarungen übernommen und dauerhaft festgeschrieben worden sind. Statt dessen besinnt man sich in Zeiten schlechter Beschäftigungslage und gewinndrückender Stückkostenprogression wieder auf den Staat, um den angeblichen oder tatsächlichen „Wildwuchs im sozialen Netz" zu beschneiden, der zuvor nicht ohne die tatkräftige Unterstützung oder doch zumindest mangelnde Widerstandsbereitschaft der jetzt Klagenden entstanden ist.

Vor allem aber ist daran zu erinnern, daß Gewerkschaften und Arbeitgeberverbände in vielen Bereichen der Sozialen Sicherung direkt an der Selbstverwaltung beteiligt sind und daher sehr wohl an unmittelbarer Stelle Einfluß auf Richtung und Struktur der Kostenentwicklung nehmen könnten. Hier wäre also ein geeigneter Ansatzpunkt, um die beschäftigungs- und sozialpolitischen Gestaltungsmöglichkeiten sinnvoll einzusetzen und zur ökonomischen Effizienz beizutragen. Wenn trotzdem eine gewisse Schieflastigkeit in der Entwicklung entstanden ist, so vornehmlich deshalb, weil kostensteigernden Maßnahmen offensichtlich nicht genügend Widerstand entgegengesetzt worden ist und weil eine Konsenslösung eher bei expansiven als bei kontraktiven sozialpolitischen Veränderungen zu erwarten war. Auch auf der heute die hohen Personalzusatzkosten beklagenden Arbeitgeberseite ist der Widerstand gegen kostenwirksame Verbesserungen im System der Sozialen Sicherung offenbar nur schwach ausgeprägt gewesen, weil die Inzidenz derartiger Maßnahmen im Inland wettbewerbspolitisch weitgehend neutral verlief und weil auch die außenwirtschaftliche Situation bislang zumeist noch so günstig war, daß derartige Belastungen verhältnismäßig problemlos weitergegeben werden konnten. Es blieb somit, wie insbesondere die Regierungskrise des Jahres 1982 gezeigt hat, im wesentlichen den Politikern überlassen, eventuelle Kürzungen durchzusetzen und in der Öffentlichkeit zu vertreten.

Ein weiterer richtungbestimmender Faktor ergab sich daraus, daß die Sozialpartner aufgrund ihrer gestiegenen Durchsetzungsmacht auch dazu übergehen konnten, Konflikte, die sie im Innenverhältnis ihrer gegenseitigen Beziehungen nicht auszutragen bereit waren, auf ihre gemeinsame Außenbeziehung zum Staat bzw. zur gesamten Volkswirtschaft zu verlagern und ihre Gestaltungsansprüche solchermaßen, wie schon erwähnt, „zu Lasten Dritter" durchzusetzen. Beispiele für eine derartige Collusionspolitik liefern in beschäftigungspolitischer Hinsicht gemeinsam erhobene Forderungen nach öffentlichen „Bestandsgarantien“ für bestimmte, vom Strukturwandel bedrohte Industriestandorte sowie nach fortdauernder Subventionierung unrentabler Produktionszweige. In sozialpolitischer Hinsicht wären als Beispiele die in den Montanindustrien des Ruhrgebietes und im Saarland mit beträchtlichen öffentlichen Anpassungshilfen finanzierten und (zumindest teilweise) großzügig ausgestatteten Abfindungs- und Vorruhestandsregelungen anzuführen, mit denen Zehntausende von Arbeitnehmern, oft schon ab dem 55. Lebensjahr, praktisch zu Frührentnern gemacht worden sind, ohne daß dem eine auf die Alterssicherung bezogene Gesamtkonzeption oder wenigstens die Beachtung eines Gleichbehandlungsprinzips für andere Arbeitnehmer zugrunde gelegen hätte. Es ist zugleich bezeichnend für die Durchsetzungsmacht der Sozialpartner, daß es sich bei den Montanindustrien um einen Wirtschaftsbereich handelt, der wie kein anderer der Mitbestimmung unterworfen ist und der sich deshalb in besonderer Weise für eine Collusionspolitik anbietet, wohingegen vergleichbar vom Strukturwandel betroffene Wirtschaftszweige, wie zum Beispiel die Textilindustrie, sowie kleine und mittelständische Unternehmungen keine so günstigen Sonderregelungen politisch durchzusetzen vermocht haben.

Nun sind dies, worauf schon hingewiesen wurde, sicherlich auch Beispiele für eine gut funktionierende und dem Arbeitsfrieden dienliche Sozialpartnerschaft, so daß sich die Frage stellt, wie dieser auf Sachkompetenz und Durchsetzungsmacht gegründete Gestaltungsanspruch für die staatliche Wirtschaftspolitik nutzbar gemacht werden könnte, ohne dabei die Gefahr einer gemeinwohlschädlichen Collusionspolitik übermächtig werden zu lassen. Zum einen wird es, nach der hier vertretenen Auffassung, dafür notwendig sein, die offensichtlich vorhandenen beschäftigungs- und sozialpolitischen Fehlsteuerungen durch marktwirtschaftskonforme Ordnungsmaßnahmen zu beseitigen, zum anderen müßte eine beabsichtigte Reaktivierung des früheren sozialpartnerschaftlichen Rahmenkonsenses mit einer adäquaten Gemeinwohlbindung einhergehen, die einer eventuellen Collusionspolitik enge Schranken setzt.

3.1.3 Externe und interne Bedrohungen

3.1.3.1 Radikalisierungsdruck und Spaltungstendenzen

Zu den Hemmnissen, die der angestrebten Politik sozialpartnerschaftlichen Interessenausgleichs und einer gemeinsamen gesamtwirtschaftlichen Verantwortungsübernahme am meisten entgegenstehen, gehören die auch in der deutschen Gewerkschaftsbewegung heute noch immer wieder durchscheinenden Vorstellungen von einem unüberwindlichen klassenkämpferischen Gegensatz zwischen Arbeit und Kapital. Die im marxistischen Gedankengut verwurzelten Grundlagen dieser ideologischen Konfliktorientierung haben in der Zeit der Weimarer Republik zu heftigen Auseinandersetzungen darüber geführt, ob der Sozialismus nur durch den „Hammerschlag der Revolution" (Rosa Luxemburg) von der „kapitalistischen Schlacke" befreit entstehen könnte oder aber auch mittels fortschreitender innerer Aushöhlung durch Reformen allmählich zum Einsturz gebracht werden könnte. Als Folge trat die beschriebene Spaltung der sozialdemokratischen Partei in einen sozialreformerischen Flügel (MSPD) und in einen radikal-sozialistischen Flügel (USPD) ein.

Für die weitere Entwicklung in den Arbeitsbeziehungen war daran vor allem bedeutsam, daß diese Richtungskämpfe, auch aufgrund der engen personellen Verflechtung, bis tief in die Gewerkschaftsbewegung hinein ausgetragen worden sind und hier insbesondere in den zahlenmäßig stärksten sozialistischen Freien Gewerkschaften zu verstärkter Radikalisierung und zu organisatorischen Abspaltungen geführt haben.[1] Gegenüber dieser von den radikalen Arbeiter- und Soldatenräten unterstützten „Revolutionären Gewerkschafts-Opposition" (RGO) vermochten die überwiegend gemäßigten Gewerkschaftsführer nur für sehr begrenzte Zeit an der Arbeitsgemeinschaftspolitik mit den Unternehmerverbänden festzuhalten, zumal auch auf Arbeitgeberseite schon bald eine Radikalisierung der Interessenstandpunkte eintrat und es entsprechend an der notwendigen Bereitschaft fehlte, den kooperationswilligen Gewerkschaftsführern Erfolge zukommen zu lassen. Statt dessen wurde hier vielfach in der Überzeugung gehandelt, die angebliche Gunst der Stunde dazu nutzen zu können, um vom Tarifvertragswesen und von der Anerkennung der Gewerkschaften als gleichberechtigtem Verhandlungspartner wieder abzurücken. Nicht zuletzt auch an dieser Unfähigkeit beider Seiten, die Protagonisten schon damals überholter klassenkämpferischer bzw. frühkapitalistischer Extrempositionen im Zaume zu halten und sich gemeinsam den Herausforderungen der wirtschaftlichen und politischen Krise entgegenzustellen, ist die Weimarer Republik schließlich zerbrochen.

Die Erkenntnisse aus dieser historischen Lektion sind zumindest in der Wiederaufbauphase nach 1945 noch deutlich im Bewußtsein der Gewerkschaftsführer gewesen, sonst hätte sich die neugegründete Einheitsorganisation wohl kaum gegenüber den ganz ähnlichen Unterwanderungs- und Spaltungsstrategien, wie sie bei den „Hungerstreiks" der Jahre 1947 und später deutlich geworden sind, behaupten können. Zugleich war auch auf Arbeitgeberseite, sei es aus Einsicht, sei es aus anfänglicher politischer Schwäche, ein gewisser Einigungswille erkennbar, der vor allem von den gemeinsamen Wiederaufbauanstrengungen gefördert wurde sowie von der Notwendigkeit, die politische Unterstützung der Gewerkschaften gegen radikale Forderungen zu gewinnen. Hinzu kam die Erkenntnis, daß dazu die gewerkschaftliche „Kohäsion" zwischen Verbandsführer und Mitgliederbasis gegen den Innendruck radikaler Betriebsgruppen durch tarifpolitische Konzessionen gestärkt werden müßte.

---

[1] Siehe dazu: Dieter Schiffmann, Die Freien Gewerkschaften und das Scheitern der Regierung Müller, S. 198ff.

Diese Gemeinsamkeiten sowie die Festigkeit der politischen Mehrheit im Wirtschaftsrat gegen den außerparlamentarischen Druck gewerkschaftlicher Kampfmaßnahmen sind als wesentliche Grundlage dafür anzusehen, daß zwar keine Wiederbelebung der früheren Arbeitsgemeinschaftspolitik, doch immerhin ein wenn auch zunächst nur „diskreter", sich in der Folgezeit dann aber rasch stabilisierender Minimalkonsens zwischen Gewerkschaftern und Arbeitgebern über die Akzeptanz der marktwirtschaftlichen Ordnung und über die Integration der Gewerkschaften durch Mitbestimmung und Tarifautonomie zustande gekommen ist.

Alles dies könnte eigentlich als historisch abgelegt gelten, wenn nicht gegenwärtig Gefahr bestünde, daß eine neue Konfliktorientierung auf die Gewerkschaftsbewegung durchschlägt und diesen Minimalkonsens in seinem Bestand gefährdet. Zum einen bedrohen wachstums- und technikfeindliche politische Tendenzen die traditonelle gewerkschaftliche Zukunftsorientierung, daß den Arbeitnehmerinteressen am besten durch einen weiteren Ausbau der Industriegesellschaft gedient ist. Zum anderen wird diese Kritik teilweise in Kombination mit den bereits beschriebenen neo-korporativistischen Bestrebungen vorgetragen, denen zufolge die weitere Entwicklung von Wirtschaft und Technik nicht „blinden" Marktkräften überlassen werden dürfte, sondern staatlicher Planung und Lenkung zu unterliegen habe. Hinter den in der Sache durchaus diskussionswerten Forderungen nach einer staatlichen „Technologiefolgenabschätzung" und der damit korrespondierenden gewerkschaftlichen Forderung nach einer Mitbestimmung bei der Einführung neuer Technologien steht aber dabei häufig nur ein veränderter Argumentationszusammenhang, mit dem im Endergebnis und tatsächlich die Überwindung der marktwirtschaftlichen Ordnung angestrebt sowie eine Diffamierung freier Unternehmertätigkeit begründet werden soll.

Hinzu kommt, daß mit der neuen die frühere Konfliktorientierung nicht etwa ideologisch abgestorben und obsolet geworden ist. Beide Konflikte werden vielmehr teils nebeneinander her, teils organisatorisch vereint weiter betrieben. Da sie zudem vor einem von Arbeitslosigkeit und Strukturwandel geprägten wirtschaftlichen Hintergrund sowie von einer durch interne Legitimationskrisen geschwächten gewerkschaftlichen Führungsschicht ausgetragen werden müssen, ist als sehr wahrscheinlich anzunehmen, daß sich (wiederum) der entstehende Radikalisierungsdruck nach innen in wachsende Belastungsproben für den Bestand der Einheitsgewerkschaft und nach außen in ein durch ideologische Einflüsse verschlechtertes Verhandlungsklima zwischen den Arbeitsmarktparteien mit entsprechenden Störungen des sozialen Friedens entladen wird. Außerdem droht die Gefahr, daß sich bei erneuter Wachstumsabschwächung und einer damit einhergehenden weiteren Verschärfung des Beschäftigungsproblems diese Konfliktorientierung (erneut) als lähmend für die einvernehmliche Behandlung und Lösung dieser drängenden Fragen durch die Arbeitsmarktparteien erweist. Diese Handlungsunfähigkeit könnte schließlich auch zu einer wachsenden Überforderung der staatlichen Wirtschaftspolitik führen.

Daher stellt sich die zentrale Frage, wie sich Bundesregierung und Arbeitgeber zur Wahrung bzw. Wiederherstellung sozialpartnerschaftlicher Beziehungen verhalten sollten. Insbesondere könnte es als verlockend erscheinen, die von der selbstverschuldeten Krise der gewerkschaftlichen Gemeinwirtschaft („Neue Heimat“) verursachten verbandsinternen Spannungen sowie bereits erkennbar gewordene Bruchzonen zwischen bestimmten Arbeitnehmergruppen noch zu fördern und solchermaßen die gegenwärtige Schwächeperiode der Arbeitnehmervertretungen für eine Disziplinierungsaktion zu nutzen, um den gewerkschaftlichen Einfluß in den Betrieben und auf gesamtwirtschaftlicher Ebene wieder zurückzudrängen.

Ansatzpunkte hierfür könnten sich (zum Beispiel) aus einer arbeitsmarktpolitisch begründeten, tatsächlich aber machtpolitisch zu verstehenden, stärkeren regionalen und inhaltlichen Differenzierung der tarifvertraglichen Vereinbarungen ableiten lassen, wenn damit vornehmlich der Zweck verfolgt werden sollte, die Solidarität zwischen den Arbeitnehmern und ihren Organisationen aufzubrechen. Des weiteren könnte der Versuch unternommen werden, die Einheitsgewerkschaft durch ein organisatorisches Wiederanknüpfen an frühere Richtungsgewerkschaften oder durch die Institutionalisierung neuer Konkurrenzorganisationen für bestimmte Arbeitnehmergruppen zu spalten, um somit das Wettbewerbsprinzip im Bereich der Arbeitsbeziehungen stärker zur Geltung zu bringen.[2]

Indes sprechen alle aus den vorangehend dargestellten Erfahrungen ableitbaren Erkenntnisse dagegen, für derartige Augenblicksvorteile die für die wirtschaftliche Entwicklung und den sozialen Frieden in der Bundesrepublik Deutschland bislang in so vorbildlicher Weise wirksam gewordenen sozialpartnerschaftlichen Arbeitsbeziehungen auf Dauer zu gefährden. Dies bedeutet jedoch nicht, daß ordnungspolitisch nichts dazu getan werden könnte und sollte, um die Bereitschaft und Fähigkeit von Gewerkschaftern und Arbeitgebern zu gemeinschaftlichem Handeln und zu gesamtwirtschaftlicher Verantwortungsübernahme wiederherzustellen und zu festigen. Tatsächlich ist hier viel versäumt worden, wohl auch deswegen, weil sich die Arbeitsbeziehungen über längere Zeit so verhältnismäßig problemlos dargestellt haben.

Für eine derartige ordnungspolitische Neuorientierung müßten vor allem drei Erkenntnisse leitende Maxime werden: Erstens, daß nur (ver-)handlungsstarke, organisatorisch gefestigte sowie nach innen und außen durchsetzungsfähige Gewerkschaften dazu imstande sind, verbindliche Tarifvereinbarungen abzuschließen und für die Einhaltung des Arbeitsfriedens sorgen. Zweitens, daß die Gewerkschaften, gerade indem sie die beschriebenen ideologischen Konflikte in

---

2 Vgl. Hans Jürgen Rösner, Betriebsverfassungsgesetz — wo besteht ein Handlungsbedarf?, S. 297f. Es muß als zweifelhaft gelten, ob eine derartige Spaltungsstrategie überhaupt erfolgreich sein könnte, ist doch „verweigerte Solidarität oder gar Spaltung .. für viele Gewerkschafter mit einer Art horror vacui verbunden“. Heinz-Dietrich Ortlieb, Gewerkschaften — In Verwirrung oder auf Abwegen, S. 109

den eigenen Reihen austragen, deren belastendes Durchschlagen auf die Beziehungen zum Sozialpartner verhindern und damit eine auch gesellschaftlich wichtige Integrationsfunktion wahrnehmen. Drittens und vor allem, daß nur organisatorisch und rechtlich „befestigte" Gewerkschaften dazu in der Lage sind, auch gegen politisch motivierte innere Widerstände gesamtwirtschaftliche Mitverantwortung zu übernehmen und sich insbesondere den konjunkturellen Wechsellagen entsprechend tarifpolitisch zu verhalten. Eine organisatorisch zersplitterte Gewerkschaftsbewegung könnte hingegen schon aus Konkurrenz- und Rivalitätsgründen die erforderliche Solidarität aller Arbeitnehmervertretungen schwerlich durchsetzen, noch wäre es ihr möglich, ideologisch bedingte Radikalisierungstendenzen in vergleichbarer Weise zu kanalisieren und in den eigenen Reihen zu bewältigen, ohne daß es zu einer weiteren Abspaltung von Splittergruppen käme. Angesichts der Erfahrungen mit der Arbeitsgemeinschaftspolitik in der Zeit der Weimarer Republik ist deutlich geworden, in welchem Maße derartige innerorganisatorische Konflikte die Fähigkeit selbst einer kooperationswilligen und gemäßigten Gewerkschaftsführung beeinträchtigen, sich überhaupt noch auf Kompromißvereinbarungen einzulassen, weil sie befürchten muß, daß derartige Abschlüsse sogleich von radikalen Oppositionsgruppen in den eigenen Reihen torpediert und zur Profilierung genutzt werden.

Wie damit bereits angedeutet, gibt es schwerwiegende Gründe, die auch auf Arbeitgeberseite für einen Verzicht auf eventuelle Spaltungs- und Entmachtungsstrategien sprechen, weil damit auch die gewerkschaftliche Kooperations- und Integrationsfähigkeit als Ordnungsfaktor geschwächt werden würde. So sind also tatsächlich Ordnungs- und Gegenmachtfunktion unlösbar miteinander verbunden: nur eine Gewerkschaft, die als Gegenmacht zur unternehmerischen Entscheidungsfreiheit durchsetzungsfähig bleibt, ist auch als Ordnungsfaktor genügend stark, um die Arbeitnehmer organisatorisch zu binden, um auch radikale Kräfte zu integrieren und um als verläßlicher Vertragspartner die Einhaltung kollektiver Vereinbarungen zu gewährleisten.

Käme es dagegen infolge einer horizontalen Aufspaltung der Gewerkschaftsbewegung zu einer Vielzahl konkurrierender Einzelverbände, so würde die insgesamt mögliche Kooperationsfähigkeit rasch abnehmen, weil mit einer wachsenden Anzahl von Beteiligten zugleich verhandelt werden müßte, um überhaupt noch einen einheitlichen Tarifvertrag zustande zu bringen. Dies würde nicht nur die Verhandlungsführung erschweren, wie heute schon bei Tarifvereinbarungen im öffentlichen Dienst mit mehreren beteiligten Gewerkschaften zu beobachten ist, sondern es kämen noch die aus dem britischen Gewerkschaftssystem hinlänglich bekannten intergewerkschaftlichen Abgrenzungs- und Konkurrenzprobleme sowie die Gefahren eines gegenseitigen tarifpolitischen „Hochschaukelns" hinzu, so daß es auch zusehends schwieriger werden würde, über die jeweiligen und wahrscheinlich divergierenden Ziele und Verhandlungsstrategien der Einzelverbände hinweg überhaupt noch kompromißfähige Lösungen zu formulieren und durchzusetzen. Man stelle sich dazu in der gegenwärtigen Situation nur vor, daß in einem Tarifvertragsbereich mit zwei organisatorisch etwa gleich starken Einzelgewerkschaften verhandelt werden müßte, von denen die eine ausschließlich für Vorruhestandsregelungen, die andere hingegen ebenso ausschließlich für pauschale Verkürzungen der Wochenarbeitszeit eintritt.

Auch die Möglichkeiten der Arbeitgeberseite, eventuellen Kampfmaßnahmen durch Aussperrungen zu begegnen, wären außerordentlich erschwert, wenn wechselweise von der einen, dann wieder von der anderen Gewerkschaft gestreikt werden würde. Die angesichts der vielfältigen Probleme einer horizontalen Spaltung der Arbeitnehmergruppen nach der in Großbritannien üblichen Berufsverbandsorganisation häufig zu beobachtende Präferenz des „Closed-Shop-Prinzips“ auf Unternehmerseite sollte eine hinreichende Warnung davor sein, die organisatorische Geschlossenheit des westdeutschen Industrieverbandsprinzips leichtfertig zu gefährden.

Schließlich wäre aus Arbeitgeberperspektive noch zu bedenken, daß es durch eine beruflich, regional oder betrieblich aufgesplitterte Gewerkschaftsbewegung über die unterschiedliche Gestaltung der Arbeits- und Entlohnungsbedingungen vermutlich auch zu einer tendenziellen Auseinanderentwicklung der Wettbewerbsbedingungen für die Einzelunternehmungen und damit zu einer weiteren Schwächung der ohnehin nicht sehr ausgeprägten Verbandssolidarität kommen würde. Nicht ohne Gründe wehren sich viele Unternehmer gegen den Abschluß von Firmentarifverträgen, um im Schutze kollektiv ausgehandelter und für alle inländischen Konkurrenten gleicher Verbandsregelungen zu verbleiben. Insgesamt scheint ohnehin eine stillschweigende Übereinkunft der Arbeitgeber darin zu bestehen, daß eine mögliche Verschärfung des Wettbewerbs durch unterschiedliche Einsatzbedingungen des Faktors Arbeit weitgehend ausgeschlossen oder doch jedenfalls auf die Effektiventwicklung von Löhnen und Gehältern beschränkt werden sollte.

Hierin ist auch einer der Hauptgründe dafür zu sehen, warum die in der aktuellen Diskussion um einen möglichen Abbau der Massenarbeitslosigkeit immer wieder geforderte stärkere Differenzierung und Regionalisierung der tarifvertraglichen Vereinbarungen zwar oft verbale Zustimmung findet, in der Praxis der Verbände dann aber doch nicht realisiert wird. Dies fällt um so leichter, als nicht nur die Arbeitgeber, sondern auch die Gewerkschaftsführer wenig Bereitschaft zu einer tarifpolitischen Dezentralisierung zeigen, weil sie davon eine wachsende Autonomie auf der Ebene von Einzelunternehmungen und eine Schwächung ihrer Verhandlungsmacht als Verband befürchten müßten. Ungeachtet der beschäftigungspolitischen Wünschbarkeit einer stärkeren tariflichen Differenzierung und Regionalisierung darf nicht übersehen werden, daß kollektiv vereinbarte, einheitliche Tarifabschlüsse auch die Funktion einer Förderung der Arbeitnehmersolidarität erfüllen und einem möglichen „Betriebsegoismus“ entgegenwirken sollen.

Damit sind bereits die Gefahren einer Gewerkschaftsspaltung in vertikaler Richtung, d.h. zwischen der Ebene der Arbeitnehmer in den Betrieben und der Ebene der Spitzenfunktionäre in den Verbänden, angesprochen worden. Hier würde vor allem die gewerkschaftliche Integrationsfähigkeit rasch abnehmen, wenn Tarifverhandlungen künftig unter dem propagandistischen Druck radikaler Basisgruppen vollzogen werden müßten und jederzeit durch Gegenforderungen von der Betriebsebene unterlaufen werden könnten. Anreize für eine derartige innergewerkschaftliche Oppositionsbewegung werden besonders dann bestehen, wenn keine wesentlichen Gegenmaßnahmen zu befürchten sind, zumal Außenseitergruppen durch ein tarifpolitisches „Überbieten" leicht zu Popularitätsgewinnen kommen können, und zwar um so mehr, je größer der Abstand zwischen den eigenen radikalen Forderungen und dem, was „die da oben" vereinbaren, schließlich ausfällt. Schon dieser Umstand wird ein Anreiz sein, weit über die Grenze dcssen hinauszugehen, was wirtschaftlich und tarifpolitisch noch verantwortet werden könnte.

Verfügt die in Verhandlungen stehende Gewerkschaft dagegen über eine hinreichende organisatorische Stärke, so kann sie diese Außenseitergruppen disziplinieren, indem sie ihnen mit dem Ausschluß droht oder indem sie sie organisatorisch im einflußlosen Abseits stehen läßt. Bestehen jedoch realistische Chancen, daß sich aus dieser Oppositionsgruppe die Keimzelle einer ernstzunehmenden zukünftigen Konkurrenzorganisation entwickeln könnte, so werden die Funktionäre der etablierten Gewerkschaften eher versuchen, sich diese Forderungen möglichst zu eigen zu machen und gegebenenfalls jede radikale Wendung mitzuvollziehen, um nicht deswegen Mitglieder zu verlieren. Dies wiederum erschwert es dann auch der Unternehmensleitung, gegen die den Betriebsfrieden bedrohenden Außenseitergruppen vorzugehen, zumal aus eventuellen Sanktionen eine den gegenteiligen Effekt bewirkende Solidarisierung weiterer Belegschaftsmitglieder resultieren könnte („Märtyrer-Syndrom").

Je schwächer also die gewerkschaftliche Geschlossenheit und Mitgliederbindung ist und je leichter eine organisatorische Abspaltung durch Profilierung „nach oben" als durchführbar erscheint, desto schwerer wird es sein, derartige radikale Betriebsgruppen zu disziplinieren sowie die Einhaltung tarifvertraglicher Vereinbarungen und insbesondere der Friedenspflicht zu gewährleisten. Die negativen Auswirkungen einer hierarchischen Aufsplitterung der Gewerkschaftsorganisation, die ein mühsames Aushandeln tariflicher Vereinbarungen sowohl auf der Verbands- als auch auf der Betriebsebene erforderlich macht, lassen sich im übrigen besonders am Beispiel der im Verhältnis zu den deutschen Betriebsräten ungleich einfluß- und entscheidungsmächtigeren „Shop Stewards" im britischen Gewerkschaftssystem beobachten, die praktisch einen zusätzlichen Tarifpartner im Betrieb darstellen und nach wie vor Streiks auslösen können, wenngleich ihre frühere Handlungsautonomie mit den Gewerkschaftsgesetzen der Regierung Thatcher heute durch die notwendige Durchführung von geheimen Abstimmungen vor Arbeitskampfmaßnahmen und andere Regelungen eingegrenzt worden ist.[3]

Die beschriebenen negativen Folgen einer hierarchischen, also vertikalen Spaltung der Gewerkschaftsbewegung könnten aber auch und sogar besonders dann virulent werden, wenn es zu einem institutionalisierten Zusammenwirken mit der Arbeitgeberseite und / oder mit staatlichen Institutionen kommen sollte. Insbesondere müßte eine sich im Rahmen einer Konzertierten Aktion oder über eine Beteiligung an Wirtschafts- und Sozialräten vollziehende korporativistische Verhaltensabstimmung nahezu zwangsläufig zu Entfremdungseffekten zwischen der gewerkschaftlichen Mitgliederbasis und ihren Spitzenfunktionären führen. Schon deswegen, weil eine derartige Verhaltensabstimmung, wenn sie denn überhaupt etwas bewirken soll, letztlich auch tarifpolitische Konzessionen beinhalten müßte, würde sie einer internen Radikalisierung Vorschub leisten, weil die Gewerkschaftsführung dann verteilungspolitisch tatsächlich nicht alles „herausholen" dürfte, was „herausholbar" wäre.[4] Der klassische Verteilungskonflikt zwischen Arbeit und Kapital, zwischen „oben" und „unten", wäre damit auch zu einem selbstverschuldeten Binnenkonflikt geworden, weil die Gewerkschaftsführungen nun sowohl ihre tarifpolitischen Forderungen nach außen als auch ihre eventuelle Rücksichtnahme auf gesamtwirtschaftliche Zusammenhänge nach innen rechtfertigen müßten.

Hinzu käme, daß eine derartige Rücksichtnahme wohl nur auf einer relativ hohen Abstraktionsebene einsichtig gemacht werden könnte, die dem einfachen Gewerkschaftsmitglied nicht ohne weiteres vermittelbar sein wird. Selbst wenn aus der korporativistischen Beteiligung ein Zugewinn an öffentlicher Reputation und an Möglichkeiten gesamtwirtschaftlicher Mitbestimmung entstünde, so würden vornehmlich die Spitzenfunktionäre von diesem Machtzuwachs profitieren, wohingegen für die Arbeitnehmer wohl doch andere, auf die unmittelbare Gestaltung der Arbeits- und Entlohnungsbedingungen gerichtete Fragen von größerem Interesse bleiben werden.

Als Konsequenz einer korporativistischen Verhaltensabstimmung stünde die gewerkschaftliche Tarifpolitik somit in der ständigen Gefahr, zu einem bloßen „Residualfaktor staatlicher Wirtschaftspolitik" (Werner Glastetter) herabzusinken oder doch zumindest als ein solcher angesehen zu werden und dadurch entsprechende Legitimationsverluste vor den eigenen Mitgliedern zu erfahren.

Allerdings müßten derartige Vorbehalte in gewissem Maße auch für eine sozialpartnerschaftliche Zusammenarbeit überhaupt geltend gemacht werden, und zwar vor allem, wenn sich diese Zusammenarbeit in festen, institutionalisierten Formen und damit im Lichte der Öffentlichkeit vollziehen würde. Dies haben die Erfahrungen mit der Zentralarbeitsgemeinschaft in der Weimarer

---

[3] Siehe dazu: Hepple/Fredman, Labour Law and Industrial Relations in Great Britain, S. 229f. und ebenso S. 247ff.

[4] Vgl. Hans-Georg Koppensteiner, Konzertierte Aktion, S. 238f. *Külp* spricht in diesem Zusammenhang von einer „Opferbereitschaft" der Gewerkschaften, die für das Funktionieren einer Konzertierten Aktion erforderlich wäre. Bernhard Külp, Theoretische Grundlagen der Konzertierten Aktion, S. 106f.

Republik deutlich gezeigt. Schon um dem stets latenten Verdacht einer „Kumpanei" mit der Arbeitgeberseite zu begegnen, würden derartige Konferenzen und etwaige Vereinbarungen mit einer zumindest nach außen gezeigten verbalen Radikalisierung einhergehen müssen. Daher kann in der gegenwärtigen Situation auch ein eventuelles Wiederanknüpfen an die früheren Arbeitsgemeinschaftsabkommen nicht, jedenfalls nicht vorbehaltlos, empfohlen werden. Es ist auch fraglich, ob derartige offizielle Vereinbarungen heute, wo die öffentliche Anerkennung der Gewerkschaften als Ordnungsfaktor rechtlich und faktisch unumstritten ist, überhaupt erforderlich wären. Statt dessen könnten Einigungsversuche auf mehr informellen Wegen ebenso wirkungsvoll sein und wären zugleich nicht den beschriebenen atmosphärischen Vorbelastungen unterworfen.

3.1.3.2 Risiken neuer Arbeitskampfformen

Trotz der im Vergleich zur damaligen Situation heute veränderten organisatorischen und strukturellen Gegebenheiten wäre indes auch in der Bundesrepublik Deutschland schon in naher Zukunft eine Entwicklung denkbar, bei der zunächst eine hierarchisch vertikale Spaltung der Arbeitnehmerschaft eintritt, die dann in die Forderung nach organisatorischer Eigenständigkeit einmündet und damit eine auch horizontale Spaltung der Gewerkschaftsbewegung bewirkt. Erstaunlicherweise ist es die von den großen Industriegewerkschaften selbst seit einigen Jahren eingesetzte Streiktaktik der „Neuen Beweglichkeit",[5] deren Konsequenzen dazu führen könnten, daß sich viele Arbeitnehmergruppen überhaupt erst der tatsächlichen Bedeutung ihrer beruflichen Tätigkeit und Position im Produktionsprozeß für eine erfolgreiche Arbeitskampfführung voll bewußt werden und alsbald in Versuchung geraten könnten, diese spezifische Durchsetzungsmacht auch in eigenständige Verhandlungen für persönliche Vorteile umzusetzen.

Insbesondere die mit dem Konzept der Neuen Beweglichkeit taktisch verfolgte MiniMax-Strategie, derzufolge mit räumlich und zeitlich eng begrenzten Streikaktionen an technisch entscheidenden Stellen weitflächige Produktionsausfälle erreicht werden sollen, ist nicht nur dazu angetan, die gewerkschaftlichen Unterstützungszahlungen an zum Streik Aufgerufene zu minimieren, sondern zeigt ebenso systematisch und für alle deutlich erkennbar auf, wie lähmungsanfällig die komplexe moderne Industriegesellschaft gegen Arbeitsniederlegungen an ihren neuralgischen Knotenpunkten geworden ist und wo die für eine maximale Schadenserzeugung entscheidenden Arbeitsplätze sind. Da mit der fortschreitenden Anwendung mikroelektronischer Produktions- und Kommunikationstechniken eine immer stärkere interne und externe Vernetzung der Arbeitsmittel und Produktionswege einhergeht, werden sich mit dieser steigen-

[5] Siehe dazu: Hans Janßen, Bilanz der Neuen Beweglichkeit, S. 21 ff. und Bobke/Grimberg, „Neue Beweglichkeit", S. 579

den Komplexität auch immer neue Abhängigkeiten und Schlüsselpositionen für derartige Arbeitskampfmaßnahmen anbieten.[6] Damit könnte das, was bereits im Jahre 1974 bei den Arbeitskampfeinsätzen der Fluglotsen und der Bediensteten der öffentlichen Müllabfuhr nur ansatzweise deutlich geworden ist, künftig zu schwerwiegenden Bedrohungen für die organisatorische Geschlossenheit der Gewerkschaftsbewegung führen, wenn sich nämlich neue, beruflich orientierte Einzelverbände herausbilden, deren Mitglieder nicht der traditionellen Industriearbeiterschaft angehören, sondern vorwiegend als Angestellte in den zukünftigen technologischen Schlüsselstellungen tätig sind.

Es muß als fraglich angesehen werden, ob sich die führenden Funktionäre der großen Industriegewerkschaften der daraus entstehenden Risiken für ihre eigene zukünftige Handlungsfähigkeit überhaupt schon bewußt geworden sind. Ursprünglich mag dem Konzept der Neuen Beweglichkeit nur die Überlegung zugrunde gelegen haben, daß auf absehbare Zeit zwar eine gerichtliche Beschränkung, nicht aber ein generelles gesetzliches Verbot der Aussperrung erreichbar sein würde. Damit war es naheliegend, nach neuen Formen der Arbeitskampfführung zu suchen, bei denen eine Aussperrung zwar nicht formal, wohl aber faktisch ausgeschlossen werden konnte. Dies würde, nach der bisherigen höchstrichterlichen Entscheidungspraxis, bei zeitlich und räumlich eng begrenzten Streikaktionen unterhalb des für zulässige Aussperrungsmaßnahmen gültigen Grundsatzes der Verhältnismäßigkeit der Fall sein.[7]

Das damit in letzter Konsequenz auf die Arbeitskampfführung zu übertragende ökonomische Prinzip, nämlich dort anzusetzen, wo bereits mit einem durch diese Reaktionsschwelle begrenzten Mitteleinsatz ein hinreichender Überlegenheitsdruck erzielt werden kann, könnte indes bei fortgesetzter Anwendung unerwartete Folgen haben. Wenn künftig statt weitflächiger Massenstreiks nur noch oder doch vorrangig kleine, hochspezialisierte Beschäftigtengruppen für Streikmaßnahmen eingesetzt werden sollten, von deren Leistungsverweigerung die größtmöglichen kurzfristig erreichbaren Negativeffekte zu erwarten sind, so setzt dies eine starke Solidaritätsbereitschaft von seiten dieser zum Streik aufgerufenen Belegschaftsmitglieder voraus, zumindest aber die Möglichkeit von spürbaren Sanktionen, um eine derartige Solidarität gegebenenfalls erzwingen zu können. Dies vor allem deshalb, weil den Streikenden sehr bald bewußt werden wird, daß allein sie es sind, die als gewerkschaftliche „Speerspitze" den für Ablauf und Ergebnis der Tarifverhandlungen entscheidenden Überlegenheitsdruck erkämpfen, daß dieser dann aber in gleiche Vorteile für alle Arbeitnehmer umgesetzt wird, d. h. also auch für diejenigen, die selbst nicht über entsprechende Druckmittel verfügen könnten und sich auch nicht in vergleichbarer Weise exponieren mußten.

[6] Vgl. Hans Jürgen Rösner, Lehren aus einem langen Arbeitskampf, S. 389 und ders., Chancen und Risiken, S. 99f.

[7] Siehe dazu: Otto Ernst Kempen, Das ökonomische Kalkül in der Aussperrungsrechtssprechung des BAG, S. 75f.; Heide M. Pfarr und Hermann Brandt, Zur Geltung des Verhältnismäßigkeitsgrundsatzes bei Streik und Aussperrung, S. 325ff.

Als weiterer Faktor kommt hinzu, daß derartige Schlüsselpositionen nur regional und fachlich eng begrenzt vorhanden sein werden und daß es sich bei den für Kampfmaßnahmen ausgewählten Unternehmungen zumeist um solche mit guter Auftragslage handeln wird, so daß Produktionsausfälle sich besonders rasch negativ auswirken. Die zum Streik aufgerufenen Belegschaftsmitglieder werden sich daher in ihren tarifpolitischen Erwartungen vorrangig an dem orientieren, was sie in ihrem prosperierenden Betrieb als „herausholbar" ansehen, wohingegen die verhandlungsführenden Verbandsfunktionäre auf die wirtschaftliche Situation im gesamten Tarifgebiet Rücksicht nehmen müssen (oder zumindest sollten) und auch die Verantwortung für ein eventuelles Scheitern des Arbeitskampfes zu bedenken haben.

Beide Faktoren tragen dazu bei, daß den streikenden Beschäftigtengruppen sehr rasch bewußt werden wird, daß sie für ihre solidarische Haltung nicht nur im Arbeitskampf durch Lohnausfälle und ein eventuelles Mißtrauen des Arbeitgebers die größten materiellen und immateriellen Opfer zu erbringen haben, sondern daß sie obendrein auf mögliche Vorteile verzichten müssen, weil für den Geltungsbereich des gesamten Tarifvertrags nicht das durchsetzbar sein kann, was für sie selbst bei getrennten Verhandlungen sehr wohl zu erreichen gewesen wäre. Nun könnte dem entgegnet werden, daß sich derartige Differenzen über die Effektiventwicklung von Löhnen und Gehältern wieder auszugleichen vermögen, aber selbst dann bliebe der negative psychologische Eindruck, für andere die „Kastanien aus dem Feuer" holen zu müssen.

Nicht zuletzt diese Risiken für den Fortbestand einer umfassenden Arbeitnehmersolidarität haben die Gewerkschaftsführungen bislang dazu bewogen, über alle regionalen und wirtschaftlichen Unterschiede hinweg an möglichst einheitlichen Abschlüssen festzuhalten und zu verhindern, daß auch nur eine differenzierende inhaltliche Ausfüllung rahmensetzender Tarifverträge durch Betriebsvereinbarungen delegiert wird. Entsprechend ist das angeblich beabsichtigte gewerkschaftliche Umschwenken auf ein Konzept „betriebsnaher Tarifpolitik"[8] der Arbeitgeberseite zwar schon häufig drohend vorgehalten, in der Praxis jedoch so gut wie nie eingesetzt worden, weil damit unabweisbar Kompetenzen aus den Verbandszentralen auf die Betriebsebene übertragen werden müßten. Die alleinige Zuständigkeit für die Tarifpolitik ist aber, wie die Auseinandersetzungen mit der autonomen Betriebsrätebewegung in der Weimarer Republik gezeigt haben, ein sorgfältig gehütetes Privileg.

Mit dem vermehrten Einsatz der neuen Streiktaktik würde indes auch das Selbstbewußtsein in den dafür ausgewählten Beschäftigtengruppen wachsen, so daß es zusehends schwerer werden dürfte, an ihnen vorbei tarifpolitische Ziele beschließen und in Vereinbarungen umsetzen zu wollen. Zu bald könnte es sich dann nämlich herausstellen, daß die Gewerkschaft diese Belegschaftsmitglieder zwar als Speerspitze für die neue Arbeitskampfführung braucht, daß diese selbst aber nicht unbedingt den kostspieligen Ballast einer großen Verbandsorganisa-

[8] Vgl. Olaf Radke, Was ist betriebsnahe Tarifpolitik, S. 1179f.

tion benötigen, um sich gegen ihre Arbeitgeber durchzusetzen. Die sich damit abzeichnenden zukünftigen Grenzen gewerkschaftlicher „Fernsteuerung“ sind vor allem im Zusammenhang mit der in den Betrieben überwiegend befürworteten, in der Gewerkschaftsführung jedoch zunächst kompromißlos abgelehnten Möglichkeiten einer stärkeren Flexibilisierung der Arbeitszeit bereits deutlich geworden.

Eine weitere Konsequenz der Streiktaktik Neue Beweglichkeit besteht darin, daß sich mit den damit einhergehenden, erhöhten Anforderungen an die Arbeitnehmersolidarität auch neue Ansatzmöglichkeiten bieten werden, um die Gewerkschaften entlang der im Arbeitskampf hervortretenden potentiellen Bruchzonen zu spalten. Damit wächst für die Arbeitgeberseite die Versuchung, nach dem Prinzip eines „divide et impera“ durch gezielte materielle oder immaterielle Konzessionen die für eine wirksame Arbeitskampfführung relevanten Beschäftigtengruppen aus der gewerkschaftlichen Phalanx herauszubrechen oder doch zumindest den Verbund solidarischer Interessen weiter zu lockern. Eine derartige Strategie könnte sich um so mehr als erfolgreich erweisen, als der gewerkschaftliche Organisationsgrad, zumindest im Bereich der industriellen Produktion, ohnehin oft in negativer Korrelation zur beruflichen Qualifikation der Arbeitnehmer steht, wohingegen die an den technologischen Knotenpunkten Tätigen eher einen relativ hohen Qualifikationsstandard, aber einen eher niedrigen gewerkschaftlichen Organisationsgrad aufweisen werden.

Schließlich ist noch zu berücksichtigen, daß die Gewerkschaften in den für die zukünftige Entwicklung maßgeblichen Schwerpunktbereichen des betrieblichen Einsatzes mikroelektronischer Arbeits- und Produktionstechniken zumindest bislang wesentlich schwächer vertreten sind, als dies in den Bereichen herkömmlicher manueller Tätigkeiten der Fall ist. Auch weist die gewerkschaftliche Mitgliederstruktur nach Wirtschaftsbereichen sowie nach den Proportionen von Arbeitern und Angestellten eine Zusammensetzung auf, die etwa der Beschäftigtenstruktur der 50er Jahre entspricht. Dies wird auch von den Gewerkschaften selbst durchaus als Problem erkannt.[9] Trotzdem könnte es zukünftig, wie schon der Arbeitskampf in der Druckindustrie im Jahre 1985 beispielhaft gezeigt hat, noch häufiger dazu kommen, daß vor den Werkstoren die Streikenden protestieren, wohingegen im Betrieb die Produktion aufgrund der neuen technischen Möglichkeiten zumindest auf kurze Sicht nahezu ungestört fortgesetzt werden kann. Ob die neuerlich erwogenen Betriebsbesetzungen gegen derartige „Streikbrecher“ ein taktisch geeignetes und rechtlich einwandfreies Mittel sein könnten, ist zumindest zweifelhaft.[10]

---

[9] Vgl. Imiela / Krieger / Löhrlein, Mitgliederzahlen: Struktur und Entwicklung bei den Angestellten, S. 50ff.

[10] Siehe dazu: Peter Hanau, Die Betriebsbesetzung — ein Exzeß?, in der „Frankfurter Allgemeinen Zeitung“ vom 3. 1. 1987. Dazu eher befürwortend: Harro Plander, Arbeitslosigkeit, Neue Technologien und gewerkschaftliche Streikfähigkeit, S. 11f.

Aber selbst wenn die Arbeitgeberseite auf ein „Gegeneinander-Ausspielen" einzelner Beschäftigtengruppen verzichten sollte oder doch wenigstens dabei erfolgslos bliebe, so könnte sich doch das bereits angesprochene Problem von Außenseiterpositionen dadurch verschärfen und in einer neuen Weise stellen, daß die Belegschaftsmitglieder in den für die neue MiniMax-Strategie entscheidenden Schlüsselpositionen auf den naheliegenden Gedanken kommen, nicht erst den Streikaufruf aus den Gewerkschaftszentralen abzuwarten, sondern ihre bereits hinreichend erprobte Durchsetzungsmacht auch autonom und für sehr eigennützige Ziele einzusetzen. Und da diese Beschäftigtengruppen aufgrund der neuen Arbeitskampfführung auch über genügend Erfahrung mit der Planung und Durchführung derartiger zeitlich und räumlich ohnehin eng begrenzter Streikaktionen verfügen dürften, würden sie damit wohl auch erfolgreich sein, zumal die Arbeitgeberseite, nicht nur um Produktionsausfälle zu begrenzen, sondern auch aus den bewußten Spaltungsüberlegungen heraus, daran interessiert sein wird, diesen Beschäftigten in besonderer Weise entgegenzukommen.

Zumindest würden die ohnehin latent vorhanden vertikalen Entfremdungstendenzen zwischen betrieblicher und gewerkschaftlicher Arbeitnehmervertretung dadurch gefördert werden. Jede derartige operative Verstärkung oder inhaltliche Erweiterung der Handlungsautonomie auf Betriebsebene verringert indes auch die gewerkschaftliche Fähigkeit, auf der Verbandsebene tarifpolitische Ziele verbindlich vorzugeben und dann einheitlich durchzusetzen, um insoweit eine „solidarische Lohnpolitik" zu betreiben. Ob allerdings ein derartiger Zentralismus aus gesamtwirtschaftlicher Perspektive überhaupt wünschenwert sein könnte, wäre nach den vorangegangenen Überlegungen durchaus zwiespältig zu beurteilen: den bei einer Dezentralisierung verbesserten Chancen für eine stärkere regionale und strukturelle tarifliche Differenzierung stünde ein Funktionsverlust der Gewerkschaften als Ordnungsfaktor sowie das Risiko unvorhersehbar aufflackernder Streikaktionen auf der Betriebsebene entgegen. Ebenso könnte es, ähnlich wie bei einer horizontalen Gewerkschaftsspaltung, auch durch vertikale Spaltungstendenzen zu überzogenen tarifpolitischen Forderungen kommen, die nicht wirtschaftlich, sondern vornehmlich vom Konkurrenzaspekt bestimmt werden, indem sich betriebliche und gewerkschaftliche Arbeitnehmervertretungen oder aber auch beruflich getrennte Beschäftigtengruppen gegenseitig zu überbieten versuchen.

Vor einer stärkeren Übertragung des Wettbewerbsprinzips auf den Bereich der Arbeitsbeziehungen wäre somit zu bedenken, daß hier außerökonomischen Faktoren eine ungleich größere Bedeutung zukommt, als dies auf Gütermärkten allgemein der Fall ist. Nach meiner vorangehend bereits begründeten Auffassung ist es daher insgesamt als ein wesentlicher Vorzug des Betriebsverfassungsgesetzes anzusehen, daß es die betrieblichen Arbeitnehmervertretungen unter ausdrücklichem Ausschluß von Arbeitskampfmaßnahmen auf eine vertrauensvolle Zusammenarbeit mit der Unternehmensleitung verpflichtet und von nahezu allen tarifpolitischen Aufgaben fernhält. Auch unter diesem Gesichtspunkt wäre es somit günstiger, die ordnungspolitische Integration der Gewerkschaften zu verbessern, als ihre Schwächung durch Spaltung anzustreben.[11]

Schließlich wäre, wiederum als Konsequenz der neuen Arbeitskampfführung, ein verstärktes Durchschlagen der beschriebenen ideologisch begründeten Konfliktorientierung auf die Arbeitsbeziehungen zu erwarten, denn gerade weil es sich bei den Kerntruppen der MiniMax-Strategie um relativ kleine, in sich homogene und damit gut überschaubare Belegschaftsgruppen mit ähnlichen Tätigkeitsbereichen handelt, würden sie sich auch in besonderer Weise als Keimzellen einer allmählichen Unterwanderung durch radikale Kräfte eignen, die in einer zahlenmäßig größeren Organisation ungleich schwieriger zu erreichen wäre. Da es zudem nicht des schwerfälligen Gewerkschaftsapparates bedürfte, um eine regional und (wegen der Durchschlagskraft des Arbeitsausfalls) zeitlich begrenzte Streikaktion in Gang zu setzen, würde sich hier ein nahezu idealer Ansatzpunkt für ideologisch motivierte Störaktionen innergewerkschaftlicher Oppositionsgruppem anbieten.

Vor allem die im Dezember 1986 und im Januar 1987 in Frankreich abgelaufenen Streikaktionen bei der Eisenbahn, bei der Stromversorgung und bei den Pariser Stadtverkehrsbetrieben haben in jüngster Zeit ein anschauliches Beispiel dafür geliefert, wie ein Arbeitskampf an den schwerfälligen, etablierten Gewerkschaften vorbei von kleinen, jedoch gut organisierten und durchsetzungskräftigen Basisgruppen linksextremer Aktivisten durchgesetzt und vorangetrieben werden kann. Zwar gibt es in der Bundesrepublik Deutschland gegenwärtig keine der andersartigen anarcho-syndikalistischen Gewerkschaftstradition Frankreichs vergleichbare Wiederbelebung der aber immerhin noch in der Zeit der Weimarer Republik erbittert geführten gewerkschaftsinternen Auseinandersetzungen mit einer radikal-sozialistischen bzw. kommunistischen „Revolutionären Gewerkschafts-Opposition“, doch ist die Gefahr einer Virulenz derartiger Spaltungserscheinungen angesichts eines möglichen Übergreifens der beschriebenen neuen ideologischen Radikalisierungstendenzen zumindest nicht von der Hand zu weisen. Es hat dafür auch in der westdeutschen Nachkriegsgeschichte schon einige Beispiele gegeben, und zwar neben dem bereits erwähnten Wiederaufleben der revolutionären Betriebsrätebewegung als Teilkonzept der vor allem 1946 und 1947 betriebenen kommunistischen Einheits- und Volksfrontpolitik insbesondere im Zusammenhang mit dem Auftreten sogenannter wilder Streikaktionen in der Metallindustrie und im Bergbau des Ruhrgebietes im September 1969. Formaler Auslöser der Proteste war eine (auch) aus der langen Laufzeit von 18 Monaten resultierende Revisionsbedürftigkeit der Tarifverträge wegen offensichtlicher Diskrepanzen zwischen der Gewinn- und der Lohnentwicklung, die sich insbesondere in einer

---

[11] Hier werden gegenwärtige Bestrebungen angesprochen, im Betriebsverfassungsgesetz (zum Beispiel) durch die Institutionalisierung von „Sprecherausschüssen“ für Leitende Angestellte Minderheitenrechte stärker zur Geltung kommen zu lassen. Siehe dazu: Hans Jürgen Rösner, Betriebsverfassungsgesetz, S. 295ff.

starken positiven Lohndrift ausgewirkt hatten. Indem die Gewerkschaften sich schließlich gezwungen sahen, die Forderungen der Streikenden weitgehend zu übernehmen und entsprechenden Druck auf die Arbeitgeber auszuüben, um eine vorzeitige Aufhebung der noch gültigen Tarifverträge zu erreichen, war der Beweis erbracht, daß die gewerkschaftliche Tarifpolitik erfolgreich durch Aktionen auf Betriebsebene unterlaufen werden kann.[12] Jedenfalls gehört der wilde Streik spätestens seit diesem Jahr zum festen Repertoire arbeitskampfpolitischer Druckmittel, und seitdem kann es sich auch kaum noch eine Gewerkschaftsführung leisten, etwa unter Rücksichtnahme auf gesamtwirtschaftliche Verhaltensabsprachen in einer „Konzertierten Aktion", wie es damals vermutlich der Fall war, hinter den tatsächlichen tarifpolitischen Umverteilungsmöglichkeiten zurückzubleiben.[13]

3.1.3.3 Gefährdungen der Integrationsfunktion

Aus diesen und den in der Zeit der Weimarer Republik gesammelten Erfahrungen ist für den Themenzusammenhang vor allem die Konsequenz wesentlich, daß eine Übernahme gesamtwirtschaftlicher Gestaltungsaufgaben und entsprechender Mitverantwortung durch die Sozialpartner in der Regel zu einer steigenden „Innenbelastung" der Arbeitsbeziehungen führen wird, die sich innerhalb der Gewerkschaften in der Gefahr vertikaler Entfremdungseffekte und steigender ideologischer Radikalisierungstenzen auswirken kann. Eine Politik sozialpartnerschaftlichen Interessenausgleichs setzt also, wie vor allem am Zerfall der Zentralarbeitsgemeinschaft deutlich geworden ist, zumindest auf seiten der Gewerkschaften nicht nur die Bereitschaft, sondern ganz wesentlich auch die Fähigkeit zur Zusammenarbeit voraus, die Fähigkeit nämlich, dem zu erwartenden Innendruck standzuhalten, ohne daß die organisatorische Geschlossenheit zerbricht und es zu dauerhaften Abspaltungen kommt.

---

[12] "Die Septemberstreiks versetzten der zentralen koordinierten Verhaltensabstimmung, der Vorprogrammierung der Lohnabschlüsse den bisher schwersten Schlag". Otto Jacobi, Einkommenspolitik contra Lohnpolitik, S. 132. Zu den Hintergründen: Gerhard Leminsky, Spontane Arbeitsniederlegungen, S. 641 ff.

[13] Vgl. Hans-Georg Koppensteiner, Konzertierte Aktion, S. 238. Wie schwierig es für eine Gewerkschaft werden kann, ein organisatorisches Abspalten von Außenseiterpositionen zu begrenzen, läß sich am Beispiel der oppositionellen „Linken Liste" im Bereich der IG-Metall aufzeigen: Nachdem diese Liste unter Führung der Gewerkschaftsmitglieder Hoss, Mühleisen, d'Andrea bei den Betriebsratswahlen bei *Daimler-Benz* 1972 konkurrierend zur IG-Metall aufgetreten war und sogleich fünf Betriebsratssitze gewinnen konnte, reagierte die IG-Metall mit Ausschluß. Trotzdem (oder vielleicht sogar deswegen?) konnte die Linke Liste bei den nächsten Wahlen sieben, dann sogar zwölf Mandate erringen (1978). Ähnliche Oppositionsgruppen bildeten sich auch (zum Beispiel) bei der *Hoechst* AG (Liste „Kollegen für eine durchschaubare Betriebsratsarbeit") und bei der *Adam Opel* AG (Liste „Revolutionäre Gewerkschafts-Opposition"). Siehe dazu die Berichterstattung in den Tageszeitungen, so zum Beispiel in der „F.A.Z." vom 3. und vom 21. März sowie vom 26. September; im „Handelsblatt" vom 4. April und vom 28. Oktober 1981

Die Kehrseite einer erfolgreichen gewerkschaftlichen Selbstbehauptung besteht allerdings darin, daß sich, gerade wenn eine von außen vorgetragene Opposition als ziemlich aussichtslos gelten muß, dann nur der Ausweg anbietet, radikale Gegenpositionen in die Gewerkschaften hineinzutragen, um ihre interne Kohäsion damit allmählich zu lockern und einzelne Mitgliedergruppen zu isolieren. Derartige Unterwanderungs- und Spaltungsstrategien haben in der deutschen Gewerkschaftsbewegung eine lange zurückreichende Tradition, von der beschriebenen erfolgreichen Selbstbehauptung der sozialdemokratischen Gewerkschaftsführer gegen die revolutionären Arbeiter- und Soldatenräte in der Zeit der Weimarer Republik bis hin zu der erneut aufflackernden kommunistischen Rätebewegung bei Betriebsbesetzungen und Streikaktionen in den ersten Jahren nach dem Zweiten Weltkrieg ziehen sich derartige Auseinandersetzungen wie ein roter Faden durch die Gewerkschaftsgeschichte, und entsprechend sind auch die innergewerkschaftlichen Abwehrmechanismen gegen derartige oppositionelle Bestrebungen hochentwickelt.[14] Trotzdem werden die deutschen Gewerkschaften sich diesen inneren Konflikten niemals völlig entziehen können. Ganz im Gegenteil ist deren Fortbestehen geradezu als symptomatisch für die eigene organisatorische Stärke und dafür anzusehen, daß die Abspaltung derartiger radikaler Gruppen zumindest gegenwärtig keine Erfolgschancen hätte. Indem die Einheitsgewerkschaft auch politisch extreme Kräfte an sich bindet, dabei aber den beschriebenen Unterwanderungsversuchen in demokratischer Weise widersteht, leistet sie somit eine für die wirtschaftliche und politische Stabilität gleichermaßen wertvolle Integrationsfunktion, die keineswegs leichtfertig gefährdet werden sollte. Wenn die organisatorische und programmatische Kohäsion der Einheitsgewerkschaft eines Tages nicht mehr ausreichte, um die pluralistische Auffächerung der Arbeitnehmerschaft abzubilden, durch die Bindung an Mehrheitsentscheidungen zu disziplinieren und in die tarifpolitische Verantwortung miteinzubeziehen, so wären ein ungehindertes Durchschlagen ideologischer Radikalisierungstendenzen auf die Arbeitsbeziehungen in Form von nicht verhandlungs-, zumindest aber nicht konsensfähigen Extrempositionen, lang andauernde Arbeitskämpfe und „wilde“ oder „spontane“, jedenfalls gewerkschaftlich unkontrollierte, Störungen des Betriebsfriedens zu befürchten.

Eben weil die Gewerkschaftsführung durch die selbstverschuldete Krise der Gemeinwirtschaft und wegen der ungwohnten Herausforderungen eines beschleunigten Strukturwandels bei andauernder Massenarbeitslosigkeit in eine

[14] Als anschauliches Beispiel für Strategie und Taktik kommunistischer Gewerkschaftsarbeit werden die Infiltrationsversuche der KPD in der IG Bau-Steine-Erden während der 50er Jahre von Georg *Leber* beschrieben. Vgl. Georg Leber, Vom Frieden, insb. S. 37 - 54. In neuerer Zeit scheint diese Abwehrbereitschaft indes deutlich schwächer geworden zu sein, zu diesem vielfach belegten Ergebnis kommt jedenfalls: Manfred Wilke, Einheitsgewerkschaft zwischen Demokratie und antifaschistischem Bündnis, S. 295 ff. Zu den Wegen und Methoden kommunistischer Unterwanderungspolitik in der Weimarer Republik: Hermann Weber, Kommunisten und Gewerkschaften in Deutschland, S. 512 ff.

tiefgehende Orientierungs- und Legitimationskrise geraten ist, vermag sie gegenwärtig dem internen Radikalisierungsdruck nicht mehr hinreichend standzuhalten, sondern muß ihn nach außen, d.h. auf Arbeitgeber und Bundesregierung, ableiten, um dann mit dem Solidarisierungseffekt des zu erwartenden wirtschaftlichen und politischen Gegendrucks die notwendige Geschlossenheit in den eigenen Reihen wiederherzustellen. Diese internen Zusammenhänge sind besonders schon bei den Auseinandersetzungen um den § 116 des Arbeitsförderungsgesetzes deutlich sichtbar geworden.

Wenn der sich damit andeutende ideologische Zerfall fortschreiten sollte, so müßte dem durch geeignete ordnungspolitische Maßnahmen entgegengewirkt werden, denn gerade weil die Einheitsgewerkschaft diese Konflikte in den eigenen Reihen auszutragen hat, besteht tatsächlich keine Gewähr dafür, daß sie nicht eines Tages doch ideologisch „aus dem Ruder läuft" und den ihr immanenten Spaltungstendenzen erliegt. Gewerkschaftliches Handeln wird sich somit stets zwischen dem Vorwurf allzu großer systemstabilisierender Nachgiebigkeit und Protesten gegen eine angeblich bevorstehende Machtübernahme linker Revolutionäre vollziehen müssen. Aber, und darauf soll erneut hingewiesen werden, indem die Einheitsgewerkschaft diesen Zerreißproben standhält, übt sie nicht nur eine gesellschaftlich bedeutsame politische Integrationsfunktion aus, sondern sie entlastet zugleich die Arbeitsbeziehungen von ideologischen Spannungen, die sonst ungefiltert auf die Innenbeziehung zum Sozialpartner oder auf die Außenbeziehung zum Staat durchschlagen würden.

Schon um die konfliktentlastenden und integrationsfördernden Funktionen zu sichern, die nur von einer starken Einheitsorganisation übernommen werden können, sollte keineswegs der in der Weimarer Republik begangene Fehler wiederholt werden, den gewerkschaftlichen Radikalisierungstendenzen eine vergleichbar konzessionslose Verhärtung der Interessenstandpunkte auf Arbeitgeberseite entgegenzustellen, weil dies die Position der Gewerkschaftsführungen nur weiter schwächen, der internen klassenkämpferischen Ideologisierung hingegen nur weiteren Auftrieb geben würde. Auch auf jeden Versuch einer horizontalen oder vertikalen Gewerkschaftsspaltung sollte deshalb und aus den vorangehend genannten Gründen verzichtet werden. Dieses Anerkenntnis bedeutet indes nicht, daß es nicht möglich und sogar wünschenswert wäre, die Funktionsfähigkeit der Einheitsorganisation durch geeignete ordnungspolitische Rahmenbedingungen wirkungsvoll von außen zu unterstützen.

Ein möglicher Ansatzpunkt wäre zum Beispiel darin zu sehen, die gewerkschaftsinternen Mechanismen zu stärken, die zu einer Dämpfung von Radikalisierungstendenzen beitragen könnten. Wesentliche Bedeutung kommt in dieser Hinsicht dem Mehrheitsprinzip als tragendem Bestandteil des sozialpartnerschaftlichen Minimalkonsenses zu. Erfahrungsgemäß geht in mitgliederstarken Interessenverbänden allein schon von der strikten Beachtung der Mehrheitsverhältnisse eine ausgleichende Wirkung auf die inhaltliche Radikalität getroffener Entscheidungen aus, weil gewöhnlich mit einer Vielzahl von Mitgliedern auch eine Vielfalt von zumindest teilweise divergierenden Einzelinteressen und Verhaltensdispositionen zusammenkommt, so daß extreme Positionen in der Regel nicht mehrheitsfähig sein werden oder doch zumindest eine Relativierung erfahren. Hinzu kommen muß allerdings, daß das Mehrheitsprinzip auch tatsächlich durch demokratische, d.h. geheime und freie, Abstimmungsprozeduren in der beschriebenen Weise dämpfend wirksam werden kann, weil sonst Einschüchterungsversuche zu erwarten sind, so daß schließlich vorwiegend die radikalen Kräfte noch zu Abstimmungen erscheinen werden, wohingegen die gemäßigteren Gewerkschaftsmitglieder erst gar nicht an den Versammlungen teilnehmen, um sich nicht Pressionen aussetzen zu müssen. Diese Entwicklung ist insbesondere im britischen Gewerkschaftssystem zu beobachten gewesen und hat nicht unwesentlich zur Radikalisierung beigetragen, bevor die Gewerkschaftsführungen auf gesetzlichem Wege zu geheimen Urabstimmungen vor Arbeitskampfmaßnahmen verpflichtet worden sind.[15]

Wenn sich daher die in jüngster Zeit in der deutschen Gewerkschaftsbewegung zu beobachtende Tendenz nicht wieder umkehren sollte, zum Beispiel bislang vorgesehene Urabstimmungen vor Arbeitskampfmaßnahmen durch Beschlüsse zentraler Führungsgremien zu ersetzen, so wäre im Rahmen einer ordnungspolitischen Neuorientierung auch an eine gesetzliche Verpflichtung auf derartige Verfahrensregeln zu denken. Allerdings sollte zuvor an die Einsicht der Gewerkschaftsführungen appelliert werden, weil zumindest zwei wichtige Argumente auch aus dieser Perspektive dafür sprechen, die Beachtung des Mehrheitsprinzips durch demokratische Abstimmungsprozeduren eher weiter auszubauen als abzuschaffen.

Zum ersten ist auch hier wieder auf negative Auswirkungen der neuen gewerkschaftlichen Arbeitskampfführung hinzuweisen, weil sie die bereits erkennbar gewordene Neigung verstärken könnte, Urabstimmungen nur noch in sorgfälig dafür ausgewählten Einzelbetrieben stattfinden zu lassen. Des weiteren, weil die nach der Überraschungstaktik „Neue Beweglichkeit" einmal hier, einmal dort, jedenfalls unberechenbar und doch stets an produktionstechnisch neuralgischen Punkten eingesetzten kurzzeitigen Arbeitsniederlegungen geradezu dazu herausfordern, das Prinzip von Urabstimmungen faktisch zu unterlaufen, auch wenn es formal weiterbesteht.

Die Gewerkschaft spart auf diese Weise zwar Streikgeldzahlungen, doch droht ein Verlust an demokratischer Legitimation, denn während die Arbeitgeber sich dieser neuen Arbeitskampfstrategie früher oder später zu erwehren lernen werden, so zum Beispiel durch Betriebsstillegungen („kalte Aussperrungen"), sind es die nicht selbst streikenden Belegschaftsangehörigen in den davon betroffenen Betrieben, die den eigentlichen Schaden erleiden, denn sie werden an den massenstreik- bzw. aussperrungsähnlichen Fernwirkungen der Punktstreiks beteiligt, ohne über ihre Arbeitskampfbereitschaft befragt worden zu sein, ohne

[15] Siehe dazu: Hepple/Fredman, Labour Law and Industrial Relations in Great Britain, S. 247ff.

sich der Beteiligung entziehen zu können und ohne für die Verdienstausfälle wenigstens Streikunterstützung zu erhalten, — künftig wohl nicht einmal mehr Kurzarbeitergeld.

In dieser sich abzeichnenden Tendenz zu einer Nichtbeteiligung der eigentlich Betroffenen an der Entscheidung über Arbeitskampfmaßnahmen liegen große Risiken für den sozialen Frieden, weil die mäßigenden Wirkungen einer Anwendung des Mehrheitsprinzips durch Urabstimmungen wegfallen, wenn über Streikmaßnahmen in Zukunft vorrangig in den Gewerkschaftszentralen und nicht mehr in den Betrieben entschieden werden sollte. Zugleich wird es mit der zunehmenden horizontalen und vertikalen Vernetzung der Produktionswege für die Arbeits- und Sozialgerichte immer schwieriger, in der sich mit der neuen Arbeitskampfführung ausbreitenden diffusen Vielfalt von quantitativ und qualitativ höchst unterschiedlichen Streikformen überhaupt noch zu entscheiden, wer zu den direkt oder indirekt Betroffenen zählt, zu welchen Zeitpunkten noch Friedenspflicht oder schon Arbeitskampffreiheit bestanden hat, welche Arbeitskampfmittel jeweils als angemessen gelten können und welche nicht. Vor allem für die Beschäftigten werden damit die rechtlichen und wirtschaftlichen Konsequenzen einer direkten oder auch nur indirekten Beteiligung an Arbeitskampfmaßnahmen kaum noch kalkulierbar.

Zum zweiten wäre es mit dem demokratischen Selbstverständnis der Gewerkschaften und mit der von ihnen geforderten umfassenden sozialen Mitbestimmungskompetenz kaum zu vereinbaren, wenn sich der Machtanspruch der Verbandsfunktionäre in so unverhüllter Weise auf eine Fernsteuerung und Entmündigung der Beschäftigten richten würde. Vor allem ist es sehr zweifelhaft, ob in der zukünftigen Arbeitnehmerschaft insgesamt überhaupt noch die dazu erforderliche solidarische Disziplin und Unterordnungsbereitschaft vorhanden sein würde. Die mit dem wirtschaftlichen und technischen Strukturwandel parallel voranschreitenden Veränderungen in der Beschäftigtenstruktur werden vermutlich zu einer weiter abnehmenden quantitativen Bedeutung der traditionell gewerkschaftsorientierten Industriearbeiterschaft beitragen und die Entwicklung zu einer überwiegend von Angestellten geprägten Informations- und Dienstleistungsgesellschaft begünstigen. Zumindest tendenziell ist davon eine Abnahme der internen Kohäsion und Bindungskraft der großen Industriegewerkschaften durch fortschreitende berufliche „Emanzipation" der Mitgliederbasis zu erwarten.

Wenn sich die Gewerkschaftsbewegung dieser Entwicklung nicht rechtzeitig stellt, laufen ihre Führer tatsächlich Gefahr, „generals of shrinking armies" zu werden, deren Aufgabe vornehmlich noch darin bestünde, die Nachhutgefechte um weitere Subventionierungen für sozial absteigende Arbeitnehmergruppen auszutragen.[16] Dies ist besonders im Bergbau, in der Eisen- und Stahlindustrie

[16] Vgl. Ralf Dahrendorf, Verhindern statt vorantreiben? Die Kehrtwendung der Gewerkschaften: von der Zukunft zurück zur Vergangenheit, in der Wochenzeitung „Die Zeit" vom 18. Mai 1984

und bei den Werften bereits überaus deutlich geworden. Hält diese Entwicklung an, so werden die Industriegewerkschaften in der öffentlichen Meinung früher oder später mit dem Negativimage des „ewig Gestrigen" belegt werden und sich zusehends auch von den Berufsperspektiven junger Erwerbspersonen entfremden, deren Interesse nicht auf die Erhaltung alter, obsolet gewordener, sondern auf die Schaffung neuer, zukunftsträchtiger Arbeitsplätze gerichtet sein wird. Wenn die Gewerkschaftsführungen sich in dieser Situation beschleunigten Strukturwandels dann noch von demokratischen Abstimmungsprozessen zu lösen versuchen, so schneiden sie sich selbst von den Rückkoppelungssignalen ab, die für eine künftige Integration der sich gleichermaßen wandelnden Arbeitnehmerinteressen richtungweisend sein könnten.

Vor allem drohen sie damit auch in Gegensatz zu den veränderten Einstellungen einer in demokratischer Freiheit und relativem Wohlstand nachgewachsenen Arbeitnehmergeneration zu geraten, deren gesteigertes Autonomiebewußtsein jeglicher Form von Fremdbestimmung ablehnend gegenüberstehen wird und der die Beachtung demokratischer Prozeduren als selbstverständlich gilt. Mit einer bloßen Neuauflage des überholten klassenkämpferischen Begründungsansatzes werden diese jungen Arbeitnehmer kaum dauerhaft zu disziplinieren und zur aktiven Mitarbeit zu bewegen sein, so daß der Gewerkschaftsbewegung daraus Überalterungsprobleme und Attraktivitätsverluste entstehen könnten.

Mit diesen veränderten Einstellungen der nachwachsenden Erwerbspersonengeneration zur Arbeits- und Berufswelt ist bereits eine weitere Richtung angesprochen worden, aus der die gewerkschaftliche Integrationskraft zukünftig bedroht werden könnte, weil es als sehr zweifelhaft gelten muß, ob die bisherige kollektive Tarifpolitik der sich offenbar unaufhaltsam weiter entfaltenden Individualisierung der Arbeitsbedingungen und Beschäftigungsverhältnisse zukünftig noch angemessen sein könnte.

Es wäre ein großer Irrtum von seiten der Gewerkschaftsführungen, in dieser Entwicklung vornehmlich einen „Trick" der Arbeitgeberseite zu vermuten, um die Belegschaften zu spalten und zu entsolidarisieren. Tatsächlich ist nicht zu übersehen, daß diese zunehmende Individualisierung der Arbeit in engem Einklang mit dem Wunsch vieler Berufstätiger nach mehr „Zeitsouveränität" steht. Ursächlich hierfür sind die gestiegene Berufstätigkeit der Frauen, die gemeinsame Übernahme von Hausarbeit und Kinderfürsorge durch beide Partner, aber auch der Wunsch nach mehr Freizeit und nach flexibler individueller Arbeitszeitgestaltung.[17]

Die traditionell auf die Durchsetzung möglichst einheitlicher Arbeitsbedingungen gerichtete gewerkschaftliche Tarifpolitik droht damit in einen wachsenden Widerspruch zu den eigentlichen Zielen und Interessen vieler Berufstätiger zu geraten. Hinzu kommt, daß die Anwendungsfolgen der auf mikroelektroni-

---

[17] Vgl. Paul Pawlowsky, Arbeitsorientierungen im Wandel, S. 7ff.

schen Bauelementen basierenden „Neuen Technologien“ diesen veränderten Bedürfnissen in geradezu idealer Weise entgegenkommen werden.[18] Mit den zukünftigen Möglichkeiten einer fortschreitenden räumlichen und zeitlichen Entkopplung von Betriebszeit und Arbeitszeit werden vielfältige neue Formen von Differenzierung und Flexibilisierung der Arbeitsbedingungen realisierbar, die sich mit dem „Heckenschnitt“ branchenweit einheitlicher Tarifverträge ohne hinreichende Berücksichtigung der betrieblichen Gegebenheiten sowie der individuellen Präferenzen an der Belegschaftsbasis kaum noch abbilden lassen werden.[19]

Damit könnte es insgesamt für eine rasche Bewältigung der seit langem anstehenden strukturellen Anpassungserfordernisse und für einen Abbau der Arbeitslosigkeit von entscheidender Bedeutung sein, daß Bundesregierung, Gewerkschafter und Unternehmer ohne größere Reibungsverluste zu einer konsensfähigen, die Aspekte der Sozial- und Tarifpolitik integrierenden Neuorientierung gelangen, die sowohl den Veränderungen in der Arbeits- und Berufswelt hinreichend Rechnung trägt als auch für mehr Beschäftigung zu sorgen vermag. Die bloße kollektive Fortschreibung der primär verteilungsorientierten „alten“ Tarifpolitik könnte hingegen bei nur relativ schwachem Wirtschaftswachstum und vor dem Hintergrund hoher strukturell und demografisch bedingter Arbeitslosigkeit dazu führen, daß zwar die bereits Beschäftigten nach wie vor am Produktivitätsfortschritt partizipieren, für viele andere Erwerbspersonen aber gerade diese tarifpolitischen Erfolge zu unüberwindbaren Eintrittsbarrieren in Beschäftigungsverhältnisse werden. Eine derartige Entwicklung müßte die jetzt schon erkennbaren vertikalen und horizontalen Desintegrationstendenzen in der Arbeitnehmerschaft noch verstärken, nämlich in eine Spaltung

— zwischen Beschäftigten und dauerhaft Arbeitslosen,
— zwischen Vollzeit- und Teilzeitbeschäftigten,
— zwischen legal Beschäftigten und solchen in einer sich ausdehnenden „Schattenwirtschaft“,
— zwischen Beschäftigten in wachsenden und in stagnierenden oder schrumpfenden Wirtschaftszweigen,
— zwischen Beschäftigten im öffentlichen Dienst und in der Privatwirtschaft,
— zwischen sozialabgabeleistenden und sozialabgabeempfangenden Bevölkerungsgruppen.

Hieraus könnte die Gefahr resultieren, daß die funktionelle und personelle Einkommensverteilung im öffentlichen Bewußtsein immer weniger individuelle Leistungsanstrengung und ökonomische Effizienz widerspiegelt, sondern vielmehr als Ergebnis gruppenegoistischer Interessendurchsetzung empfunden wird. Der zu beobachtende tarifpolitische Gleichschritt, quer über die tatsäch-

---

[18] Vgl. Hans Jürgen Rösner, Chancen und Risiken, S. 105ff.

[19] Vgl. Gerhard Bosch, Hat das Normalarbeitsverhältnis eine Zukunft?, S. 165ff.

lich doch sehr unterschiedlichen regionalen und branchenspezifischen Gegebenheiten hinweg, ist deshalb nicht nur symptomatisch für eine Tarifautonomie, die „ihre den Sacherfordernissen und Sachgerechtigkeiten entsprechende Differenzierungskraft weitgehend verloren" hat,[20] sondern mindestens ebenso Ausdruck einer mit diesen Vermachtungstendenzen einhergehenden Entsolidarisierung der beschäftigten mit den beschäftigungslosen Arbeitnehmern, weil offensichtlich wenig Bereitschaft besteht, zugunsten neuer Arbeitsplätze auf mögliche Einkommensvorteile zu verzichten. Dabei könnten Arbeitszeitverkürzungen schon einen wichtigen Beitrag liefern, sofern sie zugunsten von Neueinstellungen ohne vollen Lohnausgleich erfolgen würden.

Überhaupt sind die Möglichkeiten einer beschäftigungsorientierten im Gegensatz zur traditionell verteilungsorientierten Tarifpolitik in der Bundesrepublik noch kaum wahrgenommen worden. Dabei könnten (zum Beispiel) Konzessionen in den Lohn- und Gehaltsforderungen sehr wohl, wie es in den USA schon häufig und erfolgreich praktiziert worden ist, in beschäftigungsfördernde und -sichernde Vereinbarungen mit der Arbeitgeberseite umgesetzt werden.[21] Des weiteren ist die große Vielfalt an Teilzeitarbeitsmöglichkeiten bislang tarifpolitisch noch kaum ausgeschöpft worden. Von seiten des Staates könnten derartige Versuche durch eine entsprechende Ausgestaltung der Sozialen Sicherung, wie es mit dem Beschäftigungsförderungsgesetz des Jahres 1985 bereits erfolgt ist, ergänzt und abgestützt werden.[22]

Eine derartige Neuorientierung müßte auch aus gewerkschaftlicher Sicht als sinnvoll angesehen werden, denn während sich heute wohl noch viele arbeitslose oder unterbeschäftigte Arbeitnehmer in der Illusion wiegen mögen, wenigstens irgendwann doch noch in den vollen Genuß der tarifpolitischen Errungenschaften zu gelangen, könnte dies schon bald in die ernüchternde Erkenntnis umschlagen, daß es gerade die Ergebnisse dieser starren, nahezu ausschließlich von den Interessen der „Stammbelegschaften" diktierten Tarifpolitik sind, die ihrem Einstieg in ein vollwertiges und dauerhaftes Beschäftigungsverhältnis verhindernd entgegenstehen. Diese Einsicht könnte den Legitimationsanspruch der Gewerkschaften, die Interessenorganisation aller Arbeitnehmer zu sein, schon bald stärksten Zerreißproben ausliefern und den Fortbestand der Einheitsgewerkschaft gefährden. So könnten Arbeitnehmer zum Beispiel versuchen, sozusagen an den Gewerkschaften und den von ihnen tariflich normierten

---

[20] Bernd Rüthers, Kollektives Arbeitsrecht und Wettbewerbsordnung, S. 395, und Hans Jürgen Rösner, Mehr Arbeitsmarkteffizienz durch Tarifflexibilisierung?, S. 602f.

[21] So sind zum Beispiel in den letzten Jahren zwischen den großen Lufverkehrsgesellschaften und ihren Gewerkschaften sowie von der „United Auto-Workers" Gewerkschaft (UAW) tarifliche Konzessionen zugunsten von Arbeitsplatz- und Beschäftigungsgarantien vereinbart worden. Siehe dazu die kritischen Anmerkungen bei: Dombois/Sengenberger, Die Automobilarbeitergewerkschaft UAW, S. 493ff.

[22] Das BeschFG hat in dieser Hinsicht vor allem eine volle sozialversicherungsrechtliche Gleichstellung der Teilzeitarbeit gebracht. Vgl. Martin Lorenz, Beschäftigungsförderungsgesetz: Teilzeitarbeit, Sozialplan, S. 474

Arbeitsbedingungen vorbei Beschäftigung zu finden — die wachsende Bereitschaft zur „Schwarzarbeit“ sowie zu illegaler Beschäftigung ist hierfür bereits ein deutliches Symptom — oder aber es würden sich, wie in Großbritannien, neue Gewerkschaften herausbilden, die zugunsten neuer Arbeitsplätze zu tariflichen Konzessionen und zu wirtschaftsfriedlichem Verhalten bereit sind. Um diesen Desintegrationsgefahren zu begegnen, könnte sich die gewerkschaftliche Tarifpolitik wieder, wie schon in den fünfziger Jahren, stärker an den Zielen der Schaffung neuer und der Sicherung bestehender Arbeitsplätze ausrichten und weniger daran, mit der Durchsetzungsmacht hierfür ausgewählter einzelner Belegschaftsgruppen möglichst einheitliche Arbeits- und Entlohnungsbedingungen für alle Beschäftigten durchsetzen zu wollen. Eine tarifpolitische Integration der Interessen aller Arbeitnehmer könnte dabei auch eine Beschäftigungs- und Einkommensumverteilung von den Arbeitsplatzbesitzenden zu den Arbeitsplatzlosen erforderlich machen, dic allerdings hohe Anforderungen an die Solidarität stellen und schon deshalb nicht eben leicht vermittelbar sein würde. Unterstützend könnten hier Vereinbarungen mit den Arbeitgebern wirken, um das angebotene Spektrum an Vollzeit- und Teilzeitbeschäftigungen tarifpolitisch zu erweitern, so daß insgesamt mehr Arbeitnehmer Anstellung finden und ohne daß es dabei zu unangemessenen qualitativen Einbußen in den Arbeitsbedingungen kommt. Das hierfür erforderliche sozialpartnerschaftliche Klima in den Arbeitsbeziehungen scheint aber, wie einleitend festgestellt werden mußte, gegenwärtig wohl nicht gegeben zu sein.

3.1.4 Konfliktregulierende Vereinbarungen

Wenn die Gewerkschaftsführungen von ihrer in letzter Konsequenz auch für sie selbst verhängnisvollen neuen Arbeitskampfstrategie nicht abrücken, sollte nach Wegen gesucht werden, um die künftige Einhaltung demokratischer Abstimmungsprozeduren im Vorfeld und nach der offiziellen Aufnahme von Arbeitskampfmaßnahmen sicherzustellen. Allerdings muß es als fraglich angesehen werden, ob dies — wie schon wiederholt vergeblich versucht — auf dem Wege einer „Verbändegesetzgebung“ angestrebt werden sollte, und zwar zum einen, weil es zweifelhaft ist, ob die politische Gestaltungskraft der Parteien gegenüber den Verbänden überhaupt noch dazu ausreicht, um eine derartige Gesetzgebung parlamentarisch durchzusetzen, und zum anderen, weil sich die Vielzahl und Vielfalt der bestehenden Verbände und Interessenvereinigungen einer einheitlichen Gesetzesregelung widersetzt.[1] Daher besteht Gefahr, daß als Resultat lediglich ein mehr oder weniger verhülltes „Lex-DGB“ dabei herauskäme, das den Gewerkschaften dann unter sicherlich erheblichen Widerständen oktroyiert werden müßte. Statt dessen könnte mit mehr Aussicht auf Erfolg

[1] Siehe dazu die Beiträge und Dokumente in: Alemann/Heinze, Verbände und Staat, S. 172ff. bzw. 214ff. sowie die kritische Stellungnahme von: Fritz W. Scharpf, Die Funktionsfähigkeit der Gewerkschaften als Problem einer Verbändegesetzgebung, S. 1ff.

angestrebt werden, das bislang weitgehend vernachlässigte Arbeitskampfrecht durch gesetzliche Einzelregelungen stärker zu kodifizieren, so zum Beispiel hinsichtlich der Zulässigkeit von Warnstreiks sowie der Durchführung von Schlichtungsverfahren und Urabstimmungen.

Vorzuziehen wäre aber, daß sich die Arbeitsmarktparteien in sozialpartnerschaftlicher Weise autonom auf bestimmte Verfahrensprinzipien für Tarifkonflikte einigen würden, weil sie über die hierfür notwendige Sachkompetenz verfügen und weil schließlich sie selbst es sind, auf die diese Regelungen später angewendet werden sollen.

Dabei sollte möglichst schon im Vorfeld eines drohenden Arbeitskampfes viel Raum für Maßnahmen geschaffen werden, die zu einem Abbau überzogener Erwartungen und zu einer Annäherung der Standpunkte führen könnten. Vor allem aber müßte wirkungsvoll der Gefahr begegnet werden, daß kleine radikale Gruppen, zum Beispiel auf Betriebsebene, autonom einen Konflikt „vom Zaune brechen" und damit einen Zugzwang auslösen, dem sich die Tarifvertragsparteien als eigentliche Kontrahenten dann kaum noch entziehen könnten. Hierin sehe ich die zukünftig größten Gefahren für den sozialen Frieden, weil die Streiktaktik der Neuen Beweglichkeit in der beschriebenen Weise systematisch die dafür geeigneten Ansatzpunkte aufzeigt und weil damit offenbar auch eine gewerkschaftliche Einstellungsänderung einhergegangen ist, die den Streik nicht mehr als Ultima ratio nach gescheiterten Einigungsbemühungen ansieht, sondern eher als eine regelmäßig verhandlungsbegleitende Vorfeldaktion, um mit dem bekanntlich juristisch zugelassenen „sanften Druck" die Entscheidungsfindung zu beschleunigen. Möglicherweise ist sich die Rechtssprechung der bei hochvernetzten Produktionswegen sehr weitreichenden Konsequenzen auch kurzer Arbeitsausfälle noch nicht voll bewußt geworden, so daß hier eine Korrektur in der Rechtsfortschreibung eintreten wird. Außerdem sind in dieser Frage mehrere Verfahren vor dem Bundesverfassungsgericht anhängig.[2]

Wenn auf diese Weise dazu beigetragen werden könnte, Massenstreiks und Flächenaussperrungen künftig überflüssig zu machen, wäre das sogar noch zu begrüßen. Es besteht aber auch die Gefahr, daß derartige „Nadelstichaktionen" nicht nur die Gewöhnungsschwelle für Streiks immer weiter absenken und damit die Radikalisierung fördern, sondern daß sie überhaupt erst den Arbeitskampf auslösen, und zwar obwohl eine Einigung auf dem Verhandlungsweg oder wenigstens ein Schlichtungsverfahren durchaus noch möglich wäre, indem nämlich Gegenmaßnahmen herausgefordert werden und also eine eigentlich von beiden Seiten unbeabsichtigte Eskalation der eingesetzten Mittel eintritt.

Die anzustrebende erste Kategorie von gemeinsam zu bestimmenden Maßnahmen sollte deshalb arbeitskampfaufschiebende Regelungen umfassen. Zu

[2] Zum Rechtsstandpunkt aus gewerkschaftlicher Sicht: Hans H. Wohlgemuth, Probleme des Warnstreiks, S. 201 ff. dagegen kritisch: Manfred Löwisch, Empfiehlt es sich, die Geltung des Ultima-Ratio-Grundsatzes im Arbeitskampfrecht gesetzlich zu regeln?, S. 59 ff.

denken wäre dabei an Vereinbarungen, die einen Mindeststandard hinsichtlich Form und Inhalt der Friedenspflicht sowie über Fristen und Teilnahme bei durchzuführenden Verhandlungen vorsehen. Auch das verstärkte Miteinbeziehen von „vorbeugenden" Schlichtungsmaßnahmen, also schon vor Beginn eines Arbeitskampfes, könnte dienlich sein.[3] Des weiteren sollten gewerkschaftliche „Stillhalteklauseln" im Falle von Sanktionen der Arbeitgeber gegen sogenannte wilde oder spontane, jedenfalls nicht offiziell autorisierte Streikaktionen vorgesehen werden, weil sonst die Gefahr besteht, daß es zukünftig aus den vorangehend dargelegten Gründen zu einer Häufung von wilden oder autorisierten „Nadelstichaktionen" mit weitreichenden produktionstechnisch bedingten Folgen kommen könnte.[4]

Inhaltlich eng damit verbunden ist die Forderung nach arbeitskampfeinleitenden Maßnahmen, bei denen, wie vorangehend bereits angemerkt, die Verpflichtung zu schriftlichen, geheimen und überprüfbaren Urabstimmungen im Mittelpunkt stehen sollte. Nach den bisherigen Erfahrungen besteht hier zumindest kein gesetzlicher Regelungsbedarf, wie es etwa in Großbritannien der Fall gewesen ist, weil die deutschen Gewerkschaftsführungen insgesamt und bislang doch überwiegend in verantwortlicher Weise von derartigen Abstimmungen Gebrauch gemacht haben. Eine andere Beurteilung müßte sich aber dann ergeben, wenn es aufgrund der neuen Arbeitskampfführung in der beschriebenen Weise zu einem häufigeren Unterlaufen von Urabstimmungen kommen sollte.

Als weitere Kategorie könnten für jede Eskalationsstufe des Tarifkonflikts arbeitskampfregelnde Maßnahmen vorgesehen werden, so vor allem für den Einsatz bestimmter Arbeitskampfmittel, vom Warnstreik bis zum Erzwingungsstreik und von der Betriebsstillegung bis zur Flächenaussperrung.[5] Allerdings muß hier einschränkend hinzugefügt werden, daß eine systematische inhaltliche

---

[3] *Löwisch* schlägt dazu vor, an den § 4 Abs. 5 des Tarifvertragsgesetzes anzufügen, daß Kampfmaßnahmen „ohne Rücksicht auf ihre Dauer" erst zulässig, sein sollen, „wenn die Verhandlungen über den neuen Tarifvertrag endgültig gescheitert sind und auch ein nach Scheitern der Verhandlungen von einer der Tarifvertragsparteien beantragtes Schlichtungsverfahren nicht zu einer Einigung geführt hat". Für das Schlichtungsverfahren sollen gesetzliche Bestimmungen gelten, sofern keine autonome Vereinbarung besteht. Die Möglichkeit einer Zwangsschlichtung wird ausgeschlossen. Manfred Löwisch, Empfiehlt es sich, S. 69

[4] Gemeint sind hier die von den Gewerkschaften tarifvertraglich durchgesetzten „Maßregelungsklauseln", die den Arbeitgeber „dazu verpflichten, von allen Maßnahmen gegen Arbeitnehmer abzusehen, die sich an den Arbeitsniederlegungen beteiligt hatten". Ulrich Zachert, Zur Diskussion über den gewerkschaftlichen Einfluß, S. 37

[5] So *Seiter*: „Zunächst ist wichtig die Bereitstellung eines der Intensität nach abgestuften Systems von Kampfmitteln, das es erlaubt, mit dem schonendsten Mittel den Kampf zu eröffnen und zu einer Einigung zu kommen, bevor die schwersten Geschütze aufgefahren werden müssen". Hugo Seiter, Zur Gestaltung der Arbeitskampfordnung, S. 183. Dagegen wäre zu berücksichtigen, daß der frühe massive Einsatz von Kampfmitteln auch dazu beiträgt, einen Arbeitskampf rascher zu beenden, als dies sonst der Fall wäre.

Konkretisierung einzelner Arbeitskampfmittel nur ungefähr möglich sein dürfte. Auch wäre es vielleicht gar nicht so wünschenswert, das jeweilige „Arsenal" der Konfliktgegner allzu genau qualitativ bewerten und gegenüberstellen zu wollen, weil ein gewisser Unsicherheitsfaktor hinsichtlich der zu erwartenden Gegenmaßnahmen eher der Zurückhaltung im Einsatz eigener Kampfmittel förderlich sein könnte. Dagegen würde eine „Strategie der gegenseitigen Abschreckung" möglicherweise die rasche Eskalation auch zunächst regional eng begrenzter Arbeitskämpfe begünstigen, weil hier, ungleich zur Atomwaffenstrategie der Großmächte, jede Seite danach trachten würde, die stärkste Waffe möglichst als erster zur Wirkung zu bringen.

In der gestiegenen Komplexität heutiger Arbeitskampfsituationen liegt wohl auch ein wesentlicher Grund dafür, daß in der gerichtlichen Entscheidungspraxis das Ultima-ratio-Prinzip inzwischen weitgehend aufgegeben worden ist. Immerhin böte aber die von höchstrichterlicher Seite entwickelte „Aussperrungsarithmetik", mit der das Ausmaß einer zulässigen Abwehraussperrung in ein Verhältnis zum Streikbeschluß gesetzt wird,[6] doch auch Ansätze dafür, wie zukünftig bei Betriebsstillegungen durch Warnstreiks verfahren werden könnte. Schließlich müssen Vorkehrungen getroffen werden, daß die arbeitskampfführenden Parteien ihrer Aufsichtspflicht nachkommen, vor allem soweit es das Verhalten der Streikposten betrifft,[7] hier könnte ein verbesserter Haftungsdurchgriff Abhilfe schaffen.

Als letzte Kategorie wären schließlich arbeitskampfbeendende Maßnahmen vorzusehen, die insbesondere in einem gut ausgebauten Schieds- und Schlichtungswesen, vielleicht sogar in Anlehnung an die früheren Arbeitsgemeinschaftsabkommen, bestehen sollten. Dabei müßte aber darauf geachtet werden, daß diese letzte Möglichkeit möglichst wenig attraktiv und in ihrem Ausgang unkalkulierbar bleibt, weil sonst das Risiko entsteht, daß die Arbeitsmarktparteien sich des Konfliktdrucks vorschnell zu entledigen versuchen werden und damit Verantwortung abwälzen, bevor ihre Einigungswilligkeit genügend

---

[6] Siehe dazu: Heinz-Jürgen Kalb, Arbeitskampfrecht, S. 91 ff.

[7] Vgl. Hugo Seiter, Zur Gestaltung der Arbeitskampfordnung, S. 87. Dagegen fordert *Zechlin*: „wenn heute bei kapitalintensiven Produktionsverfahren einige wenige technisch hochqualifizierte Streikbrecher ausreichen, um den Produktionsprozeß im wesentlichen aufrechtzuerhalten, dann müssen auch bei einem Abstellen auf ordnungspolitische Zielsetzungen der Arbeitnehmerseite die härteren Mittel der Streikketten oder der Betriebsbesetzungen offenstehen". Lothar Zechlin, Streikposten und Nötigung, S. 292. An dieser Auffassung halte ich für problematisch, daß damit zum einen der Rechtssprechung die Funktion übertragen werden würde, die gewerkschaftliche Streikfähigkeit gegen etwaige Auswirkungen des technischen Fortschritts abzusichern. Zum anderen wäre es als bedenklich anzusehen, daß damit nicht nur die gleichermaßen verfassungsrechtlich abgesicherte „negative" Koalitionsfreiheit gefährdet werden würde, sondern es müßte auch zu schwierigen Abgrenzungsfragen führen, weil im konkreten Fall ja auch einige wenige Streikende (mit zusätzlich angereisten Streikposten) genügen könnten, um einen nicht unbeträchtlichen „Rest" von Arbeitswilligen damit sozusagen auszusperren. Auch hier sollte die bei den britischen Gewerkschaften (vor den neuen Gewerkschaftsgesetzen) üblich gewesene Praxis des „secondary picketing" ein warnendes Beispiel sein.

Aussicht für eine erfolgreiche Schlichtung bietet. Dies könnte zu einer unnötigen Verlängerung von Arbeitskämpfen führen. Kaum noch erwähnt zu werden braucht wohl, daß eine staatliche Beteiligung an derartigen Verfahren nicht vorzusehen ist.

Abschließend sei hierzu noch angemerkt, daß ich es in der gegenwärtigen Situation für unrealistisch halte — wiewohl es erstrebenswert wäre —, daß sich die Tarifvertragsparteien auf eine dem Friedensabkommen der Schweizer Sozialpartner vergleichbare arbeitskampfausschließende Schiedsvereinbarung einigen könnten.[8] Immerhin ließe sich aber am Beispiel der zwar kleinen, aber einflußreichen britischen Elektrikergewerkschaft „EETPU“ ansetzen, die zwar ein ähnliches Friedensabkommen („no-strike-agreement“) abgeschlossen hat, jedoch auf der Basis von verbindlichen Schiedsentscheidungen nach einem „Schaukelverfahren“, bei dem der Schlichter von beiden Parteien abwechselnd ernannt wird.[9]

Eine besondere Bedeutung käme Schieds- und Schlichtungsvereinbarungen im Bereich des öffentlichen Dienstes zu, weil dort das vom Bundesverfassungsgericht für Koalitionen geforderte „Prinzip der Gegnerfreiheit“ zumeist nicht gegeben ist. Statt dessen wird hier von Arbeitgeberseite oftmals über Tarifvereinbarungen verhandelt, die dann auch für das eigene Beschäftigungsverhältnis gelten. Darüber hinaus wäre für bestimmte Bereiche des öffentlichen Dienstes die Möglichkeit arbeitskampfaussetzender Maßnahmen vorzusehen, wie sie in den USA als „Cooling-off Periode“ bekannt sind,[10] um den Schaden für die unbeteiligte Öffentlichkeit sowohl zu bestimmten Zeitpunkten (Fluglotsenstreik zu Urlaubsbeginn) als auch in seinem Ausmaß (Müllabfuhr) begrenzen zu können.

3.2 Sozialpartnerschaft und Gemeinwohlbindung

3.2.1 Zur Notwendigkeit einer Gemeinwohlformulierung

Wie vorangehend beschrieben, ist eine organisatorisch gefestigte und durchsetzungsfähige Einheitsgewerkschaft erforderlich, um als Ordnungsfaktor gesamtwirtschaftliche Verantwortung sowie die beschriebenen Dämpfungs- und Entlastungsfunktionen übernehmen zu können und um als Gegenmacht die Dispositionsfreiheit der privatwirtschaftlichen Unternehmer in einer sozial

---

[8] So heißt es in Artikel 2 der jüngsten Fassung des Friedensabkommens: „Die Vertragsparteien verpflichten sich, für die ganze Dauer des Vertrages unbedingt den Arbeitsfrieden zu wahren ... Infolgedessen ist jede Kampfmaßnahme, wie Sperre, Streik oder Aussperrung, ausgeschlossen ...“ Zitiert nach dem Abdruck in: Reinhold Biskup (Hrsg.), Partnerschaft in der Sozialen Marktwirtschaft, S. 315-342, zit. S. 316

[9] Siehe dazu: Hepple/Fredman, Labour Law and Industrial Relations in Great Britain, S. 239f.

[10] Siehe dazu: Alvin L. Goldman, Labor Law and Industrial Relations in the United States of America, S. 316f.

befriedenden Weise zu begrenzen. Während indes dieser unternehmerischen Dispositionsfreiheit damit nicht nur in sozialer Hinsicht durch die Gewerkschaften, sondern in wirtschaftlicher Hinsicht auch durch nationale und internationale Konkurrenz unüberschreitbare Grenzen gesetzt werden, stehen der gewerkschaftlichen Handlungsmacht, gerade wenn sie nicht durch Spaltung in vergleichbarer Weise dem Konkurrenzprinzip ausgesetzt werden soll, keine derartigen Marktkräfte begrenzend entgegen.

Zugleich sind Gewerkschaften und Arbeitgeberverbände mit der jedenfalls in ihrem „Kernbereich" grundrechtlich abgesicherten[1] Tarifautonomie zu komplementären Trägern politischer Entscheidungsgewalt geworden, d. h. sie können (darin der Bundesbank ähnlich) in ihrem Handlungsbereich Entscheidungen treffen, die für den Wirtschaftsbürger verbindliches Recht werden, so zum Beispiel als normative Bestandteile eines Tarifvertrages, und dann auch von staatlichen Institutionen als verbindliche externe Daten hingenommen werden müssen.[2] Den Tarifvertragsparteien ist es damit nicht nur in der beschriebenen Weise möglich, wirtschafts- und sozialpolitisch gestaltend tätig zu werden, sondern sie verfügen, zumal bei vereintem Vorgehen, auch über genügend Durchsetzungsmacht, um ihre Gestaltungsabsichten denjenigen der staatlichen Wirtschaftspolitik erfolgreich konkurrierend gegenüberzustellen. Dessen ungeachtet hat das Bundesverfassungsgericht bereits im April 1967 festgestellt, daß die Beseitigung der Arbeitslosigkeit „zu der dem Staat obliegenden, ihm durch das Gebot der Sozialstaatlichkeit vom Grundgesetz auch besonders aufgegebenen Daseinsvorsorge gehört".[3]

Aus diesem gleichermaßen von den Erfahrungen in der Weimarer Republik bestimmten, jedoch ordnungspolitisch inkonsistenten Nebeneinander eines weitgehenden staatlichen Verzichts auf Interventionen in die Tarifautonomie — um der Gefahr von Zwangsschlichtungen vorzubeugen — bei zugleich unabweisbarer sozialstaatlicher Verantwortung für das Beschäftigungsziel, mußten nahezu zwangsläufig Steuerungsdefizite resultieren, die nur deswegen bislang weitgehend vernachlässigt werden konnten, weil sich die Arbeitsbeziehungen in der bekannten Weise problemlos gestaltet haben. Wie aber vorangehend schon festgestellt worden ist, kann eben dies für die weitere Zukunft nicht, zumindest nicht ohne weiteres, erwartet werden.

---

[1] Mit der Entscheidung vom 18. 11. 1954, BVerfGE 4,96, S. 108. Diese verfassungsrechtliche Bestimmung bedeutet zugleich, daß der Staat in diesen geschützten Kernbereich nur eindringen darf, wenn das Gemeinwohl dies erfordert und auch dann nur nach Maßgabe des Prinzips der Verhältnismäßigkeit, d. h. der Eingriff muß der Dringlichkeit angemessen sein. Siehe dazu die grundlegenden Ausführungen bei: Werner Weber, Koalitionsfreiheit und Tarifautonomie, S. 34ff. 2 Vgl. Ernst-Wolfgang Böckenförde, Die politische Funktion wirtschaftlich-sozialer Verbände, S. 230f.

[3] „Denn daß die Arbeitslosigkeit auf der einen Seite und der Mangel an Arbeitskräften auf der anderen Seite gemindert und behoben werden, ist für das ganze Volk von entscheidender Bedeutung und gehört zu der dem Staat obliegenden, ihm durch das Gebot der Sozialstaatlichkeit vom Grundgesetz besonders aufgegebenen Daseinsvorsorge". BVerfGE 21,245 (S. 251)

Damit ergibt sich die Frage, ob und, wenn ja, wie diese Gestaltungslücke zwischen tarifpolitischer Kompetenzzuweisung und beschäftigungspolitischer Verantwortungsübernahme ausgefüllt werden könnte. Wenn es weder durch eine „Versachlichung" möglich ist, zu einer ökonomisch unabweisbaren und eindeutigen Festlegung von Verhaltensparametern zu gelangen, noch von seiten der Regierung derartige Vorgaben einseitig verbindlich gemacht werden können, weil sich die Gewerkschaften dem durch steigende Konfliktorientierung, die Arbeitgeber gleichermaßen durch sinkende Investitionsbereitschaft widersetzen werden, so muß eine von allen Entscheidungsträgern freiwillig akzeptierte Lösung gefunden werden.

Auf die Frage, was inhaltlich als Konsensbasis herangezogen werden könnte und auf welche Weise sich der erforderliche Abstimmungsprozeß funktionell gestalten ließe, würde sich wohl zunächst die naheliegende Antwort anbieten, die Formulierung und Durchsetzung einer derartigen Konsenslösung aus einem Abstimmungsprozeß der wesentlichen wirtschaftlichen Entscheidungsträger hervorgehen zu lassen, wie es etwa mit der Konzertierten Aktion beabsichtigt gewesen ist.[4]

Ein derartig auf Verfahren gegründeter Konsens birgt indes systematisch das Risiko in sich, den Staat in wachsendem Maße dem Zugriff organisierter Gruppeninteressen preiszugeben, bis seine Gestaltungsmöglichkeiten sich schließlich darin erschöpfen, für eine im Sinne der Sozialpartner „funktionsgerechte" Wachstums-, Verteilungs- und Gesellschaftspolitik zu sorgen. Jedenfalls wäre ein verstärkter Druck zu Subventionierungen und zum Protektionismus zu erwarten, weil wirtschaftliche Friktionen in den Innenbeziehungen der Sozialpartner damit leichter in konsensfähiger Weise überwunden werden können. Daneben muß es aus den im Zusammenhang mit der korporativistischen Neuordnungsalternative dargestellten Gründen als zweifelhaft angesehen werden, ob die Resultante dieses Abstimmungsprozesses tatsächlich ein in gesamtwirtschaftlicher (und -gesellschaftlicher) Hinsicht repräsentatives Ergebnis liefern könnte, das mehr als nur die Verbandsinteressen umfaßt.

Als weiteres Problem käme eine zu erwartende Ritualisierung der Verhandlungsabläufe hinzu, sowie eine willkürliche Zementierung des gesellschaftlichen und wirtschaftlichen Status quo, der zu dem Zeitpunkt, in dem das Abstimmungsverfahren eingeführt worden ist, mehr oder weniger zufällig gerade bestanden hat. Es ist sehr zweifelhaft, ob eine solche institutionelle und funktionelle Verkrustung einer Marktwirtschaft angemessen sein könnte, deren Vorzüge ja gerade in ihrer prinzipiellen Offenheit für Veränderungen und in ihrer Anpassungsflexibilität an neue Daten bestehen.

Neben diesen ordnungspolitischen Bedenken wäre noch zu berücksichtigen, daß (zumal) die gewerkschaftliche Tarifpolitik aus objektiv bekannten und im

---

[4] Vgl. Reinhard Blum, Wirtschaftliche und gesellschaftliche Stabilität durch konzertierte Aktionen, insb. S. 221 ff.

Prinzip unstreitigen Kreislaufzusammenhängen einer Bindung an gesamtwirtschaftliche Verhaltensabsprachen schwerlich zu folgen vermag. Im konjunkturellen Aufschwung wird sie wegen der oft noch gültigen Laufzeit der bestehenden Verträge nur unvollkommen in der Lage sein, den voraneilenden Gewinnen der Unternehmer zu folgen. Versucht sie dann nachträglich diese relative Verschlechterung der Verteilungsposition zu korrigieren, so läuft sie Gefahr, daß die zu günstigeren Zeiten errechneten Tarifforderungen bei bereits wieder sinkenden Umverteilungsspielräumen oder sogar erst im Abschwung wirksam werden. Damit ist Tarifpolitik stets durch ein Manövrieren zwischen der Scylla, eine etwaige „Gewinnexplosion" zu verpassen, und der Charybdis, Arbeitsplätze und Investitionen durch „unvernünftige" Forderungen zu gefährden, gekennzeichnet.

Schließlich ist noch daran zu erinnern, daß nur Nominallohnänderungen vereinbart werden können, deren realwirtschaftliche Effekte erst zeitlich verzögert und nur ungefähr kalkulierbar eintreten, zumal hier (neben anderen Imponderabilien) nicht nur die weitere Preispolitik der Unternehmer, sondern vor allem auch die Geld- und Kreditpolitik der Notenbank einen wesentlichen Einfluß ausüben. Nicht zuletzt auf diesen Unsicherheitsfaktor ist, hier nur nebenbei bemerkt, das konzeptionelle Scheitern der Konzertierten Aktion zurückzuführen, müßte doch den Gewerkschaften mit der geforderten Beachtung etwaiger Lohnleitlinien ein Autonomieverzicht zugemutet werden, dem sich weder die Arbeitgeberseite noch die Deutsche Bundesbank anschließen würden. Während sich indes Arbeitgeber und Notenbank später allemal auf angeblich oder tatsächlich eingetretene Veränderungen der Geschäftsgrundlagen berufen könnten, um von den in der Konzertierten Aktion getroffenen Vereinbarungen wieder abzurücken, vermögen die Gewerkschaften nur unter großen Schwierigkeiten eine vorzeitige Revision tarifvertraglicher Vereinbarungen rechtlich zu erreichen oder gar durch Arbeitskampfmaßnahmen zu erzwingen. Versuchen sie hingegen, sich trotz der unzutreffend antizipierten wirtschaftlichen Entwicklung an die Verhaltensabsprachen zu halten, so wächst das Risiko, daß diese Zurückhaltung durch „wilde Streiks" an der Betriebsbasis unterlaufen wird. Somit ist, ungeachtet ordnungspolitischer Bedenken, schon nach Wesen und Funktionsweise der gewerkschaftlichen Tarifpolitik nicht zu erwarten, daß hierauf ein verläßliche gesamtwirtschaftliche Verhaltensabstimmung gegründet werden könnte.

Ein weiteres Problem besteht darin, daß eine gemäßigt fortschreitende Inflationierung von etwa zwei bis vier Prozent durchaus im Interesse beider Sozialpartner liegen könnte, weil die Verteilungskämpfe viel von ihrer Schärfe verlieren, wenn nahezu jeder beschäftigte Arbeitnehmer ein „Mehr" fordern und erhalten kann, wobei das „Wieviel-Mehr" dann eher in den Hintergrund tritt und durch die Inflations- und Besteuerungseffekte ohnehin weiter relativiert und verschleiert wird. Auf diese Weise fällt es den Gewerkschaftsführungen nicht nur leichter, wenigstens „optische" Erfolge vorzuweisen, sondern und vor allem bildet die von mäßiger Inflation erleichterte Auseinanderentwicklung von

Tarif- und Effektivlohnentwicklung („Lohndrift") eine der wesentlichen Voraussetzungen dafür, daß überhaupt eine einheitliche, „solidarische" Tarifpolitik betrieben werden kann. Fehlte diese Pufferfunktion, so wäre eine stärkere Differenzierung der Tarifstrukturen nach regionalen und branchen- oder sogar betriebsspezifischen Gegebenheiten nahezu unvermeidlich.

Durch Lohndrift und Inflationierung werden jedoch nicht nur die vom Strukturwandel hervorgerufenen intergewerkschaftlichen Positionsverschiebungen überdeckt und daraus sonst möglicherweise entstehende Verbandsrivalitäten vermieden, sondern auch die für eine wirkungsvolle Arbeitskampffähigkeit unabdingbare Solidarität der beschäftigten Arbeitnehmer wird dadurch gefördert, daß sich die tatsächlich bestehenden Unterschiede in den Entlohnungs- und Arbeitsbedingungen nicht für alle erkennbar im Ergebnis von Tarifverhandlungen niederschlagen müssen.

Aus Arbeitgebersicht bedeutet die Lohndrift eine Gelegenheit, über unternehmensspezifische Sonderzuwendungen besonders qualifizierte Arbeitskräfte zu gewinnen und an den Betrieb zu binden, ohne daß aus dieser Abweichung vom tariflich fixierten Mindeststandard eine regional übergreifende Wettbewerbsverschärfung und ein öffentlicher Vergleich von Beschäftigungskonditionen zu befürchten wäre. Auch möglichen Preiserhöhungsspielräumen kommt in diesem Zusammenhang als Flexibilisierungsfaktor eine wesentliche Bedeutung zu, sind sie doch sozusagen das Gummiband, mit dem einseitig vorschnellende Löhne und Gehälter wieder eingefangen und an die wirtschaftlichen Möglichkeiten herangeführt werden können. Auf diese Weise kann ein eventuelles Fehlverhalten in den Tarifabschlüssen oder eine unzutreffend antizipierte Wirtschaftsentwicklung wieder korrigiert werden.

Kräftiges Wirtschaftswachstum und eine zwar permanente, doch nur mäßig voranschreitende Inflatinonierung tragen somit dazu bei, die Tarifpolitik einigermaßen „narrensicher" zu machen und die Verteilungskonflikte zu entschärfen. Allerdings wird dadurch auch der Einigungsdruck verringert, so daß eine fortwährende Lastüberwälzung auf Dritte durch Inflation stattfindet.[5] Entsprechend stellen die gegenwärtige Annäherung an das Ziel der Preisniveaustabilität und das nur noch schwache Wirtschaftswachstum ungleich höhere Anforderungen an die Tarifvertragsparteien. Weil substantiell weniger zu verteilen ist und weil zudem nun eine stillschweigende inflationäre Nachbesserung von überzogenen Nominalabschlüssen weitgehend entfällt, muß in den Verhandlungen um so härter Widerstand geleistet werden. Außerdem kommt bei einer sich schließenden Schere zwischen Nominal- und Realentwicklung der Prognostizierbarkeit wirtschaftlich relevanter Daten eine größere Bedeutung zu, entsprechend wird die Irrtumswahrscheinlichkeit bei der Formulierung von Tarifzielen zunehmen. Schließlich wird auch der Spielraum für eine mögliche Lohndrift enger, so daß viele Gewerkschaftsmitglieder unter diesen veränderten

[5] „Der Machtausgleich durch Gegenmacht funktioniert demnach unter allen, nur nicht unter inflationistischen Bedingungen". Peter Spary, Das Gegengewichtsprinzip, S. 109

Bedingungen eine tarifliche Absicherung ihrer Effektivverdienste und betrieblichen Sonderzuwendungen verlangen werden und sich damit sowohl die regionalen und sektoralen Spannungen verschärfen als auch eine Verhärtung der Arbeitskostenflexibilität eintritt.

All dies bewirkt einen ansteigenden Konfliktdruck in den Innenbeziehungen der Sozialpartner, den sie nach außen abzuleiten versuchen werden. Entsprechend wird eine konzessionslos auf das Stabilitätsziel eingestellte Notenbankpolitik zumeist als Störfaktor empfunden werden und auf ihre gemeinsame Ablehnung treffen. Auf der anderen Seite ist dies auch das wichtigste Argument dafür, warum die Verantwortung der Notenbank für das Stabilitätsziel keinesfalls gelockert und ihre diesbezügliche Handlungsautonomie nicht zum Verhandlungsgegenstand einer umfassenden Konsensbildung gemacht werden darf, besteht doch keine Gewähr, daß es bei einer konfliktentlastenden mäßigen Inflationierung bleibt und sich nicht das bekannte gegenseitige Aufschaukeln von Löhnen und Preisen bzw. Preisen und Löhnen daraus entwickelt. Trotz seiner konfliktverschärfenden Wirkungen stellt somit der von einer autonomen Notenbankpolitik auf die Arbeitsmarktparteien ausgehende Druck einen „heilsamen Einigungszwang" auf eine von den wirtschaftlichen Realitäten bestimmte Tarifpolitik dar, der von politischer Seite, wenn überhaupt, nur ungleich schwerer ausgeübt werden könnte.

Wenn somit einem Konsens über Verfahren bereits (neben anderem) die Regelungsabläufe der Tarifpolitik verhindernd entgegenstehen und auch die autonome Stabilitätsverpflichtung der Notenbank nicht zum Bestandteil einer derartigen Konsensbildung gemacht werden dürfte, so ist darüber hinaus auch das Beschäftigungsziel nicht uneingeschränkt konsensfähig.

Die Ursachen hierfür liegen darin begründet, daß von Veränderungen im Beschäftigungsniveau Rückstrahlungswirkungen auf die Durchsetzungschancen in den Arbeitsbeziehungen ausgehen können, so zum Beispiel dadurch, daß die Arbeitgeberseite bei voll ausgelasteten Produktionskapazitäten anfälliger gegen Streikmaßnahmen ist, als dies bei einer Unterauslastung der Fall wäre. Auf Gewerkschaftsseite wird eine langanhaltende Massenarbeitslosigkeit, zumal dann, wenn sie mit einer unzureichenden materiellen Absicherung der Betroffenen einhergehen sollte, zumindest tendenziell zu einer Schwächung der Verhandlungsposition führen, weil auch die noch Beschäftigten um ihre Arbeitsplätze fürchten werden. Diese an eher traditionellen Vorstellungen ausgerichteten Überlegungen könnten nahelegen, daß sich die Arbeitgeber gegenwärtig in einer besonders starken Verhandlungsposition befinden und diese zu einer dauerhaften Disziplinierung der Gewerkschaften verwenden könnten.

Tatsächlich ist die Situation aber wesentlich differenzierter zu beurteilen. Wie die vorangegangenen Ausführungen gezeigt haben, stützt sich die neue gewerkschaftliche Arbeitskampfführung immer weniger auf flächendeckende Massenstreiks, für die eine größere Anzahl von Arbeitnehmern mobilisiert, argumentativ überzeugt und durch Urabstimmungen befragt werden müßte. Statt dessen wird der Arbeitskampf in steigendem Maße von relativ kleinen, hochspezialisierten Belegschaftsgruppen getragen, die in ausgewählten Einzelbetrieben mit zumeist guter Auftragslage beschäftigt sind. Damit bleibt das Risiko der direkt am Streik Beteiligten gering, weil sie weder aus wirtschaftlichen Gründen, noch etwa wegen ihrer möglichen leichten Ersetzbarkeit befürchten müssen, ihren Arbeitsplatz als Folge des Produktionsausfalls zu verlieren.

Damit wird die arbeitskampfführende Gewerkschaft aber auch zusehends unempfindlicher gegen den eventuellen Druck, der von wirtschaftlichen Pressionen und insbesondere von steigender Arbeitslosigkeit ausgehen könnte, weil ihre organisatorische Attraktivität und Mitgliederbindung jetzt sehr viel mehr von ihrer Fähigkeit und Bereitschaft abhängt, die bestehenden verteilungspolitischen Spielräume möglichst weitgehend, und zwar zugunsten der bereits Beschäftigten, auszuschöpfen, nicht aber davon, auf das insgesamt vorhandene Arbeitsplatzangebot und die Wirtschaftskraft der Unternehmungen Rücksicht zu nehmen. Ohnehin vermag ein begrenztes Ausmaß an Arbeitslosigkeit sogar die Mitgliederbindung zu verstärken, weil sich die noch Beschäftigten dann von der Organisation einen kollektiven Schutz ihrer Arbeitsplätze versprechen. Auch werden diejenigen, die, nicht zuletzt aufgrund tarifpolitischen Fehlverhaltens ihrer Gewerkschaft, dann tatsächlich ihren Arbeitsplatz verlieren, in der Regel nicht dieser die Schuld daran geben, sondern der Arbeitgeberseite oder dem Staat. Diese Zusammenhänge lassen sich gegenwärtig besonders deutlich im Bereich der Montanindustrien beobachten.

Dagegen werden in einer Vollbeschäftigungssituation zumindest tendenziell die individuellen Interessen stärker hervortreten und die gewerkschaftlichen Bindungen mit der kollektiven Schutzbedürftigkeit abnehmen, weil die mit dem eventuellen Verlust oder Wechsel des Arbeitsplatzes einhergehenden Risiken dann geringer eingeschätzt werden. Dies ist, nebenbei bemerkt, auch einer der Gründe dafür, warum mit steigender Berufsqualifikation der gewerkschaftliche Organisationsgrad abnimmt und warum die Gewerkschaften in den vom Strukturwandel bedrohten „smoke stack industries" stärker sind als in den zukunftsträchtigen Dienstleistungsbereichen.

Die Gewerkschaftsführungen befinden sich damit gegenwärtig in der Situation einer sehr schwierigen Gratwanderung, wenn sie sich gesamtwirtschaftlich verantwortlich verhalten wollen, weil sie einen Kompromiß finden müssen zwischen verteilungspolitischen Konzessionen zugunsten von mehr Beschäftigung und zur Sicherung bedrohter Arbeitsplätze sowie den gleichermaßen berechtigten Forderungen einer „Arbeiteraristokratie" auf hochtechnisierten und gesicherten Arbeitsplätzen, die eine möglichst volle Beteiligung am Produktivitätsfortschritt erwartet. Genau betrachtet, stellt die gegenwärtige Politik fortschreitender Verkürzungen der Wochenarbeitszeit einen ebensolchen Kompromiß dar: In Unternehmungen mit schlechter Auftragslage und entsprechend niedriger Kapazitätsauslastung führt die Arbeitszeitverkürzung zu einer Verringerung der Leerzeiten, damit zu einem Anstieg der Arbeitsproduktivität und so trotz steigender Tariflohnsätze zu einer Senkung der Lohnstückkosten — allerdings nur dann, wenn die durch die Arbeitszeitverkürzung bedingten Einkommensverluste keinen vollen Ausgleich erfahren. In den bis zur Kapazitätsgrenze beschäftigten Unternehmungen müssen die Arbeitszeitverkürzungen hingegen durch zuschlagpflichtige Überstunden aufgefangen werden und bewirken somit eine über die Tarifveränderungen hinausreichende „kalte" Steigerung der Effektivverdienste. Nur auf diese Weise scheint angesichts der großen strukturellen und regionalen Wachstumsdifferenzen das starre gewerkschaftliche Festhalten an der zentralen Formulierung und weitgehend einheitlichen Vorgabe tarifpolitischer Ziele überhaupt noch durchsetzungsfähig zu sein, indem nämlich, unter äußerlich einheitlichen Bedingungen, tatsächlich eine „künstliche Lohndrift" herbeigeführt wird, die einer eventuellen Entsolidarisierung entgegenwirkt. Sonst wäre eine stärkere regionale und sektorale tarifpolitische Differenzierung wohl unvermeidlich. Aus diesem Zusammenhang erklärt es sich auch, warum ein Freizeitausgleich anfallender Überstunden zwar öffentlich proklamiert wird, in den Betrieben selbst aber oft auf Widerstand stößt und daher zumeist stillschweigend „vergessen" wird, obwohl nur auf diese Weise die Arbeitszeitverkürzungen auch tatsächlich direkt zu Neueinstellungen führen könnten.

Im Gegensatz zu konkurrierenden Einzelgewerkschaften, die sich angesichts der beschriebenen „dichotomischen" Arbeitsmarktentwicklung kaum anders zu verhalten vermögen, als entweder verbandsegoistisch bis an die Grenze des verteilungspolitisch Möglichen zu gehen oder aber durch tarifpolitische Konzessionen alles zur Rettung der noch vorhandenen Arbeitsplätze beizutragen, hätte eine nicht von Spaltung bedrohte, als Ordnungsfaktor öffentlich anerkannte und politisch wie rechtlich befestigte Einheitsorganisation aber sehr wohl die Fähigkeit, eine tarifpolitisch stärker differenzierende, dabei zugleich beschäftigungs- und stabilitätsfördernde Strategie zu entwickeln.

Die Bereitschaft hierzu geht indes gerade mit steigender Durchsetzungsmacht eher verloren, weil eine Rücksichtnahme auf gesamtwirtschaftliche Zusammenhänge dann um so weniger als zwingend erscheint. Sind aber, auch als Folge der veränderten Arbeitskampfführung, erst einmal bestimmte Vorstellungen hinsichtlich der tarifpolitischen „Machbarkeit" geweckt worden, so fällt es gerade einer kampfstarken Gewerkschaft schwer, diesem Erwartungsdruck der eigenen Mitglieder standzuhalten, weil kaum verständlich zu machen sein wird, warum die so offensichtlich vorhandene überlegene Verhandlungsposition nicht unmittelbar in materielle Vorteile umgesetzt werden sollte. Selbst wenn die Gewerkschaftsführung, sei es aus parteipolitischer Rücksichtnahme, sei es aus gesamtwirtschaftlicher Verantwortung, zurückhaltend wirken wollte, würde sie dazu kaum noch in der Lage sein, und zwar besonders dann nicht, wenn der zur Begründung notwendige äußere Druck durch die Gegenmacht des Verhandlungspartners ausbleibt. Eine Gewerkschaft ist letztlich ein Interessenverband, mit dem beschäftigte Arbeitnehmer ihre tarifpolitischen Ziele durchzusetzen versuchen, nicht aber ein Unterstützungsfonds, von dem dauerhaft parteipolitische Solidarbeiträge erwartet werden können. Dies ist vor allem im Jahre 1974 bei den Tarifauseinandersetzungen im öffentlichen Dienst überaus deutlich geworden.[6]

Dem Versuch, das eingangs festgestellte Steuerungsdefizit zwischen Tarifautonomie und beschäftigungspolitischer Verantwortung durch ein von den Sozialpartnern abgestütztes Gesamtkonzept staatlicher Wirtschaftspolitik zu überwinden, liegt somit, so verlockend der Gedanke auch erscheinen mag, meines Erachtens eine „Harmonieillusion" hinsichtlich des Wesens und der Funktionsweise von Arbeitsbeziehungen zugrunde:

Der erste Irrtum besteht in der Annahme, daß eine sozialpartnerschaftliche Verhaltensabstimmung an sich schon, nur weil sie zu wirtschaftsfriedlichen Konsenslösungen führt, auch mit den gesamtwirtschaftlichen Interessen in Einklang stehen müßte und in der damit einhergehenden Vernachlässigung des Prinzips des „geringsten Widerstandes", das die Sozialpartner dazu veranlassen wird, möglichst viel Konfliktpotential aus der Innenbeziehung zum Bestandteil einer angebotenen Konsenslösung zu machen und damit letztlich an die staatliche Wirtschaftspolitik zu übertragen.

Der zweite Irrtum besteht in der unzulässigen Gleichsetzung von gesamtwirtschaftlicher und einzelunternehmerischer bzw. einzelgewerkschaftlicher Interessenebene. Selbst wenn aus makroökonomischer Sicht Übereinstimmung bestehen sollte, daß die Soziale Marktwirtschaft ein höchstmögliches Maß an ökonomischer Effizienz und allgemeiner Wohlstandssteigerung ermöglicht,

---

[6] Bundeskanzler Willy *Brandt* hatte zur bevorstehenden Tarifrunde im öffentlichen Dienst im November 1973 erklärt, daß sich Lohnforderungen über 10% vernünftigerweise nicht realisieren ließen. Die ÖTV unter Führung von Heinz *Kluncker* beharrte hingegen auf ihrer Forderung von 15% Lohn- und Gehaltserhöhung. Im Januar 1974 schaltete sich der Bundeskanzler erneut ein und erklärte: „Wir brauchen die Kraft der Vernunft. Zweistellige Zahlen bei den Tarifen beschleunigen die Gefahr einer entsprechenden Entwicklung bei den Preisen". Nachdem die öffentlichen Arbeitgeber zunächst nur 7,5% (20. Januar), dann 9%, dann 9,5% (28. Januar) angeboten hatten, erklärte die Gewerkschaft ÖTV die Verhandlungen für gescheitert. Im Februar kam es zu ersten Warnstreiks. Nachdem sich in einer Urabstimmung über 80% der Gewerkschaftsmitglieder für Streikmaßnahmen ausgesprochen hatten, traten am 11. Februar etwa 150 000 Angehörige des öffentlichen Dienstes in den Ausstand. Vor allem Betriebe der städtischen Müllabfuhr wurden stillgelegt. Die Arbeitgeber erhöhten daraufhin ihr Angebot von 10% (11. Februar) auf 10,5% und dann auf 11% (13.Februar). Daraufhin kam es zur Einigung. In seinen Memoiren bemerkte Willy Brandt dazu später: „Ich kann die kaltschnäuzige Art nicht so leicht vergessen, mit der gewisse Verbandsvertreter meine wohlbegründeten Warnungen vom Tisch fegten. Ich fragte mich, ob es nicht richtig sein würde, durch meinen Rücktritt ein Zeichen zu setzen; die Lehren wurden dann mit geringer Verspätung auf andere Weise gezogen". Willy Brandt, Begegnungen und Einsichten, S. 582. Die Angaben zum Arbeitskampf wurden aus der Berichterstattung der Tageszeitungen zitiert. Dazu besonders: Rainer Nahrendorf, Die kaltschnäuzige Art nicht leicht vergessen, im „Handelsblatt" vom 26. November 1981

so beinhaltet dies nicht, daß es auch mikroökonomisch in jedem Fall vorteilhaft sein könnte, die marktwirtschaftlichen Abläufe nach Funktionsweise und Ergebnis zu akzeptieren, und zwar zumal dann nicht, wenn darauf ein richtungbestimmender Einfluß ausgeübt werden kann.

Der damit eng zusammenhängende dritte Irrtum besteht in der Fehleinschätzung, daß es sich ein Interessenverband — und das sind Gewerkschaften und Arbeitgeberverbände letztlich — dauerhaft leisten könnte, eine von den direkten Interessen seiner Mitglieder abgelöste Verpflichtung auf gesamtwirtschaftliche Ziele einzugehen.

Wenn daher eine gemeinsame Verantwortungsübernahme für das Beschäftigungsziel durch einen Konsens über bestimmte Maßnahmen nicht erreicht werden kann oder doch jedenfalls seine Ergebnisse als wenig wünschenswert gelten müssen, so könnte statt dessen eine zwischen Sozialpartnern und Regierung geteilte Verantwortungsübernahme mit einem Konsens über Regeln angestrebt werden, mit denen jeder der drei Entscheidungsträger die von ihm für richtig gehaltene wirtschaftspolitische Strategie verfolgen kann. Hierzu müßte nach den vorangehenden Überlegungen als erstes sichergestellt werden, daß dabei etwaige Fehlleistungen der Arbeitsmarktparteien nicht in der beschriebenen Weise auf eine staatliche „Vollbeschäftigungspolitik" abgewälzt bzw. von dieser freiwillig übernommen werden können. Ein der autonomen Verpflichtung der Bundesbank auf das Stabilitätsziel vergleichbarer Widerstand ist dabei allerdings nicht ohne weiteres zu erwarten, weil parteipolitische Affinitäten zu den Tarifkontrahenten bestehen und weil eine Regierung sich ihrer sozialstaatlichen Verantwortung für das Beschäftigungsziel weder völlig entziehen kann noch darf.

Eine mögliche Lösung könnte indes darin gesehen werden, das in der Innenbeziehung der Sozialpartner wirksame Gegenmachtprinzip zwischen unternehmerischer Dispositionsfreiheit und kollektiven Arbeitnehmerinteressen durch die gleichgerichtete Anwendung eines entsprechenden Gegenmachtprinzips in der Außenbeziehung zwischen diesen Partikularinteressen und einem von der Regierung zu vertretenden volkswirtschaftlichen Gemeinwohlinteresse zu ergänzen. Einer derartigen Gemeinwohlbindung der Sozialpartner würde somit vor allem die Funktion zukommen, die innere Staatssouveränität gegen den Zugriff der Verbände zu schützen. Souveränität bedeutet somit in diesem Zusammenhang, daß der übergeordnete Gestaltungsanspruch staatlicher Wirtschaftspolitik gegen den Anspruch von Gegenmacht abgesichert und durchgesetzt werden kann.[7]

Da indes auch eine Bundesregierung nicht über die erforderliche Legitimation für die verbindliche Vorgabe einer Gemeinwohldefinition verfügt, weil sie wie (zum Beispiel) auch die in Tarifautonomie handelnden Sozialpartner nur als ein Träger des Gemeinwohls unter mehreren anzusehen ist,[8] könnte sich eine

[7] Vgl. Joachim Hirsch, Die öffentlichen Funktionen der Gewerkschaften, S. 65f.

umfassende Gemeinwohlformulierung nur aus einem gemeinsamen, übergeordneten „tertium comparationis“ herleiten lassen, das zumindest in seinen ökonomischen Aussagedimensionen hinreichend konkretisierbar und allgemein konsensfähig sein müßte.

Die dabei vielleicht naheliegende Orientierung des Gemeinwohlbegriffs am Prinzip des volkswirtschaftlichen „Gesamtnutzens“ scheitert indes bereits an den aus der Wohlfahrtstheorie bekannten Problemen bei der Nutzenmessung und vor allem bei der „Nutzenamalgamierung“ (Christian Watrin), die für eine Transformation individueller in kollektive Nutzenvorstellungen und zur Ableitung einer gesellschaftlichen Wohlfahrtsfunktion notwendig wäre.[9] Aber selbst wenn eine Konkretisierung derartiger funktionaler Zusammenhänge gelänge, so bliebe doch fraglich, ob eine solche Fixierung und Verengung der Gemeinwohlbestimmung auf einen bestimmten Wohlfahrtsbegriff der prinzipiellen Offenheit einer pluralistischen Demokratie für sich wandelnde ideelle und materielle Zielvorstellungen überhaupt angemessen sein könnte. Statt dessen wäre es eher als sinnvoll anzusehen, das Gemeinwohl ex ante auf eine möglichst umfassend konsensfähige Grundlage zu stellen und seine weitere inhaltliche Konkretisierung dann aus einem geregelten Zusammenwirken der gesellschaftlichen Kräfte quasi von selbst resultieren zu lassen.

Das Verfahren einer derartigen a posteriori Gemeinwohlbestimmung birgt indes zwei nicht zu unterschätzende Risiken in sich. Zum einen könnte es dazu führen, daß im Nachhinein schlichtweg alles als gemeinwohlentsprechend deklariert werden kann und der Begriff selbst damit letztlich der Beliebigkeit anheimfällt. Zum anderen besteht die Gefahr, daß sich im pluralistischen Zusammenwirken vor allem die bestorganisierten und durchsetzungsstärksten Interessen behaupten und das Gemeinwohl für sich beanspruchen werden. Weil die vom Staat vertretene gesellschaftliche Gesamtheit aber mehr ist als die Summe ihrer Interessenverbände, müßte eine Gemeinwohlbestimmung somit eine höhere Entscheidungsfähigkeit und ein höheres Wertberücksichtigungspotential aufweisen, als es vom Ergebnis des pluralistischen Interessenwettstreits erwartet werden könnte.[10] Diesem Erfordernis ließe sich vor allem dadurch Rechnung tragen, daß zwar eine dem sich wandelnden Gemeinwohlverständnis unangemessen enge inhaltliche Festlegung vermieden, wohl aber die Beachtung bestimmter Verfahrensprinzipien verpflichtend vorgegeben wird, nach denen sich eine überprüfbare Konkretisierung dessen zu vollziehen hat, was jeweils als gemeinwohlentsprechend gelten könnte.

---

[8] Der Staat ist somit zwar „um des Gemeinwohls willen da“, auch hat er eine „Ordnung zum Gemeinwohl“ zu liefern (*Ockenfels*), doch darf er sich nicht selbst mit dem Gemeinwohl gleichsetzen. Eine inhaltliche Konkretisierung des Gemeinwohls muß sich vielmehr nur auf einen breiten Konsens abstützen und bleibt an dessen Bestand gebunden. Zitiert wurde aus: Wolfgang Ockenfels, Gewerkschaften und Staat, S. 149

[9] Vgl. Christian Watrin, Gesellschaftliche Wohlfahrt, S. 480

[10] Vgl. Klaus Scharpf, Demokratietheorie zwischen Utopie und Anpassung, S. 75 und Wolfgang Rüfner, Zur Gemeinwohlbindung der Tarifvertragsparteien, S. 194

Für die bei der vorliegenden Betrachtung im Vordergrund stehenden ökonomischen Dimensionen einer allgemein akzeptablen Gemeinwohlformulierung[11] bietet es sich an, inhaltlich von der mit dem § 1 des Stabilitätsgesetzes (im Zusammenhang mit Art. 109 GG) eingeführten Verpflichtung von Bund und Ländern auszugehen, bei ihren wirtschafts- und finanzpolitischen Maßnahmen die Erfordernisse des „gesamtwirtschaftlichen Gleichgewichts" zu beachten.[12] Dabei stellt sich die Frage, ob ein derartiges gesamtwirtschaftliches Gleichgewicht überhaupt hinreichend zu fixieren ist und, wenn ja, ob eine derartige Fixierung mit der marktwirtschaftlichen Entwicklungsdynamik in Einklang gebracht werden könnte. Würde der Gleichgewichtsbegriff rein statisch aufgefaßt werden, so wäre ein derartiger Gleichgewichtszustand allenfalls als theoretisch nachweisbare Ausnahmesituation in einem axiomatisch eng begrenzten Marktwirtschaftsmodell (wie etwa bei Gerard Debreu) vorstellbar, nicht aber als Leitvorstellung wirtschafts- und finanzpolitischer Maßnahmen. Dies wäre indes nach der geforderten prinzipiellen Offenheit einer Gemeinwohlbestimmung auch weder sinnvoll noch notwendig, da der im Stabilitätsgesetz verwandte Begriff als ein „dynamisches" Gleichgewicht interpretiert werden kann, dessen Einzelkomponenten sich in ihrer Entwicklung hinreichend quantifizieren lassen, um eine fortlaufende Überprüfung und Beurteilung zu ermöglichen.

Nach dieser Vorgehensweise würde sich eine ökonomische Gemeinwohlinterpretation unter Anknüpfung an die verfassungsrechtlichen „Gemeinwohlgrundwerte"[13] darin konkretisieren, daß im Rahmen der marktwirtschaftlichen Ordnung Stabilität des Preisniveaus, ein hoher Beschäftigungsstand und außenwirtschaftliches Gleichgewicht bei stetigem, angemessenem Wirtschaftswachstum erreicht werden.

Dabei zeigt sich, daß eine bestimmende Festlegung, zum Beispiel der noch zu tolerierenden Rate von Arbeitslosigkeit oder Inflation, nicht erforderlich ist, da die Vorstellungen darüber, was in dieser Hinsicht noch mit einem gesamtwirtschaftlichen Gleichgewichtszustand als vereinbar anzusehen ist, durchaus von der öffentlichen Meinung relativiert und verändert werden können und sollen.

---

[11] Wenn sich die Darstellung hier und im folgenden auf das „gesamtwirtschaftliche Gleichgewicht" als verfassungsrechtlichen Anknüpfungspunkt für die Gemeinwohlgrundwerte beschränkt, so geschieht dies ausschließlich unter themenspezifischem Aspekt. Für eine ausführliche Darstellung siehe: Hans Herbert von Arnim, Gemeinwohl und Gruppeninteressen, insb. S. 35ff. und ebenso: Egon Tuchtfeldt, Über das Gemeinwohl, insb. S. 4f.

[12] Zur inhaltlichen Entstehung und zu den rechtlichen Konsequenzen siehe: Jürgen Brockhausen, Die rechtliche Bedeutung des gesamtwirtschaftlichen Gleichgewichts, S. 88ff.

[13] Das Ziel „gesamtwirtschaftliches Gleichgewichts" stellt ein konkretisierendes „Vorziel" der Gemeinwohlgrundwerte (Frieden, Freiheit, Gerechtigkeit, Sicherheit, Wohlstand) als „Nachziele" dar. Hans Herbert von Arnim, Gemeinwohl und Gruppeninteressen, S. 42

Statt einer Festlegung durch inhaltliche Konkretisierung würde es sich daher empfehlen, die Beurteilung dessen, ob eine gemeinwohlentsprechende Gleichgewichtslage realisiert worden ist, gleichermaßen öffentlicher Kontrolle und einem politischen Abstimmungsverfahren zu unterwerfen. Eine derartige staatliche Gemeinwohlverpflichtung würde somit ordnungs- und konjunkturpolitische sowie allgemeine wirtschaftspolitische Ziele beinhalten, deren angestrebte und erreichte Erfüllung mit den Jahreswirtschaftsberichten der Bundesregierung einer regelmäßigen Publikationspflicht und zugleich einer wissenschaftlichen Kommentierung durch die Gutachten des parteipolitisch unabhängigen Sachverständigenrates unterliegt. Hinzu kämen die nicht zu unterschätzenden Kontroll- und Beurteilungsmöglichkeiten durch die Medien, durch die öffentliche Meinungsbildung sowie durch einen zumindest in Teilbereichen anwendbaren Vergleich mit der internationalen Wirtschaftsentwicklung. Vor allem aber blieben die im Hinblick auf das Gemeinwohl erreichten Ergebnisse einer demokratisch angemessenen Beurteilung durch Wahlen unterworfen, denen sich jede Regierung stellen muß. Diese Wählerentscheidungen wären somit als letzte und entscheidende Instanz dafür anzusehen, ob die Ergebnisse der Wirtschaftspolitik einer bestimmten Regierung als gemeinwohlverträglich anzusehen sind oder ob eine wirtschaftspolitische Kursumkehr für erforderlich gehalten wird. Insgesamt wäre damit nicht nur die geforderte prinzipielle Offenheit in der Gemeinwohlbestimmung gewährleistet, sondern gleichermaßen eine öffentliche Kontrolle in der Gemeinwohlrealisierung.

Schließlich wäre der Zielkomplex „gesamtwirtschaftliches Gleichgewicht" in dieser Formulierung als solcher, gerade weil in ihm die Vorgabe einer Verteilungsnorm nicht enthalten ist, auch zwischen den Sozialpartnern prinzipiell konsensfähig, wenngleich über die Priorität der einzelnen Komponenten und über die jeweils anzustrebenden Zielerfüllungsgrade graduell unterschiedliche Auffassungen bestehen mögen. Eine völlige Übereinstimmung ist hierin aber auch nicht erforderlich, denn ohnehin ist, wie die gegenwärtige beschäftigungspolitische Diskussion zeigt, weder „eine einheitliche Auffassung über den besten Weg, wie etwa die Ziele des Stabilitätsgesetzes zu verwirklichen sind, herzustellen",[14] noch könnten die Sozialpartner zur Unterstützung einer bestimmten Wirtschaftspolitik verpflichtet werden, noch wäre schließlich (von eng begrenzten Notsituationen abgesehen) eine „Tarifzensur"[15] des Staates zulässig. Auch wenn somit grundsätzlich zwar „gar kein ernster Zweifel daran bestehen (kann), daß die Tarifparteien daran gebunden sind, das Gemeinwohl bei ihren Tarifabschlüssen zu wahren",[16] so ist im Einzelfall doch kaum eine Konkretisierbarkeit und Überprüfbarkeit eventueller Gemeinwohlverletzungen sowie der daraus zu ziehenden Konsequenzen möglich.

[14] Wolfgang Rüfner, Zur Gemeinwohlbindung der Tarifvertragsparteien, S. 198

[15] Ebenda, S. 199

[16] Wolfgang Zöllner, Arbeitsrecht. München 1977, S. 259

Wenn somit eine inhaltliche Bindung der Tarifautonomie an das Ziel eines gesamtwirtschaftlichen Gleichgewichts als nicht formulierbar und durchsetzbar angesehen werden muß, so könnte doch wenigstens eine funktionelle Bindung an bestimmte Verfahrensregeln angestrebt werden, um dauerhafte und schwerwiegende Beeinträchtigungen eines so verstandenen ökonomischen Gemeinwohls abzuwehren. Vor allem gilt es der Gefahr zu begegnen, durch Einflußnahme auf die staatliche Wirtschaftspolitik (zum Beispiel) den Einsatz bestimmter Instrumente zu fordern bzw. zu versagen, um solchermaßen in eine dauerhafte „Überlegenheitsposition" gegenüber dem Sozialpartner zu gelangen. Die eigentliche Achillesferse liegt somit weniger in der Möglichkeit einer konsensfähigen und konkretisierbaren Gemeinwohlbestimmung selbst, als vielmehr darin, daß sie den zumindest weitgehend unangefochtenen Fortbestand der vorangehend als Minimalkonsens beschriebenen Übereinstimmungen zwischen den Sozialpartnern zwingend voraussetzt, und zwar hinsichtlich der Akzeptanz marktwirtschaftlicher Rahmenbedingungen, der Priorität autonomer Konfliktregelung sowie der Art und Weise, mit der Konflikte zulässig ausgetragen werden können.

Aber auch der Fortbestand dieses sozialpartnerschaftlichen Minimalkonsenses ist nur als eine zwar notwendige, allein aber noch nicht hinreichende Bedingung dafür anzusehen, daß eine Gemeinwohlbindung erreicht wird, denn außer den Gefahren antagonistischer Selbstzerstörung besteht auch, wie vorangehend beschrieben, das Risiko einer gleichermaßen gemeinwohlschädlichen, wenn auch „harmonischen" Collusionspolitik. Um sicherzustellen, daß sich zwischen den Arbeitsmarktparteien in quasi von selbst und kontinuierlich ablaufenden Abstimmungs- und Anpassungsprozessen ein marktwirtschaftskonformes Verhalten herauskristallisiert, bedarf somit gerade eine gut funktionierende Sozialpartnerschaft der beschriebenen staatlichen Mißbrauchsaufsicht, die — als historische Lehre — allerdings nicht in Form einer inhaltlichen Prüfung der aus der Tarifautonomie hervorgehenden Ergebnisse erfolgen sollte, sondern nur durch die Herstellung und Wahrung stabiler Gegenmachtverhältnisse in den Arbeitsbeziehungen.

3.2.2 Gleichgewicht durch Gegenmacht

Wie vorangehend dargestellt worden ist, sind die Beziehungen der Sozialpartner zueinander durch ein breites Feld von sowohl antagonistischen als auch harmonierenden Interessen gekennzeichnet, wobei in der Innenbeziehung Interessenantinomie und in der Außenbeziehung Interessenharmonie vorherrschend sein werden. Für die angestrebte Gemeinwohlbindung liegt damit der Gedanke nahe, die natürlichen Harmonien für das Gemeinwohl nutzbar zu machen, indem die Sachkompetenz der Sozialpartner über die bereits grundgesetzlich vorgesehene „Wahrung und Förderung der Arbeits- und Wirtschaftsbedingungen" (Art 9 Abs 3 GG) hinaus für soziale Gestaltungsaufgaben herangezogen wird, wo sie diese besser lösen können, als es der staatlichen Wirtschaftspolitik möglich wäre.[1] Zugleich könnten die natürlichen Antagonismen nutzbar gemacht werden, um ein Übergreifen dieser Funktionszuweisung auf die Bereiche zu verhindern, in denen der staatliche Gestaltungsanspruch zur Wahrung übergeordneter gesamtwirtschaftlicher Interessen vor dem Zugriff der von den Verbänden vertretenen Partikularinteressen geschützt werden muß.

Vor allem ein wenigstens annäherndes Kräftegleichgewicht zwischen den Arbeitsmarktparteien könnte dazu beitragen, daß ansonsten „freie" Energien, die zu einseitiger und gesamtwirtschaftlich unangemessener Interessendurchsetzung nach außen führen könnten, durch mögliche Sanktionen von der anderen Seite bereits in der Innenbeziehung gegenlastig aufgefangen und gleichsam neutralisiert werden, bevor sie sich gemeinwohlschädlich auswirken können. Selbst eine offene Konfliktaustragung erfüllt somit, was häufig übersehen wird, die durchaus wichtige Funktion, den Gewerkschaftsführungen eine notwendige „Erwartungsreduktion" ihrer Mitglieder zu erleichtern. Auch die Arbeitskampffreiheit ist somit als ein funktionaler Bestandteil zur Gemeinwohlbestimmung anzusehen.

Neben dieser direkten Entlastungsfunktion vermögen ausgewogene Gegenmachtverhältnisse auch indirekt entlastend zu wirken, indem die Entwicklung konsensfähiger Lösungsvorschläge für umstrittene wirtschaftliche und soziale Entscheidungen dadurch bereits im Vorfeld staatlicher Institutionen erfolgen kann. Außerdem bietet „die List der Idee dieses aufeinander abgestimmten Antagonismus"[2] eine größere Gewähr dafür, das es zu Entscheidungen kommt, die von den Arbeitsmarktparteien als gerecht und zweckmäßig akzeptiert werden.

Gesamtwirtschaftlich wären die Arbeitsbeziehungen sowie die sich in ihnen vollziehende Tarifautonomie als ordnungspolitischer Eckpfeiler in dem Beziehungsdreieck zwischen Staat, Gewerkschaften und Arbeitgeberverbänden zu verstehen, als konstituierender Bestandteil eines der demokratischen Gewaltenteilung entsprechenden Systems „ökonomischer Gewaltenteilung", in dem durch die kontrollierte Zuweisung von Funktionen ein auf das Gemeinwohl verpflichteter Ausgleich realer sozialer Gewalten erreicht wird, der „den Kampf der sozialen Gruppen („Klassen") einerseits in rechtstaatliche Bahnen lenkt und andererseits in ein mäßigendes Gleichgewicht zu bringen versucht", eine so verstandene Gewaltenteilung „will den Krieg der Klassen durch eine bewußt akzeptierte Partnerschaftsbeziehung ersetzen".[3]

---

[1] Siehe dazu: Gustav-Adolf Bulla, Soziale Selbstverantwortung der Sozialpartner als Rechtsprinzip, S. 81 ff.

[2] Wilhelm Herschel, Tarifautonomie und Gemeinwohl, S. 2

[3] Das Zitat lautet vollständig: „Ist es das Ziel der Gewaltenteilung, durch funktionale Aufgliederungen und kontrollierende Zuordnungen einen freiheitssichernden Ausgleich realer sozialer Gewalten zu ermöglichen, so versucht sie dieser Intention dadurch zu entsprechen, indem sie den Kampf der sozialen Gruppen („Klassen") einerseits in rechtstaatliche Bahnen lenkt und andererseits in ein mäßigendes Gleichgewicht zu bringen

Dem dafür notwendigen sozialpartnerschaftlichen Minimalkonsens liegt in diesem Zusammenhang die der Systemtheorie entnommene Idee zugrunde, durch zuordnende und ablaufregelnde Prinzipien das Kräftespiel zwischen den Arbeitsmarktparteien „negativen Rückkoppelungseffekten" auszusetzen, die es bei größeren Abweichungen von einem Kräftegleichgewicht durch gegensinnig proportionale Widerstände wieder zu einer wenigstens ungefähren Handlungsparität zurückführen. Ein derartiger Rückkoppelungseffekt besteht in der Beständigkeit der Funktionen, die von den Tarifvertragsparteien in einer marktwirtschaftlichen Ordnung dauerhaft wahrgenommen werden müssen. Sie sind das verbindende Element, das beide Seiten immer wieder dazu zwingt, sich (zum Beispiel) tarifvertraglich zu einigen, wirtschaftliche und soziale Probleme gemeinsam zu behandeln oder auch in der Selbstverwaltung zusammenzuarbeiten. Allein schon mit der Erhaltung und Stärkung dieser Grundfunktionen könnte somit bereits ein wichtiger Beitrag für das Zustandekommen von Gleichgewichtslagen geleistet werden.

Im Bereich der Innenbeziehung wäre dafür (zum Beispiel) durch eine ausgewogene „Kampfmittelparität", wie sie wohl auch der höchstrichterlichen Entscheidungspraxis vorschweben mag,[4] für eine Balance in den Durchsetzungschancen zu sorgen, so daß keiner der Partner imstande ist, in eine dauerhafte Überlegenheitsposition zu gelangen und den Konsens aufzukündigen. Statt dessen sollte möglichst schon von dem Abschreckungseffekt der auf beiden Seiten differenziert vorhandenen Machtmittel ein Zwang zu wirtschaftsfriedlichem Interessenausgleich ausgehen, dessen Zustandekommen dann noch in der beschriebenen Weise durch geeignete Schieds- und Schlichtungsverfahren abgestützt werden könnte.

In der Außenbeziehung hätte der Staat, d.h. hier die jeweilige Regierung, die Funktion einer „countervailing power" (John K. Galbraith) zu übernehmen, um durch politischen und wirtschaftlichen Gegendruck für gleichgewichtige Durchsetzungschancen in den Arbeitsbeziehungen zu sorgen. Vor allem aber ist nur eine parlamentarisch legitimierte Regierung dazu in der Lage, die nicht in vergleichbarer Weise organisierten oder organisierbaren individuellen und kollektiven gesellschaftlichen Interessen zu vertreten und den partikulären Gruppeninteressen begrenzend entgegenzustellen. Eine spezifische Gemeinwohlfunktion staatlicher Wirtschaftspolitik besteht somit darin, die gemeinsame Interessenvertretung der Sozialpartner an die Erfordernisse eines gesamtwirtschaftlichen Gleichgewichts zu binden und sich dabei insbesondere Versuchen einseitiger Inanspruchnahme zu widersetzen, um dadurch insgesamt die

---

versucht. Gewaltenteilung will den Krieg der Klassen durch eine bewußt akzeptierte Partnerschaftsbeziehung ersetzen". Winfried Steffani, Gewaltenteilung im demokratisch-pluralistischen Rechtsstaat, S. 281

[4] Vgl. dazu: Manfred H. Bobke, Richterrechtliche Grenzen des Arbeitskampfes, S. 42 und ders., Arbeitskampfrecht im Umbruch, S. 231 ff.; dagegen: Reinhard Richardi, Das Ordnungsmodell des Tarifvertragssystems, S. 414 ff.

Bereitschaft der Arbeitsmarktparteien zur Selbstregulierung und zur Übernahme stabilitäts- und beschäftigungspolitischer Verantwortung zu fördern.

Hierfür gilt sozusagen ein modifiziertes Dampfkesselprinzip: ist der Gegendruck in der Außenbeziehung der Sozialpartner zum Staat zu schwach, so wird zuviel „Dampf" nach außen abgelassen und die „Kochtemperatur" nicht erreicht, entsprechend findet keine für einen Kompromiß hinreichende Mäßigung überzogener Forderungen statt, sondern die Sozialpartner werden statt dessen versuchen, sich in der beschriebenen Weise zu Lasten Dritter zu einigen; ist dieser Gegendruck hingegen zu stark, d.h. übersteigen die zu bewältigenden Probleme das den Sozialpartnern gemeinsame Konfliktlösungspotential, so entlädt sich dieser Überdruck in eine zunehmende Dauer und Intensität von Arbeitskämpfen. Dies kann dazu führen, daß der Staat entweder von einer der beiden Parteien auf politischem Wege in die Auseinandersetzung mit hineingezogen wird oder aber, daß die gesamtwirtschaftlichen Auswirkungen der Arbeitskonflikte ein so gravierendes Ausmaß annehmen, daß der Staat sich zur Intervention gezwungen sieht: „Die verbandsmäßige Gestaltung der Arbeits- und Lohnbedingungen durch die Sozialpartner findet nach der grundrechtlichen, demokratischen und sozialstaatlichen Ordnung des Verfassungssystems ihre Grenzen dort, wo sie ... nicht mehr zu einer „sinnvollen Ordnung des Arbeitslebens" und zu einem vom Standpunkt des politischen Gemeinwesens im ganzen als gerecht und befriedet zu verantwortenden Gemeinschaftsleben führt".[5]

Es gibt somit zwar gute Gründe dafür, daß sich eine Regierung gegenüber den Wesensinhalten der Tarifautonomie wirtschaftspolitisch möglichst neutral verhalten sollte, so insbesondere, damit sich die Interessen der sie tragenden politischen Parteien nicht belastend auf die Arbeitsbeziehungen auszuwirken vermögen, doch bedeutet dies nicht, daß sie auch ordnungspolitisch gegenüber den aus der Tarifautonomie resultierenden Ergebnissen stets neutral bleiben könnte und sollte. In diesem Zusammenhang wäre vor allem daran zu erinnern, daß der Fortbestand von Tarifautonomie und staatsfreien Arbeitsbeziehungen an die Existenzbedingung gebunden ist, daß auch die Wirtschaftsordnung als Bestandteil der umfassenden Rechts- und Staatsordnung zwar nicht ausschließlich, aber doch in ganz überwiegendem Maße durch autonom ablaufende marktwirtschaftliche Steuerungsmechanismen gekennzeichnet bleibt. Wird diese Autonomie durch zentralverwaltungswirtschaftliche Planungs- und Lenkungsmaßnahmen unterbrochen oder sogar aufgehoben, so kann es auch keine staatsfreie Regelung der Arbeitsbedingungen geben. Diese Zusammenhänge sind bei den Auseinandersetzungen um eine marktwirtschaftliche oder planwirtschaftliche Neuordnung im Jahre 1948 besonders deutlich geworden.

Das „Zurücktreten des Staates zugunsten der Tarifparteien" geschah somit nicht nur, wie das Bundesverfassungsgericht schon 1951 festgestellt hat, aus der

---

[5] Werner Weber, Die Sozialpartner in der Verfassungsordnung, S. 537

rein wirtschaftspolitischen Zweckmäßigkeitsüberlegungen folgenden Annahme, „daß die unmittelbar Betroffenen besser wissen und besser aushandeln können, was ihren beiderseitigen Interessen und dem gemeinsamen Interesse entspricht", sondern war gleichermaßen Ausdruck des den freiheitlich-demokratischen Rechtsstaat kennzeichnenden Prinzips der „Privatautonomie".[6] Daher wäre es mit sozialstaatlichen Prinzipien auch unvereinbar, wenn eine Regierung sich (zum Beispiel) gegenüber dem drohenden Verlust der Handlungsautonomie einer der beiden Tarifvertragsparteien ihrer Verantwortung für die Arbeitsbeziehungen entziehen wollte, sondern tatsächlich ist die staatliche Neutralitätsverpflichtung selbst als „Bestandteil einer paritätsorganisierenden und -gewährleistenden arbeitsverfassungsrechtlichen Rahmenordnung" zu verstehen.[7]

Bei einer eventuell vorzunehmenden weiteren Ausgestaltung dieser Rahmenordnung wäre im Bereich der Arbeitsbeziehungen vor allem dafür zu sorgen, daß durch ein gut ausgebautes, staatsfreies Schieds- und Schlichtungswesen möglichst viele Konflikte bereits auf dem Wege sozialpartnerschaftlichen Interessenausgleichs gelöst werden und erst gar nicht auf die staatliche Ebene durchzuschlagen vermögen. Des weiteren könnte auch die Intensität derartiger Auseinandersetzungen (zum Beispiel) durch die vorgeschlagenen konfliktregelnden und konfliktbegrenzenden Maßnahmen herabgesetzt werden, so daß trotz der von der marktwirtschaftlichen Eigendynamik fortlaufend neu erzeugten sozialen und wirtschaftlichen Ungleichgewichtszustände, um in dem Beispiel zu bleiben, erst gar kein „Überdruck" entsteht.

Schließlich wäre der notwendige „Systemkonsens" abzustützen, so vor allem dadurch, daß möglichst wenig Alternativen zu einer gemeinwohlorientierten Politik sozialpartnerschaftlichen Interessenausgleichs angeboten werden, indem sich der Staat gegenüber Versuchen einseitiger oder gemeinsamer Inanspruchnahme verweigert und die Arbeitsmarktparteien statt dessen auf ihre Eigenverantwortlichkeit verweist. Je mehr sich der Staat hingegen durch dirigistische Eingriffe in die Wirtschaftsabläufe involviert, desto mehr Ansatzpunkte liefert er auch, um in Arbeitskonflikte hineingezogen zu werden. Dies gilt besonders dann, wenn die Sozialpartner von der staatlichen Wirtschaftspolitik aus der ihnen im Rahmen der Tarifautonomie zwar nicht allein und letztgültig, wohl aber primär übertragenen Verantwortung für das Beschäftigungsziel entlassen werden. Eine Regierung, die ihre erst subsidiär einsetzende Mitverantwortung für das Beschäftigungsziel zugunsten öffentlicher Prioritätserklärungen aufgibt, wird dadurch erpreßbar, weil sie ihren eigenen politischen Erfolg jetzt damit verbunden hat, das Beschäftigungsziel auch gegen unvorhersehbare Fehlsteuerungen der Arbeitsmarktparteien zu verteidigen. Aus diesen Verwicklungen folgt dann leicht ein angeblicher Zwang zu Kompromissen, mit dem im Namen

---

[6] BVerfGE 34,307 (S. 316f.)

[7] Franz Jürgen Säcker, Gruppenparität und Staatsneutralität, S. 112

eines fragwürdigen „Pragmatismus" auch der marktwirtschaftliche Ordnungsrahmen „allmählich Stück für Stück zur Besänftigung von Gruppenkonflikten preisgegeben wird",[8] oder aber es wird eine „Flucht nach vorn" angetreten, indem sich der Dirigismus auf den Bereich der Tarifautonomie ausdehnt.

Aber auch schon der etwa ab Mitte der siebziger Jahre in mitunter geradezu hektischer Folge angewandte und nahezu ausschließlich auf kurzfristig erreichbare Effekte angelegte konjunkturpolitische Aktionismus ist einer beschäftigungspolitischen Verantwortungsbereitschaft der Sozialpartner abträglich, weil dadurch zusätzliche Verhaltensunsicherheiten entstehen, der konjunkturelle Attentismus der Wirtschaftssubjekte bestärkt und Spekulationen auf das wahrscheinliche Regierungshandeln herausgefordert werden.

Sozialpartnerschaftlicher Interessenausgleich setzt hingegen eine gewisse Stetigkeit und Berechenbarkeit nicht nur im gemeinsamen Verhältnis der Arbeitsmarktparteien zum Staat voraus, sondern auch in der Innenbeziehung, weil sonst die inhaltliche Qualität und die zeitliche Reichweite einer möglichen Ordnungsfunktion davon beeinträchtigt werden. Sind zum Beispiel selbst in der für tarifvertragliche Vereinbarungen üblichen Laufzeit eines Jahres schon wesentliche Veränderungen in den Entscheidungsparametern zu erwarten, so etwa durch unvorhersehbare, kurzfristig eingesetzte konjunkturpolitische Maßnahmen, so kann sich zwar der Unternehmer diesen neuen Gegebenheiten relativ kurzzeitig anpassen, die zuständige Gewerkschaft jedoch nur unter sehr viel ungünstigeren Bedingungen. Vor allem läuft sie Gefahr, daß ein eventuelles „Nachhinken" der Löhne und Gehälter zu internen Radikalisierungs- und Spaltungstendenzen führen könnte. Derartige Unsicherheiten tragen dazu bei, daß die Gewerkschaftsführung dann künftig von vornherein bis an die äußerste Grenze des verteilungspolitisch Möglichen gehen wird.

Eine dagegen auf mehr als nur kurzfristige Entgeltmaximierung angelegte Tarifpolitik des „langen Atems", die zum Beispiel durch verbesserte Maßnahmen zur beruflichen Qualifizierung sowie durch eine investive Beteiligung der Belegschaftsmitglieder zu einer dauerhaften Sicherung und Mehrung von Arbeitsplätzen beitragen möchte, setzt ein Vertrauen in die Dauerhaftigkeit der ordnungspolitischen Rahmenbedingungen und in die Stetigkeit des Regierungshandelns voraus, das unter diesen Bedingungen nicht gegeben sein wird.

Dabei ist ein gewisses begrenztes Hin- und Herpendeln zwischen einem mehr die Gewerkschaftsseite und einem mehr die Arbeitgeberseite begünstigenden Regierungshandeln nicht nur politisch unvermeidlich, sondern sogar wirtschaftlich notwendig, damit sich Anpassungsprozesse auf diese Weise um so rascher über wechselnde parlamentarische Mehrheiten vollziehen können — oder dies doch zumindest dem Prinzip nach können sollten. Wie am Beispiel der Gemeinwohlbestimmung gezeigt werden konnte, so ist auch hier eine prinzipiel-

[8] Erhard / Müller-Armack, Soziale Marktwirtschaft, S. 65

le Offenheit für begrenzte Veränderungen der freiheitlich demokratischen Gesellschaft angemessen. Wirklich entscheidend ist letztlich nur, daß die eigentlichen Grundkonstanten der politischen und wirtschaftlichen Gesamtordnung erhalten bleiben und also, um es bildlich auszudrücken, das Stimmungspendel politischer Entscheidungsbildung frei um die von diesen Grundkonstanten gebildete Mitte schwingen kann.

Eine dieser Grundkonstanten besteht in der herrschenden Rechtsordnung, aus der die Sozialpartner die Legitimation ihres Handelns ableiten. Ohne Gültigkeit des Sozialstaatprinzips und ohne das Eigentumsrecht (nach Art.14 GG) an den Produktionsmitteln wäre keine wirtschaftliche und soziale Regelungssubstanz vorhanden. Ohne Koalitionsfreiheit und ohne den Grundsatz der Handlungsfreiheit (nach Art. 2 Abs. 1 GG), auf dem die Kampffreiheit basiert, wäre eine dauerhafte funktionelle Zuweisung von Regelungskompetenz an die Arbeitsmarktparteien nicht möglich. „Auf diesen vier Grundrechtspositionen ruht das normative Gerüst der Sozialpartnerschaft“.[9]

Eine weitere Grundkonstante besteht in der Wirtschaftsordnung. Ihr kommt in diesem Zusammenhang Leitbildcharakter zu, und zwar nicht nur als „ordnende ratio“ der wirtschaftlichen Einzelentscheidungen in ablauftechnischem Sinn, sondern auch als ein allgemein akzeptiertes Koordinatensystem zur Bestimmung von Werthaltungen, an denen wirtschaftliches Handeln sich orientieren können soll. Beide Bereiche stehen in enger Beziehung zueinander, denn wenn der Wertekonsens zerbricht, so werden auch die organisatorischen Strukturen nicht länger Akzeptanz finden. Dies läßt sich am Beispiel der Tarifautonomie besonders gut verdeutlichen.

In organisatorischer Hinsicht ist die aus der Koalitionsfreiheit abgeleitete Tarifautonomie Ausdruck des Autonomie- und des Subsidiaritätsprinzips, denenzufolge der Staat nicht ohne zwingende Notwendigkeit Aufgaben an sich ziehen soll, die von den Wirtschaftssubjekten selbst (bzw. von ihren Organisationen) eigenverantwortlich erledigt werden können. Dies entspricht zugleich dem Prinzip marktwirtschaftlicher Dezentralisierung von Entscheidungsmacht.

Bei einer wertebezogenen Betrachtungsweise wird Tarifautonomie als Ausdruck der freiheitlich demokratischen Grundordnung verstanden, gemäß der Eigenverantwortung und Selbstbestimmung einer Fremdverantwortung und Fremdbestimmung vorzuziehen sind. Zerbricht nun dieser Wertekonsens, indem die Arbeitsmarktparteien einen Teilbereich ihrer Eigenverantwortung, zum Beispiel für das Beschäftigungsziel, auf den Staat überwälzen, so wird die Tarifautonomie auch in ablauforganisatorischer Hinsicht nicht mehr marktwirtschaftsgerecht funktionieren können, weil dazu die „Spielregeln“ der Auseinandersetzung zu unterschiedlich geworden sind. Angesichts der gestiegenen Chancen, die Handlungsmacht des Staates für eine einseitige Interessen-

---

[9] Joseph H. Kaiser, Die Parität der Sozialpartner, S. 13

durchsetzung zu okkupieren, fehlt die Notwendigkeit, sich weiterhin an Kompromißlösungen zu orientieren.

Treten solchermaßen hervorgerufene einseitige Überlegenheitspositionen nicht nur in wirtschaftlich wohlbegründeten und periodisch eng begrenzten Ausnahmesituationen auf, so ist zu erwarten, daß der Staat seine Schutz- und Garantiefunktion für die fortdauernde Gültigkeit der Ordnungsprinzipien verletzt, in deren Rahmen und nach deren Regeln gewirtschaftet werden soll. Ebenso könnte der Staat sich dann kaum noch einer Verwicklung in Konflikte im Bereich der Arbeitsbeziehungen entziehen, so daß die Gefahr eines mit den politischen Mehrheitsverhältnissen wechselnden, zumindest tendenziellen Abgleitens in einen „Unternehmerstaat“ bzw. „Gewerkschaftsstaat“ entsteht.[10] Aber auch die weiter oben beschriebene Alternative einer korporativistischen Verflechtung von Staat und Wirtschaft wäre unter diesem Aspekt möglich und könnte in letzter Konsequenz das Gemeinwesen den mächtigsten und bestorganisierten Gruppeninteressen ausliefern und zur Auflösung der Tarifautonomie in einen „Verbändestaat“ führen.[11]

Ein auf Tarifautonomie basierender sozialpartnerschaftlicher Interessenausgleich ist somit nur dann dauerhaft möglich, wenn beide Parteien sich zumindest in ihren wesentlichen Handlungsgrundsätzen und Zielvorstellungen der gleichen oder doch wenigstens annähernd gleichen Wirtschaftsordnung verpflichtet fühlen und entsprechend darauf vertrauen können, daß auch die eigenen Funktionen innerhalb dieser Ordnung anerkannt und nicht in Frage gestellt werden. Diesem Bedürfnis wird in der aus dem Stabilitätsgesetz übernommenen Gemeinwohlformulierung dadurch Rechnung getragen, daß das angestrebte gesamtwirtschaftliche Gleichgewicht ausdrücklich „im Rahmen der marktwirtschaftlichen Ordnung“ erreicht werden soll. Nur überwiegend nach marktwirtschaftlichen Prinzipien gestaltete Wirtschaftsordnungen bieten nämlich genügend Freiheitsgrade für die Lösung der zentralen Produktions- und Verteilungsprobleme, um eine autonome Regulierung der Entlohnungs- und Arbeitsbedingungen durch die Sozialpartner zu ermöglichen.

Weil sich aber trotzdem ein relativ breiter, diffuser Bereich von Mischordnungen noch mit Tarifautonomie vereinbaren läßt, stellt sich die für den Systemkonsens entscheidende Frage, wann und wo mit der vertikalen und horizontalen Kumulation marktwirtschaftswidriger Strukturelemente und Ablaufregulierun-

---

[10] Die Diskussion darüber, ob ein politisches Abgleiten in eine dieser beiden Richtungen bevorsteht oder sogar schon stattgefunden hat, ist vor allem nach dem Streik im öffentlichen Dienst im Jahre 1974 geführt worden, siehe dazu: Horst Sanmann, Die Gewerkschaften in Wirtschaft und Gesellschaft, insb. S. 140ff. und dagegen das Sonderheft „Gewerkschaftsstaat oder Unternehmerstaat“ der WSI Mitteilungen vom August 1976, dazu einführend: Rolf Seitenzahl, Fiktiver Gewerkschaftsstaat gegen konkreten Unternehmerstaat, S. 2f.

[11] Zur Diskussion siehe: Alemann / Heinze, Verbändepolitik und Verbändeforschung in der Bundesrepublik, S. 12ff.

gen schließlich jene „kritische Masse" erreicht wird, bei der das Gesamtsystem allmählich „kippt" und damit auch die Tarifautonomie ihre Funktionsfähigkeit verliert. Diese Situation könnte, wie das Beispiel der Weimarer Republik zeigt, dann eintreten, wenn eine Regierung versucht, die von der wirtschaftlichen Entwicklung verursachten Veränderungen der Durchsetzungschancen in den Arbeitsbeziehungen mit dem Hebel politischer Entscheidungsgewalt dauerhaft und einseitig zu korrigieren, um auf diese Weise einem der Sozialpartner durch politische Intervention jene Überlegenheitsposition zu verschaffen, wie sie die wirtschaftliche Entwicklung sonst nicht, jedenfalls nicht dauerhaft, entstehen lassen würde. Im Widerstreit der sich damit verschärfenden Diskrepanzen zwischen politischer Absicht und ökonomischen Grundtatsächlichkeiten werden sich, erfahrungsgemäß, letztere schließlich als überlegen erweisen.

Daher könnte die Entwicklung, wenn auch unter enormen volkswirtschaftlichen Reibungsverlusten, letztlich doch nur für begrenzte Zeit durch eine Verkoppelung von staatlichem Wirtschaftsdirigismus mit gewerkschaftlichen Umverteilungs- und Herrschaftsansprüchen zu einem „Gewerkschaftsstaat" gelenkt werden. Ebenso würde aber auch die beabsichtigte Rückkehr zu einem unsozialen, einseitig auf die Kapital- und Produktionsinteressen ausgerichteten „Unternehmerstaat" schon bald an politischen Widerständen scheitern. Zumal die Gewerkschaften würden versuchen, durch ausgedehnte Streikaktionen das Machtkartell von Regierung und Unternehmerschaft politisch oder wirtschaftlich aufzubrechen, um ihre tarifliche Handlungsfähigkeit wiederherzustellen. Im anderen Fall würden sich (zumindest) die privaten Unternehmer den von Regierung und Gewerkschaften diktierten Produktionsbedingungen durch Kapitalflucht und „Investitionsstreiks" zu entziehen versuchen. Für beide Situationen einseitiger staatlicher Intervention in die Arbeitsbeziehungen gibt es bereits im westeuropäischen Umfeld genügend Beispiele — und in jedem ist es früher oder später zu einem vom Wahlausgang erzwungenen politischen Umschwung im Regierungshandeln gekommen, wenn auch häufig erst nach einem von industriellem Niedergang gekennzeichneten Stadium marktwirtschaftlicher Zersetzung und mit der stets latenten Gefahr eines Rückfalls in das andere Extrem.

Allein schon diese Erfahrungen sollten es nahelegen, den in der Bundesrepublik Deutschland zumindest bislang und insgesamt noch weitgehend unangefochtenen Grundkonsens über eine wünschenswerte Kontinuität des ordnungspolitischen Status quo in den gegenseitigen Beziehungen der Sozialpartner und in ihrer Außenbeziehung zum Staat als ein wertvolles Gut zu betrachten, das nicht leichtfertig durch politisch einseitige Interventionen gefährdet werden sollte. Ist nämlich das Vertrauen in den Fortbestand der für sozialpartnerschaftliche Arbeitsbeziehungen wesentlichen marktwirtschaftlichen Ordnungs- und Funktionsprinzipien erst einmal solchermaßen abhanden gekommen, so läßt die Fähigkeit und Bereitschaft der Arbeitsmarktparteien zum Kompromiß rasch nach. Dies schon deswegen, weil zumindest eine der beiden Seiten befürchten müßte, daß ihr ein eventuelles Nachgeben — und sei es auch nur in zweitrangigen Einzelfragen — sogleich als Schwäche ausgelegt und dazu genutzt werden könnte, um durch weitere „Systemkorrekturen" einen wesentlichen qualitativen Wandel im Kräfteparallelogramm der gegenseitigen Beziehungen herbeizuführen.

Je günstiger die äußeren Gelegenheiten für derartige Verschiebungen in den Durchsetzungschancen sind (oder zu sein scheinen), desto größer ist die Gefahr, daß auch natürlicherweise bestehende oder von wirtschaftlichen Veränderungen, so zum Beispiel durch den Einsatz mikroelektronischer Arbeits- und Produktionstechniken, neu hervorgerufene Konflikte zwischen den Sozialpartnern sogleich einer ideologischen Überhöhung zu „Systemkonflikten" unterliegen und dadurch auch ein von der Sache her durchaus mögliches Einlenken außerordentlich erschwert wird.

In den siebziger Jahren war es die Arbeitgeberseite, die sich von einer allmählich fortschreitenden, zunächst nur faktisch bestehenden, dann aber zusehends auch von der Rechtsprechung übernommenen und fortgeführten Einengung noch zulässiger Aussperrungsmaßnahmen in ihrer Verhandlungsparität bedroht fühlen konnte.[12] Hinzu kam die bereits weiter zurückreichende und noch heute fortschreitende Tendenz zu einer immer stärkeren und sich auch in Detailfragen ausbreitenden Verrechtlichung der Arbeitsbeziehungen, durch die nicht nur die Flexibilität und Disponibilität in der Gestaltung der Einsatzbedingungen menschlicher Arbeit immer weiter eingeengt worden ist — was ja immerhin auch wünschenswert sein könnte —, sondern durch die vor allem eine starke Neigung entstanden ist, in Streitfragen sogleich den Rechtsweg einzuschlagen, ohne zuvor überhaupt noch durch Kompromiß und Vergleich eine Verhandlungslösung anzustreben.

Nun mag sich die richterliche Rechtsfortschreibung bislang für die Gewerkschaften als „Königsweg" angeboten haben, zumal damit insgesamt, wie beschrieben, wohl mehr Positionsverbesserungen erreicht werden konnten, als über politische Mehrheiten durchsetzbar gewesen wären. Die Risiken einer derartigen Vorgehensweise bestehen indes nicht nur darin, daß sich das „Richterrecht" in seiner bisherigen Gunst als schwankend erweisen könnte, sondern auch darin, daß eine extensive Ausschöpfung dieser Möglichkeiten früher oder später den Gesetzgeber zum Eingreifen herausfordern müßte, und zwar spätestens dann, wenn die Handlungsparität zwischen den Sozialpartnern dauerhaft aus dem Gleichgewicht zu geraten drohte.[13]

---

[12] Vgl. Manfred Groser, Stabilität und Wandel im System der Arbeitsbeziehungen, S. 260; dagegen kommt *Müller-Jentsch* zu dem Ergebnis, daß diese Veränderungen „der Stabilisierung einer bestimmten Politik, nämlich der kooperativen oder sozialpartnerschaftlichen, dienlich waren", Walther Müller-Jentsch, Neue Konfliktpotentiale und institutionelle Stabilität, S. 275

[13] Vgl. Otto Rudolf Kissel, Das Bundesarbeitsgericht — vom Gesetzgeber allein gelassen?, S. 137ff.

Vor allem darf in diesem Zusammenhang nicht übersehen werden, daß (zum Beispiel) die bislang weitgehend unterlassene inhaltliche Ausgestaltung des Arbeitskampfrechts vom Gesetzgeber auch in der Überzeugung ausgespart werden konnte, daß ein dem sozialpartnerschaftlichen Interessenausgleich förderliches Verhandlungsklima in den Arbeitsbeziehungen vorherrschend bleiben würde und daß daher ein eventueller Regelungsbedarf autonomen Vereinbarungen überlassen werden könnte. Wenn hingegen offenbar werden sollte, daß die Sozialpartner von dieser nur vorläufig überlassenen Kompetenz nicht in verantwortlicher Weise Gebrauch zu machen verstehen, daß vielmehr dadurch vor den Gerichten nur eine neue Arena entsteht, in der versucht wird, am Parlament vorbei Weichenstellungen durchzudrücken, die die Parität in den Arbeitsbeziehungen grundlegend in Frage stellen, so wird sich der Gesetzgeber seiner Interventionsverpflichtung nicht entziehen können. Dies ist bei der Auseinandersetzung um die Sicherung der staatlichen Neutralität im Arbeitskampf bereits deutlich geworden.[14]

Aber selbst in einer derartigen Ausnahmesituation sollte zunächst nur eine staatliche Vermittlerfunktion übernommen werden, indem unter Beachtung der Gemeinwohlerfordernisse und des Äquidistanzprinzips eine für beide Seiten konsensfähige Konfliktlösung vorgeschlagen wird, wie es in diesem Fall von Bundesarbeitsminister Norbert Blüm — allerdings vergeblich — versucht worden ist. Läßt sich auch damit kein Interessenausgleich herbeiführen, sondern tritt eine Patt-Situation ein, in der sich die Arbeitsmarktparteien aus ihrer konzessionslosen „Alles-oder-nichts-Haltung" nicht selbständig zu befreien vermögen, so bleibt tatsächlich keine andere Wahl, als schließlich eine Entscheidung herbeizuführen, von der wenigstens vermutet werden kann, daß sie einer konsensfähigen Lösung nahekommt.

Eine ähnliche Situation könnte sich dann ergeben, wenn die Gewerkschaften ihre neue Arbeitskampfstrategie dazu mißbrauchen sollten, um in der beschriebenen Weise durch punktuelle Kurzstreikaktionen das Prinzip von Urabstimmungen zu unterlaufen und eine schleichende Aushöhlung der Friedenspflicht zu bewirken.[15] Eine derartige Konfliktorientierung könnte eine gesetzgeberische Neuordnung der Arbeitsbeziehungen als erforderlich erscheinen lassen, doch sprechen nach meiner Auffassung mehrere Gründe — zumindest vorläufig — gegen derartige Absichten. Vor allem befinden sich die Gewerkschaften gegenwärtig zu offensichtlich in einer ungünstigen Position, als daß ihnen derartige Bestrebungen nicht als eine Aufkündigung des Systemkonsenses erscheinen müßten. Durch interne Verfehlungen in der Legitimationsbasis unglaubwürdig geworden, von strukturellem Wandel und anhaltender Massenarbeitslosigkeit mit organisatorischer Auszehrung bedroht, sehen viele Gewerk-

---

[14] Siehe dazu: Josef Isensee, Die Neuregelung der Arbeitskampf-Neutralität, S. 432ff.

[15] Zum Vergleich der Rechtspositionen: Hans H. Wohlgemuth, Probleme des Warnstreiks, S. 203ff. (befürwortend) und Karl-Georg Loritz, Das Bundesarbeitsgericht und die „Neue Beweglichkeit", S. 199ff. (ablehnend)

schaftsführer die Gefahr, nun auch noch durch einseitiges Regierungshandeln, durch einen „Frontalangriff auf die Gewerkschaften", wie Ernst Breit es formulierte,[16] vollends in die Defensive gedrängt zu werden.

Allerdings ist die Gewerkschaftsbewegung als parteipolitisch unabhängige Einheitsorganisation auch durch die einseitige programmatische Orientierung ihrer Führung selbstverschuldet in eine Verliererposition geraten, so daß die gegenwärtige Situation in vielerlei Hinsicht mit derjenigen zum Ausgangszeitpunkt der marktwirtschaftlichen Neuordung verglichen werden könnte. Damals wie heute ist es als ratsam anzusehen, daß sich der Staat, d.h. in diesem Fall die Bundesregierung, nicht von der angeblich oder tatsächlich bestehenden „Gunst der Stunde" dazu verleiten lassen sollte, nun eine nachhaltige Schwächung der gewerkschaftlichen Position als Ordnungsfaktor auf dem Arbeitsmarkt und als Gegenmacht zur unternehmerischen Dispositionsfreiheit anzustreben. Statt dessen ist es gerade die von situativen Gegebenheiten abgelöste Stetigkeit und Festigkeit, die ordnungspolitisch bewußtes Handeln kennzeichnet.

Wenn also die innerhalb der SPD und der Gewerkschaften gegenwärtig deutlich spürbare Rückorientierung auf korporativistische Strukturelemente der Weimarer Wirtschaftsverfassung aus den vorangehend dargestellten Gründen ordnungspolitisch abgelehnt wird, so muß diese Ablehnung auch für eine quasi an den Gewerkschaften vorbei mit der Arbeitgeberseite betriebene Interessenpolitik gelten. Statt dessen sollte eine auf sozialpartnerschaftlichen Ausgleich angelegte Neuorientierung primär darauf gerichtet sein, ein Durchschlagen von Konflikten in den Arbeitsbeziehungen auf die politische Ebene zu verhindern und diese zur Lösung an die Eigenverantwortlichkeit der Sozialpartner zurückzuverweisen. Dabei könnten die im folgenden zusammengestellten Ordnungs- und Funktionsprinzipien handlungsleitend sein.

3.3 Wege zum sozialen Frieden

3.3.1 Ordnungspolitische Konsequenzen

Ansatzmöglichkeiten für eine Reaktivierung des früheren sozialpartnerschaftlichen Grundkonsenses sind daher, aus Gründen, die sich einem direkten Zugriff weitgehend entziehen, gegenwärtig nur in geringem Maße vorhanden. Nach den dargestellten Erfahrungen ist zu erwarten, daß die Gewerkschaftsführungen in ihrer aus sehr unterschiedlichen Gründen schwierigen Situation zumindest vorläufig versuchen werden, über eine weiter verschärfte Konfliktorientierung ihre tarifpolitische Handlungsfähigkeit zu verstärken, indem gegen die Arbeitgeberseite aber auch gegen die Bundesregierung Frontstellungen aufgebaut werden, um solchermaßen durch scheinbaren oder tatsächlichen äußeren Gegendruck die Solidarisierung innerhalb der Arbeitnehmerschaft zu

[16] Siehe dazu den „Nachrichtendienst" des DGB vom 18. 12. 1985

fördern und ihre organisatorische Bindung zu verstärken. Diese aus psychologischen und verbandspolitischen Opportunitätserwägungen aufgebaute Konfrontationsbereitschaft ist mit sachlogischen Argumenten nicht oder nur sehr begrenzt abzubauen.

Eine derartige „Flucht nach vorne" hat in der Weimarer Republik bereits die ersten Ansätze zu einer auf Dauer angelegten sozialpartnerschaftlichen Arbeitsgemeinschaftspolitik scheitern lassen. Nur organisatorisch geschlossene Gewerkschaften mit einer starken Führung können es sich leisten, wenn sie es denn wollen, auch in einem wirtschaftlich und politisch für sie ungünstigen Klima auf etwaige Kooperationsangebote von seiten der Regierung oder des Sozialpartners einzugehen, ohne verbandsinterne Zerreißproben befürchten zu müssen.

Allein schon diese Erfahrung, daß nur starke Gewerkschaften eine auf sozialpartnerschaftlichen Interessenausgleich und nicht auf Klassenkampf ausgerichtete Politik durchzuhalten vermögen, sollte ein Grund dafür sein, warum in der gegenwärtigen Situation keineswegs eine weitere Schwächung oder mögliche Spaltung der Gewerkschaftsbewegung angestrebt werden sollte.

Statt dessen muß auf die der Gewerkschaftsbewegung immanenten und keineswegs zu unterschätzenden Reinigungs- und Regenerationskräfte vertraut und — trotz der scheinbaren Gunst der Stunde — auf jede Intervention von außen verzichtet werden. Erst wenn die Gewerkschaften ihre Handlungsfähigkeit als öffentlicher Ordnungsfaktor wieder voll zurückgewonnen haben, kann mit einiger Aussicht auf Erfolg der Versuch unternommen werden, den in der Wiederaufbauphase vorhandenen Grundkonsens für einen sozialpartnerschaftlichen Rahmenpakt zur gemeinsamen Bewältigung der anstehenden beschäftigungs-, sozial- und auch umweltpolitischen Probleme zu reaktivieren.

In deutlicher Parallele zur Situation der ersten Nachkriegsjahre wäre dazu auch heute zunächst die Frustation zu überwinden, die aus der fehlenden Realisierungsmöglichkeit einer engen programmatischen Anlehnung der Gewerkschaftsführungen an wirtschaftspolitische Vorstellungen der parlamentarischen Opposition resultiert. Dieser Umdenkprozeß wird einige Zeit benötigen und zusätzlich durch den natürlichen Generationswechsel erschwert, über den in den Verbänden zukünftige Spitzenfunktionäre nachrücken, deren Erfahrungen nicht mehr oder zumindest nicht wesentlich von den Erfahrungen mit sozialpartnerschaftlicher Zusammenarbeit in den fünfziger und sechziger Jahren geprägt sein werden, sondern von der korporativistischen Partizipation an der Wirtschafts- und Sozialpolitik der sozialliberalen Regierung. Solange diese vorangehend beschriebene Fixierung auf „liberal-korporatistische Arrangements"[1] vorherrschend bleibt, wird bei Fortdauer der bestehenden politischen Mehrheitsverhältnisse auch ein ungünstiges Verhandlungsklima im Beziehungsdreieck zwischen Staat, Gewerkschaftern und Arbeitgebern kennzeichnend bleiben. Hieran ist wenig zu ändern, es sei denn, eine zukünftige Bundesregie-

---

[1] Klaus Lompe: Das Ende des Neokorporatismus?, S. 294

rung würde in vergleichbarer Weise auf diese früheren Verhaltensmuster einschwenken. Also doch ein spätes Plädoyer für die korporativistische Alternative?

Nach den dargestellten Erfahrungen mit wirtschaftsdemokratischen Institutionen überwiegen nach wie vor die ordnungspolitischen und verfahrenstechnischen Bedenken dagegen, die Entwicklungsdynamik der Marktkräfte durch ein bürokratisches Netz von Wirtschafts- und Sozialräten einfangen zu wollen, auch sind die aktuellen Erfahrungen damit in Nachbarländern nicht gerade verlockend.

Allerdings könnte es angesichts der veränderten Ausgangssituation auch nicht sinnvoll sein, den in der Gründungsphase der Bundesrepublik Deutschland nach den Erfahrungen mit der Weimarer Wirtschaftsdemokratie und der nationalsozialistischen Zentralverwaltungswirtschaft zunächst weitgehend vollzogenen Rückzug des Staates aus den Arbeitsbeziehungen in gleicher Weise wiederholen zu wollen. Dafür ist das Netz der arbeits- und sozialrechtlichen Regelungen bereits viel zu dichtmaschig geworden, als daß hier noch ein ordnungspolitisch sauberer Schnitt gelingen könnte. Auch wäre es der Komplexität einer so hochgradig arbeitsteiligen Industrie- und Dienstleistungsgesellschaft wie der westdeutschen nicht angemessen, noch eine vollständige Trennung der Arbeitsbeziehungen von der staatlichen Wirtschaftspolitik vornehmen zu wollen.

Statt dessen sollte die in struktureller und konjunktureller Hinsicht als Übergangssituation zu betrachtende Gegenwartslage nach der hier vertretenen Auffassung sinnvoll genutzt werden, um ohne parteiliche Emotionen und mit ökonomischem Augenmaß darüber nachzudenken, was in ordnungspolitischer Hinsicht unternommen werden könnte, um zu einer Rückbesinnung auf die früheren politischen und wirtschaftlichen Erfolgsgrundlagen subsidiär unterstützend beizutragen. Das Substrat aus den dargestellten Wirkungszusammenhängen in den Arbeitsbeziehungen und im Dreiecksverhältnis von Staat, Gewerkschaften und Arbeitgeberverbänden läßt sich dafür in Ordnungs- und Verfahrensprinzipien zusammenfassen, die als Handlungsanweisung für staatliche Politik zukünftig wieder stärkere Beachtung finden sollten, um die Gemeinwohlbindung und zumindest einen sozialpartnerschaftlichen Minimalkonsens institutionell abzustützen. Dazu würde gehören:

1. Die uneingeschränkte Gültigkeit der Maxime, daß der autonomen Regelung aller die gegenseitigen Beziehungen betreffenden Fragen Vorrang gegenüber dem Rückgriff auf staatliche Intervention als Handlungsalternative gegeben werden sollte (Autonomieprinzip).[2]

---

[2] Autonomie in den Arbeitsbeziehungen und im Verhältnis zwischen den Sozialpartnern und dem Staat ist als der abgrenzende Bestandteil überhaupt zur korporativistischen Alternative anzusehen. Nur wenn das damit begründete „Balancesystem des Pluralismus der oligarchischen Machtträger“ (Werner *Weber*) erhalten bleibt, vermag die staatliche

2. Die Übereinstimmung darin, daß ein Ausgleich divergierender Interessen grundsätzlich durch Verhandlungen und Kompromisse gesucht werden sollte und daß Arbeitskampfmaßnahmen nur als letzte, äußerste Möglichkeit zu ergreifen sind (Ultima-ratio-Prinzip).[3]

3. Die Anerkenntnis und Akzeptanz eines weitgehenden ordnungspolitischen status quo in den gegenseitigen Beziehungen, der beiden Sozialpartnern den Fortbestand der Handlungsautonomie und zumindest prinzipiell gleiche Durchsetzungschancen gewährleistet (Kontinuitätsprinzip).[4]

4. Die staatliche Abstinenz von Maßnahmen, die dieses sozialpartnerschaftliche Kräfteparallelogramm durch veränderte Rahmenbedingungen aus dem Gleichgewicht bringen könnten (Gleichgewichtsprinzip).[5]

5. Die damit eng verbundene Bereitschaft des Staates, gegenüber konfligierenden Zielen der Sozialpartner möglichst gleichen Abstand zu wahren und sich nicht für Zwecke einseitiger Interessendurchsetzung mediatisieren zu lassen (Äquidistanzprinzip).[6]

Wirtschaftspolitik, so zumindest die hier vertretene Auffassung, ihren Gestaltungsanspruch aufrechtzuerhalten — ohne den Schutz dieses Balancesystems könnten allerdings auf Dauer auch die Arbeitsbeziehungen nicht staatsfrei bleiben. Zitiert wurde: Werner Weber, Spannungen und Kräfte, S. 165

[3] Dieses Prinzip ist in den letzten Jahren durch die Rechtsprechung des 1. Senats des Bundesarbeitsgerichts („Warnstreikurteil“ vom 12. 9. 1984) zunehmend in Frage gestellt worden. Wie vorangehend dargelegt worden ist, könnte diese Aufweichung des Ultima-Ratio-Prinzips in Verbindung mit der neuen gewerkschaftlichen Arbeitskampfführung schwerwiegende Folgen haben. Daher müßte sorgfältig beachtet werden, ob die höchsten Gerichte ihre bisherige Entscheidungspraxis noch korrigieren werden, andernfalls wäre gesetzgeberisch zumindest eine Abgrenzung von nach Dauer und Umfang zulässigen Warnstreiks gegenüber Erzwingungsstreiks vorzunehmen. So schlägt *Löwisch* (zum Beispiel) vor, den Ultima-Ratio-Grundsatz als nachwirkende tarifvertragliche Friedenspflicht auszugestalten und in § 4 Abs. 5 des Tarifvertragsgesetzes aufzunehmen. Manfred Löwisch, Empfiehlt es sich, S. 69f. Dazu ähnlich: Gerhard Müller, Die Grundlagen, S. 12f. und Bernd Rüthers, Zum Gesetzgebungsauftrag im Arbeitskampfrecht, S. 11ff.

[4] Dieses Prinzip ergänzt die vorangehend aufgeführten konzeptionellen Bestandteile „Systemkonsens“ bzw. „Spielregelkonsens“ in der Innenbeziehung des sozialpartnerschaftlichen Minimalkonsenses durch einen gleichgerichteten Bestandteil in der Außenbeziehung

[5] Die zumindest teilweise durchaus nicht unberechtigten Einwände aus gewerkschaftlicher Sicht gegen derartige Gleichgewichtsvorstellungen bestehen zum einen in der Behauptung, daß die Arbeitgeberseite wirtschaftlich bereits über ein „strukturelles Übergewicht“ verfüge, das erst einmal ausgeglichen werden müßte. Zum anderen ist tatsächlich weder ein exakter Gleichgewichtszustand ermittelbar, noch ließe sich dieser angesichts der wirtschaftlichen Veränderungsdynamik dauerhaft festschreiben. Statt dessen sind Ungleichgewichtslagen kennzeichnend, so daß sozialstaatliche Verantwortung nur darauf gerichtet sein könnte, etwa wie bei einem Seilziehen in Schiedsrichterfunktion darauf zu achten, daß auf beiden Seiten nicht jene „roten Linien“ überschritten werden, bei dem die Balance dauerhaft abgleitet. Zum gewerkschaftlichen Standpunkt: Mario Helfert, Zum Verhältnis zwischen gesellschaftlicher Privilegierung und Benachteiligung, 4ff.

3.3.2 Konjunkturpolitische Konsequenzen

Obwohl somit für die aktuelle Neuorientierung an den Erfolgsgrundlagen der Sozialen Marktwirtschaft vorrangig eine verstärkte Beachtung und die weitere Ausgestaltung von Rahmenbedingungen anzustreben wäre und daher dem Thema entsprechend bislang ordnungspolitische Fragen im Vordergrund gestanden haben, sollte doch nicht in Vergessenheit geraten, daß die Liberalisierungspolitik Ludwig Erhards auch deswegen so erfolgreich war, weil sie mit einer konjunkturpolitischen Komponente verknüpft wurde, die wesentlich zum raschen Abbau der Arbeitslosigkeit und zu den unerwarteten Wohlstandsfortschritten beigetragen hat. Auch war es weniger die Überzeugungskraft abstrakter Neuordnungskonzepte als vielmehr dieser mit ihrem Einsatz unmittelbar verbundene materielle Erfolg, der (auch) den Gewerkschaften schließlich die Akzeptanz der marktwirtschaftlichen Orientierung und eine sozialpartnerschaftliche Integration erleichtert hat. Daß es heute, zumindest hinsichtlich der nach wie vor zu hohen Arbeitslosigkeit, an diesen Erfolgen fehlt, ist auch ein Anlaß dafür, warum die eingangs beschriebenen Kontroversen über die ordnungspolitischen Grundlagen des „Wirtschaftswunders" überhaupt wiederaufgelebt sind und warum von seiten der Sozialdemokraten und Gewerkschaften erneut eine Rückorientierung an, aufgrund der historischen Erfahrungen eigentlich längst obsolet geglaubten, korporativistischen Strukturen propagiert wird.

Die Einleitung ordnungspolitischer Reformen würde damit heute vermutlich auf ähnliche Akzeptanzprobleme stoßen, wie es in der Entstehungsphase der Sozialen Marktwirtschaft der Fall gewesen ist, dies hat bereits die mit großer Härte geführte Auseinandersetzung um die Neuformulierung des § 116 AFG gezeigt. Da das Ziel derartiger Reformen aber nicht etwa darin bestehen sollte, nach ordnungspolitischen Begründungen für eine Disziplinierung der Gewerkschaften zu suchen, müssen mögliche Anknüpfungspunkte gefunden werden, um den früheren sozialpartnerschaftlichen Konsens mit neuem Leben und mit neuen Inhalten zu füllen. Heute wie damals könnten begleitende konjunkturpolitische Maßnahmen dazu beitragen, um in den Arbeitsbeziehungen und im Dreiecksverhältnis von Staat, Gewerkschaften und Arbeitgeberverbänden wieder ein günstigeres, konsensförderndes Verhandlungsklima zu erzeugen. Es wäre daher zu prüfen, ob das von Ludwig Erhard für die Zeit unmittelbar nach der Währungsreform entwickelte und durchgeführte wirtschaftspolitische Konzept einer Mischung von angebotsorientierter Rahmengestaltung und nachfrageorientierter Belebung der privaten Verbrauchsnachfrage nicht auch heute wieder erfolgversprechend sein könnte. Dies vor allem in einer demografischen Situation, in der Hunderttausende von jungen Erwerbspersonen sich eine eigene

---

[6] Dieses Prinzip ist sozusagen als erläuternde Konsequenz zu diesem Problem einer Festlegung von Gleichgewichtslagen in den Arbeitsbeziehungen anzusehen. Als Beispiel wurde vorangehend die Regelung der staatlichen Neutralität im Arbeitskampf (§ 116 AFG) angeführt

berufliche und familiäre Existenz aufbauen möchten, wobei es ihnen wohl an Kaufkraft, aber sicherlich nicht an unbefriedigten Bedürfnissen mangelt. Damit bieten sich, mit veränderten Inhalten und Formen, auch heute Ansätze für eine die Erneuerung des Ordnungsrahmens der Sozialen Marktwirtschaft flankierende Konjunkturpolitik:

1. Statt der früheren Kopfgeldausgabe bei der Währungsreform könnten heute für die in das Erwerbsleben eintretenden Bevölkerungsjahrgänge durch eine umfassende Steuerreform, die insbesondere familienpolitisch wirksame Bestandteile haben sollte, neue Impulse zur Belebung der privaten Verbrauchsnachfrage geschaffen werden.
2. Statt der früheren, durch Lohnzurückhaltung ermöglichten hohen Selbstfinanzierungsrate der privatwirtschaftlichen Investitionen wäre heute zugunsten einer breiteren Streuung des Eigentums am Produktivvermögen an eine Aufnahme von investiven Lohn- und Gehaltsbestandteilen in die Tarifforderungen zu denken. Auf diese Weise könnte auch eine weitere Verkürzung der Wochenarbeitszeit beschäftigungswirksam finanziert werden.
3. Statt der früheren Umstellung der industriellen Produktion von der Rüstungs- auf eine Friedensproduktion wären heute vermehrt steuerliche Anreize für Neuinvestitionen in umweltschonende und mit höherer Energie- und Rohstoffeffizienz arbeitende Produktionsanlagen vorzunehmen.

Eine optimale konjunkturpolitische Strategie könnte gegenwärtig in einer abgestimmten Verknüpfung dieser drei Vorschläge bestehen, indem von seiten der Bundesregierung steuerliche Anreize für eine „ökologische Erneuerung" der Marktwirtschaft geschaffen werden und durch eine umfassende Lohn- und Einkommenssteuerreform die auch von den Gewerkschaften geforderte Stärkung der Massenkaufkraft eintritt. Dabei ist allerdings wesentlich, daß tatsächlich eine Umschichtung von der staatlichen zur privaten Nachfrage stattfindet und der Staat nicht nur „mit der einen Hand gibt, was er mit der anderen Hand nimmt". Der Beitrag der Sozialpartner wäre in tarifpolitischen Vereinbarungen zu leisten, die vorhandene Arbeitsplätze sichern und neue schaffen, indem die beabsichtigten weiteren Arbeitszeitverkürzungen mit einer investiven Stärkung der Eigenkapitalbasis kombiniert werden, die insbesondere der mittelständischen Wirtschaft zugute kommen sollte. Hierdurch wäre es möglich, die Arbeitnehmer am wirtschaftlichen Erfolg unmittelbar partizipieren zu lassen und gleichzeitig zur Sicherung der Arbeitsplätze beizutragen.[7] Überhaupt sind die Möglichkeiten einer im Vergleich weniger verteilungs- und dafür mehr

[7] Dies könnte zum Beispiel dadurch erfolgen, daß Bestandteile von Lohn- und Gehaltserhöhungen nicht zur Auszahlung gelangen, sondern in investiven inner- oder außerbetrieblichen Vermögensbeteiligungsformen angelegt werden. Eine weitere, allerdings für das beschäftigende Unternehmen (wie beschrieben) nicht risikolose, Lösung bestünde in der Zuführung von Entgeltbestandteilen an betriebliche Sozialfonds. Auf diese Weise würden Arbeitnehmer ihre späteren Rentenansprüche erhöhen, ohne daß dafür unmittelbar Kapital aus dem Unternehmen abfließen müßte.

beschäftigungsorientierten Tarifpolitik von den Arbeitsmarktparteien bislang kaum genutzt worden. Dies wird vor allem in der nur sehr zögerlich voranschreitenden Tarifierung von Teilzeitarbeitsverhältnissen deutlich, obwohl eine stärkere Differenzierung der individuellen Arbeitsbedingungen nicht nur der nach wie vor großen Nachfrage nach Teilzeitarbeit entgegenkäme, sondern auch der gestiegenen Berufstätigkeit von Frauen Rechnung tragen würde. Vor allem in diesen Bereichen könnte eine zukünftig verstärkte beschäftigungs- und sozialpolitische Verantwortungsübernahme der Sozialpartner ansetzen.

Literaturverzeichnis

Monographien

Abelshauser, Werner: Wirtschaft in Westdeutschland 1945-1948. Rekonstruktion und Wachstumsbedingungen in der amerikanischen und britischen Zone. Stuttgart 1975

Abendroth, Wolfgang: Aufstieg und Krise der deutschen Sozialdemokratie. Zweite Auflage, Frankfurt am Main 1969

Abendroth, Wolfgang: Das Grundgesetz. Dritte Auflage, Pfullingen 1972

Adenauer, Konrad: Erinnerungen 1945-1953. Stuttgart 1965

Adenauer, Konrad: Reden 1917-1967. Eine Auswahl. Hrsg. von Hans-Peter Schwarz, Stuttgart 1975

Alemann, Ulrich von und Rolf Heinze (Hrsg.): Verbände und Staat. Vom Pluralismus zum Korporatismus. Analyse, Positionen, Dokumente. Opladen 1979

Ambrosius, Gerold: Die Durchsetzung der Sozialen Marktwirtschaft in Westdeutschland 1945-1949. Stuttgart 1977

Anschütz, Gerhard: Die Verfassung des Deutschen Reichs vom 11. August 1919. Unveränderter Nachdruck der vierten Bearbeitung, 14. Auflage, Bad Homburg 1965

Apelt, Willibalt: Geschichte der Weimarer Verfassung. München 1964

Arnim, Hans Herbert von: Gemeinwohl und Gruppeninteressen. Die Durchsetzungsschwäche allgemeiner Interessen in der pluralistischen Demokratie. Frankfurt/Main 1977

Badstübner, Rolf und Siegfried Thomas: Entstehung und Entwicklung der BRD. Restauration und Spaltung 1945-1955. Zweite, durchgesehene Auflage, Köln 1979

Backer, John H.: Priming the German Economy. American Occupational Policies 1945-1948. Durham, N. C., 1971

Balfour, Michael: Vier-Mächte-Kontrolle in Deutschland 1945-1946. Düsseldorf 1959

Balogh, T.: The Dollar-Crises. Causes and Cure. A Report to the Fabian Society. Oxford 1949

Beier, Gerhard: Der Demonstrations- und Generalstreik vom 12. November 1948. Im Zusammenhang mit der parlamentarischen Entwicklung Westdeutschlands. Frankfurt am Main und Köln 1975

Benda, Ernst: Industrielle Herrschaft und Staat. Wirtschaftsmacht von Großunternehmen als gesellschaftspolitsches Problem. Göttingen 1966

Berberich, Walter: Die historische Entwicklung der Christlich-Sozialen Union in Bayern bis zum Eintritt in die Bundesrepublik. Diss. Würzburg 1965

Berle, Adolf A. und Means, Gardiner C.: The Modern Corporation and Private Property. New York 1932

Bernhard, Georg: Wirtschaftsparlamente. Von den Revolutionsräten zum Reichswirtschaftsrat. Wien, Leipzig und München 1923

Bertsch, Herbert: Die FDP und der deutsche Liberalismus (1789-1963). Berlin-Ost 1963

Blum, John Morton: Deutschland ein Ackerland? Morgenthau und die amerikanische Kriegspolitik 1941-1945. Aus den Morgenthau-Tagebüchern. Düsseldorf 1968. Originaltitel: The Morgenthau-Diaries. Years of War 1941-1945. Boston 1967

Blum, Reinhard: Soziale Marktwirtschaft. Wirtschaftspolitik zwischen Neoliberalismus und Ordoliberalismus. Tübingen 1969

Blumenberg-Lampe, Christine: Das wirtschaftspolitische Programm der 'Freiburger Kreise'. Entwurf einer freiheitlich-sozialen Nachkriegswirtschaft. Nationalökonomen gegen den Nationalsozialismus. Berlin 1973

Böckler, Hans: Die Aufgabe der deutschen Gewerkschaften. Düsseldorf 1949

Boelcke, Willi A.: Die deutsche Wirtschaft 1930-1945. Interna des Reichswirtschaftsministeriums. Düsseldorf 1983

Borsdorf, Ulrich, Hemmer, Hans O., Martiny, Martin (Hrsg.): Grundlagen der Einheitsgewerkschaft. Historische Dokumente und Materialien. Köln, Frankfurt am Main 1977

Bracher, Karl Dietrich: Die Auflösung der Weimarer Republik. Eine Studie zum Problem des Machtverfalls in der Demokratie. Vierte, unveränderte Auflage, Villingen 1955

Brandt, Willy: Begegnungen und Einsichten. Die Jahre 1960-1975. Hamburg 1976

Briefs, Goetz A.: Gewerkschaftsprobleme in unserer Zeit. Beiträge zur Standortbestimmung. Frankfurt am Main 1968

Briefs, Goetz A.: Zwischen Kapitalismus und Syndikalismus. Die Gewerkschaften am Scheideweg. München 1952

Brockhausen, Jürgen: Die rechtliche Bedeutung des gesamtwirtlichen Gleichgewichts und seine Komponenten in 1 StabG unter Berücksichtigung seiner Entstehungsgeschichte. Köln 1976

Bucharin, N.: Die kapitalistische Stabilisierung und die proletarische Revolution. Moskau 1926

Clay, Lucius D.: Decision in Germany. Garden City und New York 1950

Conert, Hans-Georg: Gewerkschaften heute — Ordnungsfaktor oder Gegenmacht. Funktion und Strategie der Gewerkschaften im Spätkapitalismus. Offenbach 1973

Conze, Werner: Jakob Kaiser. Politiker zwischen Ost und West 1945-1949. Stuttgart, Berlin, Köln und Mainz 1969

Cornides, Wilhelm: Die Weltmächte in Deutschland. Geschichte der jüngsten Vergangenheit 1945-1955. 3., überarbeitete Auflage, Tübingen 1964

Dahrendorf, Ralf: Gesellschaft und Freiheit. Zur soziologischen Analyse der Gegenwart. München 1961

David, Fritz: Der Bankrott des Reformismus. Wandlungen in der Theorie und der Politik der deutschen Gewerkschaften vom Verzicht auf die soziale Revolution zur Preisgabe des Lohnkampfes. Berlin 1932, Nachdruck: Erlangen 1970

Dettling, Warnfried und Philipp Herder-Dorneich, Paul Kevenhörster, Georg Adenauer, Christian H. Hoffmann, Helmut Stahl: Die Neue Soziale Frage und die Zukunft der Demokratie. Zweite, veränderte Auflage, München und Wien 1977

Deuerlein, Ernst: CDU / CSU 1945 - 1957, Beiträge zur Zeitgeschichte. Köln 1957

Die Gewerkschaftsbewegung in der britischen Besatzungszone. Geschäftsbericht des Deutschen Gewerkschaftsbundes 1947 - 1949. Köln 1949

Die Neuordnung der Eisen- und Stahlindustrie im Gebiet der Bundesrepublik Deutschland. Ein Bericht der Stahltreuhändervereinigung. München und Berlin 1954

Die wirtschaftliche Entwicklung in der Bundesrepublik Deutschland 1950 - 1980. Befunde, Aspekte, Hintergründe. Von Werner Glastetter, Rüdiger Paulert, Ulrich Spörel. Frankfurt / Main, New York 1983

Dirks, Walter: Die zweite Republik. Frankfurt am Main 1947

Dörnemann, Manfred: Die Politik des Verbandes der Bergarbeiter Deutschlands von der Novemberrevolution 1918 bis zum Osterputsch 1921 unter besonderer Berücksichtigung der Verhältnisse im rheinisch-westfälischen Industriegebiet. Ein Beitrag zur gewerkschaftlichen Auseinandersetzung mit den linksradikalen Strömungen nach dem Sturz des Kaiserreichs. Diss. phil. Würzburg 1965

Dorendorf, Annelies: Der Zonenbeitrag der britisch besetzten Zone. Ein Rückblick auf seine Tätigkeit. Göttingen 1953

Dreher, Klaus: Der Weg zum Kanzler. Adenauers Griff nach der Macht. Düsseldorf und Wien 1972

Drexler, Alexander: Planwirtschaft in Westdeutschland 1945 - 1948. Eine Fallstudie über die Textilbewirtschaftung in der britischen und Bizone. Stuttgart 1985

Dürr, Ernst: Zum Geleit. Einleitung zu: Rainer Klump, Wirtschaftsgeschichte der Bundesrepublik Deutschland. Wiesbaden 1985, S. 11 f.

Ebsworth, Raymond: Restoring Democracy in Germany. The British Contribution. London und New York 1960

Eckl, Rudolf: Die Probleme der Gewerkschaftsbewegung in der Bundesrepublik Deutschland nach dem zweiten Weltkrieg. Diss. jur., Zürich 1959

Edinger, Lewis J.: Kurt Schumacher. A Study in Personality and Political Behavior. Stanford (California) 1965

Eichholz, Dietrich: Geschichte der deutschen Kriegswirtschaft 1939 - 1945, Band I. Berlin-Ost 1969

Eisel, Stephan: Minimalkonsens und freiheitliche Demokratie. Eine Studie zur Akzeptanz der Grundlagen demokratischer Ordnung in der Bundesrepublik Deutschland. Paderborn, München, Wien, Zürich 1987

Engelmann, Bernt: Wie wir wurden, was wir sind. Von der bedingungslosen Kapitulation bis zur unbedingten Wiederbewaffnung. München 1980

Erbe, Réne: Die nationalsozialistische Wirtschaftspolitik 1933 - 1939 im Lichte der modernen Theorie, Zürich 1958

Erdmann, Gerhard: Wirtschaftsdemokratie und Mitbestimmung. Ihre rechts- und staatspolitische Problematik. Neuwied und Berlin 1964

Erdmann, Gerhard: Die Deutschen Arbeitgeberverbände im sozialgeschichtlichen Wandel der Zeit. Neuwied und Berlin 1966

Erhard, Ludwig: Kriegsfinanzierung und Schuldenkonsolidierung, Faksimiledruck der Denkschrift von 1943/44. Mit Vorbemerkungen von Ludwig Erhard, Theodor Eschenburg und Günter Schmölders. Frankfurt/Main, Berlin, Wien 1977

Erhard, Ludwig: Wohlstand für alle. Düsseldorf 1957

Erhard, Ludwig und Alfred Müller-Armack: Soziale Marktwirtschaft. Ordnung der Zukunft. Frankfurt/Main, Berlin und Wien 1972

Eucken, Walter: Grundsätze der Wirtschaftspolitik. 12., unveränderte Auflage der gekürzten Taschenbuchausgabe, Hamburg 1977

Feldman, Gerald D. und Irmgard Steinisch: Industrie und Gewerkschaften 1918-1924. Die überforderte Zentralarbeitsgemeinschaft. Stuttgart 1985

Fenske, Hans: Strukturprobleme der deutschen Parteiengeschichte. Wahlrecht und Parteiensystem vom Vormärz bis heute. Frankfurt am Main 1974

Fetscher, Iring: Der Marxismus. Seine Geschichte in Dokumenten. 2. Auflage, München 1973

Feuchter, Georg W.: Der Luftkrieg. Frankfurt am Main und Bonn, 3., neu bearbeitete Auflage 1964

Fischer, Alexander: Sowjetische Deutschlandpolitik im Zweiten Weltkrieg 1941-1945. Stuttgart 1975

Flach, Karl-Hermann: Noch eine Chance für die Liberalen. Eine Streitschrift. Frankfurt am Main 1971

Flechtheim, Ossip K.: Die Parteien der Bundesrepublik Deutschland. Hamburg 1973

Flechtheim, Ossip K.: Die KPD in der Weimarer Republik. Frankfurt am Main, 3. Auflage, 1973

Flechtheim, Ossip K.: Dokumente zur parteipolitischen Entwicklung in Deutschland seit 1945. Berlin 1967

Focke, Franz: Sozialismus aus christlicher Verantwortung. Die Idee eines christlichen Sozialismus in der katholisch-sozialen Bewegung und in der CDU. Wuppertal 1978

Foelz-Schroeter, Marie Elise: Föderalistische Politik und nationale Repräsentation 1945-1947, Westdeutsche Länderregierungen, zonale Bürokratien und politische Parteien im Widerstreit. Stuttgart 1974

Fraenkel, Ernst: Deutschland und die westlichen Demokratien. Sechste Auflage, Stuttgart, Berlin u. a. 1974

Fredman, Sandra siehe: Hepple/Fredmann

Frey, Bruno S.: Moderne Politische Ökonomie. Die Beziehungen zwischen Wirtschaft und Politik. München 1977

Friedemann, Peter siehe: Kleßmann/Friedemann

Fürstenau, Justus: Entnazifizierung. Ein Kapitel deutscher Nachkriegspolitik. Neuwied 1969

Gablentz, Otto Heinrich v. d.: Über Marx hinaus. Berlin 1946

Galbraith, John Kenneth: Die moderne Industriegesellschaft. München und Zürich 1968

Gimbel, John: Amerikanische Besatzungspolitik in Deutschland 1945-1949. Frankfurt am Main 1971

Gimbel, John: The Origins of the Marshall Plan. Stanfort, Calif. 1976

Girndt, Carla: Zentralismus in der britischen Zone. Entwicklungen und Bestrebungen beim Wiederaufbau der staatlichen Verwaltungsorganisation auf der Ebene oberhalb der Länder 1945-1948. Diss. Bonn 1971

Goldman, Alvin L.: Labor Law and Industrial Relations in the United States of America. Second edition, Deventer 1984

Grebing, Helga: Geschichte der deutschen Arbeiterbewegung. Ein Überblick. 4. Auflage, München 1973

Grosser, Alfred: Deutschlandbilanz. München 1972

Gutscher, Jörg Michael: Die Entwicklung der FDP von ihren Anfängen bis 1961. Meisenheim am Glan 1967

Habermas, Jürgen: Legitimationsprobleme im Spätkapitalismus. Fünfte Auflage, Frankfurt am Main 1979

Härtel, Lia: Der Länderrat des amerikanischen Besatzungsgebietes. Stuttgart und Köln 1951

Hahn, Rudolf: Die Stellung und Aufgabe der Wirtschaftsverbände unter besonderer Berücksichtigung der Lage der Bundesrepublik Deutschland. Diss. jur. masch., Hamburg 1950

Handbuch politischer Institutionen und Organisationen 1945-1949, bearbeitet von Heinrich Potthoff in Zusammenarbeit mit Rüdiger Wenzel, Düsseldorf 1983

Hansen, Reimer: Das Ende des Dritten Reiches. Die deutsche Kapitulation 1945. Stuttgart 1966

Harmssen, Gustav W.: Am Abend der Demontage. Sechs Jahre Reparationspolitik. Bremen 1951

Hartwich, Hans-Hermann: Arbeitsmarkt, Verbände und Staat 1918-1933. Die öffentliche Bindung unternehmerischer Funktionen in der Weimarer Republik. Berlin 1967

Hartwich, Hans-Hermann: Sozialstaatpostulat und gesellschaftlicher status quo. Opladen, 2. Auflage 1977

Heidenheimer, Arnold J.: Adenauer and the CDU. The Rise of the Leader and the Integration of the Party. Den Haag 1960

Heinze, Rolf, siehe: Alemann / Heinze

Hepple, Bob und Sandra Fredman: Labour Law and Industrial Relations in Britain. Deventer 1986

Hielscher, Erwin: Der Leidensweg der deutschen Währungsreform. München 1948

Hirsch, Joachim: Die öffentlichen Funktionen der Gewerkschaften. Eine Untersuchung zur Autonomie sozialer Verbände in der modernen Verfassungsordnung. Stuttgart 1966

Hirsch-Weber, Wolfgang: Gewerkschaften in der Politik. Von der Massenstreikdebatte zum Kampf um das Mitbestimmungsrecht. Köln und Opladen 1959

Hofmann, Josef: Journalist in Republik, Diktatur und Besatzungszeit. Erinnerungen 1916-1947. Bearbeitet und eingeleitet von Rudolf Morsey. Mainz 1977

Homze, Edward L.: Foreign Labor in Nazi German. Princeton, New Jersey 1967

Huster, Ernst-Ulrich: Die Politik der SPD 1945-1950. Frankfurt am Main 1978

Huster, Ernst-Ulrich; Kraiker, Gerhard; Scherer, Burkhard; Schlotmann, Friedrich-Karl; Welteke, Marianne: Determinanten der westdeutschen Restauration 1945-1949. Frankfurt am Main 1972

Irving, David J.: Und Deutschlands Städte starben nicht. Ein Dokumentarbericht. Zürich 1963

Janossy, Ferenc: Das Ende der Wirtschaftswunder: Erscheinung und Wesen der wirtschaftlichen Entwicklung. Frankfurt/Main 1966

Janossy, Ferenc: The end of the economic miracle. Appearance and reality in economic development. White Plains, N.Y., 1971

Jöhr, Walter A. und H. W. Singer: Die Nationalökonomie im Dienste der Wirtschaftspolitik. 3. Auflage, Göttingen 1969

Juling, Peter: Programmatische Entwicklung der FDP 1946 bis 1969. Einführung und Dokumente. Meisenheim am Glan 1977

Kaack, Heino: Zur Geschichte und Programmatik der Freien Demokratischen Partei. Grundriß und Materialien. Meisenheim am Glan 1976

Kaden, Albrecht: Einheit oder Freiheit. Die Wiedergründung der SPD 1945/46. Hannover 1964

Kaiser, Joseph A.: Die Repräsentation organisierter Interessen. Zweite, unveränderte Auflage, Berlin 1978 (1956)

Kaiser, Joseph A.: Die Parität der Sozialpartner. Karlsruhe 1973

Kalb, Heinz-Jürgen: Arbeitskampfrecht. Eine systematische Darstellung und Dokumentation der wichtigen arbeitskampfrechtlichen Entscheidungen in Leitsätzen. Neuwied und Darmstadt 1986

Kalbitz, Rainer: Aussperrungen in der Bundesrepublik. Die vergessenen Konflikte. Köln und Frankfurt/Main 1979

Kann, Robert A.: Konservatismus, Reaktion, Restauration. In: Gerd-Klaus Kaltenbrunner: Rekonstruktion des Konservatismus. Dritte, unveränderte Auflage, Bern und Stuttgart 1978

Kannapin, Hans-Eckardt: Wirtschaft unter Zwang. Köln 1966

Kaun, Heinrich: Die Geschichte der Zentralarbeitsgemeinschaft der industriellen und gewerblichen Arbeitgeber und Arbeitnehmer Deutschlands. Diss. rer. pol. Jena 1938

Kautsky, Karl: Texte zu den Programmen der deutschen Sozialdemokratie 1891-1925. Eingeleitet und herausgegeben von Albrecht Langner, Köln 1968

Keynes, John Maynard: How to pay for the war. New York 1940

Keynes, John Maynard: The Genaral Theory of Employment, Interest and Money. First Harbinger Edition, New York und London 1964

Kittner, Michael: Arbeits- und Sozialordnung. Ausgewählte und eingeleitete Gesetzestexte. 9., überarbeitete Auflage, Köln 1984

Klemm, Günther: Ökonomische Analyse von Streik und Aussperrung im Rahmen einer marktwirtschaftlichen Ordnung. Köln 1983

Kleßmann, Christoph; Friedemann, Peter: Streiks und Hungermärsche im Ruhrgebiet 1946-1948. Frankfurt und New York 1977

Klink, Dieter: Vom Antikapitalismus zur sozialistischen Marktwirtschaft. Die Entwicklung der ordnungspolitischen Konzeption der SPD von Erfurt (1891) bis Bad Godesberg (1959). Hannover 1965

Klotzbach, Kurt: Der Weg zur Staatspartei. Programmatik, praktische Politik und Organisation der deutschen Sozialdemokratie 1945 bis 1965. Berlin und Bonn 1982

Klump, Rainer: Wirtschaftsgeschichte der Bundesrepublik Deutschland. Zur Kritik neuerer wirtschaftshistorischer Interpretationen aus ordnungspolitischer Sicht. Wiesbaden 1985

Kolko, Gabriel: The Politics of War. The World and United States Foreign Policy 1943-1945. New York 1970

Kraiker, Gerhard siehe: Huster/Kraiker et al.

Krengel, Rolf: Anlagevermögen, Produktion und Beschäftigung der Industrie im Gebiet der Bundesrepublik von 1924 bis 1956. Berlin 1958

Krips, Gerhard: Der Wandel des Verhältnisses der Sozialpartner zueinander in der Weimarer Republik und in der Gegenwart. Diss. wiso. Köln 1958

Krüger, Hartmut: Interessenpolitik und Gemeinwohlbindung in der Demokratie. München 1976

Kurowski, Franz: Der Luftkrieg über Deutschland. Düsseldorf und Wien 1977

Lassalle, Ferdinand: Über Verfassungswesen. Ein Vortrag, gehalten in einem Berliner Bürger-Bezirksverein. 1. Auflage Berlin 1862, zitiert aus der Neuauflage Braunschweig 1949

Latour, Conrad F. und Vogelsang, Thilo: Okkupation und Wiederaufbau. Die Tätigkeit der Militärregierung in der amerikanischen Besatzungszone Deutschlands 1944-1947. Stuttgart 1973

Leber, Georg: Vom Frieden. Stuttgart 1979

Leckebusch, Roswitha: Entstehung und Wandlungen der Zielsetzung, der Struktur und der Wirkungen von Arbeitgeberverbänden. Berlin 1966

Leibholz, Gerhard: Strukturprobleme der modernen Demokratie. Karlsruhe 1958

Leibrock, Otto: Die wirtschafts- und sozialpolitische Bedeutung der Bedeutung der Zentralarbeitsgemeinschaft der industriellen und gewerblichen Arbeitgeber und Arbeitnehmer Deutschlands. Diss. jur. Mscr., Hamburg 1923

Liesegang, Helmut C. F.: Gewerkschaften in der Bundesrepublik Deutschland. Dokumente zur Stellung und Aufgabe der Gewerkschaften in Staat und Gesellschaft. Berlin und New York 1975

Link, Werner: Deutsche und amerikanische Gewerkschaften und Geschäftsleute 1945-1975. Eine Studie über transnationale Beziehungen. Düsseldorf 1978

Löwenthal, Richard (Paul Sering): Jenseits der Kapitalismus. Ein Beitrag zur sozialistischen Neuorientierung. Mit einer ausführlichen Einführung: Nach 30 Jahren. Nachdruck der Erstauflage von 1947, Bonn-Bad Godesberg 1977

Manz, Mathias: Stagnation und Aufschwung in der französischen Besatzungszone von 1945 bis 1948. Diss. Universität Mannheim, 1968.

Marienfeld, Wolfgang: Konferenzen über Deutschland (1.Teil). Die alliierte Deutschlandplanung und -politik 1941-1949. Hannover 1962

Martin, James Steward: All Honourable Men. Boston 1950

Mauerer, Josef H.: Aus dem Leben und dem politischen Wirken des Dr. Josef Müller (Ochsensepp) 1945-1965. München 1967

Means, Gardiner C. siehe: Berle/Means

Miller, Susanne: Die SPD vor und nach Godesberg. Bonn-Bad Godesberg 1974

Mintzel, Alf: Die CSU. Anatomie einer konservativen Partei 1945-1972. Opladen 1975

Mitsch, Ludwig: Die Idee des Klassenkampfes und die Christliche Arbeiterbewegung. Diss. rer. pol. Freiburg 1932

Möller, Hans: Zur Vorgeschichte der Deutschen Mark. Die Währungsreformpläne 1945-1948. Eine Dokumentation unter Mitwirkung von Wolfram Kunze, herausgegeben und eingeleitet von Hans Möller. Tübingen 1961

Mommsen, Wilhelm: Deutsche Parteiprogramme. 2., durchgesehene und ergänzte Auflage, München 1964

Müller, Georg: Die Grundlegung der westdeutschen Wirtschaftsordnung im Frankfurter Wirtschaftsrat 1947-1949, Frankfurt/Main 1982

Müller-Armack, Alfred: Die wissenschaftlichen Ursprünge und die künftige Verfassung der Sozialen Marktwirtschaft. Sonderdruck des Vortrags, gehalten auf der 37. Arbeitstagung der Aktionsgemeinschaft Soziale Marktwirtschaft am 25. und 26. Juni 1973 in Bonn-Bad Godesberg. Ludwigsburg o. J. (1973)

Müller-Armack, Alfred: Wirtschaftsordung und Wirtschaftspolitik. Freiburg 1976

Müller-Armack, Alfred und Ludwig Erhard: Soziale Marktwirtschaft. Ordnung der Zukunft. Frankfurt/Main, Berlin und Wien 1972

Müller-Jentsch, Walther: Soziologie der industriellen Beziehungen. Eine Einführung. Frankfurt/Main und New York 1986

Naphtali, Fritz: Wirtschaftsdemokratie-ihr Wesen, Weg und Ziel. Nachdruck der Originalausgabe von 1928. Frankfurt/Main 1969

Narr, Wolf Dieter: CDU-SPD. Programm und Praxis seit 1945. Berlin, Köln und Mainz 1966

Nautz, Jürgen P.: Die Durchsetzung der Tarifautonomie in Westdeutschland. Das Tarifvertragsgesetz vom 9. April 1949, Frankfurt/Main 1985

Neck, Reinhard: Die Stellung der Verbände. Das österreichische Modell. Wien 1970

Nell-Breuning, Oswald von: Zur Programmatik politischer Parteien. Köln 1946

Nemitz, Kurt: Sozialistische Marktwirtschaft. Die wirtschaftsordnungspolitische Konzeption der deutschen Sozialdemokratie. Frankfurt am Main 1960

Nipperdey, Hans Carl: Die soziale Marktwirtschaft in der Verfassung der Bundesrepublik. Karlsruhe 1954

Nipperdey, Hans Carl: Soziale Marktwirtschaft und Grundgesetz. Zweite Auflage, Köln 1961

Nipperdey, Hans Carl (Hrsg.): Die Grundrechte und Grundpflichten der Reichsverfassung. 3 Bände, Berlin 1930

Ockenfels, Wolfgang: Gewerkschaften und Staat. Zur Reformdiskussion des Deutschen Gewerkschaftsbundes. Walberberg 1979

Oertzen, Peter von: Betriebsräte in der Novemberrevolution. Eine politikwissenschaftliche Untersuchung über Ideengehalt und Struktur der betrieblichen und wirtschaftlichen Arbeiterräte in der deutschen Revolution 1918/19. Düsseldorf 1963

Olson, Mancur: The Rise and Decline of Nations. New Haven und London 1982

Ott, Erich: Die Wirtschaftskonzeption der SPD nach 1945. Marburg 1978

Pawlowsky, Paul: Arbeitsorientierungen im Wandel. Forschungsstelle Sozialökonomie der Arbeit. Berlin, Print 9/1983

Pfahlmann, Hans: Fremdarbeiter und Kriegsgefangene in der deutschen Kriegswirtschaft 1939-1945. Diss. phil. Würzburg 1964

Pietsch, Hartmut: Militärregierung, Bürokratie und Sozialisierung. Zur Entwicklung des politischen Systems in den Städten des Ruhrgebietes 1945 bis 1948. Duisburg 1978

Pièttre, André: L'Économie allemande contemporaine (Allemagne Occidentale) 1945-1952. Paris 1952

Pirker, Theo: Die SPD nach Hitler. Die Geschichte der Sozialdemokratischen Partei Deutschlands 1945-1946. München 1965

Pirker, Theo: Die blinde Macht. Die Gewerkschaftsbewegung in Westdeutschland. Erster Teil 1945-1952. München 1960

Pollmann, Birgit: Reformansätze in Niedersachsen 1945-1949. Braunschweig 1977

Pool, James und Suzanne: Hitlers Wegbereiter zur Macht. Die geheimen deutschen und internationalen Geldquellen, die Hitlers Aufstieg zur Macht ermöglichten. Bern und München 1979

Potthoff, Erich: Der Kampf um die Montan-Mitbestimmung. Köln-Deutz 1957

Potthoff, Erich: Gewerkschaften und Politik zwischen Revolution und Inflation. Düsseldorf 1979

Potthoff, Heinrich: Freie Gewerkschaften 1918-1933. Der Allgemeine Deutsche Gewerkschaftsbund in der Weimarer Republik. Düsseldorf 1987

Preller, Ludwig: Sozialpolitik in der Weimarer Republik, Düsseldorf 1978 (unveränderter Nachdruck des 1949 erschienenen Werkes)

Prittie, Terence: Konrad Adenauer. Vier Epochen deutscher Geschichte. Ungekürzte Taschenbuch-Ausgabe, Frankfurt am Main 1976

Pünder, Tilman: Das bizonale Interregnum. Die Geschichte des Vereinigten Wirtschaftsgebietes 1946-1949. Waiblingen 1966

Pütz, Helmut: Konrad Adenauer und die CDU der britischen Besatzungszone 1946-1949. Dokumente zur Gründungsgeschichte der Bundesrepublik Deutschlands. Bonn 1975

Pulte, Peter: Betriebliche Vermögensbeteiligung. Köln 1985

Reichhold, Ludwig: Abschied von der proletarischen Illusion. Das Ende eines revolutionären Mythos. Frankfurt am Main 1972

Ridder, Helmut: Die soziale Ordnung des Grundgesetzes. Opladen 1975

Ritter, Waldemar: Kurt Schumacher. Eine Untersuchung seiner politischen Konzeption und seiner Gesellschafts- und Staatsauffassung. Hannover 1964

Röpke, Wilhelm: Jenseits von Angebot und Nachfrage. Fünfte Auflage. Bern 1979

Rommelspacher, Peter: Schlichtung und Tarifautonomie. Diss. jur. Köln 1978

Roon, Gerrit van: Neuordnung im Widerstand. Der Kreisauer Kreis innerhalb der deutschen Widerstandsbewegung. München 1967

Rosenberg, Ludwig und Tacke, Bernhard: Der Weg zur Einheitsgewerkschaft. Düsseldorf o.J. (1978)

Rüthers, Bernd: Arbeitsrecht im Wandel der Industriegesellschaft. Sonderdruck aus: Bitburger Gespräche-Jahrbuch 1985. München 1985

Säcker, Franz-Jürgen: Gruppenautonomie und Übermachtkontrolle im Arbeitsrecht, Schriften zum Sozial- und Arbeitsrecht, Bd. 8, Berlin 1972

Säcker, Franz Jürgen: Gruppenparität und Staatsneutralität als verfassungsrechtliche Grundprinzipien des Arbeitskampfrechts. Heidelberg 1974

Scharpf, Fritz W.: Die Funktionsfähigkeit der Gewerkschaften als Problem einer Verbändegesetzgebung. Discussion Paper des Wissenschaftszentrum Berlin, dp/78-21, Berlin 1978

Scharpf, Klaus: Demokratietheorie zwischen Utopie und Anpassung. Konstanz 1970

Schelsky, Helmut: Die Arbeit tun die anderen. Klassenkampf und Priesterherrschaft der Intellektuellen. München 1977

Scherer, Burkhard siehe: Huster/Kraiker et al.

Schienstock, Gerd: Industrielle Arbeitsbeziehungen. Eine vergleichende Analyse theoretischer Konzepte in der „industrial relations“ Forschung. Opladen 1982

Schlotmann, Friedrich-Karl siehe: Huster/Kraiker et al.

Schmidt, Eberhard: Die verhinderte Neuordnung 1945-1952. Zur Auseinandersetzung um die Demokratisierung der Wirtschaft in Deutschland. Sechste, um ein Nachwort ergänzte Auflage, Frankfurt am Main und Köln 1975

Schmidt, Eberhard: Ordungsfaktor oder Gegenmacht. Die politische Rolle der Gewerkschaften. Frankfurt am Main, 3. Auflage, 1975

Schmidt, Ute und Fichter, Tilman: Der erzwungene Kapitalismus. Klassenkämpfe in den Westzonen 1945-1948. Berlin 1973

Schmidt-Bleibtreu, Bruno und Klein, Franz: Kommentar zum Grundgesetz für die Bundesrepublik Deutschland. Völlig neu bearbeitete und erweiterte fünfte Auflage, Neuwied und Darmstadt 1980

Schmölders, Günter: Personalistischer Sozialismus. Die Wirtschaftsordnungskonzeption des Kreisauer Kreises der deutschen Widerstandsbewegung. Köln und Opladen 1969

Schneider, Dieter und Kuda, Rudolf A.: Mitbestimmung - Weg zur industriellen Demokratie? München 1969

Schockenhoff, Volker: Wirtschaftsverfassung und Grundgesetz. Die Auseinandersetzungen in den Verfassungsberatungen 1945 - 1949. Frankfurt / Main, New York 1986

Schorr, Helmut J.: Adam Stegerwald, Politiker der ersten deutschen Republik. Ein Beitrag zur Geschichte der christlich-sozialen Bewegung in Deutschland. Recklinghausen 1966

Schumacher, Kurt: Sozialismus: Eine Gegenwartsaufgabe. Berlin / Wilmersdorf 1946

Schumacher, Kurt: Die Sozialdemokratie im neuen Deutschland. Hamburg 1946

Schumpeter, Joseph A.: Kapitalismus, Sozialismus und Demokatie. Zweite, erweiterte Auflage, Bern 1950

Schuster, Dieter: Die deutsche Gewerkschaftsbewegung. Fünfte, verbesserte und ergänzte Auflage, Bonn-Bad Godesberg 1976

Schwarz, Hans-Peter: Vom Reich zur Bundesrepublik. Deutschland im Widerstreit der außenpolitischen Konzeptionen in den Jahren der Besatzungsherrschaft 1945 - 1949. Neuwied und Berlin 1966

Schwering, Leo: Frühgeschichte der Christlich-Demokratischen Union. Recklinghausen 1963

Seidel, Richard: Die deutschen Gewerkschaften. Ihr Wesen, Weg und Ziel. Stuttgart 1948

Seidenfus, Hellmuth Stefan: Gedanken zur Errichtung eines Bundeswirtschaftsrates, Köln 1962

Sharp, Tony: The Wartime Alliance and the Zonal Division of Germany. Oxford 1975

Skiba, Reinhard und Adam, Hermann: Das westdeutsche Lohnniveau zwischen den beiden Weltkriegen und nach der Währungsreform. Köln 1974

Smith, Jean Edward (Hrsg.): The Papers of General Lucius D. Clay, Germany 1945 - 1949. Bände 1 und 2, Bloomington und London 1974

Snell, John L.: Wartime Origins of the East-West-Dilemma Over Germany. New Orleans 1959

Sohn, Karl-Heinz: Berufsverband und Industriegewerkschaft. Organisationsprinzipien der deutschen Gewerkschaften. Köln 1964

Sontheimer, Kurt: Das Elend unserer Intellektuellen. Linke Theorie in der Bundesrepublik Deutschland. Hamburg 1976

Sontheimer, Kurt: Grundzüge des politischen Systems der BRD. Dritte, gründlich überarbeitete Auflage, München 1973

Spary, Peter: Das Gegengewichtsprinzip. Dargestellt am Beispiel der Gewerkschaften. Bonn 1965

Speer, Albert: Erinnerungen. Berlin 1969

Spiro, Herbert J.: The Politics of German Codetermination. Cambridge (Mass.) 1958

Stegerwald, Adam: Wo stehen wir? Würzburg 1949

Stegerwald, Adam: Deutsche Lebensfragen. Vortrag, gehalten auf dem 10. Kongreß der Christlichen Gewerkschaften Deutschlands am 21. November 1920 in Essen. Köln 1920

Steinisch, Irmgard und Gerald D. Feldman: Industrie und Gewerkschaften 1918-1924. Die überforderte Zentralarbeitsgemeinschaft. Stuttgart 1985

Stern, Klaus: Das Staatsrecht der Bundesrepublik Deutschland, Bd. II, München 1980

Stolper, Gustav: Die deutsche Wirklichkeit. Ein Beitrag zum künftigen Frieden Europas. Hamburg 1949. Original: German Realities. New York 1947

Szichon, Ernst: Wer verhalf Hitler zur Macht? Zum Anteil der deutschen Industrie an der Zerstörung der Weimarer Republik. Köln 1972

Thomas, Siegfried siehe: Badstübner / Thomas

Thum, Horst: Mitbestimmung in der Montanindustrie. Der Mythos vom Sieg der Gewerkschaften. Stuttgart 1982

Tiburtius, Joachim: Christliche Wirtschaftsordnung, ihre Wurzeln und ihr Inhalt. In: Wege in die neue Zeit, Heft 8, Berlin 1947

Timm, Helga: Die deutsche Sozialpolitik und der Bruch der grossen Koalition im März 1930. Düsseldorf 1952

Tormin, Walter: Die Jahre 1933-1934. Hannover 1960

Treue, Wolfgang: Die deutschen Parteien. Wiesbaden 1961

Tuchtfeldt, Egon: Grenzen des Sozialstaats. Festschrift für Gerhard Winterberger. Sonderdruck aus „Ordo et Libertas", Bern 1982

Turner, H. A.: Faschismus und Kapitalismus in Deutschland. Studien zum Verhältnis zwischen Nationalsozialismus und Wirtschaft. Göttingen 1972

Uertz, Rudolf: Christentum und Sozialismus in der frühen CDU. Grundlagen und Wirkungen der christlich-sozialen Ideen in der Union 1945-1949. Stuttgart 1981

Varain, Heinz Josef: Freie Gewerkschaften, Sozialdemokratie und Staat. Die Politik der Generalkommission unter der Führung Carl Legiens (1890-1920). Düsseldorf 1956

Vetter, Heinz Oskar: Gleichberechtigung oder Klassenkampf. Gewerkschaftspolitik für die achtziger Jahre. Köln 1980

Vilmar, Fritz: Strategien der Demokratisierung. Band 1: Theorie der Praxis, Band 2: Modelle und Kämpfe der Praxis Darmstadt und Neuwied 1973

Vogel, Walter: Westdeutschland 1945-1950. Der Aufbau von Verfassungs- und Verwaltungseinrichtungen über den Ländern der drei westlichen Besatzungszonen. Teil I, Koblenz 1956 und Teil II, Boppard am Rhein 1964

Wagenführer, Rolf: Die deutsche Industrie im Kriege 1939-1945. Zweite Auflage, Berlin 1963

Waldrich, Hans-Peter: Der Staat. Das deutsche Staatsdenken seit dem 18. Jahrhundert, München und Wien 1973

Wallrich, Henry C.: Triebkräfte des deutschen Wiederaufstiegs. Frankfurt am Main 1955

Warburg, James P.: Deutschland — Brücke oder Schlachtfeld? Stuttgart 1949

Weber, Adolf: Übergangswirtschaft und Geldordnung. München 1946

Weber, Adolf: Der Kampf zwischen Kapital und Arbeit. Gewerkschaften und Arbeitgeberverbände in Deutschland. Fünfte, verbesserte und erweiterte Auflage, Tübingen 1930

Weber, Hermann: Der deutsche Kommunismus, Dokumente 1915-1945. 3. Auflage, Köln 1973

Weber, Max: Wirtschaft und Gesellschaft: Grundriß der verstehenden Soziologie. Fünfte, von Johannes Winckelmann revidierte Auflage, Studienausgabe, Tübingen 1980

Weber, Werner: Spannungen und Kräfte im westdeutschen Verfassungssystem. Dritte, erweiterte Auflage, Berlin 1970

Weber, Werner: Die Teilung der Gewalten als Gegenwartsproblem. In: Schriftenreihe der Niedersächsischen Landeszentrale für Politische Bildung, Hannover 1968

Weber, Werner: Koalitionsfreiheit und Tarifautonomie als Verfassungsproblem. Berlin 1965

Welteke, Marianne siehe: Huster / Kraiker et al.

Welty, Eberhard: ChristlicherSozialismus. In: Die neue Ordnung, Zeitschrift für Religion, Kultur, Gesellschaft, 1. Jg., Heft 1 und Heft 2, Heidelberg o. J. (1946)

Werner, Josua: Die Wirtschaftsverbände in der Marktwirtschaft. Zürich und St. Gallen 1957

Weymar, Paul: Konrad Adenauer. Die autorisierte Biographie. München 1955

Wieck, Hans-Georg: Die Entstehung der CDU und die Wiedergründung des Zentrums im Jahre 1945. Düsseldorf 1953

Wieck, Hans-Georg: Christliche und Freie Demokraten in Hessen, Rheinland-Pfalz, Baden und Württemberg 1945/46. Düsseldorf 1958

Wilke, Manfred: Einheitsgewerkschaft zwischen Demokratie und antifaschistischem Bündnis. Melle 1985

Willis, Roy F.: The French in Germany. Stanford Cal. 1962

Winkler, Dörte: Die amerikanische Sozialisierungspolitik in Deutschland 1945-1948, in: Politische Weichenstellungen im Nachkriegsdeutschland. Hrsg. von Heinrich August Winkler, Göttingen 1979, S. 88-110

Winkler, Heinrich A.: Von der Revolution zur Stabilisierung. Arbeiter und Arbeiterbewegung in der Weimarer Republik 1918 bis 1924

Zacher, Hans F.: Staat und Gewerkschaften: Zur Doppelverfassung einer Arbeitnehmergesellschaft. Heidelberg und Karlsruhe 1977

Zerche, Jürgen: Arbeitsökonomik. Berlin und New York 1979

Zöllner, Wolfgang: Arbeitsrecht. München 1977

Zur Vorgeschichte der Deutschen Mark. Die Währungsreformpläne 1945-1948, hrsg. und eingeleitet von Hans Möller, Tübingen 1961

Aufsätze

Abelshauser, Werner: Freiheitlicher Sozialismus oder Soziale Marktwirtschaft? Die Gutachtertagung über Grundfragen der Wirtschaftsplanung und Wirtschaftslenkung am 21. und 22. Juni 1946, in: Vierteljahrshefte für Zeitgeschichte, Jg. 1976, S. 415-449

Abelshauser, Werner: Die Rekonstruktion der westdeutschen Wirtschaft und die Rolle der Besatzungspolitik. In: Politische und ökonomische Stabilisierung Westdeutschlands 1945-1949. Fünf Beiträge zur Deutschlandpolitik der Alliierten, hrsg. von Claus Scharf und Hans Jürgen Schröder, Wiesbaden 1977, S. 1-18

Abelshauser, Werner: Wiederaufbau vor dem Marshall-Plan. Westeuropas Wachstumschancen und die Wirtschaftsordnungspolitik in der zweiten Hälfte der vierziger Jahre, in: Vierteljahrshefte für Zeitgeschichte, Bd. 29, 1981, S. 545-578

Abelshauser, Werner und Dietmar Petzina: Krise und Rekonstruktion. Zur Interpretation der gesamtwirtschaftlichen Entwicklung Deutschlands im 20. Jahrhundert, in: Dies. (Hrsg.): Deutsche Wirtschaftsgeschichte im Industriezeitalter. Konjunktur, Krise, Wachstum. Düsseldorf 1981, S. 47-93

Abelshauser, Werner: Schopenhauers Gesetz und die Währungsreform. Drei Anmerkungen zu einem methodischen Problem, in: Vierteljahrshefte für Zeitgeschichte, 1/1985, S. 214-218

Abelshauser, Werner: Arm, aber nicht unterentwickelt: Eine wirtschaftliche Bilanz der Stunde „Null“, in: W. Albrecht, E. Altvater, H. Krippendorf (Hrsg.): Zusammenbruch oder Befreiung. Zur Aktualität des 8. Mai 1945. Berlin 1986, S. 84-98

Abendroth, Wolfgang: Die verfassungspolitische Entwicklung des Bundes (1957), Wiederabdruck in: Ders.: Antagonistische Gesellschaft und politische Demokratie. Aufsätze zur politischen Soziologie. Zweite Auflage, Neuwied und Berlin 1972, S. 48-61

Alemann, Ulrich von und Rolf G. Heinze: Verbändepolitik und Verbändeforschung in der Bundesrepublik, in: Dies. (Hrsg): Verbände uhd Staat. Vom Pluralismus zum Korporatismus. Analysen, Positionen, Dokumente. Opladen 1979, S. 12-37

Altmann, Rüdiger: Muß unsere politische Maschinerie umstrukturiert werden? In: Otto Ernst Kempen (Hrsg.): Sozialstaatsprinzip und Wirtschaftsordnung. Frankfurt am Main 1976

Altrichter, Helmut: Die verhinderte Neuordnung? Sozialisierungsforderungen und Parteienpolitik in den Westzonen 1945-1948, in: Geschichte in Wissenschaft und Unterricht. Seelze 1984, S. 351-364

Altvater, Elmar; Jürgen Hoffmann, Wolfgang Schoeller, Willi Semmler: Zur Entwicklung des Kapitalismus in Westdeutschland, in: Handbuch 1, Perspektiven des Kapitalismus, hrsg. v. Volkhard Brandes, Frankfurt/Main 1974, S. 241-274

Arnold, Charlotte: Der Arbeitsmarkt in den Besatzungszonen. In: Wirtschaftsprobleme der Besatzungszonen, Hrsg.: Deutsches Institut für Wirtschaftsforschung, Berlin 1948, S. 36-64

Backhaus, Ludger: Die arbeitnehmerbegünstigende betriebliche Übung in der Rechtsprechung des BAG, in: Arbeit und Recht, Heft 3/1983, S. 65-75

Bahl, Volker: Lohnverhandlungssystem der Weimarer Republik — von der Schlichtungsverordnung zum Ruhreisenstreit: Verbandsautonomie oder staatliche Verbandsgarantie?, in: Gewerkschaftliche Monatshefte, Jg. 1978, S. 397-411

Ballerstedt, Kurt: Zum Programm des DGB für eine gesamtwirtschaftliche Mitbestimmung. In: Gewerkschaftliche Monatshefte, Heft 9/1971, S. 514-521

Benda, Ernst: Das Arbeitskampfrecht in der Rechtsordnung der Bundesrepublik, in: Recht der Arbeit, Heft 3/4 „Symposion zum Arbeitskampfrecht", 1986, S. 141-143

Benz, Wolfgang: Wirtschaftspolitik zwischen Demontage und Währungsreform. In: Westdeutschlands Weg zur Bundesrepublik 1945-1949. Beiträge von Mitarbeitern des Instituts für Zeitgeschichte, München 1976

Benz, Wolfgang: Staatsneubau nach der bedingungslosen Kapitulation. Theodor Eschenburgs „Überlegungen zur künftigen Verfassung und Verwaltung in Deutschland" vom Herbst 1945, in: Vierteljahrshefte für Zeitgeschichte, 1/1985, S. 166-213

Benz, Wolfgang: Föderalistische Politik in der CDU/CSU. Die Verfassungsdiskussion im „Ellwanger Kreis" 1947/48. In: Vierteljahrshefte für Zeitgeschichte, Jg. 1977, S. 776-820

Berg, Volker vom: Der Ruhreisenstreit vom November 1928 in Verlauf und Entscheidungen. In: Gewerkschaftliche Monatshefte, Jg. 1978, S. 385-396

Bernecker, Walther L.: Die Neugründung der Gewerkschaften in den Westzonen 1945-1949. In: Josef Becker, Theo Stammen, Peter Waldmann (Hrsg.): Vorgeschichte der Bundesrepublik Deutschland. Zwischen Kapitulation und Grundgesetz. München 1979

Biedenkopf, Kurt H.: Rechtsfragen der konzertierten Aktion. In: Der Betriebsberater, Heft 25, 23. Jg. (1968), S. 1005-1011

Biedenkopf, Kurt H.: Demokratisierung in Betrieb und Unternehmen. In: Grenzen der Demokratie? Probleme und Konsequenzen der Demokratisierung von Politik, Wirtschaft und Gesellschaft. Hrsg. von Ludwig Erhard, Kurt Brüss, Bernhard Hagemeyer. Düsseldorf und Wien 1973

Biedenkopf, Kurt H.: Kontinuität und Wandel in vier Jahrzehnten deutscher Wirtschaftspolitik, im gleichnamigen Symposion der Ludwig-Erhard-Stiftung vom 16. Jan. 1986 in Bonn. Stuttgart und New York 1986, S. 5-19

Bieshaar, Hans und Alfred Kleinknecht: Kondratieff Long Waves in Aggregate Output? An Econometric Test, in: Konjunkturpolitik, Jg. 1984, S. 279-303

Biskup, Reinhold: Partnerschaft in der Sozialen Marktwirtschaft — Eine Einführung, in: Ders. (Hrsg.): Partnerschaft in der Sozialen Marktwirtschaft. Kooperation statt Konfrontation. Bern 1986, S. 13-36

Blum, Albert A.: Collective Bargaining — Ritual or Reality? In: Harvard Business Review, Nov./Dec. 1961, S. 64ff.

Blum, Reinhard: Wirtschaftliche und gesellschaftliche Stabilität durch konzertierte Aktionen. In: Heiko Körner und Christian Uhlig (Hrsg.): Die Zukunft der Globalsteuerung. Bern 1986, S. 201-228

Bobke, Manfred H.: Arbeitsrecht im Arbeitskampf — Der Arbeitskampf 1984 in der Metallindustrie und in der Druckindustrie im Spiegel juristischer Auseinandersetzungen, in: WSI Mitteilungen, Heft 2/1985, S. 57-64

Bobke, Manfred H.: Richterrechtliche Grenzen des Arbeitskampfes, in: Arbeit und Recht, Heft 2/1982, S. 41-49

Bobke, Manfred H.: Arbeitskampfrecht im Umbruch — Zur Zukunft von Streikfreiheit und Tarifautonomie, in: WSI Mitteilungen, Schwerpunktheft „Zukunft der Arbeit", 3/1986, S. 227-237

Bobke, Manfred H. und Herbert Grimberg: „Neue Beweglichkeit" gegen rechtliche Begrenzung der gewerkschaftlichen Handlungsfreiheit. Zur Diskussion um die Zulässigkeit des Warnstreiks, in: WSI Mitteilungen, 10/1983, S. 577-585

Böckenförde, Ernst-Wolfgang: Die politische Funktion wirtschaftlich-sozialer Verbände und Interessenträger in der sozialstaatlichen Demokratie, in: Regierbarkeit. Studien zu ihrer Problematisierung. Hrsg. von Wilhelm Hennis, Peter Graf Kielmannsegg und Ulrich Matz, Bd. 1, Stuttgart 1977, S. 223-254

Böckler, Hans: Gewerkschaftliche Mitbestimmung. In: „Die Neue Zeitung" vom 11. 11. 1948

Boettcher, Erik: Von der Industriegesellschaft zum Neokolonialismus? In: Erwin K. Scheuch (Hrsg.): Wiedertäufer der Wohlstandsgesellschaft. Eine kritische Untersuchung der „Neuen Linken" und ihrer Dogmen. Ergänzte und erweiterte zweite Auflage, Köln 1968

Böhm, Franz: Wirtschaftsordnung und Staatsverfassung. In: Recht und Staat in Geschichte und Gegenwart. Eine Sammlung von Vorträgen und Schriften aus dem Gebiet der gesamten Staatswissenschaften, Nr. 153/154, Tübingen 1950

Bonus, Holger: Zur Transformation der Marktwirtschaft durch Sozialkomponente und Demokratisierung. In: Zukunftsprobleme der Sozialen Marktwirtschaft. Verhandlungen des Vereins für Socialpolitik in Nürnberg 1980, hrsg. von Otmar Issing, N. F., Band 116, Berlin 1981, S. 233-253

Borchardt, Knut: Trend, Zyklus, Strukturbrüche, Zufälle: Was bestimmt die deutsche Wirtschaftsgeschichte des 20. Jahrhunderts?, in: Ders.: Wachstum, Krisen, Handlungsspielräume der Wirtschaftspolitik. Studien zur Wirtschaftsgeschichte des 19. und 20. Jahrhunderts. Göttingen 1982, S. 100-124

Borchardt, Knut: Wandlungen des Konjunkturphänomens in den letzten hundert Jahren, in: Ders.: Wachstum, Krisen, Handlungsspielräume der Wirtschaftspolitik. Studien zur Wirtschaftsgeschichte des 19. und 20. Jahrhunderts. Göttingen 1982, S. 73-99

Borchardt, Knut: Die Bundesrepublik Deutschland in den säkularen Trends der wirtschaftlichen Entwicklung, in: Ders.: Wachstum, Krisen, Handlungsspielräume der Wirtschaftspolitik. Studien zur Wirtschaftsgeschichte des 19. und 20. Jahrhunderts. Göttingen 1982, S. 125-150

Borsdorf, Ulrich: Wirtschaftsdemokratie und Mitbestimmung. Historische Stufen der Annäherung an den Kapitalismus, in: WSI Mitteilungen, Schwerpunktheft „Zukunft der Arbeit", 3/1986, S. 264-278

Bosch, Gerhard: Hat das Normalarbeitsverhältnis eine Zukunft?, in: WSI Mitteilungen, Schwerpunktheft „Zukunft der Arbeit", 3/1986, S. 163-176

Brandt, Hermann siehe: Pfarr/Brandt

Breit, Ernst: Vor neuen Herausforderungen — Eine Bilanz zum DGB-Bundeskongreß, in: Gewerkschaftliche Monatshefte, S. 257-269

Brüss, Kurt: Interessenverbände und staatliche Wirtschaftspolitik — zur Problematik der Demokratisierung der Wirtschaftspolitik in einer marktwirtschaftlichen Ordnung. In: Grenzen der Demokratie? Probleme und Konsequenzen der Demokratisierung von Politik, Wirtschaft und Gesellschaft. Hrsg. von Ludwig Erhard, Kurt Brüss, Bernhard Hagemeyer. Düsseldorf und Wien 1973, S. 283-312

Brusis, Ilse: Wirtschaftsdemokratie — gesellschaftliche Entwicklungen erfordern eine demokratische Wirtschaftsreformstrategie, in: WSI Mitteilungen, Jg. 1986, S. 417-418

Bulla, Gustav-Adolf: Soziale Selbstverantwortung der Sozialpartner als Rechtsprinzip, in: Festschrift für Hans Carl Nipperdey. Zum siebzigsten Geburtstag. Hrsg. von Rolf Dietz und Heinz Hübner, Bd. 2, München und Berlin 1965, S. 79-104

Chaloupek, Günther und Hannes Swoboda: Sozialpartnerschaft und Wirtschaftsentwicklung in den fünfziger und sechziger Jahren, in: Österreichische Zeitschrift für Politikwissenschaften, Heft 1/1975, S. 333-343

Colm, G.; Dodge, J.; Goldsmith, R.: Plan für die Liquidation der Kriegsfinanzierung und die finanzielle Rehabilitierung — Zusammenfassung. In: Zeitschrift für die gesamte Staatswissenschaft, Jg. 1955, S. 244ff.

Däubler, Wolfgang: Die unverhältnismäßige Aussperrung. In: Juristische Schulung, Jg. 1972, S. 642ff.

Dieben, Wilhelm: Die innere Reichsschuld seit 1933. In: Finanzarchiv, Jg. 1949, S. 656-706

Dombois, Rainer und Werner Sengenberger: Die Automobilarbeitergewerkschaft UAW und die Krise in der US-Automobilindustrie, in: Gewerkschaftliche Monatshefte, Jg. 1981, S. 485-496

Dorn, Walter L.: Die Debatte über die amerikanische Besatzungspolitik für Deutschland 1944-1945. In: Vierteljahrshefte für Zeitgeschichte, Jg. 1958, S. 60-77

Dostal, Werner: Neue Technologien und Arbeitsmarkt. Ein Überblick, in: Hellmut Lamszus, Horst Sanmann (Hrsg.): Neue Technologien, Arbeitsmarkt und Berufsqualifikation. Bern und Stuttgart 1987, S. 29-54

Dürr, Ernst: Historische Erfahrungen über die Wirtschaftspolitik in der Bundesrepublik Deutschland. In: Perspektiven der deutschen Wirtschaftspolitik. Hrsg. von Horst Siebert. Stuttgart, Berlin, Köln und Mainz 1983, S. 19-40

Eisermann, Gottfried: Partei und Fraktion in Staat und Gesellschaft der Gegenwart. In: Ossip K. Flechtheim (Hrsg.): Die Parteien der Bundesrepublik Deutschland. Hamburg 1973

Emminger, Otmar: Ordnungs- und währungspolitische Probleme der Korea-Krise, in: Die Korea-Krise als ordnungspolitische Herausforderung der deutschen Wirtschaftspolitik. Texte und Dokumente, ein Symposion der Ludwig-Erhard-Stiftung vom 7. Nov. 1984 in Bonn. Stuttgart und New York 1986, S. 13-31

Erhard, Ludwig: Das gesellschaftspolitische Leitbild der Formierten Gesellschaft 1965/66. In: Grundtexte zur Sozialen Marktwirtschaft. Hrsg. von Wolfgang Stützel, Christian Watrin, Hans Willgerodt und Karl Hohmann. Stuttgart und New York 1981

Erhard, Ludwig: Das Leitbild der Formierten Gesellschaft. Aus der Rede auf dem 13. Bundesparteitag der CDU in Düsseldorf am 31. 3. 1965, in: Die Formierte Gesellschaft. Ludwig Erhards Gedanken zur politischen Ordnung Deutschlands. Bonn o.J. (1966), S. 7-14

Eynern, Gert von: Artikel Pluralismus und Artikel Verbände. In: Ders. (Hrsg.): Wörterbuch zur politischen Ökonomie. Opladen 1973

Feldmann, Gerald D.: Die Freien Gewerkschaften und die Zentralarbeitsgemeinschaft 1918-1924. In: Vom Sozialistengesetz zur Mitbestimmung, zum 100. Geburtstag von Hans Böckler. Hrsg. von Heinz Oskar Vetter, Köln 1975

Feldmann, Gerald D.: Arbeitskonflikte im Ruhrbergbau 1919-1922. Zur Politik von Zechenverband und Gewerkschaften in der Überschichtenfrage. In: Vierteljahrshefte für Zeitgeschichte, Jg. 1980, Heft 2, S. 168-223

Frey, Bruno S. und Weck, Hannelore: Hat Arbeitslosigkeit den Aufstieg des Nationalsozialismus bewirkt? Did Unemployment Lead to the Rise of National Socialism?, in: Jahrb. f. Nationalök. u. Stat., Jg. 1981, S. 1-31

Friedman. Milton: Nobel Lecture: Inflation and Unemployment, in: Journal of Political Economy, Vol. 85 (1977), S. 451 ff.

Gelber, H. G.: Der Morgenthau-Plan. In: Vierteljahrshefte zur Zeitgeschichte, Jg. 1965, S. 372-402

Gerstenmaier, Eugen: Der Kreisauer Kreis. Zu dem Buch Gerrit van Roons „Neuordnung im Widerstand". In: Vierteljahrshefte für Zeitgeschichte, Jg. 1967, S. 221-246

Gimbel, John: Byrnes' Stuttgarter Rede und die amerikanische Nachkriegspolitik in Deutschland. In: Vierteljahrshefte für Zeitgeschichte, Jg. 1972, S. 39-62

Gottlieb, Manuel: Failure of Quadripartite Monetary Reform 1945-1947. In: Finanzarchiv, Bd. 17 (1956/57), S. 398-417

Graml, Hermann: Die Alliierten in Deutschland. In: Westdeutschlands Weg zur Bundesrepublik 1945-1949. München 1976

Grebing, Helga: Neubeginn oder Wiederaufbau? Die Anfänge der politischen Willensbildung in Westdeutschland 1945-1949, in: Die Neue Gesellschaft. Frankfurter Hefte, 5/1985, S. 416-428

Groser, Manfred: Stabilität und Wandel im System der Arbeitsbeziehungen. In: Politische Vierteljahresschrift, 20. Jg. (1979), S. 258-267

Hagemeyer, Bernhard: Sozialer Dialog — Konzertierte Aktion, gesellschaftliche Instrumente für eine wirtschaftsdemokratische Ordnung? In: Grenzen der Demokratie? Probleme und Konsequenzen der Demokratisierung von Politik, Wirtschaft und Gesellschaft. Hrsg. von Ludwig Erhard, Kurt Brüss, Bernhard Hagemeyer, Düsseldorf und Wien 1973

Hayek, Friedrich August von: Vollbeschäftigung, Planwirtschaft und Inflation, in: Albert Hunold (Hrsg.): Vollbeschäftigung, Inflation und Planwirtschaft. Erlenbach-Zürich 1951, S. 178 ff.

Heinze, Rolf G. siehe: Alemann/Heinze

Helfert, Mario: Zum Verhältnis zwischen gewerkschaftlicher Privilegierung und Benachteiligung. Überlegungen zu Gleichgewichtsvorstellungen zwischen „Kapital“ und „Arbeit“. In: WSI Mitteilungen, Sonderheft vom August 1976, S. 3-10

Hemmer, Hans Otto: Stationen gewerkschaftlicher Programmatik. Zu den Grundsatzprogrammen des DGB und ihrer Vorgeschichte, in: Erich Matthias und Klaus Schönhoven (Hrsg.): Solidarität und Menschenwürde. Etappen der deutschen Gewerkschaftsgeschichte von den Anfängen bis zur Gegenwart. Bonn 1984, S. 349-368

Hemmer, Hans Otto: Gewerkschaften im Orwell-Jahr — Erneut am Scheideweg?, in: Gewerkschaftschaftliche Monatshefte, 1/1984, S. 1-6

Hensche, Detlef: Zur Zulässigkeit von Firmentarifverträgen mit verbandsangehörigen Unternehmen. In: Recht der Arbeit, 24. Jg. (1971), S. 15ff.

Herbst, Ludolf: Krisenüberwindung und Wirtschaftsneuordnung. Ludwig Erhards Beteiligung an den Nachkriegsplanungen am Ende des Zweiten Weltkrieges, in: Vierteljahrshefte für Zeitgeschichte, 3/1977, S. 305-340

Herder-Dorneich, Philipp: Die Entwicklungsphasen der Sozialen Marktwirtschaft und der Paradigmenwechsel in der Ordnungstheorie. In: Zukunftsprobleme der Sozialen Marktwirtschaft: Verhandlungen auf der Jahrestagung der Gesellschaft für Wirtschafts- und Sozialwissenschaften — Verein für Socialpolitik — in Nürnberg vom 15. bis 17. September 1980, hrsg. von Otmar Issing, Berlin 1981, S. 671-687

Herschel, Wilhelm: Tarifautonomie und Gemeinwohl, in: Recht der Arbeit, Heft 1/1986, S. 1f.

Heuß, Ernst: Diskussionsbeitrag in: Die Korea-Krise als ordnungspolitische Herausforderung der deutschen Wirtschaftspolitik. Texte und Dokumente, ein Symposion der Ludwig-Erhard-Stiftung vom 7. Nov. 1984 in Bonn. Stuttgart und New York 1986, S. 138-142

Hilger, Dietrich: Die mobilisierte Gesellschaft. In: Die zweite Republik. 25 Jahre Bundesrepublik Deutschland — Eine Bilanz. Hrsg. von Richard Löwenthal und Hans Peter Schwarz, Stuttgart 1974

Höfer, Reinhold: Die Notwendigkeit interdisziplinärer Zusammenarbeit. Dargestellt am Beispiel der betrieblichen Altersversorgung, in: Festschrift für Marie Luise Hilger und Hermann Stumpf. München 1983, S. 329-341

Hoffmann, Jürgen siehe: Altvater/Hoffmann/Schoeller/Semmler

Hohmann, Karl: Ludwig Erhard (1897-1977), in: Fränkische Lebensbilder, Band 11, 1984, S. 3-37

Holzwarth, Fritz: Über ziel- und wertrationale Wirtschaftspolitik. Die Aktualität der Freiburger Schule, in: Orientierungen zur Wirtschafts- und Gesellschaftspolitik, 4/1985, S. 26-31

Horstmann, Kurt: Deutsche Bevölkerungsbilanz des 2. Weltkrieges. Einführung und Zusammenfassung, in: Wirtschaft und Statistik, N. F., Jg. 1956, S. 493ff.

Hromadka, Wolfgang: Zur betrieblichen Übung, in: Neue Zeitschrift für Arbeits-und Sozialrecht (NZA), Heft 8/1984, S. 241-272

Huber, Ernst Rudolf: Rechtsstaat und Sozialstaat in der modernen Industriegesellschaft. In: Ernst Forsthoff (Hrsg.): Rechtsstaatlichkeit und Sozialstaatlichkeit. Aufsätze und Essays. Darmstadt 1968, S. 590-618

Hüttenberger, Peter: Die Anfänge der Gesellschaftspolitik in der britischen Zone. In: Vierteljahrshefte für Zeitgeschichte, Jg. 1974, S. 171-176

Imiela, Ulf; Hubert Krieger, Klaus Löhrlein: Mitgliederzahlen: Struktur und Entwicklung bei den Angestellten — Perspektiven gewerkschaftlicher Angestelltenpolitik, in: Gewerkschaftsjahrbuch 1987. Daten, Fakten, Analysen. Hrsg. von Michael Kittner, Köln 1987, S. 47-68

Isensee, Josef: Die Neuregelung der Arbeitskampf-Neutralität nach 116 AFG und die Vorgaben der Verfassung, in: Der Betrieb, Heft 8/1986, S. 429-436

Jacobi, Otto: Einkommenspolitik contra Lohnpolitik, in: Otto Jacobi, Walther Müller-Jentsch, Eberhard Schmidt (Hrsg.): Gewerkschaften und Klassenkampf. Kritisches Jahrbuch 1972. Frankfurt/Main 1972, S. 123-133

Jacobmeyer, Wolfgang: Die Niederlage 1945, in: Westdeutschlands Weg zur Bundesrepublik 1945-1949. Beiträge von Mitarbeitern des Instituts für Zeitgeschichte. München 1976, S. 11ff.

Jäger, Wolfgang: Adenauers Einwirkungen auf die programmatische Entwicklung der CDU 1945 bis 1949 in der Frage der Wirtschaftsordnung, in: Konrad Adenauer und seine Zeit. Politik und Persönlichkeit des ersten Bundeskanzlers. Band II: Beiträge der Wissenschaft, hrsg. von Dieter Blumenwitz, Klaus Gotto, Hans Maier, Konrad Repgen, Hans-Peter Schwarz, Stuttgart 1976, S. 427-452

Janßen, Hans: Bilanz der Neuen Beweglichkeit, in: Der Gewerkschafter, 11/1981, S. 22-28

Jerchow, Friedrich: Der Aussenkurs der Mark 1944-1949, in: Vierteljahrshefte für Zeitgeschichte, Jg. 1982, S. 256-298

Jung, Volker: Führt Kapitalismus zum Faschismus? Einige Fragen zu Hans Preiss, in: Die Neue Gesellschaft. Frankfurter Hefte, 6/1985, S. 559-562

Kaltenborn, Wilhelm: Über die Notwendigkeit gesamtwirtschaftlicher Mitbestimmung. Bemerkungen zum Verhältnis von Gesellschaft und Staat. In: Gewerkschaftliche Monatshefte, Heft 9/1971, S. 521-535

Keller, Berndt: Arbeitsbeziehungen im öffentlichen Dienst. Zur Problematik der Tarif- und Besoldungsverhandlungen. In: Aus Politik und Zeitgeschichte, Beilage zur Wochenzeitung „Das Parlament" vom 14. März 1981, S. 3-18

Kempen, Otto Ernst: Das ökonomische Kalkül in der Aussperrungsrechtssprechung des Bundesarbeitsgerichts, in: Arbeit und Recht, 3/1982, S. 73-78

Kiersch, Gerhard: Die französische Deutschlandpolitik 1945-1949. In: Politische und ökonomische Stabilisierung Westdeutschlands 1945-1949. Fünf Beiträge zur Deutschlandpolitik der westlichen Alliierten. Wiesbaden 1977, S. 61-76

Kissel, Otto Rudolf: Das Bundesarbeitsgericht — vom Gesetzgeber allein gelassen?, in: Arbeit und Recht, 5/1982, S. 137-143

Klönne, Arno: Legendäres über die Gründerzeit der Bundesrepublik. Bemerkungen anläßlich eines neuen politischen Bestsellers. In: Aus Politik und Zeitgeschichte, Beilage zur Wochenzeitschrift „Das Parlament" vom 21. 6. 1980

Knapp, Manfred: Wiederaufbau und West-Integration: Die Auswirkungen des Marshall-Plans auf Deutschland, in: Deutschland — Amerika, hrsg. v. Willi Paul Adams und Knud Krakau, Berlin 1985, S. 111-133

Knapp, Manfred: Außenpolitik und Außenwirtschaftsbeziehungen in der Entstehungsphase des westdeutschen Nachkriegsstaates, in: Ders. (Hrsg.): Von der Bizonengründung zur ökonomisch-politischen Westintegration. Studien zum Verhältnis zwischen Außenpolitik und Außenwirtschaftsbeziehungen in der Entstehungsphase der Bundesrepublik Deutschland (1947-1952), Frankfurt/Main 1984, S. 1-12

Knapp, Manfred: U.S. Economic Aid and the Reconstruction of West Germany: Political and Economic Implications of the European Recovery Program, in: The Role of the United States in the Reconstruction of Italy and West Germany 1943-1949, hrsg. und eingeleitet von Ekkehart Krippendorf, Berlin 1981, S. 40-55

Knapp, Manfred: Deutschland und der Marshallplan: Zum Verhältnis zwischen politischer und ökonomischer Stabilisierung in der amerikanischen Deutschlandpolitik nach 1945. In: Politische und ökonomische Stabilisierung Westdeutschlands 1945-1949. Fünf Beiträge zur Deutschlandpolitik der westlichen Alliierten. Wiesbaden 1977, S. 19-44

Kogon, Eugen: Hessen nach dem Zusammenbruch, in: Erwin Stein (Hrsg.): 30 Jahre hessische Verfassung 1946-1976. Wiesbaden 1976, S. 29-55

Konstanzer, Eberhard: Weisungen der französischen Militärregierung 1946-1949. In: Vierteljahrshefte für Zeitgeschichte, Jg. 1970, S. 204ff.

Koppensteiner, Hans-Georg: Die Konzertierte Aktion im Spannungsfeld zwischen Geldwertstabilität und Tarifautonomie. Eine Skizze. In: Erich Hoppmann (Hrsg.): Konzertierte Aktion. Kritische Beiträge zu einem Experiment. Frankfurt am Main 1971

Kreikamp, Hans Dieter: Die amerikanische Deutschlandpolitik im Herbst 1946 und die Byrnes-Rede in Stuttgart. In: Vierteljahrshefte für Zeitgeschichte, Jg. 1981, S. 269-285

Krieger, Hubert siehe: Imiela/Krieger/Löhrlein

Külp, Theoretische Grundlagen der Konzertierten Aktion, in: Erik Boettcher, Philipp Herder-Dorneich, Karl-Ernst Schenk (Hrsg.): Neue Politische Ökonomie als Ordnungstheorie, Tübingen 1980, S. 106-114

Külp, Bernhard: Der Einfluß der Sozialpolitik auf die Anpassungsfähigkeit marktwirtschaftlicher Systeme: Theoretische Grundlagen, in: Jahrbuch für Neue Politische Ökonomie, 3. Band, Tübingen 1984, S. 60-77

Külp, Bernhard: Einleitung, in: Bernhard Külp, Wilfried Schreiber (Hrsg.): Arbeitsökonomik. Köln 1972, S. 9-16

Kurz-Scherf, Ingrid: Tarifpolitik und Arbeitskämpfe (1985), in: Gewerkschaftsjahrbuch 1986. Daten, Fakten, Analysen. Hrsg. von Michael Kittner, Köln 1986, S. 71-130

Kurz-Scherf, Ingrid: Tarifpolitik und Arbeitskämpfe (1984), in: Gewerkschaftsjahrbuch 1985. Daten, Fakten, Analysen. Hrsg. von Michael Kittner, Köln 1985, S. 73-148

Kurz-Scherf, Ingrid: Mitbestimmung durch Tarifvertrag — Konzeptionelle und praktische Ansätze zur Begrenzung unternehmerischer Entscheidungsgewalt durch gewerkschaftliche Tarifmacht, in: WSI Mitteilungen, Schwerpunktheft „Zukunft der Arbeit", 3/1986, S. 185-200

Laitenberger, Volkhard: Zur Programmatik und zur Politik Ludwig Erhards in der Vor- und Frühgeschichte der Bundesrepublik Deutschland, in: Orientierungen zur Wirtschafts- und Gesellschaftspolitik, Heft 3/1980, S. 19-26

Laitenberger, Volkhard: Vorbemerkung zu „Deutsche Wirtschaftspolitik nach der Währungsreform. Erstabdruck der Rede Ludwig Erhards aus dem Streitgespräch mit Erik Nölting am 14. November 1948 in Frankfurt/Main“, in: Orientierungen zur Wirtschafts- und Gesellschaftspolitik, 4/1983, S. 38f. (Erstabdruck S. 39-47

Lampert, Heinz: Arbeitsmarktpolitik in der Sozialen Marktwirtschaft. In: Zukunftsprobleme der Sozialen Marktwirtschaft. Verhandlungen des Vereins für Socialpolitik in Nürnberg 1980, hrsg. von Otmar Issing, N. F. Band 116, Berlin 1981, S. 753-779

Lange, Kurt: Weder gerecht noch stabil. Zur Diskussion Preiss/Jung, in: Die Neue Gesellschaft. Frankfurter Hefte, 10/1985, S. 950-953

Lecher, Wolfgang: Potential und Probleme arbeitsplatzbezogener Mitbestimmung in Norwegen, Schweden, Frankreich und Japan, in: WSI Mitteilungen 6/1985, S. 340-350

Leisner, Walter: Vom Gesetzesstaat zur Tarifvertragsgemeinschaft. Demokratie als Kartell der Sozialpartner?, in: Hamburger Jahrbuch für Wirtschafts- und Gesellschaftspolitik, 1984, S. 113-126

Lehmbruch, Gerhard: Sozialpartnerschaft in der vergleichenden Politikforschung, in: Sozialpartnerschaft in der Krise. Leistungen und Grenzen des Neokorporatismus in Österreich. Hrsg. von Peter Gerlich, Edgar Grande, Wolfgang C. Müller. Wien, Köln, Graz 1985, S. 85-107

Leminsky, Gerhard: Aufgaben überbetrieblicher Mitbestimmung. In: Gewerkschaftliche Monatshefte. 22. Jg, Heft 10/1971, S. 602-611

Leminsky, Gerhard: Spontane Arbeitsniederlegungen, in: Gewerkschaftliche Monatshefte, 11/1969, S. 641-644

Link, Werner: Der Marshall-Plan und Deutschland. In: Aus Politik und Zeitgeschichte, Beilage zur Wochenzeitung „Das Parlament“ vom 13. Dezember 1980, S. 3-18

Löhrlein, Klaus siehe: Imiela/Krieger/Löhrlein

Löwenthal, Richard: Gesellschaftliche Transformation und demokratische Legimität. Zu Jürgen Habermas' Analyse der Krisentendenzen im „Spätkapitalismus“. In: Ders.: Gesellschaftswandel und Kulturkrise. Zukunftsprobleme der westlichen Demokratien. Frankfurt am Main 1979

Löwisch, Manfred: Die Ausrichtung der tariflichen Lohnfestsetzung am gesamtwirtschaftlichen Gleichgewicht. Ein Beitrag zum Spannungsverhältnis von Tarifautonomie und Staatsintervention, in: Recht der Arbeit, Heft 5/1969, S. 129-137

Löwisch, Manfred: Empfiehlt es sich, die Geltung des Ultima-Ratio-Grundsatzes im Arbeitskampfrecht gesetzlich zu regeln?, in: Zeitschrift für Arbeitsrecht, 1/1985, S. 53-70

Lompe, Klaus: Neokorporatismus als Konfliktlösungsstrategie — ein sozialdemokratisches Politikmuster? In: Bernd Rebe, Klaus Lompe und Rudolf von Thadden (Hrsg.): Idee und Pragmatik in der politischen Entscheidung, Bonn 1984

Lompe, Klaus: Das Ende des Neo-Korporatismus? — Konfliktlösungsmuster unter der sozialliberalen und der konservativ-liberalen Koalition im Vergleich, in: Gewerkschaftliche Monatshefte, 5/1986, S. 280-295

Loritz, Karl-Georg: Das Bundesarbeitsgericht und die „Neue Beweglichkeit“, in: Zeitschrift für Arbeitsrecht, Heft 2/1985, S. 185-212

Lorenz, Martin: Beschäftigungsförderungsgesetz: Teilzeitarbeit, Sozialplan und die sozialversicherungsrechtlichen Regelungen, in: Neue Zeitschrift für Arbeits- und Sozialrecht, 15/1985, S. 473-512

Lüders, Carsten: Die Regelung der Ruhrfrage in den Verhandlungen über die politische und ökonomische Stabilisierung Westdeutschlands 1945-1949, in: Wirtschaftspolitik im britischen Besatzungsgebiet 1945-1949, S. 87-103

Mahler, Karl: Die Programme der politischen Parteien im neuen Deutschland. Berlin 1945. In: Ossip K. Flechtheim: Die Parteien der Bundesrepublik Deutschland. Hamburg 1973

Maier, Hans: Konrad Adenauer (1876-1967) Person und Werk. In: Rudolf Morsey, Konrad Repgen (Hrsg.): Adenauer-Studien I, Mainz 1971

Marx, Karl und Engels, Friedrich: Manifest der Kommunistischen Partei (1872). In: Marx/Engels: Ausgewählte Werke (1981), S. 29-63

Marx, Karl und Engels, Friedrich: Zirkularbrief vom 17./18. September 1879. In: Dies., Werke, Bd. 34, Berlin 1966, S. 394-408

May, James P. und Paterson, William E.: Die Deutschlandkonzeption der britischen Labour-Party 1945-1949. In: Politische und ökonomische Stabilisierung Westdeutschlands. Fünf Beiträge zur Deutschlandpolitik der westlichen Alliierten. Wiesbaden 1977, S. 77-92

Mey, Harald: Marktwirtschaft und Demokratie. Betrachtungen zur Grundlegung der Bundesrepublik. In: Vierteljahrshefte für Zeitgeschichte, Jg. 1971, S. 160-186

Mielke, Siegfried: Organisationsprobleme und Neuordnungskonzeption der Gewerkschaften in den westlichen Besatzungszonen (1945 bis 1949), in: Erich Matthias und Klaus Schönhoven (Hrsg.): Solidarität und Menschenwürde. Etappender deutschen Gewerkschaftsgeschichte von den Anfängen bis zur Gegenwart. Bonn 1984, S. 307-324

Morsey, Rudolf: Der politische Aufstieg Konrad Adenauers 1945-1949. In: Rudolf Morsey, Konrad Repgen (Hrsg.): Adenauer Studien I, Mainz 1971

Morsey, Rudolf: Die Rhöndorfer Weichenstellung vom 21. August 1949. Neue Quellen zur Vorgeschichte der Koalitions- und Regierungsbildung nach der Wahl zum ersten Deutschen Bundestag. In: Vierteljahrshefte für Zeitgeschichte, Jg. 1980, S. 508-542

Müller, Dirk H.: Der Syndikalismus in der deutschen Gewerkschaftsbewegung vor 1914, in: Erich Matthias und Klaus Schönhoven (Hrsg.): Solidarität und Menschenwürde. Etappen der deutschen Gewerkschaftsgeschichte von den Anfängen bis zur Gegenwart. Bonn 1984, S. 57-68

Müller, Gerhard: Die Grundlagen des deutschen Arbeitskampfrechts, in: Beilage Nr. 16/82 zu Der Betrieb, Heft 28/1982

Müller-Armack, Alfred: Die zweite Phase der Sozialen Marktwirtschaft. Ihre Ergänzung durch das Leitbild einer neuen Gesellschaftspolitik (1960), zitiert nach dem Abdruck in: Ders.: Wirtschaftsordnung und Wirtschaftspolitik. Studien und Konzepte zur Sozialen Marktwirtschaft und zur Europäischen Integration. Zweite, unveränderte Auflage, Bern und Stuttgart 1976, S. 267-291

Müller-Armack, Alfred: Die Wirtschaftsordnung sozial gesehen. Frühschrift vom Juli 1947. In: Ders.: Genealogie der Sozialen Marktwirtschaft. Bern und Stuttgart 1974

Müller-Armack, Alfred: Die Anfänge der Sozialen Marktwirtschaft — Zugleich eine Dokumentation ihrer Entwicklung in den Jahren 1945, 1946, 1947, 1948. In: Die zweite Republik. 25 Jahre Bundesrepublik Deutschland — eine Bilanz. Hrsg. von R. Löwenthal und Hans-Peter Schwarz, Stuttgart 1974, S. 123-148

Müller-Armack, Alfred: Fortschreibung der Sozialen Marktwirtschaft, in: Wirtschaftsordnung und Staatsverfassung. Festschrift für Franz Böhm zum 80. Geburtstag, hrsg. v. Heinz Sauermann und Ernst-Joachim Mestmäcker, Tübingen 1975, S. 449-458

Müller-Armack, Alfred: Das gesellschaftspolitische Leitbild der Sozialen Marktwirtschaft (1962), Wiederabdruck in: Ders.: Wirtschaftsordnung und Wirtschaftspolitik. Studien und Konzepte zur Sozialen Marktwirtschaft und zur Europäischen Integration. 2., unveränderte Auflage, Bern und Stuttgart 1976, S. 293-315

Müller-Armack, Alfred: Der Moralist und der Ökonom — Zur Frage der Humanisierung der Wirtschaft (November 1969), Wiederabdruck in: Ders.: Genealogie der Sozialen Marktwirtschaft. Frühschriften und weiterführende Konzepte. 2., erw. Auflage, Bern und Stuttgart 1981, S. 123-140

Müller-Jentsch, Walther: Neue Konfliktpotentiale und institutionelle Stabilität, in: Politische Vierteljahresschrift, Jg. 1979, S. 268-279

Müller-List, Gabriele: Die Entstehung der Montanmitbestimmung, in: Zwischen Ruhrkontrolle und Mitbestimmung, hrsg. von Walter Först, Köln 1982 S. 121-142

Nell-Breuning, Oswald von: Selbstverständnis und Selbsterkenntnis der Gewerkschaften. In: Stimmen der Zeit, 171. Bd., Freiburg 1962/63, S. 5-16

Nell-Breuning, Oswald von: Können Neoliberalismus und katholische Soziallehre sich verständigen?, in: Wirtschaftsordnung und Staatsverfassung. Festschrift für Franz Böhm zum 80. Geburtstag, hrsg. v. Heinz Sauermann und Ernst-Joachim Mestmäcker, Tübingen 1975, S. 459-470

Nellner, Werner: Die Vertreibungsverluste der Bevölkerung in den Ostgebieten des Deutschen Reiches, in: Wirtschaft und Statistik, N. F., Jg. 1956, S. 496ff.

Niclauß, Karlheinz: Die Entstehung der Bundesrepublik als Demokratiegründung. In: Vierteljahrshefte für Zeitgeschichte, Jg. 1974, S. 46-75

Ortlieb, Heinz-Dietrich: Gewerkschaften — in Verwirrung oder auf Abwegen, in: Hamburger Jahrbuch für Wirtschafts- und Gesellschaftspolitik, 1984, S. 93-111

Otto, Bernd: Der Kampf um die Mitbestimmung. In: Vom Sozialistengesetz zur Mitbestimmung. Zum 100. Geburtstag von Hans Böckler. Hrsg. von Heinz Oskar Vetter, Köln 1975

Otto, Bernd: Zur Geschichte der überbetrieblichen Mitbestimmung. In: Gewerkschaftliche Monatshefte, Heft 10/1971, S. 611-624

Paterson, William E. siehe: May/Paterson

Peter, Manfred: Gedanken zu einem Ruf nach dem Gesetzgeber im Arbeitsrecht. Ein Beitrag zu den Methoden und Grenzen richterlicher Rechtsfortbildung, in: Recht der Arbeit, 6/1985, S. 337-346

Petzina, Dietmar: Krise und Rekonstruktion, siehe: Abelshauser/Petzina

Petzina, Dietmar: Die Mobilisierung deutscher Arbeitskräfte vor und während des Zweiten Weltkrieges, in: Vierteljahrshefte für Zeitgeschichte, Jg. 1971, S. 437-455

Pfarr, Heide M. und Hermann Brandt: Zur Geltung des Verhältnismäßigkeitsgrundsatzes bei Streik und Aussperrung, in: Arbeit und Recht, 11/1981, S. 325-332

Plander, Harro: Arbeitslosigkeit, Neue Technologien und gewerkschaftliche Streikfähigkeit, in: Der Betrieb, Beilage Nr. 13/87 zu Heft 25/1987, S. 1-12

Poidevin, Raymond: Frankreich und die Ruhrfrage 1945-1951. In: Historische Zeitschrift, Jg. 1979 (Bd. 228), S. 317-334

Pollmann, Birgit: Arbeiterbewegung und Industrie- und Handelskammer 1890-1946/47. In: Bernd Rebe, Klaus Lompe und Rudolf von Thadden (Hrsg.): Idee und Pragmatik in der politischen Entscheidung. Bonn 1984

Potthoff, Erich: Die Regelung der Mitbestimmung in den Holdinggesellschaften der Montanindustrie. In: Gewerkschaftliche Monatshefte, März 1955, S. 138-141

Potthoff, Heinrich: Gewerkschaften in Weltkrieg und Revolution: Kontinuität und Wandel, in: Erich Matthias und Klaus Schönhoven (Hrsg.): Solidarität und Menschenwürde. Etappen der deutschen Gewerkschaftsgeschichte von den Anfängen bis zur Gegenwart. Bonn 1984, S. 107-131

Potthoff, Erich: Zusammenbruch und Wiederaufbau. Ein Beitrag zur Geschichte der betrieblichen Mitbestimmung an der Ruhr von 1945-1947. In: Gewerkschaftliche Monatshefte, 3/1955, S. 129-141

Preiss, Hans: 8. Mai 1945 — 40 Jahre danach, in: Die Neue Gesellschaft. Frankfurter Hefte, 4/1985, S. 328-335

Preiss, Hans: Gegensteuerung ist gefordert, in: Die Neue Gesellschaft. Frankfurter Hefte, 10/1985, S. 947-950

Pütz, Theodor: Das „Gemeinwohl" als Begriff der theoretischen Wirtschaftspolitik. In: Wilhelm Weber (Hrsg.): Einheit und Vielfalt in den Sozialwissenschaften. Festschrift für Alexander Mahr. Wien und New York 1966

Pütz, Theodor: Die ordnungspolitische Problematik der Interessenverbände, in: Jahrbuch für Sozialwissenschaft, Bd. 11, 1960, Heft 3, S. 245-256

Pütz, Helmut: Einführung zu: Konrad Adenauer und die CDU der britischen Besatzungszone 1946-1949. Hrsg. von der Konrad-Adenauer-Stiftung, Bonn 1975

Radke, Olaf: Was ist betriebsnahe Tarifpolitik?, in: Der Betrieb, 32/1965, S. 1176-1181

Reichling, Gerhard: Die Heimatvertriebenen im Spiegel der Statistik. In: Schriften des Vereins für Socialpolitik, N. F., Bd. 6/III, Berlin 1958

Reuter, Dieter: Die Arbeitskampffreiheit in der Verfassungs- und Rechtsordnung der Bundesrepublik Deutschland, in: Wirtschaftsordnung und Staatsverfassung. Festschrift für Franz Böhm zum 80. Geburtstag, hrsg. v. Heinz Sauermann und Ernst-Joachim Mestmäcker, Tübingen 1975, S. 521-551

Richardi, Reinhard: Das Ordnungsmodell des Tarifvertragssystems und der Arbeitskampf, in: Juristen Zeitung, Jg. 1985, S. 401-452

Ritschl, Albrecht: Die Währungsreform von 1948 und der Wiederaufstieg der westdeutschen Industrie. Zu den Thesen von Mathias Manz und Werner Abelshauser über die Produktionswirkungen der Währungsreform, in: Vierteljahrshefte für Zeitgeschichte, 1/1985, S. 136-165

Rösner, Hans Jürgen: Mehr Arbeitsmarkteffizienz durch Tarifflexibilisierung?, in: Wirtschaftsdienst, 12/1984, S. 601-608

Rösner, Hans Jürgen: Chancen und Risiken neuer Beschäftigungsformen, in: Hellmut Lamszus, Horst Sanmann (Hrsg.): Neue Technologien, Arbeitsmarkt und Berufsqualifikation. Bern und Stuttgart 1987, S. 97-123

Rösner, Hans Jürgen: Kommt die Wende im Arbeitskampfrecht?, in: Wirtschaftsdienst, 11/1985, S. 552-558

Rösner, Hans Jürgen: Lehren aus einem langen Arbeitskampf, in: Wirtschaftsdienst, 8/1984, S. 386-393

Rösner, Hans Jürgen: Betriebsverfassungsgesetz — wo besteht ein Handlungsbedarf?, in: Wirtschaftsdienst, 6/1986, S. 295-302

Rosenberg, Ludwig: Wirtschaftsdemokratie. Vorschäge zum Aufbau einer wirtschaftlichen Selbstverwaltung und ihrer Stellung zu den Behörden, in: Scharf, Claus und Schröder, Hans Jürgen (Hrsg.): Die Deutschlandpolitik Großbritanniens und die britische Zone 1945 bis 1949. Wiesbaden 1979

Ruck, Michael: Von der Arbeitsgemeinschaft zum Zwangstarif. Die Freien Gewerkschaften im sozialen und politischen Kräftefeld der frühen Weimarer Republik, in: Erich Matthias und Klaus Schönhoven (Hrsg.): Solidarität und Menschenwürde. Etappen der deutschen Gewerkschaftsgeschichte von den Anfängen bis zur Gegenwart. Bonn 1984, S. 133-152

Rudzio, Wolfgang: Export englischer Demokratie? Zur Konzeption der britischen Besatzungspolitik in Deutschland. In: Vierteljahrshefte für Zeitgeschichte, Jg. 1969, S. 219ff.

Rüfner, Wolfgang: Zur Gemeinwohlbindung der Tarifvertragsparteien, in: Recht der Arbeit, Heft 4/1985, S. 193-199

Rüthers, Bernd: Kollektives Arbeitsrecht und Wettbewerbsordnung. Zu Mißbrauchsgefahren in der Tarifautonomie und in der erweiterten Mitbestimmung, in: Wirtschaft und Wettbewerb, Heft 6/1980, S. 392-400

Rüthers, Bernd: Arbeitsrecht im Wandel der Industriegesellschaft, Sonderdruck aus: Bitburger Gespräche. Jahrbuch 1985, München 1985, S. 91-112

Rüthers, Bernd: Zum Gesetzgebungsauftrag im Arbeitskampfrecht, in: Neue Zeitschrift für Arbeits- und Sozialrecht, 1/1986, S. 11-14

Rüthers, Bernd: Die Betriebsverfassung im Nationalsozialismus. In: Arbeit und Recht. Jg. 1970, S. 97-109

Rumpf, Hans: Luftkrieg über Deutschland. In: Bilanz des Zweiten Weltkrieges. Erkenntnisse und Verpflichtungen für die Zukunft. Oldenburg und Hamburg 1953

Sanmann, Horst: Artikel Sozialpartner, in: Handwörterbuch der Wirtschaftswissenschaft, 1977, Bd. 7, S. 52-59

Sanmann, Horst: Die Gewerkschaften in Wirtschaft und Gesellschaft. Überlegungen zur Problematik des „Gewerkschaftsstaates“. In: Hamburger Jahrbuch für Wirtschafts- und Gesellschaftspolitik, 22. Jahr (1977), S. 129-150

Sanmann, Horst: Vollbeschäftigung, Inflation und Arbeitsmarkt. In: Wissenschaft und politische Aufgabe. Festschrift für Karl Schiller, hrsg. von Heiko Körner, Peter Meyer-Dohm, Egon Tuchtfeldt und Christian Uhlig, Bern und Stuttgart 1976, S. 319-328

Sauermann, Heinz: Der amerikanische Plan für die deutsche Währungsreform. In: Zeitschrift für die gesamte Staatswissenschaft, Bd. 111 (1955), S. 193-202

Schiffmann, Dieter: Die Freien Gewerkschaften und das Scheitern der Regierung Müller 1930, in: Erich Matthias und Klaus Schönhoven (Hrsg.): Solidarität und Menschenwürde. Etappen der deutschen Gewerkschaftsgeschichte von den Anfängen bis zur Gegenwart. Bonn 1984, S.187-207

Scheuner, Ulrich: Wirtschaftslenkung im Verfassungsrecht des modernen Staates. In: Ders. (Hrsg.): Die staatliche Einwirkung auf die Wirtschaft. Wirtschaftsrechtliche Aufsätze 1946-1970. Frankfurt 1971

Schmidt, Helmut: Das wirtschaftspolitische Konzept der Sozialdemokratie, in: Gewerkschaftliche Monatshefte, 11/1952, S. 657-663

Schmidt, Walter: Fernwirkungen von Schwerpunktstreiks und Modellarbeitskämpfen im Arbeitsvertragsrecht und Sozialversicherungsrecht, in: Zeitschrift für Arbeitsrecht, Heft 2/1985, S. 159-184

Schmitt, Matthias: Aufbruch zur Marktwirtschaft — 1948 und heute, in: Zeitschrift für Wirtschaftspolitik. Wirtschaftspolitische Chronik. Jg. 1984, S. 227-239

Schmitt, Matthias: Außenwirtschaftsprobleme der Bundesrepublik während der Korea-Krise, in: Die Korea-Krise als ordnungspolitische Herausforderung der deutschen Wirtschaftspolitik. Texte und Dokumente, ein Symposion der Ludwig-Erhard-Stiftung vom 7. Nov. 1984 in Bonn. Stuttgart und New York 1986, S. 49-66

Schneider, Hans Karl: Zielbestimmung für die Wirtschaftspolitik in der pluralistischen Gesellschaft, in: Hans Besters (Hrsg.): Theoretische und institutionelle Grundlagen der Wirtschaftspolitik. Berlin 1969, S. 49ff.

Schneider, Ulrich: Wirtschaftsausschüsse als Mittel praktizierter Wirtschaftsdemokratie? Überbetriebliche Mitbestimmung und die Versuche zur „Demokratisierung der Wirtschaft" in der britischen Besatzungszone Deutschlands. In: Bernd Rebe, Klaus Lompe und Rudolf von Thadden (Hrsg.): Idee und Pragmatik in der politischen Entscheidung. Bonn 1984

Schoeller, Wolfgang siehe: Altvater/Hoffmann/Schoeller/Semmler

Schöpfer, Gerald: Zur Genesis der österreichischen Sozialpartnerschaft, in: Phänomen Sozialpartnerschaft. Festschrift für Hermann Ibler zum 75. Geburtstag, hrsg. von Gerald Schöpfer. Wien, Köln, Graz 1980, S. 23-42

Schulz, Rüdiger: Die Reaktionen der Bundesbürger auf die politischen und wirtschaftlichen Herausforderungen der Korea-Krise, in: Die Korea-Krise als ordnungspolitische Herausforderung der deutschen Wirtschaftspolitik. Texte und Dokumente, ein Symposion der Ludwig-Erhard-Stiftung vom 7. Nov. 1984 in Bonn. Stuttgart und New York 1986, S. 67-85

Schultz, Reinhard: Arbeitnehmerkammern und Wirtschafts- und Sozialräte als Instrumente gesamtwirtschaftlicher Mitbestimmung, in: Aus Politik und Zeitgeschichte, B 22/77 vom 4. Juni 1977, S. 13-21

Schwarz, Hans Peter: Die außenpolitischen Grundlagen des westdeutschen Staates. In: Die zweite Republik. 25 Jahre Bundesrepublik Deutschland — eine Bilanz. Hrsg. von Richard Löwenthal und Hans-Peter Schwarz, Stuttgart 1974

Seitenzahl, Rolf: Fiktiver Gewerkschaftsstaat gegen konkreten Unternehmerstaat — thematische Einführung und Zusammenfassung, in: WSI Mitteilungen, Sonderheft „Gewerkschaftsstaat oder Unternehmerstaat", August 1976, S. 2f.

Seiter, Hugo: Zur Gestaltung der Arbeitskampfordnung durch den Gesetzgeber, in: Recht der Arbeit, Heft 3/4 „Symposion zum Arbeitskampfrecht", 1986, S. 165-188

Semmler, Willi: Altvater/Hoffmann/Schoeller/Semmler

Sengenberger, Werner siehe: Dombois/Sengenberger

Skrzypczak, Henryk: Zur Strategie der Freien Gewerkschaften in der Weimarer Republik. In: Vom Sozialistengesetz zur Mitbestimmung. Zum 100. Geburtstag von Hans Böckler. Hrsg. von Heinz Oskar Vetter, Köln 1975

Soltwedel, Rüdiger: Unerwünschte Marktergebnisse durch sozialpolitische Eingriffe. In: Zukunftsprobleme der Sozialen Marktwirtschaft: Verhandlungen auf der Jahrestagung der Gesellschaft für Wirtschafts- und Sozialwissenschaften — Verein für Socialpolitik — in Nürnberg vom 15. bis 17. September 1980, hrsg. von Otmar Issing, Berlin 1981, S. 79-95

Steffani, Winfried: Gewaltenteilung im demokratisch-pluralistischen Rechtsstaat, in: Politische Vierteljahresschrift, Heft 3/1962, S. 256-282

Steininger, Rolf: Reform und Realität. Ruhrfrage und Sozialisierung in der angloamerikanischen Deutschlandpolitik 1947/48. In: Vierteljahrshefte für Zeitgeschichte, Jg. 1979, S. 167-240

Steininger, Rolf: Großbritannien und die Ruhr, in: Zwischen Ruhrkontrolle und Mitbestimmung, hrsg. von Walter Först, Köln 1982, S. 11-63

Stützel, Wolfgang: Ohne Konzeption im Bereich des Sozialen, in: Wolfram Engels, Armin Gutowski, Wolfgang Stützel, Carl Christian von Weizsäcker, Hans Willgerodt (Hrsg.): Die Wende. Eine Bestandsaufnahme der deutschen Wirtschaftspolitik. Bad Homburg 1984, S. 7ff.

Swoboda, Hannes siehe: Chaloupek/Swoboda

Tornow, Ingo: Die deutschen Unternehmerverbände 1945-1950. Kontinuität oder Diskontinuität? In: Josef Becker, Theo Stammen, Peter Waldmann (Hrsg.): Vorgeschichte der Bundesrepublik Deutschland. München 1979

Triesch, Günter: Keine wirtschaftsdemokratische Sekundärverfassung. In: Gewerkschaftliche Monatshefte. Hrsg. vom Bundesvorstand des Deutschen Gewerkschaftsbundes. 22. Jg., Heft 9/1971, S. 535-542

Tuchtfeldt, Egon: Über das Gemeinwohl — Anmerkungen zum Problem einer obersten Zielsetzung der Politik, Sonderdruck aus: Hellmuth Milde und Hans G. Monissen (Hrsg.): Rationale Wirtschaftspolitik in komplexen Gesellschaften. Gerard Gäfgen zum 60. Geburtstag. Stuttgart, Berlin, Köln und Mainz 1985

Tuchtfeldt, Egon: Wirtschaftspolitik und Verbände, in: Hamburger Jahrbuch für Wirtschafts- und Gesellschaftspolitik, 1956, S. 72-84

Tuchtfeldt, Egon: Mikroökonomische Voraussetzungen trendorientierter Politik. In: Heiko Körner und Christian Uhlig (Hrsg.): Die Zukunft der Globalsteuerung. Karl Schiller zum 75. Geburtstag gewidmet. Bern und Stuttgart 1986, S. 177-200

Tuchtfeldt, Egon: Aspekte der Wirtschafts- und Sozialstruktur der Schweiz im Vergleich zur Bundesrepublik Deutschland, in: Reinhold Biskup (Hrsg.): Schweiz — Bundesrepublik Deutschland. Bern und Stuttgart 1985, S. 73ff.

Uffelmann, Uwe: Wirtschaft und Gesellschaft in der Gründungsphase der Bundesrepublik Deutschland, in: Aus Politik und Zeitgeschichte, B 1-2, 1982, S. 3-33

Volkmann, Heinrich: Zur Entwicklung von Streik und Aussperrung in Deutschland 1899-1975. In: Gewerkschaftliche Monatshefte, Jg. 1979, S. 347-358

Walter, Jürgen: Ohne Fleiß kein Preiss. Anmerkungen zum Artikel von Hans Preiss, in: Die Neue Gesellschaft. Frankfurter Hefte, 10/1985, S. 954-957

Waschke, Hildegard: Wenn in Schweden die Unternehmer demonstrieren. Neue Kontroversen um Arbeitnehmerfonds, in: Gewerkschaftsreport, Nr. 8/1983, S. 19-22

Watrin, Christian: Gesellschaftliche Wohlfahrt. Zur volkswirtschaftlichen Sicht der Gemeinwohlproblematik. In: Anton Rauscher (Hrsg.): Selbstinteresse und Gemeinwohl. Beiträge zur Ordnung der Wirtschaftsgesellschaft, Bd. 5 der Reihe Soziale Orientierung. Berlin 1985, S. 461-543

Weber, Hermann: Kommunisten und Gewerkschaften in Deutschland — zu einigen historischen Aspekten kommunistischer Gewerkschaftspolitik, in: Gewerkschaftliche Monatshefte, Jg. 1979, S. 509-520

Weber, Werner: Die verfassungsrechtlichen Grenzen sozialstaatlicher Forderungen. In: Ulrich Scheuner (Hrsg.): Die staatliche Einwirkung auf die Wirtschaft, S. 521-548

Weber, Werner: Die Sozialpartner in der Verfassungsordnung (1961), in: Rechtsstaatlichkeit und Sozialstaatlichkeit. Aufsätze und Essays, hrsg. von Ernst Forsthoff, Darmstadt 1968, S. 526-556

Weisser, Gerhard: Die Gesetzgebung über den Lastenausgleich. In: Finanzarchiv, Jg. 1955, S. 63-80

Welteke, Marianne: Ökonomisches Faktoren des Restaurationsprozesses, in: Ernst-Ulrich Huster, Gerhard Kraiker, Burkhard Scherer, Friedrich-Karl Schlotmann und Marianne Welteke: Determinanten der westdeutschen Restauration 1945-1949, S. 69-119

Willgerodt, Hans: Volkswirtschaftliche Überlegungen zum Problem des Arbeitskampfes, in: Wirtschaftspolitische Chronik, 3/1978, S. 195-215

Wilke, Helmut: Zur Integrationsfunktion des Staates. Die Konzertierte Aktion als Paradigma in der neuen staatstheoretischen Diskussion. In: Politische Vierteljahresschrift. 20. Jg. (1979), S. 221-240

Winkler, Dörte: Die amerikanische Sozialisierungspolitik in Deutschland 1945-1948, in: Politische Weichenstellungen im Nachkriegsdeutschland. Hrsg. von Heinrich August Winkler, Göttingen 1979, S. 88-110

Wissenschaftlicher Beirat beim Bundesministerium der Wirtschaft, Gutachten vom 1. 4. 1948 zum Thema: Maßnahmen der Verbrauchsregelung, der Bewirtschaftung und der Preispolitik nach der Währungsreform. Zitiert nach dem Abdruck in: Der Wissenschaftliche Beirat beim Bundesministerium der Wirtschaft. Sammelband der Gutachten von 1948 bis 1972. Göttingen 1973, S. 1-7

Wohlgemuth, Hans H.: Probleme des Warnstreiks, in: Arbeit und Recht, 7/1982, S. 201-207

Wolf, Ernst: Aufwendungen für die Besatzungsmächte. Öffentliche Haushalte und Sozialprodukte in den einzelnen Zonen. In: Wirtschaftsprobleme der Besatzungszonen. Hrsg.: Deutsches Institut für Wirtschaftsforschung, Berlin 1948

Wünsche, Horst-Friedrich: Wirtschaft in Westdeutschland 1945-1948. Bemerkungen zu dem gleichnamigen Buch von Werner Abelshauser, in: Orientierungen zur Wirtschafts- und Gesellschaftspolitik, 2/1979, S. 37-40

Zachert, Ulrich: Zur Diskussion über den gewerkschaftlichen Einfluß im rechtlichen Bereich: Möglichkeiten, Grenzen, Perspektiven, in: WSI Mitteilungen, Sonderheft „Gewerkschaftsstaat oder Unternehmerstaat", August 1976, S. 18-47

Zechlin, Lothar: Streikposten und Nötigung — ein verfassungs- und strafrechtlicher Problemaufriß, in: Arbeit und Recht, 10/1986, S. 289-296

Sonstige Quellen

Akten zur Vorgeschichte der Bundesrepublik Deutschland 1945-1948, Bände 1 und 2, bearbeitet von Walter Vogel und Christoph Weisz, München 1976

Amtsblatt der Militärregierung in Deutschland. Britisches Kontrollgebiet, o.O., 1945-1949

Datenhandbuch zur Geschichte des Deutschen Bundestages 1949 bis 1982, verfaßt und bearbeitet von Peter Schindler, hrsg. vom Presse- und Informationsamt des Deutschen Bundestages. Bonn 1983

Entscheidungen des Bundesverfassungsgerichts (BVerfGE), hrsg. von den Mitgliedern des Bundesverfassungsgerichts. Tübingen

Europa-Archiv, hrsg. von Wilhelm Cornides, 2. Jg., 1947

Germany 1947-1949. The Story in Documents. Hrsg.: Department of State (USA), Publication 3556, European and Commonwealth Series 9. Released March 1950, o. D. (Washington)

Nachrichtendienst (ND), herausgegeben von der Bundespressestelle des Deutschen Gewerkschaftsbundes, Düsseldorf

Protokoll der Verhandlungen des zehnten Kongresses der deutschen Gewerkschaften, abgehalten zu Nürnberg vom 30. Juni bis 5. Juli 1919. Hamburg 1919

Protokoll der ersten Gewerkschaftskonferenz der britischen Zone vom 12. bis 14. März 1946 im Katholischen Vereinshaus in Hannover-Linden

Protokoll der ersten Zonenkonferenz des Deutschen Gewerkschaftsbundes (britische Zone) vom 21. bis 23. August 1946 in Bielefeld

Protokoll des außerordentlichen Bundeskongresses des Deutschen Gewerkschaftsbundes (britische Zone) vom 16. bis 18. Juni 1948 in Recklinghausen

Protokoll der Verhandlungen des Parteitages der Sozialdemokratischen Partei Deutschlands vom 9. bis 11. Mai 1946 in Hannover. Hamburg 1947

Protokoll des 13. ordentlichen Bundeskongresses des Deutschen Gewerkschaftsbundes vom 25. bis 31. Mai 1986 in Hamburg

Statistisches Jahrbuch für die Bundesrepublik Deutschland, 1952 und 1953

Wirtschaft und Statistik, N. F., Jg. 1949/50 und Jg. 1956

Wörtliche Berichte und Drucksachen des Wirtschaftsrates des Vereinigten Wirtschaftsgebietes 1947-1949. Bearbeitet von Christoph Weisz und Hans Woller, Bände 1 bis 5, München und Wien 1977